KB112120

7·9급 행정직, 군수직 대비

김동현
군무원 OX 행정법
기출문제집

| 편저자 소개 |

김동현

- 행정고등고시 1차 합격
- 지방직(서울시) 7급 공채(행정직) 합격

| 저서 |

『2023 한번에 다회독 세무사 행정소송법 기출문제 총정리』
『2023 김동현 경찰행정법 실전동형 모의고사』(근간예정)

2023 김동현 군무원 OX 행정법 기출문제집

발행일 1판 1쇄 2023년 1월 27일

편저자 김동현
펴낸이 손형국
펴낸곳 (주)북랩
편집인 선일영 편집 정두철, 배진용, 김현아, 윤용민, 김가람, 김부경
디자인 이현수, 김민하, 김영주, 안유경 제작 박기성, 황동현, 구성우, 권태련
마케팅 김회란, 박진관
출판등록 2004. 12. 1(제2012-000051호)
주소 서울특별시 금천구 가산디지털 1로 168, 우림라이온스밸리 B동 B113~114호, C동 B101호
홈페이지 www.book.co.kr
전화번호 (02)2026-5777 팩스 (02)3159-9637

ISBN 979-11-6836-681-7 13360

편저자와 함께 하는 학습 커뮤니티
https://cafe.naver.com/0lawclass

2023

7·9급 행정직, 군수직 대비

김동현 군무원 OX 행정법 기출문제집

김동현 편저

- 17개년 행정법(총론) 2,100여 개 지문 수록
- 최신 법령 및 판례 완벽 반영
- 최소시간 투자 고효율 학습 전략서

Ⅰ 군무원 행정법(총론)의 출제경향 등 분석

1. 종래의 출제경향

2019년까지의 군무원 시험은 문제개발 방식으로 출제되지 않았으며, 기출문제도 공개되지 않아 왔기에, 복원된 기출문제와 제가 입수한 기출문제들을 검토해본 결과, 다음과 같은 특징을 보이고 있습니다.

① 1990년대~2000년대에의 **행정고등고시 1차, 국가직 7급, 9급 문제들을 변형없이 그대로 재출제**한 문제가 상당수로 확인됩니다.

② 1990년대의 문제까지 이른바 재탕식으로 출제하다 보니 현재의 법학계나 법실무계에서 더 이상 논쟁의 대상으로 삼지 않는 **지엽적인 내용에서 출제**된 문제도 존재하였습니다.

③ 하지만 의외로 **행정법 전 범위에서 골고루 출제**되었고, 80% 이상은 **전통적으로 중요한 내용(법리, 조문, 판례)에서 출제**되었습니다.

2. 근래의 출제경향

2020년 이후부터 군무원 시험의 기출문제는 공개되고 있는바, '20년부터 '22년까지의 9급·7급·5급 행정법 문제의 특징은 다음과 같습니다.

① 다소 **논리비약적인 지문이나 주술구조가 엉성한 지문도 확인**되는 점에 비추어 보면, 아직까지는 모든 문제를 현직 교수 등에게 위탁하여 출제하지는 않는 것으로 추측됩니다.

② 그러나 미공개된 시기의 기출문제에 비해서는 **중요조문, 리딩케이스 등을 중심으로 훨씬 세련되게 출제**되고 있어 전반적으로 **다른 공무원 시험의 출제경향과 유사**해졌다고 볼 수 있습니다.

③ 또한 다른 공무원 시험에서 **아직 출제되지 않은 중요한 조문이나 판례를 '선제적'으로 출제한 경우**도 확인됩니다.

④ '20년부터 '22년까지의 공개기출 9급·7급·5급 행정법총론편의 단원별 출제비율을 간략히 분석하면 다음과 같습니다.

단 원	출제비율
(1) 행정법서론	18%
(2) 행정작용법	20%
(3) 행정절차, 행정정보공개, 개인정보보호	12%
(4) 행정작용의 실효성 확보수단	10%
(5) 손해전보	7%
(6) 행정쟁송	24%

▶ 다른 공무원 시험과 비교해볼 때, 행정법 서론 부분의 출제비중이 다소 높은 점과 행정구제법 부분(특히 손해전보 단원)이 다소 적게 출제된 점 등이 특징입니다만, '22년 9급 문제의 경우 행정쟁송편에서 40% 이상이 출제된 적도 있으므로, **행정법총론 전반에 대하여 편중없는 학습**이 이루어져야 합니다.

Ⅱ 수험대책

1. 기출문제로 시작하고, 기출된 내용은 빠짐없이 정리하여야 한다.

현재의 군무원 행정법 시험의 출제경향은 **다른 공무원의 시험의 경향과 크게 다르지 않고, '19년도 이전의 출제된 내용**들도 일부의 지엽적인 내용을 제외하고는 **최근에도 다시 등장**하고 있으므로, 객관식 수험방법에서의 일반원칙과 동일하게 **기출문제로 공부를 시작**하여야 하고 군무원 시험에서 **기출된 내용들은 빠짐없이 정리**해두어야 합니다.

※ 본서는 2006년부터 2022년까지 17년간 군무원 행정법 9급·7급·5급(총론편) 시험에서 출제된 약 2,100개 이상의 지문을 담고 있습니다.

2. 기출문제는 객관식 문제 단위가 아니라, ○× 지문으로 학습하여야 한다.

현재 대부분의 수험생들은 특정 단원 또는 목차에서의 내용을 학습하고, 그에 해당 부분의 객관식 문제를 풀어봄으로써 해당 내용을 숙지하였는지 여부를 확인하는 용도로 활용하고 있는데, 이는 잘못된 방법입니다.

기출문제는 가장 기초적인 학습재료로 인식하여야 합니다. 기출문제는 **어떤 부분이, 어느 빈도로, 어떠한 패턴으로 지문화**되는지를 파악하기 위한 학습재료로써 활용되어야 합니다. 따라서 **학습재료로써 기출문제를 활용**하기 위해서는 ○× **기출지문으로 학습**할 수밖에 없습니다.

※ 본서에서는 역대 출제지문을 해체하고 논점별로 유사·동일한 중복 ○×지문(다른 공무원 시험에서의 지문포함)을 조합해 놓았으니, 출제논점들이 지문화되는 원리의 효율적·정확한 이해와, 출제빈도 파악, 자동적 반복학습 등이 가능하도록 구성되어 있습니다.

1 대표 기출지문 →

0936 [10 군무원9]

공무원연금법상 퇴직급여 결정은 처분성이 인정되지 않는다. O X

2 해설 →

구 공무원연금법령상 퇴직급여 등의 급여를 받으려고 하는 자는 우선 관계 법령에 따라 공단에 **급여지급을 신청**하여 공무원연금관리공단이 이를 **★거부하거나 일부 금액만 인정**하는 **급여지급결정**을 하는 경우 그 결정을 대상으로 **★항고소송을 제기**하는 등으로 구체적 권리를 인정받은 다음 비로소 당사자소송으로 그 급여의 지급을 구하여야 하고, **구체적인 권리가 발생하지 않은 상태에서** 곧바로 공무원연금관리공단 등을 상대로 한 당사자소송으로 급여의 지급을 소구하는 것은 **★허용되지 않는다**. (대판 2010.5.27. 2008두5636)

☑ **공무원의 퇴직급여**(=퇴직연금)의 **퇴역연금 지급 등의 ★최초 신청**에 대한 공무원연금관리공단의 **★'급여지급 결정'** (또는 일부지급결정, 지급거부결정)은 **★행정처분이다.**

3 반복 기출지문 →

▲ **공무원연금관리공단의 급여결정에 불복**하는 자는 그 **급여결정을 대상으로 항고소송**을 제기할 수 있다는 것이 판례의 입장이다. (○) [04 행시]

▲ **공무원연금관리공단의 급여결정은 당사자소송**의 대상이다. (×) [15 군무원9]

3. 출제포인트를 간파해야 한다.

공개 이후의 군무원 시험에서는 유사·동일한 지문들이 반복하여 출제되지만, 출제자들이 매년 **틀린 지문을 만들기 위하여 변형하는 출제포인트도 사실상 동일하거나 일정한 수준**에 지나지 않기 때문에, **지문별 출제포인트에 주목하여 출제패턴을 자각하면서 학습**하는 것이 중요합니다.

※ 본서에서는 정지문과 오지문을 불문하고 **각 지문별로 출제포인트(볼드체, 첨삭표시)**를 표시해두었으니, **출제포인트에 착목한 입체적 이해와 정확한 정리**효과를 거둘 수 있을 것입니다.

4. 본인의 취약점 보완과 최종 실력검증은 전범위 모의고사를 활용하여야 한다.

모든 사람은 개인차가 있으므로, 각자만의 취약점이 다를 수밖에 없습니다. **미시적 관점**에서의 **전범위 모의고사의 활용**은 **풀이·채점과정에서 틀린 문제나 지문**을 통하여 **본인만의 취약한 부분**들을 알 수 있게 해주는 과정입니다. 따라서 어느 정도 실력이 쌓인 시기에 **전범위 모의고사를 주기적으로 활용함으로써 본인의 취약점을 자각하고 계속해서 보완**해나가야 합니다.

또한 **거시적 관점**에서의 **전범위 모의고사의 활용**은 득점결과로써 본인이 합격권에 도달하였는지를 스스로 판단할 수 있게 해주는 **실력의 검증척도**가 됩니다. 시험일에 임박할수록 **전범위 모의고사를 매일 활용**하여 실력상태를 검증하고 목표치로 끌어올려야 합니다.

※ 최신의 군무원 출제경향을 반영한 『2023 김동현 군무원 행정법 동형모의고사(2023년 봄에 출간예정)』를 활용한다면 행정법 실력이 한층 더 올라갈 것입니다.

5. 첨언 : 각론 대비

① 형식상으로는 각론도 **군무원 9급 행정법**의 범위에 포함되지만, 역대 군무원 9급 문제에서의 각론 지문 출제 비중은 4%에도 미치지 않으므로, **수험전략상 각론은 별도로 학습하지 않는 것이 이롭다** 할 것입니다.

② 군무원 7급 행정법의 경우에는 국가직 7급이나 지방직 7급에서처럼 순수한 각론문제를 다수 출제함으로써 난이도를 조절하면서도 9급 시험과 차별화하려는 의도가 엿보이므로, 시중의 각론 기출문제집을 활용하여 다른 시험에서 기출된 수준과 범위 선에서 대비해두어야 할 것입니다.

Ⅲ 마치면서

위에서 제시한 1~4의 원칙들은 특정시험에 특화된 방법론이 아니라, **필요최소한의 범위에서 완결도가 높은 학습효과**를 거둘 수 있게 해주는 **객관식 수험의 기본적 원칙**을 정리한 것에 불과합니다.

기존의 수험서들은 이러한 기본적 원칙과는 괴리된 형태(기본서+단원별 기출문제 수록, 단원별 기출문제집 등)로 집필되어 왔기에, 제가 고등고시 2차 수험과정에서 연구·축적하였던 행정법학 지식과 7급 행정직 수험과정에서 획득한 수험요령을 토대로 많은 수험생들이 **객관식 수험의 기본적 원칙에 충실한 학습방법을 실천**할 수 있도록 하려는 구상에서 본서를 출간하게 되었습니다.

본서가 출간되기까지는 많은 분들의 도움이 있었습니다. 본서의 집필에 동기부여와 응원을 해 주신 분들과 세련된 편집과 구성으로 책의 완성도를 높여주신 북랩 관계자분 등 여러분들에게 감사의 말씀을 드립니다.

아무쪼록 본서가 군무원 수험생 여러분의 수험기간을 단축할 수 있게 하는 좋은 도구가 되기를 바라며, 국어와 행정학 등의 다른 과목에서도 올바른 수험서를 선택하셔서 '군무원 시험 합격'이라는 소기의 목적을 꼭 이루시기를 기원합니다.

2023년 1월
편저자 김동현 드림

차 례

제1장 행정법 서론 _15

제2장 행정작용법 _95

차 례

참고문헌

- 이상규,『신행정법론』, 1997
- 김동희, 『행정법1』, 2014
- 김동희, 『행정법강의』, 2013
- 김동희,『행정법 요점정리 및 문제해설』, 2008
- 김남진,『행정법1』, 2006
- 김남진,『객관식 행정법』, 2006
- 이병철,『행정법강의』, 2002
- 이재화,『사례연구 행정법연습』, 2003
- 박윤흔,『최신행정법강의(상)』, 2004
- 정하중,『행정법개론』, 2011
- 박정훈,『행정법의 체계와 방법론』, 2005
- 홍정선,『행정법특강』, 2010
- 장태주,『행정법개론』, 2008
- 류지태,『행정법신론』, 2002
- 박균성,『행정법론』, 2004
- 박균성,『객관식 행정법총론』, 2012
- 김향기,『사례연구 행정법연습』, 2002
- 강경선, 이계수,『행정법1』, 2004
- 송희성,『객관식 행정법』, 2010
- 서정욱,『행정법요론』, 2004

제1장

행정법 서론

제1절 행정의 의의

1 행정개념 일반론

0001

[13 군무원9]

행정법의 전체영역을 규율하는 헌법원리로서 권력분립원칙은 행정작용이 입법기관이나 사법기관이 아닌 별도의 기관에 의하여 수행되어야 한다는 결론을 도출한다. O X

ⓐ **'행정법'**이란 어의(語義) 그대로 행정이라는 관념을 규율대상으로 한다. 이러한 **'행정'의 관념**은 시민혁명을 거쳐 **근대 입헌국가가 성립**되면서, 종래의 절대 군주의 국가권력을 **입법**작용, **사법**작용, **행정**작용 등으로 나누어 3작용 간의 **견제와 균형을 추구**하려는 **★권력분립의 원칙이 채택됨에 따라 등장**한 개념이다.
ⓑ 그러므로 권력분립의 원칙에 따라 **행정작용**은 국회와 같은 입법기관 또는 법원과 같은 사법기관도 아닌 **★행정부에 의하여 수행**되어야 한다.

▲ 행정은 **권력분립원리에 입각**한 개념이다. (○) [96 국가9]
▲ 헌법의 구체화법인 행정법의 대상으로서 행정은 **권력분립원리에 따라 확립**된 개념이다. (○) [15 행정사]

0002

[21 군무원9] [22 군무원5]

㉠ 행정은 공공의 이익을 위하여 적극적으로 추진되어야 한다. O X
㉡ 국가와 지방자치단체는 소속 공무원이 공공의 이익을 위하여 적극적으로 직무를 수행할 수 있도록 제반 여건을 조성하고, 이와 관련된 시책 및 조치를 추진하여야 한다. O X

【행정기본법】 제4조(행정의 적극적 추진)
① **행정**은 **★공공의 이익**을 위하여 **★적극적으로 추진**되어야 한다.
② 국가와 지방자치단체는 소속 공무원이 **★공공의 이익**을 위하여 **★적극적**으로 **직무**를 수행할 수 있도록 제반 **여건을 조성**하고, 이와 관련된 **시책 및 조치를 추진**하여야 한다.
☑ 행정기본법 제4조에서는 **'적극행정'에 대한 법적 근거** 및 **적극행정을 위한 제도 개선의 법적 근거**를 마련함으로써, **적극행정이 행정의 법률상 의무**임을 선언하고 있는바, 이는 '행정**개념징표설**'에서의 일부 징표(공익실현 목적, 적극적 형성활동)가 실정법에 반영된 것으로도 볼 수 있다.

▲ **행정**은 현저히 **공공의 이익**에 반하지 않는 한 **적극적으로 추진되어야** 한다. (○) [22 군무원5]

정답 0001. O 0002-㉠. O 0002-㉡. O

0003

[13 군무원9]

㉠ 행정은 행정주체가 공익실현을 목적으로 행하는 작용이다. O X

㉡ 행정은 공동체에 있어서 사회형성을 담당한다. O X

㉢ 행정은 추상적 사안에 대한 규율을 행한다. O X

개념징표설(E. Forsthoff, 1973)

① **행정주체**의 **★공익실현**을 위한 통일적·**계속**적 **사회형성**작용
② 행정은 **★장래**에 대한 **★적극적·능동적** 형성활동
③ 행정은 **구체적** 규율행위로써 국가목적을 실현하는 작용
④ 행정의 내용과 범위는 **국가와 시대에 따라 ★변화**
⑤ 행정은 **다양**한 법형식으로 의하여 이루어지는 활동

☑ 포르스트호프는 "행정은 서술할 수 있으나 정의할 수 없다."고 하면서, **행정은 개념적 징표(특징)의 요소로서 파악**되어야 한다고 주장한다.

▲ 행정은 **적극적·미래지향**적 **형성**작용이다. (○) [18 서울9]

▲ 행정은 **행정주체**가 우월한 지위에서 ~~소극적·예외적~~으로 공익을 추구하는 국가작용이다. (×) [04 경기교행]

▲ **행정**은 ~~추상적~~·**구체적 사안에 대한 규율**을 행한다. (×) [09 군무원9]

☑ ~~**추상적**~~ → 개별적

정답 0003-㉠. ○ 0003-㉡. ○ 0003-㉢. ×

2 실질적 의미의 행정과 형식적 의미의 행정

0004

㉠ 공무원에 대한 징계처분은 형식적·실질적 행정에 속한다. [08 군무원9] O X

㉡ 세무서장에 의한 세금부과처분은 실질적 의미의 행정에 속하지만, 형식적 의미의 행정으로 볼 수 없다. [13 군무원9] O X

㉢ 법무부장관의 귀화허가는 실질적 의미의 행정에 속하지만 형식적 의미의 행정으로 볼 수 없다. [13 군무원9] O X

㉣ 법관의 임명이나 국회사무총장의 직원임명은 실질적으로나 형식적으로나 행정에 해당한다. [08 군무원9] O X

㉤ 법규명령(대통령령, 총리령 등)의 제정·개정은 실질적으로나 형식적으로나 행정에 해당한다. [08 군무원9] O X

㉥ 행정심판의 재결은 실질적으로나 형식적으로나 행정에 해당한다. [08 군무원9] O X

㉦ 통고처분은 형식적 의미의 행정이면서 실질적 의미의 행정이다. [14 군무원9] O X

형식적	실질적	예
행정	행정	공무원 임명·징계, 조세부과처분, 조세체납처분, 귀화허가
	입법	법규명령(대통령령·부령 등)의 제정
	사법	행정심판의 재결, 통고처분
입법	행정	국회사무총장의 임명
사법	행정	대법관 임명
	입법	대법원 규칙 제정

- **지방공무원 임명**은 **실질적 의미의 행정**이나, **형식적 의미의 행정**이 ~~아니다~~. (×) [10 경행]
- **조세체납처분**은 **실질적으로나 형식적**으로나 **행정**에 해당한다. (○) [04 입시]
- **국회사무총장의 직원 임명**은 **실질적 의미의 행정**이나, **형식적 의미의 행정은 아니다.** (○) [13 군무원9]
- 대통령의 **대법관 임명**은 ~~실질적~~ 의미의 행정에 속하지만 **형식적 의미의 행정**~~으로 볼 수 없다~~. (×) [13 군무원9]
- 대통령의 **대법원장 임명**은 **형식적 의미의 행정**이면서 ~~실질적~~ 의미의 행정이다. (×) [14 군무원9]
- 대통령령, 총리령 등 법규명령의 제정·개정은 **형식적 의미의 행정**이면서 ~~실질적~~ 의미의 행정이다. (×) [14 군무원9]
- **소청심사위원회의 재결**은 **형식적 의미의 행정**이면서 ~~실질적~~ 의미의 행정이다. (×) [14 군무원9]
- **통고처분**은 **형식적 의미에서는 행정**이지만, **실질적 의미에서는 사법**으로 보는 것이 일반적이다. (○) [11 경북교행]

정답 0004-㉠. O 0004-㉡. × 0004-㉢. × 0004-㉣. × 0004-㉤. × 0004-㉥. × 0004-㉦. ×

제2절 행정법의 의의

1 행정법의 개념 및 헌법과의 관계

0005

[10 군무원9]

행정법은 행정에 관한 공법 중에서 국내법만을 의미한다. O X

'행정법'이란 ① **행정조직**에 의한 ② **행정작용**과, 그 작용으로 인해서 국민의 권리가 침해될 경우, ③ **행정구제**에 관해서도 다루는 ④ **★국내공법**을 뜻한다.

0006

[20 군무원7]

㉠ 독일의 법학자인 프리츠 베르너(Fritz Werner)는 '행정법은 구체화된 헌법'이라고 표현하였다. O X

㉡ 독일의 행정법학자인 오토 마이어(Otto Mayer)가 말한 '헌법은 변하여도 행정법은 변하지 않는다.' 라는 표현은 현대의 사회적 법치국가에서는 그 타당성을 찾을 수 없다. O X

㉠ Fritz Werner: "행정법은 **헌법의 구체화**법이다."

↳ 헌법을 따라가는 **행정법의 종속성**을 강조하는 견해로, **헌법의 추상적 가치나 이념**은 행정에 관한 여러 실정법률, 즉 **행정법에서 ★구체적인 내용으로 규정**됨을 의미하는 명제

☑ **행정법은 최고 상위규범인 헌법에 위반될 수 없고**, 따라서 **헌법 개정**으로 헌법적 가치나 이념도 변화하면, **행정법**의 지도원리나 일부의 규정들도 **그에 맞추어 개정**됨

㉡ Otto Mayer: "헌법은 변해도 **행정법은 존속**한다."

↳ **헌법과 독립**된 행정법의 **★수단적·기술적 성격을 강조**하는 견해로, **현대 국가에서도** 헌법 개정에 영향을 받지 않는 **불변의 행정법 규정이 존재**하는바, **★오늘날에도 유효**한 명제

⚠ F.Werner는 **'헌법의 구체화법으로서의 행정법'**을 지적하였다. (O) [93 국가7]

⚠ **행정법은 헌법의 구체화법**이라는 명제는 **행정법의 지도원리**가 **헌법적 가치를 바탕으로 하여 도출**됨을 의미한다. (O) [96 행시]

⚠ **헌법의 구체화법으로서의 행정법**'은 **헌법에 대한 행정법의 기속성** 또는 헌법의 실현영역이나 행정법의 영역에서 **헌법의 중심적 역할을 강조**한 것이다. (O) [13 군무원9]

⚠ **오토 마이어**는 "**헌법은 없어져도 행정법은 존속**한다."라는 말로 행정법의 특색을 표현하였다. (O) [94 국가7]

정답 0005-㉠. O 0006-㉡. O 0006-㉢. X

2 행정법의 성립

0007

[10 군무원9]

㉠ 대륙법계의 국가에서는 법치주의와 행정제도의 발달을 전제로 행정법이 성립되었다. O X

㉡ 영·미의 행정법은 행정절차법을 중심으로 발전하였다. O X

■ 법계통별 행정법의 성립

대륙법계 (행정국가)	★**법치국가 사상을 전제**로, **공법과 사법**을 분명히 **구별**하고, 그에 따라 공법(행정)에 관한 소송은 사법부가 아닌 행정부 내에 설치된 **행정재판소**에서 관할하는 이른바 ★**'행정제도'의 발달**을 통하여 행정법이 성립·발전 ☑ **행정제도**의 근간인 **행정재판소**는 프랑스의 '국참사원(Conseil d'État)'이 대표적
영미법계 (사법국가)	ⓐ 국가나 개인 모두 일반**법의 지배**를 받아야 한다는 **보통법의 정신**(국가 vs 사인 = 사인 vs 사인)에 따라, 공법과 사법을 구별하지 않고, 행정소송도 **일반법원**이 관할해왔으나, ⓑ 20c 이후 행정기능이 확대됨에 따라 설치된 ★**행정위원회의 권한·활동 등**을 규율하는 ★**절차법을 중심으로 행정법이 성립·발전**하면서 **행정법의 특수성을 인정**하려는 경향도 보임 → 보통법 정신의 **수정** ☑ 행정사건 재판은 여전히 보통법원이 관할하고 있다.

⚠ **대륙법계**는 **공법과 사법(史法)의 구별을 강조**하면서 **행정사건**은 사법(司法)법원이 아닌 **별도의 법원(재판소)의 관할**에 속하도록 하고 있다. (○) [11 국가9]

⚠ **행정상 법률관계**는 **공·사법이원론**을 전제로 한 **대륙법계에서 등장**하였다. (○) [13 군무원 변형]

⚠ 프랑스에서 **행정법원(재판소, Conseil d'Etat)이 출범**하게 된 배경은 대혁명 이후 **행정사건에 대한 사법(司法)법원의 간섭을 배제**하기 위한 필요성과 관련이 있다. (○) [11 국가9]

⚠ **영미법계**에서는 **행정상 법률관계**에 관한 **구별**이 **20세기 이후에 대두**되었다. (○) [13 군무원 변형]

⚠ **영미 행정법**은 20세기에 들어와 비로소 **행정위원회의 기능을 중심**으로 성립되었으며, 특히 실체법 중심이 그 특징이다. (×) [99 국가9]

정답 0007-㉠. ○ 0007-㉡. ○

3 행정법의 법원

0008
[08 군무원9]

법원(法源)이란 인식 근거 또는 법의 존재형식에 관한 문제이다. O X

행정법의 '법원'이란 **행정법의 원천(源泉)**으로, 행정법의 **존재형식**(행정법이 어떤 형식으로 존재하고 있는지) 또는 **인식근거**(무엇을 근거로 행정법을 인식할 수 있는지)를 의미한다.

0009
[20 군무원7]

행정법은 그 대상인 행정의 다양성과 전문성 등으로 인하여 단일 법전화되어 있지 않다. O X

우리나라 행정법은 **원칙적**으로 **성문법주의**를 취하고 보충적으로 불문법주의를 취하고 있음에도, 통일된 **단일 법전은 없고, ★개별행정**에 관한 **다양한 법률들로 존재**한다.

☑ 다만 「행정기본법」이 제정되어, 행정에 관한 기본적 통칙법으로서 기능을 하게 되었다.

⚠ **행정법**은 **단일 형태의 법전이 존재하지 않는다.** (○) [08 군무원9]

⚠ 우리나라에서는 아직까지 **행정법**의 법원으로서 **통일된 단일법전이 구성되어 있지 않다.** (○) [13 군무원9]

⚠ 행정법에는 헌법, 민법, 형법과 같은 **단일 법전이 없다.** (○) [16 행정사]

0010
[13 군무원9]

오늘날 헌법은 행정과 법률과의 형식적 관계만을 정하는 것에 그치지 않고, 법률의 내용에 대하여도 제한을 가하고 있다. O X

'헌법'은 **국가의 최고규범**으로서 행정에 관한 **★하위 법규범의 해석기준**이 되고, 어떠한 하위 법규범의 내용도 **★헌법을 위반할 수 없는바, 헌법 규정**들 및 헌법으로부터 도출되는 **헌법 원리**들도 모두 **★행정법의 법원**이 된다.

☑ 헌법 중에서 **기본권에 관한 규정은 행정을 직접 구속**하는 규정들이다.

⚠ **헌법**은 **행정을 직접 구속**하기도 한다. (○) [01 관세사]

⚠ **헌법상 (기본권 제한의) 법리**는 **행정법 해석에 적용~~될 수 없~~다.** (×) [00 행시]

⚠ 인간다운 생활을 할 권리와 같은 헌법상의 **추상적인 기본권에 관한 규정**은 **행정법의 법원**이 되지 ~~못한~~다. (×) [19 서울9]

⚠ 법원을 **법을 인식근거**로 보면 **헌법**은 **행정법의 법원**이 될 수 ~~없~~다. (×) [16 서울9]

정답 0008. O 0009. O 0010. O

0011

[13 군무원9]

헌법에 의하여 체결·공포된 조약과 일반적으로 승인된 국제법규는 국내법과 동일한 효력을 갖는다.

O X

【헌법】 제6조 ① 헌법에 의하여 **체결·공포된 조약**과 **일반적으로 승인된 국제법규**는 **국내법과 ★같은 효력**을 가진다.

⚠ **헌법에 의하여 체결·공포된 조약**과 **일반적으로 승인된 국제법규**는 **국내법과 같은 효력이 인정**된다. (○) [12 군무원9]

0012

[12 군무원9]

국가 간 협정과 국가와 국제기구 간 협정은 별도의 입법절차를 거칠 필요 없이 법적 효력을 가진다.

O X

헌법에 의하여 **체결·공포된 조약**(국가 간 협정 등)과 **일반적으로 승인**된 **국제법규**(국제기구 간 협정 등)는 **국내법과 동일한 효력**을 가지므로, 별도의 **★입법절차**(법률·시행령 등의 제정절차) **없이도** 국내법적 효력이 인정된다.

⚠ 우리나라는 **일반적으로 승인된 국제법규**를 **특별한 절차없이 국내법으로 수용**한다. (○) [09 서울시 승진]

⚠ **일반적으로 승인된 국제법규**라도 ~~의회에 의한 입법절차를 거쳐야~~ 행정법의 법원이 된다. (×) [15 경행]

0013

[13 군무원9]

학교급식을 위해 국내 우수농산물을 사용하는 자에게 식재료나 구입비의 일부를 지원하는 것 등을 내용으로 하는 지방자치단체의 조례안은 '1994년 관세 및 무역에 관한 일반협정'에 위반되어 그 효력이 없다.

O X

'1994년 관세 및 무역에 관한 일반협정'(이하 'GATT'라 한다)과 **'정부조달에 관한 협정'**(이하 'AGP'라 한다)은 국회의 동의를 얻어 공포시행된 조약으로서 각 헌법 제6조 제1항에 의하여 **국내법령과 ★동일한 효력**을 가지므로 지방자치단체가 제정한 **조례가 GATT나 AGP에 위반**되는 경우에는 그 **★효력이 없다**. (대판 2005. 9. 9., 2004추10)

⚠ 「1994년 관세 및 무역에 관한 일반협정(GATT)」이나 「정부조달에 관한 협정(AGP)」**에 위반되는 조례는 그 효력이 없다.** (○) [15 경행]

정답 0011. O 0012. O 0013. O

0014

[12 군무원9]

조약과 국제법규가 동일한 효력을 가진 국내 법률, 명령과 충돌하는 경우 신법우위의 원칙 및 특별법 우위의 원칙이 적용된다.

O X

국제법과 국내법이 충돌하는 경우에도, 성문의 법규범들 상호간의 모순·저촉이 발생한 경우의 법해석원칙인 ★**상위법 우선의 원칙, 신법 우선원칙 및 특별법 우선의 원칙을 적용**한 해석으로 해결하면 된다.

⚠ 헌법에 의하여 체결·공포된 **조약과** 일반적으로 승인된 **국제법규**가 동일한 효력을 가진 국내의 **법률, 명령과 충돌하는 경우**에는 **신법우위의 원칙 및 특별법우위의 원칙이 적용**된다. (○) [11 지방9]

0015

[08 군무원9]

㉠ 행정법의 법원(法源)은 일반적으로 성문법의 형식으로 존재하나, 불문법의 형식으로도 존재한다.

O X

㉡ 불문법계 국가에서는 행정법의 법원(法源)은 문제될 수 없다. O X

㉠ 우리나라 행정법은 **원칙적**으로 **성문법주의**를 취하고 있으나, **불문법도 보충적인 법원**으로 인정한다. 불문법에는 **행정관습법, 판례법, 조리** 등이 있다.

㉡ **불문법주의**를 취하는 **영·미법계**에서는 판례와 같은 **불문법원을 중시**하나, 성문화된 법들이 존재(Code, Law, Act 등)하고, 이러한 ★**성문법들도 법원으로 인정**한다.

⚠ 행정**선례법**, 민중적 **관습법**은 **행정법의 법원**이 된다. (○) [99 관세사]

⚠ **불문법원**으로는 민중적 **관습법**, 행정**선례법**, **조리** 등이 있다. (○) [10 경북교행9]

0016

[13 군무원9]

성문법주의 국가에서는 행정관습법이 우선적으로 인정된다. O X

성문법과 관습법의 관계에 대하여 관습법이 성문법을 **개정·폐지**할 수 있는 효력을 가진다는 **개폐적 효력설**과, 성문법이 우선이고 관습법원 성문법에 대하여 ★**열후적·보충적**인 효력만 인정된다고 보는 **보충적 효력설**이 대립하는데, **보충적 효력설이 통설**이다.

⚠ **관습법**은 제정법에 대하여 **열후적·보충적 성격**을 가진다. (○) [00 국가7]

⚠ 관습법은 **성문법의 결여시**에 **성문법을 보충**하는 범위에서 효력을 갖는다. (○) [15 경행]

⚠ 일반적으로 **관습법**은 성문법에 대하여 개폐적 효력을 가진다. (×) [18 교행9]

정답 0014. ○ 0015-㉠. ○ 0015-㉡. × 0016. ×

4 행정법의 효력

0017

[20 군무원9]

행정법규는 시행일부터 그 효력을 발생한다. O X

법령의 시행일은 ★**효력발생일**을 뜻하는바, **시행일부터** 장래에 향하여 **효력이 발생**한다. 여기서 **법령의 시행일(=효력발생일)**은 해당 법령을 **공포한 날을 기준**으로 한다.

⚠ **행정법령**은 특별한 규정이 없는 한 **시행일로부터** 장래에 향하여 **효력을 발생**하는 것이 원칙이다. (○) [21 군무원9]

⚠ 법령이나 조례의 **효력발생일**은 **공포일을 기준**으로 한다. (○) [04 울산9]

0018

[21 군무원5]

법령 등(훈령·예규·고시·지침 등을 포함한다)을 공포한 날부터 시행하는 경우에는 공포한 날을 시행일로 한다. O X

【행정기본법】제7조(법령등 시행일의 기간 계산) 법령등(훈령·예규·고시·지침 등을 포함한다.)의 **시행일**을 정하거나 계산할 때에는 다음 각 호의 기준에 따른다.

1. 법령등을 ★**공포한 날부터 시행**하는 경우에는 ★**공포한 날을 시행일**로 한다.

☑ 가령 어떤 법령의 최하단 부칙에 "이 법은 **공포한 날로부터 시행**한다."라고 규정되어 있는 경우, 그 법령의 **공포일로부터 효력발생이** 시작되는 것이다.

⚠ **법령등**을 **공포한 날부터 시행**하는 경우에는 **공포한 날을 시행일**로 한다. (○) [22 국회8]

정답 0017. O 0018. O

0019

㉠ 대통령령, 총리령 및 부령은 특별한 규정이 없으면 공포한 날부터 (　　)일이 경과함으로써 효력을 발생한다. [16 행정사] O X

㉡ 행정법령의 시행일을 정하지 않은 경우에는 공포한 날부터 20일이 경과함으로써 효력을 발생한다. [22 군무원9] O X

【법령 등 공포에 관한 법률】
제13조(시행일) 대통령령, 총리령 및 부령은 특별한 규정이 없으면 **공포한 날부터 ★20일이 경과**함으로써 효력을 발생한다.
☑ 어떤 법령이 공포한 날로부터 시행한다는 규정이 없거나, **시행일을 특정하지 않은 경우**에는, **공포일로부터 20일이 지난 후**가 시행일(효력발생일)이 된다.

⚠ **효력발생일**에 **특별한 규정이 없는 한 공포한 날**로부터 ~~40~~일이 경과되면 법령은 **효력을 발생**하게 된다. (×) [12 국회9]

⚠ **대통령령, 총리령 및 부령**은 **특별한 규정이 없으면 공포한 날부터** ~~15~~일이 경과함으로써 효력을 발생한다. (×) [15 행정사]

0020

[22 군무원9]

행정법령의 시행일을 정하지 않은 경우에는 공포한 날부터 20일이 경과함으로써 효력을 발생하는데, 이 경우 공포한 날을 첫날에 산입하지 아니하고 기간의 말일이 토요일 또는 공휴일인 때에는 그 말일의 다음날로 기간이 만료한다. O X

【행정기본법】
제7조(법령등 시행일의 기간 계산) 법령등(훈령·예규·고시·지침 등을 포함한다.)의 **시행일**을 정하거나 계산할 때에는 다음 각 호의 기준에 따른다.
2. **법령등을 공포한 날부터** 일정 기간이 **경과한 날부터 시행**하는 경우 법령등을 **공포한 날**을 **★첫날에 산입하지 아니한다**.
3. **법령등**을 **공포한 날부터** 일정 기간이 **경과한 날부터 시행**하는 경우 그 기간의 **★말일이 토요일 또는 공휴일인 때에는** 그 **말일로 기간이 만료**한다.

⚠ 법령 등을 **공포한 날부터 일정 기간이 경과한 날부터 시행**하는 경우 그 **기간의 말일**이 **토요일 또는 공휴일인 때**에는 그 **말일로 기간이 만료**한다. (○) [21 서울7]

정답 0019-㉠. 20 0019-㉡. ○ 0020. ×

0021

[21 군무원9]

조례와 규칙은 특별한 규정이 없으면 공포한 날부터 20일이 경과함으로써 효력을 발생한다. O X

【지방자치법】 제32조(조례와 규칙의 제정 절차 등)
⑧ **조례와 규칙**은 특별한 규정이 없으면 **공포한 날부터 ★20일**이 지나면 **효력을 발생**한다.

- 조례는 특별한 규정이 없으면 **공포한 날부터 20일**이 지나면 **효력을 발생**한다. (○) [13 행정사]
- 조례는 **공포한 날로부터** ~~14~~일 이후 **효력이 발생**한다. (×) [04 울산9]

0022

[22 군무원9]

법령을 소급적용하더라도 일반 국민의 이해에 직접 관계가 없는 경우, 오히려 그 이익을 증진하는 경우, 불이익이나 고통을 제거하는 경우 등의 특별한 사정이 있는 경우에 한하여 예외적으로 법령의 소급적용이 허용된다. O X

법령을 소급적용하더라도 일반 **국민의 ★이해에 직접 관계가 없는 경우**, 오히려 그 **★이익을 증진**하는 경우, **★불이익이나 고통을 제거**하는 경우 등의 특별한 사정이 있는 경우에 한하여 **예외적으로 법령의 소급적용이 허용**된다. (대판 2005.5 . 13., 2004다8630)
☑ 이른바 **'진정소급효'**는 **예외적인 경우에만 허용**된다는 판시이다.

- 법령을 소급적용하더라도 **일반국민의 이해에 직접 관계가 없는 경우**에는 **법령의 소급적용이 허용**된다. (○) [21 군무원9]
- **일반국민의 이해에 직접 관계가 없는** 경우 등 **특별한 사정**이 있는 경우라도 **법령의 소급적용은 허용**~~되지 아니한~~다. (×) [15 행정사]

정답 0021. O 0022. O

0023

[20 군무원9]

법령불소급의 원칙은 법령의 효력발생 전에 완성된 요건 사실에 대하여 당해 법령을 적용할 수 없다는 의미일 뿐, 계속 중인 사실이나 그 이후에 발생한 요건 사실에 대한 법령적용까지를 제한하는 것은 아니다. O X

법령불소급의 원칙은 법령의 효력발생 전에 완성된 요건 사실에 대하여 당해 법령을 적용할 수 없다는 의미일 뿐, ★계속 중인 사실이나 ★그 이후에 발생한 요건 사실에 대한 법령적용까지를 제한하는 것은 아니다. (대판 2014. 4. 24., 2013두26552)

☑ 이른바 '**부진정소급효**'는 **원칙적으로 허용**된다는 판시이다.

⚠ **법령의 효력이 시행일 이전에 소급**하지 않는다는 것은 시행일 이전에 이미 종결된 사실에 대하여 법령이 적용되지 않는다는 것을 의미하는 것이지, **시행일 이전부터 계속되는 사실**에 대하여도 **법령이 적용**되지 않는다는 의미가 아니다. (○) [15 사복9]

⚠ 어떤 사실이 **법령의 시행일 이전에 개시**되었다면 **법령의 시행일까지 계속 진행 중인 사실**이더라도 **당해 법령을 적용**할 수 없다. (×) [06 대구교행9]

⚠ 법률불소급의 원칙에 의하면 그 **법률의 효력발생** 전에 완성된 요건사실 뿐만 아니라 **계속 중인 사실**이나 **그 이후에 발생한 요건사실**에 대해서도 **그 법률을 소급적용**할 수 없다. (×) [21 군무원9 수정]

0024

㉠ 새로운 법령은 법령에 특별한 규정이 있는 경우를 제외하고는 그 법령의 효력 발생 전에 완성되거나 종결된 사실관계 또는 법률관계에 대해서는 적용되지 아니한다. [21 군무원7] O X

㉡ 법령이 변경된 경우 신 법령이 피적용자에게 유리하여 이를 적용하도록 하는 경과규정을 두는 등의 특별한 규정이 없는 한 「헌법」 제13조 등의 규정에 비추어 볼 때 그 변경 전에 발생한 사항에 대하여는 변경 후의 신 법령이 아니라 변경 전의 구 법령이 적용되어야 한다. [20 군무원9] O X

【행정기본법】 제14조(법 적용의 기준) ① 새로운 법령등은 법령등에 특별한 규정이 있는 경우를 제외하고는 그 법령등의 효력 발생 전에 ★완성되거나 종결된 사실관계 또는 법률관계에 대해서는 적용되지 아니한다.

법령이 변경된 경우 신 법령이 피적용자에게 유리하여 이를 적용하도록 하는 경과규정을 두는 등의 특별한 규정이 없는 한 헌법 제13조 등의 규정에 비추어 볼 때 **그 변경 전에 발생**한 사항에 대하여는 변경 후의 신 법령이 아니라 변경 전의 ★구 법령이 적용되어야 한다. (대판 2002. 12. 10., 2001두3228)

☑ 법령의 제·개정에 따른 **새로운 법령**이 있는 경우에도, 그 **법령의 효력발생일 전에 완성(종결)된 사안**에 대해서는 새로운 법령이 **원칙적으로 적용되지 않고**, ★**변경 전의 구 법령이 적용**되는 것이 원칙이다.

⚠ **새로운 법령**은 법령에 특별한 규정이 있는 경우를 제외하고는 그 **법령의 효력 발생 전**에 **완성되거나 종결**된 사실관계 또는 법률관계에 대해서는 **적용되지 아니한다.** (○) [21 국가7]

⚠ A법령은 2023년 **11월 1일부터 시행**되는 법령인 경우, 2023년 **11월 1일 이전에 종결**된 사실에 대해서는 **A법령을 적용할 수 없는 것**이 원칙이다. (○) [04 충남9]

정답 0023. O 0024-㉠. O 0024-㉡. O

0025

[20 군무원9]

진정소급입법의 경우에는 신뢰보호의 이익을 주장할 수 있으나 부진정소급입법의 경우에는 신뢰보호의 이익을 주장할 수 없다. O X

1. 기존의 법에 의하여 형성되어 이미 굳어진 개인의 법적 지위를 사후입법을 통하여 박탈하는 것 등을 내용으로 하는 **진정소급입법**은 개인의 ★**신뢰보호**와 법적 안정성을 내용을 하는 법치국가원리에 의하여 특단의 사정이 없는 한 헌법적으로 허용되지 아니하는 것이 원칙이다. (헌재 1998.9.30., 97헌바38).
2. **부진정소급입법**은 원칙적으로 허용되지만 소급효를 요구하는 공익상의 사유와 ★**신뢰보호의 요청** 사이의 **교량과정**에서 **신뢰보호의 관점**이 입법자의 형성권에 제한을 가하게 된다. (헌재 1998.11.26., 97헌바58)

☑ ⓐ **'진정소급입법'**은 원칙적으로 **신뢰보호의 원칙 등에 따라 허용되지 않고,**

☑ ⓑ **'부진정소급입법'**에 있어서도, ★**신뢰보호의 관점**에 따른 입법자에게 **일정한 제한**이 가해진다.

⚠ 개정 법률이 **부진정소급입법**에 해당하더라도, 개정 전 법률의 존속에 대한 **국민의 신뢰가** 개정 법률의 적용에 관한 공익상의 요구보다 **더 보호가치가 있다**고 인정되는 경우, 그러한 **국민의 신뢰를 보호**하기 위하여 **개정 법률의 적용이 제한**될 수 있다. (○) [19 경행]

정답 0025. ×

제3절 통치행위

0026

㉠ 통치행위는 고도의 정치성을 가지는 국가기관의 행위이다. [06 군무원9] O X
㉡ 우리나라의 통설과 판례는 통치행위의 관념을 인정하고 있다. [06 군무원9] O X
㉢ 통치행위의 예로는 계엄의 선포, 조약의 체결, 선전포고 및 강화 등이 있다. [07 군무원9] O X

의의	국가기관의 행위 중, **고도의 정치성**을 띠고 있어 **사법심사가 제한**되는 행위 └→ **우리나라의 통설·판례**에서도 **인정**
예	**계엄령 선포, 선전포고, 강화조약 체결**, 국가승인, 대통령의 사면권 행사, 남북회담 제의, 국무총리 임명 등

⚠ **통치행위**는 국가행위 중에서 **고도의 정치성**을 갖기 때문에 **사법심사가 제한**되는 행위이다. (○) [13 경행]
⚠ **통치행위**란 대통령이나 국회가 행하는 행위 가운데 **고도의 정치성을 띤 행위**를 의미한다. (○) [14 군무원9]

⚠ 우리나라의 경우 **대통령의 통치행위**를 **판례에서 인정**한 바 있다. (○) [15 행정사]
⚠ **헌법재판소**는 **통치행위의 관념을 인정**~~할 수 없~~다고 하였다. (×) [04 서울9 下 변형]

⚠ **계엄**의 선포, **조약**의 체결, **국무위원**의 임명, **국가의 승인**, ~~과세처분~~은 통치행위로 볼 수 있다. (×) [11 경북교행] ☑ 과세처분은 일반 행정작용이다.

0027

[17 군무원9]

국회는 통치행위의 주체가 될 수 없다. O X

통치행위는 일반적으로 ★**행정부(대통령)**에 의해 이루어지나(파병, 계엄선포, 선전포고, 사면권 행사 등), ★**국회**에 의해서도 이루어질 수 있다.(국회의원 제명, 국무위원 해임건의 등)

⚠ **통치행위**는 **정부**에 의해 이루어지는 것이 일반적이며, **국회**에 의해 이루어질 수도 있다. (○) [15 행정사]
⚠ **통치행위의 주체**는 **통상 정부**가 거론되나 **국회**와 ~~사법부~~에 의한 통치행위를 인정하는 것이 일반적이다. (×) [13 서울7]

정답 0026-㉠. O 0026-㉡. O 0026-㉢. O 0027. ×

0028

[09 군무원9]

헌법은 통치행위를 명시적으로 규정하고 있다. O X

헌법에 **통치행위의 개념 자체**를 명시하고 있는 **규정은 없고,** 다만 헌법 제64조 제4항에서 국회의원에 대한 자격심사, 징계에 관하여는 법원에 제소할 수 없다고 규정하고 있어 통치행위의 관념을 인정하는 규정만이 존재한다.

⚠ 「헌법」상 통치행위 ~~자체에 대한 직접적인 명문규정~~이 있다. (×) [20 해경승진]

0029

㉠ 대통령의 사면권행사는 형의 선고의 효력 또는 공소권을 상실시키거나 형의 집행을 면제시키는 국가원수의 고유한 권한을 의미하며, 사법부의 판단을 변경하는 제도로서 권력분립의 원리에 대한 예외이다. [22 군무원7] O X

㉡ 선고된 형의 전부를 사면할 것인지 또는 일부만을 사면할 것인지를 결정하는 것은 사면권자의 전권사항에 속하는 것이고, 징역형의 집행유예에 대한 사면이 병과된 벌금형에도 미치는 것으로 볼 것인지 여부는 사면의 내용에 대한 해석문제에 불과하다. [22 군무원9] O X

1. **사면**은 형의 선고의 효력 또는 공소권을 상실시키거나, 형의 집행을 면제시키는 **국가원수의 고유한 권한**을 의미하며, **★사법부의 판단을 변경**하는 제도로서 **권력분립의 원리**에 대한 **★예외**가 된다.

1-1. 선고된 형의 **전부를 사면**할 것인지 또는 **일부만을 사면**할 것인지를 결정하는 것은 **★사면권자의 전권사항**에 속하는 것이고, 징역형의 집행유예에 대한 **사면**이 병과된 **벌금형**에도 미치는 것으로 볼 것인지 **여부**는 사면의 내용에 대한 **★해석문제에 불과**하다 할 것이다. (헌재 전원 2000. 6. 1. 97헌바74)

⚠ 헌법재판소는 **대통령의 사면행위**를 **통치행위**로 판시한 바 있다. (○) [09 군무원9]

⚠ 헌법재판소는 **사면**이 **사법부의 판단을 변경**하는 제도로서 **권력분립의 원리에 대한 예외**가 된다고 보았다. (○) [11 국회9]

⚠ **사면**은 형의 선고의 효력 또는 공소권을 상실시키거나 형의 집행을 면제시키는 것으로 **사법부의 판단을 변경**하는 제도이므로 권력분립의 원리에 ~~반한다~~. (×) [14 경행]

정답 0028. × 0029-㉠. ○ 0029-㉡. ○

0030

㉠ 계엄선포는 통치행위임에도 불구하고 그 당·부당에 대해서는 사법심사를 인정하였다.

[14 군무원9] O X

㉡ 비상계엄의 선포나 그 확대행위가 국헌문란의 목적을 달성하기 위하여 행하여진 경우에는 법원은 그 자체가 범죄행위에 해당하는지의 여부에 관하여 심사할 수 있다. [16 군무원9] O X

대통령의 비상계엄의 선포나 확대 행위는 ★고도의 정치적·군사적 성격을 지니고 있는 행위라 할 것이므로, 그것이 누구에게도 일견하여 헌법이나 법률에 위반되는 것으로서 명백하게 인정될 수 있는 등 특별한 사정이 있는 경우라면 몰라도, 그러하지 아니한 이상 그 계엄선포의 요건 구비 여부나 선포의 **당·부당을 판단할 권한**이 ★**사법부에는 없다**고 할 것이나, 비상계엄의 선포나 확대가 ★**국헌문란의 목적**을 달성하기 위하여 **행하여진 경우**에는 **법원**은 그 자체가 ★**범죄행위에 해당하는지의 여부**에 관하여 **심사**할 수 있다. (대판 전합 1997. 4. 17., 96도3376)

⚠ 대법원은 **계엄선포**를 **통치행위**로 인정했다. (○) [17 군무원9]

⚠ 법원이 **계엄선포**의 요건의 구비여부나 선포의 **당·부당을 심사**하는 것은 **사법권의 한계**를 **넘는** 것이다. (○) [01 입시]

⚠ **비상계엄**의 선포나 확대가 **국헌문란의 목적**으로 행하여진 경우에 **법원**은 그 자체가 **범죄행위에 해당하는지의 여부**에 관하여 **심사할 수 있다**. (○) [18 경행]

⚠ 대법원은 대통령의 비상계엄선포 및 확대행위는 고도의 정치적·군사적 판단에서 나온 것으로 **계엄선포 자체**가 **범죄에 해당하는지 여부**에 관하여도 **판단**할 수 없다고 하였다. (×) [09 관세사]

0031

[22 군무원9]

외국에의 국군의 파견결정과 같이 성격상 외교 및 국방에 관련된 고도의 정치적 결단이 요구되는 사안에 대한 국민의 대의기관의 결정이 사법심사의 대상이 되지 아니한다. O X

외국(이라크)에의 국군(일반사병)의 파병 결정은 그 성격상 국방 및 외교에 관련된 ★**고도의 정치적 결단**을 요하는 문제로서, 헌법과 법률이 정한 절차를 지켜 이루어진 것임이 명백하므로 **대통령과 국회**의 판단은 ★**존중되어야** 하고, **헌법재판소**가 사법적 기준만으로 이를 심판하는 것은 ★**자제되어야** 한다. (헌재 2004.4.29., 2003헌마814)

⚠ **외국에의 국군의 파견결정**은 **고도의 정치적 결단이 요구되는 사안**이므로 현행 헌법이 채택하고 있는 대의민주제 통치구조하에서 대의기관인 **대통령과 국회의** 그와 같은 **정치적 결단**은 가급적 **존중되어야** 한다. (○) [15 군무원9]

⚠ 판례는 **국군의 이라크 파견결정**을 통치행위로 본다. (○) [18 군무원9]

⚠ **국군을 외국에 파견하는 결정**은 **통치행위**로서 고도의 정치적 결단이 요구되는 사안에 대한 대통령과 국회의 판단은 존중되어야 하고 **헌법재판소**가 **사법적 기준만으로 이를 심판**하는 것은 **자제되어야** 한다. (○) [22 군무원7]

⚠ 헌법재판소는 **이라크파병결정을 통치행위**로 ~~보지 않았~~다. (×) [17 군무원9]

정답 0030-㉠. × 0030-㉡. ○ 0031. ○

0032

[19 군무원9]

통치행위는 고도의 정치적 작용에 해당하므로 사법적 통제·정치적 통제로부터 자유롭다. O X

> **통치행위**에 대한 사법심사는 제한적이므로 **사법적 통제로부터는 비교적 자유로우나,** 통치행위에 대한 **국민이나 국회**에 의한 **정치적 통제의 대상**이 될 수 있다. (촛불집회, 탄핵 등)

⚠ **통치행위**라 하더라도 헌법과 법률에 위배되는 경우에는 **탄핵소추** 등과 같은 **정치적 통제의 대상**이 될 수 있다. (○) [14 군무원9]

⚠ 통치행위는 사법적, ~~정치적~~인 **통제**로부터 자유롭다고 보아야 한다. (×) [10 경북교행9]

0033

㉠ 남북정상회담의 개최는 고도의 정치적 성격을 지니고 있는 행위에 해당하므로 통치행위에 해당한다.

[16 군무원9] O X

㉡ 대법원은 남북정상회담의 개최는 물론 남북정상회담의 과정에서 관련부서에 대한 신고 또는 승인 등의 법적절차를 거치지 아니하고 북한으로 송금한 행위도 사법심사의 대상으로 보기 어렵다고 판시하였다.

[15 군무원9] O X

> **남북정상회담의 개최**는 **★고도의 정치적 성격**을 지니고 있는 행위라 할 것이므로 특별한 사정이 없는 한 그 당부를 심판하는 것은 **사법권의 내재적·본질적 한계**를 넘어서는 것이 되어 적절하지 못하지만, 남북정상회담의 **개최과정**에서 재정경제부장관에게 신고하지 아니하거나 통일부장관의 협력사업 승인을 얻지 아니한 채 **북한측에** 사업권의 대가 명목으로 **★송금한 행위** 자체는 헌법상 법치국가의 원리와 법 앞에 평등원칙 등에 비추어 볼 때 **★사법심사의 대상**이 된다. (대판 2004. 3. 26., 2003도7878)

⚠ **남북정상회담의 개최**는 **고도의 정치적 성격**을 지니고 있는 행위라 할 것이므로 특별한 사정이 없는 한 그 당부를 심판하는 것은 **사법권의 내재적·본질적 한계를 넘어서는 것**이 되어 적절하지 못하다. (○) [19 군무원9]

⚠ **남북정상회담의 개최**는 사법심사의 대상으로 하기에는 적절하지 않지만, **남북정상회담 개최과정**에서 이루어진 **대북송금행위**는 **사법심사의 대상**이 된다. (○) [14 군무원9]

⚠ **남북정상회담의 개최과정**에서 법률이 정한 절차를 위반하여 이루어진 **대북송금행위**라도 ~~통치행위에 해당하므로~~ **사법심사의 대상**~~이 되지 않는~~다. (×) [16 군무원9]

⚠ 판례는 남북정상회담의 개최과정의 대북송금행위를 ~~통치행위~~로 본다. (×) [18 군무원9]

⚠ **남북정상회담의 개최과정**에서 재정경제부장관에게 신고하지 아니하거나 통일부장관의 협력사업 승인을 얻지 아니한 채 **북한 측에** 사업권의 대가 명목으로 **송금한 행위**는 **사법심사의 대상**~~이 되지 아니~~한다. (×) [22 군무원9]

⚠ **남북정상회담의 개최과정**에서 재정경제부장관에게 신고하지 아니하고 **북한 측에** 사업권의 대가 명목으로 **송금한 행위**는 남북정상회담에 도움을 주기 위한 ~~통치행위~~로서 **사법심사의 대상**~~이 되지 아니~~한다. (×) [22 군무원7]

정답 0032. × 0033-㉠. ○ 0033-㉡. ×

0034

[18 군무원9]

판례는 대통령의 서훈취소를 통치행위로 본다. O X

> 서훈취소가 대통령이 국가원수로서 행하는 행위라고 하더라도 법원이 사법심사를 자제하여야 할 고도의 정치성을 띤 행위라고 볼 수는 없다. (대판 2015.4.23, 2012두26920)

▲ **대통령의 독립유공자 서훈취소**는 법원이 사법심사를 자제하여야 할 **고도의 정치성을 띤 행위라고 볼 수는 없다.** (○) [19 군무원9]

▲ 비록 **서훈취소**가 대통령이 국가원수로서 행하는 행위라고 하더라도 법원이 사법심사를 자제하여야 할 **고도의 정치성을 띤 행위라고 볼 수는 없다.** (○) [22 군무원9]

0035

㉠ 대통령의 긴급재정경제명령은 이른바 통치행위에 속한다고 할 수 있다. [20 군무원9] O X

㉡ 통치행위를 포함하여 모든 국가작용은 국민의 기본권적 가치를 실현하기 위한 수단이라는 한계를 반드시 지켜야 한다. [20 군무원9] O X

㉢ 금융실명제에 관한 대통령의 긴급재정경제명령은 통치행위에 해당하지만, 그것이 국민의 기본권 침해와 직접 관련되는 경우에는 헌법재판소의 심판대상이 된다. [19 군무원9] O X

> **대통령의 긴급재정경제명령**은 국가긴급권의 일종으로서 고도의 정치적 결단에 의하여 발동되는 행위이고 그 결단을 존중하여야 할 필요성이 있는 행위라는 의미에서 이른바 ★**통치행위에 속한다**고 할 수 있으나, 통치행위를 포함하여 **모든 국가작용**은 국민의 ★**기본권적 가치를 실현하기 위한 수단**이라는 한계를 반드시 지켜야 하는 것이고, 헌법재판소는 헌법의 수호와 국민의 기본권 보장을 사명으로 하는 국가기관이므로, 비록 고도의 정치적 결단에 의하여 행해지는 **국가작용**이라고 할지라도 그것이 **국민의 ★기본권 침해와 직접 관련**되는 경우에는 **당연히 헌법재판소의 심판대상**이 된다. (헌재 전원 1996.2.29., 93헌마186)

▲ **대통령의 긴급재정경제명령**은 **국가긴급권의 일종**으로서 **고도의 정치적 결단**에 의하여 발동되는 행위이다. (○) [20 군무원9]

▲ **통치행위를 포함**하여 모든 **국가작용**은 **국민의 기본권적 가치를 실현하기 위한 수단**이라는 한계를 **반드시 지켜야 하는 것**~~은 아니~~다. (×) [15 행정사]

▲ 헌법재판소는 '**금융실명거래 및 비밀보장에 관한 긴급재정경제명령**'이 **헌법재판의 대상**이 된다는 입장을 취한다. (○) [12 군무원9]

▲ 헌법재판소는 **통치행위**일지라도, 그것이 **국민의 기본권 침해와 직접 관련**되는 경우에는 당연히 **헌법재판의 대상**이 된다고 본다. (○) [15 군무원9]

▲ **대통령의 긴급재정경제명령**은 국가긴급권의 일종으로서 **고도의 정치적 결단**이나, 그것이 **국민의 기본권 침해와 직접 관련**되는 경우에는 당연히 **헌법재판소의 심판대상**이 된다. (○) [16 군무원9] [22 군무원7]

▲ 헌법재판소는 대통령에 의한 긴급재정·경제명령의 발동과 같은 **통치행위로** 인하여 **직접 국민의 기본권 침해**가 이루어졌다 해도 **헌법소원의 대상**으로 볼 수 없다고 하였다. (×) [17 군무원9]

▲ **국민의 기본권 침해와 직접 관련되는 경우**라도 그 국가작용이 고도의 정치적 결단에 의하여 행해진다면 당연히 **헌법재판소의 심판대상**이 ~~되지 않는~~다. (×) [20 군무원9]

정답 0034. × 0035-㉠. ○ 0035-㉡. ○ 0035-㉢. ○

제4절 법치행정

0036

[13 군무원9]

행정행위의 발동에 있어서는 원칙적으로 법적 근거가 있어야 할 뿐만 아니라 또는 그에 적합하여야 한다. O X

법치행정의 원리 중 '**법률유보**의 원칙'에 관한 설명이다.

⚠ **행정행위의 발동**에 있어서는 원칙적으로 **법적 근거**가 있어야 할 뿐만 아니라 또는 **그에 적합**하여야 한다. (○) [04 국가9]

0037

[13 군무원9]

법률유보 원칙은 의회민주주의 원리, 법치국가 원리, 기본권 보장을 그 이념적 기초로 한다. O X

법률유보의 원칙은 헌법상 **민주주의 원리, 법치국가 원리, 기본권 보장 원리**로부터 도출되는 원칙이다. 이러한 법률유보의 원칙은 행정기본법에 명문화되어 있다.

0038

[21 군무원9] [22 군무원7]

행정작용은 법률에 위반되어서는 아니되며, 국민의 권리를 제한하거나 의무를 부과하는 경우와 그 밖에 국민생활에 중요한 영향을 미치는 경우에는 법률에 근거하여야 한다. O X

【행정기본법】 제8조(법치행정의 원칙) 행정작용은 ★**법률에 위반되어서는 아니 되며**, 국민의 권리를 제한하거나 의무를 부과하는 경우와 그 밖에 국민생활에 중요한 영향을 미치는 경우에는 ★**법률에 근거하여야 한다**.

⚠ **행정작용**은 **법률에 위반되어서는 아니되며**, 국민의 권리를 제한하거나 의무를 부과하는 경우와 그 밖에 국민생활에 중요한 영향을 미치는 경우에는 **법률에 근거하여야** 한다. (○) [22 소방]

정답 0036. O 0037. O 0038. O

0039

[19 군무원9]

법률우위의 원칙은 법 자체의 체계와 관련된 것이지만, 법률유보의 원칙은 입법과 행정과의 관계와 관련된 것이다. O X

'법률우위의 원칙'은 행정이 합헌적인 입법절차에 따라 제정된 **법률 등과 같은 법규범의 체계에서 벗어나서는 안된다**는 원칙인 반면, **'법률유보의 원칙'**은 **입법절차**에 따른 **법률에 근거**하여야만 **행정권이 발동**이 가능하다는 원칙이므로 **입법과 행정과의 관계와 관련**된다.

0040

㉠ 법률우위의 원칙에서 '법률'은 헌법, 형식적 의미의 법률, 법규명령과, 관습법 등 모든 법규범을 포함하나, 행정규칙은 포함하지 않는다. [10 군무원9] O X

㉡ 법률유보원칙에서 법률이란 국회에서 제정한 형식적 의미의 법률뿐만 아니라 법률에서 구체적으로 위임을 받은 법규명령도 포함된다. [19 군무원9] O X

	법률우위의 원칙	법률유보의 원칙
법률의 범위	국회 제정 법률 + 법규명령+ 관습법 * 단 행정규칙은 제외	국회 제정 법률 + 법규명령 * 불문법 제외

⚠ **법우위의 원칙**에서 법은 **형식적 법률**뿐 아니라 **법규명령과 관습법** 등을 포함하는 넓은 의미의 법이다. (○) [19 서울7 2월]

⚠ **법률우위의 원칙**에서 말하는 법률은 국회가 제정한 ~~형식적 의미의 법률만~~을 말한다. (×) [20 행정사]

⚠ **법률우위의 원칙**에서 **법률**이란 **헌법**, 형식적 의미의 **법률, 법규명령과 관습법** 등 **불문법을 포함**한 모든 법규범을 포함하며 ~~행정규칙도 원칙적으로 이에 포함~~된다. (×) [07 경북9]

⚠ **법률유보의 원칙**에서 **'법률'**은 원칙적으로 **의회가 제정한 형식적 의미의 법률**을 의미한다. (○) [10 군무원9]

⚠ **법률유보원칙**에서의 **'법률'**에는 국회가 제정하는 **형식적 의미의 법률**뿐만 아니라 법률의 위임에 따라 제정된 **법규명령도 포함**된다. (○) [14 경행]

⚠ **법률유보원칙**에서 '법률의 유보'라고 하는 경우의 **'법률'**에는 국회에서 법률제정의 절차에 따라 만들어진 **형식적 의미의 법률**뿐만 아니라 국회의 의결을 거치지 않은 **명령**이나 ~~불문법원으로서의 관습법이나 판례법도 포함~~된다. (×) [19 서울7 2월]

정답 0039. O 0040-㉠. O 0040-㉡. O

0041

[10 군무원9]

법률우위의 원칙은 소극적 의미의 법률적합성 원칙이다. O X

	법률우위의 원칙	법률유보의 원칙
성격	**소극적 측면**의 법률적합성 (법률이 있을 때, 문제됨)	**적극적 측면**의 법률적합성 (법률이 없을 때, 문제됨)

- ~~법률의 우위~~의 원칙은 **적극적으로 법률을 행정권의 발동요건**으로 하는데 대하여, ~~법률의 유보~~의 원칙은 **소극적으로 법률에 위반하는 행정작용의 금지를 의미**하는 것이다. (×) [03 입시]
- **법률의 우위원칙**은 행정의 법률에의 구속성을 의미하는 ~~적극적~~인 성격의 것인 반면에, **법률유보의 원칙**은 행정은 단순히 법률의 수권에 의하여 행해져야 한다는 ~~소극적~~ 성격의 것이다. (×) [13 국회9]

0042

[11 군무원9]

법률유보의 원칙은 행정의 모든 영역에 적용된다. O X

	법률우위의 원칙	법률유보의 원칙
적용대상	모든 행정작용 (공법행위·사법행위, 사실행위, 침익행위·수익행위, 행정입법 등)	일부 행정작용 (적용범위에 대하여는 학설대립)

- **법률의 우위**는 **행정의 모든 영역에 적용되**는데 대하여, **법률의 유보**는 **일정한 영역에만 적용**된다. (○) [00 행시]
- ~~법률유보의 원칙~~은 **행정의 모든 분야**에서 적용되지만, ~~법률우위의 원칙~~에서는 ~~법률우위의 원칙~~이 **적용되는 행정의 범위가 문제**가 된다. (×) [07 경북9]

0043

㉠ 전부유보설은 모든 행정작용은 법률의 근거를 요한다고 보는 견해이며, 우리나라의 통설이다. [13 군무원9] O X

㉡ 침해유보설은 국민의 자유, 권리를 제한 또는 침해하거나 새로운 의무를 부과하는 행정작용은 법률의 근거를 요한다고 본다. [13 군무원9] O X

㉢ 급부행정유보설은 침해행정은 물론 수익적 행정행위에 대해서도 법률의 근거가 필요하다고 본다. [08 군무원9] O X

구분	내용
전부유보설	**행정의 모든 영역**에 법률의 **근거가 필요**하다는 견해
침해유보설	**침익적 행정작용**(국민의 권리를 제한하거나 의무를 부과)을 위해서는 **근거가 필요**하다는 견해
급부행정유보설	**침익적 행정작용**은 물론, **수익적 행정작용**(국민에 대한 급부작용)을 위해서도 **근거가 필요**하다는 견해

- **급부행정유보설**은 **침해행정은 물론 수익적 행정활동인 급부행정**의 전반에 대해서 **법률의 근거를 요한다**고 한다. (○) [13 군무원9]

정답 0041. ○ 0042. × 0043-㉠. × 0043-㉡. ○ 0043-㉢. ○

0044

[22 군무원5]

조세법률주의의 원칙상 과세요건이거나 비과세요건 또는 조세감면요건을 막론하고 조세법규의 해석은 특별한 사정이 없는 한 법문대로 해석할 것이고, 합리적 이유 없이 확장해석하거나 유추해석하는 것은 허용되지 아니하고, 특히 감면요건 규정 가운데에 명백히 특혜규정이라고 볼 수 있는 것은 엄격하게 해석하는 것이 조세공평의 원칙에도 부합한다. O X

조세법률주의의 원칙상 과세요건이거나 비과세요건 또는 조세감면요건을 막론하고 **조세법규의 해석**은 특별한 사정이 없는 한 법문대로 해석할 것이고, 합리적 이유 없이 **★확장해석하거나 유추해석**하는 것은 **허용되지 아니하고**, 특히 **감면요건** 규정 가운데에 명백히 **특혜규정**이라고 볼 수 있는 것은 **★엄격하게 해석**하는 것이 조세공평의 원칙에도 부합한다. (대판 2004. 5. 28., 2003두7392)

⚠ **조세법규의 해석**에 있어서 **유추나 확장해석**에 의하여 납세의무를 확대하는 것은 **허용되지 아니하지만, 조세의 감면 또는 징수유예의 경우**에는 ~~그러하지 아니하다~~. (×) [08 국가7]

0045

㉠ 본질성설은 독일연방 헌법재판소의 판례에 의하여 정립된 것으로 각 행정부분의 본질적 사항에 관한 규율은 법률의 근거를 요한다고 한다. [13 군무원9] O X

㉡ 의회유보설은 의회의 입법기관으로서 권한과 의무를 강조하는 이론이다. [08 군무원9] O X

ⓐ **중요사항유보설(본질성설, 의회유보설)**은 독일 연방헌법재판소의 **'칼카르결정'**을 **계기**로 정립된 학설로서, 법률유보의 범위를 행정작용의 성격에 따라 일률적으로 정할 것이 아니라, 국민 일반 및 개인의 **기본권과 관련**하여 **본질적으로 중요한 정도**에 따라 **법적 규율의 강도**가 달라져야 한다고 보아,

ⓑ **국민의 기본권 실현과 관련된 ★기본적·본질적인 중요한 사항에 대해서는 ★입법자(의회)가 스스로 결정하여 반드시 ★법률로 정하여야 한다는 견해이다.(다수설, 판례)**

⚠ 헌법재판소는 국민의 헌법상 **기본권 및 기본의무와 관련**된 **중요한 사항 내지 본질적인 내용**에 대한 정책형성기능은 원칙적으로 주권자인 국민에 의하여 선출된 대표자들로 구성되는 **입법부가 담당**하여 **법률의 형식**으로 이를 수행하는 것이 필요하다는 입장이다. (○) [16 사복9]

정답 0044. ○ 0045-㉠. ○ 0045-㉡. ○

0046

[19 군무원9]

헌법재판소는 한국방송공사 수신료 사건과 관련하여 의회유보원칙과 행정유보원칙 모두를 인정하였다.

O X

오늘날 **법률유보원칙은** 단순히 행정작용이 법률에 근거를 두기만 하면 충분한 것이 아니라, 국가공동체와 그 구성원에게 **기본적이고도 중요한** 의미를 갖는 영역, 특히 국민의 **기본권실현과 관련된 영역**에 있어서는 국민의 대표자인 **입법자가 그 본질적 사항**에 대해서 **스스로 결정**하여야 한다는 요구까지 내포하고 있다.(**★의회유보원칙**) 그런데 **텔레비전방송수신료는** 대다수 국민의 재산권 보장의 측면이나 한국방송공사에게 보장된 방송자유의 측면에서 **국민의 기본권실현에 관련된 영역**에 속하고, **수신료금액의 결정**은 납부의무자의 범위 등과 함께 수신료에 관한 **본질적인 중요한 사항**이므로 국회가 스스로 행하여야 하는 사항에 속하는 것임에도 불구하고 한국방송공사법 제36조 제1항에서 **국회의 결정이나 관여를 배제**한 채 한국방송공사로 하여금 수신료금액을 결정해서 문화관광부장관의 승인을 얻도록 한 것은 **법률유보원칙에 위반**된다(헌재 1999. 5. 27. 98헌바70)

☑ **헌법재판소**는 **'KBS TV수신료 사건'**에서 **'의회유보'의 입장**을 취하였다. 행정부가 의회의 관여를 허용하지 않고 고유한 영역을 독자적으로 규율할 수 있다고 보는 **'행정유보'는 이론으로서만 존재**하는 개념이다.

⚠ **헌법재판소**는 **'텔레비전방송 수신료 사건'**에서 행정유보 원칙을 제시하였다. (×) [07 경기9]

⚠ 법률유보의 적용범위는 행정의 복잡화와 다기화, 재량행위의 확대에 따라 과거에 비해 점차 축소되고 있으며 이러한 경향에 따라 **헌법재판소**는 행정유보의 입장을 확고히 하고 있다. (×) **[16 사복9]**

정답 0046. ×

제5절 행정법의 일반원칙

1 신뢰보호의 원칙

0047

[22 군무원7]

㉠ 신뢰보호의 원칙은 「행정기본법」에 규정된 행정법상 원칙이다. O X

㉡ 행정청은 공익 또는 제3자의 이익을 현저히 해칠 우려가 있는 경우를 제외하고는 행정에 대한 국민의 정당하고 합리적인 신뢰를 보호하여야 한다. O X

【행정기본법】 제12조(신뢰보호의 원칙)
① **행정청**은 **공익 또는 제3자의 이익**을 현저히 **해칠 우려**가 있는 경우를 **제외**하고는 행정에 대한 국민의 정당하고 합리적인 ★**신뢰를 보호**하여야 한다.
☑ **행정기관의 일정한 언동의 정당성 또는 존속성**에 대한 **사인의 보호가치 있는 신뢰**는 **보호해 주어야 한다**는 **'신뢰보호의 원칙'**은 **행정기본법에서 명문화**되어 있다.

⚠ 행정청은 **공익 또는 제3자의 이익을 현저히 해칠 우려**가 있는 경우를 **제외하고**는 행정에 대한 **국민의 정당하고 합리적인 신뢰를 보호**하여야 한다. (○) [21 경행]

0048

[08 군무원9]

신뢰보호의 원칙의 이론적 근거로 신의칙설이 현재의 다수설이다. O X

신뢰보호원칙은 이론적 근거로는 사법(私法)에서 정립된 **'신의성실의 원칙'**과 헌법상의 법치국가원리 중 **'법적 안정성설'**이 있는데, **근래에는** 신뢰보호원칙의 근거를 **'법적 안정성설'**에서 찾는 경우가 일반적이다.

⚠ **신뢰보호 원칙의 이론적 근거**로 **법적안정성설**이 **다수설 및 판례**의 입장이다. (○) [11 군무원9]
⚠ **신뢰보호 원칙**의 법적 근거로는 **신의칙설 또는 법적 안정성**을 드는 것이 일반적인 견해이다. (○) [20 군무원9]

0049

[08 군무원9]

신뢰보호의 원칙은 영·미법계의 금반언의 법리와 유사하다. O X

'신뢰보호의 원칙'은 **영미법계에서의 '금반언(禁反言)의 원칙**(이미 표명한 자기의언행에 대하여 이와 모순되는 행위를 할 수 없다)'과 **유사한 개념으로 이해**된다.

⚠ **신뢰보호의 원칙**은 **영·미에서는 금반언(estoppel)의 법리**의 형태로 인정되고 있다. (○) [04 관세사]

정답 0047-㉠. O 0047-㉡. O 0048. ✕ 0049. O

0050

[18 군무원9]

신뢰의 대상인 행정청의 선행조치는 반드시 문서의 형식으로 행하여질 필요는 없으며 구두에 의해서도 가능하다. O X

'**신뢰보호의 원칙**'에서 국민의 **신뢰대상이 되는 행정청의 선행조치**에는 명시적·적극적 조치뿐만 아니라, ★**소극적 조치 또는 묵시적 조치도 포함되는바**, 선행조치로서의 공적인 견해표명의 표시는 **반드시 문서의 형식으로 ★이루어질 필요는 없으므로, 구두에 의한 선행조치도 인정**된다.

⚠ **신뢰의 대상**인 **행정청의 선행조치**는 ~~문서의 의한 형식적 행위이어야~~ 한다. (×) [14 국회8]

0051

[20 군무원9]

신뢰보호원칙의 실정법적 근거로는 「행정절차법」 제4조 제2항, 「국세기본법」 제18조 제3항 등을 들 수 있다. O X

【행정절차법】제4조(신의성실 및 신뢰보호)

① 행정청은 직무를 수행할 때 ★**신의(信義)**에 따라 **성실**히 하여야 한다.

② **행정청**은 **법령등의 해석 또는 행정청의 관행**이 **일반적**으로 **국민들에게 ★받아들여졌을 때**에는 공익 또는 제3자의 정당한 이익을 현저히 해칠 우려가 있는 경우를 제외하고는 ★**새로운** 해석 또는 관행에 따라 ★**소급하여 불리하게 처리하여서는 아니 된다.**

【국세기본법】

제15조(신의·성실) 납세자가 그 의무를 이행할 때에는 **신의**에 따라 **성실**하게 하여야 한다. **세무공무원**이 ★**직무를 수행**할 때에도 또한 **같다**.

제18조(세법 해석의 기준 및 소급과세의 금지) ③ **세법의 해석**이나 **국세행정의 관행**이 **일반적**으로 **납세자에게 ★받아들여진 후**에는 그 해석이나 관행에 의한 행위 또는 계산은 정당한 것으로 보며, **새로운** 해석이나 관행에 의하여 ★**소급하여 과세되지 아니한다**.

☑ 각각 **신의성실의 원칙**과 **신뢰보호의 원칙**을 **규정**하고 있다.

⚠ **국세기본법** 제18조 제3항, **행정절차법** 제4조 제2항 등이 **신뢰보호의 원칙을 명문화**하여 규정하고 있다. (○) [04 국회8]

⚠ 「**행정절차법**」은 **신뢰보호의 원칙**을 **명문으로 규정**하고 있다. (○) [08 군무원9]

⚠ 「**행정절차법**」은 **신뢰보호의 원칙**은 물론 **신의성실의 원칙**에 관해 **명시적으로 규정**하고 있다. (○) [09 군무원9]

⚠ "행정청은 **법령등의 해석 또는 행정청의 관행**이 일반적으로 **국민들에게 받아들여졌을 때에는** 공익 또는 제3자의 정당한 이익을 현저히 해칠 우려가 있는 경우를 제외하고는 **새로운 해석 또는 관행**에 따라 **소급하여 불리하게 처리하여서는 아니 된다.**"는 **신뢰보호의 원칙에 해당**하는 조문이다. (○) [17 군무원9]

정답 0050. O 0051. O

0052

[09 군무원9]

행정기관의 의사표시가 일반론적인 견해표명인 경우에는 신뢰보호원칙을 적용하지 않는다. O X

> 일반적으로 조세 법률관계에서 과세관청의 행위에 대하여 **신의성실의 원칙**이 적용되기 위하여는 과세관청이 납세자에게 **신뢰의 대상**이 되는 ★**공적인 견해표명**을 하여야 하고, … (중략) … 위와 같은 **공적 견해나 의사**는 ★**명시적 또는 묵시적**으로 표시되어야 하지만 **묵시적 표시**가 있다고 하기 위하여는 단순한 과세누락과는 달리 과세관청이 상당기간의 불과세 상태에 대하여 과세하지 않겠다는 의사표시를 한 것으로 볼 수 있는 사정이 있어야 하고, 이 경우 특히 과세관청의 의사표시가 ★**일반론적인 견해표명에 불과**한 경우에는 **위 원칙의 적용을 부정**하여야 할 것이다. (대판 1995. 11. 14. 95누10181)

⚠ **과세관청의 의사표시**가 **일반론적인 견해표명**인 경우에는 **신뢰보호원칙을 적용하지 않는다.** (○) [08 지방9]

⚠ 대법원 판례는 **추상적 질의에 대한 일반적 견해표명**은 공적 견해의 표명으로 **보고 있지 않다.** (○) [09 관세사]

⚠ 대법원 판례는 행정기관의 **추상적 질의에 대한 일반적 견해표명**에 대하여도 ~~신뢰보호의 원칙이 적용될 수 있~~다고 보았다. (×) [06 관세사]

0053

[16 군무원9]

비과세관행이 성립되었다고 하려면 상당한 기간에 걸쳐 과세를 하지 않은 객관적 사실이 존재하여야 한다. O X

> 국세기본법 제18조 제3항에서 말하는 **비과세관행이 성립**하려면, 상당한 기간에 걸쳐 과세를 하지 아니한 ★**객관적 사실**이 존재할 뿐만 아니라, 과세관청 자신이 그 사항에 관하여 과세할 수 있음을 알면서도 어떤 특별한 사정 때문에 ★**과세하지 않는다는 의사**가 있어야 하며, 위와 같은 **공적 견해나 의사**는 ★**명시적 또는 묵시적**으로 표시되어야 하지만 **묵시적 표시**가 있다고 하기 위하여는 **단순한 과세누락과는 달리** 과세관청이 **상당기간**의 불과세상태에 대하여 **과세하지 않겠다는 의사표시를 한 것**으로 볼 수 있는 사정이 있어야 한다. (대판 2000.1.21, 97누11065)

⚠ 국세기본법상 **비과세관행이 성립**하려면, 상당한 기간에 걸쳐 **과세를 하지 아니한 객관적 사실**이 존재할 뿐만 아니라 과세관청이 불과세 상태에 대하여 **과세하지 않겠다는 명시적 또는 묵시적 의사표시**가 있어야 한다. (○) [18 국가5 승진]

⚠ 「국세기본법」 제18조제3항에서 말하는 **비과세관행이 성립**하려면 상당한 기간에 걸쳐 **과세를 하지 않은 객관적 사실이 존재**하면 ~~충분하고~~, 나아가 과세관청 자신이 그 사항에 관하여 과세할 수 있음을 알면서도 어떤 특별한 사정 때문에 **과세하지 않는다는 주관적인 의사까지 요구**되는 것은 ~~아니~~다. (×) [22 소방간부]

정답 0052. O 0053. O

0054

[14 군무원9]

총무과 민원팀장인 공무원이 민원봉사차원에서 상담에 응하여 안내한 것을 신뢰한 경우에는 신뢰보호의 원칙이 적용된다. O X

병무청 담당부서의 담당공무원에게 공적 견해의 표명을 구하는 정식의 서면질의 등을 하지 아니한 채 총무과 민원팀장에 불과한 공무원이 민원봉사차원에서 상담에 응하여 안내한 것을 신뢰한 경우, ★신뢰보호 원칙이 적용되지 아니한다. (대판 2003.12.26. 2003두1875)

▲ **병무청** 담당부서의 담당공무원에게 공적 견해의 표명을 구하는 정식의 서면질의 등을 하지 아니한 채 **총무과 민원팀장**인 공무원이 민원봉사차원에서 **상담에 응하여 안내**한 것을 신뢰한 경우, **신뢰보호원칙이 적용되지 아니한다**. (○) [18 서울7]

0055

[18 군무원9]

신뢰보호원칙이 적용되기 위한 행정청의 공적 견해표명이 있었는지 여부는 전적으로 행정조직상의 권한분장에 의해 결정된다. O X

행정청의 공적 견해표명이 있었는지의 여부를 판단하는 데 있어 반드시 ★행정조직상의 형식적인 권한분장에 구애될 것은 아니고 담당자의 조직상의 ★지위와 임무, 당해 ★언동을 하게 된 구체적인 경위 및 그에 대한 상대방의 신뢰가능성에 비추어 실질에 의하여 판단하여야 한다. (대판 2003.12.26. 2003두1875)

▲ 신뢰보호원칙의 요건으로서 **공적 견해 표명의 유무의 판단**기준은 **형식적인 권한분장에 구애될 것은 아니고** 담당자의 조직상 지위와 임무, 구체적 언동의 경위들을 고려해 판단하여야 한다. (○) [19 소방간부]

▲ 행정청의 **공적 견해표명이 있었는지의 여부를 판단**하는 데 있어서는 ~~행정조직상의 형식적인 권한분장만이 그 기준~~이 되며, **담당자의 조직상의 지위와 임무, 당해 언동을 하게 된 구체적인 경위** 등은 상대방의 **신뢰여부를 판단하는 기준**이 ~~아니다~~. (×) [13 경행]

0056

[22 군무원9]

헌법재판소의 위헌결정이 있다면 행정청이 개인에 대하여 공적인 견해를 표명한 것으로 볼 수 있으므로 위헌 결정과 다른 행정청의 결정은 신뢰보호 원칙에 반한다. O X

헌법재판소의 위헌결정은 행정청이 개인에 대하여 신뢰의 대상이 되는 공적인 견해를 표명한 것이라고 ★할 수 없으므로 그 결정에 관련한 개인의 행위에 대하여는 신뢰보호의 원칙이 ★적용되지 아니한다. (대판 2003.6.27. 2002두6965)

▲ **헌법재판소의 위헌결정**은 행정청이 개인에 대하여 **신뢰의 대상이** 되는 공적인 견해를 표명한 것이라고 **할 수 없으므로** 그 결정에 관련한 개인의 행위에 대하여는 **신뢰보호의 원칙이 적용되지 아니한다**. (○) [14 군무원9]

▲ **헌법재판소의 위헌결정**은 행정청이 개인에 대해 ~~공적인 견해를 표명~~한 것으로 그 결정에 관련한 개인의 행위는 신뢰보호의 원칙이 ~~적용된다~~. (×) [15 서울7]

정답 0054. × 0055. × 0056. ×

0057

[20 군무원9]

조세법령의 규정내용 및 행정규칙 자체는 과세관청의 공적 견해 표명에 해당하지 아니한다. O X

조세법령의 규정내용 및 행정규칙 자체는 과세관청의 **공적 견해 표명에 ★해당하지 아니한다**. (대판 2003. 9. 5. 2001두403)

⚠ 판례는 행정기관의 선행조치로서 **공적인 견해표명**이 있어야 하며 **법령의 규정내용 및 행정규칙 자체**를 ~~이에 해당~~한다고 보고 있다. (×) [09 관세사]

0058

[10 군무원9]

행정법상 신뢰보호의 원칙의 요건으로 행정청의 선행조치와 이를 믿는 상대방의 신뢰 사이에 인과관계가 존재할 것이 있다. O X

신뢰보호의 원칙이 적용되기 위하여는, 첫째 행정청이 개인에 대하여 신뢰의 대상이 되는 **공적인 견해표명**을 하여야 하고, 둘째 행정청의 견해표명이 정당하다고 **신뢰**한 데에 대하여 그 개인에게 **귀책사유가 없어야** 하며, 셋째 그 개인이 그 견해표명을 신뢰하고 **★이에 기초하여 어떠한 행위**를 하였어야 하고, 넷째 행정청이 위 **견해표명에 반하는 처분**을 함으로써 그 견해표명을 신뢰한 개인의 **이익이 침해**되는 결과가 초래되어야 한다. (대판 2008. 1. 17., 2006두10931)

⚠ 행정청의 선행조치와 무관하게 우연히 행해진 사인의 처리행위도 ~~신뢰보호의 대상~~이 될 수 있다. (×) [08 국회8]

0059

[09 군무원9]

수익적 처분이 상대방의 허위 기타 부정한 방법으로 인하여 행하여졌다면 상대방은 그 처분이 그와 같은 사유로 인하여 취소될 것임을 예상할 수 없었다고 할 수 없으므로, 이러한 경우에까지 상대방의 신뢰를 보호하여야 하는 것은 아니다. O X

수익적 처분이 있으면 상대방은 그것을 기초로 하여 새로운 법률관계 등을 형성하게 되는 것이므로, 이러한 상대방의 신뢰를 보호하기 위하여 수익적 처분의 취소에는 일정한 제한이 따르는 것이나, 수익적 처분이 상대방의 **★허위 기타 부정한 방법**으로 인하여 행하여졌다면 상대방은 그 처분이 그와 같은 사유로 인하여 취소될 것임을 예상할 수 없었다고 할 수 없으므로, 이러한 경우에까지 상대방의 **★신뢰를 보호하여야 하는 것은 아니라**고 할 것이다. (대판 1995.1.20. 94누6529)

☑ 신뢰보호원칙에서 선행조치에 대한 **개인의 신뢰가 보호**되기 위해서는 **그 신뢰에 귀책사유가 없어야** 한다. 따라서 **허위**(사위), **사실은폐와 같은 부정한 행위**로써 수익처분을 신청하여 처분을 받은 경우, 사후에 그 처분이 취소되더라도 처분에 대한 신청자의 **신뢰에는 귀책사유**가 있으므로, **보호가치 있는 신뢰로 볼 수 없다.**

⚠ 처분의 하자가 **당사자의 허위 방법에 의한 신청행위**에 기인한 것이면 **당사자는 신뢰이익을 주장할 수 없다.** (○) [20 소방간부]

⚠ 신뢰보호의 원칙과 관련하여, 행정청의 **선행조치가 신청자인 사인의 사위나 사실은폐에 의해 이뤄진 경우라도 행정청의 선행조치에 대한 사인의 신뢰**는 ~~보호되어야 한다.~~ (×) [17 서울9]

정답 0057. ○ 0058. ○ 0059. ○

0060

[18 군무원9]

신뢰보호의 원칙에서 귀책사유의 유무는 상대방과 그로부터 신청행위를 위임받은 수임인 등 관계자 모두를 기준으로 판단한다. O X

개인의 귀책사유라 함은 행정청의 **견해표명의 하자**가 상대방 등 관계자의 **사실은폐**나 기타 **사위의 방법**에 의한 신청행위 등 **부정행위에 기인한 것**이거나 그러한 부정행위가 없더라도 **하자가 있음을 알았거나 중대한 과실로 알지 못한 경우** 등을 의미한다고 해석함이 상당하고, **귀책사유의 유무**는 **상대방**과 그로부터 신청행위를 위임받은 **수임인 등 ★관계자 모두를 기준**으로 판단하여야 한다. (대판 2008.1.17. 2006두10931).

⚠ **사인의 보호가치 있는 신뢰**는 소극적으로 **귀책사유 유무로 판단**하는바, 이 경우에는 ~~엄격히 상대방에 한정하여~~ 귀책사유 유무를 판단하여야 한다. (×) [16 국가5 승진]

0061

[16 군무원9]

삼청교육대 피해자들에게 피해보상을 하겠다는 대통령 담화와 국방부장관의 공고를 믿고 피해신청을 한 피해자들에게 보상하지 않는 것은 신뢰보호의 원칙에 위배된다. O X

대통령이 담화를 발표하고 이에 따라 **국방부장관**이 삼청교육 관련 피해자들에게 그 **피해를 보상하겠다고 공고**하고 **피해신고까지 받은** 것은, 대통령이 정부의 수반인 지위에서 피해자들인 국민에 대하여 향후 입법조치 등을 통하여 그 피해를 보상해 주겠다고 구체적 사안에 관하여 **종국적으로 약속**한 것으로서, 거기에 채무의 승인이나 시효이익의 포기와 같은 사법상의 효과는 없더라도, 그 상대방은 약속이 이행될 것에 대한 **강한 신뢰**를 가지게 되고, 이러한 **신뢰**는 단순한 사실상의 기대를 넘어 **★법적으로 보호받아야 할 이익**이라고 보아야 한다. (대판 2001. 7. 10. 선고 98다38364).

⚠ 소위 **삼청교육**으로 인한 **피해를 보상**하겠다는 **대통령의 담화발표와 이에 대한 후속조치**로 국방부장관이 그 피해를 보상하겠다고 공고하고 피해신고까지 받은 것은 **피해자들인 국민**에 대하여 약속이 이행될 것이라는 **강한 신뢰**를 가지게 하였으며, 이러한 **신뢰는 법적으로 보호받아야 할 이익**이다. (○) [06 국회8]

0062

[14 군무원9]

폐기물처리업에 대하여 관할 관청의 사전 적정통보를 받고 허가요건을 갖춘 후 허가신청을 하였음에도 청소업자의 난립으로 효율적인 청소업무의 수행에 지장이 있다는 이유로 한 불허가처분은 신뢰보호의 원칙에 반한다. O X

폐기물처리업에 대하여 관할 관청의 **사전 적정통보**를 받고 막대한 비용을 들여 허가요건을 갖춘 다음 허가신청을 하였음에도 **★청소업자의 난립**으로 효율적인 청소업무의 수행에 지장이 있다는 이유로 한 **불허가처분**이 **★신뢰보호의 원칙에 반하여** 재량권을 남용한 **위법한 처분**이다. (대판 1998.5.8. 98두4061)

⚠ **폐기물처리업**에 대하여 관할 관청의 **사전 적정통보**를 받고 **막대한 비용**을 들여 요건을 갖춘 다음 허가신청을 한 경우, 행정청이 **청소업자의 난립**으로 효율적인 **청소업무의 수행에 지장이 있다는 이유**로 **불허가처분**을 하였다 할지라도 **신뢰보호의 원칙에 반**~~하지 아니~~한다. (×) [22 소방]

정답 0060. O 0061. O 0062. O

0063

[14 군무원9]

도시계획구역 내 생산녹지로 답(畓)인 토지에 대하여 종교회관건립을 이용목적으로 하는 토지거래계약의 허가를 받으면서 담당공무원이 관련법규상 허용된다고 하여 이를 신뢰하고 건축준비를 하였으나 그 후 토지형질변경허가신청을 불허가한 것은 신뢰보호의 원칙에 위반된다. O X

도시계획구역 내에 생산녹지로 답(畓)인 토지에 대하여 **종교회관건립을 이용목적으로 하는 토지거래계약의 허가**를 받으면서 **★담당공무원이 관련 법규상 허용된다** 하여 이를 **신뢰하고 건축준비**를 하였는데, 그 후 토지형질변경**허가신청을 불허**한 것은 **★신뢰보호원칙에 반한다**. (대판 1997.9.12. 96누18380)

⚠ 종교법인이 도시계획구역 내 생산녹지로 답(畓)인 토지에 대하여 **종교회관 건립을 이용목적으로** 하는 **토지거래계약의 허가**를 받으면서 **담당공무원이 관련 법규상 허용된다** 하여 **이를 신뢰**하고 건축준비를 하였으나 그 후 당해 지방자치단체장이 **다른 사유를 들어 토지형질변경허가신청을 불허가**한 것은 **신뢰보호의 원칙에 반한다**. (○) [22 국회9]

0064

[22 군무원5]

관할관청이 폐기물처리업 사업계획에 대하여 적정통보를 한 것만으로도 그 사업부지 토지에 대한 국토이용계획변경신청을 승인하여 주겠다는 취지의 공적인 견해표명을 한 것으로 볼 수 있다. O X

폐기물관리법령에 의한 **폐기물처리업 사업계획에 대한 적정통보**와 국토이용관리법령에 의한 **국토이용계획변경**은 각기 그 제도적 취지와 결정단계에서 **★고려해야 할 사항들이 다르다**는 이유로, **폐기물처리업 사업계획에 대하여 적정통보**를 한 것만으로 그 사업부지 토지에 대한 **국토이용계획변경신청을 승인**하여 주겠다는 취지의 **공적인 견해표명**을 **한 것으로 ★볼 수 없다**. (대판 2005.4.28. 2004두8828)

62문	폐기물처리업 사업계획 적정통보	폐기물처리업 허가신청·승인에 대한 공적 견해표명 ○ └→ 따라서 폐기물처리업 불허처분은 신뢰보호원칙 위반 ○
64문	폐기물처리업 사업계획 적정통보	국토이용계획변경 신청·승인에 대한 공적 견해표명 × └→ 따라서 국토이용계획신청 불허처분은 신뢰보호원칙 위반 ×

⚠ 폐기물관리법령에 의한 **폐기물처리업 사업계획에 대한 적정통보**와 국토이용관리법령에 의한 **국토이용계획변경**은 각기 그 **제도적 취지와 결정단계**에서 **고려해야 할 사항들이 다르므로** 폐기물처리업 사업계획에 대하여 **적정통보를 한 것만으로는** 그 사업부지 토지에 대한 **국토이용계획변경신청을 승인하여 주겠다는 취지**의 공적인 견해표**명을 한 것으로 볼 수 없다**. (○) [18 경행]

정답 0063. O 0064. ×

0065

[22 군무원5]

국가자격시험에 관련한 법률의 소관 중앙행정기관이 오랜 기간 시행되었던 **절대평가제를 상대평가제로 전환**하는 내용으로 **시행령을 개정**하면서, 해당 **시험을 목전에 앞둔 2개월 전에공표·시행**하는 조치를 취한 다음에 **해당 시험을 실시**하였다. 그 결과, 종래의 시행령에 의하면 합격의 대상이 되어야 할 '**전과목 평균 60점 이상의 점수를 받은 자로**서 40점 미만의 과락 과목이 없는 수험생'이 **개정된 시행령에 근거하여 불합격처분**을 받는 상황이 발생하였다.

㉠ 시험의 상대평가제를 규정한 개정 시행령의 해당 규정을 목전에 앞둔 시험에 적용할 것인지 여부는 헌법이 보장하고 있는 입법권자의 재량에 속한다고 할 것이므로 이를 헌법에 위반한 무효라고 판단할 수 없다. O X

㉡ 시험의 상대평가제를 규정한 개정 시행령의 해당 규정을 목전에 앞둔 시험에 시행하는 것은 헌법상 신뢰보호의 원칙에 비추어 허용될 수 없으므로, 개정 시행령의 해당 규정은 헌법에 위반되어 무효이다. O X

㉢ 수험생들이 개정 시행령의 내용에 따라 공고된 시험에 응하였다는 점에 비추어 볼 때, 사회통념상 수험생은 개정 전 시행령의 존속에 대한 일체의 신뢰이익을 포기한 것으로 단정할 수 있다. O X

㉣ 시험실시기관의 합격·불합격 처분은 '처분시법'을 기준으로 해야 한다는 점에서 개정된 시행령에 근거한 이 사건 불합격처분을 두고 위법하다고 할 수는 없다. O X

1. … (전략) … **변리사 제1차 시험의 상대평가제를 규정**한 개정 시행령 제4조 제1항을 **2002년의 제1차 시험에 시행**하는 것은 헌법상 **신뢰보호의 원칙에 비추어 허용될 수 없으므로**, **개정 시행령 부칙** 중 제4조 제1항을 즉시 2002년의 변리사 **제1차 시험에 대하여 시행**하도록 **그 시행시기를 정한 부분**은 **★헌법에 위반되어 무효이다**.

1-1 … (전략) … 수험생들이 개정 시행령의 내용에 따라 공고된 2002년의 제1차 시험에 응하였다고 하더라도 사회통념상 그것만으로는 **개정 전 시행령의 존속**에 대한 일체의 **신뢰이익을 ★포기한 것이라고 볼 수도 없다**. (대판 전합 2006. 11. 16. 2003두1289)

2. … (전략) … 위 시행령 부칙 중 **위 조항을 즉시 시행**하도록 한 부분이 **헌법에 위배된다**고 판단하여 결과적으로 **부칙 제정행위가 위법**한 것으로 되고 그에 따른 **불합격처분 역시 ★위법**하게 되어 … (후략) … (대판 2013. 4. 26. 2011다14428)

⚠ 갑자기 선발방법을 **상대평가제로 변경**하면서 **유예기간을 전혀 두지 않은 시행령의 개정**은 **위헌·위법**이다. (○) [13 변호사 모의시험 변형]

⚠ **절대평가제로 변경된 시행령의 내용을 믿고 수험준비**를 한 甲, 乙, 丙의 **신뢰이익은 보호되어야** 한다. (○) [13 변호사 모의시험 변형]

⚠ 소관 중앙행정기관이 **개정된 시행령에 따라** 시험을 시행하고 甲, 乙, 丙을 **불합격시킨 것은 위법**하다. (○) [13 변호사 모의시험 변형]

정답 0065-㉠. X 0065-㉡. O 0065-㉢. X 0065-㉣. X

2 실권의 법리

0066

[11 군무원9]

우리나라의 행정절차법은 실권의 법리를 규정하고 있다. O X

직권취소의 행사기간과 같은 실권의 법리에 관한 규정이 두고 있는 독일의 행정절차법과는 달리, **우리나라 「행정절차법」에는 실권의 법리에 관한 규정은 존재하지 않는다.**

△ 우리나라 「**행정절차법**」에서는 취소권을 1년 이상 행사하지 아니하면 **실권**되는 것으로 ~~명문의 규정을 두고 있다~~. (×) [17 국회8]

0067

[22 군무원5]

㉠ 실권(失權) 내지 실효(失效)의 법리는 종래 판례에 의해 인정되었으나 현재에는 「행정기본법」 제12조 제2항에 법적 근거를 두고 있는 행정법의 일반원칙이라고 할 수 있다. O X

㉡ 행정청은 권한 행사의 기회가 있음에도 불구하고 장기간 권한을 행사하지 아니하여 국민이 그 권한이 행사되지 아니할 것으로 믿을 만한 정당한 사유가 있는 경우에는 그 권한을 행사해서는 아니 되지만, 공익 또는 제3자의 이익을 현저히 해칠 우려가 있는 경우는 예외로 한다. O X

【행정기본법】 제12조(신뢰보호의 원칙)
② **행정청**은 권한 행사의 기회가 있음에도 불구하고 **★장기간 권한을** 행사하지 아니하여 국민이 **그 권한이 행사되지 아니할 것으로 ★믿을 만한 정당한 사유**가 있는 경우에는 그 **권한을 ★행사해서는 아니 된다**. 다만, **공익 또는 제3자의 이익**을 현저히 해칠 우려가 있는 경우는 **예외**로 한다.

△ 행정청은 **권한 행사의 기회**가 있음에도 불구하고 **장기간 권한을 행사하지 아니하여** 국민이 그 **권한이 행사되지 아니할 것으로 믿을 만한 정당한 사유**가 있는 경우에는 공익 또는 제3자의 이익을 현저히 해칠 우려가 있는 경우를 예외로 하고 그 **권한을 행사해서는 아니 된다**. (○) [22 소방승진]

0068

[22 군무원5]

제재처분의 경우에는 실권의 법리에도 불구하고 법령 등의 위반행위가 종료된 날로부터 5년이 지나면 해당 위반행위에 대한 제재처분은 허용되지 아니한다. O X

【행정기본법】 23조(제재처분의 제척기간)
① 행정청은 법령 등의 **위반행위가 종료**된 날부터 **★5년이 지나면** 해당 위반행위에 대하여 **제재처분**(인허가의 정지·취소·철회, 등록 말소, 영업소 폐쇄와 정지를 갈음하는 과징금 부과를 말한다.)을 **★할 수 없다**.
☑ **행정기본법**에서는 **실권의 법리와 마찬가지로** 국민의 **신뢰보호**를 위해 **제재처분에 대한 제척기간**을 도입하였다.

* 지문에서 실권의 법리에도 '불구하고'라는 표현은 출제오류로 보인다.

정답 0066. × 0067-㉠. ○ 0067-㉡. ○ 0068. ○

0069

[20 군무원9]

대법원은 실권의 법리를 신뢰보호원칙의 파생원칙으로 본다. O X

실권 또는 실효의 법리는 법의 일반원리인 ★**신의성실의 원칙**에 바탕을 둔 파생원칙인 것이므로 공법관계 가운데 관리관계는 물론이고 권력관계에도 적용되어야 함을 배제할 수는 없다. (대판 1988.4.27. 87누915).

⚠ **실권의 법리**는 일반적으로 신뢰보호원칙의 적용영역의 하나로 설명되고 있으나, **판례는 신의성실 원칙의 파생원칙**으로 보고 있다. (○) [15 사복9]

⚠ **실권의 법리**에 대해 판례는 ~~비례의 원칙~~에 대한 파생법리의 하나로 보고 있다. (×) [11 군무원9]

0070

[11 군무원9]

행정청이 철회사유가 있음을 알면서도 아무런 조치를 취하지 않고 장기간 철회권을 행사하지 않은 경우 실권의 법리에 의해 철회권 행사가 제한된다. O X

철회사유 발생 후에 철회권을 가진 행정청이 **일정 기간 동안 철회권을 행사하지 않는 경우**에는 **'실권의 법리'**에 따라 **철회가 불가능하거나 제한**된다.

⚠ 실권의 법리는 **철회사유 발생 시,** 행정청이 **일정기간 철회권을 행사하지 않은 경우**라도 그 행위를 철회할 수 있다는 것과 관련이 있다. (×) [11 군무원9]

0071

[09 군무원9]

행정청이 아무런 조치를 취하지 않고 있고 장기간 방치하다가 3년여가 지난 후에 운전면허취소처분을 한 것은 신뢰보호의 원칙에 위배된다. O X

택시운전사가 1983.4.5 운전면허정지기간중의 운전행위를 하다가 적발되어 형사처벌을 받았으나 행정청으로부터 아무런 행정조치가 없어 안심하고 계속 운전업무에 종사하고 있던중 행정청이 위 위반행위가 있은 이후에 장기간에 걸쳐 아무런 행정조치를 취하지 않은채 방치하고 있다가 ★3년여가 지난 1986.7.7에 와서 이를 이유로 행정제재를 하면서 가장 무거운 **운전면허를 취소하는 행정처분**을 하였다면 이는 행정청이 그간 별다른 행정조치가 없을 것이라고 믿은 ★**신뢰의 이익과 그 법적안정성을 빼앗는 것**이 되어 매우 가혹하다. (대판 1987.9.8., 87누373)

☑ 반면 교통사고를 발생시킨지 **1년 10개월**이 지난 후에, 택시면허를 취소한 것은 **신뢰보호의 원칙에 반하지 않는 것**으로 본 사례도 있다.(88누6283)

⚠ 처분관청이 운전면허취소처분을 하지 않다가 **3년 후에 느닷없이 운전면허취소처분**을 하는 것은 **신뢰보호원칙에 반한다.** (○) [00 관세사]

⚠ 위반행위(운전면허정지기간 중의 운전행위) 후 **3년여가 지나서** 한 **제재처분(운전면허취소처분)**을 **실권의 법리 위반으로 위법하다**고 한 판례가 있다. (○) [12 경행]

정답 0069. × 0070. ○ 0071. ○

0072

[22 군무원5]

㉠ 실권(失權) 내지 실효(失效)의 법리는 국가안전보장이나 질서유지 또는 공공복리 등의 공익이나 제3자의 이익을 현저히 해칠 우려가 있는 경우에는 인정되지 않을 수도 있다는 점에서 「행정심판법」이나 「행정소송법」상 사정재결·판결과 유사성을 갖는 것으로 평가할 수 있다. O X

㉡ 실권의 법리는 상대방이 행정권한 행사를 위한 법령요건을 갖춘 시점으로부터 장기간 권한행사를 하지 아니한 때에 인정될 수 있다는 점에서 「형사소송법」상 공소시효의 기산점과 유사성을 갖는 것으로 평가할 수 있다. O X

㉠ 사정판결(사정재결)은 **공익(공공복리)상의 이유**로 예외적으로 원고의 이유있는 청구를 기각하는 제도인바, 실권의 법리도 **공익상의 이유**로 적용되지 않을 수 있으므로, 이 점에서 유사하다는 것이다.
㉡ 실권(실효)의 법리는 소멸시효나 공소시효와는 **하등의 유사성도 없다.**
☑ 시험주관 담당부서에서 전문가(교수) 위탁출제를 하지 않아 지문구성이 다소 조악하다.

3 평등의 원칙

0073

㉠ 행정청은 어떠한 경우에도 국민을 차별하여서는 아니 된다. [22 군무원7] O X

㉡ 평등원칙은 동일한 것 사이에서의 평등이므로 상이한 것에 대한 차별의 정도에서의 평등을 포함하지 않는다. [21 군무원9] O X

【행정기본법】 제9조(평등의 원칙) 행정청은 ★**합리적 이유 없이** 국민을 ★**차별하여서는 아니 된다.**
☑ ㉠ 합리적 이유 없이 차별하여서는 안되는 것이므로, **합리적 이유가 있을 때**에는 차별이 가능하다.

가산점제도에 대하여는 엄격한 (평등의 원칙) 심사척도가 적용되어야 하는데, 엄격한 심사를 한다는 것은 자의금지원칙에 따른 심사, ★**합리적 이유의 유무를 심사**하는 것에 그치지 아니하고 비례성원칙에 따른 심사, 즉 차별취급의 목적과 수단간에 ★**엄격한 비례관계가 성립하는지를 기준**으로 한 심사를 행함을 의미한다. (헌재 전원 98헌마363, 1999. 12. 23.)
☑ ㉡ 헌법재판소는 **차별취급**이 **합리적인 이유**를 가지고 있는 것만으로는 부족하고, **차별취급의 목적과 수단 간**에 엄격한 **비례관계가 성립**할 것까지 요구하고 있다.

'합리적 이유(근거)가 있는 차별'이란, ★**동일한 것은 동일하게 취급**하면서 ★**상이한 것은 상이하게 차별(취급)**하는 것이고, 또한 그 **차별의 정도**도 **상이한** ★**정도에 비례해야** 한다는 것이다.

⚠ 행정청은 **합리적 이유 없이** 국민을 **차별하여서는 아니 된다.** (○) [21 군무원9] [22 군무원5]

⚠ **평등원칙**은 일체의 차별적 대우를 부정하는 절대적 평등을 의미하는 것이 아니라 입법과 법의 적용에 있어서 **합리적인 근거가 없는 차별을 배제**하는 **상대적 평등**을 뜻한다. (○) [21 국가9]

정답 0072-㉠. O 0072-㉡. × 0073-㉠. × 0073-㉡. ×

0074

[20 군무원7]

같은 정도의 비위를 저지른 자들임에도 불구하고 그 직무의 특성 등에 비추어 개전의 정이 있는지 여부에 따라 징계 종류의 선택과 양정에서 다르게 취급하는 것은 평등의 원칙에 반하지 않는다. O X

같은 정도의 비위를 저지른 자들 사이에 있어서도 그 직무의 특성 등에 비추어, **★개전의 정이 있는지 여부**에 따라 **★징계의 종류의 선택과 양정**에 있어서 **차별**적으로 취급하는 것은, 사안의 성질에 따른 **★합리적 차별**로서 이를 자의적 취급이라고 할 수 없는 것이어서 **평등원칙 내지 형평에 반하지 아니한다**. (대판 1999.8.20. 99두2611)

⚠ 동일한 사항을 다르게 취급하는 것은 합리적 이유가 없는 차별이므로, **같은 정도의 비위**를 저지른 자들은 비록 **개전의 정이 있는지 여부에 차이**가 있다고 하더라도 **징계 종류의 선택과 양정**에 있어 동일하게 취급받아야 한다. (×) [20 지방9]

0075

[20 군무원9]

현역군인만을 국방부의 보조기관 및 차관보·보좌기관과 병무청 및 방위사업청의 보조기관 및 보좌기관에 보할 수 있도록 정하여 군무원을 제외하고 있는 정부조직법 관련 조항은 군무원인 청구인들의 평등권을 침해한다고 보아야 한다. O X

군인과 군무원은 각각의 책임·직무·신분 및 근무 조건에는 **상당한 차이가 존재**한다. 이 사건 법률조항이 **현역군인에게만** 국방부 등의 **보조기관 등에 보해질 수 있는 특례**를 인정한 것은 국방부 등이 담당하고 있는 교육훈련업무에는 **현역군인**들의 **작전 및 교육경험을 활용할 필요성이 인정**되는 반면, **군무원들이 주로 담당**해 온 군수지원분야의 업무, 행정 업무 그리고 일부 전투지원분야의 업무는 **국방부 등에 근무하는** 일반직공무원·별정직공무원 및 계약직공무원으로서도 **★충분히 감당**할 수 있다는 입법자의 합리적인 재량 판단에 의한 것이다. 따라서 이 사건 법률조항은 청구인들의 **평등권을 ★침해하지 않는다**. (헌재 2008.6.26. 2005헌마1275)

0076

[20 군무원7]

헌법재판소는 국·공립학교 채용시험에 국가유공자와 그 가족이 응시하는 경우 만점의 10퍼센트를 가산하도록 했던 구 「국가유공자 등 예우 및 지원에 관한 법률」 및 「5·18민주유공자 예우에 관한 법률」의 규정이 일반 응시자들의 평등권을 침해한다고 보았다. O X

이 사건 조항의 경우 명시적인 헌법적 근거 없이 국가유공자의 가족들에게 만점의 10%라는 높은 가산점을 부여하고 있는바, **국가유공자의 가족의 공직 취업기회**를 위하여 **★매년 많은 일반 응시자들에게 불합격**이라는 심각한 불이익을 입게 하는 것은 정당화될 수 없다. 이 사건 조항의 차별로 인한 불평등 효과는 입법목적과 그 달성수단 간의 비례성을 현저히 초과하는 것이므로, 청구인들과 같은 일반 공직시험 응시자들의 **★평등권을 침해**한다. 이 사건 조항이 공무담임권의 행사에 있어서 일반 응시자들을 차별하는 것이 평등권을 침해하는 것이라면, 같은 이유에서 이 사건 조항은 그들의 **★공무담임권을 침해**하는 것이다. (헌재 2006. 2. 23. 2004헌마675,981,1022)

⚠ **국가기관이 채용시험**에서 **국가유공자의 가족에게 10%의 가산점을 부여**하는 규정은 **평등권과 공무담임권을 침해**한다. (○) [21 군무원9]

정답 0074. O 0075. × 0076. O

4 자기구속의 원칙

0077

㉠ 행정의 자기구속의 원칙은 「행정기본법」에 규정된 행정법상 원칙이다. [22 군무원7] O X
㉡ 판례는 행정의 자기구속의 원리의 근거를 평등의 원칙이나 신뢰보호의 원칙에서 찾고 있다. [18 군무원9] O X

> ㉠ '**자기구속의 원칙**'은 행정기본법 제2장(행정의 법 원칙)에서는 **규정되어 있지 않고**,
> ㉡ 다만 **판례(대법원, 헌법재판소)에서는** 평등의 원칙 또는 신뢰보호의 원칙을 근거로 인정되고 있다.

⚠ 헌법재판소 **판례는 행정의 자기구속의 법리를 인정**하고 있다. (○) [11 사복9]
⚠ 행정의 법원칙 중 '행정의 **자기구속의 원칙**'을 ~~행정기본법에 명문으로 규정~~하고 있다. (×) [21 행정사]

⚠ **대법원과 헌법재판소**는 **평등의 원칙**과 **신뢰보호의 원칙**을 행정의 **자기구속의 원칙의 근거**로 삼고 있다. (○) [13 국가9]

0078

[22 군무원9]

행정청 내부의 사무처리준칙이 제정·공표되었다면 이 자체만으로도 행정청은 자기구속을 받게 되므로 이 준칙에 위배되는 처분은 위법하게 된다. O X

> 1. **재량권 행사의 준칙인 행정규칙**이 그 정한 바에 따라 **★되풀이 시행되어** 행정관행이 이루어지게 되면 평등의 원칙이나 신뢰보호의 원칙에 따라 행정기관은 그 상대방에 대한 관계에서 그 규칙에 따라야 할 **★자기구속**을 받게 되므로, 그 규칙에 위반하는 처분은 평등의 원칙이나 신뢰보호의 원칙에 위배되어 재량권을 일탈·남용한 **★위법한 처분**이 된다. (대판 2009.12.24. 2009두7967)
> 2. 시장이 농림수산식품부에 의하여 **공표**된 '2008년도 농림사업시행지침서'에 명시되지 않은 '시·군별 건조저장시설 개소당 논 면적' 기준을 충족하지 못하였다는 이유로 신규 건조저장시설 사업자 인정신청을 반려한 사안에서, 위 지침이 되풀이 시행되어 행정**관행이 이루어졌다거나** 그 **공표만으로** 신청인이 **보호가치 있는 신뢰를 갖게 되었다고 ★볼 수 없다**. (대판 2009. 12. 24., 2009두7967)

재량준칙의 **공표** + **되풀이 시행(행정관행 성립)**	자기구속의 원칙 적용 ○ └ 해당 재량준칙 위반행위는 **위법** ○
재량준칙의 공표	자기구속의 원칙 적용 × └ 해당 재량준칙 위반행위는 **위법** ×

⚠ **재량준칙이** 공표된 것만으로는 행정의 **자기구속의 원칙이 적용될 수 없고**, 재량준칙이 **되풀이 시행**되어 행정**관행이 성립**한 경우에 행정의 자**기구속의 원칙이 적용**될 수 있다. (○) [18, 21 군무원9]
⚠ **재량권 행사의 준칙인 행정규칙**의 ~~공표만으로~~ 상대방은 ~~보호가치 있는 신뢰를 갖게 되었다~~고 볼 수 있다. (×) [21 지방9]

정답 0077-㉠. × 0077-㉡. ○ 0078. ×

0079

[14 군무원9]

평등의 원칙(자기구속의 법리)은 재량준칙적 행정규칙의 법규성을 인정하는 근거이다. O X

재량권행사의 준칙인 규칙이 그 정한 바에 따라 되풀이 시행되어 행정관행이 이룩되게 되면 ★평등의 원칙이나 신뢰보호의 원칙에 따라 행정기관은 그 상대방에 대한 관계에서 그 규칙에 따라야 할 ★자기구속을 당하게 되고, 그러한 경우에는 ★대외적인 구속력을 가지게 된다. (헌재 1990.9.3. 90헌마13)

☑ 행정규칙인 '**재량준칙**'은 **자기구속의 원칙을 전환규범**으로 삼아 **법규성을 인정**받을 수 있는바, 판례도 동일한 입장이다.

⚠ **재량행사의 준칙**인 규칙이 그 정한 바에 따라 되풀이 시행되어 행정관행이 이룩되게 되면, **평등의 원칙이나 신뢰보호의 원칙**에 따라 행정기관은 그 상대방에 대한 관계에서 그 규칙에 따라야 할 **자기구속**을 받게 되어 **대외적인 구속력**을 가지게 된다. (○) [19 군무원9]

⚠ **재량준칙**이 행정의 **자기구속**을 통해 **법규성을 인정**받는 것은 비례원칙에서 파생된 것이다. (×) [19 소방간부]

0080

[19 군무원9]

수차례에 걸쳐 반복적으로 행하여진 위법한 행정처분은 행정청에 대하여 자기구속력을 가지게 된다. O X

1. 위법한 행정처분이 수차례에 걸쳐 반복적으로 행하여졌다 하더라도 그러한 처분이 ★위법한 것인 때에는 행정청에 대하여 자기구속력을 갖게 된다고 ★할 수 없다.

1-1. 행정청이 조합설립추진위원회의 설립승인 심사에서 ★위법한 행정처분을 한 선례가 있다고 하여 그러한 기준을 따라야 할 의무가 없는 점 등에 비추어, 평등의 원칙이나 신뢰보호의 원칙 또는 자기구속의 원칙 등에 ★위배된 것으로 볼 수 없다. (대판 2009. 6. 25. 2008두13132)

⚠ **반복적으로 행하여진** 행정**처분이 위법**한 것일 경우 행정청은 **자기구속의 원칙에 구속되지 않는다.** (○) [19 국회8]

⚠ 행정의 자기구속의 원칙을 적용함에 있어 종전 **행정관행의 내용이 위법**적인 경우에는 **위법인 수익적 내용의 평등한 적용을 요구**하는 청구권은 **인정될 수 없다.** (○) [20 군무원7]

☑ 어떤 행정청이 수익적 처분을 위법하게 발급해온 관행이 있더라도, 자신에게도 위법한 수익적 처분을 동일하게 발급해줄 것을 요구할 수 없다.

⚠ 행정청이 조합설립추진위원회의 설립승인 심사에서 **위법한 행정처분을 한 선례**가 있는 경우에는, 행정청에 대해 ~~자기구속력을 갖게 되어 이후에도 그러한 기준에 따라야~~ 한다. (×) [21 국가9]

정답 0079. O 0080. ×

0081

[21 군무원9]

행정의 자기구속의 원칙이 인정되는 경우에는 행정관행과 다른 처분은 특별한 사정이 없는 한 위법하다.

O X

재량준칙이 정한 바에 따라 되풀이 시행되어 행정관행이 이루어지게 되면 평등의 원칙이나 신뢰보호의 원칙에 따라 행정청은 상대방에 대한 관계에서 그 규칙에 따라야 할 자기구속을 받게 되므로, 이러한 경우에는 특별한 사정이 없는 한 **★그에 반하는 처분**은 평등의 원칙이나 신뢰보호의 원칙에 어긋나 **★재량권을 일탈·남용한 위법한 처분**이 된다. (대법원 2014. 11. 27. 2013두18964)

- **자기구속력**이 발생한 **행정관행을 위반**한 처분은 **위법한 처분**이 된다. (○) [12 서울9]
- **자기구속의 원칙이 인정**되는 경우 **행정관행과 다른 처분**은 특별한 사정이 없는 한 **위법하다.** (○) [20 소방]
- **재량준칙**이 정한 바에 따라 **되풀이 시행되어 행정관행**이 이루어지게 되면 평등의 원칙이나 신뢰보호의 원칙에 따라 행정청은 상대방에 대한 관계에서 그 규칙에 따라야 할 **자기구속**을 받게 되므로, 이러한 경우에는 특별한 사정이 없는 한 **그에 반하는 처분은** 평등의 원칙이나 신뢰보호의 원칙에 어긋나 **재량권을 일탈·남용한 위법한 처분**이 된다. (○) [18 군무원9]
- 甲은 청소년에게 주류를 제공하였다는 이유로 A구청장으로부터 6개월 이내에서 영업정지처분을 할 수 있다고 규정하는 식품위생법 제75조, 총리령인 식품위생법시행규칙 제89조 및 별표23[행정처분의 기준]에 근거하여 **영업정지 2개월 처분**을 받았다. 만일 A구청장이 유사 사례와의 형평성을 고려하지 않고 **3개월의 영업정지**처분을 하였다면 甲은 행정의 **자기구속원칙의 위반**으로 **위법함을 주장**할 수 있다. (○) [21 군무원7 수정]

☑ 기출원문의 문장 자체가 성립하지 않아, 문구를 추가하여 정정하였음.

정답 81. ○

5 비례의 원칙

0082

[08 군무원9]

최소침해의 원칙, 필요성의 원칙, 적절성의 원칙, 자의 금지의 원칙은 비례의 원칙에 속한다. O X

1. **비례의 원칙(과잉금지의 원칙)**이란 어떤 행정목적을 달성하기 위한 수단은 그 **★목적달성에 유효·적절**하고 또한 가능한 한 **★최소침해**를 가져오는 것이어야 하며 아울러 그 수단의 도입으로 인한 침해가 의도하는 **★공익을 능가하여서는 아니된다**는 **헌법상의 원칙**을 말하는 것이다. (**대판** 1997. 9. 26., 96누10096)
2. **과잉금지의 원칙**이라 함은 국민의 기본권을 제한함에 있어서 국가작용의 한계를 명시한 것으로서 **목적의 정당성·★방법의 적정성·★피해의 최소성·★법익의 균형성** 등을 의미하며 그 어느 하나에라도 저촉이 되면 위헌이 된다는 **헌법상의 원칙**을 말한다. (**헌재 전원** 1997. 3. 27. 95헌가17)

☑ 자의금지의 원칙은 비례의 원칙에 속하지 않는다.

⚠ 비례의 원칙은 구체적으로 **목적적합**성의 원칙, **최소침해**의 원칙, **협의의 비례**의 원칙 등을 내용으로 한다. (○) **[05 관세사]**

⚠ 비례원칙은 **적합성**의 원칙, **필요성**의 원칙, **상당성**의 원칙(**협의의 비례**원칙)으로 구성된다고 보는 것이 일반적이며, 헌법재판소는 과잉금지원칙과 관련하여 위 세가지에 목적의 정당성을 더하여 판단하고 있다. (○) **[17 국회8]**

0083

[17 군무원9]

"경찰관의 직권은 그 직무수행에 필요한 최소한도 내에서 행사되어야 한다."는 비례의 원칙에 해당하는 조문이다. O X

【경찰관 직무집행법】 제1조(목적)
② 이 법에 규정된 **경찰관의 직권**은 그 직무 수행에 필요한 **최소한도**에서 행사되어야 하며 **남용되어서는 아니 된다**.

⚠ "**경찰관의 직권**은 그 **직무수행에 필요한 최소한도 내에서 행사**되어야 하며 이를 남용하여서는 아니된다.(경찰관직무집행법 제1조 제2항)"는 **비례의 원칙(필요성의 원칙)**을 나타낸다.(○) **[04 국회8]**

정답 0082. X 0083. O

0084

㉠ 필요성의 원칙이란 행정기관의 조치는 그 의도하는 목적을 달성할 수 있는 수단이어야 함을 의미한다.

[13 군무원9] O X

㉡ 필요성은 최소침해의 원칙이라고도 하며 특정한 수단을 통해 이루어진 행정조치의 결과가 여러 적합한 수단 중에서도 당사자의 권리나 자유에 가장 적은 침해만을 입혀야 한다는 것을 의미한다.

[12 군무원9] O X

㉢ 적합성의 원칙이란 행정조치의 정도는 공익상 필요의 정도와 균형을 유지해야 한다는 원칙이다.

[13 군무원9] O X

【행정기본법】 제10조(비례의 원칙) 행정작용은 다음 각 호의 원칙에 따라야 한다.
1. 행정목적을 달성하는 데 ★**유효하고 적절**할 것
2. 행정목적을 달성하는 데 ★**필요한 최소한도**에 그칠 것
3. 행정작용으로 인한 국민의 **이익 침해**가 그 행정작용이 의도하는 ★**공익보다 크지 아니할 것**

비례의 원칙	① **적합성의 원칙**(수단·방법의 적정성 원칙) ↳ 행정작용이 행정**목적**을 **달성**하는 데 **적합(유효·적절)한 수단**일 것
	② **필요성의 원칙**(최소침해의 원칙) ↳ 목적달성에 적합한 수단 중 **침해가 가장 적은(필요한 최소한도) 수단**을 선택할 것
	③ **상당성의 원칙**(법익 균형성의 원칙, **협의의 비례원칙**) ↳ 행정작용으로 **침해되는 이익**이, 행정작용으로 **달성하려는** 공익과 적절한 **균형을 유지**(이익형량)할 것
	헌법재판소는 ①, ②, ③외에 '**목적의 정당성**'을 추가하고 있다.
	⚠ 법원은 ① → ② → ③의 순서로 비례의 원칙 위반여부를 심사한다.

⚠ **적합성의 원칙**이란 행정권이 발동될 시에는 행정청이 달성하려는 **행정목적에 적합한 수단을 이용하여야** 한다는 것을 의미한다. (○) [12 군무원9]

⚠ **필요성의 원칙**은 **최소침해의 원칙**이라고도 하며 목적달성을 위한 많은 적합한 수단 중 공중이나 개인에게 **최소한의 침해를 가져오는 수단**의 선택을 요구한다. (○) [19 국가5 승진]

⚠ ~~상당성의 원칙~~이란 일정한 목적을 달성할 수 있는 수단이 여러 가지 있는 경우에 그 중에서 관계자에게 **가장 적은 부담을 주는 수단**을 선택해야 함을 의미한다. (×) [98 입시] [13 군무원9]

⚠ 비례원칙의 내용 중 **상당성원칙**을 흔히 **협의의 비례원칙**이라고도 한다. (○) [04 전북9]

정답 0084-㉠. × 0084-㉡. ○ 0084-㉢. ×

0085

㉠ 비례의 원칙의 세 가지 요소를 모두 갖추지 못했을 때에만 비례의 원칙에 위반되었다는 평가를 받게 된다. [12 군무원9] O X

㉡ 음식점영업허가의 신청이 있는 경우에 부관으로서의 부담을 붙이게 되면 공익목적을 달성할 수 있는 경우임에도 불구하고 그 허가를 거부하는 것은 필요성의 원칙에 위배된다. [13 군무원9] O X

㉠ 법원이 비례의 원칙 위반여부를 판단할 경우, ★① **적합성의 원칙** → ② **필요성의 원칙** → ③ **상당성의 원칙의 순으로 각 단계를 모두 심사**하게 되는데, 각 심사단계에서 **하나의 원칙이라도 위반하게 된다면, 위법한 처분**이 된다.

㉡ 따라서 음식점영업허가의 요건에 미비한 점이 있을 경우, **최소침해수단으로써 부담**을 부가하여 **목적을 달성**할 수 있음에도, **허가신청 자체를 거부**하였다면, 그 거부처분은 비례의 원칙 중에서 '**② 필요성의 원칙**'에 **반하여 위법**하다.

⚠ **적합성의 원칙과 필요성의 원칙이 충족**된 경우에는 **상당성의 원칙은 고려**~~하지 않아도 된다.~~ (×) [19 국가5 승진]

☑ 앞의 두 원칙을 충족하였더라도, 상당성의 원칙 위반여부까지 심사하여야 한다.

⚠ 위험한 건물에 대하여 개수명령으로써 목적을 달성할 수 있음에도 불구하고 철거명령을 발령하는 것은 비례원칙의 내용 중 **필요성원칙에 반한다.** (○) [08 국가7]

0086

[12 군무원9]

비례의 원칙을 위반하는 것은 위법한 행위로 인정된다. O X

비례의 원칙은 '**헌법상의 원칙**'으로서 이에 위반한 행정작용은 **위헌·위법**한 것으로 되는바, 가령 행정**처분이 비례의 원칙을 위반**한 것으로 판명날 경우 **위법한 처분**으로서 **항고소송의 대상**이 된다.

⚠ **비례원칙에 반하는 행정작용**은 **위헌·위법**이 된다. (○) [04 전북9]

⚠ **비례의 원칙에 반하는 행정행위**는 **항고소송의 대상**~~이 되지 아니한다.~~ (×) [19 국가5 승진]

0087

[14 군무원9]

공무원이 단 1회 총리훈령을 위반하여 요정출입을 하였다는 사유로 파면처분을 받은 경우는 비례의 원칙을 위반한 사례이다. O X

1회 훈령에 위반하여 **요정 출입**을 하다가 적발된 것만으로는 공무원의 신분을 보유케 할 수 없을 정도로 공무원의 품위를 손상케 한 것이라 단정키 어려운 한편, … (중략) … 오히려 원고의 비행정도라면 이보다 가벼운 징계처분으로서도 능히 위 훈령의 목적을 달할 수 있다고 볼 수 있는 점, … (중략) … 이 사건 **파면처분**은 이른바 ★**비례의 원칙에 어긋난 것**으로서 … 심히 그 재량권의 범위를 넘어서 한 **위법한 처분**이라고 아니할 수 없다」고 판시한 것은 **정당**하여 아무 잘못이 없다. (대판 1967. 5. 2. 67누24)

⚠ 공무원이 **단 일회 훈령에 위반**하여 **요정출입**을 하였다는 사유만으로 한 **파면처분**은 **비례의 원칙에 반하**~~지 않는 적~~법한 처분이다. (×) [01 행시]

정답 0085-㉠. ✕ 0085-㉡. O 0086. O 0087. O

0088

[14 군무원9]

자동차를 운전하여 범죄행위를 한 자의 운전면허를 취소·정지한 경우는 비례의 원칙을 위반한 사례이다.

O X

운전면허취소처분의 적법 여부는 도로교통법시행규칙 제53조 제1항이 정한 [별표 16]의 운전면허 행정처분기준만에 의하여 판단할 것이 아니라 도로교통법의 **규정 내용과 취지**에 따라 판단해야 할 것이므로, 비록 위 운전면허 행정처분기준에서 **자동차를 이용하여 범죄행위**를 한 경우를 운전면허의 취소사유로 하면서 그 범죄행위로 살인 및 시체유기, 강도, 강간, 방화, 유괴·불법감금만을 규정하고 강제추행을 규정하고 있지 아니하더라도, **자동차를 운전하여 범죄행위**를 한 자의 운전면허를 **취소·정지**함으로써 **다시** 자동차를 이용하여 ★**범죄행위를 못하도록** 하려는 도로교통법 제78조 제1항 제5호의 **규정 내용과 취지** 등에 비추어 보면, 일반시민의 교통의 편의를 담당하고 있는 개인택시운전사로서 불특정 다수의 승객을 매일 운송하여야 하는 개인택시운전사가 승객인 피해자를 강제추행한 점 등의 사정에 의하면 개인택시운전사가 자동차를 이용하여 동종의 범죄를 **재범할 위험성이 상당히 크므로** 당해 운전면허취소처분은 적법하고, 또 그에 있어 ★**재량권의 일탈·남용도 없다**. (대판 1997. 10. 24., 96누17288)

0089

[14 군무원9]

청소년 유해매체물로 결정고시된 만화인 사실을 모르고 있던 도서대여업자가 그 고시일로부터 8일 후에 청소년에게 그 만화를 대여하였다는 이유로 금 700만원의 과징금을 부과받은 경우는 비례의 원칙을 위반한 사례이다.

O X

청소년유해매체물로 결정·고시된 만화인 사실을 **모르고 있던 도서대여업자**가 그 고시일로부터 8일 후에 청소년에게 그 만화를 대여한 것을 사유로 그 도서대여업자에게 **금 700만 원의 과징금**이 부과된 경우, 그 도서대여업자에게 청소년유해매체물인 만화를 청소년에게 대여하여서는 아니된다는 금지의무의 해태를 탓하기는 ★**가혹하므로** 그 과징금부과처분은 ★**재량권을 일탈·남용**한 것으로서 **위법**하다. (대판 2001.7.27. 99두9490)

⚠ **청소년유해매체물로 결정·고시된 만화**인 사실을 **모르고 있던** 도서대여업자가 그 고시일로부터 8일 후에 청소년에게 그 만화를 대여한 것을 사유로 그 **도서대여업자에게 금 700만원의 과징금**이 부과된 경우, 그 과징금 부과처분은 **재량권을 일탈·남용한 것**으로 볼 수 없다. (×) [11 경행]

정답 0088. × 0089. ○

6 부당결부금지의 원칙

0090

㉠ 부당결부금지의 원칙은 판례에 의해 확립된 행정의 법원칙으로 실정법상 명문의 규정은 없다. [22 군무원9] O X

㉡ 행정청은 행정작용을 할 때 상대방에게 해당 행정작용과 실질적인 관련이 없는 의무를 부과해서는 아니 된다. [21 군무원9] O X

【행정기본법】 제13조(부당결부금지의 원칙) 행정청은 **행정작용을 할 때** 상대방에게 해당 행정작용과 **★실질적인 관련이 없는 의무를 부과해서는 ★아니 된다.**

☑ **'부당결부금지의 원칙'**이란 행정주체가 **행정작용**을 함에 있어서 **상대방에게 이와 실질적인 관련이 없는 의무를 부과**하거나 **그 이행을 강제하여서는 아니 된다**는 원칙을 말하는데, **행정기본법에 명문화**되어 있다.

⚠ **부당결부금지의 원칙**은 **「행정기본법」에 규정**된 행정법상 원칙이다. (○) [22 군무원7]

⚠ 행정청은 **행정작용**을 할 때 상대방에게 **해당 행정작용과 실질적인 관련이 없는 의무**를 **부과해서는 아니 된다.** (○) [22 군무원5]

0091

[20 군무원7]

헌법재판소는 납세자가 정당한 사유 없이 국세를 체납하였을 경우 세무서장이 허가, 인가, 면허 및 등록과 그 갱신이 필요한 사업의 주무관서에 그 납세자에 대하여 허가 등을 하지 않을 것을 요구할 수 있도록 한 국세징수법상 관허사업 제한 규정이 부당결부금지 원칙에 반하여 위헌이라고 판단하였다. O X

국세징수법상 세무관서장이 조세체납자에 대한 각종 인·허가의 제한(신규허가 금지, 기존허가 취소)을 관할 관청에 요구할 수 있는, 이른바 **'관허사업의 제한'** 규정은 **부당결부금지의 원칙에 위반된다는 비판**을 받고 있지만, 조세체납자에 대한 관허사업제한이 부당결부에 해당하는지에 대하여 **위헌이라고 밝힌 ★명시적 판례는** 없다.

⚠ **상속세 체납자**에 대한 **영업허가취소**는 **부당결부금지의 원칙에 위반될 가능성**이 높다. (○) [13 서울9]

⚠ **조세체납자의 관허사업 제한**을 명시하고 있는 「국세징수법」 관련 규정은 ~~부당결부금지 원칙에 반하여 위헌이라는 것이 판례의 입장~~이다. (×) [14 국가9]

정답 0090-㉠. × 0090-㉡. ○ 0091. ×

0092

㉠ 주택사업계획을 승인하면서 입주민이 이용하는 진입도로의 개설 및 확장과 이의 기부채납의무를 부담으로 부과하는 것은 부당결부금지의 원칙에 반한다. [18 군무원9] O X

㉡ 지방자치단체장이 사업자에게 주택사업계획승인을 하면서 그 주택사업과는 아무런 관련이 없는 토지를 기부채납하도록 하는 부관을 주택사업계획승인에 붙인 경우, 그 부관은 부당결부금지의 원칙에 위반되어 위법하다. [19 군무원9] O X

1. 65세대의 공동**주택을 건설**하려는 사업주체(지역주택조합)에게 주택건설촉진법 제33조에 의한 **주택건설사업계획의 승인처분**을 함에 있어 그 주택단지의 진입도로 부지의 소유권을 확보하여 **진입도로** 등 간선시설을 설치하고 그 부지 소유권 등을 **기부채납**하며 그 주택건설사업 시행에 따라 폐쇄되는 인근 주민들의 기존 통행로를 **대체하는 통행로**를 설치하고 그 부지 일부를 **기부채납**하도록 조건을 붙인 경우, … (중략) … 다른 특별한 사정이 없는 한 필요한 범위를 넘어 과중한 부담을 지우는 것으로서 형평의 원칙 등에 위배되는 **★위법한 부관이라 할 수 없다**. (대판 1997. 3. 14., 96누16698)
2. 지방자치단체장이 사업자에게 **주택사업계획승인**을 하면서 그 주택사업과는 **★아무런 관련이 없는** 토지를 기부채납하도록 하는 부관을 주택사업계획승인에 붙인 경우, 그 부관은 **★부당결부금지의 원칙에 위반**되어 위법하다. … (중략) … 부관의 하자가 중대하고 명백하여 **★당연무효라고는 볼 수 없다**. (대법원 1997.3.11., 96다49650)

☑ ㉠의 경우, 공동주택건설사업을 승인하면서, **주택단지 진입도로**와 **인근주민의 대체 통행로** 등을 기부채납을 조건으로 한 부관은 **해당 주택건설사업과 관련이 있는 것**으로서, 공익적 목적에서 부가된 것이므로, **부당결부금지의 원칙에 위배되지 않는 반면**에,
㉡의 경우, **아무런 관련이 없는 토지**를 기부채납하도록 부관을 부가하였기 때문에 **부당결부금지의 원칙에 위배**되어 **취소사유에 해당**한다는 것이다.

⚠ 65세대의 **주택건설사업**에 대한 사업계획승인 시 '**진입도로 설치 후 기부채납**, 인근 주민의 기존 통행로 폐쇄에 따른 대체 **통행로** 설치 후 그 **부지 일부 기부채납**'을 조건으로 붙인 것은 **위법한 부관에 해당하지 않는다**. (○) [20 소방간부]

⚠ 甲시장은 주택사업계획승인에 A의 주택사업계획과 아무런 관련이 없는 토지를 기부채납하도록 하는 부관을 붙임으로써, (   )원칙을 위반하였다. → (부당결부금지의 원칙) [14 군무원9]

⚠ **주택사업 계획**에 주택사업과 **아무런 관련이 없는 토지**를 **기부채납 하도록 하는 부관**을 붙인 것은 ~~신뢰보호의 원칙~~에 위반된다. (○) [09 군무원9]

정답 0092-㉠. × 0092-㉡. ○

0093

[07 군무원9]

"행정법상의 의무와 반대급부 사이에는 실질적 관련성이 있어야 한다."는 것과 관련되는 행정법의 일반원칙은 '부당결부 금지의 원칙'이다. O X

'부당결부금지의 원칙'에 따라, 행정기관이 **행정작용**을 하면서, 행정작용과 **실질적 관련성이 없는 반대급부(조건 등)를 결부(의무부과, 이행강제 등) 시켜서는 안 된다.**

⚠ **부당결부금지의 원칙**은 행정기관이 **행정작용**을 함에 있어서 **그것과 실질적 관련성이 없는 반대급부**를 **결부시켜서는 안 된다**는 원칙을 말한다. (○) [08 지방7]

0094

[19 군무원9]

제1종 보통면허로 운전할 수 있는 차량을 음주운전한 경우에 이와 관련된 면허인 제1종 대형면허와 원동기장치자전거 면허까지 취소할 수 있는 것으로 보아야 한다. O X

한 사람이 **여러 종류의** 자동차운전면허를 취득하는 경우뿐 아니라 이를 취소 또는 정지함에 있어서도 서로 별개의 것으로 취급하는 것이 원칙이기는 하지만, 자동차운전면허는 그 성질이 대인적 면허일 뿐만 아니라 도로교통법시행규칙 제26조 [별표 14]에 의하면, **제1종 보통면허** 소지자는 승용자동차만이 아니라 **원동기장치자전거까지 운전할 수 있도록** 규정하고 있어 **제1종 보통면허의 취소**에는 **★원동기장치자전거의 운전까지 금지**하는 취지가 포함된 것이어서 이들 차량의 운전면허는 **★서로 관련된 것**이라고 할 것이므로, 제1종 보통면허로 운전할 수 있는 차량을 운전면허정지기간 중에 운전한 경우에는 이와 관련된 **★원동기장치자전거면허까지 취소할 수 있다**. (대판 1997. 5. 16. 97누2313)

⚠ **제1종 보통면허로 운전할 수 있는 차량을 음주운전**한 경우 **제1종 보통면허의 취소 외**에 동일인이 소지하고 있는 **제1종 대형면허**와 **원동기장치자전거면허는 취소**할 수 없다. (×) [15 국가9]

정답 0093. ○ 0094. ○

7 성실의무 및 권한남용금지의 원칙

0095

[22 군무원7]

㉠ 성실의무 및 권한남용금지의 원칙은 「행정기본법」에 규정된 행정법상 원칙이다. O X

㉡ 행정청은 행정권한을 남용하거나 그 권한의 범위를 넘어서는 아니 된다. O X

【행정기본법】 제11조(성실의무 및 권한남용금지의 원칙)
① 행정청은 법령등에 따른 의무를 ★성실히 수행하여야 한다.
② 행정청은 행정권한을 ★남용하거나 그 권한의 범위를 ★넘어서는 아니 된다.

⚠ 행정의 법원칙 중 '**성실의무 및 권한남용금지의 원칙**'을 **행정기본법에 명문으로 규정**하고 있다. (○) [21 행정사]

0096

[21 군무원5]

권한남용금지의 원칙은 행정의 목적과 행정권한을 행사한 행정공무원의 내심의 의도까지 통제하려는 것은 아니다. O X

세무조사가 과세자료의 수집 또는 신고내용의 정확성 검증이라는 본연의 목적이 아니라 ★**부정한 목적을 위하여** 행하여진 것이라면 이는 세무조사에 중대한 위법사유가 있는 경우에 해당한다. 이 사건 세무조사는 **외관상으로는 세무조사**의 형식을 취하고 있으나 그 **실질**은 세무공무원이 ★**개인적 이익을 위하여 그 권한을 남용**한 전형적 사례에 해당하여 그 위법의 정도가 매우 중대하다. (대판 2016. 12. 15., 2016두47659)

☑ 대법원은 세무조사의 실질이 본연의 목적이 아니라 **세무공무원이 개인적 이익을 위한 부정한 목적**으로 행하여진 것이라면, **행정권한을 남용한 사례**에 해당한다고 보았다. 따라서 **권한남용금지의 원칙은 행정권한을 행사하는 공무원의 내심의 의도까지 통제하려는 원칙**이라 볼 수 있다.

정답 0095-㉠. O 0095-㉡. O 0096. X

제6절 행정상 법률관계

1 공법관계와 사법관계 일반론

0097

㉠ 공법과 사법의 구별은 실체법상으로 구체적 사실에 적용할 법규나 법원칙을 결정하기 위하여 필요하다. [10 군무원9] O X

㉡ 공법관계에 대해서는 행정소송을 통한 권리구제가 가능하다. [10 군무원9] O X

공법관계와 사법관계를 구별하는 필요성은 해당 법률관계에 **적용할 법규범이나 법원리를 결정**하고, 그에 따라 분쟁 해결방식(권리구제 방식)을 어떤 **쟁송절차(행정심판·행정소송 또는 민사소송)**에 의할 것인지를 정하기 위함에 있다.

▲ **공법과 사법을 구분하는 실익**은 당해 **법률관계에** 적용할 **법규 또는 법원리가 불확실**한 경우에 **이를 결정**하기 위하여 인정된다. (○) [06 대구교행9]

▲ **행정심판은 공법관계에서만 인정**되고, 사법관계에서는 인정되지 않는다. (○) [10 군무원9]

0098

㉠ 공법관계로서의 권력관계에는 사법을 적용하지 않으며 공법의 적용을 받은 결과 공법적 효과가 발생하여 법적 분쟁에 관한 해결도 행정소송에 의한다. [13 군무원9] O X

㉡ 비권력관계(관리관계)는 사법이 적용됨이 원칙이나 공법적 효과 발생을 목적으로 하므로 공법관계에 해당한다. [13 군무원9] O X

㉢ 공법관계에 대한 사법규정의 적용을 부정하는 것이 통설적 견해이다. [10 군무원9] O X

공법관계	권력관계	원칙적으로 공법규정을 적용하고, 법적 분쟁도 **행정소송**의 관할에 속함 *예외적으로 사법규정 적용
	관리관계 (비권력관계)	원칙적으로 사법규정을 적용하고, 법적 분쟁도 **민사소송**의 관할에 속함 *예외적으로 공법규정 적용

▲ **권력관계**는 경찰작용과 같이 행정주체의 일방적인 명령강제에 의하여 지배되고 있는 관계로 **원칙적으로 사법규정의 적용이 배제**된다. (○) [07 경북9]

▲ **관리관계는 공법관계**에 속하므로 ~~전면적으로 공법규정 내지 공법원~~리가 적용된다. (×) [11 사복9]

▲ **권력관계**에는 **사법규정의 적용**이 전혀 있을 수 없다. (×) [98 국가7]

정답 0097-㉠. ○ 0097-㉡. ○ 0098-㉠. ○ 0098-㉡. ○ 0098-㉢. ×

0099

[16 군무원9]

국고관계란 국가 또는 공공단체 등의 행정주체가 우월적인 지위에서가 아니라 재산권의 주체로서 사인과 맺는 법률관계를 말한다. O X

국고관계	정의	행정주체가 공권력의 주체로서가 아니라 **사법상 재산권의 주체**로서 사인과 맺는 법률관계
	예	물품구매 **조달계약**, 직원 관사 **임대차계약**, 교량 등의 **공사 도급계약**, 국·공유 **'일반재산(예 국유림)'을 매각** 행위 등
	적용규정 및 권리구제 방식	사경제주체로서의 행위이므로 **전적으로 사법규정이 적용**되고 그에 관한 **분쟁도 민사소송의 절차**에 의함.

- 국유**일반재산의 매각**은 **국고행정**이다. (○) [06 군무원9]]
- 판례에 의하면 행정**조달계약**은 국가 등 행정주체가 계약의 일방당사자가 된다는 점에서 그 **분쟁**에 대한 관할법원은 ~~행정법원~~이다. (×) [10 국회9]

0100

㉠ 행정사법은 행정작용의 수행에 있어서 행정주체에게 법적 형식에 대한 선택가능성이 있는 경우에만 인정될 수 있다. [13 군무원9] O X

㉡ 행정사법은 경찰행정 및 조세행정 등의 분야에도 적용될 수 있다. [13 군무원9] O X

㉢ 행정사법작용에 관한 법적 분쟁은 특별한 규정이 없는 한 민사소송을 통해 구제를 도모하여야 한다. [20 군무원7] O X

㉣ 행정사법은 사법관계이므로 공법적 규율이 가해지지 않는다. [13 군무원9] O X

행정사법 관계	정의	행정주체가 **직접적으로 공행정 목적**을 수행하면서도, 그 **수행형식은 사법적 ★수단**에 의하는 법률관계
	적용영역	수행형식을 **사법적 수단으로도** 선택할 수 있는 **급부행정(전기, 가스 공급, 상하수도 관리), 유도행정(보조금 지원 등)** 등에서 가능 └→ 법형식에 대한 **★선택가능성**이 없는 경우, 즉 **공법적 수단으로만 가능한 경우(치안행정, 조세행정 등)에는 적용불가**
	적용규정 및 권리구제 방식	사법형식을 수단으로 수행되므로, **사법규정이 적용**되며 그에 관한 분쟁 역시 원칙적으로 **★민사소송**에 의함. └→ 다만 **예외적으로 ★공법규정이나 공법원리의 적용** 가능

- **행정사법**이란 행정주체가 **사법형식**으로 **행정목적을 직접 수행**하는 법률관계를 의미한다. (○) [03 관세사]
- **행정사법**의 목적은 ~~경제적 수익의 확보~~에 있으므로 **사법관계**이다. (×) [13 군무원9]
  - ☑ ~~경제적 수익의 확보~~ → 직접적인 공행정작용/ 수단만 사법적이고 **목적은 어디까지나 공행정임무**이다.
- 대체적으로 **급부행정이나 유도행정**작용에서 **행정사법관계**가 많이 나타난다. (○) [02 입시]
- **행정사법**에 의하여 규율되는 법률관계에서 **법률상의 분쟁**이 있는 경우에는 ~~행정소송만이 가능~~하다. (×) [03 관세사]
- **행정사법(行政私法)** 영역에서는 **사법이 적용되며, 공법원리는 추가로 적용**될 수 없다. (×) [18 교행9]

정답 0099-㉠. ○ 0100-㉠. ○ 0100-㉡. × 0100-㉢. ○ 0100-㉣. ×

2 공법관계 또는 사법관계에 관한 사례

0101

㉠ 산림청장이 산림법령이 정하는 바에 따라 국유임야를 대부하는 행위는 사경제주체로서 하는 사법상의 행위이다. [21 군무원7] O X

㉡ 국유재산 등의 관리청이 하는 행정재산의 사용·수익에 대한 허가는 관리청이 공권력을 가진 우월적 지위에서 행하는 행정처분이 아니라 순전히 사경제주체로서 행하는 사법상의 행위이다. [22 군무원5] O X

■ 국·공유재산의 사용허가 VS 국·공유재산의 대부계약

	사용(수익)허가	대부계약
대상	**행정재산**	**일반재산**(구 잡종재산)
법률관계	★**공법**관계	★**사법**관계(국고관계)
예시	경찰서 내 매점사용 허가	**국유림** 대부
법적 성질	행정처분(강학상 **특허**)	사법상 계약
재산이용에 따른 반대급부	사용료	대부료
반대급부 부과(납입고지)의 성질	행정처분	사법상 (채무)이행청구
분쟁해결 방식	행정소송(항고소송)	민사소송

⚠ **국유일반재산 대부행위**의 법적 성질 및 그 **대부료 납부고지**는 ~~공법관계~~에 해당한다. (○) [15 군무원9]

⚠ **국유일반재산**의 매각에 대한 거부는 ~~행정소송~~의 대상이 된다. (×) [06 군무원9]

⚠ **국유림대부**행위는 ~~공법관계에 해당~~한다. (×) [07 군무원9]

⚠ **국유일반재산 대부행위**와 **국유림**에 관한 **대부료의 납입고지** 관계는 사법관계이다. (○) [09 군무원9]

⚠ **국유일반재산**에 대한 **대부료 납입고지**는 ~~공법관계~~에 해당한다. (×) [19 군무원9]

⚠ **국유임야** 대부시 **대부료부과처분**에 대한 소송은 ~~당사자소송~~이다. (×)[16 군무원9]

☑ 국유임야 = 일반재산

⚠ **행정재산**의 목적외 **사용·수익허가**의 법적 성질은 특정인에게 행정재산을 사용할 수 있는 권리를 설정하여 주는 **강학상 특허**에 해당한다. (○) [21 군무원7]

⚠ **국유재산**에 대한 **사용·수익 허가**는 ~~사법관계~~에 해당한다. (×) [19 군무원9]

☑ 일반재산의 대부관계에 관한 사항은 사법관계(민사소송)로 정리하고, 행정재산의 사용허가에 관한 사항은 공법관계(행정소송)으로 정리한다.

정답 0101-㉠. O 0101-㉡. ×

0102

㉠ 지방자치단체가 일반재산을 지방자치단체를 당사자로 하는 계약에 관한 법률에 따라 입찰이나 수의계약을 통해 매각하는 것은 지방자치단체가 우월적 공행정 주체로서의 지위에서 행하는 행위이다.

[21 군무원7] O X

㉡ 일반재산의 매각에 대한 거부는 행정소송의 대상이 아니다. [06 군무원9] O X

> ㉠ **일반재산을 대부·매각**하는 행위는 **사경주체로서 행하는 국고행위**이다.
> ㉡ 따라서 **일반재산을 대부·매각을 거부**하는 행위도 **사경주체로서 행하는 행위**이다.

- 「국유재산법」의 규정에 의하여 총괄청 또는 그 권한을 위임받은 기관이 **국유재산을 매각하**는 행위는 **사경제주체로서 행하는 사법상의 법률행위**에 지나지 아니한다. (○) [15 국회8]
- 국유**일반재산의 매각**은 ~~행정소송의 대상이 되는 처분~~이다. (×) [00 행시]

- 국유**일반재산**의 **대부신청에 대한 거부**처분은 ~~처분성이 인정~~된다. (×) [06 서울9]

0103

[16 군무원9] [19 군무원9]

국유재산의 무단점유자에 대한 변상금부과처분으로 인한 법률관계는 공법관계이다. O X

> 국유재산의 관리청이 그 무단점유자에 대하여 하는 변상금부과처분은 순전히 사경제 주체로서 행하는 사법상의 법률행위라 할 수 없고 이는 관리청이 공권력을 가진 우월적 지위에서 행한 것으로서 행정소송의 대상이 되는 ★**행정처분**이라고 보아야 한다(대판 1988. 2. 23. 87누1046·1047)
> ☑ **변상금부과처분**에 관한 법률관계는 **공법관계**이다.

- 판례는 **변상금 부과처분을 행정처분**으로 보고 있다. (○) [16 군무원9]
- **변상금 부과처분**은 행정청이 공권력의 주체로서 상대방의 의사를 묻지 않고 **일방적으로 행하는 공법행위**이다. (○) [16 군무원9]
- 국유재산의 무단점유자에 대한 **변상금 부과처분**에 따라 발생하는 변상금징수권은 공법상의 법률관계에 기한 공법상의 권리이다. (○) [18 군무원9]
- 국유재산법상 **국유재산의 무단점유자**에 대한 **변상금 부과**는 공권력을 가진 우월적 지위에서 행하는 **행정처분**이다. (○) [20 군무원7]
- **국유재산의 무단점유자**에 대한 **변상금부과**는 관리청이 공권력을 가진 우월한 지위에서 행한 것으로 항고소송의 대상이 되는 **행정처분**의 성격을 갖는다. (○) [21 군무원7]

정답 0102-㉠. × 0102-㉡. ○ 0103. ○

0104

[21 군무원7]

국가가 국유재산의 무단점유자를 상대로 변상금의 부과 징수권의 행사와 별도로 국유재산의 소유자로서 민사상 부당이득반환청구의 소를 제기할 수 있다. O X

구 국유재산법 제51조 제1항, 제4항, 제5항에 의한 변상금 부과 징수권은 민사상 부당이득반환청구권과 법적 성질을 달리하므로, 국가는 무단점유자를 상대로 **변상금 부과 징수권의 행사와 ★별도로** 국유재산의 소유자로서 **★민사상 부당이득반환청구의 소를 제기할 수 있다.** (대판 전합 2014.7.16. 2011다76402)

⚠ **국유재산의 무단점유자**에 대하여 **변상금을 부과**하면서 **동시에 민사상 부당이득반환청구소송**을 제기할 ~~수는~~ 없다. (×) [16 군무원9]

0105

㉠ 지방채 모집은 공법관계이다. [14 군무원9] O X

㉡ 체비지 매각은 공법관계이다. [14 군무원9] O X

㉢ 국립극장의 무료이용관계는 공법관계이다. [14 군무원9] O X

㉣ 공무원연금관리공단의 급여결정은 공법관계이다. [14 군무원9] O X

㉤ 징발권자인 국가와 피징발자와의 관계는 공법관계에 해당한다. [15 군무원9] O X

㉠ **'지방채 모집'**은 **사법관계**
㉡ **'체비지 매각'**은 **사법관계**
㉢ **'국립극장의 무료이용'**관계는 **공법관계**
㉣ '**공무원연금**관리공단의 **급여결정**'은 **공법관계**(퇴직 급여결정은 행정처분)
㉤ **징발권자**(국가)**와 피징발자**와의 관계는 **공법관계**

☑ 위와 같이 **지엽적인 공법관계 또는 사법관계의 구별** 사례는 억지로 암기하기보다는 **지문을 계속 접**하는 방식으로 장기기억화하는 것이 이롭다. '23년 봄에 출간될 **'동형 모의고사'에서 수록할 다수의 문제들과 기출된 사례들**을 함께 숙지해둔다면 실제 수험장에서 헷갈리거나 틀리는 경우는 없을 것이다.

0106

㉠ 공공하수도의 이용관계는 공법관계이다. [15 군무원9] O X

㉡ 전화가입계약의 해지는 공법관계에 해당한다. [07 군무원9] O X

㉠ 판례는 **수도료의 납부관계**를 **공법관계**로 본다. (대판 1977.2.22, 76다2517)
㉡ 판례는 **전화이용관계**를 **사법관계**로 본다. (대판 1982.12.28. 82누441)

⚠ **수도요금 징수관계**는 **공법관계**이다. (○) [14 군무원9]

⚠ **전화가입계약·해지관계**는 ~~공법관계~~이다. (×) [14 군무원9]

정답 0104. ○ 0105-㉠. × 0105-㉡. × 0105-㉢. ○ 0105-㉣. ○ 0105-㉤. ○ 0106-㉠. ○ 0106-㉡. ×

0107

[18 군무원9]

국립의료원 부설 주차장에 관한 위탁관리용역운영계약은 관리청이 사경제주체로서 행하는 사법상의 계약으로 볼 수 없다. O X

국립의료원 부설 주차장에 관한 위탁관리용역운영계약의 실질은 **행정재산**에 대한 국유재산법 제24조 제1항의 **★사용·수익 허가**이다. 국유재산 등의 관리청이 하는 행정재산의 **사용·수익에 대한 허가는** 순전히 사경제주체로서 행하는 사법상의 행위가 아니라 관리청이 공권력을 가진 우월적 지위에서 행하는 **★행정처분**으로서 특정인에게 행정재산을 사용할 수 있는 권리를 설정하여 주는 강학상 **★특허**에 해당한다. (대판 2006.3.9., 2004다31074)

⚠ **국립의료원 부설 주차장에 관한 위탁관리용역운영계약**은 ~~사경제주체로서 대등한 위치에서 행한 사법상의 계약~~에 해당한다. (×) [12 지방7]

0108

㉠ 중학교 의무교육 위탁관계는 사법관계에 해당한다. [19 군무원9] O X

㉡ 지방자치단체가 학교법인이 설립한 사립중학교에 의무교육대상자에 대한 교육을 위탁한 때에 그 학교법인과 해당 사립중학교에 재학 중인 학생의 재학관계는 기본적으로 공법상 계약에 따른 법률관계이다. [21 군무원7] O X

1. **중학교 의무교육의 위탁관계**는 초·중등교육법 제12조 제3항, 제4항 등 관련 법령에 의하여 정해지는 **★공법적 관계**이다. (대판 2015. 1. 29., 2012두7387)
   ☑ 지방자치단체와 사립학교 법인 간의 (의무)**교육 위탁 관계**를 말한다.
2. **사법인(私法人)인 학교법인과 학생의 재학관계**는 **★사법상 계약**에 따른 법률관계에 해당한다. (대판 2018. 12. 28., 2016다33196)

⚠ 「초·중등교육법」상 **사립중학교**에 대한 **중학교 의무교육의 위탁관계**는 ~~사법관계~~에 속한다. (×) [18 교행9]

⚠ 지방자치단체가 학교법인이 설립한 사립중학교에 의무교육대상자에 대한 교육을 위탁한 때에 그 **학교법인과 해당 사립중학교에 재학 중인 학생의 재학관계**는 기본적으로 ~~공법상 계약에 따른 법률관계~~이다. (×) [20 국가5 승진]

정답 0107. O 0108-㉠. × 0108-㉡. ×

0109

[20 군무원7]

조세채무관계는 공법상의 법률관계이고 그에 관한 쟁송은 원칙적으로 행정사건으로서 행정소송법의 적용을 받는다. O X

조세채무관계는 ★공법상의 법률관계이며 그에 관한 쟁송은 원칙적으로 **행정사건**으로서 **★행정소송법**의 적용을 받는다. (대판 2013. 7. 12., 2011두20321)

0110

[19 군무원9]

산업단지 입주변경계약의 취소는 공법관계에 해당한다. O X

산업단지 입주변경계약 취소는 행정청인 관리권자로부터 관리업무를 위탁받은 **산업단지관리공단**이 우월적 지위에서 입주기업체들에게 일정한 법률상 효과를 발생하게 하는 것으로서 항고소송의 대상이 되는 **★행정처분**에 해당한다. (대판 2017.6.15. 2014두46843)

⚠ 행정청인 관리권자로부터 관리업무를 위탁받은 공단이 우월적 지위에서 일정한 법률상 효과를 발생하게 하는 **공단입주 변경계약**은 ~~공법계약~~으로 **이의 취소**는 ~~공법상 당사자소송~~으로 해야 한다. (×) **[20 군무원7]**

☑ **행정처분**에 해당하므로 **항고소송**으로 다투어야 한다.

정답 0109. O 0110. O

0111

㉠ 국가나 지방자치단체에 근무하는 청원경찰은 국가공무원법이나 지방공무원법상의 공무원은 아니므로 그 근무관계는 사법상의 고용계약관계로 볼 수 있다. [20 군무원7] O X

㉡ 창덕궁 비원 안내원의 채용계약은 공법관계에 해당한다. [19 군무원9] O X

㉢ 농지개량조합과 그 직원의 관계를 사법상의 근로계약관계이므로, 그 조합의 직원에 대한 징계처분의 취소를 구하는 소송은 민사소송의 대상이 된다. [13 군무원9] O X

㉣ 한국마사회의 조교사나 기수에 대한 면허취소·정지는 취소소송의 대상이 되는 처분에 해당한다. [22 군무원9] O X

㉤ 일정한 자격을 갖추고 소정의 절차에 따라 국립대학의 장에 의하여 임용된 조교는 법정된 근무기간 동안 신분이 보장되는 교육공무원법상의 교육공무원 내지 「국가공무원법」상의 특정직공무원 지위가 부여되지만, 근무관계는 공법상 근무관계가 아닌 사법상의 근로계약관계에 해당한다. [20 군무원9] O X

㉥ 지방자치단체의 관할구역 내에 있는 각급 학교에서 학교회계직원으로 근무하는 것을 내용으로 하는 근로계약은 공법상 계약에 해당한다. [21 군무원7] O X

■ 각종 근무관계에 관한 기출 사례

	법률관계	근거판례
국가 및 지방자치단체에 근무하는 청원경찰 근무관계	공법관계 (징계처분은 행정소송의 대상)	대판 1993.7.13. 92다47564
농지개량조합과 그 직원의 관계	공법관계 (징계처분은 행정소송의 대상)	대판 1995.6.9. 94누10870
국립대학의 장에 의하여 임용된 조교의 근무관계	공법관계 (조교는 근로자 ×)	대판 2019.11.14. 2015두52531
창덕궁 비원 안내원의 채용계약	사법관계 (사법상 근로계약관계)	대판 1996. 1. 23. 95다5809
지방자치단체의 내의 각급 학교 학교회계직원 근로계약관계	사법관계 (사법상 근로계약관계)	대판 2018.5.11. 2015다237748
한국마사회의 조교사나 기수에 대한 면허취소·정지	사법관계 (행정처분 ×)	대판 2008.1.31. 2005두8269

▲ **국가나 지방자치단체에서 근무하는 청원경찰의 근무관계**는 **공법관계**에 해당한다. (○) [07, 15, 19 군무원9]

▲ 판례는 **고궁안내원의 채용계약**을 ~~공법상 계약~~이라고 본다. (×) [07 국가9]

▲ **농지개량조합의 직원**에 대한 **징계처분**의 취소를 구하는 소송은 **행정소송**이다. (○) [07 대구9]

▲ **농지개량조합의 직원**에 대한 **징계처분**은 처분성이 ~~부정~~된다. (×) [15 군무원9]

▲ **한국마사회**가 **조교사 및 기수의 면허를 부여하거나 취소**하는 행위는 ~~처분성이 인정~~된다. (×) [06 군무원9]

▲ 지방자치단체의 관할구역 내에 있는 **각급 학교에서 학교회계직원**으로 근무하는 것을 내용으로 하는 **근로계약**은 ~~공법상 계약~~이다. (×) [22 소방승진]

정답 0111-㉠. × 0111-㉡. × 0111-㉢. × 0111-㉣. × 0111-㉤. × 0111-㉥. ×

0112

㉠ 구 예산회계법상 입찰보증금의 국고귀속조치는 국가가 사법상의 재산권의 주체로서 행위 하는 것이다. [20 군무원7] O X

㉡ 국가가 당사자가 되는 공사도급계약에서 부정당업자에 대한 입찰참가자격 제한조치는 항고소송의 대상이 되는 처분에 해당한다. [21 군무원7] O X

㉢ 수도권매립지관리공사가 행한 입찰참가자격 제한조치는 항고소송의 대상인 처분이다. [18 군무원9] O X

1. **입찰보증금의 국고귀속조치**는 국가가 ★**사법상의 재산권의 주체**로서 행위하는 것이지 공권력을 행사하는 것이거나 공권력작용과 일체성을 가진 것이 아니라 할 것이므로 이에 관한 분쟁은 행정소송이 아닌 ★**민사소송**의 대상이 될 수밖에 없다고 할 것이다. (대판 1983.12.27. 81누366)
2. **국가기관**(조달청장, 국방부장관, 산림청장 등) 행하는 **부정당업자제재처분(입찰참가자격제한처분)**은 항고소송의 대상이 되는 ★**처분**으로 본다. (대판 1986. 3. 11. 85누793/ 2000. 10. 13., 99두3201/ 2019.12.27. 2017두48307 등 참고)
3. **수도권매립지관리공사**가 한 위 제재처분(부정당업자 입찰참가자격제한처분)은 행정소송의 대상이 되는 행정처분이 아니라 단지 甲을 자신이 시행하는 입찰에 참가시키지 않겠다는 뜻의 ★**사법상**의 효력을 가지는 **통지**에 불과하므로. (대결 2010. 11. 26., 자, 2010무137)

☑ **'공기업 또는 준정부기관'**이 행한 부정당업자제재처분(입찰참가자격제한처분)은 **근거규정에 따라 처분성 여부가 달라**지므로, 사안에 따라 **공법관계 또는 사법관계**가 된다.

■ 입찰참가자격제한(부정당업자제재처분)의 주체별 처분성 여부

	공공기관(공기업·준정부기관)이 행한 입찰참가자격제한 조치		국가·지방자치단체가 행한 입찰참가자격제한 조치
처분성 여부	**법령**에 근거할 경우	**처분성** ○ [공법관계]	**처분성** ○ [공법관계]
	계약상의 규정에 근거할 경우 (일반·특수조건 등)	**처분성** × [사법관계]	

⚠ **입찰보증금의 국고귀속조치**는 ~~공법관계~~에 해당한다. (×) [07, 19 군무원9]

⚠ **국가를 당사자로 하는 계약**에 관한 법률에 의하여 **국가기관이 특정기업의 입찰참가자격을 제한**하는 경우 이것은 ~~사법관계~~이므로 이에 대해 다투기 위하여서는 ~~민사소송~~을 제기하여야 한다. (×) [16 국회8]

⚠ **공기업이나 준정부기관**의 **입찰참가자격제한**은 **계약에 근거**할 수도 있고, **행정처분**에 해당할 수도 있다. (○) [21 국회8]

정답 0112-㉠. ○ 0112-㉡. ○ 0112-㉢. ×

0113

㉠ 「공익사업을 위한 토지 등의 취득 및 보상에 관한 법률」에 의한 토지 등의 협의취득은 공법상의 계약이 아니라 사법상의 법률행위에 해당한다. [18 군무원9] O X

㉡ 공익사업법상의 협의취득 또는 보상합의는 공법상 계약에 해당한다. [19 군무원9] O X

구 공공용지의 취득 및 손실보상에 관한 특례법에 의한 ★**협의취득** 또는 ★**보상합의**는 공공기관이 **사경제주체**로서 행하는 ★**사법상 매매** 내지 ★**사법상 계약**의 실질을 가진다. (대판 2004.9.24. 2002다68713)

☑ **협의취득이나 보상합의에 관한 법적 분쟁**은 모두 **사법관계**에 해당한다.

⚠ **공익사업을 위한 토지 등의 취득 보상에 관한 법률상**의 사업시행자가 토지소유자 및 관계인과 **협의가 성립되어 체결하는 계약**은 ~~공법상 계약~~에 해당한다. (×) [21 군무원7]

⚠ 「공익사업을 위한 토지 등의 취득 및 보상에 관한 법률」에 의한 **보상합의**는 공공기관이 사경제주체로서 행하는 **사법상 계약**의 실질을 가지는 것이다. (○) [20 군무원7]

0114

[19 군무원9]

국가가 사인과 계약을 체결할 때에는 국가계약법령에 따른 계약서를 따로 작성하는 등 요건과 절차를 이행하여야 할 것이고, 설령 국가와 사인 사이에 계약이 체결되었더라도 이러한 법령상 요건과 절차를 거치지 아니한 계약은 효력이 없다. O X

국가가 사인과 계약을 체결할 때에는 국가계약법령에 따른 **계약서를 따로 작성하는 등 요건과 절차를 이행하여야** 할 것이고, 설령 **국가와 사인 사이에** ★**계약이 체결**되었더라도 이러한 **법령상 요건과 절차를 거치지 아니한 계약**은 ★**효력이 없다**. (대판 2015.1.15. 2013다215133)

☑ 국가계약법에 따라 국가와 사인 간의 공공계약은 **사법상의 계약**이므로, 사법관계로 볼 수 있지만, 계약요건 및 절차를 결여한 계약은 **무효**이다.

⚠ **국가가 사인과 계약을 체결**할 때에는 「국가를 당사자로 하는 계약에 관한 법률」에 따른 계약서를 따로 작성하는 등 그 **요건과 절차를 이행하여야** 한다. (○) [19 서울9 2월]

⚠ 「국가를 당사자로 하는 계약에 관한 법률」에 따른 계약서를 따로 작성하는 등 그 **요건과 절차를 거치지 않고 체결된 계약**이라고 해서 **무효가 되는 것**은 ~~아니다~~. (×) [19 서울9 2월]

정답 0113-㉠. O 0113-㉡. × 0114. O

3 특별권력관계

0115

[06 군무원9]

특별권력관계는 법률의 규정 또는 상대방의 동의에 의하여 성립한다. O X

■ 특별권력 관계의 성립유형

법률의 규정에 따라 성립		• 전염병환자의 국·공립병원에의 강제입원 • 공공조합에의 강제가입, 수형자의 수감 • 징집대상자의 입영
상대방의 동의에 의하여 성립	임의적 동의	• 공무원의 임용, 국·공립대학 입학 • 국·공립도서관 이용
	의무적 동의	• 학령아동의 취학(의무교육)

⚠ 전통적인 **특별권력관계의 성립원인**으로는 **직접 법률의 규정에 의한 경우**와 **본인의 동의에 의한 경우**를 들 수 있다. (○) [05 국회8]

⚠ **국·공립대학교에의 입학**은 상대방의 **임의적 동의**에 의하여 성립된다. (○) [17 군무원9]

⚠ **국립도서관 이용관계**는 상대방의 **임의적 동의**에 의하여 성립된다. (○) [17 군무원9]

⚠ **공무원 채용관계**는 상대방의 **임의적 동의**에 의하여 성립된다. (○) [17 군무원9]

⚠ 특별권력관계 중 **학령아동의 초등학교 입학**은 상대방의 ~~임의적 동의~~에 의하여 성립된다. (×) [17 군무원9]

0116

㉠ 지방자치단체와 지방공무원 간의 관계를 특별권력관계로 볼 수 있다. [06 군무원9] O X

㉡ 법정 감염병환자의 강제입원은 특별권력관계이다. [08 군무원9] O X

㉢ 국공립학교 학생의 재학관계는 특별권력관계이다. [08 군무원9] O X

㉣ 초등학생의 입학 동의는 특별권력관계이다. [08 군무원9] O X

㉤ 조세부과처분에 따른 납세자와 세무서의 관계는 특별권력관계이다. [08 군무원9] O X

■ 특별권력 관계의 종류

공법상 근무관계	공무원의 근무관계(임용·승진·징계 등), 군인의 군복무관계
공법상 영조물이용 관계	**국·공립학교 학생의 재학관계**(입학·학년승급·징계 등), 국·공립도서관 이용관계, **감염병환자의·공립병원 입원관계**
공법상 특별감독관계	공공조합, 특허기업자, 공무수탁사인 등에 대한 국가가 감독하는 관계
공법상 사단관계	공공조합과 조합원과의 관계

⚠ **조세부과처분관계**는 대부분의 국민들에 해당되는 것으로 **'일반권력관계'**이다.

⚠ **공무원에 대한 정직명령**은 특별권력관계이다. (○) [14 군무원9]

⚠ **감염병환자에 대한 강제입원**은 특별권력관계이다. (○) [14 군무원9]

⚠ **학령아동의 초등학교 취학**은 특별권력관계이다. (○) [14 군무원9]

⚠ 국민에 대한 **조세부과처분**관계는 ~~특별권력관계~~이다. (×) [14 군무원9]

정답 0115. O 0116-㉠. O 0116-㉡. O 0116-㉢. O 0116-㉣. O 0116-㉤. O 0116-㉥. ×

0117

[16 군무원9]

공무원의 파면은 권력주체의 일방적 배제에 의해 특별권력관계가 소멸되는 경우에 해당한다. O X

■ 특별권력 관계의 소멸유형

목적달성	국·공립대학생 졸업, 병역의무 완수
임의탈퇴	공무원의 사직, 국·공립대학생 자퇴
권력주체의 일방적 배제	**공무원 파면**, 국·공립대학생 퇴학 처분

0118

[06 군무원9]

공무원에 대한 직무명령은 외부행위로서 사법심사의 대상이 된다고 보는 것이 일반적 견해이다. O X

■ C.H. Ule의 분류

기본관계	특별권력관계 **자체의 성립·변경·소멸**에 관한 관계 └→ 공무원 임명·파면, 군입대·제대, 국·공립학교 학생입학·퇴학 등	사법심사 가능
경영수행관계	특별권력관계 **내부에서의 질서유지 등**에 관한 관계 └→ **공무원에 대한 직무명령**, 군인의 훈련, 학생에 대한 수업·평가	사법심사 **제한**

⚠ 특별권력관계에 대한 이론 중 **기본관계와 업무수행관계의 구분론**에 따를 때, 하급**공무원의 직무수행에 대한 명령**은 기본관계에 **해당하지 않는다.** (○) [02 관세사]

⚠ 특별권력관계를 **기본관계와 경영수행관계로 나누는 견해**에 따르면, **공무원에 대한 직무상 명령**에 대해서 ~~사법심사가 가능~~하게 된다. (×) [16 군무원9]

정답 0117. ○ 0118. ×

0119

㉠ 종래에는 특별권력관계에 법치주의가 적용되지 않는다고 보았다. [06 군무원9] O X

㉡ 특별행정법관계에서는 법률유보의 원칙이 제한적으로 적용되지만, 사법심사가 인정된다. [16 군무원9] O X

㉢ 육군3사관학교의 구성원인 사관생도는 학교 입학일부터 특수한 신분관계에 놓이게 되므로 법률유보 원칙은 적용되지 아니한다. [21 군무원7] O X

㉣ 서울교육대학장의 학생에 대한 퇴학처분은 처분이 아니다. [15 군무원9] O X

㉤ 군복무관계는 특별권력관계이므로 그 안에서 행하여진 전역처분에 대하여는 소송을 제기할 수 없다. [22 군무원5] O X

㉥ 교도소장이 수형자를 '접견내용 녹음·녹화 및 접견 시 교도관 참여대상자'로 지정한 행위는 수형자의 구체적 권리의무에 직접적 변동을 가져오는 행정청의 공법상 행위로서 항고소송의 대상이 되는 '처분'에 해당한다. [20 군무원9] O X

1. 사관생도는 … (중략) … 육군3사관학교의 구성원으로서, 학교에 입학한 날에 육군 사관생도의 병적에 편입하고 준사관에 준하는 대우를 받는 특수한 신분관계에 있다. 따라서 그 **존립 목적을 달성**하기 위하여 필요한 한도 내에서 일반 국민보다 상대적으로 **기본권이 더 제한**될 수 있으나, 그러한 경우에도 **★법률유보 원칙, 과잉금지원칙** 등 **기본권 제한의 헌법상 원칙**들을 지켜야 한다. (대판 2018. 8. 30. 2016두60591)
2. **국립교육대학장**이 … (중략) … 국가공권력의 하나인 징계권을 발동하여 학생으로서의 신분을 일방적으로 박탈하는 국가의 교육행정에 관한 의사를 외부에 표시한 것이므로, **★행정처분**임이 명백하다. (대판 1991.11.22., 91누2144)
3. **수형자의 서신**을 **교도소장이 검열하는 행위**는 이른바 권력적 사실행위로서 행정심판이나 행정소송의 대상이 되는 **★행정처분**으로 볼 수 있다. (헌재 1998.8.27. 96헌마398)

ⓐ 종래에는 특별권력관계에는 법률유보의 원칙이 적용되지 않고, 따라서 특별권력관계 내부의 행위에 대하여는 사법심사도 불가능하다고 보았으나,

ⓑ **오늘날에는 특별권력관계**에서도 **법률유보의 원칙이 적용**되고, 그 내부의 행위에 대하여도 **사법심사가 허용**된다고 본다.

☞ ㉤과 같이 특별권력관계를 소멸시키는 전역처분의 경우도 사법심사의 대상이 된다.

⚠ **특별권력관계**에 대하여도 **법치행정의 원리가 적용**된다. (○) [98 입시]

⚠ **특별행정법관계**에 대해서는 **법률유보의 원칙이** 적용~~되지 않는~~다. (×) [04 충남9]

⚠ **특별권력관계 내부의 행위**도 **행정소송의 대상**이 될 수 있다. (○) [11 세무사]

⚠ 판례에 의하면 **국립교육대학 학생**에 대한 **퇴학처분**은 **사법심사의 대상**이 되는 행정처분이다. (○) [13 지방7]

⚠ **수형자의 서신을 교도소장이 검열**하는 행위는 항고소송의 대상이 되는 **처분에 해당**하는 사실행위이다. (○) [17 지방9 下]

정답 0119-㉠. O 0119-㉡. O 0119-㉢. × 0119-㉣. × 0119-㉤. × 0119-㉥. O

4 행정법관계의 당사자

0120

[19 군무원9]

대한민국, 강원도의회, 도시 및 주거환경정비법상의 주택재건축정비사업조합, 한국토지주택공사는 행정주체에 해당한다.

O X

■ 행정주체의 유형

<table>
<tr><td colspan="3">국가</td><td>대한민국</td></tr>
<tr><td rowspan="5">공공단체</td><td colspan="2">지방자치단체</td><td>경기도, 경상남도, 수원시, 강릉시, 해남군, 대전광역시 등</td></tr>
<tr><td rowspan="3">공법상 법인</td><td>영조물법인</td><td>서울대학교법인, 한국은행, 국립대학병원, 국립의료원, 한국도로공사, 한국방송공사, 한국토지주택공사</td></tr>
<tr><td>공공조합 (공법상 사단)</td><td>농지개량조합, 주택재건축정비사업조합, 재개발조합, 대한상공회의소, 국민건강보험공단 등</td></tr>
<tr><td>공공재단 (공법상 재단)</td><td>한국연구재단, 한국과학창의재단, 한국학중앙연구원</td></tr>
<tr><td colspan="2">공무수탁사인</td><td>별정우체국장, 항공기 기장, 선장, 비행기 기장, 민영교도소, 토지보상법에 의한 사업시행자, 학위를 수여하는 사립대학교의 장</td></tr>
</table>

▲ '도의회'는 **'지방자치단체의 의결 기관'에 불과**하여 행정주체가 아니다.

▲ **대한민국은 행정주체**가 ~~될 수 없~~다. (×) [13 국가9]

▲ **한국방송공사**는 영조물법인으로서 **행정주체**에 해당한다. (○) [18 국회8]

▲ 「도시 및 주거환경정비법」에 따른 **주택재건축정비사업조합**은 주택재건축사업을 시행하는 공법인으로서 **행정주체**의 지위를 갖는다. (○) [15 국회8]

0121

[19 군무원9]

공공단체의 행정주체로서의 지위는 국가로부터 전래된 것이다.

O X

국가는 시원적(始原的)인 행정주체인 반면에, **지방자치단체, 영조물법인, 공공조합, 공공재단**의 경우 국가가 독립한 법인격 있는 단체를 통해 국가 임무를 수행하고자 만든 조직으로서, **국가로부터 전래된 행정주체**로서의 지위를 가지기에, ★**'전래된 행정주체'**라고도 일컬어진다.

▲ 국가로부터 **독립한 법인격 있는 단체를 통해 수행**되는 **간접국가행정조직**으로는 **공법상 사단, 공법상 재단, 공법상 영조물법인** 등이 있다. (○) [16 지방7 변형]

정답 0120. × 0121. ○

0122

[19 군무원9]

㉠ 지방자치단체를 비롯한 공공조합, 영조물법인 등은 행정주체가 될 수도 있지만, 경우에 따라서는 행정객체가 될 수도 있다. O X

㉡ 대한상공회의소, 국립의료원, 한국학중앙연구원 등은 공공단체로서 행정객체의 지위가 인정될 수도 있다. O X

'행정객체'란 행정주체가 행사하는 **공권력의 상대방**을 뜻하는데, **공법상 법인과 같은 행정주체**는 국가나 다른 공공단체와의 관계에서 **★예외적으로 행정객체가 될 수 있다.**

▲ **공법상 재단법인**은 **행정주체와 행정객체의 지위를 동시에** 갖는다. (○) [07 강원9]

▲ **대한상공회의소, 국립의료원, 한국학중앙연구원** 등은 **공공단체로서 행정객체의 지위가 인정**될 수도 있다. (○) [06 국회8]

▲ 공공단체와 같은 **행정주체는 행정객체**가 될 수 없다. (×) [06 국회8]

0123

㉠ 교육법에 의하여 학위를 수여하는 사립대학총장은 공무수탁사인에 해당한다. [17 군무원9] O X

㉡ 도로교통법상의 자동차견인업자와 같이 행정임무를 자기 책임 하에 수행함이 없이 단순한 기술적 집행만을 행하는 사인은 공무수탁사인에 해당하지 않는다. [22 군무원5] O X

㉠ **별정우체국장, 항공기 기장, 선장, 비행기 기장, 민영교도소**, 토지보상법에 의한 **사업시행자,** 학위를 수여하는 **사립대학교의 장은 ★공무수탁사인**에 해당한다.

㉡ **생활폐기물의 처리의 대행업자, 민간의 자동차 견인업자** 등과 같이 단순한 집행사무를 행하는 **★행정보조인(행정대행인)에 불과하고 공무수탁사인에 해당하지 않는다.**

▲ 경찰과의 계약을 통해 **주차위반차량을 견인하는 민간 사업자**도 ~~공무수탁사인에 해당~~한다. (×) [17 서울7]

정답 0122-㉠. O 0122-㉡. O 0123-㉠. O 0123-㉡. O

0124

㉠ 판례는 소득세의 원천징수의무자를 공무수탁사인으로 인정하고 있다. [17 군무원9] O X

㉡ 소득세법상의 원천징수의무자는 공무수탁사인으로서 그의 원천징수행위는 법령에서 규정된 징수 및 납부의무를 이행하기 위한 것으로서, 공권력의 행사로서의 행정처분을 한 경우에 해당한다. [22 군무원5] O X

원천징수의무자가 비록 과세관청과 같은 행정청이더라도 그의 원천징수행위는 법령에서 규정된 징수 및 납부의무를 이행하기 위한 것에 불과한 것이지, 공권력의 행사로서의 **행정처분을 한 경우에 해당되지 아니한다**. (대판 1990.3.23. 89누4789)

㉠ 위 판례를 두고 대법원이 소득세법상 원천징수의무자를 단순 행정보조인으로 보아 **공무수탁사인성을 부정한 것으로 보는 견해가 다수설**이다.

㉡ 또한 **원천징수의무자의 원천징수행위를 ★행정처분이 아닌 것으로 판시**하였다.

◭ 대법원은 **소득세원천징수행위**는 ~~행정소송의 대상이 되는 처분~~이며 그 징수의무자를 ~~공무수탁사인~~으로 보았다. (×) [06 국가7]

◭ 소득세법에 의한 **원천징수의무자의 원천징수행위**는 법령에서 규정된 징수 및 납부의무를 이행하기 위한 것에 불과한 것이지, 공권력의 행사로서의 **행정처분에 해당되지 아니한다**고 보는 것이 판례의 입장이다. (○) [10 지방9]

5 공권과 공의무

0125

[16 군무원9]

개인적 공권이 침해된 경우 행정소송을 통한 구제가 가능하나, 반사적 이익이 침해된 경우 소송을 통한 구제가 가능하지 않다. O X

개인적 공권의 침해	행정소송 제기 가능(원고적격 긍정)
반사적 이익의 침해	행정소송 제기 불가(원고적격 부정)

◭ **행정소송**은 구체적인 법률관계에서 **법률상 이익이 침해된 자가 제기**할 수 있는바, 법의 보호를 받지 못하는 **단순한 반사적 이익이 침해**된 경우는 **행정소송의 대상**이 되지 않는다. (○) [06 세무사]

◭ 반사적 이익의 침해는 ~~행정소송으로 다툴 수~~ 있다. (×) [16 세무사]

정답 0124-㉠. × 0124-㉡. × 0125. ○

0126

[19 군무원9]

공무원연금 수급권은 국가에 대하여 적극적으로 급부를 요구하는 것이므로 헌법규정만으로는 이를 실현할 수 없어 법률에 의한 형성이 필요하고, 그 구체적인 내용 즉 수급요건, 수급권자의 범위 및 급여금액 등은 법률에 의하여 비로소 확정된다. O X

연금수급권과 같은 **사회보장수급권**은 이 규정들로부터 도출되는 **사회적 기본권**의 하나이다. 이와 같이 사회적 기본권의 성격을 가지는 연금수급권은 국가에 대하여 적극적으로 급부를 요구하는 것이므로 헌법규정만으로는 이를 실현할 수 없고, **법률에 의한 형성을 필요**로 한다. 연금수급권의 **★구체적 내용**, 즉 수급요건, 수급권자의 범위, 급여금액 등은 **법률에 의하여 비로소 확정**된다. (헌재 전원 1999.4.29. 97헌마333)

⚠ **공무원연금 수급권**은 헌법규정만으로는 이를 실현할 수 없고 그 **수급요건, 수급권자의 범위 및 급여금액**은 **법률에 의하여 비로소 확정**된다. (○) [17 국회8]

⚠ **공무원연금 수급권**은 법률에 의하여 비로소 확정된다. (×) [21 군무원7]

☑ 연금수급권 그 자체가 아닌, 연금수급권의 구체적 내용(수급요건, 수급권자의 범위, 급여액 등)이 법률에 의하여 확정되는 것인바, 지문에는 확정대상이 빠져있어 오답처리됨

정답 0126. O

0127

㉠ 개인적 공권의 특징으로 포기의 제한, 이전의 제한, 불행사의 제한, 보호의 특수성이 있다. [10 군무원9] O X

㉡ 국가유공자로 보호받을 권리는 일신전속적 권리이므로 상속의 대상이 되지 않는다. [16 군무원9] O X

㉢ 당사자 사이에 석탄산업법시행령 제41조 제4항 제5호 소정의 재해위로금에 대한 지급청구권에 관한 부제소합의가 있는 경우 그러한 합의는 효력이 인정된다. [21 군무원9] O X

■ 공권의 특수성

불융통성	포기의 제한	개인의 국가에 대한 권리이므로, **스스로나 합의에 따른 포기**가 **불가능**
	이전의 제한	공권은 대체로 **일신전속적**이므로, **양도·상속·압류** 등이 **불가능** ☑ 다만 경제적·재산적 성질을 갖는 것은 이전 가능
	보호의 특수성	**국가배상법이나 행정소송법을 통해 구제**받는 점 등에 따라 사권과 다른 **보호의 특수성**이 인정

☑ 자신의 공권을 행사하지 않는다고 하여 규제되지는 않는바, '불행사가 제한'은 개인적 공권의 특징에 해당하지 않는다.

1. 구 국가유공자 등 예우 및 지원에 관한 법률에 의하여 **국가유공자와 유족**으로 등록되어 보상금을 받고, 교육보호 등 **각종 보호**를 받을 수 있는 **권리**는 … (중략) … 당해 개인에게 부여되어진 **★일신전속적인 권리**이어서, 같은 법 규정에 비추어 **상속의 대상**으로도 **★될 수 없다**고 할 것이다. (대판 2003. 8. 19. 2003두5037)
2. 당사자 사이에 석탄산업법시행령 제41조 제4항 제5호 소정의 **재해위로금**에 대한**지급청구권**에 관한 부제소합의가 있었다고 하더라도 그러한 합의는 **★무효**라고 할 것이다. (대판 1999. 1. 26. 98두12598)

⚠ **공권**은 양도, 상속 등 **이전이 제한**되는 경우가 많다. (○) [05 관세사]

⚠ 개인적 공권은 사권처럼 ~~자유롭게 포기~~할 수 있는 것이 원칙이다. (×) [17 교행9]

⚠ **개인적 공권**은 일반적으로 **일신전속적 성질**을 가지므로 대행이나 위임이 제한되는 경우가 많다. (○) [09 국가9]

⚠ 구 「석탄산업법 시행령」상 **재해위로금 청구권**은 개인의 **공권**으로서 그 공익적 성격에 비추어 당사자 합의에 의해 이를 미리 **포기할 수 없다**. (○) [20 소방간부]

정답 0127-㉠. × 0127-㉡. ○ 0127-㉢. ×

0128

㉠ 행정개입청구권은 기속행위의 경우에는 원칙적으로 인정되며, 재량행위의 경우에는 재량권이 '0'으로 수축되는 예외적인 경우에 한하여 인정된다. [15 군무원9] O X

㉡ '행정청의 부작위로 인하여 권익을 침해당한 자가 행정청에 대하여 제3자에 대한 단속을 청구할 수 있는 권리는 '행정개입청구권'이다. [09 군무원9] O X

㉢ 행정개입청구권은 사전예방적 성격을 갖고 있지만, 사후구제적 성격은 갖고 있지 않다. [15 군무원9] O X

■ 행정개입청구권

의의	자신의 이익을 위하여 **'타인'(제3자)**에게 일정한 **행정권의 발동을 청구**하는 권리	
요건	**행정권을 발동하여 개입할 의무**가 행정청에게 있고, 관계법규의 해석상 **특정인의 사익보호** 목적이 인정되면 성립	
인정 영역	기속행위	당연히 인정
	재량행위	**재량권이 '0'으로 수축**되는 경우에 인정 ☑ 개인의 신체, 생명 등 중요한 법익에 급박하고 현저한 침해의 우려가 있는 경우 등
성질	• 특정한 **처분을 요구**할 수 있는 **실체적** 권리 • **사전예방적** 권리이자, **사후구제적** 권리	

⚠ **재량권이 영으로 수축**되는 경우에 개인은 행정청에 대하여 **특정처분을 청구할 수 있게 된다**는 점에서 **행정개입청구권이 인정**된다. (○) [00 행시]

⚠ **'행정개입청구권'**은 행정청의 부작위로 인하여 **권리·이익을 침해당한 자**가 자신의 이익을 위하여 **제3자에게 처분을 청구**하는 권리이다. (○) [09 서울승진]

⚠ **'행정청의 부작위로 인하여 권익을 침해당한 자**가 행정청에 대하여 **제3자에 대한 단속을 청구**할 수 있는 권리는' '~~행정행위발급청구권~~'이다. (×) [09 군무원9]

☑ '행정행위발급청구권'은 자신의 이익을 위하여 **'자신'에게** 일정한 **행정권의 발동을 청구**하는 권리로서, 허가신청자 등에게 일반적으로 인정되는 것이다.

정답 0128-㉠. ○ 0128-㉡. ○ 0128-㉢. ×

제7절 행정법상 법률요건과 법률사실

1 행정법상 사건

0129

[19 군무원9]

㉠ 국가나 지방자치단체를 당사자로 하는 금전채권은 다른 법률에 특별한 규정이 없는 한 5년간 이를 행사하지 않을 때에는 시효로 인하여 소멸한다. O X

㉡ 행정법상 시효의 중단과 정지에 관해서는 다른 법령에 특별한 규정이 없는 한 민법의 규정이 준용된다. O X

【국가재정법】 제96조(금전채권·채무의 소멸시효) 【지방재정법】
① 금전의 급부를 목적으로 하는 국가의 권리로서 시효에 관하여 다른 법률에 규정이 없는 것은 ★5년 동안 행사하지 아니하면 시효로 인하여 소멸한다.

☑ **지방재**정법 제82조(금전채권과 채무의 소멸시효)에서도 **동일하게** 5년으로 규정하고 있다.

☑ 공법상 금전채권의 시효는 민법과 달리 5년이나, **민법상 시효의 중단, 정지**에 관한 규정은 **행정법에도 준용**된다.

⚠ **금전의 급부를 목적으로 하는 국가의 권리**로서 **시효**에 관하여 다른 법률에 규정이 없는 것은 ~~10년~~ 동안 행사하지 아니하면 소멸한다. (X) [16 교행9]

⚠ 공법의 특수성으로 인해 **소멸시효의 중단·정지**에 관한 「**민법**」 **규정은 적용~~되지 않는~~다.** (X) [20 소방]

0130

㉠ 공무원연금법에 따른 급여를 받을 권리는 급여의 사유가 발생한 날부터 3년간 행사하지 아니하면 시효로 인하여 소멸한다. [19 군무원9] O X

㉡ 국유재산 무단점유자에 대하여 행한 변상금부과처분에 대해 변상금이 체납된 경우 변상금청구권 역시 10년의 소멸시효에 걸린다. [17 군무원9] O X

【공무원연금법】 제88조(시효) ① 이 법에 따른 **급여를 받을 권리**는 급여의 사유가 발생한 날부터 ★5년간 행사하지 아니하면 **시효로 인하여 소멸**한다.

【국유재산법】 제73조의3(소멸시효) ① 이 법에 따라 **금전의 급부를 목적으로 하는 국가의 권리**는 ★5년간 행사하지 아니하면 **시효의 완성으로 소멸**한다.

☑ 국유재산 무단점유자에 대한 **변상금청구권의 소멸시효는 5년**이 된다.

정답 0129-㉠. O 0129-㉡. O 0130-㉠. X 0130-㉡. X

0131

[19 군무원9]

국회법에 따른 기간을 계산할 때에는 첫날을 산입하지 아니한다. O X

【국회법】 제168조(기간의 기산일) 이 법에 따른 기간을 계산할 때에는 ★**첫날을 산입**한다.

⚠ **국회회기 계산**은 **초일을 산입**~~하지 않는~~다. (×) [10 경북교행]

0132

㉠ 국세기본법 또는 세법에서 규정하는 기간의 계산은 국세기본법 또는 그 세법에 특별한 규정이 있는 것을 제외하고는 「민법」에 따른다. [19 군무원9] O X

㉡ 행정에 관한 기간의 계산에 관하여는 행정기본법 또는 다른 법령 등에 특별한 규정이 있는 경우를 제외하고는 「민법」을 준용한다. [21 군무원5] O X

㉢ 법령 등 또는 처분에서 국민의 권익을 제한하거나 의무를 부과하는 경우 권익이 제한되거나 의무가 지속되는 기간의 계산에 있어 기간을 일, 주, 월 또는 년(年)으로 정한 경우에는 기간의 첫날을 산입한다. [21 군무원5] O X

㉣ 법령 등 또는 처분에서 국민의 권익을 제한하거나 의무를 부과하는 경우 권익이 제한되거나 의무가 지속되는 기간의 계산에 있어 기간의 말일이 토요일 또는 공휴일인 경우에는 기간은 그 다음 날에 만료한다. [21 군무원5] O X

【국세기본법】 제4조(기간의 계산)
이 법 또는 세법에서 규정하는 **기간의 계산**은 이 법 또는 그 세법에 특별한 규정이 있는 것을 제외하고는 **「민법」**에 따른다.

【행정기본법】 제6조(행정에 관한 기간의 계산)
① **행정**에 관한 **기간의 계산**에 관하여는 이 법 또는 다른 법령등에 특별한 규정이 있는 경우를 제외하고는 ★**「민법」을 준용**한다.
② 법령등 또는 처분에서 국민의 **권익을 제한하거나 의무를 부과**하는 경우 ★**권익이 제한되거나 의무가 지속되는 기간의 계산**은 다음 각 호의 기준에 따른다. 다만, 다음 각 호의 기준에 따르는 것이 국민에게 불리한 경우에는 그러하지 아니하다.
1. 기간을 일, 주, 월 또는 연으로 정한 경우에는 기간의 ★**첫날을 산입**한다.
2. **기간의 말일이 토요일 또는 공휴일**인 경우에도 기간은 ★**그 날로 만료**한다.

⚠ 행정법관계에서 **기간의 계산**에 관하여 특별한 규정이 없으면 **민법의 기간 계산에 관한 규정이 적용**된다. (○) [16 국가9]

⚠ 행정에 관한 **기간의 계산**에 관하여는 **행정기본법 또는 다른 법령 등에 특별한 규정**이 있는 경우를 **제외하고는 「민법」을 준용**한다. (○) [22 국회8]

⚠ **법령 등 또는 처분**에서 **국민의 권익을 제한하거나 의무를 부과**하는 경우 **권익이 제한되거나 의무가 지속되는 기간의 계산**에 있어서 **기간을 일, 주, 월 또는 연으로 정한 경우**에는 원칙적으로 **기간의 첫날은 산입**~~하지 아니~~한다. (×) [21 서울7]

정답 0131. × 0132-㉠. ○ 0132-㉡. ○ 0132-㉢. ○ 0132-㉣. ×

⚠ 100일간 **운전면허정지처분**을 받은 사람의 경우, 100일째 되는 날이 공휴일인 경우에도 면허정지 기간은 그 날(공휴일 당일)로 만료한다. (○) [21 경행]

☑ 국민의 권익을 제한하는 처분이므로, 운전면허**정지기간의 말일(100일차)이 공휴일이면 그날이 만료일**이다.

0133

㉠ 공물은 원칙적으로 취득시효의 대상이 되지 않지만 국유재산 중 일반재산에 대해서는 시효취득이 가능하다. [14 군무원9] O X

㉡ 행정목적을 위하여 공용되는 행정재산은 공용폐지가 되지 않는 한 사법상 거래의 대상이 될 수 없으므로 취득시효의 대상도 될 수 없다. [22 군무원5] O X

1. **국유잡종재산(현 일반재산)**에 대한 **시효취득을 부인**하는 동규정은 합리적 근거없이 국가만을 우대하는 불평등한 규정으로서 헌법상의 **평등의 원칙과 사유재산권 보장의 이념 및 과잉금지의 원칙에 ★반한다**. (헌재 전원 89헌가97, 1991. 5. 13)
2. 행정 목적을 위하여 공용되는 **행정재산**은 공용폐지가 되지 않는 한 사법상 거래의 대상이 될 수 없으므로 **취득시효의 대상도 ★되지 않는 것**이다. (대판 1995. 12. 22., 95다19478)

☑ 일반재산은 **시효취득이 가능**하고, 행정재산은 **시효취득이 불가능**하다.

⚠ 국유재산법상 **일반재산**은 **민법상 시효취득의 대상**~~이 되지 아니~~한다. (×) [21 행정사]

⚠ 국유재산법상 **행정재산**은 민법의 규정에 의한 ~~시효취득의 대상~~이 된다. (×) [13 행정사]

0134

[17 군무원9]

국세징수권자의 납입고지에 의하여 발생한 시효중단의 효력은 그 납입고지에 의한 부과처분이 취소되더라도 소멸되는 것은 아니다. O X

구 「예산회계법」 제98조에서 법령의 규정에 의한 납입고지를 시효중단사유로 규정하고 있는바, 이러한 **납입고지에 의한 시효중단의 효력**은 그 납입고지에 의한 **부과처분이 취소**되더라도 **★상실되지 않는다**.(대판 2000.9.8. 98두19933)

⚠ 법령의 규정에 의한 **납입고지에 의한 시효중단의 효력**은 그 **납입고지에 의한 부과처분이 취소**되면 상실된다. (×) [11 국가7]

정답 0133-㉠. O 0133-㉡. O 0134. O

2 행정법상 사무관리·부당이득

0135

[13 군무원9]

㉠ 문제가 있는 학교재단에 대한 교육청의 강제관리는 공법상 사무관리에 해당한다. O X

㉡ 시립병원이 행하는 행려병자의 보호는 공법상 사무관리에 해당한다. O X

㉢ 사인이 행한 조난자의 구호조치는 공법상 사무관리에 해당한다. O X

공법상 사무관리	강제관리	• 특허기업 등 국가의 감독하에 있는 사업에 대한 강제관리 • **문제가 있는 학교재단에 대한 교육청의 강제관리**
	보호관리	• **조난자 구호** • **행려병자 보호·관리** 또는 죽은 자의 관리(유류품 관리 포함)
	역무제공	• 비상재해시에 사인이 행정사무를 일부 관리 └→ 자연재해시 빈 상점의 물건의 처분하거나, 바다에서의 기름유출 사고 시, 해양경찰을 보조하여 방제작업을 하는 경우

⚠ **행려병자의 유류품 관리**는 '대리'에 해당한다. (×) **[06 군무원9]**

☑ **'행려병자의 유류품 매각,처분'**은 형성적 행정행위 중 **'대리'에 해당**하므로 구별필요

0136

[13 군무원9]

시청의 착오에 의한 사유지의 도로편입 공법상 사무관리에 해당한다. O X

관청의 **착오에 의한 사유지의 도로편입**하는 경우는 **공법상 부당이득**이다.

⚠ 착오에 의한 **사유지의 도로편입**은 **공법상의 부당이득**에 속한다. (○) **[05 관세사 변형]**

정답 0135-㉡. O 0135-㉢. O 0136. ×

0137

㉠ '공법상 부당이득반환'이란 법률상 원인 없이 타인의 재산 또는 노무로 인하여 이득을 얻고 타인에게 손해를 가한 자에 대하여 그 이득의 반환의무를 과하는 것을 말한다. [19 군무원9] O X

㉡ 원천징수의무자가 원천납세의무자로부터 원천징수대상이 아닌소득에 대하여 세액을 징수·납부하였거나 징수하여야 할 세액을 초과하여 징수·납부하였다면, 국가는 원천징수의무자로부터 이를 납부받는 순간 아무런 법률상의 원인없이 보유하는 부당이득이 된다. [19 군무원9] O X

㉢ 조세부과처분이 무효임을 전제로 하여 이미 납부한 세금의 반환을 청구하는 것은 민사상의 부당이득반환청구로서 민사소송절차에 따라야 한다. [17 군무원9] O X

㉣ 개발부담금 부과처분이 취소된 이상 그 후의 부당이득으로서의 과오납금 반환에 관한 법률관계는 단순한 민사 관계에 불과한 것이 아니므로, 행정소송절차에 따라 반환청구를 하여야 한다.[19 군무원9] O X

■ 공법상 부당이득

<table>
<tr><td>의의</td><td colspan="2">법률상 원인 없이 타인의 재산 또는 노무를 통하여 이익을 얻고 타인에게 손해를 가하는 것</td></tr>
<tr><td>예</td><td colspan="2">연금수령자격이 없는 자가 수령한 연금, 공무원의 봉급과다수령, 국유지 무담점유, 조세의 과납부·오납부, 관청의 착오에 의한 사유지의 도로편입</td></tr>
<tr><td rowspan="2">부당이득의 반환청구권의 법적 성질</td><td>학설</td><td>다수설은 공권설을 취하여, 당사자소송으로 다투어야 한다고 봄</td></tr>
<tr><td>판례</td><td>사권설을 취하여, 민사소송으로 다투어야 한다고 봄
1. 조세부과처분이 당연무효임을 전제로 하여 이미 납부한 세금의 반환을 청구하는 것은 민사상의 부당이득반환청구로서 ★민사소송절차에 따라야 한다. (대판 1995.4.28., 94다55019)
2. 개발부담금 부과처분이 취소된 이상 그 후의 ★부당이득으로서의 과오납금 반환에 관한 법률관계는 단순한 ★민사 관계에 불과한 것이고, 행정소송 절차에 따라야 하는 관계로 볼 수 없다. (대판 1995.12.22. 94다51253)</td></tr>
</table>

⚠ **공법상 부당이득**이란 **법률상 원인 없이** 타인의 재산등으로 **이익을 얻고**, 그로 말미암아 **타인에게 손해를 가하는 것**을 말한다. (○) [08 경기9]

⚠ 조세과오납은 **부당이득**이다. (○) [12 지방9]

⚠ 공법상 **부당이득반환청구소송**은 ~~당사자소송~~이다. (×) [15 군무원9]

⚠ 판례에 따르면, **조세부과처분의 당연무효**를 전제로 하여 **이미 납부한 세금의 반환청구**는 공법상 ~~당사자소송~~이다. (×) [22 군무원9]

정답 0137-㉠. O 0137-㉡. O 0137-㉢. O 0137-㉣. ×

0138

[17 군무원9]

공법상 부당이득반환청구권은 원칙적으로 사권에 해당하므로 10년의 소멸시효에 걸린다. O X

공법상 부당이득반환청구권은 다른 법률에 특별한 규정이 없는 한, 국가재정법 제96조, 지방재정법 제82조가 준용되므로, **★5년이 지나면 소멸시효로 소멸**한다.

▲ 특별시장 등이 **거짓이나 부정한 방법**으로 화물자동차 **유가보조금(부정수급액)을 교부**받은 운송사업자 등으로부터 **부정수급액을 반환받을 권리**에 대해서는 「지방재정법」에서 정한 **5년의 소멸시효**가 적용된다. (○) **[22 소방간부]**

정답 0138. ✕

제8절 사인의 공법행위

1 사인의 공법행위 일반론

0139

㉠ 사인의 공법행위에 관한 일반법은 없다. [10 군무원9] O X

㉡ 사인의 공법행위에는 확정력, 공정력 등이 인정되지 않는다. [12 군무원9] O X

㉢ 영업허가의 출원, 건물임대차 계약, 행정심판의 청구, 선거에서의 투표행위 등은 사인의 공법행위에 해당한다. [08 군무원9] O X

㉠ **사인의 공법행위** 전반을 규율하는 **일반법은 ★존재하지 않는다.**
㉡ 행정주체에게 인정되는 **공정력, 집행력, 확정력(=존속력)**은 사인의 공법행위에서 **★인정될 수가 없다.**
㉢ 사인의 공법행위의 예로는 사인이 **영업허가를 신청**하거나, **행정심판을 청구**하거나, **선거에서 투표**를 하거나, **공무원이 사직서를 제출**하는 행위 등이 있다.
☑ 건물임대차 계약은 사인의 사법행위에 해당한다.

⚠ 현재 **사인의 공법행위에** 관한 전반적인 사항을 **규율**하는 **일반법은 없다.** (○) [14 서울9]

⚠ **사인의 공법행위**에는 행정행위가 갖는 **공정력·집행력 등의 효력이 인정되지 않는다.** (○) [10, 11 군무원9]

0140

[10 군무원9]

판례는 사인의 공법행위에는 민법상 비진의 의사표시에 관한 규정이 적용되지 않는다고 보았다. O X

공무원이 사직의 의사표시를 하여 의원면직처분을 하는 경우, 비록 사직원 제출자의 내심의 의사가 **사직뜻이 아니었다고 하더라도 진의 아닌 의사표시에 관한 민법 제107조**는 그 성질상 사직의 의사표시와 같은 **사인의 공법행위에는 준용되지 ★아니하므로** 그 의사가 외부에 표시된 이상 **그 의사는 ★표시된 대로 효력을 발한다.** (대판 1997.12.12. 97누13962)

⚠ **사인의 공법행위**의 경우에는 **민법 제107조 제1항 단서**의 **비진의 의사표시 규정**은 **적용되지 않는다.** (○) [12 군무원9]

정답 0139-㉠. O 0139-㉡. O 0139-㉢. × 0140 O

0141

[22 군무원5]

단기복무부사관 중계속복무를 원하는 자에게 복무연장지원서를 제출하게 하면서 이와는 정반대되는 전역지원서를 함께 제출하게 하였다면 그 전역지원서를 제출하였다고 하여 전역을 원하는 의사가 있었다고는 볼 수 없다. O X

1. 군인사정책상 필요에 의하여 복무연장지원서와 전역(여군의 경우 면역임)지원서를 동시에 제출하게 한 방침에 따라 위 양 지원서를 함께 제출한 이상, 그 취지는 복무연장지원의 의사표시를 우선으로 하되, 그것이 받아들여지지 아니하는 경우에 대비하여 원에 의하여 전역하겠다는 조건부 의사표시를 한 것이므로 **그 전역지원의 의사표시도 ★유효한 것**으로 보아야 한다.

1-2. 위 **전역지원의 의사표시**가 **진의 아닌 의사표시라 하더라도** 그 무효에 관한 법리를 선언한 **민법 제107조 제1항 단서의 규정**은 그 성질상 **★사인의 공법행위에는 적용되지 않는다** 할 것이므로 **그 표시된 대로 ★유효한 것**으로 보아야 한다.

⚠ 군인사정책상의 필요에 의하여, **복무연장지원서와 전역지원서를 동시에 제출**한 경우에는 복무연장지원의 의사표시를 우선으로 하되, 그것이 받아들여지지 아니하는 경우에 대비하여 원에 의하여 전역하겠다는 조건부 의사표시를 한 것이므로 그 **전역지원의 의사표시도 유효한 것**으로 보아야 한다. (○) [18 군무원9]

⚠ **전역지원의 의사표시**가 **진의 아닌 의사표시라고 하더라도** 그 무효에 관한 법리를 선언한 「**민법**」제107조 제1항 **단서의 규정**은 그 성질상 **사인의 공법행위에는 적용되지 않는다** 할 것이므로 그 **표시된 대로 유효한 것**으로 보아야 할 것이다. (○) [22 군무원5 변형]

⚠ **전역지원의 의사표시**가 **진의 아닌 의사표시**라면 그 무효에 관한 법리를 선언한 민법 제107조 제1항 단서의 규정에 ~~따라 무효한 것~~으로 보아야 한다. (×) [18 군무원9]

0142

[16 군무원9]

공무원이 한 의원면직의 의사표시는 수리 전까지는 철회가 가능하다. O X

공무원이 한 사직 의사표시의 철회나 취소는 그에 터잡은 **의원면직처분이 있을 때까지 ★할 수 있는 것**이고, 일단 **면직처분**이 있고 난 **이후**에는 **★철회나 취소할 여지가 없다**. (대판 2001. 8. 24, 99두9971).

☑ 공무원이 **사직서를 제출한 후**, 그에 따른 **면직처분(수리)이 있기 전까지**는 **철회할 수 있다.**

⚠ **공무원의 사직 의사표시**는 그에 따른 **면직처분 전까지 철회**할 수 없다. (×) [20 소방간부]

정답 0141. × 0142. O

0143

[18 군무원9]

㉠ 공무원이 강박에 의하여 사직서를 제출한 경우 사직의 의사표시는 그 강박의 정도에 따라 무효 또는 취소사유가 되며, 그 정도가 의사결정의 자유를 박탈할 정도에 이른 것이라면 무효가 될 것이다. O X

㉡ 범법행위를 저지른 공무원이 수사기관 등으로부터 사직종용을 받고 형사처벌을 받아 징계파면될 것을 염려하여 사직서를 제출한 경우 그 사직의사 결정을 강요에 의한 것으로 볼 수 없다. O X

> 사직서의 제출이 감사기관이나 상급관청 등의 **강박**에 의한 경우에는 그 정도가 **의사결정의 자유를 ★박탈할 정도**에 이른 것이라면 그 의사표시가 **★무효**로 될 것이고 그렇지 않고 의사결정의 자유를 제한하는 정도에 그친 경우라면 그 성질에 반하지 아니하는 한 의사표시에 관한 민법 제110조의 규정을 준용하여 그 효력을 따져보아야 할 것이나, 감사담당 직원이 당해 공무원에 대한 비리를 조사하는 과정에서 **사직하지 아니하면 징계파면**이 될 것이고 또한 그렇게 되면 퇴직금 지급상의 불이익을 당하게 될 것이라는 등의 강경한 태도를 취하였다고 할지라도 그 취지가 단지 비리에 따른 객관적 상황을 고지하면서 사직을 **권고·종용한 것에 지나지 않고** 위 공무원이 그 비리로 인하여 징계파면이 될 경우 **퇴직금 지급상의 불이익**을 당하게 될 것 등 여러 **사정을 고려**하여 사직서를 제출한 경우라면 그 의사결정이 **의원면직처분의 효력에 영향을 미칠 하자**가 있었다고는 **★볼 수 없다**. (대법원 1997.12.12., 97누13962)

⚠ **권고사직의 형식**을 취하고 있더라도 **사직의 권고**가 공무원의 **의사결정의 자유를 박탈할 정도의 강박에 해당**하는 경우에는 **당해 권고사직은 무효**이다. (○) [14 국가7]

정답 0143-㉠. O 0143-㉡. O

2 신고

0144

㉠ 현행 행정절차법상 적법한 요건을 갖춘 신고서가 접수기관에 도달된 때에는 신고의 의무가 이행된 것으로 본다. [19 군무원9] O X

㉡ 자기완결적 신고의 경우, 부적법한 신고라 하더라도 행정청이 수리하였다면 신고의 효력이 발생한다. [10 군무원9] O X

㉢ 행위요건적 신고에 있어서, 신고서가 반려된 경우 이를 일종의 거부처분으로 보아 행정쟁송이 가능하다. [12 군무원9] O X

■ 자기완결적 신고 VS 행위요건적 신고

<table>
<tr><th></th><th colspan="2">자기완결적 신고
(수리를 요하지 않는 신고)</th><th>행위요건적 신고
(수리를 요하는 신고)</th></tr>
<tr><td>근거</td><td colspan="2">행정절차법 제40조</td><td>행정기본법 제34조</td></tr>
<tr><td>적법한 신고의 효과발생 시점</td><td colspan="2">접수기관(행정청)에 도달하면
= 신고 효과 발생</td><td>접수기관(행정청)에 도달하고
+ 접수기관(행정청)이 수리해야
= 신고 효과 발생</td></tr>
<tr><td>신고서를 수리하는 행위의 성질</td><td colspan="2">사실상 행위(법률상 효과 無)
↳ 국민의 권리·의무 영향 無</td><td>법적 행위(법률상 효과 有)
↳ 국민의 권리·의무 변동 有</td></tr>
<tr><td rowspan="2">신고서의 수리를 거부하는 행위의 성질</td><td>원칙</td><td>처분성 ×</td><td rowspan="2">처분성 ○
(거부처분)</td></tr>
<tr><td>예외</td><td>처분성 ○
(행정청의 수리거부로 신고자가 불안정한 법적 지위에 놓일 우려가 있을 경우 등)</td></tr>
<tr><td>부적법한 신고를 수리한 경우</td><td colspan="2">접수기관(행정청)이 수리하여도
신고의 효과발생 ×</td><td>수리행위가 무효가 아닌 이상,
접수기관(행정청)이 수리하였다면
일단 신고의 효과발생 ○</td></tr>
</table>

⚠ 법령 등에서 행정청에 대하여 **일정한 사항을 통지함으로써 의무가 끝나는 신고**를 규정하고 있는 경우에는 법령상 요건을 갖춘 **적법한 신고서**를 ~~발송하였을 때~~에 **신고의 의무가 이행**된 것으로 본다. (×) [16 국가9]

☑ '일정한 사항을 통지함으로써 의무가 끝나는 신고'는 '수리를 **요하지 않는** 신고'를 뜻한다.

⚠ **수리를 요하지 않는 신고**에서, 요건을 갖추지 못한 **부적법한 신고**라도 **행정청이 이를 수리**한 경우에는 신고의 ~~법적효력이 발생~~한다. (×) [08 국회8]

⚠ **수리를 요하는 신고**에 대한 **행정청의 거부**는 **행정쟁송의 대상**이 된다. (○) [12 경행]

정답 0144-㉠. ○ 0144-㉡. × 0144-㉢. ○

0145

㉠ 자체완성적 신고의 접수 내지 수리를 거부하는 행위는 원칙적으로 처분이라고 볼 수 없다. [13 군무원9] O X

㉡ 자기완결적 신고가 반려되었음에도 행위를 한 경우 이행강제금 등이 예정되어 있더라도 신고반려 행위는 항고소송의 대상이 되지 않는다. [18 군무원9] O X

> 건축주 등은 신고제하에서도 **건축신고가 반려**될 경우 당해 건축물의 건축을 개시하면 **★시정명령, 이행강제금, 벌금의 대상**이 되거나 당해 건축물을 사용하여 행할 행위의 **★허가가 거부**될 우려가 있어 불안정한 지위에 놓이게 된다. 따라서 건축신고 반려행위가 이루어진 단계에서 당사자로 하여금 **★반려행위의 적법성을 다투어 그 법적 불안을 해소**한 다음 건축행위에 나아가도록 함으로써 장차 있을지도 모르는 위험에서 미리 벗어날 수 있도록 길을 열어 주고, 위법한 건축물의 양산과 그 철거를 둘러싼 분쟁을 조기에 근본적으로 해결할 수 있게 하는 것이 법치행정의 원리에 부합한다. 그러므로 **건축신고 반려행위는 ★항고소송의 대상**이 된다고 보는 것이 옳다. (대판 2011. 6. 10. 2010두7321)
>
> ㉠ **자기완결적 신고(수리를 요하지 않는 신고)**의 경우 행정청의 **수리여부와는 무관**하게 **신고의 의사표시** 그 자체로써 신고내용의 **법적 효과가 발생**하므로, 원칙적으로 **자기완결적 신고가 거부**되었더라도 법률적(국민의 권리·의무상) 영향이 없다는 점에서 **취소소송의 대상이 되지 않는다.**
>
> ㉡ 그러나 대법원은 2010. 11. 18. 2008두167 판례를 통하여 **자기완결적 신고가 거부**되었음에도 신고에 따른 행위를 할 경우에 **법적 불이익이 예견되어 불안정한 지위**에 놓이게 될 우려가 있을 때에는 **예외적으로 자기완결적 신고의 거부**도 **항고소송의 대상**이 될 수 있는 것으로 **견해를 변경**하였다. 다만 모든 자기완결적 신고의 거부에 처분성이 인정되는 것은 아니며, **건축(착공)신고, 원격평생교육시설신고 등의 일부 신고가 이에 해당**한다.

⚠ 건축주 등은 **건축신고가 반려**될 경우 건축물의 **건축을 개시**하면 **시정명령, 이행강제금, 벌금의 대상**이 되거나 당해 건축물을 사용하여 행할 **행위의 허가가 거부될 우려**가 있어 **불안정한 지위**에 놓이게 되므로, **건축신고 반려행위**는 **항고소송의 대상성이 인정**된다. (○) [21 군무원9]

⚠ 건축신고 반려행위가 이루어진 단계에서 당사자로 하여금 **반려행위의 적법성을 다투어 그 법적 불안을 해소**한 다음 건축행위에 나아가도록 함으로써 장차 있을지도 모르는 위험에서 미리 벗어날 수 있도록 길을 열어주고, 위법한 건축물의 양산과 그 철거를 둘러싼 분쟁을 조기에 근본적으로 해결할 수 있게 하는 것이 법치행정의 원리에 부합하므로 **건축신고 반려행위**는 **항고소송의 대상**이 된다. (○) [21 군무원5]

⚠ 건축법에 따른 **건축신고를 반려**하는 행위는 **항고소송의 대상~~이 되지 않는~~**다. (×) [13 군무원9]

정답 0145-㉠. O 0145-㉡. ×

0146

[06 군무원9]

평생교육법상의 원격평생교육시설신고의 수리거부는 처분성이 인정된다. O X

인터넷 침·뜸 학습센터를 설립한 甲이 구 평생교육법 제22조 제2항 등에 따라 **평생교육시설로 신고**하였으나 관할 행정청이 교육 내용이 의료법에 저촉될 우려가 있다는 등의 사유로 이를 **반려**하는 처분을 한 사안에서, 관할 행정청은 신고서 기재사항에 흠결이 없고 정해진 서류가 구비된 이상 신고를 수리하여야 하고 형식적 요건이 아닌 신고 내용이 공익적 기준에 적합하지 않다는 등 실체적 사유를 들어 이를 거부할 수 없고, … (중략) … 형식적 심사 범위에 속하지 않는 사항을 수리거부사유로 삼았을 뿐만 아니라 처분사유도 인정되지 않는다는 이유로, **위 ★처분은 위법하다**. (대판 2011. 7. 28. 2005두11784)

☑ 대법원은 원격평생교육시설의 신고의 수리는 형식적 심사에 그쳐야 한다는 점에서 자기완결적 신고로 보면서도, 수리거부의 처분성을 별도로 논증함이 없이, **수리거부행위는 처분임을 전제**하고 있다.

☞ 수험적으로는 **'원격평생교육시설의 수리거부=처분'**으로 정리하면 된다.

⚠ 불특정 다수인을 대상으로 학습비를 받고 정보통신매체를 이용하여 **원격평생 교육을 실시**하기 위해 구 **평생교육법 제22조제2항에 따라 형식적 요건을 모두 갖추어 신고**하였으나 그 신고대상이 된 교육이나 학습이 공익적 기준에 적합하지 않다는 등의 **실체적 사유를 들어 신고의 수리를 거부하는** 것은 판례상 **위법한 경우**에 해당한다. (○) [20 국가5 승진]

0147

[18 군무원9]

행위요건적 신고에 대하여 관할 행정청의 신고필증의 교부가 없더라도 적법한 신고가 있는 이상 신고의 법적 효력에는 영향이 없다. O X

납골당설치 신고는 이른바 **'수리를 요하는 신고'**라 할 것이므로, 납골당설치 신고가 구 장사법 관련 규정의 모든 요건에 맞는 신고라 하더라도 신고인은 곧바로 납골당을 설치할 수는 없고, 이에 대한 행정청의 **수리처분이 있어야만** 신고한 대로 납골당을 설치할 수 있다. 한편 수리란 신고를 유효한 것으로 판단하고 법령에 의하여 처리할 의사로 이를 수령하는 수동적 행위이므로 **수리행위에 신고필증 교부 등 행위가 ★꼭 필요한 것은 아니다**. (대판 2011. 9. 8., 2009두6766)

☑ 행위요건적 신고에서 접수기관이 신고필증을 교부한 경우, 이는 신고에 따른 수리행위가 이루어졌음을 증명하는 행위이지만, **신고필증의 교부가 필수적인 절차는 아니라는 판시**이다.

⚠ 수리란 신고를 유효한 것으로 판단하고 법령에 의하여 처리할 의사로 이를 수령하는 적극적 행위이므로 **수리행위**에는 ~~신고필증의 교부와 같은 행정청의 행위가 수반되어야~~ 한다. (×) [19 서울9 2월]

정답 0146. ○ 0147. ○

0148

㉠ 요건을 갖추지 못한 신고서가 제출된 경우 지체없이 상당한 기간을 정하여 신고인에게 보완을 요구하여야 한다. [13 군무원9] O X

㉡ 행정청은 신고인이 일정한 기간 내에 보완을 하지 아니하였을 때에는 그 이유를 구체적으로 밝혀 해당 신고서를 되돌려 보내야 한다. [19 군무원9] O X

【행정절차법】 제40조(신고)

③ 행정청은 제2항 각 호의 **요건을 갖추지 ★못한 신고서가 제출된** 경우에는 지체 없이 **★상당한 기간**을 정하여 신고인에게 **★보완을 요구**하여야 한다.

④ 행정청은 신고인이 제3항에 따른 **기간 내에 보완을 하지 아니하였을 때**에는 그 **이유를 구체적으로 밝혀** 해당 신고서를 **★되돌려 보내야** 한다.

⚠ 행정청은 신고에 구비서류의 미비 등 **흠이 있는 경우**에는 보완에 필요한 **상당한 기간을 정하여** 지체없이 **신고인에게 보완을 요구**하여야 하며, 신고인이 **상당한 기간 내**에 **보완을 하지 아니한 때**에는 그 **이유를 구체적으로 명시**하여 해당 신고서를 **되돌려 보내야** 한다. (○) [19 군무원9]

0149

㉠ 인·허가의제 효과를 수반하는 건축신고는 자체완성적 신고이다. [13 군무원9] O X

㉡ 주민등록법상 주민등록전입신고의 수리거부는 처분성이 인정된다. [06 군무원9] O X

㉢ 건축주명의변경신고 거부처분은 처분성이 인정되지 않는다. [15 군무원9] O X

㉣ 골프장 이용료 변경신고는 수리를 요하는 신고이다. [17 군무원9] O X

㉤ 골프장 회원 모집 계획신고는 수리를 요하는 신고이다. [17 군무원9] O X

㉥ 납골당 설치 신고는 수리를 요하는 신고이다. [17 군무원9] O X

	신고의 종류	근거판례
인·허가효과를 의제하는 건축신고	수리를 요하는 신고 (신고의 수리거부는 처분 ○)	(대법 전합 2011.1.20. 2010두14954)
주민등록전입신고		(대법 전합 2009.6.18. 2008두10997)
건축주명의변경신고		(대법 1992. 3. 31., 91누4911)
골프장 회원모집 계획신고		(대법 2009. 2. 26., 2006두16243)
납골당설치신고		(대판 2011. 9. 8., 2009두6766)
골프장이용료 변경신고	수리를 요하지 않는 신고 (신고의 수리거부는 처분 ×)	(대결 1993. 7. 6.자 93마635)

정답 0148-㉠. ○ 0148-㉡. ○ 0149-㉠. × 0149-㉡. ○ 0149-㉢. × 0149-㉣. × 0149-㉤. ○ 0149-㉥. ○

2023 김동현 공무원 OX 행정법 기출문제집

제 2 장

행정작용법

제1절 행정입법

1 법규명령

0150

[06 군무원9]

㉠ 법규명령이란 일반적으로 행정권이 정립하는 일반적·추상적 규율로서 법규의 성질을 가진다. O X

㉡ 법규명령은 일면적 구속력을 가진다. O X

> ㉠ '**법규명령**'이란 일반적으로 **행정권이 정립**하는 **일반적·추상적 규정**으로서 **법규의 성질**을 가지는 것을 말하는데,
> ㉡ 법규명령은 **대외적(국민에 대한)·대내적(행정내부에 대한) 구속력**을 가지고 있는바, **국민과 행정청을 모두** 구속하는 ★**'양면적' 구속력**을 가진다.

⚠ **법규명령**은 **대외적**으로 **일반적 구속력**을 가지는 법규로서의 성질을 가지는 **행정입법**을 말한다. (○) [01 행시]

0151

㉠ 위임입법은 개별적·구체적으로 범위를 정하여서만 가능하다. [11 군무원9] O X

㉡ 법규명령은 반드시 법률에 의해 구체적 범위를 정한 위임이 있어야만 제정이 가능하다. [15 군무원9] O X

㉢ 집행명령은 상위법령을 집행하기 위해 필요한 구체적인 절차·형식뿐만 아니라 새로운 국민의 권리와 의무에 관한 사항도 규정할 수 있다. [14 군무원9] O X

■ 법률종속적 법규명령(위임명령 vs 집행명령)

구분	위임명령	집행명령
근거	법률이나 상위법령의 **개별적·구체적 수권**(위임)규정이 **있어야만** 제정 가능	법률이나 상위법령의 **개별적·구체적 ★수권**(위임)규정이 **없이도** 제정 가능
성질	국민의 권리·의무에 관한 **새로운 입법사항** 규정 **가능**	국민의 권리·의무에 관한 **새로운 입법사항** 규정 **불가**
공통점	**조문**의 형식을 갖추어야 하고, **공포**되어야 효력을 발생	

⚠ **위임명령**이란 법률 또는 상위명령의 **개별적·구체적 위임**에 의하여 일정한 **새로운 법규사항을 규정할** 수 있는 법규명령이다. (○) [01 행시] [11 경북교행9]

⚠ **집행명령**은 **상위법령의 근거 없이** 제정이 가능하다. (○) [11 군무원9]

⚠ 집행명령은 **새로운 법규사항을 규정하지 않으므로** 법령의 수권 없이 제정될 수 있다. (○) [12 사복9]

⚠ **집행명령**은 국민의 **권리의무에 관한 새로운 사항을 정할 수 없다**는 점에서 위임명령과 다르다. (○) [01 행시]

정답 0150-㉠. ○ 0150-㉡. × 0151-㉠. ○ 0151-㉡. × 0151-㉢. ×

0152

[06 군무원9]

대통령, 국무총리, 국방부장관, 경찰청장은 법규명령을 제정할 수 있다. O X

■ 법형식에 따른 법규명령의 유형

제정권자	명칭	예시
대통령	긴급명령	금융실명거래 및 비밀보장에 관한 긴급재정경제명령
	긴급재정경제명령	
	대통령령	식품위생법 **시행령**, 공무원 임용**령**, 국가공무원 복무**규정**
국무총리	총리령	법제처 직제 **시행규칙**, 공무원연금법 시행**규칙**
각 부(部)의 장관	부령	식품위생법 **시행규칙**, 군무원인사법 **시행규칙**

중앙선거관리위원	중앙선거관위원회규칙	공직선거관리규칙
감사원	감사원규칙	감사원 사무처리규칙

☑ 원칙적으로 **대통령, 총리, 장관만, 중앙선거관리위원회, 감사원**은 법규명령의 ★**제정주체**가 될 수 있다. 다만 국무총리 직속기관인 '각 처(處, ㉔ 법제처, 국가보훈처 등)'나 각 부(部)의 '외청(㉔ 병무청, 국세청 등)'은 법규명령의 제정주체가 될 수 없다.

▲ **대통령·국무총리·각부 장관**은 **법규명령(위임명령과 집행명령)**을 발할 수 있다. (○) [96 행시 변형]

▲ 대통령은 **법률에서** 구체적으로 범위를 정하여 **위임받은 사항**과 **법률을 집행하기 위하여 필요한 사항**에 관하여 **대통령령을 발할 수 있다**. (○) [20 군무원7]

▲ **병무청**은 중앙행정기관이므로 ~~부령을 발할 수~~ 있다. (×) [17 군무원9]

0153

[19 군무원9]

일반적으로 법률의 위임에 의하여 효력을 갖는 법규명령의 경우, 구법에 위임의 근거가 없어 무효였더라도 사후에 법개정으로 위임의 근거가 부여되면 그 때부터는 유효한 법규명령이 된다. O X

일반적으로 **법률의 위임**에 의하여 효력을 갖는 **법규명령**의 경우, 구법에 **위임의 근거**가 없어 **무효**였더라도 사후에 **법개정**으로 **위임의 근거가 부여**되면 ★**그때부터는 유효**한 법규명령이 되나, 반대로 구법의 위임에 의한 **유효**한 법규명령이 법개정으로 위임의 근거가 없어지게 되면 **그때부터 무효**인 법규명령이 된다. (대판 1995. 6. 30. 93추83)

▲ 일반적으로 구법에 **위임의 근거가 없어 무효**였더라도 **사후에** 법개정으로 **위임의 근거가 부여**되면 **그때부터 유효**한 법규명령이 된다. (○) [14 군무원9]

▲ 법규명령이 **위임의 근거가 없어 무효**였더라도 **나중에** 법 개정으로 **위임의 근거가 부여**되면, 법규명령 ~~제정 당시로 소급하여~~ **유효한 법규명령**이 된다. (×) [21 지방9]

정답 0152. × 0153. ○

0154

㉠ 위임명령은 상위법령의 폐지에 의해 소멸된다. [16 군무원9] O X

㉡ 법규명령의 위임근거가 되는 법률에 대하여 위헌결정이 선고되면 그 위임규정에 근거하여 제정된 법규명령도 원칙적으로 효력을 상실한다. [20 군무원7] O X

㉢ 근거법령인 상위법령이 개정됨에 그친 경우 개정법령의 시행을 위한 집행명령이 제정·발표될 때까지 여전히 그 효력을 유지하는 것은 아니다. [12 군무원9] O X

법규명령의 소멸

위임명령	집행명령
• 근거법령이 **소멸(폐지·개정)**되거나 • 근거법령이 **위헌결정**을 받은 경우	• 근거법령이 **폐지**된 경우 (단 상위법령이 **★개정된 경우 일단 존속**)

1. 법규명령의 위임근거가 되는 법률에 대하여 **위헌결정이 선고**되면 그 위임에 근거하여 제정된 법규명령도 원칙적으로 **★효력을 상실**한다. (대판 2001.6.12. 2000다18547)
2. **집행명령**은 근거법령인 상위법령이 **폐지**되면 특별한 규정이 없는 이상 실효되는 것이나, 상위법령이 **★개정됨에 그친 경우**에는 개정법령과 성질상 모순, 저촉되지 아니하고 개정된 상위법령의 시행에 필요한 사항을 규정하고 있는 이상 그 집행명령은 상위법령의 개정에도 불구하고 **당연히 실효되지 아니하고** 개정법령의 시행을 위한 **집행명령이 제정, 발효될 때**까지는 여전히 그 **★효력을 유지**한다(대판 1989.9.12. 88누6962).

⚠ **법규명령**은 명시적인 방법 외에도 **묵시적으로도 폐지**될 수 있다. (○) [06 국회8]

☑ 근거법령이 기존의 법규명령과 모순·저촉되는 내용으로 개정되거나, 기존의 법규명령과 모순·저촉되는 상위법령이 새로이 제정되어, 근거법령이 소멸되는 경우 기존 법규명령은 묵시적으로 폐지된다.

⚠ 법규명령의 **위임근거가 되는 법률**에 대하여 **위헌결정이 선고**되면 그 위임에 근거하여 제정된 **법규명령**도 원칙적으로 **효력을 상실**한다. (○) [12 군무원9]

⚠ **근거법령**인 **상위법령이 개정**됨에 그친 경우 **개정**법령의 시행을 위한 **집행명령이 제정·발효될 때까지** 여전히 그 **효력을 유지**~~하는 것은 아니다~~. (×) [15 경행]

0155

[12 군무원9]

위임명령이 상위법에 위반하여 위법하더라도 위임의 근거가 있으면 유효하다. O X

위임명령이 **상위법령에 명백히 위배**되는 경우, 위임의 근거유무와 관계없이, 상위법령과 위배되는 범위 내에서는 **★당연히 무효**가 된다.

⚠ **위임명령이 상위법령에 위반**한 경우에도 위임의 근거가 있다면 ~~유효~~하다. (×) [09 국회9]

정답 0154-㉠. O 0154-㉡. O 0154-㉢. × 0155. ×

0156

[15 군무원9]

시행규칙에서 시행령의 위임에 의한 것임을 명시하지 않은 경우에는 시행령과의 위임관계가 인정되지 않는다.

O X

법령의 위임관계는 반드시 **하위 법령의** 개별조항에서 **위임의 근거**가 되는 상위 법령의 **해당 조항을 구체적으로 명시하고 ★있어야만 하는 것은 아니라고** 할 것이다. (대판 1999.12.24,99두5658)

⚠ **법령의 위임관계**는 반드시 하위 법령의 개별조항에서 **위임의 근거가 되는 상위 법령의 해당 조항**을 구체적으로 **명시**하고 있어야만 **하는 것은 아니다.** (○) [14, 15, 16 지방9]

0157

㉠ 위임받은 사항에 관하여 대강을 정하고 그 중 특정사항의 범위를 정하여 하위의 법규명령에 다시 위임하는 경우에는 재위임도 허용된다. [15 군무원9] O X

㉡ 위임명령을 전면적으로 재위임하는 것은 금지된다. [12 군무원9] O X

법률에서 **위임받은 사항**을 전혀 규정하지 않고 **재위임**하는 것은 복위임금지 원칙에 반할 뿐 아니라 위임명령의 제정 형식에 관한 **수권법의 내용을 변경**하는 것이 되므로 허용되지 않으나 **위임받은 사항**에 관하여 **대강을 정하고** 그 중의 특정사항을 **★범위를 정하여** 하위법령에 **다시 위임**하는 경우에는 **★재위임이 허용**된다. (대판 2015. 1. 15. 2013두14238)

⚠ 법령에 의하여 **위임받은 사항**에 관한 일반적 기준을 정하여 **하위명령에 재위임**하는 것은 **무방**하다. (○) [06 군무원9]

⚠ 위임명령이 법률에서 **위임받은 사항**에 관하여 **대강을 정하고 그 중 특정사항을 범위를 정하여** 하위법령에 **다시 위임**하는 것은 ~~재위임금지의 원칙~~에 따라 허용~~되지 않는~~다. (×) [18 행정사]

⚠ **백지재위임**은 실질적으로 **수권법의 내용을 변경하는 결과를 야기**하므로 **허용되지 않는다.** (○) [12 군무원9]

⚠ 법률로부터 **위임받은 사항**을 ~~전면적으로~~ **재위임하는 것도 허용**된다는 것이 일반적 견해이다. (×) [05 서울9]

0158

[15 군무원9]

대법원은 위임입법에 있어 예시적 위임도 가능하다고 판시하였다.

O X

구 어선법 제21조 제1항은 정기검사에 합격된 경우 어선검사증서에 기재할 사항을 해양수산부령에 위임하고 있고, 그 구체적인 위임의 범위를 법 제27조 제1항 제1호에서 **★예시적**으로 규정하였다고 볼 수 있다. (대법원 2018. 6. 28. 2017도13426)

정답 0156. × 0157-㉠. ○ 0157-㉡. ○ 0158. ○

0159

[15 군무원9]

위임입법에 있어서 입법사항을 대통령령이 아닌 총리령이나 부령에 위임할 수 있다. O X

입법자는 **법률에서 구체적으로 범위**를 정하기만 한다면 대통령령 뿐만 아니라 **★부령에 입법사항을 위임할 수도 있다**. (헌재 전원 1998. 2. 27. 97헌마64)

- 입법자는 **법률에서 구체적으로 범위**를 정하기만 한다면 대통령령뿐만 아니라 **부령에 입법사항을 위임할 수 있다.** (○) [12 국회9]

0160

[19 군무원9]

오늘날 의회의 입법독점주의에서 (㉠)로 전환하여 일정한 범위 내에서 행정입법을 허용하게 된 동기가 사회적 변화에 대응한 입법수요의 급증과 종래의 형식적 권력분립주의로는 현대 사회에 대응할 수 없다는 기능적 권력분립론에 있다는 점 등을 감안하여 헌법 제40조와 헌법 제75조, 제95조의 의미를 살펴보면, 국회입법에 의한 수권이 입법기관 이 아닌 행정기관에게 법률 등으로 구체적인 범위를 정하여 위임한 사항에 관하여는 당해 행정기관에게 법정립의 권한을 갖게 되고, 입법자가 규율의 형식도 선택할 수도 있다 할 것이므로, 헌법이 인정하고 있는 (㉡)의 형식은 (㉢)인 것으로 보아야 할 것이고, 그것은 법률이 행정규칙에 위임하더라도 그 행정규칙은 위임된 사항만을 규율할 수 있으므로, 국회입법의 원칙과 상치되지도 않는다. O X

오늘날 의회의 입법독점주의에서 **입법중심주의**로 전환하여 일정한 범위 내에서 행정입법을 허용하게 된 동기가 사회적 변화에 대응한 입법수요의 급증과 종래의 형식적 권력분립주의로는 현대사회에 대응할 수 없다는 기능적 권력분립론에 있다는 점 등을 감안하여 헌법 제40조와 헌법 제75조, 제95조의 의미를 살펴보면, 국회입법에 의한 수권이 입법기관이 아닌 행정기관에게 법률 등으로 구체적인 범위를 정하여 위임한 사항에 관하여는 당해 행정기관에게 법정립의 권한을 갖게 되고, 입법자가 **규율의 형식도 ★선택**할 수 있다 할 것이므로, 헌법이 인정하고 있는 위임입법의 형식은 예시적인 것으로 보아야 할 것이고, 그것은 법률이 **행정규칙에 위임하더라도** 그 행정규칙은 위임된 사항만을 규율할 수 있으므로, **국회입법의 원칙**과 **★상치되지도 않는다**. … (중략) … 재산권 등과 같은 기본권을 제한하는 작용을 하는 법률이 입법위임을 할 때에는 대통령령, 총리령, 부령 등 법규명령에 위임함이 바람직하고, **★고시와 같은 형식으로 입법위임을 할 때에는** 적어도 행정규제기본법 제4조 제2항 단서에서 정한 바와 같이 법령이 전문적·기술적 사항이나 경미한 사항으로서 업무의 성질상 위임이 **★불가피한 사항에 한정**된다 할 것이다. (헌재 전원 2006. 12. 28. 2005헌바59)

- 헌법상의 **법규명령 형식**에 관하여 **예시적 규정**으로 보는 것이 **헌법재판소의 입장**이다. (○) [06 군무원9]
- 헌법이 인정하고 있는 **위임입법의 형식은 예시적**인 것으로 보아야 할 것이고, 그것은 법률이 행정규칙에 위임하더라도 그 행정규칙은 위임된 사항만을 규율할 수 있으므로, **국회입법의 원칙과 상치되지도 않는다.** (○) [20 군무원9]
- 헌법재판소 판례에 의하면, 헌법상 **위임입법의 형식**은 ~~열거적~~이기 때문에, 국민의 권리·의무에 관한 사항을 **고시 등 행정규칙으로 정하도록 위임**한 법률 조항은 ~~위헌~~이다. (×) [18 군무원9]
- 사회적 변화에 대응한 입법수요의 급증과 종래의 형식적 권력분립주의로는 현대사회에 대응할 수 없다는 기능적 권력분립론 등을 감안하더라도, 의회가 구체적으로 범위를 정하여 위임한 사항에 관하여는 당해 행정기관이 법정립의 권한을 갖게 되고, 이 경우 **입법자가 규율의 형식을 선택**할 ~~수는~~ 없다. (×) [21 군무원5]

정답 0160. 정답누락 0160.-㉠. **입법중심주의** 0160-㉡. **위임입법** 0160-㉢. **예시적**

0161

[16 군무원9]

수권법률의 예측가능성 유무를 판단함에 있어서는 수권규정과 이와 관계된 조항, 수권법률 전체의 취지, 입법목적의 유기적·체계적 해석 등을 통하여 종합 판단하여야 한다. O X

예측가능성의 유무는 당해 위임조항 하나만을 가지고 판단할 것이 아니라 그 위임조항이 속한 법률이나 상위명령의 전반적인 체계와 취지·목적, 당해 위임조항의 규정형식과 내용 및 관련 법규를 **★유기적·체계적으로 종합 판단**하여야 하고, 나아가 각 규제 대상의 성질에 따라 구체적·개별적으로 검토하여 법률조항과 법률의 입법 취지를 종합적으로 고찰할 때 합리적으로 그 대강이 예측될 수 있는 것이라면 위임의 한계를 **일탈하지 아니한 것**이다. (대법원 2007.10.26, 2007두9884)

⚠ **위임입법**의 한계인 **예측가능성의 유무를 판단**할 때에는 **관련 법조항 전체를 유기적·체계적으로 종합 판단**할 것이 아니라 당해 위임조항 자체에서 하위법령으로 규정될 내용 및 범위의 기본사항이 구체적으로 규정되어 있음을 기준으로 한다. (×) [20 국가5 승진]

0162

[11 군무원9]

범죄구성요건의 구체적 위임은 죄형법정주의에 반하지 않는다. O X

위임법률이 **구성요건의 점**에서 **처벌대상**인 행위가 어떠한 것인지 이를 **예측**할 수 있을 정도로 **구체적**으로 정하고, 형벌의 종류 및 그 상한과 폭을 **명확히 규정**하는 경우에는 **★위임입법이 허용**된다. (헌재 2004.10.28, 2003헌마417)

⚠ 헌재는 죄형법정주의 원칙상 처벌규정에 대해서는 형벌의 종류 뿐 아니라 범죄 구성요건도 법규명령에 위임할 수 없다. (×) [06 국가7]

☑ 형벌의 종류는 위임이 불가능하지만, 범죄구성요건은 구체적 위임이 가능하다.

0163

㉠ 법률이 공법적 단체 등의 정관에 자치법적 사항을 위임한 경우에도 헌법 제75조가 정하는 포괄적인 위임입법의 금지는 원칙적으로 적용된다. [20 군무원7] O X

㉡ 공법적 단체 등의 정관에 대한 자치법적 사항의 위임이라도 국민의 권리·의무에 관한 본질적이고 기본적인 사항은 국회가 정하여야 한다. [16 군무원9] O X

법률이 공법적 단체 등의 **정관**에 **자치법적 사항을 위임**한 경우에는 헌법 제75조가 정하는 **포괄적인 위임입법의 금지는** 원칙적으로 **★적용되지 않는다**고 봄이 상당하고, 그렇다 하더라도 그 사항이 국민의 권리·의무에 관련되는 것일 경우에는 적어도 국민의 권리·의무에 관한 **기본적이고 본질적**인 사항은 **★국회가 정하여야** 한다. (대판 2007. 10. 12., 2006두14476)

⚠ **공법적 단체 등의 정관**에 **자치법적 사항을 위임**하는 경우에는 **포괄적 위임도 가능**하다. (○) [20 국회9]

⚠ 법률이 **공법적 단체 등의 정관**에 **자치법적 사항을 위임**한 경우에도 그 사항이 국민의 권리의무에 관련되는 것인 경우에는 국민의 권리의무에 관한 **기본적이고 본질적인 사항**은 **국회가 정하여야** 한다. (○) [11 지방9]

정답 0161. O 0162. O 0163-㉠. × 0163-㉡. O

0164

[12 군무원9]

판례는 구 청소년보호법 시행령상의 과징금 처분기준을 재량법규로 보고, 처분기준이 되는 과징금 액수를 최고한도액이라도 판시했다. O X

> 구 청소년보호법 제49조 제1항, 제2항에 따른 같은법 시행령 제40조 [별표 6]의 위반행위의 종별에 따른 과징금처분기준은 ★**법규명령**이기는 하나 … (중략) … 사안에 따라 적정한 **과징금의 액수**를 정하여야 할 것이므로 그 수액은 정액이 아니라★ **최고한도액**이다. (대판 2001. 3. 9., 99두5207)

⚠ 구 「**청소년보호법**」 제49조 제1항·제2항에 따른 동법 시행령 제40조 [별표6]의 위반행위의 종별에 따른 **과징금처분기준은 법규명령**에 해당하고 **과징금처분기준의 수액은 최고한도액**~~이 아니라 정~~**액**이다. (×) [13 국가9]

0165

㉠ 위임입법에 있어서 위임의 구체성·명확성의 요구 정도는 그 규율대상의 종류와 성격에 따라 달라진다. [15 군무원9] O X

㉡ 처벌법규의 위임은 일반 법률사항보다 더욱 제한을 받는다. [15 군무원9] O X

㉢ 일반적인 급부행정법규는 처벌법규나 조세법규의 경우보다 그 위임의 요건과 범위가 더 엄격하게 제한적으로 규정되어야 한다. [16 군무원9] O X

㉣ 기술적으로 입법이 어려운 부분이나 변화가 잦은 부분에 있어서는 명확성의 원칙을 완화하여 적용하여야 한다. [11 군무원9] O X

> **위임입법**에 있어 위임의 구체성, 명확성의 요구 정도는 그 규율대상의 종류와 성격에 따라 달라질 것이지만 특히 ★**처벌법규나 조세법규**와 같이 국민의 기본권을 직접적으로 제한하거나 침해할 소지가 있는 법규에서는 구체성, 명확성의 요구가 ★**강화**되어 그 위임의 요건과 범위가 일반적인 **급부행정의 경우보다** 더 ★**엄격하게 제한적**으로 규정되어야 하는 반면에, 규율대상이 지극히 **다양**하거나 **수시로 변화**하는 성질의 것일 때에는 위임의 구체성, 명확성의 요건이 ★**완화**될 수도 있을 것이다. (헌재 전원1997.2.20, 95헌바27)

⚠ **위임입법**에 있어서 **위임의 구체성·명확성의 요구 정도**는 그 **규율대상의 종류와 성격에 따라 달라질** 것이지만 특히 (㉠)나 **조세법규**와 같이 국민의 기본권을 직접적으로 제한하거나 침해할 소지가 있는 법규에서는 **구체성·명확성의 요구 정도**가 (㉡)되어 그 위임의 요건과 범위가 일반적인 (㉢)의 경우보다 더 **엄격하게 제한적으로 규정되어야** 하는 반면에, 규율대상이 지극히 **다양하거나 수시로 변화하는 성질**의 것일 때에는 **위임의 구체성·명확성의 요건**이 (㉣)될 수도 있다. → [㉠ 처벌법규, ㉡ 강화, ㉢ 급부행정, ㉣ 완화] [12 경행]

정답 0164. O 0165-㉠. O 0165-㉡. O 0165-㉢. X 0165-㉣. O

0166

㉠ 지방자치단체는 법률의 위임이 있는 경우에 자치사무에 관한 사항을 조례로 정할 수 있다.

[20 군무원7] O X

㉡ 법률이 주민의 권리·의무에 관한 사항을 조례에 위임하는 경우에는 헌법 제7조에서 정한 포괄적인 위임입법의 금지는 원칙적으로 적용되지 않는다.

[18 군무원9] O X

1. **【지방자치법】 제28조(조례)** ① 지방자치단체는 **★법령의 범위**에서 그 사무에 관하여 **조례를 제정**할 수 있다. 다만, 주민의 **권리 제한** 또는 **의무 부과**에 관한 사항이나 **벌칙**을 정할 때에는 **★법률의 위임**이 있어야 한다.
   ☑ 엄밀히는 틀린 지문으로 보기 어려우나, 주민의 권리제한이나 의무부과에 관한 사항이 아닌 경우, 법률의 위임이 없더라도 법령의 범위 안에서 조례를 제정할 수 있다는 점에서 틀린 지문으로 처리한 것으로 보인다.
2. **조례**에 대한 **법률의 위임**은 법규명령에 대한 법률의 위임과 같이 반드시 구체적으로 범위를 정하여 할 필요가 없으며 **★포괄적**인 것으로 족하다. (헌재 1995.4.20. 92헌마264)

⚠ 주민의 권리제한·의무부과 또는 벌칙에 관한 사항이 아닌 한 **법률의 위임 없이도** 조례를 제정할 수 있다. (○) [04 행시]

⚠ 판례는 법률이 주민의 권리·의무에 관한 사항에 관하여 구체적으로 아무런 범위도 정하지 아니한 채 **조례**로 정하도록 **포괄적으로 위임**~~할 수 없고~~, ~~개별적·구체적으로 범위를 정하여서만 위임이 가능~~하다고 본다. (×) [15 군무원9]

⚠ **조례에 대한 법률의 위임**은 법규명령에 대한 법률의 위임과 같이 반드시 구체적으로 범위를 정하여 할 필요가 없으며 **포괄적인 것으로 족하다.** (○) [20 군무원7]

⚠ **조례에 대한 법률의 위임**은 **포괄적인 것으로 족하다.** (○) [16 군무원9]

⚠ 법률에서 주민의 권리의무에 관한 사항에 관하여 구체적 범위를 정하지 아니한 채 **포괄적으로 조례에 위임**하였다면 이는 ~~위법하다~~. (×) [12 군무원9]

⚠ **조례 제정에 대한 법률의 위임**은 법규명령에 대한 법률의 위임과 ~~같이 구체적~~으로 범위를 정하여야 한다. (×) [13 군무원9]

0167

[20 군무원7]

법률이 주민의 권리의무에 관한 사항에 관하여 구체적으로 범위를 정하지 않은 채 조례로 정하도록 포괄적으로 위임한 경우에도 지방자치단체는 법령에 위반되지 않는 범위 내에서 각 지역의 실정에 맞게 주민의 권리의무에 관한 사항을 조례로 제정할 수 있다. O X

법률이 주민의 권리의무에 관한 사항에 관하여 구체적으로 범위를 정하지 않은 채 조례로 정하도록 **포괄적으로 위임**한 경우에도 지방자치단체는 법령에 위반되지 않는 범위 내에서 각 **★지역의 실정**에 맞게 주민의 권리의무에 관한 사항을 **조례로 제정**할 수 있다. (대판 2019. 1. 31. 2018두43996)

⚠ **조례**가 규율하는 특정사항에 관하여 그것을 규율하는 국가의 법령이 이미 존재하는 경우에도, 국가의 법령이 반드시 그 규정에 의하여 전국에 걸쳐 일률적으로 동일한 내용을 규율하려는 취지가 아니고 **각 지방자치단체**가 **그 지방의 실정에 맞게 별도로 규율하는 것을 용인하는 취지라고 해석되는 때**에는 그 조례가 국가의 **법령에 위배되는 것은 아니라고 보아야** 한다. (○) [12 변시 변형]

정답 0166-㉠. × 0166-㉡. ○ 0167. ○

0168

[20 군무원7]

법률의 위임 없이 보육시설 종사자의 정년을 규정한 조례안에 대한 재의결은 무효이다. O X

영유아보육법이 보육시설 종사자의 정년에 관한 규정을 두거나 이를 지방자치단체의 조례에 위임한다는 규정을 **두고 있지 않음에도** 보육시설 종사자의 ★**정년을 규정**한 '서울특별시 중구 영유아 보육**조례** 일부개정조례안' 제17조 제3항은, 법률의 위임 없이 헌법이 보장하는 직업을 선택하여 수행할 권리의 제한에 관한 사항을 정한 것이어서 그 **효력을 인정할 수 ★없으므로**, 위 조례안에 대한 ★**재의결은 무효**라고 한 사례. (대판 2009.5.28. 2007추134)

⚠ 영유아 보육시설 종사자의 정년을 조례로 규정하고자 하는 경우에는 **법률의 위임이 필요없다**. (×) **[20 지방9]**

0169

[13 군무원9]

현행법상 법규명령의 적법성에 대하여 국민이 직접 또는 간접으로 통제할 수 있는 수단은 존재하지 않는다. O X

공청회, 여론(언론·청원·압력단체)에, 입법예고안에 대한 의견제출 등과 같이 법규명령에 대한 **민중통제 수단**이 존재한다.

⚠ **법규명령에 대한 국민의 통제수단**으로는 **여론·압력단체의 활동** 등과 같은 **간접적인 수단**이 있다. (○) **[17 행정사]**

0170

[13 군무원9]

국회는 법규명령이 법률에 위반된다고 인정되는 경우라 하더라도 직접 그 효력을 소멸시킬 수는 없다. O X

긴급(재정경제)명령의 경우 승인유보제도(헌법 76조)와 같은 직접적 통제수단도 존재하나, **일반적으로** 국회가 **직접 법규명령**의 **효력을 발생하게 하거나 소멸시킬 수는 없다.**

⚠ 의회에 의한 법규명령의 통제로는, **의회가 법규명령의 성립이나 효력발생에 직접적으로 관여하는 것이 아니라** 국정감사권과 같은 방법을 이용한 **간접적 통제**가 있다. (○) **[07 국회8 변형]**

정답 0168. ○ 0169. × 0170. ○

0171

[11 군무원9]

헌법재판소는 법규명령에 대한 통제를 할 수 있다. O X

헌법재판소는 대법원규칙인 ★**법무사법 시행규칙**에 대한 헌법소원에서, **법규명령이** 재판의 전제가 되지 않고 별도의 집행행위 없이 **직접 기본권을 침해**하는 경우 ★**헌법소원**의 형태로 당해 **법규명령을 심사**할 수 있다는 입장을 취하였다. (헌재 1990.10.15., 89헌마178)

⚠ **법규명령**이 **헌법소원의 대상**이 될 것인가에 대하여 이를 **긍정하는 것이 헌법재판소의 입장**이다. (○) [17 군무원9]

0172

㉠ 중앙행정기관의 장이 제정한 법규명령이 제정·개정 또는 폐지되었을 때에는 10일 이내에 이를 국회 소관상임위원회에 제출하여야 한다. [13 군무원9] O X

㉡ 행정청은 입법예고를 하는 경우에는 대통령령·부령을 국회 소관 상임위원회에 이를 제출하여야 한다. [19 군무원9] O X

【국회법】 제98조의2(대통령령 등의 제출 등) ① **중앙행정기관의 장**은 법률에서 **위임**한 사항이나 법률을 **집행**하기 위하여 필요한 사항을 규정한 대통령령·총리령·부령·훈령·예규·고시 등이 **제정·개정 또는 폐지**되었을 때에는 ★**10일 이내**에 이를 국회 소관 **상임위원회에 제출**하여야 한다. 다만, ★**대통령령의 경우**에는 입법예고를 할 때에도 그 ★**입법예고안을 10일 이내**에 **제출**하여야 한다.

⚠ **중앙행정기관의 장**은 법률에서 위임한 사항이나 법률을 집행하기 위하여 필요한 사항을 규정한 대통령령·총리령·부령 등이 **제정 또는 개정된 때**에는 ~~14일 이내~~에 이를 **국회에 송부**하여 국회에 의한 통제를 받게 된다. (×) [12 국회8]

⚠ 행정청은 **대통령령**을 **입법예고**하는 경우에는 이를 **국회 소관 상임위원회에 제출**하여야 한다. (○) [19 군무원9]

⚠ 행정청은 **입법예고**를 하는 경우에는 **대통령령**·~~총리령·부령·고시 등~~을 국회 **소관 상임위원회에 이를 제출**하여야 한다. (×) [10 군무원9]

정답 0171. ○ 0172-㉠. ○ 0172-㉡. ×

0173

㉠ 법규명령 자체에 대한 항고소송은 인정하지 않는 것이 원칙이다. [17 군무원9] O X

㉡ 법규명령이더라도 직접적으로 국민의 권리와 의무에 영향을 미치는 경우 처분성이 인정된다. [14 군무원9] O X

행정소송의 대상이 될 수 있는 것은 구체적인 권리의무에 관한 분쟁이어야 하고 **일반적, 추상적인 법령 그 자체로서 국민의 구체적인 ★권리의무에 직접적인 변동을 초래**하는 것이 아닌 것은 그 **대상이 ★될 수 없다**. (대법 1987.3.24., 86누656)

▲ 법규명령이 위법한 경우에도 **법규명령 자체에 대한 행정소송**은 원칙적으로 **허용되지 않는다**. (○) [11 국회9]

▲ **법규명령**이 직접적으로 **국민의 권리·의무에 영향**을 미치는 경우 **처분성이 인정**된다. (○) [09 군무원9]

▲ **일반적·추상적인 법령**이나 규칙 등은 **그 자체로서 국민의 구체적인 권리·의무에 직접적 변동을 초래**하게 ~~하지 않는~~ 경우에도 **취소소송의 대상**이 될 수 있다. (×) [14 경행]

0174

㉠ 법규명령이 법률에 위반되었는지 여부가 재판의 전제된 경우에는 모든 법원에 판단권이 있으나 대법원만이 최종적으로 심사할 권한을 갖는다. [17 군무원9] O X

㉡ 대법원은 구체적 규범통제를 행하면서 법규명령의 특정조항이 위헌·위법인 경우 무효라고 판시하며, 이 경우 무효로 판시된 당해 조항은 일반적으로 효력이 부인된다. [19 군무원9] O X

【헌법】 제107조 ② 명령·규칙 또는 처분이 **헌법이나 법률에 위반되는 여부**가 **★재판의 전제**가 된 경우에는 **★대법원**은 이를 **★최종적으로 심사할 권한**을 가진다.

☑ **법규명령의 위헌 · 위법성이 확정**된 경우에도 **★당해 사건에만 적용되지 않을 뿐**이고, 일반적으로(다른 사건에까지) 그 명령의 효력이 상실되는 것은 아니다.

▲ **법규명령**에 대한 **구체적 규범통제**의 **최종적 심사권**은 ~~헌법재판소~~에 전속한다.(×) [17 행정사]

▲ 헌법 제107조에 따른 **구체적 규범통제의 결과** 처분의 근거가 된 **명령이 위법하다는 대법원의 판결**이 난 경우, 그 명령은 **당해 사건에 한하여 적용되지 않는 것**~~이 아니라 일반적으로 효력이 상실~~된다. (×) [19 경행]

정답 0173-㉠. O 0173-㉡. O 0174-㉠. O 0174-㉡. ×

0175

㉠ 행정권의 시행명령제정의무는 헌법적 의무이다. [21 군무원9] O X

㉡ 입법부가 법률로써 행정부에게 특정한 사항을 위임했음에도 불구하고 행정부가 정당한 이유 없이 이를 이행하지 않는다면 권력분립의 원칙과 법치국가 내지 법치행정의 원칙에 위배되는 것으로서 위법함과 동시에 위헌적인 것이 된다. [20 군무원9] O X

1. 삼권분립의 원칙, 법치행정의 원칙을 당연한 전제로 하고 있는 우리 헌법하에서 행정권의 **행정입법 등 법집행의무**는 ★**헌법적 의무**라고 보아야 한다. (헌재 전원 1998. 7. 16. 96헌마246)
2. **입법부**가 법률로써 행정부에게 특정한 사항을 **위임**했음에도 불구하고 **행정부가** 정당한 이유 없이 이를 **이행하지 않는다면** ★**권력분립의 원칙과 법치국가 내지 법치행정의 원칙에 위배**되는 것으로서 ★**위법**함과 동시에 **위헌**적인 것이 된다. (대판 2007. 11. 29., 2006다3561)

⚠ 삼권분립의 원칙, 법치행정의 원칙을 당연한 전제로 하고 있는 우리 헌법하에서 **행정권의 행정입법 등 법집행의무**는 **헌법적 의무**라고 보아야 한다. (○) [17 서울7]

⚠ **시행명령을 제정**해야 함에도 불구하고 **제정을 거부**하는 것은 **법치행정의 원칙에 반하는 것**이 된다. (○) [21 군무원9]

0176

[15 군무원9]

㉠ 행정입법부작위는 행정기관에 행정입법을 제정할 법적 의무가 있어야 성립할 수 있다. O X

㉡ 치과전문의 시험실시를 위한 시행규칙 규정의 제정 미비가 있다 하더라도 보건복지부장관에게 행정입법의 작위의무가 발생하는 것은 아니다. O X

치과전문의제도의 실시를 법률 및 대통령령이 규정하고 있고 그 실시를 위하여 **시행규칙의 개정** 등이 행해져야 함에도 불구하고 행정권이 **법률의 시행에 필요한 행정입법**을 하지 아니하는 경우에는 행정권에 의하여 입법권이 침해되는 결과가 되기 때문이다. 따라서 **보건복지부장관에게**는 헌법에서 유래하는 **행정입법의** ★**작위의무가 있다**. (헌재 전원 1998. 7. 16. 96헌마246)

⚠ **행정입법의 지체가 위법**으로 되어 그에 대한 법적 통제가 가능하기 위하여는, 우선 행정청에게 **시행명령을 제정(개정)할 법적 의무**가 있어야 하고, **상당한 기간이 지났음에도** 불구하고, **명령제정(개정)권이 행사되지 않아야** 한다. (○) [20 경행]

정답 0175-㉠. O 0175-㉡. O 0176-㉠. O 0176-㉡. X

0177

[21 군무원9]

행정입법부작위는 부작위위법확인소송의 대상이 된다. O X

> **추상적인 법령**에 관하여 **제정의 여부** 등은 그 자체로서 국민의 구체적인 권리의무에 직접적 변동을 초래하는 것이 아니어서 그 **★소송의 대상이 될 수 없다**. (대판 1992. 5. 8., 91누11261)

⚠ **추상적인 법령의 제정 여부** 등은 **부작위위법확인소송의 대상이 될 수 없다**. (○) [15 군무원9]

⚠ 치과전문의 시험실시를 위한 **시행규칙 규정의 제정 미비**로 인해 치과전문의 자격을 갖지 못한 사람은 ~~부작위위법확인소송~~을 통하여 구제 받을 수 있다. (×) [17 지방9 下]

0178

㉠ 시행명령을 제정 또는 개정하였지만 그것이 불충분 또는 불완전하게 된 경우에는 행정입법부작위가 아니다. [21 군무원9] O X

㉡ 부진정입법부작위의 경우 입법부작위 그 자체에 대하여 헌법소원을 제기할 수 있다. [09 군무원9] O X

> 1. 행정입법자가 어떤 사항에 관하여 **입법은 하였으나** 문언상 명백히 하지 않고 반대해석으로만 그 규정의 입법취지를 알 수 있도록 함으로써 **불완전, 불충분 또는 불공정**하게 규율한 경우에 불과하므로, 이를 **"★부진정 입법부작위"**라고는 할 수 있을지언정 "진정 입법부작위"에 해당한다고는 볼 수 없다.
>
> 1-1. **"부진정입법부작위"**를 대상으로 **헌법소원**을 제기하려면 그 **입법부작위를** 헌법소원의 **대상으로 ★삼을 수는 없고**, 결함이 있는 **당해 입법규정 ★그 자체를 대상**으로 하여 그것이 평등의 원칙에 위배된다는 등 헌법위반을 내세워 **★적극적인 헌법소원**을 제기하여야 한다. (헌재 2009.7.14. 2009헌마349)

⚠ **입법**의 내용·범위·절차 등의 결함을 이유로 **헌법소원**을 제기 하려면 결함이 있는 **당해 입법규정 그 자체를 대상**으로 하여 그것이 평등의 원칙에 위배된다는 등 헌법위반을 내세워 **적극적인 헌법소원을 제기하여야** 한다. (○) [17 서울7]

0179

[09 군무원9]

헌법재판소는 행정입법부작위가 헌법소원의 대상이 될 수 없다고 본다. O X

> 보건복지부장관에게 의료법 및 대통령령에 따른 치과전문의 자격시험에 관한 시행규칙 제정의무가 있음에도 불구하고 이를 방치하고 있다는 이유로 치과의사들이 청구한 **헌법소원사건에서 헌법재판소는 인용결정**을 내린 바 있다. (헌재 전원 1998. 7. 16. 96헌마246)

⚠ 헌법재판소는 적극적 행정입법은 물론 **행정입법의 부작위**에 대하여서도 **헌법소원심판의 대상성을 인정**한다. (○) [16 국회8]

정답 0177. × 0178-㉠. ○ 0178-㉡. × 0179. ×

0180

[19 군무원9]

국민권익위원회는 법률·대통령령·총리령·부령 및 그 위임에 따른 훈령·예규·고시·공고와 조례·규칙의 부패유발요인을 분석·검토하여 그 법령 등의 소관 기관의 장에게 그 개선을 위하여 필요한 사항을 권고할 수 있다. O X

【부패방지 및 국민권익위원회의 설치와 운영에 관한 법률】 제28조(법령 등에 대한 부패유발요인 검토) ① **위원회**는 다음 각 호에 따른 법령 등의 ★**부패유발요인**을 분석·검토하여 그 법령 등의 **소관 기관의 장**에게 그 개선을 위하여 필요한 사항을 **권고**할 수 있다.

1. 법률·대통령령·총리령 및 부령
2. 법령의 위임에 따른 훈령·예규·고시 및 공고 등 행정규칙
3. 지방자치단체의 조례·규칙

⚠ 국민권익위원회는 **법규명령의 부패유발요인을 분석·검토**하여 당해 법규명령의 **소관기관의 장**에게 그 **개선을 위한 필요한 권고**를 할 수 있다. (○) [09 관세사]

0181

㉠ 행정기관이 법규명령을 발함에 있어 일정한 절차를 거치도록 함으로써 법규명령이 적법성을 확보할 수 있다. [13 군무원9] O X

㉡ 대통령령은 법제처 심사와 국무회의의 심의를 거치는 반면, 총리령과 부령은 법제처 심사로써 제정된다. [11 군무원9] O X

㉠ **법규명령**이 **적법하게 성립·발효**되려면, 일정한 **절차상 요건**을 **충족**하여야 한다.
㉡ **대통령령**을 제정하기 위해서는 행정조직 내부적으로 **'법제처의 심사와 ★국무회의 심의'**를 거쳐야 하나, **총리령·부령은 '법제처의 심사'**만 거치면 된다.

⚠ **대통령령**을 제정하려면 **국무회의의 심의와 법제처의 심사**를 거쳐야 한다. (○) [17 국가9 下]

⚠ **총리령**은 **법제처 심사** ~~이외에 국무회의의 심의~~를 **거쳐야** 한다. (×) [06 경북9]

정답 0180. O 0181-㉠. O 0181-㉡. O

0182

㉠ 군법무관임용 등에 관한 법률이 군법무관의 보수를 법관 및 검사의 예에 준하도록 규정하면서 그 구체적 내용을 시행령에 위임하고 있음에도 불구하고 행정부가 정당한 이유 없이 시행령을 제정하지 않았다면 이는 군법무관의 보수청구권을 침해하는 것으로서 국가배상법상 불법행위에 해당한다.

[18 군무원9] O X

㉡ 진정입법부작위로 인하여 국민에게 손해가 발생한 경우에는 국가배상이 인정된다.

[09 군무원9] O X

보수청구권은 단순한 기대이익을 넘어서는 것으로서 법률의 규정에 의해 인정된 재산권의 한 내용이 되는 것으로 봄이 상당하고, 따라서 행정부가 정당한 이유 없이 **시행령을 제정하지 않은 것**은 위 보수청구권을 침해하는 ★**불법행위**에 해당한다. (대판 2007. 11. 29. 2006다3561)

☑ **불법행위에 해당하는 행정입법부작위**로 인하여 **손해가 발생**한 때에는 **국가배상청구**를 할 수 있다.

⚠ 입법부가 법률에서 **군법무관의 보수의 구체적 내용**을 시행령에 **위임했음에도** 불구하고 행정부가 정당한 이유 없이 **시행령을 제정하지 않은 것은 불법행위에 해당**한다. (○) [17 국가5 승진]

⚠ 대통령령의 **입법부작위**에 대한 **국가배상책임은 인정**~~되지 않는~~다. (×) [21 지방9]

0183

[20 군무원9]

조례가 집행행위의 개입 없이도 그 자체로서 직접 국민의 구체적인 권리의무나 법적 이익에 영향을 미치는 등의 법률상 효과를 발생하는 경우 그 조례는 항고소송의 대상이 되는 행정처분에 해당한다.

O X

조례가 집행행위의 **개입 없이**도 그 **자체**로서 **직접** 국민의 구체적인 **권리의무나 법적 이익에 영향**을 미치는 등의 **법률상 효과를 발생**하는 경우 그 조례는 항고소송의 대상이 되는 ★**행정처분에 해당**한다. (대판 1996. 9. 20. 95누8003)

⚠ **조례**가 **집행행위의 개입 없이** 그 자체로서 **직접 국민의 구체적인 권리·의무나 법적 이익에 영향**을 미치더라도 항고소송의 대상~~이 될 수 없~~다. (×) [18 군무원9]

0184

[09 군무원9]

법규명령에 위반하는 행위는 무효사유이다.

O X

법규명령은 국민과 법원을 구속하는 대외적 구속력이 있으므로 **법규명령에 위반한 행정행위는 위법**이 되고, **위법성의 정도**에 따라 **무효사유 또는 취소사유**가 된다.

⚠ **법규명령에 위반**하는 행위는 **위법행위**가 된다. (○) [14 서울9]

정답 0182-㉠. ○ 0182-㉡. ○ 0183. ○ 0184. ×

0185

[19 군무원9]

행정소송법은 행정소송에 대한 대법원 판결에 의하여 명령·규칙이 헌법 또는 법률에 위반된다는 것이 확정된 경우에는 대법원은 지체 없이 그 사유를 행정안전부장관에게 통보하여야 하고, 통보를 받은 행정안전부장관은 지체없이 이를 관보에 게재하여야 한다. O X

【행정소송법】 제6조(명령·규칙의 위헌판결등 공고)
① 행정소송에 대한 **대법원판결**에 의하여 **명령·규칙이 헌법 또는 법률에 위반**된다는 것이 확정된 경우에는 대법원은 지체없이 그 사유를 ★**행정안전부장관**에게 통보하여야 한다.
② 제1항의 규정에 의한 통보를 받은 **행정안전부장관**은 지체없이 이를 ★**관보에 게재**하여야 한다.

⚠ **행정소송**에 대한 **대법원판결**에 의하여 **법규명령**이 **헌법 또는 법률에 위반된다는 것이 확정**된 경우에는 대법원은 지체없이 그 사유를 ~~법제처장~~에게 통보하여야 하며, ~~법제처장~~은 이를 관보에 게재하여야 한다. (×) [04 입시]

0186

[20 군무원7]

법령의 위임이 없음에도 법령에 규정된 처분 요건에 해당하는 사항을 부령에서 변경하여 규정한 경우에는 그 부령의 규정은 행정청 내부의 사무처리 기준 등을 정한 것으로서, 행정명령의 성격을 지닐 뿐 국민에 대한 대외적 구속력은 없다고 보아야 한다. O X

법령의 **위임이 없음에도 법령에 규정된 처분 요건**에 해당하는 사항을 ★**부령에서 변경**하여 규정한 경우에는 그 부령의 규정은 행정청 내부의 사무처리 기준 등을 정한 것으로서 행정조직 내에서 적용되는 ★**행정명령의 성격**을 지닐 뿐 국민에 대한 **대외적 구속력은 없다**고 보아야 한다. (대판 2013.9.12. 2011두10584)

⚠ 법령의 **위임이 없음에**도 법령에 규정된 **처분 요건**에 해당하는 사항을 **부령에서 변경하여 규정**한 경우에 **그 규정**은 국민에 대한 **대외적 구속력이 없다.** (○) [19 행정사]

정답 0185. O 0186. O

0187

[21 군무원5]

행정규칙이 상위법령의 위임범위를 벗어난 경우에는 법규명령으로서 대외적 구속력을 인정할 여지는 없는데, 이는 행정규칙이나 규정 '내용'이 위임범위를 벗어난 경우뿐 아니라 상위법령의 위임규정에서 특정하여 정한 권한행사의 '절차'나 '방식'에 위배되는 경우도 마찬가지이므로, 상위법령에서 세부사항 등을 시행규칙으로 정하도록 위임하였음에도 이를 고시 등 행정규칙으로 정하였다면 그 역시 대외적 구속력을 가지는 법규명령으로서 효력이 인정될 수 없다. O X

> 행정규칙이나 규정이 상위법령의 위임범위를 벗어난 경우에는 법규명령으로서 대외적 구속력을 인정할 여지는 없다. 이는 행정규칙이나 규정 '내용'이 위임범위를 벗어난 경우뿐 아니라 상위법령의 위임규정에서 특정하여 정한 권한행사의 '절차'나 '방식'에 위배되는 경우도 마찬가지이므로, 상위법령에서 세부사항 등을 ★**시행규칙으로 정하도록 위임**하였음에도 이를 고시 등 ★**행정규칙으로 정하였다면** 그 역시 대외적 구속력을 가지는 **법규명령**으로서 **효력이** ★**인정될 수 없다**. (대판 2012.7.5. 2010다72076)

⚠ **상위법령**에서 세부사항 등을 **시행규칙으로 정하도록 위임**하였음에도 이를 **고시 등 행정규칙으로 정하였다면**, 당해 고시 등은 ~~상위법령과 결합하여 대외적 구속력을 가지는 법규명령으로서 효력이 인정~~된다. (×) [15 지방9]

0188

[19 군무원9]

재량권 행사의 준칙인 행정규칙이 그 정한 바에 따라 되풀이 시행되어 행정관행이 이루어지게 되면 평등의 원칙이나 신뢰보호의 원칙에 따라 행정기관은 그 상대방에 대한 관계에서 그 규칙에 따라야 할 자기구속을 받게 되는 경우에는 대외적인 구속력을 가지게 되어 헌법소원의 대상이 된다. O X

> **재량권행사의 준칙인 규칙**이 그 정한 바에 따라 되풀이 시행되어 행정관행이 이룩되게 되면, 평등의 원칙이나 신뢰보호의 원칙에 따라 행정기관은 그 상대방에 대한 관계에서 그 규칙에 따라야 할 자기구속을 당하게 되는 경우에는 **대외적인 구속력**을 가지게 되는바, 이러한 경우에는 **헌법소원의 대상**이 될 수도 있다. (헌재 전원 2001.5.31. 99헌마413)

⚠ 헌법재판소 판례에 의하면, **재량준칙인 행정규칙**도 행정의 **자기구속의 법리**에 의거하여 **헌법소원심판의 대상**이 될 수 있다. (○) [16 서울9]

정답 0187. O 0188. O

2 행정규칙

0189

[21 군무원9]

㉠ 일반적인 행정처분절차를 정하는 행정규칙은 대외적 구속력이 없다. O X

㉡ 행정규칙은 행정규칙을 제정한 행정기관에 대하여는 대내적으로 법적 구속력을 갖지 않는다. O X

> ㉠ **행정규칙**은 행정조직 내부에서 **수명기관(하급기관 등)에 대하여만 효력**을 가지므로, **★대외적인 구속력은 없다.**
>
> ㉡ 또한 어떤 행정규칙을 **제정한 기관에까지 구속력**이 미친다면, 제정기관으로서는 **한번 제정한 행정규칙을 개정할 수도 없게 되는 결과로 귀착**되기 때문에, 행정규칙을 제정한 **기관도 ★자신이 제정된 행정규칙에 구속되지 않는다.**

⚠ **행정규칙**은 발령기관의 권한이 미치는 범위 내에서 **일면적인 구속력**을 갖는다. (○) [05 국회8]

0190

[12 군무원9]

㉠ 집행명령은 법규명령이므로 공포되지 않으면 효력이 없다. O X

㉡ 행정규칙은 반드시 대외적으로 공포하여야만 그 효력을 발한다. O X

> ㉠ **법규명령(위임명령, 집행명령)**은 대외적 표시절차로서 **★공포가 되어야 효력이 발생**한다.
>
> ㉡ 반면에 **행정규칙**은 대외적 구속력이 없으므로 공포절차를 요하지 않으므로, 특별한 규정이 없는 한 **적당한 방법으로 ★수명기관에 도달**함으로써 **효력(구속력)이 발생**한다.

⚠ **법규명령**은 공포를 **요하나, 행정규칙**은 **공포를 요하지 않는다.** (○) [04 대구9]

⚠ **행정규칙**은 **적당한 방법으로 통보되고 도달하면 효력**을 가지며, 반드시 국민에게 **공포되어야만 하는 것은 아니다.** (○) [21 군무원7]

0191

[09 군무원9]

행정규칙은 법적 근거를 요하지 않는다. O X

> 행정규칙은 행정조직 내부의 사무처리에 관한 규정이므로, **법적 근거가 불필요**하다.

⚠ **행정규칙**의 제정에는 **법령의 수권을 요하지 않는다.** (○) [15 행정사]

정답 0189-㉠. O 0189-㉡. O 0190-㉠. O 0190-㉡. × 0191. O

0192

[12 군무원9]

2014년도 건물 및 기타물건 시가표준액 조정기준은 건축법 및 지방세법령의 위임에 따른 것이지만 행정규칙의 성질을 가진다. O X

'2014년도 건물 및 기타물건 시가표준액 조정기준'의 각 규정들은 일정한 유형의 위반 건축물에 대한 이행강제금의 산정기준이 되는 시가표준액에 관하여 행정자치부장관으로 하여금 정하도록 한 위 건축법 및 지방세법령의 위임에 따른 것으로서 그 **법령 규정**의 내용을 **보충**하고 있으므로, 그 **법령 규정과 결합**하여 대외적인 구속력이 있는 ★**법규명령**으로서의 효력을 가진다. (대판 2017. 5. 31., 2017두30764)

⚠ 「**2014년도 건물 및 기타물건 시가표준액 조정기준**」은 「건축법」및 지방세법령의 위임에 따른 것으로서 **대외적인 구속력이 있는 법규명령**으로서의 효력을 가진다. (○) [22 국회9]

0193

[12 군무원9]

공공기관의 운영에 관한 법률의 위임에 따라 입찰참가자격제한 기준을 정하는 부령은 행정청의 법규명령에 해당한다. O X

공공기관의 운영에 관한 법률 제39조 제2항, 제3항에 따라 입찰참가자격 제한기준을 정하고 있는 구 공기업·준정부기관 계약사무규칙 제15조 제2항, 국가를 당사자로 하는 계약에 관한 법률 시행규칙 제76조 제1항 [별표 2], 제3항 등은 비록 부령의 형식으로 되어 있으나 규정의 성질과 내용이 공기업·준정부기관이 행하는 **입찰참가자격 제한처분**에 관한 행정청 내부의 ★**재량준칙**을 정한 것에 지나지 아니하다. (대판 2014.11.27. 2013두18964)

⚠ 구 「공공기관의 운영에 관한 법률」의 위임에 따라 **입찰자격제한기준을 정하는 부령**은 행정내부의 **재량준칙에 불과**하다. (○) [17 사복9]

정답 0192. ✕ 0193. ✕

0194

㉠ 고시 또는 공고의 법적 성질은 일률적으로 판단될 것이 아니라 고시에 담겨진 내용에 따라 구체적인 경우마다 달리 결정된다. [18 군무원9] O X

㉡ 고시가 일반·추상적 성격을 가질 때는 법규명령 또는 행정규칙에 해당하지만, 고시가 구체적인 규율의 성격을 갖는다면 행정처분에 해당한다. [18 군무원9] O X

㉢ 항정신병 치료제의 요양급여 인정기준에 관한 보건복지부 고시가 다른 집행행위의 매개 없이 그 자체로서 제약회사, 요양기관, 환자 및 국민건강보험공단 사이의 법률관계를 직접 규율 한다는 이유로 항고소송의 대상이 되는 행정처분에 해당한다. [20 군무원9] O X

1. **고시 또는 공고의 법적 성질**은 일률적으로 판단될 것이 아니라 고시에 담겨진 내용에 따라 **구체적인 경우**마다 ★**달리 결정**된다고 보아야 한다. (헌재 전원 1998.4.30. 97헌마141)
2. 어떠한 **고시**가 일반적·추상적 성격을 가질 때에는 법규명령 또는 행정규칙에 해당할 것이지만, 다른 집행행위의 매개 없이 그 자체로서 **직접 국민의 구체적인 권리·의무나 법률관계를 규율**하는 성격을 가질 때에는 항고소송의 대상이 되는 ★**행정처분**에 해당한다.

2-1. ★**항정신병 치료제의 요양급여에 관한 보건복지부 고시**가 다른 집행행위의 매개 없이 그 자체로서 제약회사, 요양기관, 환자 및 국민건강보험공단 사이의 **법률관계를 직접 규율**하는 성격을 가진다는 이유로 항고소송의 대상이 되는 ★**행정처분**에 해당한다. (대결 2003. 10. 9., 자, 2003무23)

⚠ **고시 또는 공고의 법적 성질**은 일률적으로 판단될 것이 아니라 **고시에 담겨 있는 내용에 따라 구체적인 경우**마다 **달리 결정**되는 것이다. (○) [22 소방승진]

⚠ **법규성 있는** 고시가 집행행위 매개 없이 **그 자체로서 이해당사자의 법률관계를 직접 규율**하는 경우 **취소소송의 대상이 되는 처분**에 해당한다. (○) [22 군무원9]

⚠ **항정신병 치료제의 요양급여에 관한 보건복지부 고시**는 **행정처분**에 해당한다. (○) [20 세무사]

0195

[21 군무원5]

법령의 규정이 특정 행정기관에게 법령 내용의 구체적 사항을 정할 수 있는 권한을 부여하면서 권한 행사의 절차나 방법을 특정하지 아니한 경우에는 수임 행정기관은 행정규칙이나 규정 형식으로 법령 내용이 될 사항을 구체적으로 정할 수 있다. O X

법령의 규정이 특정 행정기관에게 **법령 내용의 구체적 사항**을 정할 수 있는 **권한을 부여**하면서 **권한행사의** ★**절차나 방법을 특정하지 아니한 경우**에는 수임 행정기관은 행정규칙이나 규정 형식으로 법령 내용이 될 사항을 ★**구체적으로 정할 수 있다**. (대판2012. 7. 5. 2010 72076).

⚠ **법령의 규정**이 특정 **행정기관**에게 **법령 내용의 구체적 사항**을 정할 수 있는 **권한을 부여하**면서 **권한행사의 절차나 방법을 특정하지 아니하였다면**, 수임 행정기관은 **행정규칙이나 규정형식으로 법령내용이 될 사항을 구체적으로** 정할 수 없다. (×) [17 국가9 下] [18 경행]

정답 0194-㉠. O 0194-㉡. O 0194-㉢. O 0195. O

0196

[20 군무원9]

상위법령의 위임에 의하여 정하여진 행정규칙은 위임한계를 벗어나지 아니하는 한 그 상위법령의 규정과 결합하여 대외적인 구속력이 있는 법규명령으로서의 효력을 갖게 된다. O X

행정규칙이 법령의 직접적 위임에 따라 수임행정기관이 그 법령을 시행하는데 필요한 구체적 사항을 정한 것이면, 그 제정형식은 비록 법규명령이 아닌 **고시·훈령·예규** 등과 같은 **★행정규칙이더라도** 그것이 상위법령의 위임한계를 벗어나지 않는 한 **상위법령과 결합**하여 대외적인 구속력을 갖는 **★법규명령**으로서 기능하게 된다고 보아야 할 것이다. (헌재 1992. 6. 26. 91헌마25)

⚠ **법령의 직접적인 위임**에 따라 위임행정기관이 그 법령을 시행하는 데 필요한 **구체적인 사항을 정한 것**이라면, 그 제정형식이 **고시, 훈령, 예규 등과 같은 행정규칙이더라도** 그것이 상위법령의 위임한계를 벗어나지 아니하는 한, **상위법령과 결합**하여 **대외적 구속력**을 가진다. (○) [17 사복9]

0197

[21 군무원5]

재산제세사무처리규정이 국세청장의 훈령 형식으로 되어 있다 하더라도 이에 의한 거래지정은 소득세법시행령의 위임에 따라 그 규정의 내용을 보충하는 기능을 가지면서 그와 결합하여 대외적 효력을 발생하게 된다 할 것이고 그 보충규정의 내용이 위 법령의 위임한계를 벗어났다는 등 특별한 사정이 없는 한 양도소득세의 실지거래가액에 의한 과세의 법령상의 근거가 된다. O X

재산제세사무처리규정이 국세청장의 **★훈령형식**으로 되어 있다 하더라도 이에 의한 거래지정은 소득세법시행령의 위임에 따라 그 규정의 내용을 **★보충**하는 기능을 가지면서 **그와 ★결합**하여 **★대외적 효력을 발생**하게 된다 할 것이므로 그 보충규정의 내용이 위 법령의 위임한계를 벗어났다는 등 특별한 사정이 없는 한 **양도소득세**의 실지거래가액에 의한 **과세의 법령상의 근거**가 된다. (대판 1987. 9. 29., 86누484)

⚠ **재산제세사무처리규정**이 국세청장의 **훈령형식**으로 되어 있다 하더라도 이에 의한 거래지정은 **소득세법 시행령의 위임**에 따라 그 규정의 내용을 **보충하는 기능**을 가지면서 **그와 결합**하여 **대외적 효력을 발생**하게 된다. (○) [10 경행]

0198

[18 군무원9]

법령보충적 행정규칙은 행정기관에 법령의 구체적 사항을 정할 수 있는 권한을 부여한 상위법령과 결합하여 대외적 효력을 갖게 된다. O X

형식은 행정규칙이나 내용상으로는 법령을 보충하는 성질을 가지는 이른바 **'법령보충적 행정규칙'**은 **★그 자체로서 법규성을 가질 수는 없고, 상위법령과 ★결합**하여 법령의 위임한계를 벗어나지 아니하는 범위 내에서 **상위법령의 일부가 됨**으로써 **★대외적 구속력을 발생**한다.

⚠ **법령보충규칙**은 ~~그 자체로서~~ 법규성을 가진다. (×) [17 군무원9]

⚠ **법령보충적 행정규칙**은 **상위 법령과 결합**하더라도 **법규성**이 부정된다. (×) [17 군무원9]

⚠ 판례는 원칙적으로 행정규칙의 법규성을 부정하나 **예외적으로 법령보충적 행정규칙 등의 법규성을 인정**한다. (○) [14 군무원9]

정답 0196. O 0197. O 0198. O

0199

[21 군무원9]

행정규칙인 고시가 법령의 수권에 의해 법령을 보충하는 사항을 정하는 경우에는 법령보충적 고시로서 근거법령 규정과 결합하여 대외적으로 구속력 있는 법규명령의 효력을 갖는다. O X

일반적으로 행정 각부의 장이 정하는 **고시**라 하더라도 그것이 특히 법령의 규정에서 특정 행정기관에게 법령 내용의 구체적 사항을 정할 수 있는 권한을 부여함으로써 그 **법령 내용을 ★보충**하는 기능을 가질 경우에는 그 형식과 상관없이 근거 법령 규정과 결합하여 대외적으로 구속력이 있는 **★법규명령**으로서의 효력을 가지는 것이다. (대법원 1999. 11. 26. 97누13474)

⚠ 행정규칙인 **고시**는 법령의 수권에 의하여 **법령을 보충하는 사항**을 정하는 경우에도 **법규명령으로서의 성질과 효력**을 갖지 못한다. (×) [16 사복9]

0200

[20 군무원9]

법률이 행정규칙 형식으로 입법위임을 하는 경우에는 행정규칙의 특성상 포괄위임금지의 원칙은 인정되지 않는다. O X

고시와 같은 형식으로 **입법위임**을 할 때에는 … (중략) … 그러한 사항이라 하더라도 **★포괄위임금지의 원칙**상 법률의 **위임은 반드시 ★구체적·개별적으로 한정**된 사항에 대하여 행하여져야 한다. (헌법재판소 2006. 12.28, 2005헌바59)

⚠ **법령보충적 행정규칙**은 법령의 수권에 의하여 인정되고 그, 수권은 **포괄위임금지의 원칙상 구체적· 개별적으로 한정된 사항**에 대하여 행해져야 한다. (○) [19 국가7]

⚠ **행정규칙 형식의 법규명령**은 통상적인 법규명령과는 달리 **포괄적 위임금지의 원칙에 구속받지 아니한다**. (×) [09 지방9]

0201

[20 군무원9]

재산권 등과 같은 기본권을 제한하는 작용을 하는 법률이 입법위임을 할 때에는 법규명령에 위임함이 바람직하고, 금융감독위원회의 고시와 같은 행정규칙 형식으로 입법위임을 할 때에는 적어도 「행정규제기본법」제4조 제2항 단서에서 정한 바와 같이 법령이 전문적·기술적 사항이나 경미한 사항으로서 업무의 성질상 위임이 불가피한 사항에 한정된다. O X

재산권 등과 같은 기본권을 제한하는 작용을 하는 법률이 입법위임을 할 때에는 대통령령, 총리령, 부령 등 ★법규명령에 위임함이 바람직하고, **고시**와 같은 형식으로 **입법위임**을 할 때에는 적어도 행정규제기본법 제4조 제2항 단서에서 정한 바와 같이 법령이 **★전문적·기술적** 사항이나 **경미**한 사항으로서 업무의 성질상 **위임이 ★불가피한 사항에 한정**된다 할 것이다. (헌재 전원 2006. 12. 28. 2005헌바59)

⚠ 재산권 등의 기본권을 제한하는 작용을 하는 법률이 구체적으로 범위를 정하여 **고시와 같은 형식**으로 **입법위임**을 할 수 있는 사항은 **전문적·기술적 사항이나 경미한 사항**으로서 업무의 성질상 **위임이 불가피한 사항에 한정**된다. (○) [19 국가7]

정답 0199. ○ 0200. × 0201. ○

0202

[20 군무원9]

행정규칙의 내용이 상위법령에 반하는 것이라면 법치국가원리에서 파생되는 법질서의 통일성과 모순금지 원칙에 따라 그것은 법질서상 당연무효이고, 행정내부적 효력도 인정될 수 없다. O X

행정규칙의 내용이 **상위법령에 반하는 것**이라면 법치국가원리에서 파생되는 법질서의 통일성과 모순금지 원칙에 따라 그것은 법질서상 ★**당연무효**이고, ★**행정내부적 효력도 인정될 수 없다**. 이러한 경우 법원은 해당 행정규칙이 법질서상 부존재하는 것으로 취급하여 **행정기관이 한 조치**의 당부를 **상위법령의 규정과 입법 목적** 등에 따라서 판단하여야 한다. (대판 2019. 10. 31., 2013두20011)

⚠ **행정규칙의 내용**이 **상위법령이나 법의 일반원칙에 반하는** 것이라면 그것은 법질서상 **당연무효**이고 취소의 대상이 될 수 없다. (○) [20 군무원7]

⚠ **행정규칙의 내용**이 **상위법령에 반하는** 것이라면 **법원은** 해당 행정규칙이 **법질서상 부존재하는 것으로 취급**하여 행정기관이 한 조치의 당부를 **상위법령의 규정과 입법 목적 등에 따라서 판단**하여야 한다. (○) [22 소방간부]

0203

[21 군무원7]

경찰청예규로 정해진 구 「채증규칙」은 행정규칙이지만 이에 의하여 집회·시위 참가자들은 구체적인 촬영행위에 의해 비로소 기본권을 제한받게 되는 것뿐만 아니라 이 채증규칙으로 인하여 직접 기본권을 침해 받게 된다. O X

경찰청예규로 정해진 **채증규칙**은 법률의 구체적인 위임 없이 제정된 경찰청 내부의 **행정규칙**에 불과하고, 청구인들은 ★**구체적인 촬영행위**에 의해 **비로소 기본권을 제한**받게 되므로, 이 사건 **채증규칙이 직접 기본권을 침해한다고**★ **볼 수 없다**. (헌재 2018. 8. 30. 2014헌마843)

0204

[21 군무원9]

사실상의 준비행위 또는 사전안내로 볼 수 있는 국립대학의 대학입학고사 주요요강은 공권력 행사이므로 항고소송의 대상이 되는 처분이다. O X

국립대학인 서울대학교의 **'1994학년도 대학입학고사 주요요강'**은 사실상의 준비행위 내지 사전안내로서 행정쟁송의 대상이 될 수 있는 행정처분이나 공권력의 행사는 **될 수 없지만** … (중략) … 이는 ★**헌법소원의 대상**이 되는 헌법재판소법 제68조 제1항 소정의 ★**공권력의 행사**에 해당된다고 할 것이다. (헌재 1992.10.1., 92헌마68·76)

☑ 행정**쟁송의 대상** × / **헌법소원의 대상**으로서의 공권력의 행사 ○

⚠ **국립대학의 대학입학고사 주요요강**은 행정쟁송의 대상인 ~~행정처분에 해당~~되지만 **헌법소원의 대상인 공권력의 행사에는 해당**~~되지 않는~~다. (×) [15 국가9]

정답 0202. ○ 0203. × 0204. ×

0205

[13 군무원9]

행정청은 반드시 처분기준을 공표하여야 한다. O X

【행정절차법】 제20조(처분기준의 설정·공표)

① 정청은 필요한 처분기준을 해당 처분의 성질에 비추어 되도록 ★**구체적**으로 정하여 **공표**하여야 한다.

② 제1항에 따른 처분기준을 공표하는 것이 해당 처분의 **성질상 현저히 곤란**하거나 **공공의 안전 또는 복리를 현저히 해치는 것**으로 인정될 만한 상당한 이유가 있는 경우에는 처분기준을 ★**공표하지 아니할 수 있다.**

⚠ 행정청은 당해 처분의 **성질상 현저히 곤란한 경우**에는 **처분기준을 공표하지 아니할 수 있다.** (○) [04 국가9] [06 대구9]

0206

[21 군무원5]

상급행정기관이 하급행정기관에 대해 발하는 업무처리 지침이나 법령의 해석적용에 관한 기준은 일반적으로 행정조직 내부에서만 효력을 가질 뿐 대외적 구속력을 가지는 것은 아니므로 행정처분이 그에 위반하였다 하더라도 그 사정만으로 곧바로 위법한 것으로 되는 것은 아니다. O X

상급행정기관이 **하급행정기관에 대하여** 업무처리지침이나 법령의 해석적용에 관한 기준을 정하여 **발하는** 이른바 ★**'행정규칙이나 내부지침'**은 일반적으로 행정조직 내부에서만 효력을 가질 뿐 대외적인 구속력을 갖는 것은 아니므로 행정처분이 그에 위반하였다고 하여 그러한 사정만으로 곧바로 ★**위법하게 되는 것은 아니다.** (대판 2009. 12. 24., 2009두7967)

⚠ 상급행정기관이 **하급행정기관에 대하여 법령의 해석적용에 관한 기준**을 정하여 발하는 이른바 **'행정규칙이나 내부지침'**은 일반적으로 대외적인 구속력을 갖는 것은 아니므로 행정처분이 그에 **위반하였다는 사정**만으로 곧바로 **위법하게 되는 것은 아니다.** (○) [18 국가5 승진]

정답 0205. X 0206. O

0207

㉠ 부령 형식으로 제재적 처분기준을 규정한 것을 판례는 법규명령으로 보았다. [12 군무원9] O X

㉡ 甲은 청소년에게 주류를 제공하였다는 이유로 A구청장으로부터 6개월 이내에서 영업정지처분을 할 수 있다고 규정하는 식품위생법 제75조, 총리령인 식품위생법시행규칙 제89조 및 별표23 [행정처분의 기준]에 근거하여 영업정지 2개월 처분을 받은 사례에서, 위 별표는 법규명령이다. [21 군무원7] O X

1. **제재적 행정처분의 기준**이 **부령의 형식**으로 규정되어 있더라도 그것은 행정청 **내부의 ★사무처리준칙**을 정한 것에 지나지 아니하여 대외적으로 **국민이나 법원을 기속하는 효력이 ★없다**. (대판 2007. 9. 20. 2007두6946)
2. **식품위생법시행규칙** 제53조에서 별표 15로 같은 법 제58조에 따른 **행정처분의 기준**을 정하였다 하더라도, 이는 형식은 **부령**으로 되어 있으나 성질은 행정기관 **내부의 사무처리준칙**을 규정한 것에 불과한 것으로서 **행정명령**의 성질을 가지는 것이지 대외적으로 국민이나 법원을 기속하는 힘이 있는 것은 아니다. (대판 1993. 6. 29. 93누5635)

⚠ **부령 형식**으로 정해진 **제재적 행정처분의 기준**은 ~~법규성~~이 있어서 ~~대외적으로 국민이나 법원을 기속하는 효력~~이 있다. (×) [22 지방9]

⚠ **부령인 「식품위생법 시행규칙」**에 위반행위의 종류 및 위반횟수에 따른 **행정처분의 기준**을 구체적으로 정하고 있는 경우에 이 행정처분 기준은 **행정기관 내부의 사무처리준칙**을 규정한 것에 불과하여 **법적 구속력이 인정되지 않는다**. (○) [17 국가9 下]

정답 0207-㉠. × 0207-㉡. ×

1 행정행위 일반론

0208 ★★★★

[21 군무원9]

㉠ 일반적으로 처분이 주체·내용·절차와 형식의 요건을 모두 갖추고 외부에 표시된 경우에는 처분의 존재가 인정된다. O X

㉡ 행정의사가 외부에 표시되어 행정청이 자유롭게 취소·철회할 수 없는 구속을 받게 되는 시점에 처분이 성립하고, 처분의 성립 여부는 행정청이 행정의사를 공식적인 방법으로 외부에 표시하였는지를 기준으로 판단해야 한다. O X

㉢ 병무청장이 법무부장관에게 '가수 甲이 병역의무를 면탈하였으므로 재외동포 자격으로 재입국하고자 하는 경우 입국 자체를 금지해 달라'고 요청함에 따라 법무부장관이 甲의 입국을 금지하는 결정을 하고, 그 정보를 내부전산망인 '출입국관리정보시스템'에 입력하였으나 甲에게는 통보하지 않은 사례에서, 위 입국금지결정은 항고소송의 대상이 되는 '처분'에 해당한다. O X

1. 일반적으로 처분이 **★주체·내용·절차와 형식의 요건**을 모두 갖추고 **★외부에 표시된** 경우에는 **처분의 존재가 인정**된다. 행정의사가 외부에 표시되어 행정청이 자유롭게 **취소·철회할 수 없는 ★구속을 받게 되는 시점**에 처분이 성립하고, 그 성립 여부는 행정청이 행정의사를 **★공식적인 방법**으로 **★외부에 표시하였는지를 기준**으로 판단해야 한다. (대판 2019. 7. 11. 2017두38874)

1-1. 법무부장관이 甲(Steve Yoo)의 입국을 금지하는 결정을 하고, 그 정보를 내부전산망인 '출입국관리정보시스템'에 입력하였으나, 甲에게는 통보하지 않은 사안에서, 행정청이 행정의사를 외부에 표시하여 행정청이 자유롭게 취소·철회할 수 없는 구속을 받기 전에는 '처분'이 성립하지 않으므로 법무부장관이 위 입국금지결정을 했다고 해서 **'처분'이 성립한다고 볼 수는 없고**, 위 입국금지결정은 **법무부장관의 의사**가 **공식적인 방법**으로 **외부에 표시된** 것이 아니라 단지 그 정보를 내부전산망인 **★'출입국관리정보시스템'에 입력**하여 관리한 것에 지나지 않으므로, 위 **입국금지결정**은 항고소송의 대상이 될 수 있는 **★'처분'에 해당하지 않는다**고 한 사례. (대판 2019. 7. 11. 2017두38874)

⚠ 일반적으로 **행정행위가 주체·내용·절차와 형식의 요건**을 모두 갖추고 **외부에** 표시된 경우에 **행정행위의 존재가 인정**된다. (○) [21 소방]

⚠ 행정청의 의사가 **외부에** 표시되어 행정청이 **자유롭게 취소·철회할 수 없는 구속을 받게 되는 시점**에 **행정행위가 성립**하는 ~~것은 아니며~~, **행정행위의 성립 여부**는 **행정청의** 의사를 공식적인 **방법**으로 **외부에** 표시하였는지 여부를 기준으로 판단해야 한다. (×) [21 소방]

⚠ **법무부장관의 입국금지결정이 그 의사가 공식적인 방법으로 외부에 표시된 것이 아니라 단지 그 정보를 내부 전산망인 출입국관리정보시스템에 입력하여 관리한 것에 지나지 않은 경우, 이는 항고소송의 대상에 해당되지 않는다.** (○) [20 소방간부]

정답 0208-㉠. O 0208-㉡. O 0208-㉢. ×

0209

[21 군무원7]

독립유공자 甲의 서훈이 취소되고 이를 국가보훈처장이 甲의 유족에게 서훈취소 결정통지를 한 것은 통지의 주체나 형식에 하자가 있다고 보기는 어렵다. O X

> 망인에 대한 **서훈취소**의 결정은 **처분권자의 의사**에 따라 **★상당한 방법**으로 대외적으로 표시됨으로써 **행정행위로서** 성립하여 **효력이 발생**한다고 봄이 타당하다. **서훈취소 처분의 통지**가 처분권한자인 대통령이 아니라 그 보좌기관인 **피고(국가보훈처장)에 의하여** 이루어졌다고 하더라도, 이 사건 서훈취소 처분의 **외부적 표시의** 방법으로서 위 **통지의 주체나 형식에** 어떤 **하자가 있다고 ★보기도 어렵다**. (대판 2014.9.26. 2013두2518)

⚠ **망인에 대한 서훈취소는 유족에 대한 것이 아니므로 유족에 대한 통지에 의해서만 성립하여 효력이 발생한다고 볼 수 없고, 그 결정이 처분권자의 의사에 따라 상당한 방법으로 대외적으로 표시됨으로써 행정행위로서 성립하여 효력이 발생한다고 봄이 타당하다.** (○) [17 지방9 下]

0210

[16 군무원9]

송달은 다른 법령 등에 특별한 규정이 있는 경우를 제외하고는 해당 문서가 송달받을 자에게 도달됨으로써 그 효력이 발생한다. O X

> **【행정절차법】 제15조(송달의 효력 발생)** ① **송달**은 다른 법령 등에 특별한 규정이 있는 경우를 제외하고는 해당 문서가 **송달받을** 자에게 도달됨으로써 그 **★효력이 발생**한다

⚠ **송달**은 다른 법령 등에 특별한 규정이 있는 경우를 제외하고는 **송달받은 자에게 도달**함으로써 그 **효력을 발생**한다. (○) [03 관세사]

0211

[12 군무원9]

정보통신망을 이용한 송달은 규정하고 있지 않다. O X

> **【행정절차법】 제14조(송달)** ③ **★정보통신망을 이용한 송달**은 송달받을 자가 동의하는 경우에만 한다. 이 경우 송달받을 자는 **송달받을 전자우편주소 등을 지정**하여야 한다.

⚠ **정보통신망을 이용한 송달은 송달받을 자가 동의하는 경우에만 한다.** (○) [22 국회8]

정답 0209. O 0210. O 0211. X

0212

[20 군무원9]

병역의무부과통지서인 현역입영통지서는 그 병역의무자에게 이를 송달함이 원칙이고, 이러한 송달은 병역의무자의 현실적인 수령행위를 전제로 하고 있다고 보아야 하므로, 병역의무자가 현역입영통지의 내용을 이미 알고 있는 경우에도 여전히 현역입영통지서의 송달은 필요하다. O X

병역의무부과통지서인 **현역입영통지서**는 그 **병역의무자에게 이를 송달**함이 원칙이고, 이러한 **송달**은 **병역의무자의 현실적인 수령행위를 전제**로 하고 있다고 보아야 하므로, 병역의무자가 현역입영통지의 **★내용을 이미 알고 있는 경우에도** 여전히 **현역입영통지서의 ★송달은 필요**하다. (대판 2009.6.25. 2009도3387)

⚠ 납세고지서의 교부송달 및 우편송달에 있어서 반드시 납세의무자 또는 그와 일정한 관계에 있는 사람의 **현실적인 수령행위를 전제**로 하고 있다고 보아야 하며, **납세자가** 과세처분의 **내용을 이미 알고 있는 경우에도** 납세고지서의 **송달이 불필요하다고 할 수 없다.** (○) [22 국회9] ☑ 납세고지서의 경우 또한 동일하다.(2003두13908)

2 행정행위의 효력

0213

[06 군무원9]

㉠ 행정행위의 구속력은 행정행위가 법적 규율에 의하여 발생되는 가장 본래적인 효력을 의미하는 것으로, 예외적인 경우를 제외하고는 그 성립과 동시에 효력이 발생한다. O X

㉡ 구속력은 행정행위의 당사자를 구속하는 실체법적인 효력이므로 이해관계인이나 행정청을 구속하지 않는다. O X

㉢ 구속력은 무효인 행정행위에는 인정되지 않는다. O X

㉠ **'구속력'**이란 **행정행위**가 적법요건을 갖추어 **성립·발효**되면, 행위의 내용이 의도하는 **법률적 효과**를 발생시키고, **당사자(행정청 및 상대방과 이해관계인)를 구속**하는 힘을 뜻한다.
㉡ **구속력**은 행정행위의 내용에 따른 **실체법상의 효과**를 발생시키는 힘이므로, **처분청, 이해관계인, 관계행정청**에 대하여 그 효력이 미친다.
㉢ **행정행위 자체가 무효**인 경우, 그 행정행위는 **어떠한 효력도 인정될 수 없다.**

⚠ **구속력**이란 **행정행위가 적법요건을 구비**하면 법률행위적 행정행위의 경우 법령이 정하는 바에 의해, 준법률행위적 행정행위의 경우 행정청이 표시한 의사의 내용에 따라, 일정한 법적 효과가 발생하여 **당사자를 구속하는 실체법상 효력**이다. (○) [16 사복9]

⚠ **행정행위**는 그 내용에 따라 **일정한 법적 효과**가 발생하고 **관계행정청 및 상대방과 관계인을 구속**하는 힘을 가진다. (○) [09 국가9]

정답 0212. O 0213-㉠. O 0213-㉡. X 0213-㉢. O

0214

㉠ 공정력은 취소할 수 있는 행정행위에만 인정된다. [11 군무원9] O X

㉡ 공정력은 취소할 수 있는 행정행위뿐만 아니라 무효나 부존재인 행정행위에도 인정된다는 것이 통설과 판례의 입장이다. [10 군무원9] O X

공정력은 ★취소할 수 있는 행정행위에만 발생하고, **무효인 행정행위나 부존재인 행정행위**의 경우에는 ★**발생하지 않는다.**

⚠ 공정력은 **무효**인 행정행위에는 ~~안정되나~~, **부존재**의 행정행위에는 **인정되지 않는다**. (×) [06 경기9]

⚠ 공정력은 당해 행정행위의 ~~하자가 중대하고 명백한 경우에도 인정~~된다. (×) [20 국가5 승진]

0215

[08 군무원9]

공정력으로 인해 행정행위가 당연무효가 아닌 한 직권취소 또는 쟁송취소가 되기 전까지는 그 적법성이 추정된다는 것이 통설적 견해이다. O X

공정력은 **행정행위가 당연무효가 아닌 이상, 취소되기 전까지는 일단 유효함을 ★잠정적으로 통용**시키는 하는 힘이지, 행정행위의 **적법성을 추정하는 힘이 아니다.**

⚠ **공정력**이란 행정행위의 위법이 중대·명백하여 당연무효가 아닌 한 권한 있는 기관에 의해 **취소되기까지**는 행정의 상대방이나 이해관계자에게 ~~적법하게~~ 통용되는 힘을 말한다. (×) [20 국회8]

0216

㉠ 행정행위의 공정력이란 행정행위가 위법하더라도 취소되지 않는 한 유효한 것으로 통용되는 효력을 의미하는 것이다. [22 군무원7] O X

㉡ 행정행위는 중대하고 명백한 하자로 인하여 당연무효가 되는 경우를 제외하고는 권한 있는 기관에 의해 폐지·변경될 때까지는 일단 유효성의 추정을 받아 행정청, 상대방 및 제3의 국가기관을 구속한다. [13 군무원9] O X

ⓐ '**공정력**'이란 행정행위의 성립에 하자가 있는 경우에도, 그 하자가 중대·명백하여 **무효인 경우를 제외**하고는 권한있는 기관에 의하여 **취소되기 전까지는 ★유효한 것으로 통용**되는 힘을 뜻한다.

ⓑ **공정력**은 행정행위의 ★**상대방**은 물론, **다른 행정청, 법원 및 제3자**에게도 효력이 미친다.

☑ 후술할 **'구속요건적 효력'과 '공정력'과 구분**하는 견해에 따르면, **공정력은 상대방 및 이해관계인에 한하여** 미치는 효력인 반면에, **구성요건적 효력은 제3의 국가기관, 지방자치단체, 법원에 미치는 효력**으로 본다.

⚠ **공정력**은 행정**행위가 위법**하더라도 **당연무효인 경우를 제외**하고는 권한있는 기관에 의해 취소되지 않는 한 **유효한 것으로 통용**되는 효력을 말한다. (○) [15 사복9]

정답 0214-㉠. O 0214-㉡. × 0215. × 0216-㉠. O 0216-㉡. O

0217

[11 군무원9]

입증책임은 공정력과 무관하다. O X

공정력은 행정소송에서의 '★입증책임과 무관'한 것으로 정리하면 된다.

⚠ 공정력은 **입증책임** 분야에는 **영향을 미치지 않는다.** (○) [08 군무원9]

0218

㉠ 행정처분이 아무리 위법하다고 하여도 당연무효인 사유가 있는 경우를 제외하고는 아무도 그 하자를 이유로 무단히 그 효과를 부정하지 못한다. [21 군무원7] O X

㉡ 행정행위의 공정력은 판결의 기판력과 같은 효력은 아니지만 그 공정력의 객관적 범위에 속하는 행정행위의 하자가 취소사유에 불과한 때에는 그 처분이 취소되지 않는 한 처분의 효력을 부정하여 그로 인한 이득을 법률상 원인 없는 이득이라고 말할 수 없는 것이다. [22 군무원7] O X

행정**처분이** 아무리 **위법**하다고 하여도 그 하자가 중대하고 명백하여 **당연무효**라고 보아야 할 **사유가 있는 경우를 제외**하고는 아무도 **그 하자를 이유로** 무단히 그 **★효과를 부정하지 못하는 것**이므로, 이러한 행정행위의 공정력은 판결의 기판력과 같은 효력은 아니지만 그 공정력의 객관적 범위에 속하는 행정행위의 하자가 취소사유에 불과한 때에는 그 처분이 **취소되지 않는 한** 처분의 효력을 부정하여 그로 인한 이득을 **법률상 원인 없는 이득**이라고 **★말할 수 없는 것**이다. (대판 1994.11.11., 94다28000)

⚠ **행정처분이 아무리 위법**하다고 하여도 그 하자가 중대하고 명백하여 당연무효라고 보아야 할 사유가 있는 경우를 제외하고는 아무도 그 하자를 이유로 무단히 그 효과를 부정하지 못하는 것으로, 이러한 행정행위의 공정력은 판결의 기판력과 같은 효력은 아니지만 그 공정력의 객관적 범위에 속하는 **행정행위의 하자가 취소사유에 불과한 때**에는 그 처분이 **취소되지 않는 한** 처분의 효력을 부정하여 그로 인한 이득을 **법률상 원인 없는 이득이라고 말할 수 없는 것이다.** (○) [17 경행]

0219

[10 군무원9]

공정력은 행정행위의 상대방인 국민에 대한 구속력인 데 반하여, 구성요건적 효력은 타 국가기관에 대한 구속력이다. O X

	공정력	구성요건적 효력
효력의 대상	상대방, 이해관계인	제3의 국가기관 **(처분기관 외의 다른 국가기관, 지방자치단체, 법원등)**
효력의 내용	**행정행위**의 하자가 **무효사유에 해당하지 않고** 권한 있는 기관에 의하여 **취소되지 않는 이상, 상대방이나 이해관계인**은 그 행정행위의 **효력을 부정하지 못함**	**행정행위**의 하자가 **무효사유에 해당하지 않는 이상, 다른 국가기관** 등은 그 행정행위의 **존재, 효력을 존중**하여 **스스로의 판단기초** 내지는 **구성요건**으로 삼아야 함

⚠ 행정행위의 **구성요건적 효력**은 처분청 이외의 **다른 국가기관**으로 하여금 당해 **행위의 존재와 효과를 인정**하고 **그 내용에 구속**될 것을 요구하는 효력을 말한다. (○) [18 국회8]

정답 0217. O 0218-㉠. O 0218-㉡. O 0219. O

0220

[11 군무원9]

"법무부장관이 甲에 대하여 귀화허가를 하였다면, 행정안전부장관은 그 귀화허가가 당연무효가 아닌 한 甲을 외국인으로 취급하여서는 안 된다"는 구성요건적 효력과 관련된다. O X

구성요건적 효력을 인정하는 견해에 의할 경우, 甲이 귀화허가를 받은 이상 **귀화허가에 하자**가 있더라도, 그 하자가 **무효사유에 이를 정도가 아니라면**, 행정안전부장관 등 **다른 국가기관은 그 귀화허가를 ★존중하여야** 하므로, 다른 국가기관으로서는 **귀화허가를 ★전제(기초)로 한 행정행위**(예 운전면허등록 등)를 甲에게 해주어야 한다.

- **법무부 장관**이 외국인 甲에 대하여 **귀화허가**를 하였을 경우, **여타의 행정기관**은 甲에 대한 **귀화허가에 기초하여 행정행위를 하여야** 하는 것은 **구성요건적 효력**과 관련된다. (○) [16 소방간부]
- **법무부장관**이 A에게 **귀화허가**를 준 경우 그 귀화허가가 **무효가 아니라면**, 귀화허가가 모든 **국가기관을** 구속하여 각부 장관이 **A를 국민으로 보아야** 하는 효력은 행정의사의 ~~존속력~~에서 나온다. (×) [14 서울7]

0221

[22 군무원7]

행정행위의 위법여부가 범죄구성요건의 문제로 된 경우에는 형사법원이 행정행위의 위법성을 인정할 수 있다. O X

형사법원이 어떤 행정행위와 관련된 **범죄의 구성요건에 해당하는지 여부를 판단하기 위한 선결문제**로서 그 행정행위의 **위법성을 ★판단(확인)해야 하는 경우, 형사법원**은 그 **행정행위가 위법한지 여부**를 **★판단(확인) 할 수 있다.**

- **형사법원**은 행정행위의 **위법 여부**가 **재판의 전제**가 된 경우에 **독자적으로 위법성 판단**을 할 수 있다. (○) [08 군무원9]
- 다수설은 행정행위의 **위법성 확인 여부**가 **선결문제**로 되는 때에도 **형사법원**은 스스로 **위법성 판단**을 ~~할 수 없다~~고 한다. (×) [03 행시]

0222

[22 군무원5]

무효가 아닌 단순 위법의 흠이 있는 처분에 따르지 아니한 위반죄가 문제된 경우, 형사사건을 관할하는 법원은 처분의 위법성을 이유로 무죄의 판단을 할 수 있다. O X

예컨대 행정청으로부터 **시정조치명령을 받은 甲**이 그 명령에 따르지 않아 시정명령위반죄로 기소된 경우, **형사법원은 시정조치명령이 위법한지 여부를(선결문제) ★판단(인정)**하여, 실제 시정명령이 단순**위법한 명령으로 판명**된다면, 그 형사법원은 **甲에게 ★무죄판결**을 내릴 수 있다.

- 무효가 아닌 **단순 위법의 흠**이 있는 **처분에 따르지 아니한 위반죄가 문제**된 경우, 해당 처분이 갖는 공정력으로 인하여 **형사사건을 관할하는 법원**은 ~~행위자의 위법성 내지 책임성을 부인할만한 사유가 없는 한 유죄의 판단을 하게 될 것~~이다. (×) [22 군무원5]

정답 0220. O 0221. O 0222. O

0223

[21 군무원7]

어떤 법률에 의하여 행정청으로부터 시정명령을 받은 자가 이를 위반한 경우 그 때문에 그 법률에서 정한 처벌을 하기 위하여는 그 시정명령은 적법한 것이라야 한다. O X

구 도시계획법 제78조 제1항에 정한 **처분이나 조치명령을 받은 자**가 이에 **위반**한 경우 이로 인하여 같은 법 제92조에 정한 **처벌**을 하기 위하여는 그 **처분이나 조치명령이 ★적법한 것이라야** 하고, 그 처분이 **당연무효가 ★아니라 하더라도** 그것이 **위법한 처분으로 인정**되는 한 같은 법 제92조 **★위반죄가 성립될 수 없다**.

⚠ 행정청의 **조치명령에 위반**하여 **명령위반죄로 기소**된 사안에서 해당 조치명령이 ~~당연무효인 경우에 한하여~~ 형사법원은 그 **위법성을 판단**하여 **죄의 성립 여부를 결정**할 수 있다. (×) [17 국가7 下]

0224

[11 군무원9]

형사소송에서 행정행위의 효력유무가 선결문제가 되는 경우, 당연무효가 아닌 한 형사법원은 직접 행정행위의 효력을 부인할 수 없다는 것이 판례의 입장이다. O X

형사법원이 어떤 행정행위와 관련된 **범죄의 구성요건에 해당하는지 여부를 판단하기 위한 선결문제**로서 해당 행정행위의 **효력이 부인되어야 하는 경우**, 그 행정행위가 **당연무효가 아닌 이상 ★공정력이 인정**되고 있으므로, **형사법원**은 그 **행정행위의 효력**을 **직접 ★부인할 수 없다**.

⚠ 형사법원은 **행정행위가 당연무효**라면, **선결문제**로서 그 행정행위의 **효력을 부인할 수 있다**. (○) [18 교행9] ☑ 당연무효라면 형사법원이 부인 가능

0225

[22 군무원7]

과세대상과 납세의무자 확정이 잘못되어 당연무효인 과세에 대해서는 체납이 문제될 여지가 없으므로 조세체납범이 문제되지 않는다. O X

과세대상과 납세의무자 확정이 잘못되어 **당연무효**한 과세에 대하여는 체납이 문제될 여지가 없으므로 **체납범이 성립하지 않는다**. (1971. 5. 31., 71도742)

정답 0223. ○ 0224. ○ 0225. ○

0226

[11 군무원9]

연령미달인 자가 연령을 속여 운전면허를 교부받아 운전하다 적발되어 기소된 경우 형사법원은 무면허운전으로 형사처벌 할 수 있다. O X

연령 미달로 인한 **운전면허결격자**가 **타인의 명의로** 자동차**운전면허시험에 응시하여 합격**한 경우 **그 운전면허**는 도로교통법 제65조 제3호의 **★취소사유에 불과**하고 당연**무효라고 할 수 없으므로** 그러한 자가 **운전한 행위도 무면허운전에 해당하지 ★않는다**. (대판 1982. 6. 8, 80도2646)

본안심사	선결문제	선결문제 심리·판단 여부	
시정명령위반 처벌	처분의 위법·적법 여부 (시정명령의 위법여부)	처분의 **위법성 판단 가능**	
무면허운전자 처벌	처분의 무효·유효 여부 (운전면허처분의 효력여부)	**처분의 하자가 단순위법**	처분의 **효력 부인 불가능**
		처분의 하자가 당연무효	처분의 **효력 부인 가능**

⚠ 미성년자가 **나이를 속여 운전면허를 발급**받은 후 교통사고를 낸 경우 **형사소송**에서는 ~~무면허운전자로~~ 취급한다. (×) [07 국가9]

0227

[22 군무원7]

선결문제가 행정행위의 당연무효이면 민사법원이 직접 그 무효를 판단할 수 있다. O X

민사법원이 어떤 행정행위와 관련된 **민사청구의 인용여부를 가리기 위한 선결문제**로서 해당 **행정행위의 효력유무를 스스로 따져보아야 하는 경우**, 그 행정행위가 하자가 **당연무효라면 직접 무효임을 판단**할 수 있지만, 반대로 **당연무효가 아니라면** 그 행정행위의 **★공정력**으로 인하여, 민사법원은 그 **행정행위의 효력을 직접 ★부인할 수 없다**.

본안심사	선결문제	선결문제 심리·판단 가능 여부	
국가배상청구	처분의 위법·적법 여부 (대집행의 위법여부)	처분의 **위법성 판단 가능**	
부당이득반환청구	처분의 무효·유효 여부 (과세처분의 효력유무)	**처분의 하자가 단순위법**	처분의 **효력 부인 불가능**
		처분의 하자가 당연무효	처분의 **효력 부인 가능**

⚠ 행정행위의 **공정력**은 민사법원에도 **원칙적으로 미친다**고 본다. (○) [08 군무원9]

⚠ **행정사건을 선결문제로 하는 민사소송**에는 법원은 무효인 행정행위의 효력을 확인할 수는 없지만, 취소할 수 있는 **행정행위의 효력을 부인**할 수는 있다. (×) [13 행정사]

과세처분이 당연무효라고 볼 수 없는 한 과세처분에 **취소**할 수 있는 위법사유가 있다 하더라도 그 과세처분은 행정행위의 **공정력** 또는 집행력에 의하여 그것이 적법하게 취소되기 전까지는 유효하다 할 것이므로, **민사소송**절차에서 그 과세처분의 **효력을 부인할 수 없다**. (대판 1999. 8. 20., 99다20179)

정답 0226. × 0227. ○

0228

[22 군무원9]

「행정소송법」은 처분 등의 효력 유무 또는 존재 여부가 민사소송의 선결문제로 되는 경우 당해 민사소송의 수소법원이 이를 심리·판단할 수 있는 것으로 규정하고 있다. O X

【행정소송법】 제11조(선결문제) ① 처분등의 ★**효력 유무 또는 존재 여부**가 **민사소송의 ★선결문제**로 되어 당해 민사소송의 수소법원이 이를 ★**심리·판단**하는 경우에는 제17조, 제25조, 제26조 및 제33조의 규정을 준용한다.

⚠ 처분 등의 **효력 유무** 및 ~~위법 여부~~ 또는 **존재 여부**가 민사소송의 **선결문제**로 되어 당해 **민사소송의 수소법원**이 이를 **심리·판단**하는 경우에 대하여 「행정소송법」은 명시적인 규정을 두고 있다. (×) [11 지방7]

0229

㉠ X시의 공무원 甲은 乙이 건축한 건물이 건축허가에 위반하였다는 이유로 철거명령과 행정대집행법상의 절차를 거쳐 대집행을 완료하여, 乙은 행정대집행의 처분들이 하자가 있다는 이유로 행정소송 및 손해배상소송을 제기하려고 한다. 이 때 乙이 손해배상소송을 제기하는 경우, 민사법원은 그 행정처분이 위법인지 여부는 심사할 수 없다. [22 군무원7] O X

㉡ 甲이 영업정지처분이 위법하다고 주장하면서 국가를 상대로 손해배상청구소송을 제기한 경우, 법원은 취소사유에 해당하는 것을 인정하더라도 그 처분의 취소판결이 없는 한 손해배상청구를 인용할 수 없다. [22 군무원9] O X

위법한 행정대집행이 완료되면 그 처분의 무효확인 또는 취소를 구할 소의 이익은 없다 하더라도, 미리 그 행정처분의 취소판결이 있어야만, 그 행정처분의 위법임을 이유로 한 **손해배상청구를 할 수 있는 것은 ★아니다**. (대법원 1972.4.28., 72다337)

☑ 민사법원이 어떤 행정행위와 관련된 **민사청구**(예 국가배상청구소송)**의 인용여부를 가리기 위한 선결문제**로서 그 행정행위의 **위법성을** ★**심리·판단**해야 하는 경우, **민사법원**으로서는 그 **행정행위가 위법성 여부**를 스스로 ★**심리·판단**하여, **이를 전제로 손해배상판결**을 내릴 수 있다.

⚠ 위법한 행정행위에 대한 **국가배상소송**의 수소법원은 당해 행정행위의 **취소여부와 상관없이** 그 **위법성을 확인**하여 **배상을 명**할 수 있다. (○) [11 군무원9]

⚠ 행정행위에 대한 **취소판결이 없더라도** 민사법원은 행정행위의 **위법성을 인정**하여 **국가배상청구를 인정**할 수 있다. (○) [13 군무원9]

⚠ **위법한 행정대집행**이 완료되면 그 처분의 무효확인 또는 취소를 구할 소의 이익은 없다 하더라도, 미리 그 행정처분의 **취소판결이 있어야만,** 그 행정처분의 위법임을 이유로 한 **손해배상청구를 할 수 있는 것은 아니다.** (○) [22 군무원7]

⚠ **민사법원**은 **국가배상청구소송**에서 **선결문제**로 행정**처분의 위법 여부를 판단**할 수 없다. (×) [14 지방9]

⚠ **위법한 행정대집행**이 완료되면 그 처분의 무효확인 또는 취소를 구할 소의 이익은 없다 하더라도, 미리 그 행정처분의 ~~취소판결이 있어야만~~ 그 **처분의 위법임을 이유**로 한 **손해배상청구를 할 수 있다.** (×) [17 사복9]

정답 0228. O 0229-㉠. × 0229-㉡. ×

0230

[21 군무원7]

민사소송에 있어서 어느 행정처분의 당연무효여부가 선결문제로 되는 때에는 이를 판단하여 당연무효임을 전제로 판결할 수 있고, 반드시 행정소송 등의 절차에 의하여 그 취소나 무효확인을 받아야 하는 것은 아니다. O X

민사소송에 있어서 어느 행정처분의 **당연무효 여부가 선결문제**로 되는 때에는 이를 판단하여 **당연무효임을 전제로 판결**할 수 있고 반드시 **행정소송 등**의 절차에 의하여 그 **취소나 무효확인을 받아야 ★하는 것은 아니다**. (대법원 2010. 4. 8. 2009다90092)

- **민사소송**에 있어서 어느 행정처분의 **당연무효 여부**가 **선결문제**로 되는 때에는 이를 판단하여 **당연무효임을 전제로 판결**~~할 수는~~ 없고, 반드시 ~~행정소송 등의 절차에 의하여 그 취소나 무효확인을 받아야~~ 한다. (×) [18 서울7]

0231

[13 군무원9]

행정행위는 설혹 하자가 있다 하여도 당연무효가 되는 경우를 제외하고는 일정한 기간이 경과된 후에는 당해 행정행위의 효력을 다툴 수 없다. O X

불가쟁력(형식적 존속력, 형식적 확정력)은 흠이 있는 행정행위라도 그에 대한 **★쟁송기간이 경과하거나 쟁송수단을 다 거친 이후**에는 더 이상 **다툴 수 없게 되는 효력**을 말한다.

- 행정행위는 **일정한 기간이 경과**한 후에는 그 **효력이 확정**된다.(○) [11 경북교행9]
- 일정한 **불복기간이 경과**하거나 **쟁송수단을 다 거친 후**에는 더 이상 행정행위를 **다툴 수 없게 되는 효력**을 행정행위의 불~~가변력~~이라 한다. (×) [15 서울9]

0232

[07 군무원9]

불복제기기간이 지난 경우에 불가쟁력이 발생한다. O X

불가쟁력은 쟁송절차의 **제기기간(제소기간 등)이 경과**한 경우나 **심급을 다 거친 경우**에 발생한다.

- 행정**쟁송제기기간이 경과**하면 더 이상 **다툴 수가 없다**. (○) [05 대구9]
- **제소기간이 경과**하면 **불가쟁력이 발생**한다. (○) [06 서울9]

정답 0230. ○ 0231. ○ 0232. ○

0233
[09 군무원9]

행정행위에 불가쟁력이 발생하면 취소권을 가진 행정청이라도 직권으로 불가쟁력이 발생한 행정행위를 취소 또는 철회할 수 없다. O X

불가쟁력이 발생한 행정행위라 하더라도, 행정행위의 **위법성이 확인**되면 행정청은 이를 이유로 그 행정행위를 ★**직권으로 취소 또는 철회할 수 있다.**

- 위법한 행정행위에 대하여 **불가쟁력이 발생**한 이후에도 당해 행정행위의 위법을 이유로 **직권취소할 수 있다.** (○) [16 군무원9]
- **불가쟁력이 발생한 행정행위**를 처분청이 **직권으로 취소할 수 없다.** (×) [10 군무원9]
- 위법한 침익행위에 대해서 **불가쟁력이 발생**한 경우라면 처분행정청이라 할지라도 **직권취소**가 불가능하다. (×) [14 군무원9]
- 위법한 침익적 행정행위에 **불가쟁력이 발생**한 경우에는 처분행정청이라 할지라도 **직권으로 취소하거나 철회할 수 없다.** (×) [06 군무원9]

0234
[22 군무원9]

제소기간이 이미 도과하여 불가쟁력이 생긴 행정처분에 대하여는 개별 법규에서 그 변경을 요구할 신청권을 규정하고 있거나 관계 법령의 해석상 그러한 신청권이 인정될 수 있는 등 특별한 사정이 없는 한 국민에게 그 행정처분의 변경을 구할 신청권이 있다 할 수 없다. O X

제소기간이 이미 도과하여 **불가쟁력이 생긴 행정처분**에 대하여는 개별 법규에서 그 **변경을 요구할 신청권을 규정**하고 있거나 관계 법령의 해석상 그러한 **신청권이 인정**될 수 있는 등 특별한 사정이 없는 한 국민에게 그 **행정처분의 변경을 구할 신청권이 있다 ★할 수 없다.** (대판 2007.4.26. 2005두11104).

- **불가쟁력이 발생한 행정처분**에 대해 원칙적으로 **국민에게**는 그 행정**처분의 변경**을 구할 **신청권이 없다.** (○) [14 군무원9]
- 제소기간이 이미 도과하여 **불가쟁력이 생긴 행정처분**에 대하여는 관계법령의 해석상 그 변경을 요구할 **신청권이 인정될 수 있는 경우**라 하더라도 국민에게 그 행정**처분의 변경을 구할 신청권**이 없다. (×) [17 국가7]

0235
[06 군무원9]

무효인 행정행위에는 불가변력이 발생하지 않고, 불가쟁력만 발생한다. O X

불가쟁력이나 불가변력은 무효인 행정행위나 부존재인 행정행위에서는 ★**발생할 수 없다.**

- **무효**인 행정행위에는 **불가쟁력이 발생하지 않는다.** (○) [07, 10 군무원9]
- **불가쟁력**은 **무효**인 행정행위에 대해서는 **발생하지 않는다.** (○) [14 군무원9]
- **무효인** 행정행위도 쟁송제기 기간이 지나면 더 이상 **제소**할 수 없다. (×) [99 국가7]

정답 0233. × 0234. ○ 0235. ×

0236

[22 군무원5]

무효가 아닌 단순 위법의 흠이 있는 처분이 불가쟁력을 갖게 된 경우라 하더라도, 처분의 위법을 이유로 하는 손해배상사건을 관할하는 민사법원은 해당처분의 위법여부를 판단할 수 있다. O X

가령 어떤 **위법한 처분으로 인하여 손해**를 입은 사람은, 설사 그 **처분에 불가쟁력이 발생**했더라도 행정상 손**해배상청구소송을 제기**할 수 있으므로, **손해배상청구소송의 수소법원**은 해당 **★처분의 위법성 여부를 심리·판**단할 수 있다.

- **불가쟁력이 발생**한 행정행위라도 **국가배상청구는 가능**하다. (○) [06, 07 군무원9]
- **불가쟁력이 발생**한 행정행위로 손해를 입은 국민은 그 위법성을 들어 **국가배상청구**를 할 수 있다. (○) [22 군무원9]
- **불가쟁력이 발생**한 행정행위에 대해 **국가배상청구는 허용~~되지 아니한~~**다. (×) [20 국가5 승진]

0237

[07 군무원9]

불가쟁력이 발생하면 행정행위의 하자가 치유된다. O X

어떤 행정행위에 절차법적 효력인 **불가쟁력이 발생하면** 더 이상 그 행정행위에 대한 **쟁송제기가 불가능하게 되는 것**일 뿐이지, 행정행위의 하자가 치유됨으로써 실체법상 **적법한 행정행위로 ★변하는 것은 아니다.**

- **불가쟁력이 발생**하면 위법한 행정행위의 ~~위법성이 치유~~되어 ~~적법하게 된~~다. (×) [06 서울9]

0238

[22 군무원7]

일반적으로 행정처분이나 행정심판 재결이 불복기간의 경과로 확정될 경우 그 확정력은, 처분으로 법률상 이익을 침해받은 자가 당해 처분이나 재결의 효력을 더 이상 다툴 수 없다는 의미이므로 확정판결에서와 같은 기판력이 인정된다. O X

행정처분이나 행정심판 **재결**이 **★불복기간의 경과로 확정**될 경우 그 확정력은 처분으로 인하여 법률상 이익을 침해받은 자가 당해 처분이나 재결의 효력을 **★더 이상 다툴 수 없다는 의미**일 뿐, 판결에 있어서와 같은 **★기판력이 인정되는 것은 아니어서** 처분의 기초가 된 사실관계나 법률적 판단이 확정되고, 당사자들이나 법원이 이에 기속되어 모순되는 주장이나 판단을 할 수 없게 되는 것은 아니다. (대법원 1993.4.13, 92누17181)

- 일반적으로 행정**처분이나 행정심판 재결**이 **불복기간의 경과로 확정**될 경우 그 확정력은, 처분으로 법률상 이익을 침해받은 자가 당해 **처분이나 재결의 효력을 더 이상 다툴 수 없다는 의미**일 뿐, 판결과 같은 **기판력이 인정되는 것은 아니다.** (○) [18 서울7]
- 일반적으로 행정**처분이나 행정심판 재결**이 **불복 기간의 경과로 확정**될 경우에는 그 ~~처분의 기초가 된 사실관계나 법률적 판단이 확정~~되고 당사자들이나 법원이 이에 기속되어 모순되는 주장이나 판단을 할 수 ~~없게 된~~다. (×) [22 군무원9]

정답 0236. O 0237. × 0238. ×

0239

[10 군무원9]

불가쟁력이 발생한 과세처분에 대해서도 부당이득반환청구소송을 제기하여 정당한 세액의 초과범위를 반환받을 수 있다는 것이 판례의 입장이다. O X

무효인 처분에는 불가쟁력이 발생하지 않는바, **과세처분에 불가쟁력이 발생**하였다면 그 과세처분의 하자는 **★당연무효로 볼 수 없다.** 그러므로 가령 위법한 과세처분에 응하여 이미 세액을 납부한 甲이 그 납세액의 반환을 청구하는 **부당이득반환청구소송을 제기**한 경우에도, 부당이득반환청구소송을 관할하는 민사법원이 **당연무효가 아닌 과세처분의 효력을 직접 ★부인할 수 없으므로,** 그 납세액의 **반환을 명하는 판결을 내릴 수 없게 된다.**

☑ 옳은 지문으로 처리하고 있는 해설은 틀린 것이므로 주의하여야 한다.

0240

[22 군무원9]

불가변력이라 함은 행정행위를 한 행정청이 당해 행정행위를 직권으로 취소 또는 변경할 수 없게 하는 힘으로 실질적 확정력 또는 실체적 존속력이라고도 한다. O X

★일정한 행정행위의 경우에는, 그 행위를 한 **행정청 자신도** 그 행정행위를 **취소·변경·철회할 수 ★없게 되는 구속**을 받는데, 이를 **불가변력(실질적 존속력, 실질적 확정력)**이라 한다.

⚠ **불가변력**이란 **처분청 스스로도 당해 행정행위에 구속**되어 직권으로 **취소·변경할 수 없는** 것을 말한다. (○) [22 행정사]

0241

[20 군무원7]

확인은 특정한 사실 또는 법률관계의 존재 여부 또는 정당성 여부를 공적으로 확정하는 효과를 발생시키므로 확인행위에는 일반적으로 불가변력(실질적 존속력)이 발생한다. O X

'확인'은 특정한 사실 또는 법률관계의 존재 여부나 정당성 여부를 **공적으로 확인하는 행위**이므로, 행위의 성질상 확인행위에는 **불가변력(실질적 존속력)이 발생**한다.

⚠ **교과서 검인정 행위**는 처분청이라도 이를 **임의적으로 취소, 변경할 수 없는 불가변력**이 생긴다. (○) [06 국가9]

정답 0239. × 0240. ○ 0241. ○

0242

[18 군무원9]

불가쟁력과 불가변력은 사정재결에서 인정되는 효력이다. O X

행정심판의 '**재결'과 같은 준사법적 행정행위**에는 **불가변력이 발생**하는바, 재결의 일종인 사정재결에서도 **불가변력이 발생**한다.

☑ 행정소송법 제20조(제소기간) 등에 따라 **재결에서는 불가쟁력**도 인정되는바, 재결에 고유한 위법이 있는 경우에도 **일정 기간이 경과**하면 **그 재결의 효력을 다툴 수 없게 된다.**

⚠ 행정심판법상 **재결의 효력**으로서 **불가변력**이 있다. (○) [18 군무원9]

⚠ **재결의 효력**으로서 행정청에 대한 **불가변력이 인정**되나, **불가쟁력은 인정**되지 않는다. (×) [08 지방9]

0243

[10 군무원9]

무효인 행정행위는 불가변력이 발생하지 않는다 . O X

불가쟁력이나 불가변력은 무효인 행정행위나 부존재인 행정행위에서는 ★**발생할 수 없다.**

⚠ **존속력**은 **취소할 수 있는 행정행위에만 인정**됨이 원칙이다. (○) [10 경북교행9 변형]

0244

[10 군무원9]

불가쟁력은 처분청이 아닌 국민을 대상으로 한다. O X

	불가변력	불가쟁력
대상(상대방)	처분청 등 행정기관	처분의 상대방 및 이해관계인

⚠ **불가변력은 처분청**에 미치는 효력이고, **불가쟁력은 상대방 및 이해관계인**에게 미치는 효력이다. (○) [21 소방]

⚠ 불가변력은 행정행위의 **상대방 및 이해관계인**에 대한 구속력이나, 불가쟁력은 주로 **행정청 등 행정기관**에 대한 구속력이라 볼 수 있다. (×) [01 행시]

0245

[10 군무원9]

불가변력이 있는 행정행위는 행정청도 취소할 수 없다. O X

행정행위에 불가변력이 발생하면, 그 행위를 행한 행정청 스스로도 이를 **취소·변경·철회할 수 없다.**

⚠ **불가변력이 인정**되는 행정행위는 **취소권이 제한**되는 경우에 해당한다. (○) [11 군무원9]

⚠ **불가변력** 있는 행정행위라도 하자를 발견한 처분청은 이를 취소할 수 있다. (×) [04 입시]

정답 0242. ○ 0243. ○ 0244. ○ 0245. ○

0246

㉠ 불가변력과 불가쟁력은 서로 무관하며, 하나가 발생하더라도 다른 하나가 당연히 발생하는 것인 아니다. [10 군무원9] O X

㉡ 불가쟁력이 발생한 행정행위이더라도 불가변력이 발생하지 않는 한 처분청은 직권으로 취소·변경할 수 있다. [16 군무원9] O X

불가변력과 불가쟁력은 ★상호 무관한 효력이므로, **어느 하나의 효력의 발생**이 다른 효력의 발생에 **★어떠한 영향을 미치지 않는다.**
따라서 ① **불가쟁력이 발생한 행정행위**라 하더라도 처분청이 이를 **직권으로 취소·변경**할 수 있고, ② 반대로 **불가변력이 발생한 행정행위라도**, 그 행위의 상대방은 **행정쟁송제기 기간 내에 행정쟁송을 제기**하여 다툴 수 있다.

- 불가쟁력과 불가변력은 **상호 독립적**이다. (○) [14 군무원9]
- **불가변력이 발생**한다 하여 당연히 **불가쟁력이 발생하는 것은 아니다.** (○) [04 경기9]
- **불가변력이 발생**하면 불가쟁력은 ~~당연히 발생~~한다. (×) [06 군무원9]

- **위법한 처분**에 대해 **불가쟁력이 발생**한 이후에도 **불가변력이 발생하지 않은 이상**, 당해 처분은 처분의 위법성을 이유로 **직권취소될 수 있다.** (○) [14 지방9]

0247

[13 군무원9]

상대방 또는 제3자가 행정행위에 의해 부과된 의무를 이행하지 않을 때에는 법률에 특별한 규정이 없더라도 행정행위의 특성상 당연히 자력으로 행정행위의 내용을 강제할 수 있는 힘을 가진다. O X

ⓐ 행정행위의 **'자력집행력'**은 행정행위에 의하여 **부과된 의무**를 상대방이 **이행하지 않을 때**에, **행정청 ★스스로 강제력을 발동**하여 **의무를 실현시킬 수 있는 효력**을 뜻하는데,
ⓑ 의무를 부과시키는 **행정행위(하명)의 근거와 별도로, 강제집행과 같이 자력집행력의 실현**을 위한 **★별도의 법적 근거가 있어야**만 자력집행이 가능하다.

- **강제집행**을 수반하는 행정행위는 **법률의 근거가 있어야** 한다. (○) [05 국회8]
- 의무를 부과하는 하명의 법적 ~~근거만으로~~ 행정청에게 자력집행력이 ~~인정~~된다. (×) [06 관세사]
- 판례에 따르면 행정행위의 **집행력**은 행정행위의 성질상 당연히 내재하는 효력으로서 **별도의 법적 근거**를 요하지 ~~않는~~다. (×) [15 서울9]

정답 0246-㉠. O 0246-㉡. O 0247. O

3 기속행위·재량행위·판단여지

0248

[12 군무원9]

㉠ 현행법상 재량하자의 사법심사에 관한 명문규정은 존재하지 않는다. OX

㉡ 행정청의 재량행위가 재량권을 일탈한 경우 법원은 이를 취소할 수 있다. OX

【행정소송법】 제27조(재량처분의 취소) 행정청의 **재량**에 속하는 처분이라도 재량권의 **한계**를 넘거나 그 **남용**이 있는 때에는 법원은 이를 **★취소할 수 있다**.

⚠ **행정소송법** 제27조는 "행정청의 **재량에 속하는 처분**이라도 재량권의 **한계를 넘거나 그 남용**이 있는 때에는 **법원은 이를 취소**할 수 있다"라고 규정하고 있다. (○) [10 경행]

⚠ 행정청의 **재량에 속하는 처분**이라도 재량권의 **한계를 넘거나 그 남용이 있는 때**에는 **법원은 이를 취소**할 수 있다. (○) [16 군무원9]

0249

㉠ 기속행위와 재량행위의 구분은 당해 행위의 근거가 된 법규의 체재·형식과 그 문언, 당해 행위가 속하는 행정 분야의 주된 목적과 특성, 당해 행위 자체의 개별적 성질과 유형 등을 모두 고려하여 판단하여야 한다. [15 군무원9] OX

㉡ 甲은 청소년에게 주류를 제공하였다는 이유로 A구청장으로부터 6개월 이내에서 영업정지처분을 할 수 있다고 규정하는 식품위생법 제75조, 총리령인 식품위생법시행규칙 제89조 및 별표23 [행정처분의 기준]에 근거하여 영업정지 2개월 처분을 받은 사례에서, 위 영업정지처분은 기속행위이다. [21 군무원7] OX

㉠ 행정행위가 그 재량성의 유무 및 범위와 관련하여 이른바 **기속행위** 내지 기속재량행위와 **재량행위** 내지 자유재량행위로 **구분**된다고 할 때, 그 구분은 당해 행위의 근거가 된 **★법규의 체재·형식과 그 문언**, 당해 행위가 속하는 행정 분야의 주된 **목적과 특성**, 당해 행위 자체의 **개별적 성질과 유형** 등을 모두 **고려하여 판단**하여야 한다. (대판 2001. 2. 9., 98두17593)

㉡ 영업정지처분을 **"할 수 있다"**로 규정되어 있으므로, **★재량행위**에 해당한다.

⚠ **기속행위와 재량행위의 구체적 구별**은 우선 **관계법규의 문리적 해석**에 의한다. (○) [03 입시]

⚠ 판단여지와 재량을 구별하는 입장에 의하면, **재량의 존재 여부가 법해석으로 도출**되기도 한다. (○) [16 군무원9]

☑ 법률문언을 해석한 결과로, 해당 법규에 재량이 인정되는지 여부를 판단할 수 있다.

⚠ 판단여지와 재량을 구별하는 입장에 의하면, **재량행위와 기속행위의 구분**은 **법규의 규정양식**에 따라 **개별적으로 판단**된다. (○) [16 군무원9]

☑ 개별법규의 체제나 형식과 같은 규정양식에 따라서도 재량의 인정여부를 판단할 수 있다.

정답 0248-㉠. × 0248-㉡. ○ 0249-㉠. ○ 0249-㉡. ×

0250

[20 군무원7]

재량행위의 경우 행정청은 재량권의 한계 내에서는 법이 정한 요건을 충족하더라도 그 행위를 해야 할 의무는 없는 것이다.

O X

재량법규에서 정하고 있는 **법적 요건이 충족되는 때에도**, 행정청은 그 효과로서 **반드시 처분을 하여야 하는 것은 아니고**, 중대한 공익상의 이유 등에 따라 **처분을 ★하지 않을 수도 있다.**

⚠ 공중위생법 제23조 1항의 "시장·군수·구청장은 영업자 등이 이법 또는 이 법에 의한 명령에 위반한 때에는 그 영업허가의 취소 또는 폐쇄명령을 하거나 6월 이내의 기간을 정하여 영업 또는 제조업의 정지를 **명할 수 있다**"는 규정과 관련하여, 이 규정이 정한 행정처분을 **할 것인가의 여부**는 **결정재량**의 문제이다. (○) **[98 입시]**

☑ 결정재량이 부여되어 있으므로, 처분을 하지 말아야 할 공익상의 사유가 요청되는 경우에는 그 처분을 하지 않을 수 있는 것이다.

0251

[12 군무원9]

단순한 재량위반은 부당에 그치는 반면에, 재량의 일탈·남용은 당해 재량행위의 위법사유에 해당한다.

O X

재량권의 한계를 일탈·남용하지 않은 범위에서, 재량을 그르쳐 **단순히 부당함에 그치는 행정행위**는 **위법한 경우로 ★볼 수 없으나**, 재량권의 한계를 벗어나 **일탈·남용한 행정행위**는 **위법한 행위로서 ★사법심사의 대상이 된다.**

⚠ **단순한 재량위반**은 **부당함에 그치는** 것이나 그 일탈, 남용은 당해 재량행위를 위법하게 만든다. (○) **[06 국가9]**

0252

[21 군무원7]

행정청이 제재처분의 양정을 하면서 공익과 사익의 형량을 전혀 하지 않았거나 이익형량의 고려대상에 마땅히 포함되어야 할 사항을 누락한 경우 또는 이익형량을 하였으나 정당성·객관성이 결여된 경우에는 제재처분은 재량권을 일탈·남용한 것이라고 보아야 한다.

O X

행정청이 제재처분 양정을 하면서 공익과 사익의 형량을 전혀 하지 않았거나 이익형량의 고려대상에 마땅히 포함하여야 할 사항을 누락한 경우 또는 이익형량을 하였으나 정당성·객관성이 결여된 경우에는 **제재처분은 재량권을 ★일탈·남용**한 것이라고 보아야 한다. (대판 2020. 6. 25., 2019두52980)

⚠ 제재적 행정처분이 사회통념상 **재량권의 범위를 일탈하였거나 남용하였는지 여부**는 처분사유로 된 위반행위의 내용과 당해 처분행위에 의하여 달성하려는 공익목적 및 이에 따르는 제반사정 등을 객관적으로 심리하여 **공익침해**의 정도와 그 처분으로 인하여 개인이 입게 될 **불이익**을 **비교 교량하여 판단**하여야 한다. (○) **[12 사복9]**

정답 0250. ○ 0251. ○ 0252. ○

0253

[20 군무원7]

재량권의 일탈·남용 여부에 대한 법원의 심사는 사실오인, 비례·평등의 원칙 위배, 당해 행위의 목적 위반이나 동기의 부정 유무 등을 그 판단 대상으로 한다. O X

재량권의 일탈·남용 여부에 대한 심사는 **★사실오인, 비례·평등의 원칙 위배, 당해 행위의 목적 위반이나 동기의 부정 유무** 등을 그 판단 대상으로 한다. (대판 2001. 2. 9., 98두17593)

▲ 재량권의 **일탈·남용여부**에 대한 심사는 **사실오인, 비례·평등원칙 위배, 당해 행위의 목적 위반이나 동기의 부정 유무** 등을 그 **판단대상**으로 한다. (○) [14 국회8]

0254

[20 군무원7]

자유재량에 있어서도 그 범위의 넓고 좁은 차이는 있더라도 법령의 규정뿐만 아니라 관습법 또는 일반적 조리에 의한 일정한 한계가 있는 것으로서 위 한계를 벗어난 재량권의 행사는 위법하다. O X

재량의 범위를 넘지는 않았지만, 평등의 원칙, 비례의 원칙 등과 같은 **행정법의 일반원칙이나 행정관습법 등에 위반한 재량처분은 위법**하게 된다.

▲ **재량행위**에 있어서도 **비례원칙을 위반**하는 경우에는 **위법한 행위**가 된다. (○) [15 서울7]

0255

㉠ 공유수면 관리 및 매립에 관한 법률에 따른 공유수면의 점용·사용허가는 특정인에게 공유수면 이용권이라는 독점적 권리를 설정하여 주는 처분으로 원칙적으로 행정청의 재량행위에 속한다.

[21 군무원7] O X

㉡ 행정청은 공유수면점용허가의 요건이 모두 충족된 경우라 하더라도 공익을 이유를 들어 그 허가를 거부할 수 있다. [12 군무원9] O X

㉠ 구 공유수면관리법에 따른 **공유수면의 점·사용허가**는 특정인에게 공유수면 이용권이라는 독점적 권리를 설정하여 주는 처분으로서 그 처분의 여부 및 내용의 결정은 원칙적으로 행정청의 **★재량에 속한다**. (대판 2004. 5. 28. 2002두5016)

㉡ 공유수면의 점·사용허가는 재량행위이므로, 허가의 요건이 충족된 경우에도 **공익상의 필요**에 따라 공유수면의 점·사용허가신청을 **★불허가할 수 있다**.

▲ **공유수면 점용허가**는 공유수면 관리청이 공공 위해의 예방 경감과 공공 복리의 증진에 기여함에 적당하다고 인정하는 경우에 그 **자유재량**에 의하여 **허가의 여부를 결정**할 수 있다. (○) [22 국회9]

▲ **공유수면점용허가**는 허가의 요건이 충족된 경우에도 **공익을 이유로 거부**할 수 있다. (○) [06 국가9]

정답 0253. O 0254. O 0255-㉠. O 0255-㉡. O

0256

[15 군무원9]

공유수면매립면허는 특허로서 자유재량행위이고, 실효된 공유수면매립면허의 효력을 회복시키는 처분도 자유재량행위이다.

O X

공유수면매립면허는 설권행위인 **특허**의 성질을 갖는 것이므로 원칙적으로 행정청의 ★**자유재량**에 속하며, 일단 실효된 공유수면매립면허의 ★**효력을 회복**시키는 행위도 특단의 사정이 없는 한 새로운 면허부여와 같이 면허관청의 **자유재량**에 속한다고 할 것이다. (대판 1989. 9. 12., 88누9206)

⚠ 甲이 공유수면매립법에 의거하여 관할 행정청으로부터 **공유수면매립면허**를 받으려고 하는 경우, 공유수면매립법에서 정한 소정의 요건을 갖춘 경우에 관할 행정청은 ~~반드시~~ 매립면허를 ~~하여야 한다~~. (×) [09 지방9]

0257

[15 군무원9]

지방식품의약품안전청장이 수입 녹용 중 일부를 절단하여 측정한 회분함량이 기준치를 0.5% 초과하였다는 이유로 수입 녹용전부에 대하여 전량 폐기 또는 반송처리하도록 한 지시처분은 재량권을 일탈·남용한 것에 해당한다.

O X

수입 녹용 중 전지 3대를 절단부위로부터 5cm까지의 부분을 절단하여 측정한 회분함량이 **기준치를 0.5% 초과**하였다는 이유로 수입 녹용 **전부**에 대하여 **전량 폐기 또는 반송처리**를 지시한 처분이 재량권을 일탈·남용한 경우에 ★**해당하지 않는다**고 한 사례. (대판 2006. 4. 14., 2004두3854)

⚠ 수입 녹용 중 일정성분이 **기준치를 0.5% 초과**하였다는 이유로 **수입 녹용 전부**에 대하여 **전량 폐기 또는 반송처리**를 지시한 처분은 ~~재량권을 일탈·남용한 경우에 해당한~~다고 판시하였다. (×) [21 소방]

0258

[15 군무원9]

태국에서 수입하는 냉동새우에 유해화학물질인 말라카이트그린이 들어 있음에도 수입신고서에 말라카이트그린이 사용된 사실을 기재하지 않았음을 이유로 행정청이 영업정지 1개월의 처분을 한 것이 재량권을 일탈·남용한 것이 아니다.

O X

지방식품의약품안정청이 유해화학물질인 **말라카이트그린**이 사용된 냉동새우를 수입하면서 수입신고서에 그 **사실을 누락한 회사**에 대하여 **영업정지 1월의 처분**을 한 사안에서, '구 식품위생법 시행규칙 제53조 [별표 15] 행정처분기준 Ⅰ. 일반기준'을 준수한 위 처분에 재량권을 일탈하거나 남용한 ★**위법이 없다**고 한 사례. (대판 2010. 4. 8. 2009두22997)

⚠ 태국에서 **수입하는 냉동새우**에 유해화학물질인 **말라카이트그린**이 들어 있음에도 수입신고서에 말라카이트그린이 **사용된 사실을 기재하지 않았음**을 이유로 행정청이 **영업정지 1개월의 처분**을 한 것이 **재량권을 일탈·남용한 것이 아니다.** (○) [11 경행]

정답 0256. O 0257. × 0258. O

0259

[21 군무원7]

구 주택건설촉진법상의 주택건설사업계획의 승인은 상대방에게 수익적 행정처분이므로 법령에 행정처분의 요건에 관하여 일의적으로 규정되어 있더라도 행정청의 재량행위에 속한다. O X

주택건설촉진법 제33조 제1항에 의한 **주택건설사업계획의 승인**은 상대방에게 권리나 이익을 부여하는 효과를 수반하는 이른바 수익적 행정처분으로서 법령에 행정처분의 요건에 관하여 **★일의적으로 규정되어 있지 아니한 이상** 행정청의 **재량행위**에 속한다. (대판 1997. 10. 24., 96누12917)

☑ 수익적 처분으로서의 인가처분은 재량행위에 해당하나, **처분의 요건이 일의적으로 규정**되어 있다면 **처분청이 그 요건에 기속**되므로, 재량행위에 해당하지 않게 된다.

⚠ **주택재건축사업시행의 인가**는 상대방에게 권리나 이익을 부여하는 효과를 가진 이른바 **수익적 행정처분**으로서 법령에 행정처분의 요건에 관하여 일의적으로 규정되어 있지 아니한 이상 **행정청의 재량행위**에 속한다. (○) [15 군무원9]

0260

[22 군무원9]

건축허가는 기속행위이므로 건축법상 허가요건이 충족된 경우에는 항상 허가하여야 한다. O X

건축허가권자는 건축허가신청이 건축법, 도시계획법등 관계 **법규**에서 정하는 어떠한 제한에 **배치되지 않는 이상** 당연히 같은 법조 소정의 **건축허가를 하여야** 하므로, 법률상의 근거 없이 그 신청이 관계 법규에서 정한 제한에 배치되는지 여부에 대한 심사를 거부할 수 없고, 심사 결과 그 신청이 **법정요건에 합치**하는 경우에는 특별한 사정이 없는 한 이를 **허가하여야** 하며, **★공익상 필요가 없음에도** 불구하고 요건을 갖춘 자에 대한 허가를 관계 법령에서 정하는 제한사유 이외의 사유를 들어 **★거부할 수 없다**. (대판 1995.6.13. 94다56883)

☑ **중대한 공익상 필요**가 있을 때에는 **건축허가를 거부**할 수도 있다.

⚠ 건축허가는 원칙상 기속행위이지만 **중대한 공익상 필요**가 있는 경우 **예외적으로 건축허가를 거부**할 수 있다. (○) [19 서울7 2월]

0261

[20 군무원7]

관세법상 보세구역의 설영특허는 보세구역의 설치, 경영에 관한 권리를 설정하는 이른바 공기업의 특허로서 그 특허의 부여 여부는 행정청의 자유재량에 속한다. O X

구 「관세법」 제78조 소정의 **보세구역의 설영특허**는 보세구역의 설치·경영에 관한 권리를 설정하는 이른바 공기업의 특허로서 그 **특허의 부여 여부**는 행정청의 **★자유재량**에 속하며, 특허기간이 만료된 때에 … (중략) … 그 갱신 여부도 특허관청의 자유재량에 속한다. (대판 1989.5.9. 88누4188).

⚠ 관세법 소정의 **보세구역 설영특허**는 공기업의 특허로서 그 **특허의 부여 여부**는 **행정청의 자유재량**에 속하고, 설영특허에 특허기간이 부가된 경우 그 기간의 **갱신 여부**도 **행정청의 자유재량에** 속한다. (○) [15 사복9]

정답 0259. × 0260 × 0261. ○

0262

[16 군무원9]

국유재산의 무단점유에 대한 변상금의 징수는 기속행위이다. O X

국유재산의 무단점유 등에 대한 변상금 징수의 요건은 국유재산법 제51조 제1항에 명백히 규정되어 있으므로 변상금을 **징수할 것인가는** 처분청의 재량을 허용하지 않는 **★기속행위**이고, 여기에 재량권 일탈·남용의 문제는 생길 여지가 없다.(대법원 1998. 9. 22. 98두7602)

⚠ **국유재산의 무단점유**에 대한 **변상금의 징수**는 ~~재량행위~~이다. (×) [19 **행정사**]

0263

[16 군무원9]

대기환경보전법상 배출시설의 설치에 대한 주무관청의 허가는 기속행위이므로 중대한 공익상 필요가 있다 하더라도 허가하여야 한다. O X

환경부장관은 **배출시설 설치허가** 신청이 구 대기환경보전법 제23조 제5항에서 정한 허가 기준에 부합하고 … (중략) … 허가제한사유에 해당하지 아니하는 한 원칙적으로 **허가를 하여야** 한다 … (중략) … 환경부장관은 … (중략) … **중대한 공익상의 필요**가 있을 때에는 **허가를 ★거부할 수 있다**고 보는 것이 타당하다. (대판 2013.5.9. 2012두22799)

☑ **배출시설 설치허가 신청**이 허가요건이 부합한다면 허가를 하여야 하지만, **중대한 공익상의 필요**가 있는 경우에는 **예외적으로 거부**할 수 있다.

⚠ **배출시설 설치허가의 신청**이 구 「대기환경보전법」에서 정한 **허가기준에 부합**하고 동 법령상 **허가제한사유에 해당하지 아니하는 한** 환경부장관은 **원칙적으로 허가를 하여야** 한다. (○) [19 **서울7**]

0264

[20 군무원7]

여객자동차 운수사업법」에 의한 개인택시운송사업면허는 특정인에게 권리나 이익을 부여하는 행정행위로서 법령에 특별한 규정이 없는 한 재량행위이다. O X

자동차운수사업법에 의한 **개인택시운송사업면허**는 특정인에게 특정한 권리나 이익을 부여하는 행정행위로서 법령에 특별한 규정이 없는 한 **★재량행위**이고, 그 면허를 위하여 **필요한 기준을 정하는 것**도 역시 **행정청의 재량**에 속하는 것이다. (대판 1997. 9. 26. 97누8878)

⚠ **개인택시운송사업의 면허**는 ~~기속행위~~이다. (×) [19 **소방간부**]

정답 0262. O 0263 ✕ 0264. O

0265

[16 군무원9]

법률에서 정한 귀화요건을 갖춘 귀화신청에 대하여 법무부장관이 귀화를 허가할 것인지 여부는 재량행위에 해당한다. O X

법무부장관은 귀화신청인이 귀화 요건을 갖추었다 하더라도 귀화를 허가할 것인지 여부에 관하여 ★재량권을 갖고 있다고 봄이 상당하다. (대판 2010.7.15, 2009두19069)

⚠ 판례는 「국적법」에 의한 **귀화허가**를 **재량행위로 판단**~~하지 않았다~~. (×) [12 국가7]

0266

[16 군무원9]

구 「전염병예방법」에 따른 예방접종으로 인한 질병, 장애 또는 사망의 인정여부 결정에는 보건복지가족부장관이 재량이 인정되지 않는다. O X

구 전염병예방법 제54조의2 제2항에 의하여 보건복지가족부장관에게 예방접종으로 인한 질병, 장애 또는 사망의 인정 권한을 부여한 것은, 예방접종과 장애 등 사이에 인과관계가 있는지를 판단하는 것은 고도의 전문적 의학 지식이나 기술이 필요한 점과 전국적으로 일관되고 통일적인 해석이 필요한 점을 감안한 것으로 역시 **★보건복지가족부장관의 재량**에 속하는 것이다. (대판 2014. 5. 16. 2014두27)

⚠ 구 「전염병예방법」제54조의2 제2항에 따른 **예방접종**으로 인한 **질병, 장애 또는 사망의 인정여부 결정**은 **보건복지가족부장관의 재량**에 속한다. (○) [15 국회8]

0267

[18 군무원9]

의제되는 인·허가가 재량행위에 해당하면 주된 인·허가 역시 인·허가가 의제되는 한도 내에서는 재량행위에 해당한다. O X

채광계획인가는 **기속재량행위**에 속하는 것으로 보아야 할 것이나, 구 광업법 제47조의2 제5호에 의하여 채광계획인가를 받으면 **공유수면 점용허가**를 받은 것으로 **의제**되고, … (중략) … 공유수면 관리청이 **재량**적 판단에 의하여 공유수면 점용의 허가 여부를 결정할 수 있고, 그 결과 **공유수면 점용**을 **허용하지 않기로 결정**하였다면, 채광계획 인가관청은 이를 사유로 하여 **채광계획을 인가하지 ★아니할 수 있는 것**이다. (대판 2002. 10. 11. 2001두151)

☑ **채광계획인가**는 기속(재량)행위이지만, 재량행위인 공유수면점용허가가 **의제되는 범위 내에서는 재량행위**에 해당한다는 판시이다.

⚠ **의제되는 인·허가가 재량행위**인 경우에는 **주된 인·허가**가 기속행위인 경우에도 인·허가가 **의제되는 한도 내에서 재량행위**로 보아야 한다. (○) [20 국가7]

정답 0265. O 0266. × 0267. O

0268

[22 군무원5]

개인택시운송사업 면허는 특정인에게 권리나 이익을 부여하는 재량행위이고, 행정청이 면허 발급 여부를 심사함에 있어 이미 설정된 면허기준의 해석상 당해 신청이 면허발급의 우선순위에 해당함이 명백함에도 불구하고 이를 제외시켜 면허거부처분을 하였다면 특별한 사정이 없는 한 그 거부처분은 재량권을 남용한 위법한 처분이다. O X

개인택시운송사업면허는 특정인에게 권리나 이익을 부여하는 행정행위로서 법령에 특별한 규정이 없는 한 재량행위이고, 그 면허를 위하여 정하여진 순위 내에서의 운전경력인정방법의 기준설정 역시 행정청의 **재량**에 속한다 할 것이지만, 행정청이 면허발급 여부를 심사함에 있어서 이미 설정된 면허기준의 해석상 당해 신청이 **면허발급의 ★우선순위에 해당**함이 명백함에도 이를 제외시켜 **면허거부처분**을 하였다면 특별한 사정이 없는 한 그 거부처분은 **★재량권을 남용한 위법**한 처분이 된다. (대판 2010.1.28., 2009두1913)

⚠ 행정청이 정한 면허기준의 해석상 당해 신청이 **면허발급의 우선순위에 해당**함에도 불구하고 **면허거부처분**을 한 경우 **재량권의 남용이 인정**된다. (○) [15 군무원9]

0269

[18 군무원9]

경찰공무원이 그 단속의 대상이 되는 신호 위반 운전자에게 1만원을 요구하여 금품을 수수한 행위에 대하여 해임처분을 한 것은 징계재량권의 일탈·남용이 아니다. O X

경찰공무원이 그 단속의 대상이 되는 신호위반자에게 먼저 적극적으로 **돈을 요구**하고 다른 사람이 볼 수 없도록 **돈을 접어 건네주도록** 전달방법을 구체적으로 알려주었으며 동승자에게 신고시 범칙금 처분을 받게 된다는 등 비위신고를 막기 위한 말까지 하고 금품을 수수한 경우, 비록 그 받은 돈이 1만 원에 불과하더라도 위 금품수수행위를 징계사유로 하여 당해 **경찰공무원을 해임처분**한 것은 징계**재량권의 일탈·남용이 아니라고** 한 사례. (대판 2006. 12. 21., 2006두16274)

⚠ **교통경찰관이 법규위반자**에게 **만원권 지폐 한 장**을 두 번 **접어서** 면허증과 함께 달라고 한 경우에 내려진 **해임처분**은 ~~재량권의 일탈남용에 해당~~한다. (×) [08 국회8]

정답 0268. O 0269. O

0270

[18 군무원9]

지방공무원의 동의 없는 전출명령은 위법하여 취소되어야 하므로, 전출명령이 적법함을 전제로 내린 당해 지방공무원에 대한 징계처분은 징계양정에 있어 재량권을 일탈하여 위법하다. O X

지방자치단체의 장이 소속 **공무원을 전출**하는 것은 반드시 당해 **공무원 본인의 동의를 전제**로 하는 것이고, 당해 공무원의 동의 없는 지방공무원법 제29조의3의 규정에 의한 **★전출명령은 위법**하여 취소되어야 하므로, 그 전출명령이 적법함을 전제로 내린 **징계처분**은 그 전출명령이 공정력에 의하여 취소되기 전까지는 유효하다고 하더라도 징계양정에 있어 **★재량권을 일탈**하여 **위법**하다고 한 사례. (대법원 2001.12.11. 99두1823)

⚠ 지방공무원 甲이 그에 대한 임명권자를 달리하는 **지방자치단체로의 전출명령**이 **동의 없이 이루어진 것으로 위법**하다고 주장하면서 전출받은 근무지에 출근하지 아니하자 이에 대하여 감봉 3개월의 징계처분이 내려진 경우, **위 전출명령이 위법한 것으로 취소되어야** 하므로, **징계양정에 있어서**는 결과적으로 **재량권을 일탈한 위법**이 있다. (○) **[14 변시 변형]**

0271

[15 군무원9]

재량행위에 대한 사법심사의 경우 법원은 행정청의 재량에 기한 공익판단의 여지를 감안하여 독자의 결론을 도출함이 없이 당해 행위에 재량권의 일탈·남용이 있는지 여부만을 심사한다. O X

기속행위의 경우 그 법규에 대한 원칙적인 기속성으로 인하여 법원이 사실인정과 관련 법규의 해석·적용을 통하여 **★일정한 결론을 도출**한 후 그 결론에 비추어 행정청이 한 판단의 적법 여부를 **독자의 입장에서 판정**하는 방식에 의하게 되나, **재량행위**의 경우에는 행정청의 재량에 기한 공익판단의 여지를 감안하여 법원은 **★독자의 결론을 도출함이 없이** 당해 행위에 **재량권의 일탈·남용**이 있는지 **여부만을 심사**하게 되고, 이러한 재량권의 일탈·남용 여부에 대한 심사는 사실오인, 비례·평등의 원칙위배, 당해 행위의 목적위반이나 동기의 부정 유무 등을 그 판단대상으로 한다. (대판 2001.2.9, 98두17593)

⚠ **재량행위**의 경우 법원은 **독자의 결론을 도출함이 없이** 당해 행위에 **재량권의 일탈·남용이 있는지의 여부만을 심사**한다. (○) **[16 군무원9]**

0272

[09 군무원9]

판례는 판단여지의 개념을 인정하고 있다. O X

판례는 '판단여지'와 '재량'을 구별하지 않고, 공무원면접임용 전형, 교과서 검정, 시험성적의 평가와 같은 **불확정개념의 요건 판단**은 판단여지의 문제가 아니라 '행정청의 **★재량권 문제'로 보는 입장**을 취한다.

⚠ **판례**는 **재량행위와 판단여지를 구분하지 않고** 판단여지가 인정될 수 있는 경우에도 재량권이 인정되는 것으로 본다. (○) **[10 국회9]**

정답 0270. O 0271. O 0272. ×

0273

㉠ '판단여지설'은 행정의 전문성이나 기술성 존중을 위하여 법원이 행정청의 판단여지를 인정하는 개념이다. [09 군무원] O X

㉡ 판단여지와 재량을 구별하는 입장에서 재량은 법률효과에서 인정된다고 본다. [16 군무원9] O X

> ㉠ 법률의 **요건규정이 불확정개념**으로 규정되어 있고, 그 개념이 행정청의 **전문적인 영역**에 속하는 경우에는, **행정청의 전문성·기술성 등을 존중**하는 범위 내에서 그 불확정개념의 해석에 **행정청의 판단여지**가 인정된다고 보아 판단여지가 인정되는 한도에서는 법원의 **★사법심사가 제한**되는 것을 뜻한다.
> ㉡ **판단여지설**에서는 법규정상 **처분의 요건**이 불확정 개념으로 규정된 경우에는 **판단여지의 대상**이 되므로, **재량**은 법규정상 법적 요건이 아닌 **★법적 효과에서만 인정**된다고 본다.

⚠ **행정정책**에 관련된 **불확정개념의 해석**에는 **판단여지가 인정**된다. (○) [00 행시]

⚠ **재량**은 행위**효과적 측면**의 문제이나, **판단여지**는 행위**요건의 문제**로 보는 것이 다수설이다. (○) [09 군무원9]

⚠ 판단여지를 긍정하는 학설은 **판단여지**는 ~~법률효과~~ 선택의 문제이고 **재량은** ~~법률요건~~에 대한 인식의 문제로 본다. (×) [17 국가9 변형]

0274

[20 군무원7]

「국토의 계획 및 이용에 관한 법률」이 정한 용도지역 안에서의 건축허가는 개발행위허가의 성질도 갖는데, 개발행위허가는 허가기준 및 금지요건이 불확정개념으로 규정된 부분이 많아 그 요건에 해당하는지 여부는 행정청의 판단여지에 속한다. O X

> 국토계획법이 정한 **용도지역 안에서의 건축허가**는 건축법 제11조 제1항에 의한 **건축허가**와 국토계획법 제56조 제1항의 **개발행위허가**의 성질을 아울러 갖는 것으로 보아야 할 것인데, **개발행위허가**는 허가기준 및 금지요건이 **불확정개념**으로 규정된 부분이 많아 그 요건에 해당하는지 여부는 행정청의 **★재량판단**의 영역에 속한다. (대판 2017. 3. 15., 2016두55490) ☑ ~~판단여지~~에 속한다. → **재량판단의 영역**에 속한다.

⚠ 「국토의 계획 및 이용에 관한 법률」상 **개발행위허가는 허가기준 및 금지요건이 불확정 개념**으로 규정된 부분이 많아 그 요건에 해당하는지 여부는 **행정청의 재량판단의 영역**에 속한다. (○) [22 소방승진]

정답 0273-㉠. ○ 0273-㉡. ○ 0274. ×

4 법률행위적 행정행위의 유형

0275

㉠ 하명, 허가, 특허는 법률행위적 행정행위이다. [06 군무원9] O X

㉡ 허가, 하명, 면제는 명령적 행정행위이다. [11 군무원9] O X

㉢ 하명은 그 성격에 따라 작위하명, 부작위하명, 수인하명, 급부하명으로 구분된다. [08 군무원9] O X

㉣ 대리는 명령적 행정행위이다. [11 군무원9] O X

행정행위는 **법률효과의 발생원인을 기준**으로 하여, 행정청의 **의사표시를 구성요소**로 삼는 **'법률행위적 행정행위'**와, **의사표시 외의 정신작용을 구성요소**로 삼는 **'준법률행위적 행정행위'**로 나눌 수 있는데, 법률행위적 행정행위는 그 성질에 따라 다음과 같이 세분화할 수 있다.

<table>
<tr><td rowspan="6">법률행위적 행정행위</td><td rowspan="3">명령적 행정행위</td><td>하명</td><td colspan="2">작위하명, 부작위하명, 수인하명, 급부하명
(할 것) (하지말 것) (받아들일 것) (납부할 것)</td></tr>
<tr><td>허가</td><td colspan="2">대물적 허가, 대인적 허가, 혼합적 허가</td></tr>
<tr><td>면제</td><td colspan="2">작위하명 해제, 수인하명 해제, 급부하명 해제</td></tr>
<tr><td rowspan="3">형성적 행정행위</td><td colspan="2">설권, 변권, 박권행위</td><td>특허 등</td></tr>
<tr><td colspan="2">보충행위</td><td>인가</td></tr>
<tr><td colspan="2">대리행위</td><td>대리</td></tr>
</table>

⚠ **하명**, 확인, **허가**, **인가**, **대리**는 **법률행위적 행정행위**에 속한다. (×) [04 충남9]

⚠ **면제**, **특허**, 확인, **인가**, **대리**는 **의사표시**를 **구성요소**로 하는 행정행위이다. (×) [18 행정사]

⚠ **작위의무를 명**하는 행위는 ~~형성적~~ 행정행위에 해당한다. (×) [19 행정사]

⚠ **면제**는 **명령적 행정행위**이다. (○) [04 경기9]

⚠ **허가**는 일반적 금지를 해제하여 본래의 자유를 회복시켜 주는 **명령적 행위**라고 할 수 있다. (○) [11 국가9]

⚠ 공법상 **대리**는 **형성적 행위**이다. (○) [04 울산9]

0276

[19 군무원9]

조세부과처분은 법률행위적 행정행위이다. O X

조세부과처분은 **'급부하명'**으로서 **법률행위적 행정행위**에 해당한다.

⚠ 조세의무부과처분은 **법률행위적 행정행위**~~가 아니~~다. (×) [09 국회8]

정답 0275-㉠. O 0275-㉡. O 0275-㉢. O 0275-㉣. × 0276. O

5 명령적 행정행위

0277

[10 군무원9]

하명은 수익적 행정행위이므로 자유재량행위이다.

O X

'**하명**'은 개인의 자유를 제한하거나 개엔에게 의무를 부과하는 **침익적 행정작용**이므로, 법규에 근거하여야 하는 **기속행위**에 속한다.

⚠ **하명은 법령의 근거를 요**하므로 법령이 정한 **요건이 갖추어졌을 때**에 행할 수 있다. (○) [08 지방9]

0278

[19 군무원9]

불법 시위에 대하여 경찰서장은 해산명령의 법적 성질은 하명이다.

O X

'하명'은 **불특정 다수인**에 대하여도 행할 수 있는데, **★불법시위대에 대한 해산명령, 특정 도로에서의 통행금지** 등이 이에 해당한다.

⚠ **하명**행위는 **불특정 다수**에 대하여도 행할 수 있다. (○) [14 군무원9]

⚠ 한미FTA 반대 농민단체의 시위참여자에 대하여 관할 **경찰서장이 해산명령**을 하는 경우 이러한 해산명령의 법적 성질은 **행정행위(하명)**이다. (○) [05 경북9]

0279

[14 군무원9]

하명은 의무를 명하는 행위로서 그 대상은 사실행위와 법률행위이다.

O X

하명의 주된 대상은 불법건축물 철거, 시위대 해산, 통행금지와 같은 '**사실행위**'이나, **★법률행위가 대상**이 되는 경우도 있다.(무기매매 금지, 농지처분명령 등)

⚠ **하명의 대상**은 **사실행위와 법률행위**이다. (○) [08 군무원9]

⚠ **하명은 주로 사실행위를 대상**으로 행해지나 법률행위에 대하여도 행해질 수 있다. (○) [10 군무원9]

⚠ **하명의 대상**은 불법광고물의 철거와 같은 ~~사실행위에 한정~~된다. (×) [17 국가7]

정답 0277. × 0278. O 0279. O

0280

[14 군무원9]

하명에 위반한 법률행위는 무효가 된다. O X

'하명'은 위반한 행위를 하게 되면, **행정벌이나 행정상 강제집행의 대상**이 될 수는 있으나, 그 행위의 ★**법률적 효과는 유지된다.**

☑ 예컨대, 음식점 영업정지기간 중에 음식을 판매하였더라도, 처분위반에 따른 제재처분의 대상이 될 뿐 음식물을 판매한 행위의 사법상 효력은 유지된다.

⚠ **하명에 위반**하면 행정강제·행정벌의 대상이 되나, 그 **효과는 유효**하다. (○) [04 대전9]

⚠ **하명에 위반**된 행위의 효력 자체가 **무효로 되는 것은 아니다.** (○) [10 군무원9]

⚠ **하명에 위반**한 법률행위의 효과는 무효이다. (×) [08 군무원9]

0281

[08 군무원9]

하명행위의 불이행 시, 강제집행이나 행정벌의 대상이 된다. O X

하명에 의하여 **과하여진 의무를 이행하지 않는 경우**에는 행정상 강제집행에 의하여 그 **의무이행이** ★**강제되거나 또는 행정상 제재가 부과**된다.

⚠ **하명**은 행정상 **강제집행의 전제요건**이 된다. (○) [05 서울9]

⚠ 상대방에게 일정한 의무를 부과하는 **하명은 집행력**을 가진다. (○) [15 교행9]

0282

㉠ 위법·부당한 하명에 의하여 권리나 이익을 침해당한 자는 행정쟁송절차를 통하여 그 하명의 취소나 변경을 구할 수 있다. [10 군무원9] O X

㉡ 위법한 하명행위에 대해서는 행정상 손해배상청구를 할 수 있다. [14 군무원9] O X

위법한 하명으로 권익을 침해당한 사람은 ★**행정소송을 제기**하거나, ★**행정상 손해배상청구소송을 제기**하여 **권리구제**를 받을 수 있다.

⚠ **위법한 하명으로 권리가 침해**된 자는 **취소소송이나 무효등확인소송을 제기**하여 위법상태를 제거할 수 있고 **손해배상청구소송을 제기**하여 손해를 배상받을 수 있다. (○) [13 국회8]

정답 0280. × 0281. ○ 0282-㉠. ○ 0282-㉡. ○

0283

[21 군무원9]

㉠ 허가란 법령에 의해 금지된 행위를 일정한 요건을 갖춘 경우에 그 금지를 해제하여 적법하게 행위할 수 있게 해준다는 의미에서 상대적 금지와 관련되는 경우이다. O X

㉡ 전통적인 의미에서 허가는 원래 개인이 누리는 자연적 자유를 공익적 차원(공공의 안녕과 질서유지)에서 금지해 두었다가 일정한 요건을 갖춘 경우 그러한 공공에 대한 위험이 없다고 판단되는 경우 그 금지를 풀어줌으로써 자연적 자유를 회복시켜주는 행위이다. O X

> ㉠ **'허가'**란 개인이 본래 가지고 있던 **★자연적 자유를** 법령에 따라 위험예방과 같은 공익적 차원에서 **★일반적·예방적·상대적 금지**로 제한하고 있던 것을,
> ㉡ 위험요소가 없다고 판단되는 경우 등 특정한 경우에 **해제**하여, **자연적 자유를 회복**시켜 줌으로써 **일정한 행위를 적법하게** 할 수 있게 해주는 행위를 뜻한다.

⚠ **허가행위**는 법률에 의한 **상대적 금지를 해제**하는 행위이다. (○) [98 입시]

⚠ **허가**의 전제가 되는 금지는 통제목적을 위한 **예방적 금지**이다. (○) [02 입시]

⚠ **허가**란 **자연적 자유를 회복**시켜 이를 **적법하게 행사**할 수 있는 법적 지위를 부여하는 행정행위이다. (○) [01 입시]

⚠ **허가**는 제한되었던 **자유를 회복**시켜 주는 효과를 갖는다. (○) [10 군무원9]

⚠ **허가**는 **일반적 금지를 해제**하여 본래의 자유를 회복시켜 주는 행위이다. (○) [11 국가9 변형]

0284

[12 군무원9]

허가는 원칙적으로 새로운 권리를 창설하는 성격을 갖는다. O X

> **'허가'**는 새로운 권리를 창설하는 **★설권행위가 아니고** 일반적 금지를 해제함으로써 자연적 자유을 회복시키는 것이다.

⚠ **허가**의 효과는 일반적 금지를 해제함에 그치고, 배타적이거나 독점적 **권리 또는 능력을 설정하는 것은 아니다.** (○) [07 국회8]

⚠ **허가**는 설권행위이다. (×) [99 관세사]

0285

[21 군무원9]

실정법상으로는 허가 이외에 면허, 인가, 인허, 승인 등의 용어가 사용되고 있기 때문에 그것이 학문상 개념인 허가에 해당하는지 검토할 필요가 있다. O X

> 강학상 **'허가'**는 실정법상으로는 허가라는 명칭 외에 **★인가, 면허, 등록, 승인 등 여러 가지 용어**로 쓰이고 있으므로, 이러한 제도들이 상대적 금지를 해제하는 허가에 해당하는지는 **구체적·개별적으로 따져 보아야** 한다.

⚠ **허가**는 실정법상 **인가, 허가, 면허, 등록, 지정, 승인** 등의 여러 용어로 사용되고 있다. (○) [04 관세사]

정답 0283-㉠. O 0283-㉡. O 0284. X 0285. O

0286

[12 군무원9]

허가는 원칙적으로 신청이 없는 경우에는 인정되지 아니한다. O X

허가는 대개 허가대상자의 **신청(출원)을 전제**로 행해지지만, 통행금지의 해제와 같이 **신청이 ★없이도 이루어지는 경우도 있다.**

⚠ 허가에 상대방의 신청이 요구되는 것이 일반적이지만, 상대방의 **신청 없이 허가가 발령되는 경우**도 있다. (○) [10 지방7]

⚠ 허가는 반드시 **신청을 전제로 하는 것은 아니다.** (○) [19 행정사]

⚠ 상대방의 출원 없이는 허가를 할 수 없다. (×) [09 서울승진]

⚠ 허가는 ~~반드시 신청을 전제~~로 한다. (×) [15 행정사]

0287

[06 군무원9]

법규허가는 있을 수 없다. O X

허가는 성질상 **★행정행위 형식의 허가처분으로만 가능하다.** 왜냐하면, 법규로써 국민에 대하여 일반적으로 허가가 행해진다는 것은 허가의 전제인 상대적·예방적 금지 자체가 소멸되어 국민의 자유영역으로 환원된다는 의미이기 때문이다.

☑ 논거를 이해할 필요는 없고, **법규허가는 존재할 수 없다**는 점만 암기한다.

⚠ 허가는 직접 ~~법령에 의하여 행해지는 경우~~도 있다. (×) [04 서울9]

0288

[10 군무원9]

사실행위와 법률행위 모두 허가의 대상이 될 수 있다. O X

'허가'는 **★사실행위와 법률행위 모두를 대상**으로 행해진다.

⚠ **허가의 대상**은 ~~사실행위에 한정~~된다. (×) [04 서울9]

정답 0286. × 0287. ○ 0288. ○

0289

[10 군무원9]

허가는 원칙적으로 재량행위이다. O X

ⓐ **'허가'는 원칙적으로** 관계법령상 **허가요건이 충족**되는 경우에는 행정청은 허가를 하여야 하는 **★기속행위에 해당**하나,
ⓑ **중대한 공익상의 필요**가 인정되는 경우에는, 허가요건을 충족하는 때에도 **예외적으로 ★허가를 거부**할 수 있는 **재량행위**의 성질을 띠게 되는 경우도 있는데, 이를 **'★기속재량행위'**라 한다.

⚠ **허가**는 원칙적으로 **기속행위 또는 기속재량행위**이다. (○) [06 군무원9]
⚠ **허가**는 원칙적으로 재량행위로 발해진다는 것이 판례의 입장이다. (×) [12 군무원9]

0290

[20 군무원7]

구「학원의설립·운영에관한법률」제5조 제2항에 의한 학원의 설립인가는 강학상의 이른바 인가에 해당하는 것으로서 그 인가를 받은 자에게 특별한 권리를 부여하는 것이고 일반적인 금지를 특정한 경우에 해제하여 학원을 설립할 수 있는 자유를 회복시켜 주는 것이 아니다. O X

학원의설립·운영에 관한 법률 제5조 제2항에 의한 **학원의 설립인가**는 강학상의 이른바 **★허가**에 해당하는 것으로서 그 인가를 받은 자에게 특별한 권리를 부여하는 것은 아니고 **★일반적인 금지**를 특정한 경우에 **해제**하여 **학원을 설립**할 수 있는 **★자유를 회복**시켜 주는 것에 불과한 것이다. (대판 1992.4.14., 91다39986)

0291

㉠ 자동차운전면허는 대인적 허가이다. [06 군무원9] O X
㉡ 건축물 준공검사는 대물적 행정행위이다. [10 군무원9] O X

대인적 허가	허가의 대상이 사람의 능력·지식 등과 관련된 허가 예 약사면허, 의사면허, **자동차운전면허** 등	이전성 ×
대물적 허가	허가의 대상이 물건의 객관적 사정과 관련된 허가 예 차량검사, **건축허가**, **건축물준공검사**, 음식점영업허가 등	이전성 ○
혼합적 허가	허가의 대상이 사람과 물건 모두와 관련된 허가 예 가스사업허가, 총포·도검·화약류판매업허가 등	이전성 △ (사안별로 상이)

⚠ 자동차운전면허는 **대인적** 행정행위이다. (○) [10 군무원9]
⚠ 건축허가는 **대물적** 허가의 성질을 가진다. (○) [19 소방]

정답 0289. × 0290. × 0291-㉠. ○ 0291-㉡. ○

0292

[20 군무원7]

건축허가는 대물적 성질을 갖는 것이어서 행정청으로서는 허가를 할 때에 건축주 또는 토지소유자가 누구인지 등 인적 요소에 관하여는 형식적 심사만 한다. O X

건축허가는 ★**대물적 성질**을 갖는 것이어서 행정청으로서는 허가를 할 때에 건축주 또는 토지 소유자가 누구인지 등 **인적** 요소에 관하여는 ★**형식적 심사**만 한다. (대판 2017.3.15. 2014두41190)

⚠ **건축허가**는 **대물적 성질**을 갖는 것이어서 그 허가를 할 때에 **인적 요소**에 관해서는 **형식적 심사**만 한다. (○) [19 행정사]

0293

[12 군무원9]

대물적 허가의 경우 그 효력이 승계되는 것이 원칙이다. O X

대물적 허가는 물건의 객관적 사정에 착안하여 행해지는 허가이므로, 허가받은 **물건이 이전**될 경우, 그에 따라서 **허가의 효력도** ★**이전(양도)**될 수 있다.

⚠ **대물적 허가**의 경우에는 허가 대상인 **물건이나 시설 등의 이전에 따라** 그 물건이나 시설을 이전받은 자에게 **허가의 효과도 이전**된다. (○) [07 경북9]

0294

[21 군무원9]

합병 이전의 회사에 대한 분식회계를 이유로 감사인 지정제외 처분과 손해배상공동기금의 추가적립의무를 명한 조치의 효력은 합병 후 존속하는 법인에게 승계될 수 있다. O X

1. **회사합병**이 있는 경우에는 **피합병회사의 권리·의무**는 사법상의 관계나 공법상의 관계를 불문하고 그의 성질상 이전을 허용하지 않는 것을 제외하고는 모두 합병으로 인하여 ★**존속한 회사에게 승계**되는 것으로 보아야 할 것이고

1-1. 구 주식회사의 외부감사에 관한 법률에 따른 **감사인지정 및 감사인 지정제외**와 관련한 공법상의 관계와 **손해배상공동기금 및 손해배상공동기금의 추가적립**과 관련한 공법상의 관계는 같은 객관적 사정에 기초하여 이루어지는 것으로서 합병으로 ★**존속하는 회계법인에게 승계**된다.

⚠ **법인합병**의 경우 **합병 후 존속하는 법인**은 합병으로 인하여 **소멸하는 법인**에게 부과되거나 그 법인이 납부할 **국세의 납세의무를 승계**한다. (○) [07 서울9]

정답 0292. O 0293. O 0294. O

0295

[16 군무원9]

공중위생업에 대해 그 영업을 정지할 위법한 사유가 있다면, 관할 행정청은 그 영업이 양도·양수되었다 하더라도 그 업소의 양수인에 대하여 영업정지처분을 할 수 있다. OX

> **공중위생영업**에 대하여 그 영업을 정지할 위법사유가 있다면, 관할 행정청은 그 **영업이 양도·양수**되었다 하더라도 그 업소의 **양수인**에 대하여 ★**영업정지처분**을 할 수 있다(대판 2001. 6. 29. 2001두1611)
>
> ☑ **공중위생영업이 대물적 허가**임을 전제로 한 판시이다.

⚠ 공중위생관리법령에 따라 **공중위생영업**이 **양도·양수**된 후 양수인이 그 후 행정청에 새로운 영업소 개설 통보를 하였다면 **양도인에 관한 사유**로 **양수인에 대하여 영업정지처분**을 할 수 없다. (×) [19 소방간부]

0296

㉠ 석유판매업 허가는 소위 대물적 허가의 성질을 갖는 것이어서 양수인이 그 양수 후 허가관청으로부터 석유판매업허가를 다시 받았다 하더라도 이는 석유판매업의 양수도를 전제로 한 것이어서 이로써 양도인의 지위승계가 부정되는 것은 아니므로 양도인의 귀책사유는 양수인에게 그 효력이 미친다. [21 군무원9] OX

㉡ 석유판매업 등록은 대물적 허가의 성질을 가지고 있으므로, 종전 석유판매업자가유사석유제품을 판매한 행위에 대해 승계인에게 사업정지 등 제재처분을 할 수 있다. [22 군무원9] OX

> 석유사업법 제12조 제3항, 제9조 제1항, 제12조 제4항 등을 종합하면 **석유판매업(주유소)허가**는 소위 ★**대물적** 허가의 성질을 갖는 것이어서 그 사업의 양도도 가능하고 이 경우 양수인은 양도인의 지위를 승계하게 됨에 따라 양도인의 위 허가에 따른 권리의무가 양수인에게 **이전**되는 것이므로 만약 **양도인**에게 그 허가를 취소할 **위법사유**가 있다면 허가관청은 이를 이유로 ★**양수인에게 응분의 제재조치**를 취할 수 있다 할 것이고, 양수인이 그 양수 후 허가관청으로부터 석유판매업허가를 다시 받았다 하더라도 이는 **석유판매업의 양수도를 전제**로 한 것이어서 이로써 양도인의 지위승계가 부정되는 것은 아니므로 **양도인의 귀책사유는** ★**양수인에게 그 효력이 미친다**.

⚠ **석유판매업 허가**는 소위 대인적 허가의 성질을 갖는 것이어서 **양도인의 귀책사유**는 **양수인**에게 **그 효력**이 미치지 않는다. (×) [13 경행]

⚠ 주유소허가의 **양수인은 양도인의 지위를 승계**하므로 **양도인에게** 그 **허가를 취소할 법적 사유**가 있는 경우 이를 이유로 **양수인에게 응분의 제재조치**를 할 수 있다. (○) [19 서울7 2월]

⚠ 대법원은 **석유판매업자의 지위를 승계한 자**에 대하여 **종전의 석유판매업자**가 **유사석유제품을 판매하는 위법행위**를 하였다는 이유로 사업정지 등 **제재처분을 취할 수 있다**고 보았다. (○) [16 군무원9]

정답 0295. O 0296-㉠. O 0296-㉡. O

0297

[22 군무원9]

일반적으로 행정처분에 효력기간이 정하여져 있는 경우에는 그 기간의 경과로 그 행정처분의 효력은 상실되며, 다만 허가에 붙은 기한이 그 허가된 사업의 성질상 부당하게 짧은 경우에는 이를 그 허가 자체의 존속기간이 아니라 그 허가조건의 존속기간으로 볼 수 있다. O X

일반적으로 **행정처분에 효력기간**이 정하여져 있는 경우에는 **그 기간의 경과**로 그 행정처분의 **효력은 상실**되며, 다만 **허가에 붙은 기한**이 그 허가된 사업의 성질상 ★**부당하게 짧은 경우**에는 이를 그 허가 자체의 존속기간이 아니라 그 **허가★조건의 존속기간**으로 보아 그 기한이 도래함으로써 그 조건의 개정을 고려한다는 뜻으로 해석할 수 있다. (대판 2004. 3. 25., 2003두12837)

- ⚠ 허가에 붙은 기간이 그 허가된 사업의 **성질상 부당하게 짧은 경우**에 기한의 성질은 **허가조건**의 ~~유효기간~~ 이다. (×) [13 국회9 변형]
- ⚠ 허가에 붙은 기한이 그 허가된 사업의 **성질상 부당하게 짧은 경우**에 그 기한은 **허가조건의 존속기간**~~이 아니라 허가 자체의 존속기~~간으로 보아야 한다. (×) [18 지방9]

0298

[22 군무원9]

당초에 붙은 기한을 허가 자체의 존속기간이 아니라 허가조건의 존속기간으로 보더라도 그 후 당초의 기한이 상당 기간 연장되어 연장된 기간을 포함한 존속기간 전체를 기준으로 볼 경우 더 이상 허가된 사업의 성질상 부당하게 짧은 경우에 해당하지 않게 된 때에는 재량권의 행사로서 더 이상의 기간연장을 불허가할 수도 있다. O X

당초의 기한이 **상당 기간 연장**되어 연장된 기간을 포함한 존속기간 전체를 기준으로 볼 경우 더 이상 허가된 사업의 성질상 **부당하게 짧은 경우에 해당하지 ★않게 된 때**에는 관계 법령의 규정에 따라 허가 여부의 재량권을 가진 행정청으로서는 재량권의 행사로서 더 이상의 ★**기간연장을 불허가**할 수도 있는 것이다(대판 2004.03.25. 2003두12837).

- ⚠ **허가에 붙은 기한**이 그 허가된 사업의 성질상 부당하게 짧아서 이 기한이 허가 자체의 존속기간이 아니라 **허가조건의 존속기간**으로 해석되는 경우에는 허가 여부의 재량권을 가진 행정청은 **허가조건의 개정만을 고려**할 수 있고, 그 후 당초의 기한이 상당 기간 연장되어 그 기한이 부당하게 **짧은 경우에 해당하지 않게 된 때**라도 더 이상의 **기간연장을 불허가**~~할 수는~~ 없다. (×) [21 국가9]

정답 0297. O 0298. O

0299

[22 군무원9]

어업에 관한 허가의 경우 그 유효기간이 경과하면 그 허가의 효력이 당연히 소멸하지만, 유효기간의 만료 후라도 재차 허가를 받게 되면 그 허가기간이 갱신되어 종전의 어업허가의 효력 또는 성질이 계속된다. O X

어업에 관한 허가 또는 신고의 경우에는 어업면허와 ★**달리** 유효기간연장제도가 마련되어 있지 아니하므로 그 **유효기간이 경과**하면 그 허가나 신고의 효력이 **당연히 소멸**하며, **재차 허가를 받거나 신고**를 하더라도 허가나 신고의 기간만 갱신되어 종전의 어업허가나 신고의 효력 또는 성질이 **계속된다고** ★**볼 수 없고** ★**새로운 허가 내지 신고**로서의 효력이 발생한다고 할 것이다. (대판 2011.7.28. 2011두5728).

⚠ **어업에 관한 허가 또는 신고**에 유효기간연장제도가 마련되어 있지 않은 경우 그 **유효기간이 경과**하면 그 **허가나 신고의 효력이 당연히 소멸**하며, **재차 허가를 받거나 신고**를 하더라도 허가나 신고의 기간만 갱신되어 **종전의 어업허가나 신고**의 **효력 또는 성질이 계속된다고 볼 수 없고** 새로운 허가 내지 신고로서의 효력이 발생한다고 할 것이다. (○) [18 국회8]

⚠ **어업에 관한 허가 또는 신고**는 어업면허와 ~~마찬가지로~~ 유효기간이 경과해도 그 **허가나 신고의 효력이 당연히 소멸**되는 것은 ~~아니므로~~ 재차허가를 받거나 신고를 하면 ~~허가나 신고의 기간이 갱신되어 종전의 어업허가나 신고의 효력 또는 성질이 계속된~~다고 볼 수 있다. (×) [21 소방간부]

0300

[20 군무원7]

유료직업 소개사업의 허가갱신은 허가취득자에게 종전의 지위를 계속 유지시키는 효과를 갖는 것에 불과하고 갱신 후에는 갱신 전의 법위반사항을 불문에 붙이는 효과를 발생하는 것이 아니므로 일단 갱신이 있은 후에도 갱신 전의 법위반 사실을 근거로 허가를 취소할 수 있다. O X

유료직업소개사업의 허가갱신은 허가취득자에게 ★**종전의 지위를 계속 유지**시키는 효과를 갖는 것에 불과하고 갱신 후에는 갱신 전의 법위반사항을 불문에 붙이는 효과를 발생하는 것이 아니므로 일단 **갱신이 있은 후**에도 ★**갱신 전의 법위반사실을 근거로 허가를 취소**할 수 있다(대판 1982.7.27, 81누174).

⚠ **유료직업 소개사업의 허가갱신**은 허가취득자에게 **종전의 지위를 계속 유지**시키는 효과를 갖는 것이며 갱신 후에는 갱신 전의 법위반사항을 ~~불문에 붙이는 효과를 발생~~하는 것이므로, **갱신이 있은 후**에는 **갱신 전의 법위반사실을 근거**로 **허가를 취소**~~할 수~~ 없다. (×) [17 경행]

정답 0299. × 0300. ○

0301

[06 군무원9]

허가를 받지 않고 행한 행위는 당연히 무효가 된다. X

> 허가를 받아 행하여야 할 행위를 **허가 없이 한 경우**에는 행정상의 **★강제집행이나 행정벌의 대상**은 되지만, 행위 자체의 **법률적 효력은 ★부인되지 않는 것**이 일반적인 견해이다.

⚠ **무허가행위** 자체의 **법률상 효력은 원칙으로 부인되지 않는다.** (○) [10 군무원9]

⚠ 요허가행위를 **허가를 받지 않고 행한 경우**에는 **행정법상 처벌의 대상**이 되지만 당해 무허가행위의 **법률상 효력이 당연히 부정되는 것은 아니다.** (○) [22 군무원9]

⚠ **허가**는 규제에 **반하는 행위**에 대해 **행정강제나 제재**를 가하기보다는 행위의 ~~사법상 효력을 부인함~~으로써 규제의 목적을 달성하는 방법이다. (×) [21 군무원9]

0302

[21 군무원7]

㉠ 법령을 위반한 행위의 성립과 이에 대한 제재처분은 법령에 특별한 규정이 있는 경우를 제외하고는 법령을 위반한 행위 당시의 법령에 따른다. O X

㉡ 법령을 위반한 행위 후 법령의 변경에 의하여 그 행위가 법령을 위반한 행위에 해당하지 아니하는 경우에도 해당 법령에 특별한 규정이 없는 경우 변경 이전의 법령을 적용한다. O X

> **【행정기본법】 제14조(법 적용의 기준)** ③ 법령등을 위반한 행위의 성립과 이에 대한 **제재처분**은 법령등에 특별한 규정이 있는 경우를 제외하고는 법령등을 위반한 **★행위 당시의** 법령등에 따른다. 다만, 법령등을 위반한 행위 후 법령등의 변경에 의하여 그 행위가 법령등을 **위반한 행위에 해당하지 아니하거나** 제재처분 **기준이 가벼워진 경우**로서 해당 법령등에 특별한 규정이 없는 경우에는 **★변경된** 법령등을 적용한다.

⚠ 법령 등을 **위반한 행위** 후 법령 등의 변경에 의하여 그 행위가 **법령 등을 위반한 행위에 해당하지 아니하거나 제재처분 기준이 가벼워진 경우**로서 해당 법령 등에 특별한 규정이 없는 경우에는 **변경된 법령 등을 적용**한다. (○) [22 경찰간부]

0303

[22 군무원9]

신청에 따른 처분은 신청 후 법령이 개정된 경우라도 법령 등에 특별한 규정이 있거나 처분 당시의 법령을 적용하기 곤란한 특별한 사정이 있는 경우를 제외하고는 개정된 법령을 적용한다. O X

> **【행정기본법】 제14조(법 적용의 기준)** ② 당사자의 **신청에 따른 처분**은 법령등에 특별한 규정이 있거나 처분 당시의 법령등을 적용하기 곤란한 특별한 사정이 있는 경우를 제외하고는 **★처분 당시의** 법령등에 따른다.

⚠ 당사자의 **신청에 따른 처분**은 법령에 특별한 규정이 있거나 처분 당시의 법령을 적용하기 곤란한 특별한 사정이 있는 경우를 제외하고는 **처분 당시의 법령에 따른다.** (○) [21 군무원7]

정답 0301. × 0302-㉠. ○ 0302-㉡. × 0303. ×

0304

[22 군무원9]

허가신청 후 허가기준이 변경되었다 하더라도 그 허가관청이 허가신청을 수리하고도 정당한 이유 없이 그 처리를 늦추어 그 사이에 허가기준이 변경된 것이 아닌 이상 변경된 허가기준에 따라서 처분을 하여야 한다. O X

행정행위는 **★처분 당시**에 시행중인 법령 및 허가기준에 의하여 하는 것이 원칙이고, … (중략) … 소관 행정청이 허가신청을 수리하고도 정당한 이유 없이 처리를 늦추어 그 사이에 법령 및 허가기준이 변경된 것이 아닌 한 **★새로운 법령 및 허가기준**에 따라서 한 **불허가처분**이 **★위법하다고 할 수 없다**. (대판 1992. 12. 8., 92누13813)

⚠ 허가 등의 **행정처분**은 원칙적으로 **처분 시의 법령과 허가기준에 의하여 처리**되어야 하고 허가신청 당시의 기준에 따라야 하는 것은 아니며, 비록 허가신청 후 허가기준이 변경되었다 하더라도 그 허가관청이 허가신청을 수리하고도 정당한 이유 없이 그 처리를 늦추어 그 사이에 허가기준이 변경된 것이 아닌 이상 **변경된 허가기준에 따라서 처분**을 하여야 한다. (○) [20 군무원7]

0305

[22 군무원9]

법령상 허가를 받아야만 가능한 행위가 법령 개정으로 허가 없이 할 수 있게 되었다 하더라도 개정의 이유가 사정의 변천에 따른 규제 범위의 합리적 조정의 필요에 따른 것이라면 개정 전 허가를 받지 않고 한 행위에 대해 개정 전 법령에 따라 처벌할 수 있다. O X

개정된 개발제한구역의 지정 및 관리에 관한 특별조치법에서 신설한 제11조 제3항은 "건설교통부령이 정하는 경미한 행위는 **허가 또는 신고를 하지 아니하고 행할 수 있다**"고 규정하고 있고, 이와 같이 **종전에 허가를 받거나 신고를 하여야만 할 수 있던 행위**의 일부를 **허가나 신고 없이 할 수 있도록 법령이 개정**되었다 하더라도 이는 법률 이념의 변천으로 과거에 범죄로서 처벌하던 일부 행위에 대한 처벌 자체가 부당하다는 반성적 고려에서 비롯된 것이라기보다는 사정의 변천에 따른 **★규제 범위의 합리적 조정의 필요**에 따른 것이라고 보이므로, 신설 조항들이 시행되기 **전에 이미 범하여진** 개발제한구역 내 비닐하우스 설치행위에 대한 **★가벌성이 소멸하는 것은 아니다**.

☑ 행정기본법과는 달리 **구법을 기준으로 법령에 위반한 행위**였다면, 신법을 기준으로 **더 이상 법령을 위반한 행위에 해당하지 않게 되었더라도**, 법령의 개정 취지가 사정변화에 따른 규제대상의 완화에 불과하기 때문에 **위반행위는 처벌대상**이라는 판시이다.

정답 0304. O 0305. O

6 형성적 행정행위

0306

[12 군무원9]

공유수면매립면허는 '특허'이다. O X

공유수면매립면허는 설권행위인 ★특허의 성질을 갖는 것이므로 원칙적으로 행정청의 자유재량에 속한다. (대판 1989.9.12., 88누9206)

- 공유수면매립면허는 **법률행위적 행정행위**에 해당한다. (○) [19 군무원9]
- **공유수면매립허가**는 강학상 인가에 해당한다. (×) [16 행정사]

0307

[09 군무원9]

공무원의 임명은 확인이다. O X

공무원의 임명은 **포괄적인 법률관계를 설정**하는, **대인적** ★**특허**로 볼 수 있다.

- **공무원임명은 특허에 해당**하지 않는다. (×) [20 소방]

0308

[22 군무원5]

행정청이 도시 및 주거환경정비법령에 근거하여 행하는 주택재건축사업 조합설립인가처분은 단순히 사인들의 조합설립행위에 대한 보충행위로서의 성질을 갖는다. O X

행정청이 도시 및 주거환경정비법 등 관련 법령에 근거하여 행하는 **조합설립인가처분**은 단순히 사인들의 조합설립행위에 대한 **보충행위로서의 성질을 갖는 것에** ★**그치는 것이 아니라** 법령상 요건을 갖출 경우 도시 및 주거환경정비법상 주택재건축사업을 시행할 수 있는 권한을 갖는 ★**행정주체(공법인)로서의 지위를 부여**하는 일종의 ★**설권적 처분**의 성격을 갖는다고 보아야 한다. (대판 2009. 9. 24., 2008다60568)

☑ 주택재개발정비사업조합 또는 주택재건축정비사업조합의 설립인가처분은 **특허**(인가 ×)

- 행정청이 도시 및 주거환경정비법 등 관련 법령에 근거하여 행하는 **조합설립인가처분**은 단순히 사인들의 조합설립행위에 대한 **보충행위로서의 성질을 갖는 것에 그치는 것이 아니라** 법령상 요건을 갖출 경우 도시 및 주거환경정비법상 주택재건축사업을 시행할 수 있는 권한을 갖는 **행정주체(공법인)로서의 지위를 부여**하는 일종의 **설권적 처분**의 성격을 갖는다고 보아야 한다. (○) [19 경행]
- 우리 법원은 주택재개발정비사업조합의 설립인가신청에 대한 행정청의 **조합설립인가처분**은 ~~단순히 사인들의 조합설립행위에 대한 보충행위로서의 성질을 가지는 것이라고 판시~~하였다. (×) [15 군무원9]
- 행정청이 도시 및 주거환경정비법 등 관련 법령에 근거하여 행하는 **조합설립인가처분**은 ~~단순히 사인들의 조합설립행위에 대한 보충행위로서의 성질을 갖는 것에 그치고~~ 법령상 요건을 갖출 경우 도시 및 주거환경정비법상 주택재건축사업을 시행할 수 있는 권한을 갖는 **행정주체(공법인)로서의 지위를 부여**하는 일종의 **설권적 처분의 성격**~~을 갖지 않는다~~. (×) [20 군무원7]

정답 0306. O 0307. × 0308. ×

0309

[15 군무원9]

대인적 특허는 이전성이 인정되지 않지만, 대물적 특허는 이전성이 인정된다. O X

대인적 특허	사람의 일신전속적인 요소가 특허의 심사기준 예 어업권의 특허, 공물사용권의 특허, 토지수용권의 특허 등	이전성 ×
대물적 특허	물적 요소가 특허의 심사기준 예 귀화의 허가, 공무원의 임명 등	이전성 ○
혼합적 특허	사람의 일신전속적 요소 및 물적 요소가 특허의 심사기준 예 여객자동차운수사업의 특허 등	이전성 △ (사안별로 상이)

⚠ 특허의 효과가 일신전속적인 경우에는 이전성이 없으나, 대물적인 경우에는 자유로이 또는 일정한 제한(행정청에의 신고 또는 승인)하에 이전될 수 있다. (김동희)

0310

[12 군무원9]

특별한 규정이 없는 한 수정인가는 허용되지 않는다. O X

'수정인가'는 법률의 명시적 **근거가 있을 경우**에 **예외적으로만 가능**하다.

⚠ 인가는 **법률에 명시적 근거**가 없어도 수정인가를 할 수 있다. [06 강원9]

0311

[12 군무원9]

인가의 대상이 되는 기본행위는 법률행위뿐 아니라 사실행위까지 포함한다. O X

사실행위와 법률행위를 대상으로 하는 허가와 달리, **인가는 ★법률행위에 대해서만 가능**하다.

⚠ 허가의 대상은 사실행위와 법률행위가 되지만, **인가는 법률행위만 대상**이 된다. (○) [10 서울9]

0312

[12 군무원9]

무허가행위라 하더라도 사법상의 효력에는 영향이 없으나, 무인가행위의 경우에는 사법상의 효력마저도 부인된다. O X

인가를 요하는 행위를 **인가없이 행한** 경우, 그 **행위의 효력은 ★발생하지 않는다**.

⚠ 인가는 **법률행위의 효력요건**이므로 **무인가행위는 원칙적으로 무효**이다. [06 강원9]

⚠ 인가는 법률적 행위의 효력을 발생시키기 위한 요건이므로 **인가를 요하는 행위를 인가없이 행한 경우**에는 그 행위는 취소사유가 된다. (×) [02 입시]

정답 0309. ○ 0310. ○ 0311. × 0312. ○

0313

[09 군무원9]

학교법인이사의 취임승인은 인가이다. O X

구 사립학교법 제20조 제1항, 제2항에 따른, 관할청의 **학교법인의 이사장·이사·감사** 등의 **임원취임승인행위**는 학교법인의 임원선임행위의 법률상 효력을 ★**완성**케 하는 ★**보충적 법률행위**이다.

- 「사립학교법」상 **관할관청의 임원취임승인행위**는 학교법인의 **임원선임행위의 법률상 효력을 완성**하게 하는 법률행위로 **인가에 해당**한다. (○) [17 서울7]
- 학교법인 임원선임에 대한 **감독청의 취임승인**은 **법률행위적 행정행위**에 해당한다. (○) [19 군무원9]

0314

㉠ 구 국토의 계획 및 이용에 관한 법률상 토지거래허가는 강학상 '허가'이다. [12 군무원9] O X

㉡ 토지거래허가는 사인 간의 사법상 법률행위의 효과를 완성시키는 행위이다. [19 군무원9] O X

㉢ 토지거래계약허가제에 있어서 허가란 규제지역 내의 모든 국민에게 전반적으로 토지거래의 자유를 원칙적으로 금지하고 일정한 요건을 갖춘 경우에만 사후에 금지를 해제하여 계약체결의 자유를 회복시켜 주는 성질의 것이다. [20 군무원7] O X

국토이용관리법 제21조의3 제1항 소정의 **토지거래허가**가 규제지역 내의 모든 국민에게 전반적으로 토지거래의 자유를 금지하고 일정한 요건을 갖춘 경우에만 금지를 해제하여 계약체결의 자유를 회복시켜 주는 성질의 것이라고 보는 것은 위 법의 입법취지를 넘어선 지나친 해석이라고 할 것이고, 규제지역 내에서도 토지거래의 자유가 인정되나 다만 위 허가를 허가 전의 유동적 무효 상태에 있는 **법률행위의 효력**을 ★**완성**시켜 주는 ★**인가**적 성질을 띤 것이라고 보는 것이 타당하다. (대판 전합 1991.12.24., 90다12243)

☑ **토지거래허가**는 명칭은 허가이나 강학상 **'인가'**에 해당한다. 참고로 종래에는 '국토의 이용 및 계획에 관한 법률'에서 **'토지거래허가 제도'**를 규율하였으나, 법 개정으로 2017년부터는 '부동산 거래신고 등에 관한 법률'에서 규율하고 있다.

- 「**부동산 거래신고 등에 관한 법률**」상 허가구역 내 **토지거래허가**는 건축법상의 건축허가와는 달리 **인가**의 성격을 갖고 있다. (○) [19 군무원9]
- 토지거래허가제에 있어서 **토지거래허가**는 그 명칭에도 불구하고 **인가**로서의 법적성질을 갖는다. (○) [15 지방7]

- 토지거래허가구역 내의 **토지거래계약에 대한 행정청의 허가**는 **다른 법률행위를** 보충하여 그 **법적 효력을 완성**시키는 행위에 해당한다. (○) [19 국가9]

- **토지거래계약허가**는 규제지역 내 ~~토지거래의 자유를 일반적으로 금지~~하고 ~~일정한 요건을 갖춘 경우에만 그 금지를 해제~~하여 ~~계약체결의 자유를 회복시켜 주는 성질의 것~~이다. (×) [18 교행9]
- **토지거래허가**는 규제지역 내의 ~~모든 국민에게 전반적으로 토지거래의 자유를 금지하고 일정한 요건을 갖춘 경우에만 금지를 해제하여 계약체결의 자유를 회복시켜주는 강학상 특허~~의 성질을 갖는다. (×) [22 군무원5]

정답 0313. O 0314-㉠. × 0314-㉡. O 0314-㉢. ×

0315

[19 군무원9]

토지거래허가의 대상은 사법적(私法的) 법률행위이다.

O X

사인(私人)과 사인(私人)이 토지거래 허가구역 안에 있는 **토지의 소유권·지상권 등**을 이전 또는 설정하려는 **★사법적(私法的) 법률행위로서의 '토지거래계약'**의 효력을 완성시켜주는 것이 '토지거래허가'이다.

0316

[12 군무원9]

인가의 대상이 되는 기본행위가 무효이면 그에 대한 인가행위도 당연무효가 된다.

O X

기본행위가 무효인 경우, 그에 대하여 **적법한 인가가 내려지더라도 당해 인가의 효력은 ★발생할 수 없다.**

⚠ 사립학교법인 **임원의 선임행위가 무효**이면 사립학교법인 **임원의 선임에 대한 승인도 무효**가 된다. (○) [19 소방]

⚠ 인가의 대상인 기본행위가 무효라 하더라도 인가 자체에 하자가 없다면 그 ~~인가는 유효~~하다. (×) [12 서울9]

0317

[19 군무원9]

무효인 토지거래계약에 대하여 토지거래허가를 받았다면 토지거래계약이 무효이므로 그에 대한 토지거래허가처분도 위법하게 된다.

O X

기본행위(토지거래계약)가 무효이면, 그에 대한 **인가(토지거래허가)은 당연히 ★무효**가 되는 것일 뿐이고, 위법성론에서의 단순위법으로는 볼 수 없다.

0318

[20 군무원9]

(구)외자도입법에 따른 기술도입계약에 대한 인가는 기본행위인 기술도입계약을 보충하여 그 법률상 효력을 완성시키는 보충적 행정행위에 지나지 아니하므로 기본행위인 기술도입계약의 해지로 인하여 소멸되었다면 위 인가처분은 처분청의 직권취소에 의하여 소멸한다.

O X

외자도입법 제19조에 따른 **기술도입계약에 대한 인가**는 기본행위인 기술도입계약을 보충하여 그 **법률상 효력을 완성**시키는 **보충적 행정행위**에 지나지 아니하므로 기본행위인 기술도입계약이 해지로 인하여 **소멸**되었다면 위 인가처분은 **무효선언이나 그 취소처분이 없어도** 당연히 **★실효**된다. (대판 1983.12.27., 82누491)

⚠ 기본행위가 취소되거나 실효되면 인가도 당연히 실효된다. (○) [07 강원9]

⚠ 인가의 대상이 되는 **기본행위가 실효**된 경우 인가는 **무효선언이나 취소처분 없이도 당연히 실효**된다. (○) [09 국회9]

정답 0315. O 0316. O 0317. × 0318. ×

0319

[20 군무원9]

「공유수면매립법」 등 관계법령상 공유수면매립의 면허로 인한 권리의무의 양도·양수에 있어서의 면허관청의 인가는 효력요건으로서, 면허로 인한 권리의무양도약정은 면허관청의 인가를 받지 않은 이상 법률상 아무런 효력도 발생할 수 없다. OX

공유수면매립법령의 규정내용과 공유수면매립의 성질 등에 비추어 볼 때, 공유수면매립의 면허로 인한 권리의무의 양도·양수에 있어서의 면허관청의 인가는 **★효력요건**으로서, 위 각 규정은 강행규정이라고 할 것인바, 위 면허의 공동명의자 사이의 면허로 인한 권리의무양도약정은 면허관청의 **★인가를 받지 않은 이상** 법률상 **아무런 효력도 ★발생할 수 없다**. (대법원 1991.6.25, 90누5184)

⚠ 판례에 따르면 **공유수면매립의 면허로 인한 권리의무의 양도·양수**는 공유수면매립법에 의하여 **면허관청의 인가를 효력요건**으로 정하고 있으므로, 면허로 인한 권리의무의 **양도·양수가 인가를 받지 못한 경**우에 그 ~~하자의 정도에 따라 취소할 수 있다.~~ (×) [09 국회9]

0320

㉠ 인가처분에 흠이 없다면 기본행위에 흠이 있다고 하더라도 따로 기본행위의 흠을 다투는 것은 별론으로 하고 기본행위의 흠을 내세워 바로 그에 대한 인가처분의 무효확인 또는 취소를 구할 수는 없다. [20 군무원9] OX

㉡ 기본행위가 적법·유효하고 보충행위인 인가처분 자체에 흠이 있다면 그 인가처분의 무효나 취소를 주장할 수 있다. [20 군무원9] OX

기본행위인 정관변경결의가 **적법·유효**하고 보충행위인 **인가처분 ★자체에만 하자**가 있다면 그 **인가처분의 무효나 취소**를 주장할 수 있지만, 인가처분에 **하자가 ★없다면** 기본행위에 하자가 있다 하더라도 기본행위의 무효를 내세워 바로 그에 대한 행정청의 **인가처분의 취소 또는 무효확인**을 소구할 **★법률상의 이익이 없다**. (대법원 1996.5.16, 95누4810)

⚠ **인가처분에 하자가 없더라도** ~~기본행위의 하자를 이유~~로 행정청의 인가처분의 취소 또는 무효확인을 구할 ~~법률상 이익이 인정~~된다. (×) [17 국가7]

⚠ **인가처분에는 고유한 하자가 없는데** 사업시행계획에 하자가 있다면 ~~사업시행계획의 무효를 주장하면서 곧바로 인가처분의 무효확인이나 취소를 구할 수~~ 있다. (×) [21 서울7]

⚠ **기본행위**인 사업시행계획에는 **하자가 없는데** 보충행위인 **인가처분에 고유한 하자**가 있다면 그 **인가처분의 무효확인이나 취소를 구하여야** 한다. (○) [21 서울7]

정답 0319. ○ 0320-㉠. ○ 0320-㉡. ○

0321

[22 군무원5]

공유수면의 점·사용허가는 그 허가 상대방에게 공유수면 이용권을 부여하는 처분으로서 강학상 허가에 해당하며 그 처분의 여부 및 내용의 결정은 원칙적으로 행정청의 재량에 속한다. O X

1. **공유수면**에 대한 **점용·사용허가**는 그러한 특별사용권을 설정해 주는 행정행위로서 강학상 ★**특허**이며, **재량행위**로 볼 수 있다. (헌재 전원 2013. 9. 26. 2012헌바16)
2. 공유수면 관리 및 매립에 관한 법률에 따른 **공유수면의 점용·사용허가**는 특정인에게 공유수면 이용권이라는 ★**독점적 권리를 설정**하여 주는 처분으로서 처분 여부 및 내용의 결정은 원칙적으로 행정청의 재량에 속한다. (대판 2017. 4. 28., 2017두30139)

☑ 강학상 허가 → 강학상 **특허**

⚠ **공유수면의 점용·사용허가**는 특정인에게 **공유수면 이용권**이라는 **독점적 권리를 설정하여 주는 처분**~~이 아니라 일반적인 상대적 금지를 해제하는 처분~~이다. (×) [22 지방9]

0322

㉠ 압류재산의 공매처분은 '대리'에 해당한다. [06 군무원9] O X

㉡ 토지수용위원회의 재결은 '대리'에 해당한다. [06 군무원9] O X

㉢ 공법인의 정관작성은 '대리'에 해당한다. [06 군무원9] O X

㉣ 행려병자·사자의 유류품 처분은 '대리'이다. [12 군무원9] O X

'공법상 대리'에는 체납처분절차상 **압류재산의 공매처분**, 감독청에 의한 **공법인의 정관작성·공법인의 임원임명**, **토지수용위원회의 재결**, **행려병자의 유류품 처분** 등이 있다.

☑ '행려병자의 보호'는 공법상 사무관리이므로, '행려병자 유류품 대리처분'과의 구별 주의

⚠ 체납처분절차에서의 **압류재산의 공매처분**은 **공법상 대리**이다. (○) [07 서울9]

⚠ 당사자간의 협의가 이루어지지 않는 경우의 **수용재결**은 **공법상 대리**이다. (○) [07 서울9]

⚠ **행려병자** 또는 **사자**의 **유류품처분**은 **공법상 대리**이다. (○) [07 서울9]

정답 0321. × 0322-㉠. ○ 0322-㉡. ○ 0322-㉢. ○ 0322-㉣. ○

7 인·허가 의제제도

0323

[21 군무원5]

건축법에서 인허가의제 제도를 둔 취지는, 인허가 의제사항과 관련하여 건축허가의 관할 행정청으로 창구를 단일화하고 절차를 간소화하며 비용과 시간을 절감함으로써 국민의 권익을 보호하려는 것이지, 인허가의제사항 관련 법률에 따른 각각의 인허가 요건에 관한 일체의 심사를 배제하려는 것으로 보기는 어렵다. O X

건축법에서 관련 인·허가 의제 제도를 둔 취지는 인·허가 의제사항과 관련하여 건축행정청으로 그 창구를 **단일화하고 절차를 간소화**하며 **비용과 시간을 절감**함으로써 국민의 권익을 보호하려는 것이지, 인·허가 의제사항 관련 법률에 따른 **각각의 인·허가 요건**에 관한 **★일체의 심사를 배제하려는 것이 아니다**. (대판 전합 2011. 1. 20. 2010두14954)

△ 「건축법」에서 관련 인·허가 의제 제도를 둔 취지는 인·허가 의제사항 관련 법률에 따른 **각각의 인·허가** 요건에 관한 **일체의 심사를 배제하려는 것이 아니다.** (○) [21 국가9]

0324

[18 군무원9]

주된 인허가를 담당하는 행정기관은 의제되는 인허가의 실질적인 요건을 심사하여야 한다. O X

ⓐ 인·허가 의제 제도에서는, **주된 인·허가의 실체적 요건 구비 외에 의제대상인 인·허가의 실체적 요건까지 구비**되어야 하는가에 관하여 '실체집중 긍정설'과 '실체집중 부정설'이 대립하는데,

ⓑ **다수설·판례**는 의제대상인 인·허가의 실체적 요건까지 충족되어야 주된 인·허가를 할 수 있다고 보는 ★'실체집중 부정설'을 취하고 있다. 따라서 **주된 인·허가의 관할 행정청**은 **의제대상인 인·허가의 실체적 요건까지 ★심사하여야** 한다.

△ 판례는 **주무 행정기관**에 신청되거나 **의제되는 인·허가 요건의 판단**방식에 관하여 ~~실체집중설~~을 취하고 있다. (×) [16 서울9]

△ 계획행정청은 **의제되는 인·허가의 요건불비**를 이유로 **주된 인·허가의 신청에 대한 거부처분**을 할 수 없다. (×) [08 국회8]

△ 「국방·군사시설 사업에 관한 법률」상 **'관련된 인가·허가 등의 의제'**에 관한 규정에 따른 **의제가 있게 되더라도,** 인·허가 사항과 관련하여 해당 법령이 정한 절차나 요건심사가 배제되는 **실체적 효력이 발생하는 것은 아니다.** (○) [22 군무원5 변형]

△ 「국방·군사시설 사업에 관한 법률」상 '관련된 인가·허가 등의 의제'에 관한 규정에 따른, 의제가 있게 되면, 인·허가 사항과 관련하여 해당 법령이 정한 절차나 요건심사가 배제되는 ~~실체적 효력이 발생~~하게 된다. (×) [22 군무원5 변형]

☑ 인·허가 의제제도는 주된 인·허가의 관할청이 의제대상 인·허가의 '실체적 요건'에 대한 심사를 배제할 수 있는 실체적 효력을 발생시키는 것이 아니다.

정답 0323. O 0324. O

0325

[19 군무원9]

주된 인·허가로 의제되는 인·허가는 주된 인·허가로 인한 사업이 완료된 이후에도 효력이 있다. O X

구 택지개발촉진법 제11조 제1항 제9호에서는 사업시행자가 **택지개발사업 실시계획승인**을 받은 때 도로법에 의한 **도로공사시행허가 및 도로점용허가를 ★받은 것으로** 본다고 규정하고 있는바, … (중략) … 위와 같은 실시계획승인에 의해 **의제되는 도로공사시행허가 및 도로점용허가**는 원칙적으로 당해 **택지개발사업을 시행하는 데 필요한 ★범위 내에서만 그 효력이 유지된다**고 보아야 한다 … (중략) … 사업시행**완료 후** 이를 계속 유지·관리하기 위해 도로를 점용하는 것에 대한 도로점용허가까지 그 실시계획 승인에 의해 **의제된다고 ★볼 수는 없다**. (대판 2010.4.29. 2009두18547)

주된 인·허가에 의해 **의제되는 인·허가**는 원칙적으로 **주된 인·허가로 인한 사업을 시행하는 데 필요한 범위 내에서만** 그 **효력이 유지되는** 것은 아니므로, 주된 인·허가로 인한 사업이 완료된 이후에도 효력이 있다. (×) [16 지방7]

0326

[21 군무원5]

주된 인허가에 관한 사항을 규정하고 있는 법률에서 주된 인허가가 있으면 다른 법률에 의한 인허가를 받은 것으로 의제한다는 규정을 둔 경우, 주된 인허가가 있으면 다른 법률에 의한 인허가가 있는 것으로 보는 데 그치고, 거기에서 더 나아가 다른 법률에 의하여 인허가를 받았음을 전제로 하는 그 다른 법률의 모든 규정들까지 적용되는 것은 아니다. O X

주된 인·허가에 관한 사항을 규정하고 있는 甲 법률에서 주된 인·허가가 있으면 乙 법률에 의한 인·허가를 받은 것으로 의제한다는 규정을 둔 경우에는, **주된 인·허가**가 있으면 乙 법률에 의한 **★인·허가가 있는 것으로 보는데 그치는 것**이고, 그에서 더 나아가 乙 법률에 의하여 **인·허가를 받았음을 전제**로 한 乙 법률의 **★모든 규정들까지 적용되는 것은 아니다**. (대판 2004.7.22. 2004다19715)

주된 인·허가에 관한 사항을 규정하고 있는 **A법률에서 주된 인·허가**가 있으면 **B법률**에 의한 **인·허가를 받은 것으로 의제**한다는 규정을 둔 경우, B법률에 의하여 인·허가를 받았음을 전제로 하는 B법률의 모든 규정이 적용된다. (×) [16 서울7]

0327

[19 군무원9]

인·허가 의제가 인정되는 경우 의제되는 법률에 규정된 주민의 의견청취 등의 절차를 거칠 필요는 없다. O X

건설부장관이 구 주택건설촉진법 제33조에 따라 관계기관의 장과의 협의를 거쳐 **사업계획승인**을 한 이상 같은 조 제4항의 허가·인가·결정·승인 등이 **★있는 것으로 볼 것**이고, 그 절차와 별도로 도시계획법 제12조 등 소정의 중앙도시계획위원회의 의결이나 **주민의 의견청취 등 절차를 ★거칠 필요는 없다**. (대판 1992.11.10., 92누1162)

주된 인·허가처분이 관계기관의 장과 협의를 거쳐 **발령된 이상** 의제되는 인·허가에 법령상 요구되는 **주민의 의견청취 등의 절차**는 **거칠 필요가 없다**. (○) [16 지방7]

정답 0325. × 0326. ○ 0327. ○

0328

[19 군무원9]

채광계획인가로 공유수면점용허가가 의제되는 경우 공유수면관리청이 재량적 판단에 의하여 불허가를 결정하였더라도 채광계획 인가관청은 채광계획인가를 할 수 있다. O X

구 광업법에 의하여 **채광계획인가**를 받으면 **공유수면 점용허가를 받은 것으로 의제**되고, 이 공유수면 점용허가는 자유재량에 의하여 허가의 여부를 결정하여야 할 것이므로, 공유수면 점용허가를 필요로 하는 채광계획 인가신청에 대하여도, 공유수면 관리청이 재량적 판단에 의하여 공유수면 점용을 허가 여부를 결정할 수 있고, 그 결과 **공유수면 점용을 허용하지 ★않기로 결정**하였다면, 채광계획 인가관청은 이를 사유로 하여 **채광계획을 인가하지 ★아니할 수 있는 것**이다. (대판 2002.10.11., 2001두151)

⚠ **채광계획인가**로 **공유수면점용허가가 의제**되는 경우 공유수면점용불허가사유를 근거로 **채광계획을 인가하지 아니할 수 있다.** (○) [14 국회8]

0329

[19 군무원9]

사업시행자가 주택건설사업계획 승인을 받음으로써 도로점용허가가 의제된 경우 당연히 도로법상의 도로점용료 납부의무를 부담한다. O X

사업시행자가 주택건설사업계획 승인을 받음으로써 **도로점용허가가 의제**된 경우에 관리청이 **도로점용료를 ★부과하지 않아** 그 점용료를 납부할 의무를 부담하지 않게 되었다고 하더라도 특별한 사정이 없는 한 사업시행자가 그 점용료 상당액을 법률상 원인 없이 **부당이득하였다고 ★볼 수는 없다**고 할 것이다. (대판 2013.6.13. 2012다87010)

☑ 사업시행자는 의제제도에 따라 허가받은 범위 내에서 **도로를 점용할 수 있는 적법한 권원을 취득**하였고, 한편 **도로관리청**으로서는 그 반대급부로써 **별도로 도로점용료부과처분을 사업시행자에게 해야** 하는데, 이것이 누락된 이상 사업시행자에게 도로점용료 납부의무는 없다 할 것이므로, 점용료 상당액을 부당이득한 것이 아니라는 판시이다.

0330

[21 군무원5]

주택건설사업계획 승인처분에 따라 의제된 인허가가 위법함을 다투고자 하는 이해관계인은, 주택건설사업계획 승인처분의 취소를 구할 것이 아니라 의제된 인허가의 취소를 구하여야 하며, 의제된 인허가는 주택건설사업계획 승인처분과 별도로 항고소송의 대상이 되는 처분에 해당한다. O X

주택건설사업계획 승인처분에 따라 의제된 인·허가가 위법함을 다투고자 하는 이해관계인은, 주택건설사업계획 승인처분의 취소를 구할 것이 아니라 **★의제된 인·허가의 취소를 구하여야** 하며, **★의제된 인·허가**는 주택건설사업계획 승인처분과 **★별도로 항고소송의 대상이 되는 처분**에 해당한다. (대판 2018. 11. 29. 2016두38792)

⚠ 주택건설사업계획 승인처분에 따라 **의제된 인·허가가 위법함을 다투고자 하는 이해관계인**은, ~~주택건설사업계획 승인처분의 취소를 구해야지~~ 의제된 인·허가의 취소를 ~~구해서는 아니되며~~, **의제된 인·허가**는 주택건설사업계획 승인처분과 별도로 **항고소송의 대상이 되는 처분에 해당**~~하지 않는~~다. (×) [21 국가9]

⚠ 주택건설사업계획 승인처분에 따라 **의제된 인·허가의 위법함을 다투고자 하는 이해관계인**은 **의제된 인·허가의 취소를** 구~~할 것이 아니라, 주된 처분인 주택건설사업계획 승인처분의 취소~~를 구하여야 한다. (×) [22 소방]

정답 0328. × 0329. × 0330. ○

0331

[21 군무원5]

주된 인허가로 의제되는 인허가 중 일부에 대하여만 의제되는 인허가 요건을 갖추어 협의가 완료된 경우 민원인의 요청이 있으면 주된 인허가를 할 수 있고, 이 경우 협의가 완료된 일부 인허가만 의제될 수는 없다. O X

1. **[부분인허가의제]** 주된 인허가로 **의제되는 것으로 규정된 인허가** 중 ★**일부에 대해서만 협의가 완료**된 경우에도 ★**민원인의 요청**이 있으면 **주된 인허가를 할 수 있고**, 이 경우 **협의가 완료된 ★일부 인허가만 의제**되는 것으로 하는 제도를 말한다.
   - ▶ 도시 및 주거환경정비법 제32조, 주한미군 공여구역주변지역 등 지원 특별법 제29조 제1항, 국방·군사시설 사업에 관한 법률 제7조 등에서 규정
2. **[선승인후협의제]** 의제 대상 인허가에 대한 관계 행정기관과의 **모든 협의가 완료되기 전**이라도 공익상 긴급한 필요가 있고 사업시행을 위한 중요한 사항에 대한 협의가 있은 경우에는 **협의가 완료되지 않은 인허가**에 대한 **협의를 완료할 것을 조건**으로 즉, 협의가 완료되지 않을 것을 해제조건으로 각종 공사 또는 사업의 시행승인이나 시행인가를 할 수 있도록 하는 제도를 말한다.
   - ▶ 주한미군 공여구역주변지역 등 지원 특별법 제29조 제3항, 고도 보존 및 육성에 관한 특별법 제12조에서 규정
   - ☞ **부분인허가의제**에서는 협의가 완료되지 않은 경우에는 인허가를 받은 것으로 보지 않으나, **선승인후협의제**는 협의가 완료될 것을 조건으로 협의가 완료되지 않은 인허가를 포함하여 법률에 의해 의제되는 모든 인허가가 의제되는 해제조건부인허가인 점에서 부분인허가의제와 선승인후협의제의 구별 실익이 있음

※ (사)입법이론실무학회, 「인·허가의제 제도의 집행실태 및 개선방안에 관한 연구」, 2017

△ 「국방·군사시설 사업에 관한 법률」상 '국방부장관의 승인'을 비롯하여 '관련된 인가·허가등의 의제'에 관한 규정에 따르면, 국방부장관이 관계 행정기관의 장과 '협의한 사항'에 대해 '관련된 인가나 허가등'이 있은 것으로 의제된다. (○) **[22 군무원5 변형]**

△ 「국방·군사시설 사업에 관한 법률」상 '국방부장관의 승인'을 비롯하여 '관련된 인가·허가등의 의제'에 관한 규정에 따르면, 국방부장관의 승인이 있게 되면, ~~관계 행정기관의 장에 의한 '관련된 인가나 허가등'~~이 있은 것으로 의제된다. (×) **[22 군무원5 변형]**

【국방·군사시설 사업에 관한 법률】 제7조(인가·허가등의 의제) ① 국방부장관이 제6조 제1항 또는 제2항에 따른 실시계획의 승인 **또는 변경승인**을 할 때에 다음 각 호의 허가·인가·지정·승인·협의·신고·해제·결정·동의 및 계획의 수립·변경 등에 관하여 제2항에 따라 관계 행정기관의 장과 ★**협의한 사항**에 대하여는 해당 인가·허가등을 ★**받은 것으로 본다**.

☑ 국방부 장관이 실시계획을 하게 되면, 관계 행정기관장과 **미리 협의를 이행한 사항에 한하여** 인·허가가 의제되는바, **'부분인·허가 의제제도'**에 관한 규정으로 볼 수 있다.

정답 0331. ×

8 준법률행위적 행정행위

0332
[10 군무원9]

교과서의 검·인정은 확약에 해당한다. O X

통설은 **교과서의 검·인정**을 준법률적행위적 행정행위로서의 ★**'확인'**으로 보나, 판례는 특허의 성질을 갖는 것으로 본다. (헌재 전원 1992. 11. 12., 89헌마88)

⚠ **교과서의 검정**은 ~~공증에 해당~~한다. (×) [06 경남9]

0333
[12 군무원9]

여권의 발급은 '공증'이다. O X

여권의 발급은 한국인이라는 사실을 공적으로 증명해주는 ★**'공증'**에 해당한다.

⚠ **여권발급**은 **공증**에 해당한다. (○) [06 경남9]
⚠ **공증**은 ~~법률행위적~~ 행정행위에 해당한다. (×) [06 군무원9]

0334
[09 군무원9]

선거인명부에의 등록은 허가이다. O X

'선거인명부'는 **선거권을 가진 사람**을 확인하여 **공증**하고, 선거인의 범위를 형식적으로 확정하는 **공적 장부**로서, 선거인명부에 등재되어 있는 사람만 공직선거법에 따른 **투표권을 행사**할 수 있는바, **선거인명부에의 등록**은 ★**'공증'**에 해당한다.

⚠ **선거인명부에의** 등록은 **준법률행위적 행정행위**에 해당한다. (○) [17 행정사]
⚠ **선거인명부에의** 등록은 **공증**으로 법령에 정해진 바에 따라 **권리행사의 요건**이 된다. (○) [20 군무원7]

0335
[08 군무원9]

독촉은 준법률행위적 행정행위인 통지로 보는 것이 통설이다. O X

'독촉'은 금전지급의무의 이행을 재촉하고 일정기한까지 불이행할 때에는 강제징수할 뜻을 ★**'통지'**하는 **준법률행위적 행정행위**이다.

⚠ 독촉은 **준법률행위적 행정행위**인 통지이다. (○) [14 군무원9]
⚠ 강제징수를 위한 **독촉**은 **통지행위**인 점에서 대집행에 있어서의 **계고와 성질이 같다.** (○) [19 군무원]
☑ 대집행에서의 계고 또한 독촉과 마찬가지로 '통지'에 해당한다.
⚠ 조세의 ~~납부독촉은 하명~~이다. (×) [04 경기교행9] [09 군무원9]

정답 0332. × 0333. ○ 0334. × 0335. ○

0336

[20 군무원7]

토지수용에 있어서의 사업인정의 고시는 이미 성립한 행정행위의 효력발생요건으로서의 통지에 해당한다.

O X

'통지'란 특정인 또는 **불특정 다수인**에게 **특정한 사실을 알리는 행위**인바, **'사업인정의 고시'**는 사업인정의 효과가 미치는 범위를 **국민 일반**에게 명확하게 나타내기 위하여 **관보에 게재**하는 것으로서, **그 ★자체가 독립한** (준법률행위적) **행정행위**에 해당하므로, **이미 성립한 행정행위의 효력발생요건인 교부나 송달과는 ★다른 개념**이다.

- **통지**는 **특정사실을 알리는 행위**를 말한다. (○) [01 관세사]
- 문서의 **교부나 송달은 통지와 구별**된다. (○) [01 관세사]
- **이미 성립한 행정행위의 효력발생요건**으로서의 **교부나 송달**은 준법률행위적 행정행위인 **통지와 구별**된다. (○) [06 관세사]

0337

[19 군무원9]

재임용거부취지의 임용기간만료통지는 준법률행위적 행정행위에 해당한다.

O X

임용권자가 **임용기간이 만료된 조교수**에 대하여 **재임용을 거부하는 취지**로 한 **임용기간만료의 통지**는 위와 같은 대학교원의 법률관계에 영향을 주는 것으로서 **행정소송의 대상이 되는 처분**에 해당한다. (대판 2004. 4. 22., 2000두7735) ☑ 통지 중에서 '의사의 통지'에 해당

- 임용기간이 만료된 국·공립대학의 조교수에 대하여 **재임용을 거부하는 취지**로 한 **임용기간만료의 통지**는 **행정처분에 해당**한다. (○) [17 국회8]

0338

[20 군무원7]

수리는 행정청이 타인의 행위를 유효한 것으로서 수령하는 인식의 표시행위이며, 공무원의 사표수리는 "형성적 행위"로서의 성질을 갖는다고 볼 수 있다.

O X

'수리'란 **★타인의 행위를 유효한 것으로** 판단하여 **수령**하는 준법률행위적 행정행위로서, **단순한 사실이나 접수와는 구별**된다. 공무원이 제출한 **사직서를 수리**하게 되면 **공무원관계가 소멸**되므로, **"형성적** 행위"의 성격도 갖는다.

- **수리**는 행정청이 **타인의 행위를 유효한 것으로서 수령**하는 의사작용인 점에서 사실행위인 **도달 또는 접수와 구별**된다. (○) [06 관세사]
- **사직서의 수리**는 행정행위의 효과가 행정청의 의사와 무관하게 **직접 법규범에 의하여 발생하는 행정행위**에 해당한다. (○) [09 관세사]

정답 0336. × 0337. ○ 0338. ○

9 행정행위의 부관

0339

[14 군무원9]

부관은 주된 의사표시에 부가하여 주된 행정행위의 효력을 발생·변경·소멸시키는 종된 의사표시를 말한다. O X

행정행위의 부관은 행정행위의 일반적인 **효력이나 효과를 제한**하기 위하여 의사표시의 주된 내용에 부가되는 종된 의사표시이다. (대판 1992.1.21., 91누1264)

☑ '부관'이란 **행정행위의 효과를 ★제한 또는 보충**하기 위해서, 행정기관이 **주된 행정행위에 ★부가**하는 **★종된 의사표시(또는 종된 규율)**를 말한다.

⚠ **부담과 조건은 행정행위의 효과를 제한하거나 의무를 부과하는 종된 의사표시**이다. (○) [19 군무원9]

⚠ 부관은 주된 의사표시에 부가하여 **주된 행정행위의 효력을 발생·변경·소멸시키는 종된 의사표시**이다. (○) [09 군무원9]

⚠ **부관**은 주된 행정행위로부터 ~~독립한 별개의 행정행위~~이다. (×) [07 국가9]

0340

[19 군무원9]

통상적으로 부관은 제한·조건·기간 등의 용어로 사용된다. O X

행정실무상 행정청이 행정행위를 하면서 허가**조건**, 허가**기간**, **제한사항** 등의 명칭으로 **부관을 부가**한다.

0341

[12 군무원9]

부관은 행정행위의 효과를 제한하는 기능만을 갖는 것이 아니라, 보충하는 기능도 동시에 가진다. O X

'부관'은 **행정행위의 효과를 ★제한 또는 ★보충**하거나 **★부가적인 의무를 부과**하는 기능을 가지는 것이다.

⚠ **부관**은 행정행위의 **법률효과를 제한하거나 보충**하는 기능을 수행한다. (○) [09 국가9]

0342

[08 군무원9]

부관은 행정행위의 거부 대신에 제한적 허가를 할 수 있도록 하는 등 행정에 유연성, 탄력성을 부여하는 기능을 한다. O X

'부관'은 행정청으로 하여금 상황에 적합한 **★유연적·탄력적 행정**을 수행할 수 있도록 하는 장점을 가지고 있다.

⚠ 부관은 행정을 수행함에 있어서 **유연성 및 탄력성**을 보장하는 기능을 가진다. (○) [09 국가9]

정답 0339. ○ 0340. ○ 0341. ○ 0342. ○

0343

[22 군무원9]

재량행위에 있어서는 관계 법령에 명시적인 금지규정이 없는 한 행정목적을 달성하기 위하여 조건이나 기한, 부담 등의 부관을 붙일 수 있다. O X

재량행위에 있어서는 관계 법령에 명시적인 ★**금지규정이 없는 한** 행정목적을 달성하기 위하여 조건이나 기한, 부담 등의 **부관을 붙일 수 있다**. (대판 2004. 3. 25., 2003두12837)

⚠ **재량행위**의 경우 법률상 근거가 없이는 **부관**을 붙일 수 없다. (×) [10 군무원9]

0344

[21 군무원9]

행정청은 처분에 재량이 있는 경우에는 부관 (조건, 기한, 부담, 철회권의 유보 등을 말한다)을 붙일 수 있다. O X

【행정기본법】 제17조(부관) ① 행정청은 처분에 ★**재량**이 있는 경우에는 부관(조건, 기한, 부담, 철회권의 유보 등을 말한다.)을 ★**붙일 수 있다**.

⚠ 행정청은 **처분에 재량이 있는 경우**에는 법률에 **근거가 없어**도 부관을 **붙일 수 있다.** (○) [22 경찰간부]

0345

[14 군무원9]

일반적으로 기속행위나 기속적 재량행위에는 부관을 붙일 수 있다. O X

일반적으로 **기속행위나 기속적 재량행위**에는 **부관을 붙일 수** ★**없고** 가사 부관을 붙였다 하더라도 ★**무효**이다. (대판 1995. 6. 13., 94다56883)

⚠ 일반적으로 **기속행위나 기속적 재량행위**에는 **부관을 붙일 수 없고,** 부관을 **붙였다 하더라도 이는** 무효의 것이다. (○) [14 경행]

0346

[16 군무원9]

기속행위에만 부관을 붙일 수 있고 재량행위에는 부관을 붙일 수 없다. O X

원칙적으로 **재량행위**는 부관을 **붙일 수 있고, 기속행위나 기속적 재량행위**에는 부관을 **붙일 수 없는 것**으로 정리하면 된다.

⚠ **부관**은 법률행위적 행정행위 중에서도 **재량행위에만 붙일 수 있고 기속행위에는 붙일 수 없다**는 것이 통설적 견해이다. (○) [08 국회8]

⚠ **부관**은 기속행위에만 붙일 수 있고, 재량행위에는 붙일 수 없다. (×) [18 군무원9]

정답 0343. ○ 0344. ○ 0345. × 0346. ×

0347

[21 군무원9]

건축허가를 하면서 일정 토지를 기부채납 하도록 하는 내용의 허가조건은 부관을 붙일 수 없는 기속행위 내지 기속적 재량행위인 건축허가에 붙인 부담이거나 또는 법령상 아무런 근거가 없는 부관이어서 무효이다. O X

건축허가를 하면서 일정 토지를 기부채납하도록 하는 내용의 허가조건은 부관을 붙일 수 없는 **★기속행위 내지 기속적 재량행위**인 **건축허가**에 붙인 부담이거나 또는 법령상 아무런 근거가 없는 부관이어서 **★무효**이다. (대판 1995. 6. 13. 94다56883)

⚠ **건축허가**를 하면서 **일정 토지를 기부채납**하도록 하는 내용의 허가조건을 붙였다면 원칙상 취소사유로 보아야 한다. (×) [20 소방]

0348

[21 군무원9]

행정청은 행정작용을 할 때 상대방에게 해당 행정작용과 실질적인 관련이 없는 의무를 부과해서는 아니 된다. O X

【행정기본법】 제17조(부관) ④ **부관**은 다음 각 호의 요**건에 적합**하여야 한다.
1. 해당 처분의 **★목적**에 위배되지 아니할 것
2. 해당 처분과 **★★실질적인 관련**이 있을 것
3. 해당 처분의 **★목적을 달성**하기 위하여 **필요한 최소한의 범위**일 것

⚠ **부관**이 해당 **처분과 실질적인 관련**이 없더라도 **목적을 달성**하기 위하여 **필요한 최소한의 범위**이면 붙일 수 있다. (×) [22 경찰간부]

0349

[12 군무원9]

대법원은 수익적 행정처분이라 하더라도 항상 법률상 근거가 있어야 그 부관으로서 부담을 붙일 수 있다고 한다. O X

수익적 행정처분에 있어서는 법령에 특별한 **★근거규정이 없다고 하더라도** 그 부관으로서 부담을 **★붙일 수 있다**. (대판 2009.2.12, 2005다65500)

⚠ **수익적 행정행위**에 있어서는 법령에 특별한 **근거규정이 없다고 하더라도** 그 부관으로서 **부담을 붙일 수 있다**. (○) [14 경행]

정답 0347. O 0348. O 0349. ×

0350
[08 군무원9]

공유수면매립면허에는 부관을 붙일 수 있다. O X

공유수면매립면허와 같은 **재량적** 행정행위에는 법률상의 **근거가 없다고 하더라도** 부관을 **붙일 수 있다**. (대판 1982. 12. 28. 80다731,80다732)

⚠ 甲이 공유수면매립법에 의거하여 관할 행정청으로부터 공유수면매립면허를 받으려고 하는 사례에서, 관할 행정청은 갑에게 **공유수면매립면허**를 함에 있어서 **부관**을 붙일 수 없다. (×) [09 지방9]

0351
[08 군무원9]

광업허가에는 부관을 붙일 수 있다. O X

국립공원구역 내 **광업권설정허가**에 붙인 **부관**이 … (중략) … 당연무효의 부관이 아니다. (대판 1993. 4. 23., 92누7726)

☑ 광업법에 따른 **광업허가는 특허**로서, **재량행위**의 성질을 가지므로, 특별한 근거규정이 없더라도 **부관의 부가 가능**

⚠ **광업허가**는 기속행위이다. (×) [04 행시]

0352
[08 군무원9]

음식점영업허가에는 부관을 붙일 수 있다. O X

음식점영업허가는 강학상 허가로서 **기속행위에 해당하지만**, 식품위생**법상** 부관의 ★**근거규정**이 있다면, 그에 따라 음식점영업허가에도 **부관을 붙일 수 있다**.

0353
[08 군무원9]

귀화허가는 부관을 붙이기에 적절하지 않다. O X

귀화허가나 **공무원의 임명행위** 등과 같은 **신분설정행위**에는 부관을 **붙일 수 ★없다**.

⚠ **귀화허가**는 부관을 붙일 수 있다. (×) [05 경북9]

정답 0350. O 0351. O 0352. O 0353. O

0354

[06 군무원9]

부담이 부가되어도 주된 행정행위는 처음부터 유효하게 발생한다. O X

부관 중에서 '부담'은 주된 행정행위의 존재를 전제로 하지만, **주된 행정행위로부터 독자성(가분성)**이 강하기 때문에, **부담으로 부과된 의무**를 **★이행하지 않았더라도**, 주된 행정행위는 **효력이 발생**된다. 이러한 점에서 **정지조건부 행정행위와 구별**된다.

부담	부담을 **이행하지 않은 경우**에도, 주된 행정행위의 효력 **발생** ○
정지조건	조건을 **이행하지 않은 경우**, 주된 행정행위의 효력 **발생** × └→ 조건이 **성취되어야만**, 주된 행정행위의 효력 발생 ○

⚠ **하천점용허가**를 하면서 소정의 점용료를 납부해야 하며 공익상 필요할 때는 허가를 취소할 수 있다는 부관을 붙인 사례에서, 상대방은 **점용료를 아직 납부하지 않았어도** 허가 시 정해진 날부터 **점용할 수 있다.** (○) [08 관세사] ☑ 점용료=부담

⚠ **부담부 행정행위**의 경우 부담의 **이행여부과 관계없이** 행정행위의 **효력이 발생**한다. (○) [09 군무원9]

⚠ **부담부 행정행**위의 경우 ~~부담을 이행해야~~ **주된 행정행위의 효력이 발생**한다. (×) [18 행정사]

0355

[22 군무원9]

부담부 행정처분에 있어서 처분의 상대방이 부담을 이행하지 아니한 경우에 처분행정청으로서는 이를 들어 당해 처분을 철회할 수 있다. O X

부담부 행정처분에 있어서 처분의 상대방이 **부담(의무)을 이행하지 ★아니한 경우**에 처분행정청으로서는 이를 들어 **당해 처분을 ★취소(철회)**할 수 있는 것이다. (대판 1989. 10. 24. 89누2431)

☑ 부담을 이행하지 않을 경우 주된 행정행위의 효력이 상실되지는 않지만, 그 후에 **부담의 불이행을 이유**로 **주된 행정행위를 취소 또는 철회**할 수 있다.

⚠ 처분의 상대방이 **부담을 이행하지 아니하더라도** 처분행정청은 **이를 들어 당해 처분을 철회**~~할 수 없다.~~ (×) [21 국회9]

0356

[11 군무원9]

부담으로 부가된 의무를 불이행하는 경우 행정청은 그 후의 단계적인 조치를 거부하는 것도 가능하다. O X

부담으로 부과된 의무를 **이행하지 않더라도**, 주된 행정행위는 **효력이 발생·유지**되지만, **부담의 불이행을 이유**로 **주된 행정행위에 ★후속되는 단계적 조치를 거부**할 수는 있다.

⚠ **부담불이행**은 **후행행위발령의 거부사유**~~가 될 수 없~~다. (×) [08 관세사]

⚠ 건축허가가 붙인 **부담의 불이행을 이유**로 **그 후의 준공검사를 하지 않거나, 임야 개간허가**시에 붙인 **부담의 불이행을 이유**로 그 후의 **개간 준공인가를 하지 않을 수 있다.** (○) [04 전북9]

정답 0354. ○ 0355. ○ 0356. ○

0357

㉠ 부관은 원칙적으로 주된 행정행위와 분리해서 부관만을 독립하여 강제집행의 대상으로 삼을 수 없다. [15 군무원9] O X

㉡ 부담은 조건과 달리 독립하여 강제집행의 대상이 될 수 있다. [09 군무원9] O X

부담은 다른 부관과는 달리 독립성이 강하므로, **부담을 이행하지 않을 경우 주된 행정행위와는 별도로 부담에 ★대해서만 강제집행할 수 있다.** 가령 **한강관리청**이 한강둔치에서 편의점을 운영하려는 甲에게 **매달 일정한 점용료를 납부**할 것을 조건으로 부지점용허가를 한 경우, **점용료의 납부는 ★부담에 해당**하므로 **점용료를 미납**할 경우 **점용료에 ★대해서만 강제집행**할 수 있다.

⚠ **부담은 독자성**이 있으므로 **독립하여 행정상 강제집행의 대상**이 될 수 있다. (○) [05 국가9]

⚠ 해제조건부 행정행위에 있어서는 조건의 이행을 ~~강제집행할 수 있다~~. (×) [01 행시]

☑ 부담을 제외한, 나머지 부관에 대해서는 독립하여 강제집행을 할 수 없다.

0358

[21 군무원5]

청소년을 출입시키면 영업허가를 취소한다는 뜻의 디스코텍 영업허가에서 붙여진 부관은 철회권의 유보이다. O X

'철회권의 유보'란 행정청이 **행정행위(디스코텍 영업허가)**를 내주면서 **★일정한 사실(청소년 출입)이 발생할** 시에는 그 **행정행위를 ★철회(영업허가 취소)**할 수 있는 **권한을 유보하는 부관**을 말한다.

⚠ **숙박영업허가**를 함에 있어 **윤락행위를 알선**하면 **허가를 취소한다**는 부관을 붙인 경우에는 **철회권의 유보**이다. (○) [10 국가9]

0359

[12 군무원9]

대법원은 종교단체에 대하여 기본재산전환인가를 함에 있어 인가조건을 부가하고 이를 이행하지 않을 시에는 인가를 취소할 수 있도록 한 경우, 인가조건의 의미는 철회권을 유보한 것이라고 본다. O X

행정청이 종교단체에 대하여 **기본재산전환인가**를 함에 있어 **인가조건을 부가**하고 그 **불이행시 ★인가를 취소**할 수 있도록 한 경우, **인가조건의 의미는 ★철회권을 유보**한 것이라고 본 사례. (대판 2003. 5. 30., 2003다6422)

⚠ 행정청이 종교단체에 대하여 **기본재산전환인가**를 함에 있어 **인가조건을 부가**하고 그 **불이행 시 인가를 취소**할 수 있도록 한 경우, 인가조건의 의미는 ~~조건~~으로 볼 수 있다. (×) [22 소방승진]

정답 0357-㉠. O 0357-㉡. O 0358. O 0359. O

0360

㉠ 철회권이 유보되어 있을 경우 철회권의 행사가 자유롭다. [11 군무원9] O X

㉡ 철회권이 유보된 경우라도, 철회의 일반적 요건이 충족되어야 철회가 가능하다. [08 군무원9] O X

㉠ **철회권이 유보**되어 있다고 해서, **★그 자체만으로는 철회권 행사가 자유롭다거나 무제한적으로 정당화되지는 않고,**

㉡ **철회권의 행사 시에 ★이익형량**을 해야 하는 등 행정행위의 **철회에 관한 일반적 요건이 ★충족**되는 경우에만 비로소 **철회가 가능**하다.

⚠ 특정한 경우에 행정청이 철회할 수 있다는 **철회권 유보**의 부관이 붙어있는 경우에는 ~~그 자체만으로 당연~~히 행정행위를 철회할 수 있다. (×) [06 국가9]

⚠ 부관으로 **철회권이 유보**되어 있다면 행정청은 ~~재한 없어~~ 철회권을 행사할 수 있다. (×) [13 군무원9]

⚠ 철회권이 유보되어 있더라도 행정행위의 **철회에 관한 일반적 요건이 충족**되지 않으면 **철회권의 행사가 허용**되지 아니한다. (○) [07 국가7]

⚠ 철회권이 유보된 경우라도, **철회권의 행사**는 **그 자체만으로는 정당화되지 않고** 그 외에 **철회의 일반적 요건이 충족되어야** 한다. (○) [10 국회8] [12 사복9]

0361

[18 군무원9]

부담과 조건의 구별이 명확하지 않은 경우에는, 부담으로 보는 것보다 조건으로 보는 것이 상대방에게 유리하므로 조건으로 추정해야 한다. O X

조건과 부담의 구별이 **쉽지 않을 때**에는 **당사자에게 유리하도록 ★부담으로 추정**한다.

☑ 조건의 성부에 따라 주된 행정행위의 효력유무가 결정된다는 점에서 부담보다 불리한 것인데, 논거까지 이해할 필요는 없다.

⚠ 부관의 성질이 **부담인지 조건인지 구별**이 **명확하지 않은 경우**에는 원칙적으로 **부담으로 해석**해야 한다. (○) [08 군무원9]

정답 0360-㉠. × 0360-㉡. ○ 0361. ×

0362

[11 군무원9]

조건은 행정행위의 효력의 발생·소멸을 장래의 불확실한 사실에 의존하게 하는 행정청의 종된 의사표시를 말한다.

O X

'**조건**'이란 **행정행위의 효력 ★발생 또는 소멸**을 장래의 **★불확실한 사실에 의존**시키는 부관을 말한다. 조건에는 '해제조건'과 '정지조건'이 있다.

해제조건	**조건이 성취**되면, **이미 발생**되어 있던 주된 행정행위의 효력이 **★소멸**
정지조건	**조건이 성취**되어야만, 주된 행정행위의 효력 **★발생**

⚠ 조건은 **행정행위의 효력의 발생·소멸**을 장래에 발생 여부가 ~~객관적으로 확실한~~ 사실에 의존시키는 부관이다. (○) [14 서울7]

0363

[21 군무원5]

3개월 이내에 공사에 착수하지 않으면 그 효력을 상실한다는 부관을 붙인 공유수면매립면허에서 붙여진 부관은 정지조건이다.

O X

해제조건의 전형적인 예로, **"일정기간 내에 공사의 착수를 조건으로 한 공유수면매립면허"**가 있다.

⚠ 공유수면매립에 있어 **3개월 이내에 공사에 착수하지 않으면 행정행위의 효력이 상실**한다는 부관을 붙인 사례에서, 부관의 종류는 **해제조건**이다. (○) [05 대구9]

0364

[15 군무원9]

행정행위의 효력의 상실을 장래의 불확실한 사실에 의존시키는 부관을 해제조건이라 한다.

O X

'**해제조건**'은 **장래의 불확실한 사실**이라는 **조건의 성취**로 행정행위의 **법적 효과를 ★소멸**시키는 부관을 말한다.

⚠ **해제조건이** 성취되면 **행정행위의 효력은 당연히 소멸**한다. (○) [06 군무원9]

⚠ **행정행위의 효력의 소멸**을 장래의 **불확실한 사실에 의존**시키는 부관을 ~~정지조건~~이라 한다. (×) [07 국가9]

정답 0362. ○ 0363. × 0364. ○

0365

[11 군무원9]

기한은 행정행위의 효력의 발생·소멸을 장래의 불확실한 사실에 의존하게 하는 행정청의 의사표시를 말한다. O X

조건	장래의 ★**불확실한 사실이 행위의 효력 발생·소멸**을 좌우하게 하는 부관 └, ㉰ **(해제조건)** "예정기간 내 공사착수"으로 한 공유수면매립면허 ㉰ **(정지조건)** "주차시설 완비"를 조건으로 한 건축물허가
기한	장래의 ★**확실한 사실이 행위의 효력 발생·소멸**을 좌우하게 하는 부관 └, ㉰ "사망시"까지의 연금 지급, "일정한 연월일"까지의 영업허가

⚠ **'기한'**은 확정기한이든 불확정기한이든 그 **도래가 확실하다**는 점에서 **조건과 구별**된다. (○) [12 국회9 변형]

0366

[17 군무원9]

법률효과의 일부배제는 부관이 아니라는 것이 판례의 태도이다. O X

행정행위의 주된 내용에 부가되어 그 법적 효과 발생의 일부를 배제시키는 '법률효과의 일부배제'도 ★**부관의 일종**으로 보는 것이 **다수설·판례**이다.

⚠ **법률이 예정**하는 **행정행위의 효과를 일부 배제**하는 **부관도 인정**된다. (○) [20 행정사]

0367

[12 군무원9]

법률효과의 일부배제는 법률자체가 인정하고 있는 법률효과의 일부를 행정기관이 배제하는 것이므로 법률에 근거가 있어야 한다. O X

법률효과의 일부배제는 **법령상 규정되어 있는 법률효과의 일부를 배제**한다는 점에서 **관계법령에** ★**명시적 근거가 있는 경우에만 허용**된다.

⚠ **법률효과의 일부배제**는 법령상에 규정된 효과의 일부를 배제하는 것으로 반드시 관계**법령에 명시적인 근거를 요구**~~하는 것은 아니~~다. (×) [07 대구9]

0368

[21 군무원5]

격일제로 하는 택시영업허가에서 붙여진 부관은 법률효과의 일부배제이다. O X

법률효과의 일부배제의 예로는, ★**격일제 운행을 조건으로 하는 택시사업면허나 영업구역을 설정한 영업허가** 등이 있다.

⚠ **택시영업을 허가**하면서 **격일제로 운행**을 제한하는 것은 ~~수정부담~~이다. (×) [09 국회9]

⚠ **운행시간과 구역을 제한**하여 행한 **택시영업의 허가**는 부담부 행정행위에 해당한다. (×) [19 군무원9]

정답 0365. × 0366. × 0367. ○ 0368. ○

0369

[21 군무원5]

X국으로부터의 쇠고기 수입허가 신청이 있는 때에, Y국으로부터의 수입허가를 부여하는 경우는 수정부담이다. O X

'수정부담'이란 행정청이 **신청된 행정행위와 ★다른 내용의 행정행위**를 내주는 것을 말하는데, 가령 甲이 **X국으로부터의 쇠고기 수입허가**를 신청하였지만, 행정청이 **Y국으로부터의 쇠고기 수입허가를 부여**하는 경우가 있다. 이러한 수정부담은 **수정허가**로 보아 **부관에 해당하지 ★않는다**는 것이 **일반적 견해**이다.

⚠ **학설의 다수견해는 수정부담의 성격을 부관으로 이해한다.** (×) [17 지방9]

0370

[22 군무원7]

도로점용허가의 점용기간은 행정행위의 본질적인 요소에 해당한다고 볼 것이어서 부관인 점용기간을 정함에 있어서 위법사유가 있다면 이로써 도로점용허가 처분 전부가 위법하게 된다. O X

도로점용허가의 **점용기간**은 행정행위의 **★본질적인 요소**에 해당하기 때문에 부관인 **점용기간에 위법사유**가 있다면 이로써 **도로점용허가행위 ★전부가 위법**하게 된다. (대법원 1985.7.9, 2019. 4. 6. 84누604)

⚠ **도로점용허가의 점용기간**을 정함에 있어 **위법사유**가 있다면 **도로점용허가처분 전부가 위법**하게 된다. (○) [19 국가9]

0371

[19 군무원9]

도로법 시행규칙의 개정으로 도로경계선으로부터 15m를 넘지 않는 접도구역에서 송유관을 설치하는 행위가 관리청의 허가를 얻지 않아도 되는 행위로 변경되어 더 이상 그 행위에 부관을 붙일 수 없게 되었다 하더라도, 종전 시행규칙에 의하여 적법하게 행해진 허가와 접도구역 내 송유시설 이설비용 지급의무에 관한 부담이 개정 시행규칙의 시행으로 그 효력을 상실하게 되는 것은 아니다. O X

도로법 시행규칙의 개정으로 도로경계선으로부터 15m를 넘지 않는 접도구역에서 **송유관을 설치하는 행위**가 관리청의 **허가를 얻지 않아도 되는** 행위로 변경되어 더 이상 그 행위에 부관을 붙일 수 없게 되었다 하더라도, **★종전 시행규칙**에 의하여 **적법하게 행해진** 허가와 접도구역 내 송유시설 이설비용 지급의무에 관한 부담이 개정 시행규칙의 시행으로 그 **효력을 상실하게 되는 것은 ★아니다**. (대판 2009. 2. 12., 2008다56262)

⚠ **고속국도 관리청**이 고속도로 부지와 접도구역에 **송유관 매설을 허가**하면서 상대방인 **甲과 체결한 협약**에 따라 **송유관 시설을 이전**하게 될 경우 그 **비용을 甲이 부담**하도록 하였는데, 그 후 **도로법 시행규칙이 개정**되어 접도구역에는 관리청의 **허가 없이도 송유관을 매설**할 수 있게 된 사례에서, 도로법 시행규칙의 개정으로 접도구역에는 관리청의 허가 없이도 송유관을 매설할 수 있게 되었기 때문에 위 **협약 중 접도구역에 대한 부분**은 ~~효력이 소멸~~된다. (×) [17 국가9]

정답 0369. O 0370. O 0371. O

0372

[09 군무원9]

철회권의 유보는 상대방의 신뢰보호원칙의 주장을 배제시키는 기능을 한다. O X

철회권이 유보된 경우, 상대방은 사후에 행정행위의 **★철회가능성을 예견**할 수 있으므로 원칙적으로 **신뢰보호원칙에 근거한 철회제한을 주장할 수 ★없게 된다.**

- 수익적 행정행위에 대한 **철회권유보**의 부관은 그 유보된 사유가 발생하여 철회권이 행사된 경우 상대방이 **신뢰보호원칙을 원용하는 것을 제한**한다는 데 **실익**이 있다. (○) [16 서울9]

0373

㉠ 부관은 원칙적으로 주된 행정행위와 분리해서 부관만을 독립하여 행정쟁송의 대상으로 삼을 수 없다. [15 군무원9] O X

㉡ 부담의 경우 부종성이 약하므로 주된 행정행위와는 독립된 행정행위로 볼 수 있다. [19 군무원9] O X

㉢ 통설·판례에 따르면 부담만을 대상으로 하여 독자적으로 취소소송을 제기할 수 없다. [17 군무원9] O X

행정행위의 부관은 … (중략) … 그 자체로서 직접 법적 효과를 발생하는 독립된 처분이 아니므로, 현행 행정쟁송제도 아래서는 **부관 그 자체만을 독립된 쟁송의 대상으로 할 수 없는 것**이 원칙이나 행정행위의 부관 중에서도 행정행위에 부수하여 그 행정행위의 상대방에게 일정한 의무를 부과하는 행정청의 의사표시인 **부담**의 경우에는 다른 부관과는 달리 행정행위의 **불가분적인 요소가 ★아니고** 그 존속이 본체인 행정행위의 존재를 전제로 하는 것일 뿐이므로 **부담 그 자체로서 ★행정쟁송의 대상**이 될 수 있다. (대판 1992. 1. 21., 91누1264)

☑ 부관 중에서 **'부담'은 그 자체로서 독자성(가분성)**이 강하므로, **부담에 대해서만 독립적인 쟁송제기가 가능**하고, **나머지 부관에 나머지 부관에 대하여 독립적인 쟁송이** 제기되었더라도 **모두 각하판결**을 받게 된다. (86누202, 93누2032, 99두509 등)

- 판례에 의하면 부담이 아닌 **부관의 독립쟁송가능성은 부인**된다. (○) [09 관세사]
- 부관 중 기한과 **부담은 독립적인 쟁송이 가능**하다. (×) [09 군무원9]

- 행정행위의 부관 중 그 자체가 **독립적 행정행위성이 인정되는 것은 부담**이다. (○) [04 전북9]
- **부담**은 조건과 달리 본체인 행정행위의 **불가분적 요소가 아니다.** (○) [21 국회9]

- 행정행위의 부관 중에서도 행정행위에 부수하여 그 행정행위의 상대방에게 일정한 의무를 부과하는 행정청의 의사표시인 **부담은 독립하여 행정쟁송의 대상**이 될 수 있다. (○) [06 군무원9]
- **부담은 독립하여 행정쟁송의 대상**이 될 수 있다는 것이 판례의 입장이다. (○) [16 군무원9]
- 행정행위의 부관 중 **부담은 단독으로 취소소송의 대상**이 된다. (○) [14 군무원9]

정답 0372. O 0373-㉠. O 0373-㉡. O 0373-㉢. X

0374

[18 군무원9]

부관이 붙은 행정행위 전체를 쟁송의 대상으로 하면서 부관만의 취소를 구하는 부진정일부취소소송은 허용되지 않는다. O X

ⓐ 앞서 살펴보았듯이, **부담 그 자체만을 대상으로 독자적인 취소소송을 제기**하여 다투는 이른바 **'진정일부취소소송'은 원칙적으로 ★허용**되는 것이지만,

ⓑ 부담을 제외한 **나머지 부관이 붙어있는 행정행위 자체를 대상으로 소송을 제기**하면서, **부관 부분만의 취소를 구하는** 이른바 **'부진정일부취소소송'은 허용되지 ★않는다**는 것이 **판례의 태도**이다.

↳ 따라서 부담을 제외한 부관은 **'부관이 붙은 행정행위 전체'를 대상**으로 취소소송을 제기하여 다투거나,(대판 1985.8.9, 84누604)

↳ **부관이 없는 처분을 신청**하고, '**그 신청이 거부**'되면 거부처분취소소송을 제기하여 다툴 수밖에 없다. (대판 1990.4.27., 89누6808)

⚠ 부담을 제외한 **나머지 부관**에 대해서는 **부관이 붙은 행정행위 전체의 취소**를 통하여 부관을 다툴 수 있을 뿐, **부관만의 취소를 구할 수는 없다.** (○) [16 사복9]

⚠ 판례는 독립쟁송이 허용되지 아니하는 **부관이 부가된 행정행위 전체를 대상으로 하여 취소소송**이 제기된 경우, 부관부분만이 위법하다고 인정되는 경우에는 일부취소로서 ~~당해 부관만에 대한 취소를 인정~~한다. (×) [12 국회9]

⚠ 위법한 부담 이외의 부관으로 인해 권리를 침해받은 자는 **형식상 부관부행위 전체를 소송의 대상**으로 하면서 **부관만의 취소**를 구하는 ~~부진정일부취소소송을 제기할 수~~ 있다. (×) [13 국회8]

0375

[21 군무원9]

재량행위에 있어서는 관계 법령에 명시적인 금지규정이 없는 한 행정목적을 달성하기 위하여 조건이나 기한, 부담 등의 부관을 붙일 수 있고, 그 부관의 내용이 이행가능하고 비례의 원칙 및 평등의 원칙에 적합하며 행정처분의 본질적 효력을 저해하지 아니하는 이상 위법하다고 할 수 없다. O X

부관의 내용이 **★이행 가능**하고 **★비례의 원칙 및 평등의 원칙에 적합**하며 행정처분의 **★본질적 효력을 저해하지 아니하는** 이상 위법하다고 **★할 수 없다**. (대판 2004. 3. 25. 2003두12837)

⚠ 행정행위의 **부관**은 행정청의 의사에 기한 것이므로, **상위규정 이외의 한계~~는~~ 없**다. (×) [08 군무원9]

☑ 부관은 처분의 본질적 목적·효력에 부합하고, 행정법의 일반원칙을 준수해야 한다.

⚠ **부관**에 설정되어 있는 **일반적 한계**를 살펴보면, **본체인 행정행위의 본질적 목적**에 위반하는 것은 허용되지 않지만 **행정법상 일반원칙은 준수~~하지 않아도 된~~**다고 한다. (×) [12 국회8]

정답 0374. O 0375. O

0376

[17 군무원9]

행정행위의 부관은 행정행위의 조건, 기한 등을 법령이 직접 규정하고 있는 법정부관과 구별된다.

O X

법정부관은 행정청의 의사에 기하여 붙여지는 **본래의 의미에서의 행정행위의 부관은 ★아니다**. (대판 1994. 3. 8., 92누1728)

☑ 행정행위의 부관은 행정청의 의사에 따라 행정작용으로써 이루어지는 것이므로, 법령이 직접 행정행위의 조건이나 기한을 정하고 있는 **법정부관은 부관의 일종으로 볼 수 없다**는 견해가 일반적이다.

⚠ 행정행위의 **부관**은 **법령이 직접 행정행위의 조건이나 기한 등을 정한 경우**와 **구별되어야** 한다. (○) [18 지방9]

0377

[18 군무원9]

사정변경으로 인하여 당초에 부담을 부가한 목적을 달성할 수 없는 경우에는 그 목적달성에 필요한 범위 내에서 사후부관이 원칙적으로 가능하다.

O X

행정처분에 이미 부담이 부가되어 있는 상태에서 그 의무의 범위 또는 내용 등을 변경하는 **부관의 사후변경**은, 법률에 **★명문의 규정**이 있거나 그 변경이 **★미리 유보**되어 있는 경우 또는 **★상대방의 동의**가 있는 경우에 한하여 허용되는 것이 원칙이지만, 사정변경으로 인하여 당초에 부담을 부가한 **목적을 ★달성할 수 없게 된 경우**에도 그 **★목적달성에 필요한 범위 내**에서 **★예외적**으로 **허용**된다. (대판 1997. 5. 30., 97누2627)

【행정기본법】 제17조(부관) ③ 행정청은 부관을 붙일 수 있는 처분이 다음 각 호의 어느 하나에 해당하는 경우에는 그 처분을 한 후에도 부관을 **새로 붙이거나 종전의 부관을 변경**할 수 있다.

1. **법률에 ★근거**가 있는 경우
2. **당사자의 ★동의**가 있는 경우
3. 사정이 변경되어 부관을 새로 붙이거나 종전의 부관을 변경하지 아니하면 해당 **처분의 목적을 ★달성할 수 없다고 인정되는 경우**

☑ ~~**원칙적**~~으로 가능하다. → **예외적**으로 가능하다.

⚠ **상대방의 동의**가 있는 경우에는 **사후부관이 허용**된다. (○) [14 군무원9]

⚠ 사정변경으로 당초에 **부담을 부가한 목적을 달성할 수 없게 된 경우**에도 그 목적달성에 필요한 범위 내에서 **예외적으로** 부담의 **사후변경이 허용**된다. (○) [19 국가9]

⚠ 부관의 사후변경은 법률에 **명문의 규정**이 있거나 그 **변경이 미리 유보**되어 있는 경우 또는 **상대방의 동의**가 있는 경우에 한하여 허용되는 것이 원칙이지만, 사정변경으로 인하여 당초에 **부담을 부가한 목적을 달성할 수 없게 된 경우**에도 그 목적달성에 필요한 범위 내에서 **예외적으로 허용**된다. (○) [21 군무원9]

⚠ 행정행위에 부담이 부가되었으나 사후에 그 부담을 변경할 수 있는 경우로는, 법률에 **명문의 규정**이 있는 경우, **부관의 변경이 미리 유보**되어 있는 경우, 행정청의 **동의**가 있는 경우, 사정변경으로 인하여 당초에 **부담을 부가할 목적을 달성할 수 없게 된 경우**가 있다. (×) [16 경행]

정답 0376. O 0377. X

0378

[21 군무원9]

부담은 행정청이 행정처분을 하면서 일방적으로 부가하는 것이 일반적이므로 상대방과 협의하여 협약의 형식으로 미리 정한 다음 행정처분을 하면서 이를 부가하는 경우 부담으로 볼 수 없다. O X

> **부담**은 행정청이 행정처분을 하면서 일방적으로 부가할 수도 있지만 부담을 부가하기 **★이전에 상대방과 협의하여** 부담의 내용을 **★협약의 형식**으로 미리 정한 다음 행정**처분을 ★하면서 이를 부가**할 수도 있다. (대판 2009. 2. 12., 2005다65500)

- ▲ 부담은 행정청이 행정처분을 하면서 일방적으로 부가할 수도 있지만 **부담을 부가하기 이전에 상대방과 협의**하여 부담의 내용을 **협약의 형식**으로 정할 수도 있다. (○) [16 교행9]
- ▲ 행정청은 행정처**분을 하기 전에,** 상대방과 협의하여 부담의 내용을 **협약의 형식**으로 미리 정한 다음 행정**처분을 하면서 이를 부가**할 수 없다. (×) [18 군무원9]

0379

[11 군무원9]

부담이 무효이면 그 부담을 이행으로 한 사법상 법률행위도 당연히 무효이다. O X

> 행정처분에 부담인 부관을 붙인 경우 … (중략) … 처분을 받은 사람이 그 **부담의 이행**으로서 **★사법상 매매 등의 법률행위**를 한 경우에는 … (중략) … 그 **법률행위 자체를 당연히 무효화하는 것은 ★아니다**. (대판 2009. 2. 12., 2005다65500,)

- ▲ 부담인 **부관이 무효**인 경우에도 그 **부담의 이행으로 한 사법(私法)상 법률행위**가 당연히 **무효가 되는 것은 아니다**. (○) [18 행정사]
- ▲ 행정처분에 붙인 **부담이 무효**가 되면 그 처분을 받은 사람이 **부담의 이행으로 한 사법상 법률행위**도 당연히 무효가 된다. (×) [17 군무원9]

0380

[22 군무원9]

토지소유자가 토지형질변경행위허가에 붙은 기부채납의 부관에 따라 토지를 국가나 지방자치단체에 기부채납(증여)한 경우, 토지소유자는 원칙적으로 기부채납(증여)의 중요부분에 착오가 있음을 이유로 증여계약을 취소할 수 있다. O X

> 토지소유자가 토지형질변경행위허가에 붙은 기부채납의 부관에 따라 토지를 **기부채납(증여)**한 경우, 기부채납의 부관이 **당연무효이거나 취소되지 않은 상태**에서는 그 부관으로 인하여 **증여계약의 ★중요 부분에 착오가 있음을 이유**로 증여계약을 **취소할 수 ★없다**. (대판 1999.5.25, 98다53134)

- ▲ **기부채납의 부관**이 **당연무효이거나 취소되지 않은 이상** 토지소유자는 위 부관으로 인하여 **증여계약의 중요부분에 착오가 있음을 이유**로 **증여계약을 취소할 수 없다**. (○) [11 지방9]

정답 0378. × 0379. × 0380. ×

제3절 행정행위의 하자

1 행정행위의 하자 일반론

0381

[16 군무원9]

판례는 행정처분의 적법 여부는 특별한 사정이 업는 한 그 처분 당시를 기준으로 판단하여야 한다는 입장이다. O X

행정소송에서 행정처분의 위법 여부는 행정처분이 ★행하여졌을 때의 법령과 사실상태를 기준으로 하여 판단하여야 하고, 처분 후 법령의 **개폐**나 사실상태의 **변동**에 의하여 **영향을 받지는 않는다**. (대판 2007. 5. 11., 2007두1811)

- **행정처분의 위법여부**는 행정**처분이 행하여졌을 때**의 **법령과 사실 상태를 기준**으로 판단해야 한다. (○) [19 서울9 2월]
- **취소소송**에서 행정**처분의 위법 여부**는 ~~판결 선고 당시~~의 **법령과 사실상태**를 기준으로 판단한다. (×) [17 교행9]

0382

㉠ 중대하고 명백한 하자가 있는 행정행위는 무효이다. [06 군무원9] O X

㉡ 하자 있는 행정처분이 당연무효가 되기 위해서는 그 하자가 법규의 중요한 부분을 위반한 중대한 것으로서 객관적으로 명백한 것이어야 하며, 하자가 중대하고 명백한지 여부를 판별할 때에는 그 법규의 목적, 의미, 기능 등을 목적론적으로 고찰함과 동시에 구체적 사안 자체의 특수성에 관하여도 합리적으로 고찰함을 요한다. [22 군무원7] O X

행정처분이 **당연무효**라고 하기 위하여는 그 처분에 위법사유가 있다는 것만으로는 부족하고 그 하자가 ★중요한 법규에 위반한 것이고 **객관적으로** ★명백한 것이어야 하며 하자가 중대하고도 명백한 것인가의 여부를 판별함에 있어서는 그 **법규의 목적, 의미, 기능** 등을 **목적론적**으로 고찰함과 동시에 **구체적 사안자체의 특수성**에 관하여도 **합리적**으로 고찰함을 요한다. (대판 1985. 7. 23. 84누419)

☑ 처분의 **하자가 중대하면서**(중요한 법률요건을 위반) **명백한**(일반인의 관점에서도 위법한 것으로 인식) 경우에는 **무효사유**가 되는 반면에, 처분의 하자가 **중대 또는 명백**한 경우에는 **취소사유**에 그친다.

- 하자가 **중대하고 명백**한 경우의 행정처분은 **당연무효**이다. (○) [12 경행]
- 행정행위의 흠이 **중대**하거나 **명백**하면 행정행위는 무효이다. (×) [99 국가7]

정답 0381. O 0382-㉠. O 0382-㉡. O

△ 하자 있는 행정**처분이 당연무효**가 되기 위하여는 그 **하자가 법규의 중요한 부분을 위반**한 **중대**한 것으로서 **객관적으로 명백**한 것이어야 하며 **하자가 중대**하고 **명백**한 것인지 **여부를 판별**함에 있어서는 **구체적 사안 자체의 특수성은** ~~고려함이 없이~~ **법규의 목적, 의미, 기능 등**을 **목적론적으로 고찰**함을 요한다. (×) [15 서울7]

0383

[22 군무원9]

법령의 규정만으로 처분 요건의 의미가 분명하지 아니한 경우에 법원이나 헌법재판소의 분명한 판단이 있음에도 합리적 근거가 없이 사법적 판단과 어긋나게 행정처분을 한 경우에 명백한 하자가 있다고 봄이 타당하다.

O X

법령 규정의 문언만으로는 처분 요건의 의미가 **분명하지 아니하여** 그 해석에 다툼의 여지가 있었더라도 해당 법령 규정의 위헌 여부 및 그 범위, 법령이 정한 처분 요건의 구체적 의미 등에 관하여 법원이나 헌법재판소의 ★**분명한 판단**이 있고, 행정청이 그러한 판단 내용에 따라 법령 규정을 해석·적용하는 데에 아무런 법률상 장애가 없는데도 합리적 근거 없이 사법적 판단과 **어긋나게 행정처분**을 하였다면 **그 하자는 객관적으로** ★**명백**하다고 봄이 타당하다. (대판 2017. 12. 28. 2017두30122)

△ 법령 규정의 문언만으로는 처분 요건의 의미가 **분명하지 아니하여** 그 **해석에 다툼**의 여지가 있었더라도 이에 대한 **법원이나 헌법재판소의 분명한 판단**이 있었다면 합리적 근거 없이 **이에 벗어난** 행정**처분의 하자는 당연무효**이다. (○) [21 소방간부]

0384

[22 군무원7]

과세관청이 법령 규정의 문언상 과세처분요건의 의미가 분명함에도 합리적인 근거 없이 그 의미를 잘못 해석한 결과, 과세처분요건이 충족되지 아니한 상태에서 해당 처분을 한 경우에는 과세요건사실을 오인한 것에 불과하여 그 하자가 명백하다고 할 수 없다.

O X

어느 **법률관계나 사실관계**에 대하여 어느 **법령의 규정을 적용**하여 과세처분을 한 경우에 그 법률관계나 사실관계에 대하여는 그 법령의 규정을 적용할 수 없다는 **법리가 명백히** ★**밝혀져서** 해석에 다툼의 여지가 ★**없음**에도 과세관청이 그 법령의 규정을 적용하여 과세처분을 하였다면 그 하자는 ★**중대하고도 명백하다**고 할 것이나, 그 법률관계나 사실관계에 대하여 그 법령의 규정을 적용할 수 없다는 법리가 **명백히 밝혀지지** ★**아니하여** 해석에 다툼의 여지가 ★**있는 때**에는 과세관청이 이를 잘못 해석하여 과세처분을 하였더라도 이는 과세요건사실을 오인한 것에 불과하여 그 하자가 **명백하다고** ★**할 수 없다**. (대판 2017. 12. 28. 2017두30122)

법령 적용이 불가능함이 법리가 ★명백한 경우	그 법령을 적용한 과세처분의 하자는 **명백** ○
법령 적용이 불가능함이 법리가 명백하지 ★않은 경우	그 법령을 적용한 과세처분의 하자는 **명백** ×

△ 법률관계나 사실관계에 대하여 그 법률의 규정을 적용할 수 없다는 **법리가 명백히 밝혀지지 아니하여** 그 해석에 **다툼의 여지가 있는 경우**에, 행정관청이 **이를 잘못 해석**하여 행정처분을 하였다면 그 처분의 하자는 ~~객관적으로 명백~~하다고 볼 것이나, **중대한 것**~~은 아니므로~~ 이를 이유로 **무효를 주장할 수는 없다**. (×) [20 소방]

정답 0383. ○ 0384. ×

0385

㉠ 공무원 권한 외의 행위는 무효이다. [12 군무원9] O X

㉡ 정당한 대리권 없는 자의 행위는 원칙적으로 무효이다. [12 군무원9] O X

공무원이 아닌 자가 행한 행위나, **공무원의 권한을 벗어난 행위**는 원칙적으로 무효이다. 또한 **정당한 대리권이 없는 자의 행위**도 **원칙적으로 무효**이다.

▶ '사실상의 공무원 이론'이나 민법상의 '표현대리'와 같은 법리를 원용하여 예외적으로 그 효력을 인정하는 경우도 있다.

☞ ㉠의 경우, 예외적으로 **권한을 유월한 공무원(세관출장소장, 국가정보원장 등)의 처분**이 당연**무효가 아니라고 판시한 사례**도 있음을 주의해야 한다.

⚠ **행정기관의 무권한행위**는 **원칙적으로 무효**이다. (○) [15 사복9]

행정청의 권한에는 사무의 성질 및 내용에 따르는 **제약**이 있고, 지역적·대인적으로 **한계**가 있으므로 이러한 **권한의 범위를 넘어서는 ★권한유월의 행위**는 **무권한행위**로서 **원칙적으로 ★무효**라고 할 것이다. (대판 2007.7. 26. 2005두15748)

0386

㉠ 처분 권한을 내부위임 받은 기관이 자신의 이름으로 한 처분은 무효이다. [21 군무원7] O X

㉡ 체납취득세에 대한 압류처분권한은 도지사로부터 시장에게 권한위임된 것이고 시장으로부터 압류처분권한을 내부위임받은 데 불과한 구청장이 자신의 명의로 한 압류처분은 권한 없는 자에 의하여 행하여진 위법무효의 처분이다. [11 군무원9] O X

시장으로부터 압류처분권한을 **내부위임받은 데 불과한 구청장**으로서는 **시장 명의**로 압류처분을 대행처리할 수 있을 뿐이고 **★자신의 명의로 이를 할 수 없다** 할 것이므로 구청장이 자신의 명의로 한 압류처분은 권한 없는 자에 의하여 행하여진 **★위법무효**의 처분이다. (대판 1993. 5. 27. 93누6621)

☑ 권한을 **내부위임받은 수임청**이 위임청이 아닌 **자신의 명의로 행한 행정처분은 무효**이다.

⚠ **내부위임의 경우** 수임기관이 **자신의 명의로 처분을 하였다면**, 그 처분의 하자는 원칙적으로 ~~취소사유~~에 해당한다. (×) [18 행정사]]

⚠ **내부위임된 도지사의 권한**을 행사함에 있어서 **군수가 자신의 명의로 행한 행정처분**은 **당연무효인 행정처분**에 ~~해당하지 않는~~다. (×) [21 국회9]

정답 0385-㉠. ○ 0385-㉡. ○ 0386-㉠. ○ 0386-㉡. ○

0387

[12 군무원9]

저항할 수 없는 강박에 의한 행정행위는 무효이다. O X

공무원에 대한 **사기, 강박, 뇌물공여** 등의 **부정행위에 의한 행정행위**는 **★취소사유에 해당**하는 것으로 정리하면 된다.

▲ **사기, 강박**에 의한 행위는 **취소할 수 있는 행정행위**이다. (○) [01 관세사]
▲ **사기, 강박, 증수뢰 등 부정행위**에 의한 **행정행위**에는 **공정력이 인정**된다. (○) [03 행시]
▲ **사기**로 인한 행정행위는 ~~무효~~이다. (×) [04 대구9]

0388

[14 군무원9]

체납자가 아닌 제3자의 소유물건에 대한 압류처분은 당연무효이다. O X

납세자가 아닌 **제3자의 재산을 대상**으로 한 **압류처분**은 그 처분의 내용이 법률상 **실현될 수 없는** 것이어서 **★당연무효**이다. (대판 2001.2.23, 2000다68924)

▲ 납세자가 아닌 **제3자의 재산을 대상**으로 한 **압류처분**은 **무효사유에 해당**~~하지 않는~~다. (×) [15 지방9]

0389

[14 군무원9]

독촉절차 없이 한 압류처분은 중대하고 명백한 하자로서 당연무효이다. O X

독촉절차없이 **압류처분**을 하였다 하더라도 이러한 사유만으로는 압류처분을 **무효**로 되게 하는 **중대하고도 명백한 하자로는 ★되지 않는다**. (대판 1987. 9. 22. 87누383)

▲ 판례는 **독촉절차 없이 한 압류처분**에 ~~중대하고 명백한 하자가~~ 있다고 본다. (×) [08 군무원9]

정답 0387. × 0388. O 0389. ×

0390

[17 군무원9]

시보임용 당시 결격사유가 있었다면 정규 공무원임용 당시 결격사유가 사라지더라도 그 임용행위는 당연무효이다. O X

당초 임용 이래 공무원으로 근무하여 온 경력에 바탕을 두고 … (중략) … 특별임용 방식으로 임용이 이루어졌다면 … (중략) … 당초 임용 당시에는 집행유예 기간 중에 있었으나 **특별임용** 당시 이미 집행유예 기간 만료일로부터 2년이 경과하였다면 같은 법 제31조 제4호에서 정하는 공무원 **★결격사유에 해당할 수 없고**, … (중략) … 특별임용시험의 방식으로 신규임용을 한 하자에 불과하여 취소사유가 된다고 함은 별론으로 하고, 그 하자가 중대·명백하여 특별임용이 **당연무효로 된다고 할 수는 없다**. (대법원 1998.10.23, 98두12932)

☑ **시보임용행위**(위 판례에서는 당초 임용)와 **정규공무원 임용행위**(위 판례에서는 특별임용)는 **★별도의 임용행위**로서 그 요건과 효력은 별개이므로, 지방공무원시보 임용 당시에는 결격사유에 해당하였으나, **정규 지방공무원 임용 당시에 그 결격사유가 해소**되었다면, 정규 지방공무원 임용행위(특별임용)는 **당연무효가 아니다**. ※ 당초 임용행위는 당연무효

⚠ **결격사유가 있는 공무원이 임용**된 이후에 그 **근무경력을 바탕으로** 신규임용에 해당하는 **특별임용**이 된 경우, **특별임용 당시**에 **결격사유가 없었다면** 당해 특별임용은 **당연무효는 아니다**. (○) [10 국회8]

⚠ **당초 임용 당시 공무원 결격사유**가 있었던 자를 **그 후의 공무원 경력을 바탕**으로 **특별임용**한 경우, **특별임용 당시**에는 공무원 **결격사유가 없었다 하더라도** 위 특별임용은 당연무효이다. (×) [09 지방7]

0391

[16 군무원9]

법률에 근거하여 행정청이 행정처분을 한 후에 헌법재판소가 그 법률을 위헌으로 결정하였다면 결과적으로 그 행정처분은 하자가 있는 것이 된다고 할 것이나, 특별한 사정이 없는 한 이러한 하자는 위 행정처분의 최소사유에 해당할 뿐 당연무효사유는 아니라고 봄이 상당하다. O X

하자 있는 행정처분이 당연무효가 되기 위하여는 그 하자가 중대할 뿐만 아니라 명백한 것이어야 하는데, 일반적으로 **법률이 헌법에 위반**된다는 사정은 헌법재판소의 위헌결정이 **★있기 전**에는 객관적으로 **명백한 것이라고 할 수 없으므로** 특별한 사정이 없는 한 이러한 하자는 위 행정처분의 **★취소사유**에 해당할 뿐 당연**무효사유는 아니라고 보아**야 한다. (대판 2000. 6. 9. 2000다16329)

⚠ 대법원은 **처분이 있은 후**에 **근거법률이 위헌으로 결정**된 경우, 그 처분은 특별한 사정이 없는 한 원칙적으로 **취소할 수 있는 행위에 그친다**고 보았다. (○) [12 국가7]

⚠ 헌법이나 법률에 반하는 시행령 규정이 대법원에 의해 **위헌 또는 위법하여 무효라고 선언**하는 **판결이 나오기 전**이라도 하자의 중대성으로 인하여 그 시행령에 근거한 행정처분의 하자는 무효사유에 해당하는 것으로 취급된다. (×) [12 경행]

정답 0390. × 0391. O

0392

[22 군무원7]

일반적으로 조례가 법률 등 상위법령에 위배된다는 사정은 그 조례의 규정을 위법하여 무효라고 선언한 대법원의 판결이 선고되지 아니한 상태에서는 그 조례 규정의 위법 여부가 해석상 다툼의 여지가 없을 정도로 명백하였다고 인정되지 아니하는 이상 객관적으로 명백한 것이라 할 수 없으므로, 이러한 조례에 근거한 행정처분의 하자는 취소사유에 해당할 뿐 무효사유가 된다고 볼 수는 없다. O X

> 일반적으로 조례가 법률 등 상위법령에 위배된다는 사정은 그 조례의 규정을 위법하여 **무효라고 선언**한 대법원의 판결이 **★선고되지 아니한 상태**에서는 그 조례 규정의 위법 여부가 해석상 다툼의 여지가 없을 정도로 명백하였다고 인정되지 아니하는 이상 객관적으로 **★명백한 것이라 할 수 없으므로**, 이러한 조례에 근거한 행정처분의 **하자는 ★취소사유**에 해당할 뿐, 무효사유가 된다고 볼 수는 없다. (대판 2009.10.29. 2007두26285)

⚠ 일반적으로 **조례가 법률 등 상위법령에 위배된다는 사정**은 그 조례의 규정을 위법하여 **무효라고 선언**한 **대법원의 판결이 선고되지 아니한 상태**에서는 그 조례 규정의 위법 여부가 해석상 다툼의 여지가 없을 정도로 명백하였다고 인정되지 아니하는 이상 객관적으로 **명백한 것이라 할 수 없으므로**, 이러한 조례에 근거한 행정처분의 하자는 취소사유에 해당할 뿐 **무효사유가 된다고 볼 수는 없다.** (○) [18 서울7]

0393

[16 군무원9]

법률이 위헌으로 결정된 후 그 법률에 근거하여 발령되는 행정처분은 위헌결정의 기속력에 반하므로 그 하자가 중대하고 명백하여 당연무효가 된다. O X

> 헌법재판소가 어떤 법률에 대한 **위헌결정을 한 ★이후**에 이루어진 그 법률에 근거하여 발령된 행정처분은 **★중대·명백**하여 **당연무효**이다. 위헌인 법률에 근거한 행정처분은 위헌결정의 기속력에 위반되는 것이고, 헌법재판소의 위헌결정으로 **법률이 헌법에 위반**된다는 사정이 **객관적으로 명백**해졌기 때문이다.

⚠ 헌법재판소가 법률을 **위헌으로 결정**하였다면 이러한 **결정이 있은 후** 그 법률을 근거로 한 행정처분은 **중대한 하자**이기는 하나 **명백한 하자~~는 아니므로~~ 당연무효~~는 아~~**니다. (×) [15 국가9]

0394

[20 군무원7]

전결규정에 위반하여 원래의 전결권자가 아닌 보조기관 등이 처분권자인 행정관청의 이름으로 행한 행정처분은 무효의 처분이다. O X

> 행정관청 내부의 **사무처리규정**에 불과한 **전결규정에 위반**하여 원래의 전결권자 아닌 **보조기관 등이 처분권자**인 행정관청의 **이름으로** 행정처분을 하였더라도 권한 없는 자에 의하여 행하여진 무효의 처분이라고는 **★할 수 없다**. (대판 1998.2.27. 97누1105)

⚠ 설사 행정관청 내부의 **사무처리규정에 불과한 전결규정에 위반**하여 원래의 전결권자 아닌 **보조기관 등이 처분권자인 행정관청의** 이름으로 **행정처분을 하였다고 하더라도** 그 처분이 권한 없는 자에 의하여 행하여진 **무효의 처분이라고는 할 수 없다.** (○) [20 국가5 승진]

정답 0392. ○ 0393. ○ 0394. ×

0395

[16 군무원9]

행정처분에 대하여 그 행정처분의 근거가 된 법률이 위헌이라는 이유로 무효확인청구의 소가 제기된 경우에는 다른 특별한 사정이 없는 한 법원으로서는 그 법률이 위헌인지 여부에 대하여는 판단할 필요 없이 그 무효확인청구를 각하하여야 한다. O X

> 어느 행정처분에 대하여 그 행정**처분의 근거가 된 법률이 위헌**이라는 이유로 **무효확인청구의 소가 제기**된 경우에는 다른 특별한 사정이 없는 한 법원으로서는 그 법률이 위헌인지 여부에 대하여는 판단할 필요 없이 그 무효확인청구를 **★기각**하여야 한다. (대법원 1994.10.28., 92누9463)
>
> ☑ **처분이 있은 이후**에 근거법률이 **위헌으로 결정**되면, 그 처분은 **취소사유**에 그치기 때문

⚠ **행정행위**가 있은 후 그 **근거가 된 법률**이 헌법재판소에 의해 **위헌으로 결정**된 경우에, 취소소송의 제소기간이 도과한 후 원고가 **무효확인소송**으로 이 사안을 다툰다고 할 때 법원은 (　　)해야 한다. → 기각 [13 지방9]

0396

[16 군무원9]

행정처분이 있은 후에 집행단계에서 그 처분의 근거된 법률이 위헌으로 결정되는 경우 그 처분의 집행이나 집행력을 유지하기 위한 행위는 위헌결정의 기속력에 위반되어 허용되지 않는다. O X

> 위헌법률에 기한 행정처분의 **집행이나 집행력을 유지**하기 위한 행위는 위헌결정의 **기속력에 위반**되어 **★허용되지 않는다**고 보아야 할 것이다. (대판 2002. 8. 23., 2001두2959)

⚠ 행정**처분이 있는 후**에 집행단계에서 그 처분의 근거가 된 **법률이 위헌으로 결정**되는 경우 그 **처분의 집행을 위한 행위**는 **위헌결정의 기속력에 위반되**는 것~~이 아니므로 이를 허용~~한다. (×) [13 서울7]

0397

[21 군무원7]

과세처분 이후 조세 부과의 근거가 되었던 법률규정에 대해 위헌결정이 내려졌다고 하더라도, 그 조세채권의 집행을 위한 체납처분은 유효하다. O X

> 조세부과의 근거가 되었던 법률규정이 **위헌으로 선언**된 경우, … (중략) … 위와 같은 **위헌결정 이후**에 조세채권의 집행을 위한 **새로운 체납처분에 착수하거나 이를 속행**하는 것은 더 이상 **허용되지 ★않고**, 나아가 이러한 **위헌결정의 효력에 위배**하여 이루어진 **체납처분**은 그 사유만으로 하자가 **★중대하고 객관적으로 명백**하여 **당연무효**라고 보아야 한다. (대판 전합 2012.2.16. 2010두10907).

⚠ **위헌결정 이후**에 조세채권의 집행을 위한 **새로운 체납처분에 착수하거나 이를 속행**하는 것은 더 이상 **허용되지 않고**, 나아가 이러한 **위헌결정의 효력에 위배하여 이루어진 체납처분**은 그 사유만으로 **하자가 중대하고 객관적으로 명백**하여 **당연무효**라고 보아야 한다. (○) [21 군무원5]

정답　0395. ×　0396. ○　0397. ×

0398

[21 군무원5]

위헌법률심판제도에 있어서의 구체적 규범통제의 실효성을 보장한다는 차원에서 당해 사건에 대해서는 헌법재판소의 위헌결정은 장래효원칙의 예외로서 소급효를 인정해야 한다. O X

위헌결정의 특수성 때문에 예외적으로 부분적인 **소급효의 인정을 부인해서는 안 될 것**이다. 첫째, 구체적 규범통제의 실효성의 보장의 견지에서 법원의 제청·헌법소원의 청구 등을 통하여 헌법재판소에 법률의 **위헌결정을 위한 계기**를 부여한 **★당해사건**, 위헌결정이 있기 전에 이와 **동종의 위헌 여부**에 관하여 헌법재판소에 **위헌제청을 하였거나** 법원에 **위헌제청신청**을 한 경우의 **당해 사건(★동종사건)**, 그리고 따로 **위헌제청신청을 아니하였지만** 당해 법률 또는 법률의 조항이 **재판의 전제**가 되어 **법원에 계속 중인 사건(★병행사건)**에 대하여는 **소급효를 ★인정하여야** 할 것이다. 둘째, 당사자의 권리구제를 위한 구체적 타당성의 요청이 현저한 반면에 소급효를 인정하여도 법적 안정성을 침해할 우려가 없고 나아가 구법에 의하여 형성된 기득권자의 이득이 해쳐질 사안이 아닌 경우로서 **소급효의 부인**이 오히려 정의와 형평 등 **헌법적 이념에 심히 배치**되는 때에도 **소급효를 ★인정**할 수 있다. (헌재 1993.5.13. 92헌가10)

⚠ **위헌결정은 원칙적으로 장래효**를 가지나, **예외적**으로 **당해사건, 동종사건, 병행사건에 효력**을 미치며, **위헌결정 이후 제소된 일반사건**에서도 소급효의 부인이 정의와 형평에 반하는 경우에는 **소급효가 인정**된다. (○) [20 국회8]

0399

㉠ 위헌인 법률에 근거한 행정처분이 당연무효인지의 여부는 위헌결정의 소급효와는 별개의 문제로서, 위헌결정의 소급효가 인정된다고 하여 위헌인 법률에 근거한 행정처분이 당연무효가 된다고는 할 수 없다. [21 군무원5] O X

㉡ 위헌결정의 효력은 그 결정 이후에 당해 법률이 재판의 전제가 되었음을 이유로 법원에 제소된 일반사건에도 미치므로, 이미 취소소송의 제기기간을 경과하여 확정력이 발생한 행정처분의 경우에도 위헌결정의 소급효가 미친다고 보아야 할 것이다. [21 군무원5] O X

위헌인 법률에 근거한 행정**처분이 당연무효인지의 여부**는 위헌결정의 **소급효**와는 **★별개의 문제**로서, 위헌결정의 **소급효가 인정**된다고 하여 위헌인 법률에 근거한 행정처분이 **당연무효가 된다고는 ★할 수 없고** 오히려 이미 취소소송의 **제기기간을 경과**하여 **★확정력이 발생**한 행정처분에는 위헌결정의 **소급효가 미치지 ★않는다**고 보아야 할 것이다. (대판 2014.3.27. 2011두24057).

⚠ **위헌결정의 소급효가 인정**된다고 하여 **위헌인 법률에 근거한 행정처분**이 **당연무효가 된다고는 할 수 없고** 오히려 이미 취소소송의 제기기간을 경과하여 확정력이 발생한 행정처분에는 **위헌결정의 소급효가 미치지 않는다**. (○) [21 소방간부]

⚠ 취소소송의 제기기간을 경과하여 불가쟁력이 발생한 행정처분에도 위헌결정의 소급효가 ~~미친다~~. (×) [17 서울7]

정답 0398. ○ 0399-㉠. ○ 0399-㉡. ×

2 행정행위의 취소·철회·실효

0400

[19 군무원9]

행정행위의 철회는 일단 유효하게 성립한 행정행위를 그 행위에 위법 또는 부당한 하자가 있음을 이유로 소급하여 그 효력을 소멸시키는 별도의 행정처분이다. O X

행정행위의 취소는 일단 유효하게 성립한 행정행위를 그 행위에 위법 또는 부당한 하자가 있음을 이유로 ★소급하여 그 효력을 소멸시키는 ★별도의 행정처분이다. (대판 2006. 5. 11. 2003다37969) ☑ 행정청의 '직권취소'에 관한 판시

⚠ **행정행위의 취소**는 **일단 유효하게 성립한 행정행위**를 그 행위에 **하자가 있음을 이유로** 원칙적으로 **소급하여 효력을 소멸**시키는 **별도의 행정처분**이다. (○) [18 국가5 승진]

0401

[11 군무원9]

㉠ 직권취소의 취소권자는 원칙적으로 행정청이다. O X

㉡ 취소심판을 제기한 경우 관할 행정심판위원회에서 취소재결하는 것은 직권취소에 해당한다. O X

	직권취소	쟁송취소
취소권자	(원칙) 처분청 (예외) 감독청	행정심판기관 및 법원

⚠ **직권취소**의 경우 **취소권자**는 **처분청과 감독청**이다. (○) [05 대구9]

⚠ 직권취소는 **행정청이 직권으로 취소**하는 것을 말하며, 쟁송취소는 **쟁송절차에 의해 취소**하는 것을 말한다. (○) [05 대구9]

⚠ **쟁송취소**의 경우 취소권자는 **행정심판위원회와 법원**이다. (○) [05 대구9]

0402

[22 군무원7]

대통령은 국무총리와 중앙행정기관의 장의 명령이나 처분이 위법 또는 부당하다고 인정하면 이를 중지 또는 취소할 수 있다. O X

【정부조직법】 제11조(대통령의 행정감독권) ② 대통령은 국무총리와 중앙행정기관의 장의 명령이나 처분이 위법 또는 부당하다고 인정하면 이를 ★중지 또는 취소할 수 있다. ☑ 감독청의 '직권취소'에 관한 근거규정이다.

⚠ **대통령**은 국방부**장관의 처분이 부당하다고 인정**할 때에는 **직접 이를 취소**할 수 있다. (○) [09 지방7]

⚠ **대통령**은 국무**총리의 명령이 위법하다고 인정**해도 이를 **중지**시킬 수 없다. (×) [13 서울7]

정답 0400. O 0401-㉠. O 0401-㉡. X 0402. O

0403

[11 군무원9]

행정권한의 위임 및 위탁에 관한 규정은 명문으로 감독청의 취소권을 규정하고 있다. O X

【행정권한의 위임 및 위탁에 관한 규정】 제6조(지휘·감독) 위임 및 위탁기관은 수임 및 수탁기관의 수임 및 수탁사무 처리에 대하여 ★**지휘·감독**하고, 그 처리가 **위법하거나 부당**하다고 인정될 때에는 이를 **취소하거나 정지**시킬 수 있다.

☑ 정부조직법 제11조와 마찬가지로, 감독청의 **'직권취소'**에 관한 근거규정

⚠ 「행정권한의 위임 및 위탁에 관한규정」에 따르면, **위임기관**은 **수임기관**의 수임사무처리에 대하여 **지휘·감독**하고, 그 **처리가 위법 또는 부당하다고 인정**되는 때에는 **이를 취소하거나 정지**시킬 수 있다. (○) [05 국가7]

0404

㉠ 수익적 행정행위의 직권취소나 철회는 개인의 신뢰보호를 위하여 제한될 수 있다는 것이 학설과 판례의 일반적 입장이다. [21 군무원5] O X

㉡ 과세처분은 취소권이 제한되는 경우에 해당한다. [11 군무원9] O X

수익적 행정행위의 취소	상대방에게 이미 부여되어 있는 **기득권을 박탈**하는 것이므로 **신뢰보호의 관점**에서 **취소가** ★**제한**됨
부담적 행정행위의 취소	상대방에게 부과된 **의무를 면해주는 것**이므로, 취소하더라도 신뢰보호의 문제가 없어 ★**자유롭게 취소** 가능

⚠ **신뢰보호**의 이해관계가 **공익**보다 큰 경우 **직권취소가 제한**된다. (○) [96 국가7]

⚠ **수익적 행정행위**의 **직권취소**는 **제한**될 수 있다. (○) [20 행정사]

⚠ **포괄적 신분관계 설정행위**는 **취소권이 제한**되는 경우에 해당한다. (○) [11 군무원9]

☑ 귀화허가, 공무원의 임명 등 특허에 의한 신분관계 설정행위는 수익적 처분에 속하므로 직권취소가 제한된다.

⚠ 특별한 사정이 없는 한 **부담적 행정행위의 취소**는 **원칙적으로 자유롭지 않다**. (×) [16 서울9]

0405

[11 군무원9]

부담적 행정행위의 취소를 취소하는 것은 취소권이 제한되는 경우에 해당한다. O X

과세관청은 부과의 취소를 다시 취소함으로써 **원부과처분을 소생시킬 수는** ★**없다.** (대판 1995. 3. 10., 94누7027)

☑ 부담적 행정행위의 취소처분을 다시 취소한다면 **부담적 행정행위를 부활**시키는 것이 되어, **처분의 상대방에 불리**하게 되므로, 취소권이 제한된다.

⚠ 판례는 **과세처분 취소처분의 취소**는 **불가능**하다고 본다. (○) [07 서울9]

⚠ 과세관청은 **과세처분의 취소를 다시 취소**함으로써 이미 효력을 상실한 **원부과처분을 소생시킬 수 없다.** (○) [22 소방]

정답 0403. O 0404-㉠. O 0404-㉡. × 0405. O

0406

[21 군무원9]

수익적 행정행위를 취소 또는 철회하거나 중지시키는 경우에는 이미 부여된 국민의 기득권을 침해하는 것이 되므로, 비록 취소 등의 사유가 있다고 하더라도 허용되지 않는다. O X

수익적 행정행위를 **취소** 또는 **철회**하거나 **중지**시키는 경우에는 이미 부여된 국민의 **기득권**을 **침해**하는 것이 되므로, 비록 취소 등의 사유가 있다고 하더라도 그 **취소권** 등의 행사는 **기득권의 침해**를 **정당화**할 만한 중대한 ★**공익상의 필요** 또는 제3자의 이익을 보호할 필요가 있고, 이를 상대방이 받는 불이익과 ★**비교·교량**하여 볼 때 **공익상의 필요** 등이 **상대방이 입을 불이익**을 ★**정당화**할 만큼 **강한** 경우에 **한하여 허용**될 수 있다. (대판 2017. 3. 15., 2014두41190)

- **수익적 행정행위**의 경우에는 그 **처분을 취소하여야 할 공익상** 필요가 취소로 인하여 **당사자가 입을 불이익을 정당화**할 만큼 강한 경우에 **한하여 취소**할 수 있다. (○) [18 군무원9]
- **수익적 행정행위**에 대한 **취소권** 등의 행사는 **기득권의 침해를 정당화**할 만한 **중대한 공익상의 필요** 또는 제3자의 이익을 보호할 필요가 있고, 이를 상대방이 받는 불이익과 비교·교량하여 볼 때 **공익상의 필요** 등이 **상대방이 입을 불이익을 정당화**할 만큼 강한 경우에 **한하여 허용**될 수 있다. (○) [21 군무원9]

0407

[22 군무원7]

종전 행정처분에 하자가 있음을 전제로 직권으로 이를 취소하는 행정처분의 경우 하자나 취소해야 할 필요성에 관한 증명책임은 기존 이익과 권리를 침해하는 처분을 한 행정청에 있다. O X

종전 행정처분을 취소하는 행정처분은 이미 취득한 **국민의 기존 이익과 권리를 박탈**하는 별개의 행정처분으로 취소될 행정처분에 ★**하자 또는 취소해야 할 공공의 필요**가 있어야 하고, 하자나 취소해야 할 **필요성**에 관한 **증명책임**은 기존 이익과 권리를 침해하는 ★**처분을 한 행정청**에 있다. (대판 2017. 3. 15., 2014두41190)

- 수익적 처분의 **직권취소 필요성**에 관한 **증명책임**은 ~~처분의 상대방~~에 있다. (×) [21 행정사]

0408

[16 군무원9]

직권취소에는 「행정절차법」상 절차가 적용되지 않는다. O X

수익적 처분을 직권취소하는 것은 상대방에게는 **침익적 처분**에 해당하므로, ★**「행정절차법」상 사전통지 및 의견청취의 대상**이 된다.
☑ 의견제출 절차에 대해서는 행정절차법 단원 참고

- **수익적 행정행위의 취소**에 있어서는 원칙적으로 최소한 **상대방에게 의견제출의 기회를 주어야** 한다. (○) [02 행시]
- **직권취소**는 행정행위의 성립상의 하자를 이유로 하는 것이므로, 개별법에 특별한규정이 없는 한 **「행정절차법」에 따른 절차규정이** 적용~~되지 않는~~다. (×) [19 국가7]

정답 0406. × 0407. ○ 0408. ×

0409

[18 군무원9]

취소권을 행사함에 있어서 법령상의 근거가 필요한지 여부에 대하여 판례는 별도의 법적 근거가 없더라도 처분청은 스스로 취소권을 행사할 수 있다고 본다. O X

> 행정행위를 한 **처분청**은 그 행위에 하자가 있는 경우에 ★**별도의 법적 근거가 없더라도** 스스로 **이를** ★**취소**할 수 있는 것이다. (대판 1986. 2. 25., 85누664)

- 위법한 행정행위를 한 처분청은 그 **행위에 하자**가 있는 경우에 **별도의 법적 근거가 없더라도** 스스로 **취소할 수 있다**는 것이 판례의 태도이다. (○) **[11 군무원9]**
- 행정행위를 한 처분청은 그 **행위에 하자**가 있는 경우에는 **별도의 법적 근거가 없더라도** 스스로 이를 **취소할 수 있다.** (○) **[16 군무원9]**
- 처분청이라도 자신이 행한 **수익적 행정행위**를 **위법 또는 부당을 이유로 취소**하려면 취소에 대한 ~~법적 근거가 있어야~~ 한다. (×) **[16 국가9]**

0410

[22 군무원7]

지방병무청장은 군의관의 신체등위판정이 금품수수에 따라 위법 또는 부당하게 이루어졌다고 인정하는 경우, 그 신체등위판정을 기초로 자신이 한 병역처분을 직권으로 취소할 수 있다. O X

> **지방병무청장**은 군의관의 신체등위판정이 금품수수에 따라 위법 또는 부당하게 이루어졌다고 인정하는 경우에는 그 위법 또는 부당한 신체등위판정을 기초로 **자신이 한 병역처분을** ★**직권으로 취소**할 수 있다. (대판 2002. 5. 28. 2001두9653)

- **지방병무청장**은 **군의관의 신체등위판정**이 청탁이나 금품수수에 따라 **위법 또는 부당하게 이루어졌다고 인정**하는 경우에는 그 위법 또는 부당한 신체등위판정을 기초로 **자신이 한 병역처분을 직권으로 취소**할 수 있다. (○) **[22 군무원5]**

0411

[22 군무원7]

행정청이 여러 개의 위반행위에 대하여 하나의 제재처분을 하였으나, 위반행위별로 제재처분의 내용을 구분하는 것이 가능하고 여러 개의 위반행위 중 일부의 위반행위에 대한 제재처분 부분만이 위법하다면, 법원은 제재처분 중 위법성이 인정되는 부분만 취소하여야 하고 제재처분 전부를 취소하여서는 아니된다. O X

> 행정청이 **여러 개의 위반행위**에 대하여 **하나의** 제재처분을 하였으나, 위반행위별로 제재처분의 내용을 구분하는 것이 가능하고 여러 개의 위반행위 중 **일부의 위반행위**에 대한 **제재처분 부분**만이 **위법**하다면, 법원은 제재처분 중 ★**위법성이 인정되는 부분만 취소**하여야 하고 제재처분 ★**전부를 취소하여서는 아니 된다**. (대판 2020.5.14., 2019두63515)

- **하나의 제재처분**의 사유가 된 **여러 개의 위반행위** 중 **일부의 위반행위**에 대한 **제재처분 부분만이 위법**하더라도 법원은 제재처분의 가분성에 ~~관계없이~~ 그 ~~전부를 취소하여야~~ 한다. (×) **[22 세무사]**

정답 0409. ○ 0410. ○ 0411. ○

0412

[22 군무원9]

외형상 하나의 행정처분이라 하더라도 가분성이 있거나 그 처분대상의 일부가 특정될 수 있다면 그 일부만의 취소도 가능하고 그 일부의 취소는 당해 취소부분에 관하여 효력이 생긴다. O X

> 외형상 **하나의** 행정처분이라 하더라도 ★**가분성**이 있거나 그 처분대상의 **일부가 특정**될 수 있다면 그 ★**일부만의 취소도** 가능하고 그 **일부의 취소는** 당해 **취소부분에 관하여 효력이 생긴다**고 할 것이다. (대판 1995.11.16. 95누8850)

⚠ **외형상 하나의 행정처분**이라면 가분성이 있거나 그 처분대상의 일부가 특정될 수 있다 하더라도 그 **일부만의 취소(철회)**는 ~~불가능~~하다. (×) [11 경행]

0413

[19 군무원9]

행정행위의 취소는 적법요건을 구비하여 완전히 효력을 발하고 있는 행정행위를 사후적으로 그 행위의 효력의 전부 또는 일부를 장래에 향해 소멸시키는 행정처분이다. O X

> 행정행위의 ★**철회**는 적법요건을 구비하여 완전히 **효력을 발하고 있는 행정행위**를 ★**사후적**으로 그 행위의 **효력의 전부 또는 일부**를 ★**장래에 향해 소멸**시키는 **행정처분**이다. (대판 2003. 5. 30., 2003다6422)

⚠ 철회란 일단 **유효하게 성립된 행정행위**가 **사후적으로 발생한 새로운 사정**으로 인하여 그 효력의 전부 또는 일부를 **장래에 향하여 소멸**시키는 행정행위를 말한다. (○) [11 군무원9]

⚠ 행정행위의 **철회**는 적법요건을 구비하여 완전히 **효력을 발하고 있는 행정행위**를 **사후적으로 효력을 장래에 향해 소멸**시키는 **별개의 행정처분**이다. (○) [22 군무원9]

0414

[09 군무원9]

행정행위의 철회는 행정행위의 설립 당시에는 하자가 없었으나, 사후에 발생한 사유를 원인으로 한다. O X

> 행정행위의 **취소사유**는 행정행위의 ★**성립 당시에 존재**하였던 하자를 말하고, **철회사유**는 행정행위가 **성립된** ★**이후에 새로이 발생**한 것으로서 행정행위의 효력을 존속시킬 수 없는 사유를 말한다. (대법원 2006.5.11. 2003다37969)
>
> ☑ **취소**는 행정행위 **성립당시의 원시적 하자**를 사유로 하는 반면에, **철회**는 행정행위 성립 **이후의** ★**후발적인 새로운 사정**을 사유로 한다.

⚠ **철회**는 행정행위의 성립당시에는 하자가 없었으나, **사후에 발생한 사유를 원인**으로 한다. (○) [07 군무원9]

⚠ 행정행위의 **취소사유**는 **행정행위의 성립 당시에 존재**하였던 하자를 말하고, **철회사유**는 행정행위가 **성립된 이후에 새로이 발생**한 것으로서 행정행위의 효력을 존속시킬 수 없는 사유를 말한다. (○) [19 군무원9]

⚠ 행정행위의 **철회**는 행정행위의 ~~원시적~~ 하자를 이유로 한다. (×) [13 서울7]

정답 0412. O 0413. × 0414. O

0415

[14 군무원9]

행정행위의 철회는 후발적 하자를 전제로 하므로 소급효가 원칙이다.

O X

행정행위의 **취소**는 일단 유효하게 성립한 행정행위를 그 행위에 위법 또는 부당한 하자가 있음을 이유로 소급하여 그 효력을 소멸시키는 별도의 행정처분이고, 행정행위의 **철회**는 적법요건을 구비하여 완전히 효력을 발하고 있는 행정행위를 ★사후적으로 그 행위의 효력의 전부 또는 일부를 ★장래에 향해 소멸시키는 행정처분이다. (대판 2003. 5. 30., 2003다6422)

	취소	철회
주체	처분청 + 감독청	처분청 (감독청은 법률상 근거가 있는 경우만 ○)
사유	**원시적** 하자	**후발적** 사유
효과	행정행위를 **소급하여 소멸**시킴	행정행위를 **장래에 향하여 소멸**시킴

- **철회**는 **장래를 향하여** 행정행위의 **효력을 상실**시킨다. (○) [07 군무원9]
- 행정행위의 철회의 효과는 취소와 ~~같이 소급하여~~ 발생한다. (×) [13 서울7]
- 하자 없이 성립한 행정행위의 효력을 **장래에 향하여 소멸**시키는 것을 ~~행정행위의 취소~~라 하고, 일단 유효하게 성립한 행정행위를 그 행위에 위법 또는 부당한 하자가 있음을 이유로 **소급하여 그 효력을 소멸**시키는 별도의 행정행위를 ~~행정행위의 철회~~라고 한다. (×) [18 군무원9]

0416

[09 군무원9]

법령위반행위를 이유로 한 영업허가 취소는 강학상 철회이다.

O X

수익적 처분(예 운전면허, 음식점 영업허가 등)의 상대방이 처분을 받은 이후에 **법령상의 의무를 위반**(예 음주운전, 부패·불량식품 판매 등)한 경우, 처분청은 그 **수익적 처분을 철회**할 수 있다.

- **불법영업**으로 인한 영업취소는 행정행위의 **철회**이다. (○) [09 국회9]
- **음주운전**으로 인한 운전면허 효력상실은 행정행위의 **철회**이다. (○) [02 행시]
- **부패한 식품을 판매**한 자에 대한 영업허가의 취소는 강학상 행정행위의 ~~취소~~이다. (×) [02 입시]

0417

[13 군무원9]

철회는 하나의 독립적인 행정행위이므로 하자가 있는 경우에는 이를 무효로 하거나 취소할 수 있다.

O X

철회처분은 철회의 **대상처분과 별개의 행정행위**이므로, **철회처분 자체에** 하자가 있는 경우에는 그 **하자를 이유로 철회처분을 무효로 하거나 취소**할 수 있다. 다만 직권취소의 취소와 마찬가지로 철회의 취소에 따른 기득권의 침해와 중대한 ★**공익상의 필요성 등을 비교교량**하여야 한다.

- **철회행위**는 철회의 대상인 행정행위와 **독립한 별개의 행정행위**이다. (○) [98 입시]

정답 0415. × 0416. ○ 0417. ○

0418

[14 군무원9]

행정행위의 철회권은 처분 행정청과 감독청이 갖는다. O X

> 행정행위의 **철회는 ★처분청만**이 할 수 있고, **감독청**은 **★법률에 특별한 규정이 있는 경우를 제외**하고는 **철회권을 행사하지 못한다.**

- **철회**는 원칙적으로 **처분청**만이 할 수 있다. (○) [07 군무원9]
- **철회**는 **처분 행정청만**이 가능하며 특별한 규정이 없는 한 **감독청은 철회권이 없다.** (○) [13 군무원9]
- 행정행위의 **철회는 처분청만**이 할 수 있으며, **감독청은 법률의 근거가 있는 경우에 한하여 철회권**을 가진다. (○) [18 군무원9]
- 명문의 규정을 ~~불문~~하고 **처분청**~~과 감독청~~은 **철회권**을 가진다. (×) [18 서울7 3월]
- 철회는 **처분 행정청**~~과 감독행정청 모두~~ 할 수 있는 반면, 취소는 처분 행정청만할 수 있다. (×) [19 군무원9]

0419

[21 군무원9]

행정행위를 한 처분청은 비록 처분 당시에 별다른 하자가 없었고, 처분 후에 원래의 처분을 존속시킬 필요가 없게 된 사정변경이 생겼다는 이유만으로 그 효력을 상실케 하는 별개의 행정행위로 이를 철회하는 것은 허용되지 않는다. O X

> 행정행위를 한 **처분청**은 비록 그 처분 당시에 별다른 하자가 없었고, 또 그 처분 **후에** 이를 철회할 별도의 법적 근거가 없다 하더라도 원래의 처분을 존속시킬 필요가 없게 된 **★사정변경**이 생겼거나 또는 중대한 공익상의 필요가 발생한 경우에는 그 **효력을 상실**케하는 **별개의 행정행위**로 이를 **★철회할 수 있다**. (대판 2004. 11. 26, 2003두10251, 10268)
>
> ☑ **사정변경에 따른 철회**가 가능하다는 판시이다.

- 丁이 공유수면매립면허를 받은 후 **공유수면의 상황 변경** 등 예상하지 못한 사정변경이 있음을 이유로 행정청이 丁의 **공유수면매립면허를 취소**하는 ~~경우는~~ 강학상 행정행위의 ~~취소~~이다. (×) [16 국가 전환]

0420

[13 군무원9]

수익적 행정행위의 철회는 상대방의 신뢰와 법적 안정성을 해칠 수 있으므로 제한을 받는 경우가 있다. O X

> 행정청은 부담적 행정처분의 철회는 상대방에게 이익이 되므로 자유롭게 철회할 수 있음이 원칙이지만, **수익적 행정처분나 제3자효 행정처분**은 그 철회로 인하여 **★법적 안정성과 신뢰보호를 해칠 수 있다는 점**에서 **자유롭게 철회할 수 ★없다**. 즉 직권취소의 취소와 마찬가지로 철회의 취소에 따른 **기득권의 침해와 중대한 ★공익상의 필요성 등을 비교교량**하여야 한다.

- **수익적 행정처**분의 경우에는 **행정행위의 철회가 제한**된다. (○) [15 서울9]
- **수익적 행정행위에 철회원인**이 있는 경우에 행정청은 철회원인이 있다는 것만으로 ~~자유로이 철회권을~~ 행사할 수 있다. (×) [12 지방9]

정답 0418. × 0419. × 0420. ○

0421

[14 군무원9]

수익적 행정행위를 취소 또는 철회하는 경우에는 비례원칙이 적용되지 않는다. O X

수익적 행정처분을 **취소 또는 철회**하거나 중지시키는 경우에는 이미 부여된 그 국민의 기득권을 침해하는 것이 되므로, 비록 취소 등의 사유가 있다고 하더라도 그 취소권 등의 행사는 기득권의 침해를 정당화할 만한 중대한 공익상의 필요 또는 제3자의 이익보호의 필요가 있는 때에 한하여 상대방이 받는 불이익과 비교·교량하여 결정하여야 하고, 그 처분으로 인하여 공익상의 필요보다 상대방이 받게 되는 불이익 등이 막대한 경우에는 재량권의 한계를 일탈한 것으로서 그 자체가 위법하다. (대판 2004. 7. 22., 2003두7606)

☑ **★비례의 원칙**에 따라 **철회를 위한 중대한 공익상 필요와 철회에 따른 상대방 또는 제3자의 불이익**을 **★이익형량을 하여야 한다**는 판시이다.

⚠ **수익적 행정행위를 취소 또는 철회**하는 경우 **비례원칙이 적용**된다. (O) [12 국가7]

0422

[21 군무원9]

행정행위를 한 처분청은 비록 처분 당시에 별다른 하자가 없었고, 처분 후에 이를 철회할 별도의 법적 근거가 없다면 원래의 처분을 존속시킬 필요가 없게 된 중대한 공익상 필요가 발생한 경우에도 그 효력을 상실케 하는 별개의 행정행위로 수익적 행정행위를 철회할 수 없다. O X

행정행위를 한 처분청은 그 처분 당시에 그 행정처분에 별다른 하자가 없었고 또 그 처분 후에 이를 취소할 별도의 **★법적 근거가 없다 하더라도** 원래의 처분을 그대로 존속시킬 필요가 없게 된 **사정변경**이 생겼거나 또는 **중대한 공익상의 필요**가 발생한 경우에는 별개의 행정행위로 이를 **철회하거나 변경**할 수 있다. (대판 1992.1.17., 91누3130)

⚠ 행정행위의 **철회는 별도의 법적 근거가 없어도 가능**하다. (○) [14 군무원9]

⚠ 행정행위를 한 처분청은 그 처분 당시에 그 행정처분에 별다른 하자가 없었고 또 그 처분 후에 이를 취소할 **별도의 법적 근거가 없다 하더라도** 원래의 처분을 그대로 존속시킬 필요가 없게 된 사정변경이 생겼거나 또는 중대한 공익상의 필요가 발생한 경우에는 별개의 행정행위로 이를 **철회하거나 변경할 수 있다.** (○) [22 군무원7]

⚠ 법령의 근거가 ~~있어야~~ 행정행위의 **철회가 가능**하다. (×) [07 군무원9]

정답 0421. ✕ 0422. ✕

0423

[22 군무원9]

처분 후에 원래의 처분을 그대로 존속시킬 수 없게 된 사정변경이 생긴 경우 처분청은 처분을 철회할 수 있다고 할 것이므로, 이 경우 처분의 상대방에게 그 철회·변경을 요구할 권리는 당연히 인정된다고 할 것이다. O X

처분청이 처분 후에 원래의 처분을 그대로 존속시킬 필요가 없게 된 사정변경이 생겼거나 중대한 공익상의 필요가 발생한 경우에는 별도의 법적 근거가 없어도 별개의 행정행위로 이를 **철회·변경할 수 있지만** 이는 그러한 **철회·변경의 권한을 ★처분청에게 부여하는 데 그치는 것**일 뿐 **상대방** 등에게 **그 철회·변경을 요구할 신청권까지를 부여하는 것은 ★아니라 할 것**이다. (대판 1997.9.12., 96누6219)

- **처분청이** 처분 후에 원래의 처분을 그대로 존속시킬 필요가 없게 된 사정변경이 생겼거나 중대한 공익상의 필요가 발생한 경우에는 별도의 법적 근거가 없어도 별개의 행정행위로 **이를 철회할 수 있다**고 하여 **상대방 등에게 그 철회·변경을 요구할 신청권까지를 부여하는 것은 아니다.** (○) [22 소방간부]
- 도시계획법령이 토지형질변경행위허가의 변경신청 및 변경허가에 관하여 아무런 규정을 두지 않고 있을 뿐 아니라, **처분청**이 처분 후에 원래의 처분을 그대로 존속시킬 필요가 없게 된 사정변경이 생겼거나 중대한 공익상의 필요가 발생한 경우에는 별도의 법적 근거가 없어도 별개의 행정행위로 **이를 철회·변경**할 수 있고, ~~상대방에게는 그 철회·변경을 요구할 신청권이 부여~~된다. (×) [21 군무원5]

0424

[12 군무원9]

정지조건부 행정행위에 있어서 조건이 성취된 경우는 행정행위의 실효사유에 해당한다. O X

해제조건부 행정행위의 경우, **조건의 성취**는 **행정행위의 효력의 소멸**을 가져오는바, **해제조건의 성취는 ★실효사유**에 해당한다.

- **해제조건의 성취**는 행정행위의 **실효사유**에 해당된다. (○) [11 국회9]
- **해제조건의 성취**는 행정행위를 철화할 수 있는 사유에 해당한다. (×) [04 입시]
- **해제조건의 성취**는 철화사유이다. (×) [06 경기9]

정답 0423 × 0424. ○

0425

㉠ 철거명령을 받은 건축물이 지진에 붕괴되어 소멸된 경우는 행정행위(철거명령)이 실효된다.
[12 군무원9] O X

㉡ 운전면허를 받은 자가 사망한 경우는 행정행위(운전면허)가 실효된다. [12 군무원9] O X

> ㉠ **행정행위의 목적달성이 불가능**해진 경우에는, **행정행위의 효력도 소멸**될 수 밖에 없다. 가령 **철거명령의 대상인 건축물이 자연재해로 멸실**된 경우에는 **철거명령의 목적달성 자체가 불가능**해지므로, **철거명령의 효력은 소멸**한다.
>
> ㉡ **행정행위의 대상**(사람, 물건)이 **소멸**되면 **행정행위의 효력도 당연히 소멸**된다. 따라서 **운전면허를 받은 자가 사망**할 경우 **운전면허처분의 효력도 소멸**한다.

⚠ **행정행위의 대상소멸**은 행정행위의 **실효사유**에 해당된다. (○) [11 국회9]

⚠ **행정행위의 상대방의 사망**으로 행정행위가 효력을 잃게 된 경우도 **행정행위의 실효**에 해당한다. (○) [97 국가9]

3 기타의 하자문제(하자의 치유·전환, 하자의 승계)

0426

[16 군무원9]

세액의 산출근거가 기재되지 아니한 납세고지서에 의한 부과처분은 그 후 부과된 세금을 자진납부하면 치유된다.

O X

> **세액산출근거가 기재되지 아니한** 납세고지서에 의한 **부과처분**은 강행법규에 위반하여 **취소대상**이 된다 할 것이므로 이와 같은 하자는 납세의무자가 전심절차에서 이를 주장하지 아니하였거나, 그 후 부과된 세금을 **자진납부하였다거나**, 또는 조세채권의 소멸시효기간이 만료되었다 하여 ★**치유되는 것이라고는 할 수 없다**. (대판 1985. 4. 9. 84누431)

⚠ 납세의무자가 부과된 **세금을 자진납부**하였다고 하더라도 **세액산출근거 등의 기재사항이 누락**된 납세고지서에 의한 **과세처분의 하자는 치유되지 않는다.** (○) [17 국가9 下]

⚠ 과세처분을 하면서 장기간 **세액산출근거를 부기하지 아니한** 경우에 **납세자가 자진납부**하였다면 처분의 ~~위법성은 치유~~된다. (×) [13 국가7]

정답 0425-㉠. O 0425-㉡. O 0426. X

0427

[22 군무원5]

하나의 납세고지서에 의하여 본세와 가산세를함께 부과할 때에는 납세고지서에 본세와 가산세 각각의 세액과 산출근거 등을 구분하여 기재해야 하는 것이고, 또 여러 종류의 가산세를 함께 부과하는 경우에는 그 가산세 상호 간에도 종류별로 세액과 산출근거 등을 구분하여 기재함으로써 납세의무자가 납세고지서 자체로 각 과세처분의 내용을 알 수 있도록 하는 것이 당연한 원칙이다. O X

본세의 부과처분과 **가산세**의 부과처분은 각 ★**별개의 과세처분**인 것처럼, **같은 세목에** 관하여 **여러 종류의 가산세가** 부과되면 그 **각 가산세 부과처분**도 종류별로 **각각** ★**별개의 과세처분**이라고 보아야 한다. 따라서 **하나의 납세고지서**에 의하여 본세와 가산세를 **함께 부과할** 때에는 납세고지서에 본세와 가산세 **각각의 세액과 산출근거 등을** ★**구분하여 기재**해야 하는 것이고, 또 **여러 종류의 가산세**를 함께 부과하는 경우에는 그 **가산세 상호 간**에도 **종류별로 세액과 산출근거** 등을 ★**구분하여 기재**함으로써 납세의무자가 **납세고지서 자체로** 각 과세처분의 내용을 알 수 있도록 하는 것이 당연한 원칙이다. (대판 전합 2012.10.18., 2010두12347)

⚠ 하나의 납세고지서로 **본세**와 **여러 종류의 가산세**를 **함께 부과**하는 경우에 납세고지서에 **가산세의 종류와 세액의 산출근거 등을 따로 구별**하지 않고 가산세의 합계액만을 기재하였다면 그 **부과처분은 위법**하다. (○) [18 국가7]

⚠ 하나의 납세고지서에 의하여 **본세와 가산세를 함께 부과**할 때 납세고지서에 본세와 가산세 **각각의 세액과 산출근거 등을 구분하여 기재**하여야 하는 것은 아니다. (×) [17 국가7 下]

0428

[16 군무원9]

행정행위의 위법이 치유된 경우에는 그 위법을 이유로 당해 행정행위를 직권취소할 수 없다. O X

행정행위의 하자가 치유 또는 **전환**되어 ★**적법한 행정행위로 된 경우**에는, 당초의 하자가 존속하고 있지 않으므로, **직권취소의 대상이** ★**될 수 없게 된다**.

⚠ 행정행위에 하자가 있으나 **하자가 이미 치유되었거나 다른 적법한 행위로 전환된 경우**에는 **최소의 대상이 되지 않는다**. (○) [11 사복9]

0429

[14 군무원9]

하자의 승계에 있어서 선행행위와 후행행위가 모두 처분일 필요는 없다. O X

'하자의 승계론'은 단계적 처분의 경우에, 불가쟁력이 발생한 **선행처분의 위법성을 이유로 후행처분을 다툴 수 있는지**에 관한 논의이므로, **'선행행위와 후행행위 모두 항고소송의 대상이 되는** ★**처분'**이어야 하는 것이 **논의의 전제요건**이 된다.

⚠ 행정행위의 **하자승계 논의의 전제**로서, **선행행위와 후행행위가** 모두 항고소송의 대상인 **행정처분이어야** 한다. (○) [22 행정사]

정답 0427. O 0428. O 0429. ×

0430

㉠ 선행행위가 하자가 무효사유이면 그 하자는 후행행위에 승계된다. [06 군무원9] O X

㉡ 무효인 처분의 경우에는 불가쟁력이 없으므로, 하자의 승계를 논할 실익이 없다. [14 군무원9] O X

> ㉠ **선행행위가 무효사유**인 경우, 그 하자가 **후행행위로 승계**되어 당연히 **후행행위 ★또한 당연무효**가 되므로.
> ㉡ **하자의 승계는** 제소기간이 도과한 선행행위를 직접 다툴 수 없게 됨에 따라 선행행위의 위법성을 이유로 **후행행위의 위법성을 다툴 수 있는지**에 관한 논의이므로, **선행행위가 무효처분**인 경우라면, 따져볼 **★실익이 없게 된다.**

⚠ **선행행위의 무효의 하자**는 **당연히 후행행위에 승계**~~되지 않는~~다. (×) [18 교행9]

⚠ **선행행위의 흠이 후행행위에 승계되는가**의 문제는 무효인 행정행위에만 해당하고, 선행행위가 **취소할 수 있는 행정행위**와는 무관하다. (×) [10 지방7] ☑ 무효 ↔ 취소

⚠ **선행행위에 무효**의 하자가 존재하는 경우 선행행위와 후행행위가 결합하여 하나의 법적 효과를 목적으로 하는 경우에는 하자의 승계가 인정된다. (○) [19 군무원9]

⚠ 선행행위에 **무효의 하자가 존재**하더라도 선행행위와 후행행위가 결합하여 하나의 법적 효과를 목적으로 하는 경우에는 하자의 승계에 대한 ~~논의의 실익이 있다~~. (×) [17 지방9]

☑ 법적 효과의 결합여부와 관계없이, 선행처분이 무효이면 후행처분도 무효

0431

[19 군무원9]

선행행위의 하자에 대해 제소기간이 경과하여 선행행위에 불가쟁력이 발생하였다면 하자의 승계는 인정되지 않는다. O X

> '하자의 승계론'은 제소기간이 도과로 **★불가쟁력이 발생한 선행행위**를 직접 다툴 수 없게 됨에 따라 **선행처분의 위법성을 이유로 후행처분의 위법성을 다툴 수 있는지**에 관한 논의이다. 즉 **선행처분의 제소기간이 경과하지 않은 때**에는 곧바로 선행처분을 다투면 되는 것이므로, **하자의 승계를 논할 필요가 없다.**

⚠ 행정행위의 **하자승계** 논의의 전제로서, **선행행위에 불가쟁력이 발생해야** 한다. (○) [22 행정사]

⚠ **하자의 승계**가 인정되기 위해서는 **선행행위**~~와 후행행위에 모두~~ **불가쟁력**이 발생한 경우이어야 한다. (○) [16 교행9]

정답 0430-㉠. O 0430-㉡. O 0431. X

0432

[19 군무원9]

하자의 승계를 인정하면 인정하지 않는 경우에 비하여 국민의 권익구제의 범위가 더 넓어지게 된다. O X

'**하자의 승계'를 인정하는 범위**를 넓히게 되면, ★**국민의 권익구제가 보다 충실해진다**는 장점이 있다. 다만 법적 안정성과 국민의 권리구제 간의 조화가 요청된다.

⚠ 적정행정의 유지에 대한 요청에서 나오는 **하자의 승계를 인정**하면 **국민의 권리를 보호하고 구제하는 범위가 더 넓어진다.** (○) [17 지방9]

0433

[19 군무원9]

과세처분과 체납처분 사이에는 취소사유인 하자의 승계가 인정되지 않는다. O X

일정한 행정목적을 위하여 **독립된 행위**가 **단계적**으로 이루어진 경우에 선행행위인 **과세처분의 하자**는 당연무효사유를 제외하고는 집행행위인 **체납처분에 승계되지 ★아니한다**. (대판 1961. 10. 26. 4292행상73)

⚠ **조세부과처분**과 **체납처분** 사이에는 ~~하자의 승계가 인정~~된다. (×) [18 군무원9]

0434

[14 군무원9]

독촉과 체납처분은 하자의 승계가 인정된다. O X

국세징수법상 **강제징수의 절차**는 **독촉 및 체납처분**으로 이루어지고, 체납처분은 **재산압류, 매각, 청산의 3단계**로 행해진다. 여기서 독촉－압류－매각－청산은 **하나의 법률효과를 목적**으로 하므로, **각 절차들 사이에서는 하자의 승계가 ★인정**된다.

☑ 과세처분과 체납처분 사이 하자승계 × / 강제징수 절차들 사이 하자승계 ○

⚠ 조세체납처분에서의 **독촉·압류사이에는 하자의 승계가 인정**~~되지 않는~~다. (×) [09 군무원9]

0435

[22 군무원7]

대집행계고처분과 비용납부명령 사이에는 하자의 승계가 인정된다. O X

후행처분인 대집행비용납부명령의 취소를 청구하는 소송에서 선행처분인 **계고처분이 위법**한 것이기 때문에 그 계고처분을 전제로 행하여진 **대집행비용납부명령도 위법**한 것이라는 ★**주장을 할 수 있다**. (대판 1993.11. 9. 93누14271)

☑ 대집행 절차인 계고·영장통지·실행·비용징수 사이에서도 하자승계 ○

⚠ 후행처분인 대집행비용납부명령 취소청구 소송에서 선행처분인 **계고처분이 위법하다는 이유**로 **대집행비용납부명령의 취소**를 구할 ~~수 없~~다. (×) [21 지방9]

정답 0432. ○ 0433. ○ 0434. ○ 0435. ○

0436

[18 군무원9]

직위해제처분과 면직처분 간에는 하자의 승계가 인정된다. O X

> **직위해제처분과 직권면직처분**은 후자가 전자의 처분을 전제로 한 것이기는 하나 각각 단계적으로 **별개의 법률효과를 발생**하는 행정처분이어서 선행직위 해제처분의 위법사유가 직권면직처분에는 **★승계되지 아니한다** 할 것이므로 선행된 **직위해제 처분의 위법사유를 들어** 직권면직처분의 **효력을 ★다툴 수는 없다**. (대판 1984. 9. 11., 84누191)

⚠ **공무원 직위해제처분과 면직처분 사이에는 하자의 승계가 인정되지 않는다.** (○) [09 군무원9]

⚠ **직권면직처분**을 다투면서 **직위해제처분**의 위법을 ~~주장할 수~~ 있다. (×) [17 군무원9]

0437

[20 군무원9]

「병역법」상 보충역편입처분과 공익근무요원소집처분이 각각 단계적으로 별개의 법률효과를 발생하는 독립된 행정처분이 아니므로, 불가쟁력이 생긴 보충역편입처분의 위법을 이유로 공익근무요원소집처분의 효력을 다툴 수 있다. O X

> **보충역편입처분**에 하자가 있다고 할지라도 그것이 당연무효라고 볼만한 특단의 사정이 없는 한 그 위법을 이유로 **공익근무요원소집처분의 효력을 ★다툴 수 없다**. (대판 2002. 12. 10., 2001두5422)

⚠ **보충역편입처분**과 **사회복무요원소집처분** 사이에는 ~~하자승계가~~ 인정된다. (×) [17 군무원9]

0438

[14 군무원9]

택지개발예정지구 지정과 택지개발계획 승인은 하자의 승계가 인정되지 않는다. O X

> **택지개발예정지구 지정처분에 하자**가 있다고 할지라도 그것이 당연무효 사유가 아닌 한 **택지개발계획의 승인처분**에 대하여 그와 같은 사유를 들어 이를 **★다툴 수는 없다**. (대법원 1996.12.6. 95누8409)

⚠ **택지개발예정지구 지정처분**에 취소사유가 있음을 들어 **택지개발계획 승인처분**의 위법을 주장할 수 있다. (×) [13 행정사]

정답 0436. × 0437. × 0438. O

0439

[20 군무원7]

표준지로 선정된 토지의 공시지가에 불복하기 위하여는 구 「지가공시 및 토지등의평가에 관한 법률」의 이의신청절차를 밟지 아니한 채 그 표준지에 대한 조세부과처분의 취소를 구하는 소송에서 그 공시지가의 위법성을 다툴 수는 없다. O X

표준지로 선정된 토지의 **공시지가**에 불복하기 위하여는 이의절차를 거쳐 처분청인 건설부장관을 상대로 그 공시지가결정의 취소를 구하는 행정소송을 제기하여야 하는 것이지 그러한 절차를 밟지 아니한 채 그 표준지에 대한 **조세부과처분의 취소를 구하는 소송**에서 그 **공시지가의 위법성을 ★다툴 수는 없다**. (대판 1997.2.28. 96누10225)

⚠ **과세처분**을 다투면서 **표준지공시지가결정처분의 위법**을 ~~주장할 수~~ 있다. (×) [01 관세사]

0440

[18 군무원9]

개별공시지가 결정과 개발부담금 부과처분 간에는 하자의 승계가 인정된다. O X

선행처분인 개별공시지가결정이 위법하여 그에 기초한 개발부담금 부과처분도 위법하게 된 경우 … (중략) … **위법한 개별공시지가결정**에 기초한 **개발부담금 부과처분이 적법하게 된다고 ★볼 수 없다**. (대판 2001.6.26.99두11592)

☑ 개별공시지가결정과 개발부담금 부과처분 사이에 **하자의 승계가 인정**된다는 판시

⚠ **선행처분인 개별공시지가결정이 위법**하여 그에 **기초한 개발부담금 부과처분도 위법**하게 되었지만 그 후 적법한 절차를 거쳐 공시된 개별공시지가결정이 종전의 위법한 공시지가결정과 그 내용이 동일하다면 **위법한 개별공시지가결정**에 **기초한 개발부담금 부과처분**은 ~~적법하게~~ 된다. (×) [19 국회8]

0441

[18 군무원9]

사업인정과 수용재결 간에는 하자의 승계가 인정된다. O X

사업인정단계에서의 하자를 다투지 아니하여 이미 쟁송기간이 도과한 수용재결단계에 있어서는 위 사업인정처분에 중대하고 명백한 하자가 있어 당연무효라고 볼만한 특단의 사정이 없다면 그 처분의 불가쟁력에 의하여 **사업인정처분의 위법, 부당함을 이유로 수용재결처분의 취소를 ★구할 수 없다**. (대법원 1987.9.8, 87누395)

⚠ **사업인정에 대한 쟁송기간이 도과**한 경우, **사업인정이 당연무효가 아닌 한** 그 위법을 이유로 **수용재결의 취소를 구할 수 없다**. (○) [18 행정사]

정답 0439. O 0440. O 0441. ×

0442

[18 군무원9]

도시계획결정과 수용재결처분 간에는 하자의 승계가 인정된다. O X

도시계획결정 또는 도시계획사업시행인가를 무효라고 할 수 있을 정도로 중대하고 명백하다고는 할 수 없으므로, 이러한 위법을 선행처분인 도시계획결정이나 사업시행인가 단계에서 다투지 아니하였다면 그 **쟁소기간이 이미 도과한** 후인 수용재결단계에 있어서는 **도시계획수립행위의 위와 같은 위법**을 들어 **재결처분의 취소를 구할 수는 ★없다**고 할 것이다. (대판 1990.1.23. 87누947)

▲ 법률에 규정된 공청회를 열지 아니한 하자가 있는 **도시계획결정에 불가쟁력이 발생**하였다면, 당해 **도시계획결정**이 **당연무효가 아닌 이상** 그 하자를 이유로 후행하는 **수용재결처분의 취소를 구할 수는 없다.** (○) [16 지방7]

0443

[21 군무원5]

「도시 및 주거환경정비법」상 사업시행계획과 관리처분계획은 서로 독립하여 별개의 법적 효과를 발생시키는 것으로서 이 사건 사업 시행계획의 수립에 관한 취소사유인 하자가 이 사건 관리처분계획에 승계되지 아니하므로, 위 취소사유를 들어 이 사건 관리처분계획의 적법 여부를 다툴 수는 없다. O X

구 도시 및 주거환경정비법상 **사업시행계획**과 **관리처분계획**은 서로 **독립하여 별개의 법적 효과를 발생**시키는 것으로서 이 사건 사업시행계획의 수립에 관한 취소사유인 하자가 이 사건 관리처분계획에 **승계되지 ★아니하므로**, 위 취소사유를 들어 이 사건 **관리처분계획**의 적법 여부를 **★다툴 수는 없다**. (대판 2014.6.12. 2012두28520)

▲ 「도시 및 주거환경정비법」상 **사업시행계획에 관한 취소사유**인 하자는 **관리처분계획에 승계되지 않는다.** (○) [18 국가9]

0444

[21 군무원5]

도시·군계획시설결정과 실시계획인가는 도시·군계획시설사업을 위하여 이루어지는 단계적 행정절차에서 별도의 요건과 절차에 따라 별개의 법률효과를 발생시키는 독립적인 행정처분이므로 선행처분인 도시·군계획시설 결정에하자가 있더라도 그것이 당연무효가 아닌 한 원칙적으로 후행처분인 실시계획인가에 승계되지 않는다. O X

도시·군계획시설결정과 실시계획인가는 … (중략) … 별개의 법률효과를 발생시키는 독립적인 행정처분이다. 그러므로 **선행처분인 도시·군계획시설결정에 하자**가 있더라도 그것이 당연무효가 아닌 한 원칙적으로 후행처분인 **실시계획인가에 ★승계되지 않는다**. (대판 2017.7.18., 2016두49938)

▲ 「국토의 계획 및 이용에 관한 법률」상 **도시·군계획시설결정**과 **실시계획인가**는 ~~동일한 법률효과를 목적으~~로 하는 것이므로 선행처분인 도시·군계획시설결정의 하자는 실시계획인가에 ~~승계된다~~. (×) [18 국가9]

정답 0442. × 0443. ○ 0444. ○

0445

[22 군무원7]

토지구획정리사업시행인가처분과 환지청산금부과처분 사이에는 하자의 승계가 인정된다. O X

토지구획정리사업시행인가처분에 명백하고도 중대한 하자가 있어 당연 무효라고 볼 특별한 사정이 없는 한, 사업시행 후 시행인가처분의 하자를 이유로 **환지청산금 부과처분의 효력**을 **★다툴 수는 없다**. (대판 2004.10.14. 2002두424)

⚠ 판례는 **토지구획정리사업 시행인가처분과 환지청산금부과처분** 사이의 **하자 승계를 인정하고 있지 않다**. (○) [11 국회8]

0446

[22 군무원7]

국제항공노선 운수권배분 실효처분 및 노선면허거부처분과 노선면허처분 사이에는 하자의 승계가 인정된다. O X

선행처분인 **국제항공노선 운수권배분 실효처분 및 노선면허거부처분**에 대하여 이미 불가쟁력이 생겨 그 효력을 다툴 수 없게 된 이상 그에 위법사유가 있더라도 그것이 당연무효 사유가 아닌 한 그 하자가 후행처분인 **노선면허처분에 승계된다고 ★할 수 없다**고 판단한 사례 (대판 2004.11.26. 2003두3123)

⚠ 선행처분인 **국제항공노선 운수권 배분 실효처분 및 노선면허거부처분**에 대하여 이미 **불가쟁력**이 생겨 그 효력을 다툴 수 없게 되었더라도 **후행처분인 노선면허처분을 다투는 단계**에서 선행처분의 하자를 ~~다툴 수~~ 있다. (×) [19 국회8]

0447

[17 군무원9]

상이등급결정과 상이등급개정 사이에는 하자의 승계가 인정된다. O X

종전 **상이등급 결정**과 이후에 이루어진 **상이등급 개정** 여부에 관한 **결정**이 … (중략) … 서로 결합하여 하나의 법률효과를 발생시키는 관계에 있다고 **볼 수 없다**. 따라서 종전 **상이등급 결정에 불가쟁력**이 생겨 효력을 다툴 수 없게 된 경우 종전 상이등급결정의 하자가 중대·명백하여 당연무효가 아닌 이상, 그 하자를 들어 이후에 이루어진 **상이등급 개정 여부에 관한 결정**의 효력을 **★다툴 수 없다**. (대판 2015. 12. 10., 2015두46505)

정답 0445. × 0446. × 0447. ×

0448

[21 군무원5]

서로 독립하여 별개의 효과를 목적으로 하는 선행처분과 후행처분의 경우 선행처분의 불가쟁력이나 구속력이 그로 인하여 불이익을 입게 되는 자에게 수인한도를 넘는 가혹함을 가져오며, 그 결과가 당사자에게 예측가능한 것이 아닌 경우에는 국민의 재판받을 권리를 보장하고 있는 헌법의 이념에 비추어 선행처분의 후행처분에 대한 구속력은 인정될 수 없다. O X

선행처분과 후행처분이 서로 독립하여 별개의 효과를 목적으로 하는 경우에도 **선행처분의 불가쟁력이나 구속력**이 그로 인하여 불이익을 입게 되는 자에게 **★수인한도를 넘는 가혹함**을 가져오며, 그 결과가 당사자에게 **★예측가능한 것이 아닌 경우**에는 국민의 재판받을 권리를 보장하고 있는 헌법의 이념에 비추어 **선행처분의 후행처분에 대한 구속력은 ★인정될 수 없다**. (대판 1994.1.25. 93누8542)

☑ 위 판례에서의 '예측가능성', '수인한도', '구속력'이라는 표현을 둘러싸고 규준력(구속력, 기결력) 이론을 도입한 판례인지 여부에 관하여 견해가 대립한다. 수험적으로는 **선행처분과 후행처분이 각기 독립하여 별개의 효과를 목적**으로 하는 경우에도, 처분대상자에 대한 선행처분의 효과가 **★수인가능성이나 예측가능성을 기대할 수 없을 정도**로 가혹한 경우, **★예외적으로 하자의 승계를 인정**한 판시로 정리한다.

⚠ **선행행위와 후행행위가 서로 독립하여 별개의 법률효과를 목적**으로 하는 경우라도 **선행행위의 불가쟁력이나 구속력**이 그로 인하여 불이익을 입는 자에게 **수인한도를 넘는 가혹함을 가져오고 그 결과가 예측가능한 것이 아닌 때**에는 **하자의 승계를 인정**할 수 있다. (○) [17 지방9]

⚠ **선행처분과 후행처분이 서로 독립하여 별개의 효과를 발생**하는 경우, 언제나 위법성이 승계되지 않는다는 것이 판례이다. (×) [99 관세사]

0449

[22 군무원7]

개별공시지가 결정과 이를 기초로 한 과세처분인 양도소득세 부과처분에서는 흠의 승계는 긍정된다. O X

개별공시지가결정은 이를 기초로 한 **과세처분** 등과는 **별개의 독립**된 처분으로서 **서로 독립하여 별개의 법률효과**를 목적으로 하는 것이나, … (중략) … 위법한 개별공시지가를 기초로 한 **과세처분** 등 후행 행정처분에서 **개별공시지가결정의 위법을 주장할 수 ★없도록** 하는 것은 **★수인한도**를 넘는 **불이익을 강요**하는 것으로서 … (중략) … 개별공시지가결정을 기초로 한 **과세처분** 등 행정처분의 취소를 구하는 **행정소송에서**도 선행처분인 **개별공시지가결정의 위법**을 독립된 **★위법사유로 주장할 수 있다**고 해석함이 타당하다. (대판 1994.1.25. 93누8542)

⚠ **개별공시지가 결정과 과세처분**간에는 **서로 독립하여 별개의 효과를 목적**으로 하지만, 양자 간에는 **하자승계가 인정**된다. (○) [05 국회8]

⚠ **개별공시지가 결정과 과세처분 사이**에는 **하자승계가 인정**되지 않는다. (×) [09 군무원9]

⚠ **개별공시지가 결정**과 이를 기초로 한 **과세처분**은 **서로 독립적**이므로 판례에 의하여 그 **위법성의 승계**가 부인되었다. (×) [98 국가7]

정답 0448. O 0449. O

0450

[21 군무원5]

표준지공시지가결정이 위법한 경우에는 그 자체를 행정소송의 대상이 되는 행정처분으로 보아 그 위법 여부를 다툴 수 있지만, 수용보상금의 증액을 구하는 소송에서 선행 처분으로서 그 수용대상 토지가격 산정의 기초가 된 비교표준지공시지가결정의 위법을 독립한 사유로 주장할 수 없다. O X

위법한 표준지공시지가를 기초로 한 수용재결 등 후행 행정처분에서 표준지공시지가결정의 위법을 주장할 수 없도록 하는 것은 ★수인한도를 넘는 불이익을 강요하는 것으로서 … (중략) … **표준지공시지가결정이 위법한 경우**에는 … (중략) … , **수용보상금의 증액을 구하는 소송**에서도 선행처분으로서 그 수용대상 토지 가격 산정의 기초가 된 비교**표준지공시지가결정의 위법**을 독립한 사유로 **★주장할 수 있다**. (대판 2008. 8. 21. 2007두13845)

△ **표준지공시지가결정**과 **수용재결(보상금결정)처분** 사이에는 **하자의 승계가 인정**된다. (○) [17 군무원9]

△ **표준공시지가 결정은 수용재결 사이**에는 **하자승계가 인정**~~되지 않는다~~. (×) [09 군무원9]

■ 하자의 승계여부에 관한 기출사례 정리

<table>
<tr><td>선행처분의 하자가 무효사유인 경우</td><td colspan="3">당연히 하자의 승계 인정</td></tr>
<tr><td rowspan="3">선행처분의 하자가 취소사유인 경우</td><td colspan="2">서로 결합하여 하나의 법률효과를 발생</td><td>① 개별공시지가결정과 개발부담금 부과처분
② 대집행절차(계고, 통지, 실행, 비용징수) 사이
③ 강제징수절차(독촉· 재산압류· 매각· 충당) 사이</td></tr>
<tr><td rowspan="2">서로 독립하여 별개의 법률효과를 목적</td><td>원칙 (부정)</td><td>① 과세처분과 체납처분
② 도시계획결정과 수용재결처분
③ 재개발사업인정과 수용재결처분
④ 택지개발예정지구 지정과 택지개발계획 승인
⑤ 표준지공시지가 결정과 과세처분
⑥ 직위해제처분과 직권면직처분
⑦ 보충역편입처분과 공익근무요원소집처분
⑧ 사업시행계획과 관리처분계획
⑨ 도시·군계획시설결정과 실시계획인가
⑩ 토지구획정리사업시행인가처분과 환지청산금부과처분
⑪ 국제항공노선 운수권배분 실효처분 및 노선면허거부처분과 노선면허처분
⑫ 상이등급결정과 상이등급개정여부 결정</td></tr>
<tr><td>예외 (인정)</td><td>① 개별공시지가결정과 과세처분 (개-과)
② 표준지공시지가결정과 수용재결 (표-수)</td></tr>
</table>

정답 0450. ×

제4절 기타 행정작용의 여러 형식

1 공법상 계약, 공법상 합동행위

0451

[10 군무원9]

공법상 계약은 복수 당사자 간의 동일방향의 의사표시의 합치에 의하여 성립한다. O X

'**공법상의 계약**'이란 **공법상의 법률효과 발생**을 목적으로, **2인 이상의 당사자**가 서로 **★반대방향의 의사표시를 합치**시킴으로써 성립하는 **공법상의 법률행위**를 말한다.

⚠ 행정지도는 행정활동의 한 수단으로 **공행정 목적을 수행**하기 위한 **계약적 행정작용**을 말한다. (×) [11 사복9]

⚠ (　　)은/는 **공법상의 법률관계의 변경**을 가져오는 행정주체를 한쪽 당사자로 하는 양 당사자 사이의 **반대방향의 의사표시**의 합치를 말한다. → (공법상 계약) [17 교행9]

0452

[19 군무원9]

국가 또는 지방자치단체와 국민사이에 체결되는 공해방지협정 또는 환경보전협정은 공법상 계약이다. O X

ⓐ 종래의 '**공법상의 계약**'은 주로 **급부행정의 영역**에서 인정되어 온 행정작용의 형식이었으나,
ⓑ 근래에는 지방자치단체와 관내 기업체 사이에서 법적 구속력이 있는 '**공해방지 및 환경보전 협정**'과 같이 **★침익적 행정분야 등에서 규제적 수단으로**써도 **공법상 계약이 체결**되기도 한다.

⚠ **행정계약**은 준비행정의 영역에서나 **급부행정의 영역**에서 행정의 작용형식으로 주로 채용되어 왔으나, **최근에는 규제의 방식**으로 **행정계약이 채용**되기도 하며, 예컨대 일본에서 행해지는 **공해방지협정**과 같은 것이 그에 속한다. (○) [04 국가7]

⚠ **공법상 계약**은 급부행정의 영역에서만 이용되는 수단이다. (×) [02 관세사]

0453

[18 군무원9]

「행정절차법」은 공법상 계약의 체결 절차에 대하여 규율하고 있다. O X

행정절차법에는 **공법상 계약에 관한 규정**이 **★존재하지 않는다.**

⚠ 「**행정절차법**」은 공법상 계약에 관하여는 **규정하고 있지 않다.** (○) [21 행정사]

정답 0451. × 0452. ○ 0453. ×

0454

[10 군무원9]

공법상 계약에 관한 일반법은 없다. O X

공법상 계약을 규율하는 ★**별도의 법률은 없으나,** 다만 최근 **행정기본법 제27조**에서 공법상 계약에 관한 ★**일반적 근거조항을 마련**하고 있다.

☑ 공법상 계약의 **일반법 존재** × / 공법상 계약의 **일반적·통칙적 규정 존재** ○

⚠ 「국가를 당사자로 하는 계약에 관한 법률」은 **공법상 계약**에 관한 일반법이다. (×) [06 국회8]

0455

[19 군무원9]

공무를 위탁받은 사인과 개인이 체결하는 계약은 공법상 계약에 해당한다. O X

■ 주체에 따른 공법상 계약의 종류와 예시

행정주체 상호 간	지방교육사무의 위탁(교육감－지방자치단체장)
행정주체와 사인 간	환경보전협정(지자체－기업체), 임기제공무원 채용계약(지자체－사인)
사인과 사인 간	토지수용에서 **사업시행자와 토지소유자 사이**의 협의 ☑ 사업시행자는 **공무수탁사인**으로서, **행정주체**의 지위를 가진다. **다만 판례**는 공법상 계약이 아닌 ★**사법상 계약**으로 본다. ☞ 113문 참고

⚠ 계약당사자의 **일방은 행정주체이어야** 하며, **행정주체에는 공무를 수탁받은 사인**도 **포함**된다. (○) [12 사복9]

⚠ **행정주체인 사인**은 **공법상 계약의 일방 당사자**가 될 수 없다. (×) [11 사복9]

0456

[19 군무원9]

별정우체국장의 지정은 공법상 계약에 해당한다. O X

별정우체국장의 지정은 **사인에 대한 행정사무(우정·체신사무)의 위임계약**으로서 행정주체와 사인 사이의 ★**공법상 계약**에 해당한다.

정답 0454. ○ 0455. ○ 0456. ○

0457

[16 군무원9]

공법상 계약은 원칙적으로 비권력적 행정작용이므로 법률상 근거 없이도 체결이 가능하다. O X

ⓐ **공법상 계약**은 당사자의 자유로운 의사의 합치에 따라 체결되는 행위형식이므로 원칙적으로 **★법률유보의 원칙은 적용되지 않는다.**

☑ 모든 행정작용에 적용되는 법률우위의 원칙은 당연히 적용

ⓑ 따라서 **실정법상 명문의 근거가 ★없더라도** 공법상 계약의 **체결이 가능**하다.

☑ 다만 행정기본법 제정으로 공법상 계약에 관한 일반 근거조항(제27조)이 마련

⚠ 공법상 계약에는 ~~법률의 명시적 근거가 필요~~하다. (×) [06 선관위9]

0458

[16 군무원9]

공법상 계약에는 공정력이 인정되지 않는다. O X

공법상 계약은 비권력적 행정작용이므로, **공정력, 존속력, 자력집행력과 같은 ★행정행위의 효력이 인정되지 않는다.**

⚠ 공법상 계약은 **공정력이 인정되는 행정행위가 아니다.** (×) [10 군무원9]

⚠ 공법상 계약에는 **공정력은 인정되지 아니하**나 ~~자력집행력은 인정~~된다. (×) [06 광주9]

0459

㉠ 계약직공무원에 관한 현행 법령의 규정에 비추어 볼 때, 계약직공무원 채용계약해지의 의사표시는 일반공무원에 대한 징계처분과는 달라서 항고소송의 대상이 되는 처분 등의 성격을 가진 것으로 인정되지 아니한다. [20 군무원9] O X

㉡ 계약직 공무원에 관한 현행 법령의 규정에 비추어 볼때, 계약직 공무원 채용계약 해지의 의사표시는 행정처분과 같이 행정절차법에 의하여 근거와 이유를 제시하여야 한다. [19 군무원9] O X

계약직공무원 채용계약해지의 의사표시는 일반공무원에 대한 **징계처분과는 달라서** 항고소송의 대상이 되는 **★처분 등의 성격**을 가진 것으로 **인정되지 아니하고**, 일정한 사유가 있을 때에 국가 또는 지방자치단체가 채용계약 관계의 한쪽 당사자로서 대등한 지위에서 행하는 의사표시로 취급되는 것으로 이해되므로, … (중략) …, 행정처분과 같이 행정절차법에 의하여 **근거와 이유를 제시하여야 ★하는 것은 아니다.** (대판 2002.11.26, 2002두5948)

⚠ **계약직공무원 채용계약해지의 의사표시**는 ~~행정처분으로 인정~~된다. (×) [19 소방]

⚠ **공법상 계약의 해지**는 행정처분이 아니므로 **행정절차법을 따르지 않아도 된다.** (○) [16 군무원9]

⚠ **계약직공무원에 대한 채용계약해지**를 함에 있어서는 **「행정절차법」에 의하여 그 근거와 이유를 제시할 필요가 없다.** (○) [22 행정사]

정답 0457. O 0458. O 0459-㉠. ×

0460
[18 군무원9]

중소기업기술정보진흥원장이 중소기업 정보화지원사업에 따른 지원금 출연을 위하여 중소기업청장이 체결한 협약의 해지 및 그에 따른 환수통보는 취소소송의 대상인 처분이다. O X

> 중소기업 정보화지원사업에 따른 지원금 출연을 위하여 **중소기업청장이 체결하는 협약**은 공법상 대등한 당사자 사이의 의사표시의 합치로 성립하는 **★공법상 계약**에 해당하는 점 … (중략) … 등을 종합하면, **협약의 해지** 및 그에 따른 **환수통보**는 공법상 계약에 따라 행정청이 대등한 당사자의 지위에서 하는 의사표시로 보아야 하고, 이를 행정청이 우월한 지위에서 행하는 공권력의 행사로서 **★행정처분에 해당한다고 볼 수는 없다**. (대법원 2015.8.27., 2015두41449)
>
> ☑ 따라서 취소소송이 아닌 **'공법상 당사자소송'의 대상**

⚠ **중소기업 정보화지원사업**에 따른 **지원금 출연**을 위하여 **중소기업청장이 체결**하는 협약은 **공법상 계약**에 해당한다. (○) [21 군무원7]

⚠ **중소기업기술정보진흥원장**과 **'갑' 주식회사**가 체결한 **중소기업 정보화지원사업**을 위한 **협약의 해지 및 그에 따른 환수통보**는 공법상 **당사자소송**에 의한다. (○) [20 소방]

0461
[21 군무원7]

지방자치단체가 사인과 체결한 자원회수 시설 위탁운영협약은 공법상 계약에 해당한다. O X

> 이 사건 협약은 **지방자치단체**인 피고가 **사인**인 원고 등에게 이 사건 **자원회수시설의 운영을 위탁**하고 그 위탁운영비용을 지급하는 것을 내용으로 하는 **용역계약(자원회수시설 위탁운영협약)**으로서, 상호 대등한 입장에서 당사자의 합의에 따라 체결한 **★사법상 계약**에 해당한다. (대판 2019.10.17. 2018두60588)

⚠ **지방자치단체**가 A주식회사를 **자원회수시설과 부대시설의 운영·유지관리** 등을 **위탁할 민간사업자로 선정**하고 A주식회사와 체결한 위 시설에 관한 **위·수탁 운영 협약**은 **사법상 계약**에 해당한다. (○) [22 지방9]

0462
[21 군무원9]

공법상 계약의 한쪽 당사자가 다른 당사자를 상대로 효력을 다투거나 이행을 청구하는 소송은 공법상의 법률관계에 관한 분쟁이므로 분쟁의 실질이 공법상 권리·의무의 존부·범위에 관한 다툼에 관해서는 공법상 당사자소송으로 제기하여야 한다. O X

> **공법상 계약**의 한쪽 당사자가 다른 당사자를 상대로 그 **효력**을 다투거나 그 **이행**을 청구하는 소송은 공법상의 **★법률관계**에 관한 분쟁이므로 분쟁의 실질이 공법상 권리·의무의 존부·범위에 관한 다툼이 아니라 손해배상액의 구체적인 산정방법·금액에 국한되는 등의 특별한 사정이 없는 한 **★공법상 당사자소송**으로 제기하여야 한다. (대판 2021.2. 4. 2019다277133)

⚠ **공법상 계약에 관한 다툼**은 **행정쟁송의 대상**이다. (○) [06 군무원9]

⚠ **공법상 계약에 관한 다툼**은 ~~항고소송으로 해결~~한다. (×) [02 관세사]

⚠ **공법상 계약**이더라도 한쪽 당사자가 다른 당사자를 상대로 계약의 이행을 청구하는 소송은 ~~민사소송~~으로 제기하여야 한다. (×) [22 지방9]

정답 0460. × 0461. × 0462. ○

0463

[18 군무원9]

서울특별시립무용단 단원의 위촉은 공법상의 계약이므로, 그 단원의 해촉에 대하여는 공법상의 당사자소송으로 그 무효확인을 청구할 수 있다.

O X

서울특별시립무용단 단원의 **위촉**은 **★공법상의 계약**이라고 할 것이고 따라서 그 단원의 **해촉**에 대하여는 **★공법상의 당사자소송**으로 그 무효확인을 청구할 수 있다. (대판 995.12.22, 95누4636)

⚠ **시립무용단원의 해촉**에 대해서는 ~~항고소송~~으로 다투어야 하고 당사자소송으로 ~~다툴 수는 없다.~~ (×) [16 교행9]

0464

[22 군무원5]

공중보건의사 채용계약해지의 무효확인의청구를 구하는 소송은 공법상 당사자소송의 대상이다. O X

전문직공무원인 **공중보건의사의 채용계약 해지의 의사표시**는 일반공무원에 대한 **★징계처분과는 달라서** 항고소송의 대상이 되는 처분 등의 성격을 가진 것으로 인정되지 아니하고, … (중략) … 공중보건의사 **채용계약 해지의 의사표시**에 대하여는 대등한 당사자간의 소송형식인 **★공법상의 당사자소송**으로 그 의사표시의 무효확인을 **청구**할 수 있는 것이지, … (중략) … 행정처분이라는 전제하에서 그 취소를 구하는 **항고소송을 ★제기할 수는 없다**. (대판 1996.5.31. 95누10617)

⚠ 지방전문직**공무원의 채용계약은** 확약에 해당한다. (×) [19 소방] ☑ **확약** → 공법상 계약

⚠ 전문직**공무원 채용계약 해지의 의사표시**에 대한 소송은 **당사자소송**이다. (○) [06 군무원9]

⚠ **공중보건의사 채용계약 해지의 의사표시**에 대한 소송은 **당사자소송**이다. (○) [10, 15 군무원9]

⚠ 대법원은 구 「농어촌 등 보건의료를 위한 특별조치법」 및 관계법령에 따른 전문직 공무원인 **공중보건의사의 채용계약해지의 의사표시**는 ~~일반공무원에 대한 징계처분과 같은 성격~~을 가지며, 따라서 ~~항고소송의 대상~~이 된다고 본다. (×) [17 국가9]

0465

[16 군무원9]

계약직 공무원의 보수를 삭감하거나 감봉할 때에는 공무원법상의 징계처분절차를 거치지 아니하고 할 수 있다.

O X

지방**계약직공무원**에 대하여 지방공무원법, 지방공무원징계 및 소청규정에 정한 **징계절차에 의하지 않고서**는 **★보수를 삭감할 수 없다**. (대판 2008. 6.12. 2006두16328)

☑ 보수의 삭감 조치를 징계처분의 일종인 감봉과 유사한 것으로 보았다.

⚠ 채용계약상 특별한 약정이 없는 한, **지방계약직공무원**에 대하여 「지방공무원법」, 「지방공무원 징계 및 소청 규정」에 정한 **징계절차에 의하지 않고서는 보수를 삭감할 수 없다.** (○) [21 국가9]

정답 0463. O 0464. O 0465. ×

0466

[16 군무원9]

공법상 계약은 복수 당사자 간의 동일 방향의 의사표시가, 공법상 합동행위는 복수 당사자 간의 반대 방향의 의사표시가 요구된다. O X

구분	공법상 계약	공법상 합동행위
성립	복수당사자 간 **반대방향**의 **의사표시 합치**로 성립	복수 당사자 간의 **동일방향**의 **의사표시의 합치**로 성립

⚠ **공법상 합동행위**는 공법적 효과 발생을 목적으로 하는 복수 당사자 간의 **동일방향의 의사의 합치**로 성립되는 공법행위이며, **지방자치단체 조합을 설립하는 행위** 등은 이에 해당한다. (○) [12 지방7]

⚠ **공법상 계약**은 복수당사자 간 **반대방향**의 의사표시 합치로 성립되는 공법행위로 **동일한 방향**의 의사표시 합치로 성립되는 **공법상 합동행위**와 구별된다. (○) [14 경행]

2 확약, 행정계획, 행정지도

0467

[07 군무원9]

확약은 재량행위에만 가능하고 기속행위에는 불가능하다. O X

'확약'은 ★**재량행위**는 물론, ★**기속행위에 대해서도 가능**하다.
☑ 기속행위에 대한 확약의 인정여부에 관한 견해대립은 **수험상 이해가 불필요**

⚠ **재량행위**뿐 아니라, **기속행위도 확약의 대상**이 될 수 있다는 것이 다수설이다. (○) [04 관세사]

0468

[07 군무원9]

확약이 있으면 행정청은 상대방에게 확약된 행위를 할 자기구속적 의무를 지게 된다. O X

행정청이 **'확약'**을 하게 되면, 그 상대방에 대하여 **확약내용을 이행하여야 할** ★**자기구속적 의무**를 지게 한편, 상대방으로서는 **확약내용을 이행을 청구할 수 있는** ★**권리**를 가지게 된다.

⚠ 확약을 행한 행정청은 **확약의 내용인 행위를 하여야 할 자기구속적 의무**를 지며, 상대방은 행정청에 **그 이행을 청구할 권리**를 갖게 된다. (○) [16 서울9]

정답 0466. ✕ 0467. ✕ 0468. ○

0469

[08 군무원9]

신뢰보호의 원칙은 행정확약에 적용될 수 있다.

O X

'확약'은 일정한 처분을 하거나 하지 않을 것을 약속하는 의사표시로서, 신뢰보호의 원칙에서의 선행조치에 해당하여, 그 **확약에 대한 상대방의 신뢰보호를 수반**하므로, **★신뢰보호의 원칙과 관련**이 깊다.

⚠ **신뢰보호의** 원칙은 행정상 **확약과 관계가** 깊다. (○) [06 군무원9]

⚠ **확약의 이론적** 근거 중 하나로 **'신뢰보호설'**을 들 수 있다. (○) [12 군무원9]

0470

[12 군무원9]

본처분에 관한 권한이 없는 행정청으로부터 발하여진 확약은 무효이다.

O X

유효한 확약은 **★본행정처분**을 행할 수 있는 **★권한을 가진 행정청**에 의해서만 가능하고, 또한 **★권한의 범위 내**에서만 발해질 수 있다. 따라서 **권한 없는 행정청이 행한 확약은 ★무효**사유가 된다.

⚠ 확약은 **본 행정행위**에 대해 **정당한 권한을 가진 행정청**만이 할 수 있고, 당해 행정청의 행위**권한의 범위 내**에 있어야 한다. (○) [15 경행]

0471

[12 군무원9]

행정청이 본처분을 할 수 있는 권한이 있는 것과는 별개로 확약에서는 확약에 관한 별도의 법적 근거를 요한다.

O X

【행정절차법】 제40조의2(확약) ① <u>법령등에서 **당사자가 신청**할 수 있는 **처분을 규정**하고 있는 경우 행정청은 **당사자의 신청**에 따라 **장래에** 어떤 처분을 **하거나 하지 아니할 것을 내용**으로 하는 **의사표시**를 할 수 있다.</u>

☑ Ⓐ **본처분을 할 수 있는 권한**이 있다면 그 권한에 기하여 **확약을 할 수 있는 권한도 포함**되어 있다고 보아 **★별도의 명문규정이 없더라도** 확약을 할 수 있다는 것이 통설적 견해이다.

☑ Ⓑ 최근 개정된 행정절차법(2022.7.~) 제40조의2 제1항에서도 **본처분권한에 확약의 권한은 포함된다**는 해석이 도출된다.

⚠ **명문의 근거규정이 없더라도** 본 처분을 행할 수 있는 행정청은 그 확약도 할 수 있다. (○) [07 군무원9]

⚠ 확약을 허용하는 명문의 규정이 없더라도 다수설은 **본처분권한에 확약에 대한 권한이 포함**되어 있다고 보아 **별도의 명문의 규정이 없더라도** 확약을 할 수 있다는 입장이다. (○) [14 경행]

정답 0469. ○ 0470. ○ 0471. ×

0472

[12 군무원9]

확약에 관하여는 현행법상 규정이 없으므로 구술에 의한 확약도 가능하다. O X

> **【행정절차법】 제40조의2(확약)** ② 확약은 ★문서로 하여야 한다.
> ☑ 최근 개정된 행정절차법(2022.7.~)에는 **확약의 근거규정이 마련**되어 있다.

- 현행 「행정절차법」에는 **유효한 확약**을 위한 **문서의 형식을 요구**하는 **명문규정**이 있다. (○) [10 지방7]
- **행정절차법**에 의하면, **확약**은 구두가 아닌 **문서로 이루어져야 한다.** (○) [22 소방승진]

0473

[11 군무원9]

판례는 행정청이 상대방에게 어떤 처분을 하겠다고 확약을 한 후 사실적·법률적 상태가 변경되었다면 그 확약은 행정청의 별다른 의사표시 없이 실효된다고 본다. O X

> 행정청이 상대방에게 장차 어떤 처분을 하겠다고 **확약 또는 공적인 의사표명**을 하였다고 하더라도, … (중략) … **확약 또는 공적인 의사표명**이 있은 후에 **사실적·법률적 상태가 변경**되었다면, 그와 같은 확약 또는 공적인 의사표명은 행정청의 **별다른 의사표시를 ★기다리지 않고 실효**된다. (대판 1996. 8. 20., 95누10877)

- 행정청의 **확약** 또는 공적견해표명이 **있은 후**에 **사실적·법률적 상태가 변경**되었다면 그와 같은 확약 또는 공적 의사표명은 행정청의 **별다른 의사표시를 기다리지 않고 실효**된다. (○) [18 군무원9]
- **확약 이후**에 **사실상태 또는 법적 상태가 변경**된 경우에도 확약의 **구속성이 상실**되기 위해서는 ~~행정청의 별도의 의사표시가 있어야~~ 한다. (×) [22 행정사]

0474

[20 군무원7]

어업권면허에 선행하는 우선순위결정은 행정청이 우선권자로 결정된 자의 신청이 있으면 어업권면허처분을 하겠다는 것을 약속하는 행위로서 강학상 확약에 불과하다. O X

> **어업권면허에 선행하는 우선순위결정**은 행정청이 우선권자로 결정된 자의 신청이 있으면 어업권면허**처분을 하겠다는** 것을 **약속**하는 행위로서 강학상 **★확약에 불과**하고 **★행정처분은 아니므로**, 우선순위결정에 공정력이나 불가쟁력과 같은 효력은 인정되지 아니한다. (대판 1995.1.20, 94누6529)

- **어업면허에 선행하는 우선순위결정**의 **처분성은 인정되지 않는다.** (○) [15 군무원9]
- 어촌계에 대한 **어업권면허에 선행하는 우선순위결정**은 강학상 **확약에 불과**하고 행정**처분은 아니다.** (○) [19 군무원9]
- **어업권면허에 선행하는 우선순위결정**은 ~~처분에 해당~~한다. (×) [10 지방9]

정답 0472. × 0473. ○ 0474. ○

0475

[15 군무원9]

원자로 및 관계시설의 부지 사전승인처분의 처분성은 부정된다. O X

원자로 및 관계 시설의 부지사전승인처분은 그 자체로서 건설부지를 확정하고 사전공사를 허용하는 법률효과를 지닌 **★독립한 행정처분**이다. (대판 1995.1.20, 94누6529)

⚠ **원자력법상 시설부지 사전사용승인**은 그 자체로서 **독립적인 행정처분**이 아니므로 취소소송으로 이를 다툴 수 없다. (×) [08 국회8] [14 서울9]

0476

[20 군무원9]

원자로 및 관계 시설의 부지사전승인처분은 나중에 건설허가처분이 있게 되더라도 그 건설허가처분에 흡수되어 독립된 존재가치를 상실하는 것이 아니하므로, 부지사전승인 처분의 취소를 구할 이익이 있다. O X

원자로 및 관계 시설의 부지사전승인처분은 건설허가 전에 신청자의 편의를 위하여 미리 그 건설허가의 일부 요건을 심사하여 행하는 **사전적 부분** 건설허가처분의 성격을 갖고 있는 것이어서 나중에 건설허가처분이 있게 되면 그 건설허가처분에 **흡수**되어 **독립된 존재가치를 ★상실**함으로써 그 **★건설허가처분만이 쟁송의 대상**이 되는 것이므로, 부지사전승인처분의 취소를 구하는 소는 **소의 이익을 ★잃게 된다**. (대판 1998.9.4, 97누19588)

⚠ 원자력안전법상 **원자로 건설허가**에 앞선 **부지사전승인처분**은 그 자체로서 건설부지를 확정하고 사전공사를 허용하는 **법률효과를 지닌 독립한 행정처분**이지만, **사전적 부분 건설허가**의 성격을 갖고 있어서 **나중에 건설허가처분**이 있게 되면 그 **건설허가처분에 흡수**되어 그 **건설허가처분만이 쟁송의 대상**이 된다. (○) [20 국가5 승진]

⚠ 원자로건설허가처분이 있게 되면 **원자로부지사전승인처분에 대한** 취소소송은 **소의 이익을 잃게 된다.** (○) [13 지방7]

0477

[07 군무원9]

확약의 불이행으로 인해 손해가 발생한 경우에는 국가배상법에 의거하여 손해배상을 청구할 수 있다. O X

확약의 불이행으로 **손해가 발생**하였고, 그 불이행이 **국가배상법 제2조에 따른 불법행위**에 해당할 경우, **★행정상 손해배상을 청구**할 수 있다.

⚠ 행정청의 **확약의 불이행**으로 인해 **손해를 입은 자는 국가배상법상 요건을 충족**하는 경우에 한하여 **손해배상을 청구할 수 있다.** (○) [14 사복9]

정답 0475. × 0476. × 0477. ○

0478

[19 군무원9]

행정계획의 개념은 강학상의 것일 뿐 대법원 판례에서 이를 직접적으로 정의한 바는 없다. O X

행정계획이라 함은 행정에 관한 **전문적·기술적** 판단을 기초로 하여 도시의 건설·정비·개량 등과 같은 특정한 ★행정**목표를 달성**하기 위하여 서로 관련되는 ★행정**수단을 종합·조정**함으로써 **장래**의 일정한 시점에 있어서 **일정한 질서를 실현**하기 위한 ★**활동기준**으로 설정된 것이다. (대판 2007.4.12. 2005두1893)

☑ 강학상 행정계획의 정의 **'행정계획'**이란 행정주체가 일정한 행정활동을 위한 **목표를 설정**하고, 그 **목표를 달성**하기 위하여 필요한 **행정수단의 종합·조정**을 통하여 **목표를 실현하기 위한 구상 또는 활동기준의 설정행위**를 말한다.

⚠ **행정계획**은 행정에 관한 **전문적·기술적 판단**을 기초로 하여 도시의 건설·정비·개량 등과 같은 **특정한 행정목표를 달성**하기 위하여 **서로 관련되는 행정수단을 종합·조정**함으로써 **장래의 일정한 시점**에 있어서 **일정한 질서를 실현**하기 위한 **활동기준**이다. (○) [16 국회8]

0479

[15 군무원9]

행정계획의 절차에 관한 일반법은 없고 개별법에 규정되어 있다. O X

ⓐ **행정계획의 수립과정**에서는 전문지식 기반, 계획 상호간의 조정, 관계인의 이해조절 등과 같은 여러 요소가 고려되어야 하므로, 그 과정에 대한 ★**절차적 통제가 중요**하나,
ⓑ 행정**계획의 확정절차**에 관한 **일반법도 존재하지** ★**않으며**, **개별법**에서 특정 계획의 절차에 관하여 ★**제각기 규정**하고 있다.

⚠ **행정계획의 절차**에 관한 **일반적 규정은 없고**, **개별법에 다양하게 규정**되어 있다. (○) [15 지방7]
⚠ **행정계획의 절차**에 관한 일반법으로 ~~행정계획절차법이 시행~~되고 있다. (×) [15 교행9]

정답 0478. × 0479. ○

0480

[15 군무원9]

행정계획은 그 절차적 통제가 중요한 의미를 가지기 때문에, 우리 행정절차법에도 이에 관한 규정을 마련하고 있다. O X

【행정절차법】

제40조의4(행정계획) 행정청은 행정청이 수립하는 **계획** 중 국민의 **권리·의무**에 직접 영향을 미치는 계획을 **수립하거나 변경·폐지**할 때에는 관련된 여러 **이익**을 **정당하게 ★형량**하여야 한다.

제46조(행정예고) ① 행정청은 정책, 제도 및 **★계획**을 수립·시행하거나 변경하려는 경우에는 이를 **예고**하여야 한다.

☑ 우리 행정절차법에는 **행정계획의 수립과정**에의 **절차적 통제에 관한 규정이 없고**, 계획재량에서의 이익형량 규정과 행정예고절차의 적용규정 등만 담고 있다.

⚠ 행정계획에 대해서는 **절차적 통제가 중요**하나, **우리 행정절차법**은 규정을 **두고 있지 않다.** (○) [01 관세사]

⚠ 행정절차법은 **행정계획**의 ~~수립절차에 대하여 규정~~하고 있다. (×) [09 군무원9]

0481

[15 군무원9]

계획재량은 장래에 이루고자 하는 목적사항을 그 대상으로 한다. O X

ⓐ **계획법규범**은 **★목표는 제시**하지만 그 목표실현을 위한 **수단은 구체적으로 제시하지 않는 ★목적－수단 프로그램의 형식**을 취하는 것을 특징으로 한다.

ⓑ 따라서 행정청은 계획법규범에 따라 행정계획의 수립 과정에서 **계획목표를 설정**하게 되며, 이러한 계획목표와 목표달성을 위한 수단·방법을 설정함에 있어서는 **★광범위한 형성의 자유**를 가지게 되는데, 이를 **'계획재량'**이라 한다.

⚠ **계획법규범**은 **목표는 제시**하지만 그 목표실현을 위한 수단은 구체적으로 제시하지 않는 **목적－프로그램**의 형식을 취하는 것을 특징으로 한다. (○) [15 사복9]

⚠ **계획재량**은 ~~조건프로그램~~, 새로운 질서형성, 계획법과 관계가 있다. (×) [05 관세사]

0482

[16 군무원9]

계획재량은 형성의 자유가 인정되는 법률로부터 자유로운 행위의 일종이다. O X

ⓐ 일반의 재량행위보다는 광범위한 형성의 자유를 가지는 **'계획재량'**에도 행정계획도 **법질서의 범위 내**에서, 관계법령상의 **형식·절차를 준수**하여야 하고, **이익형량의 원칙도 이행**하여야 하는 **내·외적인 ★법적 한계**가 있다.

ⓑ 이러한 **한계를 벗어난** 계획재량의 행사는 **★사법심사의 대상**이 된다.

⚠ **계획재량**은 재량행위의 일종이므로 일정한 **법치국가적 한계**가 있다. (○) [18 소방]

⚠ 계획재량은 ~~법률로부터 자유로운~~ 행정재량의 한 유형이다. (×) [05 경북9]

정답 0480. × 0481. O 0482. ×

0483

[14 군무원9]

행정주체에게는 구체적인 행정계획을 함에 있어서 형성의 자유가 인정되지 않으므로 관계법령에 따라 입안하고 결정해야 한다. O X

구 도시계획법 등 관계 법령에는 ★추상적인 행정목표와 절차만을 규정하고 있을 뿐 행정계획의 내용에 관하여는 별다른 규정을 두고 있지 아니하므로, **행정주체**는 구체적인 행정계획을 입안·결정함에 있어서 비교적 ★광범위한 형성의 자유를 가진다. (대법원 1996.11.29., 96누8567)

☑ **관계법령**에는 **추상적인 목표와 절차** 정도만 규정되어 있으므로, **행정주체에게**는 행정계획의 구체적 내용을 설정할 수 있는 광범위한 형성의 자유, 즉 **계획재량이 인정**된다.

- 판례는 **행정계획의 주체**에 대하여 **형성의 자유**를 인정한다. (○) [10 군무원9]
- **계획재량**은 일반적인 **재량행위에 비해 더 큰 재량**의 범위가 부여된다. (○) [14 서울9]
- 계획재량이란 행정주체는 **행정계획을 입안·결정**함에 있어서 가지는 비교적 **광범위한 형성의 자유**를 말한다. (○) [15 군무원9]
- 관계 법령에는 추상적인 행정목표와 절차만이 규정되어 있을 뿐 행정계획의 내용에 관하여는 별다른 규정을 두고 있지 아니하므로 행정주체는 구체적인 **행정계획을 입안·결정**함에 있어서 비교적 **광범위한 형성의 자유**를 가진다. (○) [22 군무원9]
- 행정계획에 있어서 관계 법령에는 추상적인 행정목표와 절차만이 규정되어 있을 뿐 행정계획의 내용에 대하여는 별다른 규정을 두고 있지 아니하므로 행정주체는 구체적인 **행정계획을 입안·결정**함에 있어서 비교적 **광범위한 형성의 자유**를 가진다. (○) [22 군무원5]
- 행정주체가 **행정계획**을 결정할 때 **광범위한 형성의 자유가 인정**되지 않는다. (×) [17 교행9]
- 계획을 수립하는 행정청에게 인정되는 행정계획의 내용이나 수단에 대한 **광범한 형성의 자유**를 판단여지라고 한다. (×) [08 선관위9]

- 계획재량은 **불확정적인 개념 사용**의 필요성이 **행정재량보다 크다**. (○) [15 군무원9]

☑ 오늘날의 행정은 질적·양적으로 확대·다양화됨에 따라 법률에서 행정행위의 요건을 추상적·불확정적 개념을 사용하여 규정하는 경우가 적지 않은바, 광범위한 형성의 자유가 인정되는 계획재량에 있어서도 추상적·불확정적 개념을 사용할 필요성이 일반적인 행정재량보다는 크다고 볼 수 있다.

0484

[15 군무원9]

계획재량에 대해서 절차적 통제보다 실체적 통제가 중요한 의미를 갖는다. O X

ⓐ 행정재량에서는 실체적인 내·외적 한계(평등의 원칙, 비례의 원칙 준수 등)를 기준을 중심으로 재량권 행사의 일탈·남용 여부를 판단하는 반면에,
ⓑ **계획재량의 통제**는 계획의 수립과정에 대한 ★**절차적 측면에 대한 통제가 더욱 중요한 의미**를 가진다.

- **계획재량**은 **절차적 통제의 중요성**과 관계가 있다. (○) [05 관세사]

정답 0483. × 0484. ×

0485

[21 군무원9]

통상적인 재량행위와 계획재량은 양적인 점에서 차이가 있을 뿐 질적인 점에서는 차이가 없다는 견해는 형량명령이 계획재량에 특유한 하자 이론이라기보다는 비례의 원칙을 계획재량에 적용한 것이라고 한다. O X

■ 계획재량과 행정재량의 구별 논의

구별긍정설 (양적·질적 차이 인정)	① 행정재량과 계획재량은 **근거규범의 구조가 상이**하고(조건-결과 vs 목적-수단), ② 행정계획에 특유한 통제법리(**형량명령**, Abwägungsgebot)가 존재하므로, **양적**은 물론 **★질적으로도 차이**가 있다는 견해
구별부정설 (양적 차이만 인정)	① 계획재량의 형량명령은 **비례원칙을 행정계획에 적용한 것에 불과**하고, ② 계획재량 역시 **행정재량의 일종**으로 양자 간에는 **질적인 차이는 없고**, 단지 **★양적인 차이만이 존재**할 뿐이라는 견해

⚠ 계획재량과 행정재량을 **질적으로 구분**하는 견해도 있고, 질적 차이는 없고 **양적 차이만 있다는 견해**가 있다. (○) [06 국가7]

⚠ 계획재량과 일반행정재량 사이에는 어떠한 **양적·질적 차이도 존재**하지 아니한다고 보는 것이 통설적 견해이다. (×) [09 국회8] ☑ 부정설은 근래의 유력설이다.

0486

[22 군무원9]

행정주체가 가지는 이와 같은 형성의 자유는 무제한적인 것이 아니라 그 행정계획에 관련되는 자들의 이익을 공익과 사익 사이에서는 물론이고 공익 상호간과 사익 상호간에도 정당하게 비교 교량하여야 한다는 제한이 있다. O X

행정주체가 가지는 이와 같은 형성의 자유는 무제한적인 것이 아니라 그 행정계획에 관련되는 자들의 **이익**을 **★공익과 사익 사이**에서는 물론이고 **★공익 상호간**과 **★사익 상호간**에도 **정당**하게 **비교교량**하여야 한다는 제한이 있는 것이다. (대판 2006. 9. 8., 2003두5426)

⚠ 행정주체는 그 행정계획에 관련되는 자들의 이익을 **공익과 사익 사이**에서는 물론이고 **공익 상호간**과 **사익 상호간**에도 정당하게 **비교교량**하여야 한다는 제한을 받는다.(○) [21 군무원9]

⚠ 행정주체가 행정계획을 입안·결정하는 데에는 광범위한 계획재량을 가지더라도, 행정계획에 관련된 자들의 이익을 **공익 상호간**과 **사익 상호간**까지 **비교·교량하여야** 할 필요는 없다. (×) [15 행정사]

0487

[16 군무원9]

사업계획 승인과 관련하여 이익을 형량한 결과 공익에 해가 가지 않을 정도의 경미한 흠이 있다 하더라도 이러한 흠 있는 사업승인은 무조건 취소하여야 한다. O X

행정계획(사업승인)의 입안·결정을 위한 이익형량 과정에서 **경미한 흠**이 있더라도 **형량의 하자에 이를 정도가 아니라면**, 그 계획의 결정이 **위법하다고 볼 수 없다**.
☑ 형량의 하자에 대해서는 다음 문제 참고

정답 0485. ○ 0486. ○ 0487. ×

0488

[21 군무원9]

행정주체가 행정계획을 입안·결정함에 있어서 이익형량의 고려 대상에 마땅히 포함시켜야 할 사항을 누락한 경우 이익형량을 전혀 행하지 아니하는 등의 사정이 없는 한 그 행정계획 결정은 형량에 하자가 있다고 보기 어렵다. O X

행정주체가 **행정계획을 입안·결정**함에 있어서 ① 이익형량을 **전혀 ★행하지 아니하거나** ② **이익형량의 고려 대상**에 마땅히 포함시켜야 할 사항을 **★누락한 경우** 또는 이익형량을 하였으나 ③ **정당성과 객관성이 ★결여된 경우**에는 그 행정계획결정은 **형량에 하자**가 있어 위법하다. (대판 2006. 9. 8., 2003두5426)

☑ ① **형량의 해태**(부존재), ② **형량의 흠결**(누락), ③ **오형량**(형량의 불비례)

- ⚠ 행정주체가 행정계획을 입안하고 결정함에 있어서 이익형량을 하였으나 **정당성·객관성이 결여된 경우**에는 **형량에 하자**가 있으므로 위법하다. (○) [14 군무원9]
- ⚠ 사업계획 승인과 관련하여 결정을 할 때 **이익형량을 전혀 하지 않은 경우**라면 **형량의 하자**로 인하여 위법하다. (○) [16 군무원9]
- ⚠ 이익형량의 **고려 대상**에 당연히 **포함시켜야 할 사항을 누락**한 사업계획 승인 결정은 **형량의 하자**로 인하여 위법하다. (○) [16 군무원9]
- ⚠ 이익형량을 하기는 하였으나 **정당성과 객관성이 결여**된 사업계획 승인 결정은 **형량의 하자**로 인하여 위법하다. (○) [16 군무원9]
- ⚠ 행정주체가 행정계획을 입안·결정함에 있어서 **이익형량을 전혀 행하지 아니하거나** 이익형량의 **고려대상**에 **마땅히 포함시켜야 할 사항을 누락한 경우** 또는 이익형량을 하였으나 **정당성과 객관성이 결여된 경우**, 그 행정계획결정은 **형량의 하자**가 있어 위법하다. (○) [18 군무원9]
- ⚠ 행정계획과 관련하여 이익형량을 하였으나 **정당성과 객관성이 결여된 경우**에는 그 행정 계획결정은 **형량에 하자**가 있어 위법하게 된다. (○) [21 군무원9]
- ⚠ 행정주체가 행정계획을 입안·결정함에 있어서 **이익형량을 전혀 행하지 아니하거나** 이익형량의 **고려 대상에 마땅히 포함시켜야 할 사항을 누락한 경우** 또는 이익형량을 하였으나 **정당성과 객관성이 결여**된 경우, 그 행정계획결정은 **형량에 하자**가 있어 위법하게 된다. (○) [22 군무원5]

0489

[22 군무원9]

판례에 따르면, 행정계획에 있어서 형량의 부존재, 형량의 누락, 평가의 과오 및 형량의 불비례 등 형량의 하자별로 위법의 판단기준을 달리하여 개별화하여 판단하고 있다. O X

조사의 결함	이익형량에 앞서, 형량**조사 의무**를 **이행하지 않은** 경우
형량의 해태	이익형량을 **전혀 행하지 않은** 경우
형량의 흠결	이익형량의 **고려 대상**에 마땅히 포함시켜야 할 사항을 **누락한** 경우
오형량	이익형량을 하였으나 **정당성과 객관성이 결여**된 경우

⚠ 행정계획의 **이익형량 과정에서 발생한 흠**이 **'형량의 하자'**의 4가지 종류 중 **1종류에도 해당**한다면 그 **행정계획결정은 위법**하게 된다. 즉 네 가지 종류의 형량의 하자별로 위법의 판단기준이 달라지는 것이 아니다.

정답 0488. ✕ 0489. ✕

0490

[19 군무원9]

대법원은 택지개발예정지구 지정처분을 일종의 행정계획으로서 재량행위에 해당한다고 하였다. O X

택지개발 예정지구 지정처분은 건설교통부장관이 … (중략) … 택지를 개발·공급할 목적으로 주택정책상의 전문적·기술적 판단에 기초하여 행하는 일종의 ★행정계획으로서 ★재량행위라고 할 것이므로 그 재량권의 일탈·남용이 없는 이상 그 처분을 위법하다고 할 수 없다. (대판 1997. 9. 26., 96누10096)

△ **택지개발 예정지구 지정처분**은 **광범위한 재량행위**라고 할 것이므로 그 재량권의 일탈·남용이 없는 이상 그 처분을 위법하다고 할 수 없다. (○) [15 행정사]

0491

[10 군무원9]

㉠ 판례는 행정계획의 처분성을 일관되게 부정한다. O X

㉡ 도시관리계획결정은 처분성이 인정되지 않는다. O X

도시계획법 제12조 소정의 **도시계획결정(도시관리계획결정)**이 고시되면 도시계획구역안의 토지나 건물 소유자의 토지형질변경, 건축물의 신축, 개축 또는 증축 등 **권리행사가 일정한 제한**을 받게 되는바 이런 점에서 볼 때 고시된 도시계획결정은 특정 **개인의 권리 내지 법률상의 이익**을 개별적이고 구체적으로 **규제**하는 효과를 가져오게 하는 행정청의 ★**처분**이라 할 것이고, 이는 ★**행정소송의 대상**이 되는 것이라 할 것이다. (대판 1982.3.9. 80누105)

☑ 행정계획은 복수의 성질을 가진다는 **복수성질설이 통설**이므로, 행정계획의 법적 성질을 일률적으로 단정지을 수는 없고 행정계획을 **개별적으로 검토**함으로써, **항고소송의 대상이 되는 처분에 해당하지 여부를 판단**하여야 한다.

△ **국민의 권리·의무에 구체적 개별적인 영향**을 미치는 **행정계획은 처분성이 인정**된다. (○) [15 교행9]

△ **행정계획**으로 인하여 **자신의 법률상 이익을 침해받은 자**는 해당 행정계획에 대하여 **취소쟁송의 방법**으로 권리구제를 도모하는 것이 가능하다. (○) [10 군무원9]

△ 구 도시계획법 제12조 소정의 고시된 **도시계획결정**은 특정 **개인의 권리 내지 법률상의 이익을 개별적이고 구체적으로 규제**하는 효과를 가져오게 하는 **행정청의 처분**이라 할 것이고 이는 **행정소송의 대상**이 된다. (○) [16 국회8]

정답 0490. ○ 0491-㉠. × 0491-㉡. ×

0492

[15 군무원9]

구 도시계획법상 도시기본계획은 처분이 아니다. O X

도시기본계획은 도시의 기본적인 공간구조와 장기발전방향을 제시하는 종합계획으로서 … (중략) … 그 계획은 도시계획입안의 지침이 되는 것에 불과하여 일반 **국민에 대한 직접적인** 구속력은 ★**없는** 것이다. (대판 2002.10.11., 2000두8226)

☑ **'도시기본계획'을 제외**한 도시계획 표현(**'도시·군관리계획', '도시계획시설결정'**, 도시관리계획, **'도시관리계획결정'**)은 **처분성이 인정**되는 것으로 정리하면 된다.

⚠ 도시의 기본적인 공간구조와 장기발전방향을 제시하는 종합계획으로서 **도시기본계획**은 ~~처분성을 가진~~다. (×) [13 국회9]

0493

[08 군무원9]

신뢰보호의 원칙은 계획보장청구권의 보장에 적용될 수 있다. O X

성립되어 있는 **행정계획의 보장(존속)을 신뢰한 개인은** ★**신뢰보호의 원칙**을 근거로 **계획보장청구권**을 주장할 수 있다.

⚠ **계획보장청구권**은 **신뢰보호의 원칙**의 한 적용례이다. (○) [02 행시]

0494

[10 군무원9]

행정계획은 그 본질상 변경가능성과 신뢰보호의 긴장관계에 있다. O X

행정계획은 **장래를 예측**하여 성립되는 것이어서, 상황의 변화에 따라 변경될 수 있는 **본질적 속성(가변성)**을 가지고 있으므로, 성립되어 있는 행정**계획의 보장(존속)**에 대한 개인의 ★**신뢰보호와 충돌할 가능성**을 내포하고 있어, 계획보장청구권과 계획의 변경가능성과의 조화가 요청된다.

⚠ 행정계획의 보장에 있어서는 **개인의 신뢰**와 **계획의 가변성**의 조정이 문제된다. (○) [01 입시]

정답 0492. O 0493. O 0494. O

0495

[18 군무원9]

대법원은 확정된 도시계획이라 하더라도 사정변경이 있다면 주민에게 도시계획의 변경을 청구할 권리가 조리상 인정된다고 한다. O X

국민의 신청에 대한 행정청의 **거부처분이 항고소송의 대상**이 되는 행정처분이 **되기 위하여는**, 국민이 행정청에 대하여 그 **신청에 따른 행정행위**를 해 줄 것을 **요구**할 수 있는 법규상 또는 **★조리상의 권리가 있어야** 하는바, … (중략) … **도시계획**과 같이 장기성, 종합성이 요구되는 행정계획에 있어서 그 계획이 일단 확정된 후 어떤 **★사정의 변동이 있다 하여** 지역주민에게 일일이 그 계획의 변경을 청구할 권리를 인정해 줄 수도 없는 것이므로 그 변경 **거부행위**를 항고소송의 대상이 되는 **★행정처분에 해당한다고 볼 수 없다**. (대판 1994.1.28. 93누22029)

⚠ 국토이용계획은 **계획의 확정 후**에 어떤 **사정의 변동이 있다고 하여 지역주민이나 일반이해관계인**에게 일일이 그 **계획의 변경을 신청할 권리**를 **인정하여 줄 수 없음**이 원칙이다. (○) [15 행정사]

0496

㉠ 도시계획구역 내 토지 등을 소유하고 있는 주민으로서는 입안권자에게 도시계획입안을 요구할 수 있는 법규상 또는 조리상의 신청권이 인정되지 않는다. [22 군무원5] O X

㉡ 도시계획구역 내 토지 등을 소유하고 있는 사람과 같이 당해 도시계획시설결정에 이해관계가 있는 주민으로서는 도시시설계획의 입안권자 내지 결정권자에게 도시시설계획의 입안 내지 변경을 요구할 수 있는 법규상 또는 조리상의 신청권이 있고, 이러한 신청에 대한 거부행위는 항고소송의 대상이 되는 행정처분에 해당한다. [21 군무원5] O X

도시계획구역 내 **★토지 등을 소유**하고 있는 사람과 같이 당해 도시계획시설결정에 **이해관계**가 있는 주민으로서는 도시시설계획의 입안권자 내지 결정권자에게 도시시설계획의 **★입안 내지 변경을 요구**할 수 있는 **법규상 또는 조리상의 신청권**이 있고, 이러한 **★신청에 대한 거부행위**는 항고소송의 대상이 되는 **★행정처분에 해당**한다. (대판 2015.3.26. 2014두42742)

⚠ 도시계획구역 **내 토지 등을 소유**하고 있는 사람과 같이 당해 도시계획시설결정에 **이해관계가 있는 주민**은 도시시설계획의 입안권자 내지 결정권자에게 **도시시설계획의 입안 내지 변경을 요구**할 수 있는 **법규상 또는 조리상의 신청권이 있다**. (○) [20 지방9]

⚠ 도시계획구역 내 **토지를 소유하고 있는 주민**의 도시계획입안권자에 대한 **도시계획입안 신청에 대한 거부는 항고소송의 대상**~~이 아니~~다. (×) [16 세무사]

정답 0495. × 0496-㉠. × 0496-㉡. ○

0497

[13 군무원9]

문화재보호구역 내의 토지소유자가 문화재보호구역의 지정해제를 신청하는 경우에는 그 신청인에게 조리상 행정계획변경을 신청할 권리가 인정된다. O X

문화재보호구역 내에 있는 ★**토지소유자** 등으로서는 문화재보호구역의 지정해제를 요구할 수 있는 ★**법규상 또는 조리상의 신청권**이 있다고 할 것이고, 이러한 **신청**에 대한 **거부행위**는 항고소송의 대상이 되는 ★**행정처분**에 해당한다. (대판 2004.4.27. 2003두8821)

⚠ 문화재**보호구역 내의 토지소유자**가 **문화재보호구역의 지정해제를 신청**하는 경우에는 그 신청인에게 **법규상 또는 조리상 행정계획 변경을 신청할 권리가 인정**~~되지 않는다~~. (×) [20 지방9]

0498

[14 군무원9]

공청회와 이주대책이 없는 도시계획수립행위는 당연무효인 행위이다. O X

도시계획의 수립에 있어서 도시계획법 제16조의2 소정의 **공청회**를 열지 아니하고 **이주대책**을 수립하지 아니하였더라도 이는 절차상의 위법으로서 ★**취소사유**에 불과하다. (대판 1990. 1. 23., 87누947)

⚠ **공청회와 이주대책이 없는** 도시계획수립행위는 ~~당연무효~~인 행위이다. (×) [12 지방9]

정답 0497. O 0498. ×

0499

㉠ 국토이용계획변경 신청을 거부하였을 경우 실질적으로 폐기물처리업허가신청과 같은 처분을 불허하는 결과가 되는 경우 국토이용계획변경의 입안 및 결정권자인 행정청에게 계획변경을 신청할 법규상 또는 조리상 권리를 가진다. [21 군무원7] O X

㉡ 행정계획 변경신청의 거부가 장차 일정한 처분에 대한 신청을 구할 법률상 이익이 있는 자의 처분 자체를 실질적으로 거부하는 경우 취소소송의 대상이 되는 처분에 해당한다. [22 군무원9] O X

국토이용계획은 장기성, 종합성이 요구되는 행정계획이어서 원칙적으로는 그 계획이 일단 확정된 후에 어떤 사정의 변동이 있다고 하여 그러한 사유만으로는 지역주민이나 일반 이해관계인에게 일일이 그 계획의 변경을 신청할 권리를 인정하여 줄 수는 없을 것이지만, 장래 일정한 기간 내에 관계 법령이 규정하는 시설 등을 갖추어 일정한 **행정처분**을 구하는 신청을 할 수 있는 **법률상 지위**에 있는 자의 **국토이용계획변경신청을 ★거부하는** 것이 실질적으로 **당해 행정처분 자체를 거부하는 ★결과**가 되는 경우에는 예외적으로 그 신청인에게 **국토이용계획변경을 신청할 권리**가 인정된다고 봄이 상당하므로, 이러한 신청에 대한 **★거부행위**는 항고소송의 대상이 되는 **행정처분에 해당**한다고 할 것이다. (대판 2003.9.23. 2001두10936)

☑ 당초 **폐기물처리사업계획의 적정통보를 받은 甲**이 최종적으로 **폐기물처리업허가**를 받기 위해서는 **국토이용계획변경(처리업 소재지 부동산의 용도지역 변경)승인이★선행**되어야 하는데, 이미 **적정통보를 받은 甲의 국토이용계획변경신청**을 지방자치단체장(국토이용계획변경권자)이 **거부하는 것은 폐기물처리업허가 그 ★자체를 거부하는 것으로 귀결**되기 때문에, 예외적으로 **甲에게 국토이용계획변경을 신청할 권리가 ★있다**는 판시이다.

⚠ **폐기물처리사업의 적정통보**를 받은 자가 **폐기물처리사업허가**를 받기 위해서는 **국토이용계획의 변경이 선행**되어야 하는 경우, 폐기물처리사업의 적정통보를 받은 자는 **국토이용계획변경**의 입안 및 결정권자인 관계행정청에 대하여 그 **계획변경을 신청할 법규상 또는 조리상 권리**를 가진다. (○) [18 군무원9]

⚠ 장래 일정한 기간 내에 관계 법령이 규정하는 시설 등을 갖추어 **일정한 행정처분을 구하는 신청**을 할 수 있는 법률상 지위에 있는 자의 **국토이용계획변경신청**을 **거부**하는 것이 **실질적으로 당해 행정처분 자체를 거부하는 결과**가 되는 경우에는 그 신청인에게 **국토이용계획변경을 신청할 권리가 인정**된다. (○) [21 군무원5]

⚠ 대법원에 의하면, 장래 일정한 기간 내에 관계 법령이 규정하는 시설 등을 갖추어 **일정한 행정처분을 구하는 신청을 할 수 있는 법률상 지위에 있는 자**에게도 구 국토이용관리법상의 **국토이용계획의 변경을 신청할 권리는 인정**~~되지 않는~~다. (×) [15 사복9]

⚠ 판례에 의하면 장래 일정한 기간 내에 **일정한 처분을 구하는 신청**을 할 법률상 지위에 있는 자의 **국토이용계획변경신청에 대한 거부행위**는 예외적으로 행정**소송의 대상**이 된다. (○) [10 국가9]

정답 0499-㉠. O 0499-㉡. O

0500

㉠ 비구속적 행정계획안은 공권력 행위가 될 수 없으므로 헌법소원의 대상이 될 수 없다.

[19 군무원9] O X

㉡ 행정기관 내부지침에 그치는 행정계획이 국민의 기본권에 직접 영향을 끼치고 법령의 뒷받침에 의하여 그대로 실시될 것이 틀림없을 것으로 예상되는 때에는 예외적으로 헌법소원의 대상이 된다.

[21 군무원7] O X

> 비구속적 행정계획안이나 행정지침이라도 국민의 기본권에 직접적으로 영향을 끼치고, 앞으로 법령의 뒷받침에 의하여 그대로 실시될 것이 틀림없을 것으로 예상될 수 있을 때에는, **공권력행위**로서 예외적으로 **★헌법소원의 대상**이 될 수 있다. (헌재 2000.6.1. 99헌마538)
>
> ☑ 국민에 대하여 구속력이 없는 **비구속적 행정계획**은 **처분성이 인정되지 않는 것이 원칙**이지만, **예외적으로 공권력행사로서 헌법소원의 대상**이 되는 경우도 있다는 판시이다.

⚠ **처분성이 없는 행정계획**이라 하더라도 **헌법소원의 대상이 되는 공권력의 행사**에 해당될 수 있다. (○) [06 강원9]

⚠ **비구속적 행정계획안이나 행정지침**이라도 국민의 기본권에 직접적으로 영향을 끼치고, 앞으로 법령의 뒷받침에 의하여 그대로 실시될 것이 틀림없을 것으로 예상될 수 있을 때에는, **공권력행위로서 예외적으로 헌법소원의 대상**이 될 수 있다. (○) [18 군무원9] [21 군무원5]

0501

[19 군무원9]

개발제한구역제도 개선방안을 발표한 행위도 대내외적 효력이 없는 단순한 사실행위에 불과하므로 공권력의 행사라고 할 수 없다.

O X

> '개발제한구역제도 개선방안'의 **발표한 행위**도 대내외적 효력이 없는 **★단순한 사실행위**에 불과하여 공권력의 행사라고 할 수 없다. (헌재 2000.6.1. 99헌마538)
>
> ☑ **'개발제한구역제도 개선방안'**은 예외적으로 헌법소원의 대상이 되는 비구속적 행정계획안이지만, 그것의 **'발표 행위'**는 **단순한 사실행위**이므로 헌법소원의 대상이 **될 수 없다.**

⚠ 건설부장관이 발표한 **'개발제한구역제도 개선방안'**은 **비구속적 행정계획안에 불과**하므로 원칙적으로 **헌법소원의 대상**이 될 수 없다. (○) [16 사복9 변형]

0502

[10 군무원9]

환지예정지 지정처분은 처분성이 인정되지 않는다.

O X

> 토지구획정리사업법 제57조, 제62조 등의 규정상 **환지예정지 지정이나 환지처분**은 그에 의하여 직접 토지소유자 등의 권리의무가 변동되므로 이를 항고소송의 대상이 되는 **★처분**이라고 볼 수 있다. (대판 1999. 8. 20., 97누6889)

⚠ **환지예정지 지정**의 법적 성질은 **행정처분**이다. (○) [96 입시]

정답 0500-㉠. × 0500-㉡. ○ 0501. ○ 0502. ×

0503

[21 군무원7]

구 도시계획법상 도시계획안의 공고 및 공람절차에 하자가 있는 행정청의 도시계획결정은 위법하다. O X

도시계획법과 같은법 시행령의 규정을 종합하여 보면 도시계획의 입안에 있어 해당 도시계획안의 **공고 및 공람 절차에 ★하자**가 있는 도시계획결정은 **위법**하다. (대판 2000. 3. 23. 98두2768)

⚠ **도시계획안의 공고 및 공람절차**에 **하자**가 있는 **도시계획결정**은 내용에 하자가 있는 것이 아니라 단지 **절차의 하자**에 불과하므로 **위법**하지 않다. (×) [11 지방7]

0504

[21 군무원7]

개인의 자유와 권리에 직접 영향을 미치는 계획이라도 광범위한 형성의 자유가 결부되므로 국민들에게 고시 등으로 알려져야만 대외적으로 효력을 발생하는 것이 아니다. O X

구 도시계획법 제7조2가 도시계획결정등 처분의 고시를 **효력발생요건**으로 규정하였다고 볼 것이어서 … (중략) … **정당**하게 도시계획결정등의 **처분**을 하였다고 하더라도 이를 **관보에 게재하여 고시**하지 아니한 이상 대외적으로는 아무런 **★효력도 발생하지 아니한다**. (대판 1985. 12. 10. 85누186)

⚠ 구 「도시계획법」상 행정청이 **정당하게 도시계획결정의 처분**을 하였다고 하더라도 이를 **관보에 게재하여 고시하지 아니한 이상** 대외적으로는 **아무런 효력이 발생하지 않는다**. (○) [21 지방7]

⚠ **정당하게 도시계획결정 등의 처분**을 하였다면 이를 관보에 게개하지 아니하였다고 하여도 대외적 효력은 발생한다. (×) [16 군무원9]

0505

[22 군무원9]

이미 고시된 실시계획에 포함된 상세계획으로 관리되는 토지 위의 건물의 용도를 상세계획 승인권자의 변경승인 없이 임의로 판매시설에서 상세계획에 반하는 일반목욕장으로 변경한 사안에서, 그 영업신고를 수리하지 않고 영업소를 폐쇄한 처분은 적법하다고 한 판례가 있다. O X

이미 고시된 실시계획에 포함된 **상세계획으로 관리**되는 토지 위의 **건물의 용도**를 상세계획 승인권자의 변경승인 없이 **★임의로** 판매시설에서 **상세계획에 ★반하는** 일반목욕장으로 **변경**한 사안에서, 그 영업신고를 수리하지 않고 **영업소를 폐쇄**한 처분은 **★적법**하다. (대판 2008.3.27. 2006두3742)

⚠ **이미 고시된 실시계획**에 포함된 상세계획으로 관리되는 토지 위의 건물의 용도를 **상세계획 승인권자**의 **변경승인 없이 임의로** 판매시설에서 **상세계획에 반하는** 일반목욕장으로 **변경한 사안**에서, 그 영업신고를 수리하지 않고 **영업소를 폐쇄한 처분**은 위법하다. (×) [17 지방9 下]

정답 0503. O 0504. X 0505. O

0506

[19 군무원9]

위법한 행정계획으로 인하여 구체적으로 손해를 입은 경우에는 국가를 상대로 손해배상을 청구할 수 있다. O X

행정계획에 따른 손해전보에 관하여 **일반적 규정은 존재하지 않지만, 위법한 계획의 제정·개정·폐지** 등에 따라 손해를 입은 때에는, 국가배상법 제2조의 요건을 충족하는 경우에는 **행정상 손해배상을 청구할 수 있다.**

⚠ **행정계획의 폐지·변경으로 손해가 발생**한 국민에게는 **국가배상청구권이 인정**될 수 있다. (○) [21 국회9]

0507

㉠ 행정지도는 사실상의 강제력으로 인하여 권력적 행정행위에 해당한다. [10 군무원9] O X

㉡ 행정관청이 건축허가시에 도로의 폭에 대해 행정지도를 하였다면 법규에 의한 도로지정이 있었던 것으로 볼 수 있다. [21 군무원5] O X

1. **행정지도**는 상대방의 **임의적 협력을 전제**로 하는 **비권력적 사실행위**에 속한다.
2. 행정관청이 건축허가시에 **도로의 폭**에 대하여 **행정지도**를 하였다는 점만으로는 건축법시행령 제64조 제1항 소정의 **도로지정이 있었던 것으로 ★볼 수 없다**. (1991. 12. 13. 91누1776)

⚠ 행정지도는 국민의 **임의적인 협력을 전제**로 하는 **비권력적 사실행위**이다. (○) [12 서울9]

⚠ 대법원은 **행정지도의 비권력적 사실행위**의 성질에 비추어 **행정지도만으로** 건축법 소정의 **도로지정이 있은 것으로 볼 수 없다**고 판시하였다. (○) [04 전북9]

⚠ **행정지도**는 ~~법적 효과의 발생을 목적~~으로 하는 의사표시이다. (×) [18 교행9]

0508

㉠ 행정지도는 그 목적달성에 필요한 최소한도에 그쳐야 한다. [10 군무원9] O X

㉡ 행정지도는 상대방의 의사에 반하여 부당하게 강요하여서는 아니 된다. [14 군무원9] O X

【행정절차법】 제48조(행정지도의 원칙) ① **행정지도**는 그 목적 달성에 **★필요한 최소한도**에 그쳐야 하며, 행정지도의 **상대방의 의사에 반하여 부당하게 강요하여서는 ★아니 된다**.

⚠ **행정지도**는 **필요 최소한의 범위**에 그쳐야 한다. (○) [08 군무원9]

⚠ **행정지도**는 그 목적달성에 **필요한 최소한도**에 그쳐야 하며, 행정지도의 상대방의 의사에 반하여 **부당하게 강요하여서는 아니된다.** (○) [18 군무원9]

⚠ 행정지도는 그 **목적 달성에 필요**한 ~~최대한도~~의 조치를 할 수 있으나, 다만 행정지도의 **상대방의 의사에 반하여** 부당하게 **강요하여서는 아니 된다.** (×) [18 경행]

⚠ **행정지도**는 상대방의 의사에 반하여 **부당하게 강요하여서는 안된다.** (○) [13 군무원9]

⚠ 행정지도는 행정목적을 달성하기 위하여 **상대방의 의사**에 반하여 강요할 수 있다. (×) [11 지방9]

정답 0506. O 0507-㉠. × 0507-㉡. × 0508-㉠. O 0508-㉡. O

0509

[09 군무원9]

행정지도는 법률의 근거여부와 상관없이 행정법의 일반원칙을 따라야 한다. O X

ⓐ **행정지도**에는 법률유보의 원칙이 직접적으로 적용되지 않으므로 작용법적 근거는 필요로 하지 않지만, **★법률우위의 원칙에는 벗어날 수 없는바,**
ⓑ 행정지도에 관한 **개별법상 명시적 규정의 유무를 불문**하고 행정지도는 비례의 원칙과 같은 **★행정법의 일반원칙에 위배되어서는 안된다.**

☑ 앞에서 보았듯이, 행정지도에서의 '비례의 원칙'은 행정절차법에서 명문화하고 있다.

⚠ **행정지도**는 작용법적 근거가 필요하지 않으므로, **비례원칙과 평등원칙에** ~~구속되지 않는~~다. (×) [19 국가9]

0510

[21 군무원5]

행정지도는 과잉금지의 원칙을 따르며, 비강제적인 행위이나, 행정기관은 행정지도의 상대방이 이에 따르지 않았다는 이유로 불이익을 부과할 수 있다. O X

【행정절차법】 제48조(행정지도의 원칙) ② 행정기관은 행정지도의 상대방이 **행정지도에 따르지 아니하였다**는 것을 이유로 **불이익한 조치를 하여서는 ★아니 된다.**

☑ 상대방이 **행정지도에 응하지 아니하였다는 점을 이유**로, 행정기관이 **상대방에게 불이익한 조치**를 한 경우 그 조치는 **위법한 행위**가 된다.

⚠ 행정기관은 행정지도의 **상대방이 행정지도를 따르지 아니하였다는 것을 이유**로 **불이익한 조치를 하여서는 아니 된다.** (○) [18 군무원9]

⚠ 행정기관은 행정지도의 **상대방이 행정지도를 따르지 아니한(행정지도에 불응한)** 경우 ~~최소한의 범위에서 불이익 조치를 할 수~~ 있다. (×) [08, 13 군무원9]

⚠ 행정지도를 하는 자는 그 상대방이 행정지도에 따르도록 ~~강제할 수 있으며~~, 이에 따르지 않을 경우 ~~불이익한 조치를 할 수~~ 있다. (×) [19 군무원9]

⚠ 상대방이 행정지도에 따르지 아니하였다는 것을 직접적인 이유로 하는 **불이익한 조치는 위법한 행위**가 된다. (○) [21 군무원9]

⚠ 행정지도의 상대방이 **행정지도에 따르지 아니하였다는 것을 이유**로 행정청이 **불이익한 조치를 하는 것을 위법**~~이라 할 수~~ 없다. (×) [10 군무원9]

정답 0509. O 0510. ×

0511

[19 군무원9]

행정지도의 상대방은 해당 행정지도의 방식·내용 등에 관하여 행정기관에 의견제출을 할 수 있다. O X

【행정절차법】 제50조(의견제출) 행정지도의 **상대방**은 해당 행정지도의 방식·내용 등에 관하여 행정기관에 ★의견제출을 ★할 수 있다. ☑ ~~해야 한다~~ ×

⚠ **행정지도의 상대방**은 해당 **행정지도의 방식·내용** 등에 관하여 **행정기관에 의견제출을 할 수 있다.** (○) [08, 14 군무원9]

⚠ 행정지도는 처분이 아니므로 **행정지도의 상대방은** 해당 **행정지도에 관하여 행정기관에 의견제출을** 할 수 없다. (×) [20 소방간부]

0512

[14 군무원9]

행정지도를 행하는 자는 그 상대방에게 그 행정지도의 취지 및 내용과 신분을 밝혀야 한다. O X

【행정절차법】 제49조(행정지도의 방식) ① 행정지도를 **하는 자**는 그 상대방에게 그 행정지도의 ★**취지 및 내용과 신분**을 밝혀야 한다.

⚠ 행정**지도를 하는 자**는 그 상대방에게 행정**지도의 취지 및 내용, 신분을 밝혀야** 한다. (○) [13 군무원9]

⚠ 행정**지도를 하는 자**는 그 상대방에게 그 행정**지도의 취지 및 내용**을 **밝혀야** 하지만 **신분**은 ~~생략할 수 있다~~. (×) [20 소방]

0513

[14 군무원9]

행정지도는 문서로 이루어져야 하며, 상대방이 서면의 교부를 요구하면 이에 따라야 한다. O X

【행정절차법】 제49조(행정지도의 방식) ② 행정지도가 ★**말로** 이루어지는 경우에 상대방이 제1항의 사항을 적은 **서면의 교부**를 요구하면 그 **행정지도를 하는 자**는 직무 수행에 특별한 지장이 없으면 이를 ★**교부하여야** 한다.

⚠ 행정지도가 **말로** 이루어지는 경우에 **상대방이 서면의 교부를 요구**하면 그 행정지도를 하는 자는 직무 수행에 특별한 지장이 없으면 이를 **교부하여야** 한다. (○) [19 군무원9]

⚠ 행정지도는 ~~반드시 문서로 하여야~~ 한다. (×) [08, 09 군무원9]

⚠ 행정절차법상 행정지도를 하는 자는 **상대방이 서면의 교부를 요구**하는 경우 그 행정**지도의 내용과 신분**을 적으면 되고 **취지**를 적을 필요는 없다. (○) [20 경행]

정답 0511. O 0512. O 0513. O

0514

[19 군무원9]

행정기관이 같은 행정목적을 실현하기 위하여 많은 상대방에게 행정지도를 하려는 경우에는 특별한 사정이 없으면 행정지도에 공통적인 내용이 되는 사항을 공표하여야 한다. O X

【행정절차법】 제51조(다수인을 대상으로 하는 행정지도) 행정기관이 같은 행정목적을 실현하기 위하여 **★많은 상대방**에게 행정지도를 하려는 경우에는 특별한 사정이 없으면 행정지도에 **공통적인 내용**이 되는 사항을 **★공표하여야** 한다.

⚠ 행정기관이 동일한 행정목적의 실현을 위하여 다수의 **상대방**에게 행정지도를 하려면 행정지도에 **공통적인 내용**이 되는 사항을 **공표하여야** 한다. (○) [13 군무원9]

⚠ **여름철 식중독예방**을 위해 구의 보건행정담당 공무원 甲이 **관내 일반 휴게 계절음식점** 업주에 대해 위생지도를 실시하고 있는 사례와 관련하여, 甲의 위생지도가 **다수인을 대상**으로 하는 것이라면 특별한 사정이 없는 한 **위생지도**에 관한 **공통적인 내용과 사항을 공표해야** 한다. (○) [15 서울9]

0515

㉠ 행정관청이 국토이용관리법 소정의 토지거래계약 신고에 관하여 공시된 기준시가를 기준으로 매매가격을 신고하도록 행정지도를 하여 그에 따라 피고인이 허위신고를 한 것이라면 그 범법행위는 정당화된다. [20 군무원9] O X

㉡ 위법한 행정지도에 따라 행한 사인의 행위라면 위법성이 조각된다. [18 군무원9] O X

행정관청이 토지거래계약신고에 관하여 **공시된 기준지가를 기준**으로 **매매가격을 신고**하도록 **행정지도**하여 온 경우 그와 같은 **위법한 관행**에 따라 토지의 **매매가격을 허위로 신고**한 행위는 **★범법행위**로서 사회상규에 위배되지 않는 **정당한 행위라고 ★볼 수 없다**. (대판 1992.4.24., 91도1609)

☑ **위법한 행정지도**에 따른 **사인의 행위** → **범법**행위 ○ = 정당한 행위 × = 위법성 조각 ×

⚠ **토지매매대금의 허위신고**가 **위법한 행정지도에 따른 것**이라 하더라도 그 **범법행위**가 정당화되지는 않는다. (○) [18 교행9]

⚠ 허위의 신고를 하고 토지 등의 거래계약을 체결하였더라도 **행정관청**이 국토이용관리법 소정의 **토지거래계약신고**에 관하여 **공시된 기준시가를 기준으로 매매가격을 신고**하도록 **행정지도를 하여 그에 따라 허위신고**를 한 것이라면 **위법하다**~~고 볼 수~~ 없다. (×) [10 국회8]

⚠ **위법한 행정지도**에 따라 **행한 사인의 행위**는 법령에 명시적으로 규정하고 있지 않는 한 **위법성이 조각된다고 할 수 없다**. (○) [19 군무원9]

정답 0514. O 0515-㉠. × 0515-㉡. ×

0516

[21 군무원9]

행정지도가 강제성을 띠지 않은 비권력적 작용으로서 행정지도의 한계를 일탈하지 아니하였다면, 그로 인하여 상대방에게 어떤 손해가 발생하였다 하더라도 행정기관은 그에 대한 손해배상책임이 없다.

O X

행정지도가 강제성을 띠지 않은 비권력적 작용으로서 행정지도의 **한계를 일탈하지 ★아니하였다면**, 그로 인하여 상대방에게 **어떤 손해가 발생하였다 하더라도** 행정기관은 그에 대한 **손해배상책임이 ★없다**. (대판 2008. 9. 25. 2006다18228)

△ **한계를 일탈하지 않은 행정지도**로 인하여 상대방에게 **손해가 발생**한 경우, 행정기관은 **손해배상책임이 없다.** (○) [11 군무원9]

△ **행정지도**는 그 **한계를 일탈하지 아니하였다면** 그로 인하여 상대방에게 어떤 **손해가 발생**하였다 하더라도 행정기관은 그에 대한 **손해배상책임이 없다.** (○) [18 군무원9]

△ 행정지도가 강제성을 띠지 않은 비권력적 작용으로서 **행정지도의 한계를 일탈하지 아니하였다** 하더라도 그로 인하여 상대방에게 어떤 **손해가 발생**하였다면 행정기관은 그에 대한 ~~손해배상책임을 진다~~. (×) [14 경행]

0517

[09 군무원9]

판례상 행정지도는 처분성이 인정된다.

O X

행정지도는 일정한 **법적 효과를 발생시키지 않는 ★사실행위**이므로, 항고소송의 대상이 되는 **행정처분에 해당하지 ★않는다**는 것이 통설·판례이다.

△ 행정지도로 **비권력적인 사실행위**로서 **처분의 성질을 갖지 못하기 때문에** 행정쟁송의 대상이 될 수 없다. (○) [10 군무원9]

△ 판례상 **행정지도**는 ~~처분성이 인정~~된다. (×) [09 군무원9]

△ 지도, 권고, 조언 등의 **행정지도**는 ~~법령의 근거를~~ 요하고 ~~항고소송의 대상~~이 된다. (×) [22 국가9]

0518

[20 군무원9]

교도소 수형자에게 소변을 받아 제출하게 한 것은, 형을 집행하는 우월적인 지위에서 외부와 격리된 채, 형의 집행에 관한 지시, 명령을 복종하여야 할 관계에 있는 자에게 행해진 것으로서 권력적 사실행위이다.

O X

교도소 수형자에게 **소변을 받아 제출하게 한 것**은, 형을 집행하는 **우월적인 지위**에서 외부와 격리된 채 형의 집행에 관한 **지시, 명령을 복종하여야** 할 관계에 있는 자에게 행해진 것으로서, **★권력적 사실행위**로서 헌법재판소법 제68조 제1항의 **★공권력의 행사**에 해당한다. (헌재 전원 2005헌마277 2006. 7. 27.)

정답 0516. O 0517. X 0518. O

0519

[20 군무원9]

행정지도가 단순한 행정지도로서의 한계를 넘어 규제적·구속적 성격을 상당히 강하게 갖는 것이라면 헌법소원의 대상이 되는 공권력의 행사로 볼 수 있다. O X

교육인적자원부장관의 대학총장들에 대한 이 사건 **학칙시정요구**는 고등교육법 제6조 제2항, 동법 시행령 제4조 제3항에 따른 것으로서 그 법적 성격은 대학총장의 임의적인 협력을 통하여 사실상의 효과를 발생시키는 행정지도의 일종이지만, 그에 따르지 않을 경우 일정한 ★**불이익조치를 예정**하고 있어 사실상 상대방에게 그에 따를 의무를 부과하는 것과 다를 바 없으므로 단순한 행정지도로서의 한계를 넘어 ★**규제적·구속적** 성격을 상당히 강하게 갖는 것으로서 ★**헌법소원의 대상**이 되는 **공권력의 행사**라고 볼 수 있다. (헌재 전원 2003.6.26, 2002헌마337)

⚠ 행정지도가 단순한 행정지도의 **한계를 넘어 규제적·구속적 성**격을 상당히 강하게 갖는 경우라도 **헌법소원의 대상이 되는 공권력의 행사**로 볼 수 없다. (×) [15 경행]

0520

[21 군무원9]

위법한 건축물에 대한 단전 및 전화통화 단절조치 요청행위는 처분성이 인정되는 행정지도이다. O X

행정청이 위법건축물에 대한 시정명령을 하고 나서 위반자가 이를 이행하지 아니하여 전기·전화의 공급자에게 그 **위법건축물에 대한 전기·전화공급을 하지 말아 줄 것을 요청**한 행위는 ★**권고**적 성격의 행위에 불과한 것으로서 전기·전화공급자나 특정인의 법률상 지위에 직접적인 변동을 가져오는 것은 아니므로 이를 항고소송의 대상이 되는 **행정처분이라고** ★**볼 수 없다**. (대법원 1996.3.22, 96누433)

⚠ 행정청이 전기공급자에게 **위법건축물에 대한 단전을 요청한 행위**는 행정**처분이 아니다.** (○) [10 국가9]

0521

[21 군무원5]

세무당국이 주류거래를 일정기간 중지하여 줄 것을 요청한 행위는 항고소송의 대상이 될 수 없다. O X

세무당국이 소외 회사에 대하여 원고와의 **주류거래를 일정기간 중지하여 줄 것을 요청**한 행위는 **권고 내지 협조**를 요청하는 **권고**적 성격의 행위로서 원고의 법률상의 지위에 직접적인 법률상의 변동을 가져오는 행정**처분이라고 볼 수 없는 것**이므로 ★**항고소송의 대상**이 **될 수 없다**. (대판 1980.10.27, 80누395)

⚠ 판례에 따르면 **세무당국**이 **주류거래를 일정기간 중지하여 줄 것을 요청**한 행위는 항고소송의 대상이다. (×) [16 교행9]

정답 0519. ○ 0520. × 0521. ○

0522

㉠ 물가억제를 위한 권고는 규제적 행정지도에 해당한다. [13 군무원9] O X

㉡ 노사 간의 협의 알선, 생활개선 지도, 우량품종의 재배권고는 규제적 행정지도에 해당한다. [13 군무원9] O X

조성적 행정지도	예 **영농지도**, 중소기업 경영지도, 장학지도, **생활개선 지도** 등
규제적 행정지도	예 **물가억제를 위한 권고**, 오물투기 억제를 위한 지도 등
조정적 행정지도	예 **기업(또는 노사) 사이의 이해대립 지도**, 수출할당량 지도 등

▲ **조성적** 행정지도에는 **장학지도**가 있다. (○) [99 관세사]

▲ **영농지도, 중소기업에 대한 경영지도, 생활개선지도** 등은 **조성적** 행정지도에 해당한다. (○) [12 국가9]

▲ **중소기업자에 대한 경영지도, 아동의 건강상담**은 **조성적** 행정지도로 볼 수 있다. (○) [12 서울9]

0523

[20 군무원9]

적법한 행정지도로 인정되기 위해서는 우선 그 목적이 적법한 것으로 인정될 수 있어야 할 것이므로, 행정청이 행한 주식매각의 종용이 정당한 법률적 근거 없이 자의적으로 주주에게 제재를 가하는 것이라면 행정지도의 영역을 벗어난 것이라고 보아야 할 것이다. O X

주식매각의 종용이 정당한 법률적 근거 없이 자의적으로 **주주에게 제재를 가하는 것**이라면 이 점에서 벌써 **행정지도**의 영역을 **★벗어난 것**이라고 보아야 할 것이고 만일 이러한 행위도 행정지도에 해당된다고 한다면 이는 **행정지도라는 미명**하에 **★법치주의의 원칙을 파괴**하는 것이라고 하지 않을 수 없으며, 더구나 그 주주가 주식매각의 종용을 거부한다는 의사를 명백하게 표시하였음에도 불구하고, **집요하게 위협적인** 언동을 함으로써 그 매각을 강요하였다면 이는 위법한 **★강박행위**에 해당한다고 하지 않을 수 없다. (대법원 1994.12.13., 93다49482)

☑ **강박행위에 해당하거나, 사실상 지시하는 방법**으로 행한 **행정지도는 법치주의에 반한다.**

▲ 재무부장관이 대통령의 지시에 따라 정해진 정부의 방침을 **행정지도라는 방법**으로 금융기관에 전달함에 있어 실제에 있어서는 **통상의 행정지도의 방법과는 달리 사실상 지시하는 방법**으로 행한 경우에는 **헌법상의 법치주의원리, 시장경제의 원리에 반한다.** (○) [10 국회8]

재무부장관이 대통령의 지시에 따라 정해진 정부의 방침을 **행정지도라는 방법**으로 금융기관에 전달함에 있어 실제에 있어서는 통상의 행정지도의 방법과는 달리 **사실상 지시**하는 방법으로 행한 경우에 그것이 헌법상의 **법치주의 원리, 시장경제의 원리에 반하게 되는 것**일 뿐이다. (대판 1999.7.23, 96다21706)

정답 0522.-㉠. O 0522-㉡. X 0523. O

0524

[21 군무원9]

국가배상법이 정한 배상청구의 요건인 공무원의 직무에는 행정지도도 포함된다. O X

> 국가배상법이 정한 배상청구의 요건인 **'공무원의 직무'**에는 권력적 작용만이 아니라 **행정지도**와 같은 **★비권력적 작용도 포함**되며 단지 행정주체가 사경제주체로서 하는 활동만 제외된다. (대판 1998. 7. 10., 96다38971)

▲ 「국가배상법」이 정하는 **손해배상청구의 요건**인 **'공무원의 직무'**에는 비권력작용인 **행정지도는 포함**되지 아니한다. (×) [17 국회8]

0525

㉠ 위법한 행정지도로 인하여 손해가 발생하였다면 손해배상책임이 인정되는 것이 원칙이다.

[18 군무원9] O X

㉡ 행정지도로 인한 손해에 대하여 판례는 원칙적으로 국가배상을 부정하나, 예외적으로 도시계획사업과 관련하여 서울시 공무원이 행정지도를 한 사안에서 손해배상책임을 인정한 바 있다.

[10 군무원9] O X

> 「국가배상법」이 정한 배상청구의 요건인 '공무원의 직무'에는 … (중략) … 행정지도와 같은 비권력적 작용도 포함되며 … (중략) … 서울특별시 및 그 산하의 강남구청은 이 사건 도시계획사업의 주무관청으로서 그 사업을 적극적으로 대행·지원하여 왔고, 이 사건 공탁도 행정지도의 일환으로 직무수행으로서 행하였다고 할 것이므로, **★비권력적 작용**인 **공탁**으로 인한 서울특별시의 **손해배상책임도 ★성립**할 수 있다. (대판 1998.7.10. 96다38971)
>
> ☑ **위법한 행정지도**로 손해를 입은 국민은 국가배상법 제2조의 요건이 갖추어진 경우에 **국가배상을 청구**할 수 있으나, **행정지도와 손해발생 사이의 인과관계성은 부정**된다는 점에서 일반적으로 손해배상청구가 인정되지 않는다는 것이 통설적 견해이고, 위 판례와 같이 **예외적으로 손해배상책임이 인정**될 수 있다고 보았다.

▲ 행정지도로 인하여 손해가 발생한 경우, **손해와의 인과관계** 또는 **위법성 요건**이 **부정**되어 피해자의 **배상청구권이 인정되지 않음이 원칙**이다. (○) [03 행시]

▲ **행정지도**로 인해 **상대방에게 손해**가 발생하였다면 행정기관은 반드시 그에 대한 손해배상책임을 질 필요가 없다. (×) [21 군무원5]

☑ 행정지도의 위법성 요건이 충족되고, 행정지도와 손해발생 사의 인과관계가 입증된다면 행정지도를 행한 행정청은 손해배상책임을 지게 된다.

▲ **대법원**은 **행정지도로 인해 피해**를 입은 자의 경우 「국가배상법」 제2조 제1항을 적용하여 **손해배상청구를 인정한 바 있다.** (○) [12 서울9]

정답 0524. ○ 0525-㉠. × 0525-㉡. ○

3 행정의 자동결정 및 일반처분

0526

[19 군무원9]

행정의 자동결정은 컴퓨터를 통하여 이루어지는 자동적 결정이기 때문에 행정행위의 개념적 요소를 구비하는 경우에도 행정행위로서의 성격을 인정하는 데 어려움이 있다. OX

자동화된 기계장치에 의해서 행해지는 **'행정의 자동결정'**도 **행정기관에서 입력한 프로그램에 따라서 행해지고**, 행정기관이 행하는 **행정결정과 본질적인 차이가 없다**는 점에서 **행정행위의 일반적 징표**를 갖추는 범위 내에서는 **★행정행위가 될 수 있다**는 것이 통설적 견해이다.

⚠ 행정청에 의하여 의도된 이상 **자동기계에 의하여** 사람이 개입하지 않고도 **자동적으로 발급되거나 결정되는 행위**도 **행정행위**가 될 수 있다. (○) [07 국회8]

0527

[19 군무원9]

행정의 자동결정의 예로는 신호등에 의한 교통신호, 컴퓨터를 통한 중·고등학생의 학교배정 등을 들 수 있다. OX

행정의 자동결정의 전형적인 예로는, 신호등에 의한 **교통신호**, 컴퓨터에 의한 객관식 **시험 채점 및 합격자 결정**, 컴퓨터를 통한 **중·고등학교 배정**, 컴퓨터를 통한 **조세액 산정** 등이 있다.

⚠ **행정의 자동결정**의 예로는 신호등에 의한 **교통신호**, 컴퓨터를 통한 중·고등학생의**학교배정** 등을 들 수 있다. (○) [16 사복9]

0528

㉠ 교통신호의 고장으로 사고가 발생하여 손해가 발생한 경우 국가배상법에 따른 국가배상청구가 가능하다. [19 군무원9] OX

㉡ 행정자동결정이 행정사실행위에 해당한다고 하게 되면 그것은 직접적인 법적 효과는 발생하지 않으며 다만 국가배상청구권의 발생 등 간접적인 법적 효과만 발생함이 원칙이다. [20 군무원7] OX

㉠ **위법한 행정의 자동결정**으로 인하여 권익이 침해된 사람은 사안에 따라 국가배상법이 정하는 바에 따라 **그 손해의 배상을 구할 수도 있다.**

㉡ 사실행위는 직접적인 법적 효과를 발생시키지 못하므로, **행정의 자동결정이 사실행위**로서 **행정상 손해발생의 요건이 되는 불법행위에 해당**하는 경우 **국가배상청구소송을 제기**함으로써 간접적으로 권리구제를 받을 수 있다.

정답 0526. × 0527. ○ 0528-㉠. ○ 0528-㉡. ○

0529

[19 군무원9]

행정의 자동결정도 행정작용의 하나이므로 행정의 법률적합성과 행정법의 일반원칙에 의한 법적 한계를 준수하여야 한다. O X

행정의 자동결정도 행정작용의 일종에 해당하는 이상, **법치행정의 원칙 및 행정법의 일반원칙 등을 준수하여야** 함은 당연하다.

⚠ **행정의 자동결정**도 행정작용의 하나이므로 **행정의률적합성과 행정법의 일반원칙**에 의한 **법적 한계를** 준수하여야 한다. (○) [16 사복9]

0530

[10 군무원9]

㉠ 주차금지구역의 지정은 대물적 행정행위이다. O X

㉡ 골동품을 문화재로 지정하는 행위는 물적 행정행위이다. O X

주차금지구역의 지정행위와 문화재 지정행위는 강학상 **'물적 행정행위'**로서의 일반처분(대물적 일반처분)에 해당한다.

⚠ **주차금지구역의 지정은 일반처분**으로 볼 수 있다. (○) [08 선관위9]

⚠ **골동품의 문화재로의 지정행위**는 물적 **행정행위(物的 行政行爲)**이다. (○) [04 입시]

정답 0529. O 0530-㉠. O 0530-㉡. O

제5절 행정절차

0531

[21 군무원5]

헌법 제12조 제1항에 따른 적법절차 원칙은 형사소송절차에 국한되지 않고 모든 국가작용 전반에 대하여 적용된다. O X

헌법 제12조 제3항 본문은 제1항과 함께 **적법절차원리**의 일반조항에 해당하는 것으로서, ★**형사절차상의 영역에 한정되지 않고** 입법, 행정 등 국가의 ★**모든 공권력의 작용**에는 절차상의 적법성뿐만 아니라 법률의 실체적 내용도 합리성과 정당성을 갖춘 실체적인 적법성이 있어야 한다는 **적법절차의 원칙**을 헌법의 **기본원리**로 명시하고 있다. (헌재 전원 1992.12.24,92헌가8)

⚠ **헌법 제12조의 적법절차의 원리**는 형사사법권에 대한 것이며 **행정절차에 대하여**는 적용~~되지 아니한다~~. (×) [08 선관위7]

0532

[09 군무원9]

행정절차법은 행정절차에 관한 일반법으로서의 성격을 가진다. O X

「행정절차법」은 **행정절차에 관한** ★**일반법**으로서 다른 법률에 행정절차에 관하여 **특별한 규정이 없으면 「행정절차법」에 따르도록** 하고 있다.

⚠ 행정절차법은 **행정절차에 관한 일반법**으로서의 성격을 띠고 있다. (○) [02 행시]

0533

[12 군무원9]

우리나라 행정절차법에는 절차적인 사항만 규정되어 있다. O X

행정절차법은 행정작용의 **절차에 관한 규정뿐만 아니라,** 신뢰보호의 원칙과 같은 ★**실체적 규정도 포함**하고 있다.

⚠ **행정절차법**은 **절차적 규정**뿐만 아니라 신뢰보호원칙과 같이 **실체적 규정을 포함**하고 있다. (○) [18 경행]

⚠ 행정절차법은 **절차법**적인 조항~~만으로~~ 이루어져 있다. (×) [16 국가5 승진]

정답 0531. O 0532. O 0533. ×

0534

[11 군무원9]

행정절차법에 의할 때, 행정청은 행정에 관한 의사를 결정하여 표시하는 국가 또는 지방자치단체의 기관과 그 밖에 법령이나 자치법규에 의하여 행정권을 가지고 있거나 위임 또는 위탁받은 공공단체나 그 기관 또는 사인(私人)을 말한다. O X

【행정절차법】
제2조(정의) 이 법에서 사용하는 용어의 뜻은 다음과 같다.
1. **"행정청"**이란 다음 각 목의 자를 말한다.
   가. 행정에 관한 ★**의사를 결정하여** 표시하는 ★**국가 또는 지방자치단체의 기관**
   나. 그 밖에 법령 또는 자치법규에 따라 행정권한을 **가지고 있거나 위임 또는 위탁받은** ★**공공단체 또는 그 기관**이나 ★**사인(私人)**

⚠ 행정에 관한 **의사를 결정하여** 표시하는 **국가 또는 지방자치단체의 기관**은 **행정청**이다. (○) [21 행정사]

0535

[11 군무원9]

행정절차법에 의하면, 처분은 행정청이 행하는 구체적 사실에 관한 법집행으로서의 공권력의 행사 또는 그 거부와 기타 이에 준하는 행정작용을 말한다. O X

【행정절차법】 제2조(정의) 이 법에서 사용하는 용어의 뜻은 다음과 같다.
2. **"처분"**이란 **행정청**이 행하는 **구체적 사실에 관한 법 집행**으로서의 **공권력의 행사** 또는 그 거부와 그 밖에 이에 **준하는 행정작용(行政作用)**을 말한다.

☑ 「행정심판법」, 「행정소송법」에서도 「행정절차법」과 마찬가지로 **처분의 개념을 정의**하고 있는데, 그 **내용이 동일**하다

⚠ **행정소송법상 '처분'**이라 함은 **행정청**이 행하는 **구체적 사실에 관한 법집행**으로서의 **공권력의 행사** 또는 그 거부와 그 밖에 **이에 준하는 행정작용**을 말한다. (○) [13 국가9]

0536

[22 군무원7]

국가공무원법상 직위해제처분은 처분의사전통지 및 의견청취 등에 관한 행정절차법규정이 별도로 적용되지 아니한다. O X

국가공무원법상 **직위해제처분**은 구 행정절차법 제3조 제2항 제9호, 구 행정절차법 시행령 제2조 제3호에 의하여 당해 행정작용의 성질상 행정절차를 거치기 곤란하거나 불필요하다고 인정되는 사항 또는 행정절차에 준하는 절차를 거친 사항에 해당하므로, 처분의 사전통지 및 의견청취 등에 관한 **행정절차법의 규정**이 별도로 ★**적용되지 않는다**. (대판 2014. 5. 16. 2012두26180)

⚠ 「**국가공무원법**」상 **직위해제처분**에는 처분의 사전통지 및 의견청취 등에 관한 「**행정절차법**」**의 규정**이 별도로 **적용되지 않는다.** (○) [18 군무원9]

⚠ 「**국가공무원법**」상 **직위해제처분**은 공무원의 인사상 불이익을 주는 처분이므로 ~~「행정절차법」상 사전통지 및 의견청취절차를 거쳐야~~ 한다. (×) [21 지방9]

정답 0534. O 0535. O 0536. O

0537

[22 군무원9]

공무원의 정규임용처분을 취소하는 처분은 사전통지를 하지 않아도 되는 예외적인 경우에 해당하지 않는다. O X

정규공무원으로 임용된 사람에게 시보임용처분 당시 지방공무원법 제31조 제4호에 정한 공무원임용 결격사유가 있어 시보임용처분을 취소하고 그에 따라 정규임용처분을 취소한 사안에서, **정규임용처분을 취소하는 처분**은 성질상 행정절차를 거치는 것이 불필요하여 행정절차법의 적용이 **배제되는 경우에 해당하지 ★않으므로**, 그 처분을 하면서 **사전통지를 하거나 의견제출의 기회를 부여**하지 않은 것은 **★위법**하다. (대판 2009.01.30. 2008두16155)

⚠ 임용권자는 **정규공무원으로 임용된 A**가 정규임용 시에는 아무런 임용결격사유가 없었지만 그 이전에 **시보로 임용될 당**시 「국가공무원법」에서 정한 **임용결격사유**가 있었다는 사실을 알게 되었다. 이에 해당 임용권자는 **이러한 사실을 이유**로 A의 **시보임용처분을 취소**하고 그 후 **정규임용처분도 취소**하였다. **정규임용취소처분**은 성질상 **행정절차**를 거치는 것이 불필요하여 ~~「행정절차법」의 적용이 배제~~된다. (×) [16 사복9]

0538

[19 군무원9]

행정절차법은 감사원이 감사위원회의 결정을 거쳐 행하는 사항에 대하여는 적용하지 아니한다. O X

【행정절차법】
제3조(적용 범위) ② 이 법은 다음 각 호의 어느 하나에 해당하는 사항에 대하여는 적용하지 **아니한다**.
5. **감사원**이 **★감사위원회의의 결정을 거쳐** 행하는 사항

⚠ 감사원이 **감사위원회의 결정을 거쳐 행하는 사항**은 ~~「행정절차법」이 적용~~된다. (×) [12 국회9]

0539

[10 군무원9]

행정청은 처분을 하는 때에는 법률이 정한 경우를 제외하고는 당사자에게 그 근거와 이유를 제시하여야 한다. O X

【행정절차법】 제23조(처분의 이유 제시) ① 행정청은 **처분을 할 때에는** 다음 각 호의 어느 하나에 해당하는 경우를 제외하고는 **★당사자에게 그 ★근거와 이유를** 제시하여야 한다.

⚠ **이유제시**는 행정처분 등을 함에 있어서 그 **근거가 되는 법적·사실적 이유**를 **구체적으로 명기**하는 것을 말한다. (○) [15 군무원9]

⚠ 행정청은 **처분을 할 때**에는 ~~이해관계인~~에게 그 **근거와 이유를 제시**하여야 한다. (×) [21 행정사]

정답 0537. O 0538. O 0539. O

0540
[15 군무원9]

판례에 의하면, 이유제시는 단순히 처분의 근거가 되는 법령뿐만 아니라 구체적인 사실과 당해 처분과의 관계가 적시되어야 한다. O X

> 면허의 **취소처분**에는 **그 근거가 되는 법령**이나 취소권 유보의 **부관** 등을 명시하여야 함은 물론 처분을 받은 자가 **★어떠한 위반사실**에 대하여 **당해 처분**이 있었는지를 알 수 있을 정도로 **★사실을 적시**할 것을 요한다. (대법원 1990.9.11, 90누1786)

- ⚠ 처분의 **이유제시**에서는 **사실적 근거와 법적 근거** 모두 제시해야 한다. (○) [06 국가7]
- ⚠ 판례에 의하면 **이유부기**는 단순히 **처분의 근거조문**을 밝히는 ~~것만으로도 충분~~하다고 한다. (×) [04 국회8]

0541
[20 군무원7]

판례는 당사자가 신청하는 허가 등을 거부하는 처분을 하면서 당사자가 그 근거를 알 수 있을 정도로 이유를 제시한 경우에는 처분의 근거와 이유를 구체적으로 명시하지 않았더라도 그로 인해 처분이 위법하게 되는 것은 아니라고 보았다. O X

> 당사자가 신청하는 **허가 등을 거부하는 처분**을 하면서 당사자가 **그 근거를 ★알 수 있을 정도로 이유를 제시한 경우**에는 처분의 **근거와 이유를 구체적으로 명시하지 않았더라도** 그로 말미암아 그 처분이 **위법하다고 볼 수는 ★없다**. (대판 2017. 8. 29, 2016두44186)

- ⚠ **인·허가 등의 거부처분**을 함에 있어서 당사자가 그 **처분의 근거를 알 수 있을 정도로 상당한 이유를 제시**한 경우라도 그 **구체적 조항이나 내용**을 명시하지 않았다면 ~~해당 거부처분은 위법하다~~. (×) 20 국가5 승진]

0542
[12 군무원9]

법령에서 정한 이유제시를 하지 않은 경우 독립된 취소사유가 된다. O X

> 행정처분에서 **절차상 하자**가 있는 경우 그것만으로 **독자적인 취소사유**가 되는바, 행정처분을 하면서 처분 상대방에게 **이유제시(이유부기)를 하지 않은 것은 통상 ★취소사유**인 절차상 하자에 해당한다.
>
> ☑ "**세액산출근거가 기재되지 아니한** 납세고지서에 의한 부과처분은 강행법규에 위반하여 **★취소대상**이 된다 할 것이다. (대법원 1985.4.9., 84누431)"

- ⚠ **이유제시의 하자**는 무효사유와 취소사유의 구별기준에 따라 무효인 하자와 취소할 수 있는 하자가 된다. 판례는 이유제시의 하자를 통상 ~~무효사유~~로 보고 있다. (×) [12 경행]
- ⚠ **행정처분**에 실체적 위법이 없는 한 **절차적 하자만으로 독립된 취소사유**~~가 되지 못한다~~. (×) [20 행정사]

정답 0540. O 0541. O 0542. O

0543

[13 군무원9]

행정청이 처분을 행할 때 언제나 당사자에게 그 근거와 이유를 제시해야만 하는 것은 아니다. O X

【행정절차법】 제23조(처분의 이유 제시)
① 행정청은 **처분을 할 때에는 다음 각 호의 어느 하나에 해당하는 경우를 ★제외**하고는 당사자에게 **그 근거와 이유**를 제시하여야 한다.
1. **신청 내용**을 모두 **★그대로 인정**하는 처분인 경우
2. **★단순·반복**적인 처분 또는 **★경미**한 처분으로서 당사자가 그 이유를 **명백히 알 수 있는** 경우
3. **★긴급히** 처분을 할 필요가 있는 경우
② 행정청은 제1항 제2호 및 제3호의 경우에 처분 후 당사자가 요청하는 경우에는 그 근거와 이유를 제시하여야 한다.

⚠ 처분에 대한 **이유부기**는 ~~예외 없이~~ 적용되는 법원칙이다. (×) [06 국가9]

0544

[20 군무원9]

행정청에 처분을 구하는 신청은 문서로 하여야 한다. 다만, 다른 법령 등에 특별한 규정이 있는 경우와 행정청이 미리 다른 방법을 정하여 공시한 경우에는 그러하지 아니하다. O X

【행정절차법】 제17조(처분의 신청) ① 행정청에 처분을 구하는 신청은 **★문서**로 하여야 한다. 다만, 다른 법령 등에 특별한 규정이 있는 경우와 행정청이 **미리 다른 방법을 정하여 공시**한 경우에는 **★그러하지 아니하다.**

⚠ 행정청에 대하여 **처분을 구하는 신청**은 **서면으로 함이 원칙**이다. (○) [06 경남9]
⚠ 처분을 구하는 신청에 대하여 행정청이 **미리 다른 방법을 정하여 공시한 경우**에는 **문서로 하지 않아도** 된다. (○) [08 지방9] [12 경행]
⚠ 행정청에 **처분을 구하는 신청**은 문서로만 가능하다. (×) [16 서울9]

0545

[20 군무원9]

행정청은 신청에 필요한 구비서류, 접수기관, 처리기간, 그 밖에 필요한 사항을 게시(인터넷 등을 통한 게시를 포함)하거나 이에 대한 편람을 갖추어 두고 누구나 열람할 수 있도록 하여야 한다. O X

【행정절차법】 제17조(처분의 신청) ③ 행정청은 신청에 필요한 **★구비서류, 접수기관, 처리기간**, 그 밖에 필요한 사항을 **게시**(인터넷 등을 통한 게시를 포함한다)하거나 이에 대한 **★편람**을 갖추어 두고 **누구나 열람**할 수 있도록 하여야 한다.

⚠ 행정청은 **처분의 신청**에 필요한 **구비서류, 접수기관, 처리기간,** 그 밖에 **필요한 사항**을 **게시**하거나 이에 대한 **편람**을 갖추어 두고 **누구나 열람**할 수 있도록 하여야 한다. (○) [16 소방간부]

정답 0543. O 0544. O 0545. O

0546

[09 군무원9]

행정청에 대하여 처분을 구하는 신청을 함에 있어 전자문서로 하는 경우에는 행정청의 컴퓨터 등에 입력된 때의 익일에 신청한 것으로 본다. O X

【행정절차법】 제17조(처분의 신청) ② 제1항에 따라 처분을 신청할 때 **전자문서**로 하는 경우에는 행정청의 **컴퓨터 등**에 ★**입력된 때**에 **신청한** 것으로 본다.

⚠ 행정청에 처분을 구하는 **신청을 전자문서로** 하는 경우에는 행정청의 **컴퓨터 등에 입력된 때**에 신청한 것으로 본다. (○) [18 서울9]

0547

[20 군무원9]

행정청은 신청에 구비서류의 미비 등 흠이 있는 경우에는 보완에 필요한 상당한 기간을 정하여 지체 없이 신청인에게 보완을 요구할 수 있다. O X

【행정절차법】 제17조(처분의 신청) ⑤ 행정청은 신청에 **구비서류의 미비 등** 흠이 있는 경우에는 보완에 필요한 **상당한 기간**을 정하여 **지체 없이** 신청인에게 **보완**을 요구★**하여야** 한다 ☑ ~~할 수 있다~~. → 하여야 한다.

⚠ 행정기관은 신청서에 **구비서류가 미비**한 때에는 그 **보완을 요구하여야** 한다. (○) [06 관세사]

⚠ 행정청은 신청에 구비서류 미비 등 흠이 있는 경우, ~~당사자의 신청에 의해~~ **보완에 필요한 상당한 기간**을 정하여 신청인에게 **보완을 요구**~~할 수~~ 있다. (×) [03 행시]

0548

[12 군무원9]

행정청은 허가의 요건을 갖추지 못한 신청서가 제출된 경우 이를 즉시 반려하여야 한다. O X

가령 어떤 허가의 신청에서 허가에 필요한 첨부서류가 미비된 경우, **처분청이** 첨부서류를 갖추어 다시 신청서를 제출할 것을 안내하는 등 **신청의 보완을 요구하지 않고** 곧바로 허가의 신청을 **반려하였다면** ★**위법한 거부처분**이 된다.

⚠ 자영업에 종사하는 甲이 일정요건의 자영업자에게는 보조금을 지급하도록 한 법령에 근거하여 관할 행정청에 **보조금 지급을 신청**한 사례에서, 甲의 **신청에 형식적 요건의 하자**가 있었다면 그 하자의 보완이 가능함에도 **보완을 요구하지 않고 바로 거부**하였다고 하여 그 **거부가 위법한** 것~~은 아니~~다. (×) [20 지방7]

정답 0546. × 0547. × 0548. ×

0549

[20 군무원9]

행정청은 신청인의 편의를 위하여 다른 행정청에 신청을 접수하게 할 수 있다. 이 경우 행정청은 다른 행정청에 접수할 수 있는 신청의 종류를 미리 정하여 공시하여야 한다. O X

【행정절차법】 제17조(처분의 신청) ⑦ 행정청은 ★신청인의 편의를 위하여 ★다른 행정청에 신청을 접수하게 할 수 있다. 이 경우 행정청은 다른 행정청에 접수할 수 있는 신청의 종류를 미리 정하여 ★공시하여야 한다.

▲ 행정청은 **신청인의 편의**를 위하여 **다른 행정청에 신청을 접수**하게 할 수 있다. (○) [06 서울9] [16 서울9]

0550

[09 군무원9]

신청인은 처분이 있기 전에는 그 신청의 내용을 보완·변경하거나 취하(取下)할 수 있다. O X

【행정절차법】 제17조(처분의 신청) ⑧ 신청인은 ★처분이 있기 전에는 그 신청의 내용을 ★보완·변경하거나 취하(取下)할 수 있다. 다만, 다른 법령등에 특별한 규정이 있거나 그 신청의 성질상 보완·변경하거나 취하할 수 없는 경우에는 그러하지 아니하다.

▲ 신청인은 신청서가 일단 접수되면, **신청한 내용**을 **보완하거나 변경 또는 취하**할 수 없다. (×) [18 소방]

☑ 신청서가 접수되었더라도, **처분에 있기 전까지**는 보완·변경·취하할 수 있다.

0551

[09 군무원9]

행정절차법은 행정청 간의 협조의무와 행정청 상호 간의 행정응원에 대하여 규정하고 있다. O X

【행정절차법】
제8조(행정응원) ① 행정청은 다음 각 호의 어느 하나에 해당하는 경우에는 다른 행정청에 ★행정응원(行政應援)을 요청할 수 있다.
제7조(행정청 간의 협조 등) ① 행정청은 행정의 원활한 수행을 위하여 ★서로 협조하여야 한다.

▲ 행정절차법은 **행정청 간의 협조의무**와 **행정청 상호 간의 행정응원**에 대하여 규정하고 있다. (○) [10 국회9]

정답 0549. O 0550. O 0551. O

0552

㉠ 다수의 당자사 등이 공동으로 행정절차에 관한 행위를 할 때에 대표자를 정할 수 있고, 당사자 등은 대표자를 변경하거나 해임할 수 있다. [20 군무원9] O X

㉡ 대표자는 각자 그를 대표자로 선정한 당사자 등을 위하여 행정절차에 관한 모든 행위를 할 수 있다. 다만, 행정절차를 끝맺는 행위에 대하여는 당사자 등의 동의를 받아야 한다. [20 군무원9] O X

【행정절차법】
제11조(대표자) ① 다수의 당사자등이 **★공동**으로 행정절차에 관한 행위를 할 때에는 **대표자**를 선정할 수 있다.
③ 당사자등은 대표자를 **★변경하**거나 **해임**할 수 있다.
④ **대표자**는 각자 그를 대표자로 선정한 **당사자등을 위하여** 행정절차에 관한 **★모든 행위**를 할 수 있다. 다만, 행정절차를 **★끝맺는 행위**에 대하여는 **당사자등의 동의**를 **받아야** 한다.

0553

[20 군무원9]

대표자가 있는 경우에는 당사자 등은 그 대표자를 통하여서만 행정절차에 관한 행위를 할 수 있다. O X

【행정절차법】 제11조(대표자) ⑤ **대표자**가 있는 경우에는 당사자등은 그 **★대표자를 통하여서만** 행정절차에 관한 행위를 할 수 있다.

0554

[20 군무원9]

다수의 대표자가 있는 경우 그 중 1인에 대한 행정청의 행위는 모든 당사자 등에게 효력이 있다. 다만, 행정청의 통지는 대표자 1인에게 하여도 그 효력이 있다. O X

【행정절차법】 제11조(대표자) ⑥ **다수의 대표자**가 있는 경우 **그중 1인에 대한 행정청의 ★행위**는 **모든 당사자등에게** 효력이 있다. 다만, 행정청의 **★통지**는 대표자 **모두에게 하여야** 그 효력이 있다.

⚠ **다수의 대표자**가 있는 경우 그 중 ~~1인에 대한~~ **행정청의 통지**는 모든 당사자 등에게 효력이 있다. (×) [06 강원9] [18 서울7]

☑ 행정청의 '**통지**'는 모든 **대표자에게 하여야**만 효력이 발생한다.

정답 0552-㉠. O 0552-㉡. O 0553. O 0554. X

0555

[10 군무원9]

행정청은 불이익처분을 할 경우 처분하려는 원인이 되는 사실과 그 법적 근거를 당사자에게 통지하여야 한다. O X

【행정절차법】 제21조(처분의 사전 통지) ① 행정청은 당사자에게 ★**의무를 부과**하거나 ★**권익을 제한하는 처분을 하는 경우**에는 ★**미리** 다음 각 호의 사항을 **당사자등에게 통지**하여야 한다.
1. 처분의 **제목**
2. **당사자**의 성명 또는 명칭과 주소
3. 처분하려는 **원인이 되는 사실**과 처분의 **내용 및 법적 근거**
4. 제3호에 대하여 **의견을 제출할 수 있다는 뜻**과 의견을 제출하지 아니하는 경우의 처리방법
5. 의견제출**기관**의 명칭과 주소
6. 의견제출**기한**

☑ **'사전통지'**는 **불이익(침익적) 처분**을 하기 전에 상기 사항을 통지하는 제도이다.

△ 행정청은 당사자에게 **의무를 부과하거나 권익을 제한하는 처분**을 하는 경우, **미리** 일정한 사항을 **당사자 등에게 통지하고 의견청취**를 하여야 한다. (○) [19 군무원9]

△ **사전통지의 내용**은 처분의 **제목**, **당사자**의 성명 또는 명칭과 주소, 처분하고자 하는 **원인이 되는 사실**과 **처분의 내용 및 법적근거**, **의견제출기관**의 명칭과 주소, 의견제출 **기한** 등이다. (○) [11 국회8]

△ 행정청은 당사자 등에게 **의무를 면제하거나 권익을 부여하는 처분**을 하는 경우에도 ~~사전통지의무를 진다~~. (×) [10 지방7]

0556

[15 군무원9]

행정절차법은 모든 침익적 처분에 대하여 사전통지를 하여야 한다고 규정하고 있다. O X

행정절차법 제21조 제4항에서는 침익적 처분의 경우에도 **사전통지를 하지 않을 수 있는** ★**예외적인 경우를 열거**하고 있다. (다음 문제 참고)

△ **부담적 처분**의 경우에 **예외적으로** 사전통지를 **하지 않을 수 있다**. (○) [11 국회8]

정답 0555. ○ 0556. ×

0557

㉠ 행정청은 공공복리를 위하여 긴급히 처분할 필요가 있는 경우에는 불이익처분의 사전통지를 하지 아니할 수 있다.

[11 군무원9] O X

㉡ 처분의 전제가 되는 사실이 법원의 재판 등에 의하여 객관적으로 증명된 경우에는 행정청이 당사자에게 의무를 부과하거나 권익을 제한하는 처분을 하는 경우에도 사전통지를 하지 아니할 수 있다.

[18 서울9] O X

㉢ 행정청은 해당 처분의 성질상 의견청취가 현저히 곤란하더라도 사전통지를 해야 한다.

[22 군무원7] O X

【행정절차법】 제21조(처분의 사전 통지)

④ 다음 각 호의 어느 하나에 해당하는 경우에는 제1항에 따른 **통지**를 하지 **★아니할 수 있다**.

1. **★공공의 안전 또는 복리**를 위하여 **★긴급히** 처분을 할 필요가 있는 경우
2. 법령등에서 요구된 자격이 **없거나 없어지게 되면** 반드시 **일정한 처분을 하여야** 하는 경우에 그 자격이 **없거나 없어지게 된 ★사실**이 **★법원의 재판** 등에 의하여 **객관적으로 증명**된 경우
3. 해당 **처분의 성질상** 의견청취가 **★현저히 곤란**하거나 **★명백히 불필요**하다고 인정될 만한 상당한 이유가 있는 경우

⑥ 제4항에 따라 사전 통지를 하지 아니하는 경우 행정청은 처분을 할 때 당사자등에게 통지를 하지 아니한 사유를 알려야 한다.

⚠ 행정절차법에 의하면 **침해적 처분**이라 해도 **공공의 안전 또는 복리**를 위하여 **긴급히 처분**을 할 필요가 있는 경우에는 처분의 **사전통지를 아니할 수 있다.** (○) [15 경행]

⚠ 법령등에서 요구된 자격이 없거나 없어지게 되면 반드시 일정한 처분을 하여야 하는 경우에 그 **자격이 없거나 없어지게 된 사실**이 **법원의 재판**에 의하여 **객관적으로 증명**된 경우에는 사전통지를 생략할 수 있다. (○) [22 국가9]

⚠ **처분의 전제가 되는 사실**이 ~~경찰의 수사~~에 의하여 **객관적으로 증명**된 사항은 행정절차법의 적용제외 대상이다. (×) [21 행정사]

⚠ 해당 **처분의 성질상 의견청취가 현저히 곤란하거나 명백히 불필요**하다고 인정될 만한 상당한 이유가 있는 경우에는 **사전통지 및 의견청취 절차를 거치지 아니할 수 있으며,** 이 경우 행정청은 처분 후에 당사자 등에게 통지를 하지 아니한 사유를 알려야 한다. (○) [17 군무원9]

⚠ 해당 **처분의 성질상 의견청취가 현저히 곤란하거나 명백히 불필요**하다고 인정될 만한 상당한 이유가 있는 경우에는 **사전통지 및 의견청취 절차를 거치지 아니할 수 있다.** (○) [19 군무원9]

정답 0557-㉠. O 0557-㉡. O 0557-㉢. X

0558

[22 군무원9]

「행정절차법」은 처분의 직접 상대방 외에 신청에 따라 행정절차에 참여한 이해관계인도 사전통지의 대상인 당사자에 포함시키고 있다. O X

【행정절차법】 제2조(정의) 이 법에서 사용하는 용어의 뜻은 다음과 같다.
4. **"당사자등"**이란 다음 각 목의 자를 말한다.
가. 행정청의 처분에 대하여 직접 그 상대가 되는 ★**당사자**
나. 행정청이 직권으로 또는 신청에 따라 **행정절차에 참여하게 한 ★이해관계인**

【행정절차법】 제21조(처분의 사전 통지) ① 행정청은 당사자에게 **의무를 부과하거나 권익을 제한하는 처분**을 하는 경우에는 **미리** 다음 각 호의 사항을 ★**당사자등에게 통지**하여야 한다.

☑ 사전통지의 대상(당사자등) = 처분 **당사자** + 행정**절차**에 **참여**한 **이해관계인**

⚠ 행정절차법 소정의 **사전통지의 대상**에서 규정하는 **당사자등**에는 행정청이 직권으로 또는 신청에 따라 **행정절차에 참여**하게 된 **이해관계인**이 포함된다. (○) [16 서울7]

⚠ 처분의 **사전통지가 적용되는 제3자**는 '행정청이 직권 또는 신청에 따라 **행정절차에 참여**하게 한 **이해관계인**'으로 한정된다. (○) [17 국가7]

0559

[22 군무원7]

행정청은 당사자에게 사전통지를 하면서 의견제출에 필요한 기간을 10일 이상으로 고려하여 정하여 통지하여야 한다. O X

【행정절차법】 제21조(처분의 사전 통지) ① 행정청은 당사자에게 **의무를 부과하거나 권익을 제한하는 처분**을 하는 경우에는 **미리** 다음 각 호의 사항을 ★**당사자등에게 통지**하여야 한다.
③ 제1항 제6호에 따른 (의견제출)기한은 의견제출에 필요한 기간을 ★**10일 이상**으로 고려하여 정하여야 한다.

0560

[19 군무원9]

처분에 대한 사전통지를 하고 의견제출의 기회를 준다면 많은 액수의 손실보상금을 기대하여 공사를 강행할 우려가 있다는 사정만으로 이 사건 처분이 "당해 처분의 성질상 의견청취가 현저히 곤란하거나 명백히 불필요하다고 인정될만한 상당한 이유가 있는 경우"에 해당한다고 볼 수 없다. O X

건축법상의 공사중지명령에 대한 사전통지를 하고 의견제출의 기회를 준다면 **많은 액수의 ★손실보상금을 기대하여 ★공사를 강행할 우려**가 있다는 사정이 사전통지 및 의견제출절차의 ★**예외사유에 해당하지 아니한다**. (대판 2004.5.28. 2004두1254)

⚠ **건축법상의 공사중지명령**에 대한 사전통지를 하고 의견제출의 기회를 준다면 **많은 액수의 손실보상금을 기대하여 공사를 강행할 우려**가 있다는 사정은 **사전통지 및 의견제출절차**의 **예외사유에 해당하지 아니한다**. (○) [18 군무원9]

정답 0558. O 0559. O 0560. O

0561

[21 군무원5]

행정절차법에서 말하는 '의견청취가 현저히 곤란하거나 명백히 불필요하다고 인정될 만한 상당한 이유가 있는 경우'에 해당하는지는 해당 행정처분의 성질에 비추어 판단하여야 하며, 처분상대방이 이미 행정청에 위반사실을 시인하였다거나 처분의 사전통지 이전에 의견을 진술할 기회가 있었다는 사정을 고려하여 판단할 것은 아니다.

O X

'의견청취가 현저히 **곤란하거나 명백히 불필요**하다고 인정될 만한 상당한 이유가 있는 경우'에 해당하는지는 해당 **행정처분의 성질에 비추어 판단**하여야 하며, 처분상대방이 이미 행정청에 **위반사실을 ★시인**하였다거나 처분의 사전통지 **이전에 의견을 진술할 ★기회**가 있었다는 사정을 **고려하여 판단할 것은 ★아니다**. (대판 2016.10.27., 2016두41811)

⚠ 당해 처분의 성질상 **의견청취가 현저히 곤란하거나 명백히 불필요**하다고 인정될 만한 상당한 이유가 있는지의 여부는 당해 **행정처분의 성질에 따라 판단**한다. (○) [10 서울9]

⚠ 현장조사에서 처분상대방이 **위반사실을 시인**하였다면 행정청은 처분의 **사전통지절차**를 ~~하지 않아도 된~~다. (×) [22 군무원7]

0562

[10 군무원9]

사전통지가 면제되는 경우에는 의견청취를 생략할 수 있다.

O X

【행정절차법】 제22조(의견청취) ④ 제1항부터 제3항까지의 규정에도 불구하고 제21조 제4항 각 호의 **★어느 하나에 해당**하는 경우와 당사자가 의견진술의 기회를 포기한다는 뜻을 명백히 표시한 경우에는 **의견청취**를 하지 **★아니할 수 있다**.

☑ 사전통지의 면제사유에 해당하는 경우에는, 의견청취도 생략할 수 있다.

⚠ **사전통지의무가 면제**되는 경우에도 **의견청취의무가 면제되는** 것~~은 아니~~다. (×) [10 지방7]

0563

[16 군무원9]

행정청은 법령상 의견청취의 사유가 있는 경우에도 당사자가 의견진술의 기회를 포기한다는 뜻을 명백히 표시한 경우에는 의견청취를 하지 않을 수 있다.

O X

【행정절차법】 제22조(의견청취) ④ 제1항부터 제3항까지의 규정에도 불구하고 제21조 제4항 각 호의 어느 하나에 해당하는 경우와 당사자가 **의견진술의 기회를 ★포기**한다는 뜻을 **명백히 표시**한 경우에는 **의견청취**를 하지 **★아니할 수 있다**.

⚠ 행정청의 처분으로 의무가 부과되거나 권익이 제한되는 경우라도 당사자가 **의견진술의 기회를 포기한다는 뜻을 명백히** 표시한 경우에는 **의견청취를 생략**할 수 있다. (○) [22 국가9]

정답 0561. O 0562. O 0563. O

0564

[22 군무원7]

신청에 대한 거부처분은 당사자의 권익을 제한하는 처분에 해당하므로 처분의 사전통지의 대상이 된다. O X

신청에 따른 처분이 이루어지지 아니한 경우에는 아직 당사자에게 권익이 부과되지 아니하였으므로 특별한 사정이 없는 한 신청에 대한 거부처분이라고 하더라도 직접 당사자의 **★권익을 제한하는 것은 아니어서** 신청에 대한 거부처분을 여기에서 말하는 '당사자의 권익을 제한하는 처분'에 **해당한다고 할 수 없는 것**이어서 처분의 **사전통지대상**이 **★된다고 할 수 없다**. (대법원 2003.11.28, 2003두674)

- 대법원 판례에 따르면 행정절차법상 처분의 **사전통지의 대상**이 되는 '당사자에게 **의무를 부과하거나 권익을 제한**하는 처분'에는 **신청에 대한 거부처분이 포함되지 않는다.** (○) [17 군무원9]
- **신청에 대한 거부처분**은 ~~당사자의 권익을 제한하는 처분에 해당~~한다고 할 수 있어서 처분의 ~~사전통지대상이 된~~다. (×) [18 군무원9]
- 수익적 처분의 **신청에 대한 거부처분**은 ~~실질적으로 침익적 처분~~에 해당하므로 ~~사전통지대상~~이 된다. (×) [22 군무원9]

0565

[16 군무원9]

「행정절차법」상의 의견청취에는 공청회와 청문이 포함된다. O X

행정절차법 제22조(의견청취)에 따른 **의견청취 제도**는 **① 청문, ② 공청회, ③ 의견제출**로 3가지로 구분된다.
☑ ③의 의견제출은 행정실무상 의견제출서식을 작성하여 서면으로 제출하는 방식

- 행정절차법상의 의견청취는 ~~이유제시~~, 청문, 의견제출로 구분된다. (×) [08 지방7]

0566

[19 군무원9]

침익적 행정처분을 하는 경우 청문이나 공청회를 필요적으로 거쳐야 하는 경우에 해당하지 않는다면 의견제출절차도 거치지 않아도 된다. O X

【행정절차법】 제22조(의견청취) ③ 행정청이 당사자에게 의무를 부과하거나 권익을 제한하는 처분을 할 때 제1항 또는 제2항의 경우 외에는 당사자등에게 **의견제출의 기회**를 **★주어야** 한다.
☑ 침익적 처분을 하려는 처분청은 그에 앞서, **청문을 실시하거나 공청회를 개최하는 경우가 아니라면**, 원칙적으로 처분 당사자에게 사전통지를 하면서 **의견제출의 기회를 함께 부여하여야** 한다.

- **의견제출**은 행정청이 어떠한 행정작용을 하기에 앞서 **당사자 등이 의견을 제시하는 절차**로서 **청문이나 공청회에 해당하지 아니하는 절차**를 말한다. (○) [11 군무원9]
- 행정청이 당사자에게 의무를 과하거나 권익을 제한하는 처분을 하는 경우, 이에 대해 **청문을 실시하거나 공청회를 개최하는 경우**에는 당사자에게 별도의 **의견제출의 기회를 주지 않을 수도 있다.** (○) [09 국회9]
- **불이익처분**을 할 때에는 **청문 또는 공청회를 개최**하더라도 ~~별도로 의견 제출의 기회를 주어야~~만 한다. (×) [16 전환]

정답 0564. × 0565. ○ 0566. ×

0567

[21 군무원5]

'고시'의 방법으로 불특정 다수인을 상대로 행해지는 처분의 경우에도 그 처분이 의무를 부과하거나 권익을 제한하는 경우라면, 행정절차법에 의하여 그 상대방에게 의견 제출의 기회를 주어야 한다. O X

'고시'의 방법으로 **불특정 다수인을 상대**로 의무를 부과하거나 권익을 제한하는 처분은 성질상 의견제출의 기회를 주어야 하는 상대방을 **특정할 수 없으므로**, 이와 같은 처분에 있어서까지 구 행정절차법 제22조 제3항에 의하여 그 상대방에게 **의견제출의 기회**를 **주어야 한다고 해석할 것은 ★아니다**. (대법원 2014. 10. 27. 2012두7745)

⚠ 고시 등에 의한 **불특정 다수**를 상대로 한 권익제한이나 의무부과의 경우 **사전통지대상이 아니다**. (○) [22 군무원9]

0568

[17 군무원9]

「도로법」제25조 제3항에 의한 도로구역변경고시의 경우는 행정절차법상 사전통지나 의견청취의 대상이 되는 처분에 해당한다. O X

도로법 제25조 제3항이 도로구역을 결정하거나 변경할 경우 이를 **고시**에 의하도록 하면서, 그 도면을 일반인이 열람할 수 있도록 한 점 등을 종합하여 보면, **도로구역**을 변경한 이 사건 **처분**은 행정절차법 제21조 제1항의 **사전통지나 제22조 제3항의 의견청취의 대상**이 되는 처분은 **★아니라고 할 것**이다. (대판 2008. 6. 12. 2007두1767)

⚠ 「도로법」상 도로구역을 변경할 경우, 이를 고시하고 그 도면을 일반인이 열람할 수 있도록 하고 있는바, **도로구역을 변경한 처분**은 「행정절차법」상 **사전통지나 의견청취의 대상이 되는 처분이 아니다**. (○) [21 국가7]

0569

[09 군무원9]

행정청은 처분을 할 때에 당사자등이 제출한 의견이 상당한 이유가 있다고 인정하는 때에는 이를 반영하여야 한다. O X

【행정절차법】 제27조의2(제출 의견의 반영 등) ① 행정청은 처분을 할 때에 당사자등이 제출한 의견이 상당한 이유가 있다고 **★인정**하는 경우에는 이를 **★반영하여야** 한다.

☑ 반대로 의견이 **상당한 이유가 없다고 인정**되는 때에는, **반영하지 않을 수 있는** 것이다.

⚠ 행정청은 당사자가 제출한 **의견에 반드시 따라야 하는 것은 아니다**. (○) [07 국회8]

⚠ 행정청은 처분을 할 때에 당사자등이 제출한 의견이 상당한 이유가 있다고 인정하는 경우에는 이를 반영할 수 있다. (×) [17 경행] ☑ ~~할 수 있다~~. → 하여야 한다.

정답 0567. × 0568. × 0569. O

0570

[22 군무원5]

구 광업법상 처분청이 광업용 토지수용을 위한 사업인정을 하고자 할 때에 토지소유자와 토지에 관한 권리를 가진 자의 의견을 들어야 한다고 한 것은 처분청이 그 의견에 기속되는 것이다. O X

구 광업법 제88조 제2항에서 처분청이 같은 법조 제1항의 규정에 의하여 광업용 **토지수용을 위한 사업인정**을 하고자 할 때에 토지**소유자와 토지에 관한 권리를 가진 자**의 **의견을 들어야 한다**고 한 것은 그 사업인정 여부를 결정함에 있어서 소유자나 기타 권리자가 **의견을 반영할 기회를 주어 이를 ★참작**하도록 하고자 하는 데 있을 뿐, 처분청이 그 의견에 **★기속되는 것은 아니다**. (대판 1995. 12. 22., 95누30)

⚠ 구 「**광업법**」에 근거하여 처분청이 **광업용 토지수용을 위한 사업인정**을 하면서 토지소유자와 토지에 관한 권리를 가진 자의 **의견을 들은 경우** 처분청은 ~~그 의견에 기속~~된다. (×) **[19 지방9]**

0571

[17 군무원9]

행정청은 처분 후 1개월 이내에 당사자 등이 요청하는 경우에는 청문·공청회 또는 의견제출을 위하여 받은 서류나 그 밖의 물건을 반환하여야 한다. O X

【행정절차법】 제22조(의견청취) ⑥ 행정청은 처분 후 **★1년 이내**에 당사자등이 **요청하는 경우**에는 청문·공청회 또는 의견제출을 위하여 제출받은 **서류나 그 밖의 물건**을 **★반환**하여야 한다.

⚠ 행정청은 **처분 후 1년 이내**에 당사자 등의 요청이 있는 경우에는 청문·공청회 또는 의견제출을 위하여 제출받은 서류 기타 물건을 **반환하여야** 한다. (○) **[12 경행]**

0572

[22 군무원9]

공무원연금법상 퇴직연금의 환수결정은 당사자에게 의무를 과하는 처분이므로, 퇴직연금의 환수결정에 앞서 당사자에게 의견진술의 기회를 주지 아니하면 행정절차법에 어긋난다. O X

퇴직연금의 환수결정은 당사자에게 의무를 과하는 처분이기는 하나, 관련 **법령에 따라** 당연히 환수금액이 **★정하여지는 것**이므로, 퇴직연금의 **환수결정에 앞서** 당사자에게 의견진술의 기회를 주지 아니하여도 **행정절차법 제22조 제3항이나 신의칙에 어긋나지 ★아니한다**. (대판 2000. 11. 28., 99두5443)

⚠ 공무원연금관리공단의 **퇴직연금의 환수결정**은 관련**법령에 따라 당연히 환수금액이 정해지는** 것이므로, 퇴직연금의 환수결정에 앞서 당사자에게 **의견진술**의 기회를 주지 아니하여도 「**행정절차법**」**에 위반되지 않는다**. (○) **[19 서울7 2월]**

정답 0570. × 0571. × 0572. ×

0573

㉠ 甲은 乙로부터 유흥주점을 양도받고 식품위생법 규정에 따라 관할 행정청 A에게 영업자지위승계신고를 한 경우, A의 유흥주점영업자지위승계신고수리는 乙의 권익을 제한하는 처분이다.

[21 군무원7] O X

㉡ 甲은 乙로부터 유흥주점을 양도받고 식품위생법 규정에 따라 관할 행정청 A에게 영업자지위승계신고를 한 경우, 乙은 행정절차법상의 당사자의 지위에 있고, A는 이 유흥주점영업자지위승계신고를 수리함에 있어 乙에게 그 사실을 사전에 통지하여야 한다. [21 군무원7] O X

영업자지위승계신고를 수리하는 처분은 **종전의** 영업자의 ★**권익을 제한**하는 처분이라 할 것이고 따라서 **종전**의 영업자는 그 **처분**에 대하여 직접 그 **상대가 되는 자**에 해당한다고 봄이 상당하므로, 행정청으로서는 위 신고를 수리하는 처분을 함에 있어서 행정절차법 규정 소정의 당사자에 해당하는 **종전**의 영업자에 대하여 위 규정 소정의 ★**행정절차를 실시**하고 **처분을 하여야** 한다. (대판 2003.2.14. 2001두7015)

☑ 이전 영업자 乙과 새로운 영업자 甲 사이의 **영업자 지위의 양도·양수에 따른** 영업자**지위승계신고를 수리**하는 것은 **乙의 권익을 제한하는 처분**에 해당하므로, 수리처분에 앞서 처분 상대방인 **乙에 대하여** 행정절차법상 **사전통지 및 의견제출 기회를 부여하여야** 한다는 판시이다.

⚠ **식품위생법상 영업양도**에 따른 **지위승계신고의 수리**행위는 **처분성이 인정**된다. (○) [06 군무원9]

⚠ **사업양수**에 의한 **지위승계신고를 수리**하는 행위는 **행정처분에 해당**한다. (○) [13 군무원9]

⚠ **사업의 양도·양수에 따른 지위승계신고**는 **수리를 요하는 신고**이다. (○) [06 군무원9]

⚠ 행정청은 「식품위생법」 규정에 의하여 **영업자지위승계신고 수리처분**을 함에 있어서 **종전의 영업자**에 대하여 「**행정절차법**」**상 사전통지를 하고 의견제출 기회**를 주어야 한다. (○) [18 군무원9]

⚠ 식품위생법상 허가영업에 대해 **영업자지위승계신고를 수리**하는 처분은 **종전의 영업자에 대하여 다소 권익을 침해**하는 효과가 발생한다고 하더라도 행정절차법상 **사전통지를 거쳐야 하는 대상**~~이 아니다~~. (×) [16 국가9]

0574

[18 군무원9]

영업양도에 따른 지위승계신고를 수리하는 행정청의 행위는 양도·양수인 사이의 영업양도 사실의 신고를 접수하는 행위에 그치는 것이 아니라, 영업허가자의 변경이라는 법률효과를 발생시키는 행위이다.

O X

식품위생법 제25조 제3항에 의한 영업양도에 따른 지위승계신고를 수리하는 허가관청의 행위는 단순히 양도·양수인 사이에 이미 발생한 사법상의 사업양도의 법률효과에 의하여 양수인이 그 영업을 승계하였다는 **사실의 신고를 접수하는 행위에 그치는 것이** ★**아니라**, 영업**허가자의 변경**이라는 ★**법률효과를 발생**시키는 행위라고 할 것이다. (대판 1995.2.24. 94누9146)

⚠ 「식품위생법」에 의하여 **허가영업의 양도**에 따른 **지위승계신고를 수리**하는 허가관청의 행위는 **사업허가자의 변경**이라는 **법률효과를 발생**시키는 행위이다. (○) [21 지방7]

⚠ 「식품위생법」에 의해 영업양도에 따른 **지위승계신고를 수리**하는 행정청의 행위는 단순히 양수인이 그 영업을 승계하였다는 ~~사실의 신고를 접수한 행위에 그친다~~. (×) [17 사복9]

정답 0573-㉠. O 0573-㉡. O 0574. O

0575

[11 군무원9]

공청회는 행정청이 어떠한 처분을 하기에 앞서 당사자 등의 의견을 직접 듣고 증거를 조사하는 절차를 말한다. O X

【행정절차법】 제2조(정의) 이 법에서 사용하는 용어의 뜻은 다음과 같다.
5. **"청문"**이란 행정청이 어떠한 **처분을 하기 전**에 당사자등의 **★의견을 직접 듣고 ★증거를 조사**하는 절차를 말한다.

⚠ **청문**이란 행정청이 어떠한 **처분을 하기 전**에 당사자등의 **의견을 직접 듣고 증거를 조사**하는 절차를 말한다. (○) [15 군무원9]

0576

[17 군무원9]

개별법에 청문을 하도록 규정해 놓은 경우에도 당사자의 신청이 있어야만 청문을 할 수 있다. O X

【행정절차법】 제22조(의견청취) ① 행정청이 처분을 할 때 다음 각 호의 어느 하나에 해당하는 경우에는 **★청문을 한다**.
1. **★다른 법령등에서** 청문을 하도록 규정하고 있는 경우

☑ 행정절차법 제22조 제1항 제1호에 해당하는 때에는, 당사자의 신청여부와 관계없이 청문을 하여야 하는 것이다.

⚠ **다른 법령 등에서** 청문을 **하도록 규정**하고 있는 경우, 청문을 **하여야 한다.** (○) [18 군무원9]

0577

[21 군무원7]

甲은 乙로부터 유흥주점을 양도받고 식품위생법 규정에 따라 관할 행정청 A에게 영업자지위승계신고를 한 경우, A는 이 유흥주점영업자지위승계신고를 수리함에 있어 청문이 필요하다고 인정하여 청문을 실시할 때에는 신고를 수리하기 전에 청문을 하여야 한다. O X

【행정절차법】 제22조(의견청취) ① 행정청이 처분을 할 때 다음 각 호의 어느 하나에 해당하는 경우에는 **★청문을 한다**.
2. 행정청이 **★필요**하다고 **인정**하는 경우

⚠ 행정청이 **필요하다고 인정**하는 경우, **청문을 하여야** 한다. (○) [18 군무원9]

⚠ 행정청은 **청문이 필요하다고 인정하는 경우**에도 법령등에서 청문을 하도록 규정한 경우가 아니면 청문을 할 수 없다. (×) [22 행정사]

정답 0575. × 0576. × 0577. O

0578

[18 군무원9]

인허가 등을 취소하는 처분을 하는 경우, 의견제출기한 내에 당사자등의 신청이 있어야만 청문을 할 수 있다.

O X

【행정절차법】 제22조(의견청취) ① 행정청이 처분을 할 때 다음 각 호의 어느 하나에 해당하는 경우에는 ★청문을 한다.

3. 다음 각 목의 처분을 하는 경우
   가. 인허가 등의 ★취소
   나. 신분·자격의 박탈
   다. 법인이나 조합 등의 설립허가의 취소

☑ 행정절차법 개정('22.7.12.~)으로 제22조 제1항 제3호 **각목에 해당하는 처분을 하는 경우**에는, 당사자의 신청여부와 관계없이 **의무적으로 청문을 실시**하도록 개정되었다.

⚠ **인허가 등을 취소하는 경우**에는 개별 법령상 청문을 하도록 하는 **근거 규정이 없고** 의견제출기한 내에 당사자 등의 **신청이 없는 경우에도** 청문을 **하여야** 한다. (○) [19 서울9]

0579

[18 군무원9]

법인이나 조합 등의 설립허가를 취소하는 처분을 하는 경우 청문을 하여야 한다.

O X

【행정절차법】 제22조(의견청취) ① 행정청이 처분을 할 때 다음 각 호의 어느 하나에 해당하는 경우에는 ★청문을 한다.

3. 다음 각 목의 처분을 하는 경우
   나. 신분·자격의 박탈 다. 법인이나 조합 등의 설립허가의 취소

⚠ 당사자 등은 **인허가 등의 취소, 신분·자격의 박탈, 법인이나 조합 등의 설립허가의 취소**에 관한 처분시 ~~의견제출 기한 내에 청문의 실시를 신청할 수~~ 있다. (×) [20 군무원7]

☑ 의견제출 기한 내의 청문실시 신청 문구는 삭제되었다.

⚠ **인허가 등의 취소** 또는 **신분·자격의 박탈, 법인이나 조합 등의 설립허가의 취소** 하는 처분을 하는 경우, ~~공청회를 개최~~한다. (×) [18 국가9]

정답 0578. × 0579. ○

0580

[17 군무원9]

행정청은 청문을 하려면 청문이 시작되는 날부터 7일 전까지 행정절차법이 정한 사항을 당사자 등에게 통지하여야 한다. O X

【행정절차법】 제22조(의견청취) ② 행정청은 청문을 하려면 청문이 시작되는 날부터 ★10일 전까지 제1항 각 호의 사항을 당사자등에게 **통지하여야** 한다.

☑ 청문실시 통지의 내용도 의견제출를 위한 사전통지와 동일하므로, 처분의 **제목**, **당사자**의 성명·주소, 처분의 **원인이 되는 사실**과 **처분의 내용·법적근거**, **의견제출기관**, 의견제출 **기한** 등이다.

⚠ 행정청이 **청문을 실시**하고자 하는 경우에 처분의 **사전통지**를 **청문이 시작되는 날부터 10일 전까지** 당사자 등에게 하여야 한다. (○) [12 사복9]

0581

[21 군무원5]

'행정처분의 상대방이 통지된 청문일시에 불출석하였다는 이유만으로 행정청이 관계 법령상 그 실시가 요구되는 청문을 실시하지 아니한 채 침해적 행정처분을 할 수는 없다. O X

행정처분의 상대방이 통지된 청문일시에 **불출석하였다는 이유만으로** 행정청이 관계 법령상 그 실시가 요구되는 청문을 실시하지 아니한 채 **침해적 행정처분을 할 수는 없을 것**이므로, 행정처분의 상대방에 대한 ★**청문통지서가 반송되었다거나**, 행정처분의 상대방이 청문일시에 ★**불출석하였다는 이유**로 **청문을 실시하지 아니하고 한** 침해적 **행정처분은** ★**위법**하다. (대판 2003.2.14. 2001두7015)

⚠ 행정처분의 상대방이 **청문일시에 불출석**하였다는 이유로 **청문을 실시하지 않은** 침해적 행정처분은 적법하다. (×) [17 교행9]

0582

[22 군무원5]

행정청이 당사자와 사이에 도시계획사업의 시행과 관련한 협약을 체결하면서 행정절차법에 규정된 청문의 실시를 배제하는 조항을 둔 경우, 이는 청문을 실시하지 않아도 되는 예외적인 경우에 해당한다. O X

행정청이 당사자와 사이에 **도시계획사업의 시행과 관련한 협약**을 체결하면서 관계 법령 및 행정절차법에 규정된 청문의 실시 등 의견청취절차를 **배제하는 조항**을 두었다고 하더라도, … (중략) … 이러한 협약이 체결되었다고 하여 **청문의 실시**에 관한 규정의 **적용이 배제**된다거나 청문을 **실시하지 않아도 되는 예외적인 경우**에 해당한다고 ★**할 수 없다**. (대판 2004. 7. 8., 2002두8350)

⚠ 행정청과 당사자 사이에 행정절차법상 규정된 **청문절차를 배제하는 내용의 협약이 체결**되었다고 하여, 그러한 협약이 청문의 실시에 관한 행정절차법 규정의 적용이 배제된다거나 청문을 실시하지 않아도 되는 **예외적인 경우에 해당한다고 할 수 없다**. (○) [17 군무원9]

정답 0580. × 0581. ○ 0582. ×

0583

[14 군무원9]

행정청은 직권으로 여러 개의 사안을 병합하거나 분리하여 청문을 할 수 없다. O X

【행정절차법】 제32조(청문의 병합·분리) 행정청은 직권으로 또는 당사자의 신청에 따라 여러 개의 사안을 ★병합하거나 ★분리하여 청문을 할 수 있다.

⚠ 행정청은 **직권**으로 또는 **당사자 및 이해관계인의 신청**에 따라 여러 개의 사안을 **병합하거나 분리**하여 청문을 할 수 있다. (○) [17 국가9]

0584

[21 군무원9]

청문 주재자는 직권으로 또는 당사자의 신청에 따라 필요한 조사를 할 수 있으며, 당사자 등이 주장하지 아니한 사실에 대하여는 조사할 수 없다. O X

【행정절차법】 제33조(증거조사) ① 청문 주재자는 직권으로 또는 당사자의 신청에 따라 필요한 조사를 할 수 있으며, 당사자등이 주장하지 ★아니한 사실에 대하여도 ★조사할 수 있다.

⚠ **청문주재자**는 직권으로 **필요한 조사**를 할 수 있고, 당사자 등이 **주장하지 않은 사실**에 대하여도 **조사할 수 있다.** (○) [13 군무원9]

⚠ 청문주재자는 **당사자 등이 주장하지 아니한 사실**에 대하여도 **조사할 수 있다.** (○) [14 군무원9]

⚠ 청문주재자는 당사자 등이 주장하는 사실에 ~~한하여~~ **증거조사**를 할 수 있다. (×) [11 사복9]

0585

[14 군무원9]

행정청은 청문이 시작되는 날부터 7일 전까지 청문주재자에게 청문과 관련하여 필요한 자료를 미리 통지하여야 한다. O X

【행정절차법】 제28조(청문 주재자) ③ 행정청은 청문이 시작되는 날부터 ★7일 전까지 청문 ★주재자에게 청문과 관련한 필요한 자료를 미리 통지하여야 한다.

⚠ 행정청은 **청문이 시작되는 날부터** ~~10~~일 전까지 **청문 주재자에게 청문과 관련된 필요한 자료**를 **미리 통지하여야** 한다. (×) [18 경간]

0586

[21 군무원9]

청문 주재자가 청문을 시작할 때에는 먼저 예정된 처분의 내용, 그 원인이 되는 사실 및 법적 근거 등을 설명하여야 한다. O X

【행정절차법】 제31조(청문의 진행) ① 청문 주재자가 청문을 시작할 때에는 먼저 예정된 처분의 내용, 그 원인이 되는 사실 및 법적 근거 등을 ★설명하여야 한다.

정답 0583. × 0584. × 0585. ○ 0586. ○

0587

㉠ 「행정절차법」은 청문 주재자의 제척·기피·회피에 관하여 명문규정을 두고 있다. [16 군무원9] O X

㉡ 청문주재자 자신이 해당 처분과 관련하여 증언이나 감정을 한 경우에는 청문을 주재할 수 없다. [14 군무원9] O X

㉢ 청문 주재자에게 공정한 청문 진행을 할 수 없는 사정이 있는 경우 당사자 등은 행정청에 기피신청을 할 수 있다. [21 군무원9] O X

【행정절차법】 제29조(청문 주재자의 제척·기피·회피)
① 청문 주재자가 다음 각 호의 어느 하나에 해당하는 경우에는 청문을 **주재할 수 없다**.
2. 자신이 해당 처분과 관련하여 **★증언**이나 **감정(鑑定)**을 한 경우
② 청문 주재자에게 **공정한** 청문 진행을 **할 수 없는 사정**이 있는 경우 **당사자등**은 행정청에 **★기피신청**을 할 수 있다. 이 경우 행정청은 청문을 정지하고 그 신청이 이유가 있다고 인정할 때에는 해당 청문 주재자를 지체 없이 교체하여야 한다.
③ 청문 주재자는 제1항 또는 제2항의 사유에 해당하는 경우에는 행정청의 승인을 받아 스스로 청문의 주재를 회피할 수 있다.
☑ 제1항 = **제척**제도/ 제2항 = **기피**제도/ 제3항 = **회피**제도

▲ **청문주재자**는 신분보장을 받으며 **제척·기피가 적용**되나 **회피제도는 인정**~~되지 않는~~다. (×) [98 입시]

▲ 당해 처분과 관련하여 **증언이나 감정을 한 공무원**은 **청문의 주재자**가 **될 수 없다.** (○) [03 국가7]

▲ 청문주재자에게 **공정한 청문진행**을 **할 수 없는 사정**이 있는 경우 **당사자등은** 행정청에 청문주재자에 대한 **기피신청**을 할 수 있고, 이 경우 행정청은 청문을 정지하고 그 신청이 이유가 있다고 인정하는 때에는 당해 청문주재자를 지체없이 교체하여야 한다. (○) [09 지방7]

0588

[21 군무원9]

행정청은 청문을 마친 후 처분을 할 때까지 새로운 사정이 발견되어 청문을 재개(再開)할 필요가 있다고 인정할 때에는 청문조서 등을 되돌려 보내고 청문의 재개를 명할 수 있다. O X

【행정절차법】 제36조(청문의 재개) 행정청은 청문을 **마친 후** 처분을 할 때까지 새로운 사정이 발견되어 청문을 **재개(再開)할 필요가 있다고 인정**할 때에는 제35조 제4항에 따라 받은 청문조서 등을 되돌려 보내고 청문의 **★재개를 명**할 수 있다. 이 경우 제31조 제5항을 준용한다.

정답 0587-㉠. O 0587-㉡. O 0587-㉢. O 0588. O

0589

[20 군무원7]

행정청은 처분을 함에 있어 국민생활에 큰 영향을 미치는 처분으로서 대통령령으로 정하는 처분에 대하여 대통령령으로 정하는 수 이상의 당사자 등이 공청회 개최를 요구하는 경우 공청회를 개최한다.

O X

【행정절차법】 제22조(의견청취) ② 행정청이 처분을 할 때 다음 각 호의 어느 하나에 해당하는 경우에는 **공청회를 개최**한다.
1. **★다른 법령등**에서 공청회를 개최하도록 **규정**하고 있는 경우
2. 해당 처분의 영향이 **★광범위**하여 **★널리 의견을 수렴**할 필요가 있다고 행정청이 인정하는 경우
3. **국민생활**에 **★큰 영향**을 미치는 처분으로서 대통령령으로 정하는 처분에 대하여 **대통령령으로 정하는 수 이상의 당사자**등이 공청회 **개최**를 **★요구**하는 경우

⚠ 공청회는 **다른 법령 등에서** 공청회를 **개최하도록 규정**하고 있는 경우 또는 당해 **처분의 영향이 광범위**하여 **널리 의견을 수렴할 필요**가 있다고 **행정청이 인정**하는 경우에 개최된다. (○) [21 소방]

0590

[19 군무원9]

「행정절차법」도 사생활이나 경영상 또는 거래상의 비밀누설금지 등 개인정보보호에 관한 규정을 두고 있다.

O X

【행정절차법】 제37조(문서의 열람 및 비밀유지) ⑥ 누구든지 의견제출 또는 청문을 통하여 알게 된 **사생활**이나 경영상 또는 거래상의 **비밀**을 정당한 이유 없이 **★누설**하거나 **다른 목적으로 ★사용**하여서는 **아니 된다**.

⚠ **행정절차법**도 비밀누설 금지·목적 외 사용금지 등 **개인의 정보보호에 관한 규정**을 두고 있다. (○) [14 국가9]

0591

[09 군무원9]

공청회 개최의 통지날짜는 14일 전이다.

O X

【행정절차법】 제38조(공청회 개최의 알림) 행정청은 **공청회를 개최**하려는 경우에는 공청회 개최 **★14일 전까지** 다음 각 호의 사항을 **당사자등**에게 **★통지**하고 관보, 공보, 인터넷 홈페이지 또는 일간신문 등에 **★공고하는** 등의 방법으로 **널리 알려야** 한다

1. 제목
2. 일시 및 장소
3. 주요 내용
4. 발표자에 관한 사항
5. 발표신청 방법 및 신청기한
6. 정보통신망을 통한 의견제출
7. 그 밖에 공청회 개최에 필요한 사항

⚠ 행정청은 **공청회를 개최**하려는 경우에는 **공청회 개최 (   )일 전**까지 제목, 일시 및 장소 등을 **당사자등에게 통지**하고 관보, 공보, 인터넷 홈페이지 또는 일간신문 등에 **공고하는 등**의 방법으로 **널리 알려야** 한다. → (14일) [17 지방9 下]

정답 0589. ○ 0590. ○ 0591. ○

0592

[16 군무원9]

행정절차법상 온라인공청회에 관하여 명문규정이 있다. O X

【행정절차법】 제38조의2(온라인공청회) ① 행정청은 제38조에 따른 공청회와 ★병행하여서만 ★정보통신망을 이용한 공청회(이하 "온라인공청회"라 한다)를 실시할 수 있다.

⚠ **정보통신망을 이용**한 공청회(**온라인공청회**)는 공청회와 **병행하여서만** 실시할 수 있다. (○) [11 지방7]

⚠ 행정청은 통상적인 공청회를 ~~대신하여~~ 정보통신망을 이용한 **전자공청회를 실시**할 수 있다. (×) [08 국가9]

0593

[22 군무원5]

묘지공원과 화장장의 후보지를 선정하는 과정에서 서울특별시, 비영리법인, 일반 기업 등이 공동발족한 협의체인 추모공원건립추진협의회가 후보지 주민들의 의견을 청취하기 위하여 그 명의로 개최한 공청회는 행정절차법에서 정한 절차를 준수하여야 하는 것은 아니다. O X

★묘지공원과 화장장의 후보지를 선정하는 과정에서 서울특별시, 비영리법인, 일반 기업 등이 공동발족한 협의체인 ★추모공원건립추진협의회가 후보지 주민들의 **의견을 청취**하기 위하여 그 명의로 개최한 **공청회**는 행정청이 도시계획시설결정을 하면서 개최한 공청회가 아니므로, … (중략) … 행정절차법에서 정한 **절차를** ★**준수하여야 하는 것은 아니라고** 한 사례. (대판 2007.4.12., 2005두1893)

⚠ **묘지공원과 화장장의 후보지를 선정**하는 과정에서 서울특별시, 비영리법인, 일반기업 등이 공동발족한 협의체인 **추모공원건립추진협의회**가 후보지 주민들의 의견을 청취하기 위하여 그 명의로 개최한 공청회는 ~~행정절차법에서 정한 절차를 준수하여야~~ 한다. (×) [16 국가5 승진]

0594

[21 군무원5]

행정상 입법예고의 대상은 제정·개정 또는 폐지되려는 법령을 포함한다. O X

【행정절차법】 제41조(행정상 입법예고) ① 법령등을 ★제정·★개정 또는 ★폐지하려는 경우에는 해당 입법안을 마련한 행정청은 이를 ★예고하여야 한다.

⚠ **법규명령**을 **폐지**하고자 할 때에는 법규명령을 **제정**하고자 할 때와 달리 별도의 행정상 **입법예고를 할 필요**~~는 없다.~~ (×) [06 국회8]

정답 0592. ○ 0593. ○ 0594. ○

0595

[21 군무원5]

입법내용의 성질상 예고의 필요가 없거나 곤란하다고 판단되거나, 그 내용상 국민의 권리·의무 또는 일상생활과 관련이 없다면 입법예고를 할 필요는 없다. O X

【행정절차법】 제41조(행정상 입법예고) 제41조(행정상 입법예고) ① 다만, 다음 각 호의 어느 하나에 해당하는 경우에는 예고를 하지 ★아니할 수 있다.
1. 신속한 국민의 권리 보호 또는 예측 곤란한 특별한 사정의 발생 등으로 입법이 ★긴급을 요하는 경우
2. 상위 법령등의 ★단순한 집행을 위한 경우
3. 입법내용이 국민의 권리·의무 또는 일상생활과 ★관련이 없는 경우
4. 단순한 표현·자구를 변경하는 경우 등 입법내용의 성질상 예고의 ★필요가 없거나 곤란하다고 판단되는 경우

⚠ 행정절차법상 모든 법령은 **입법예고**를 하여야 한다. (×) [11 군무원9]

⚠ 입법내용이 **국민의 권리·의무 또는 일상생활**과 **관련이 없는 경우**에도 ~~예고를 하여야~~ 한다. (×) [14 행정사]

0596

[19 군무원9]

입법예고기간은 예고할 때 정하되, 특별한 사정이 없으면 20일, 자치법규는 15일 이상으로 한다. O X

【행정절차법】 제43조(예고기간) 입법예고기간은 예고할 때 정하되, 특별한 사정이 없으면 ★40일(자치법규는 ★20일) 이상으로 한다.

⚠ **입법예고기간**은 예고할 때 정하되, 특별한 사정이 없으면 **40일(자치법규는 20일) 이상**으로 한다. (○) [10 군무원9]

⚠ **자치법규**의 행정상 **입법예고기간**은 예고할 때 정할 수 있으나, 특별한 사정이 없으면 **20일 이상**으로 하여야 한다. (○) [21 군무원5]

0597

[19 군무원9]

행정청은 입법예고를 할 때에 입법안과 관련이 있다고 인정되는 중앙행정기관, 지방자치단체, 그 밖의 단체 등이 예고사항을 알 수 있도록 예고사항을 통지하거나 그 밖의 방법으로 알려야 한다. O X

【행정절차법】 제42조(예고방법) ③ 행정청은 **입법예고**를 할 때에 입법안과 **관련**이 있다고 인정되는 ★중앙행정기관, 지방자치단체, 그 밖의 **단체** 등이 예고사항을 알 수 있도록 **예고사항을** ★**통지**하거나 ★**그 밖의 방법**으로 **알려야** 한다.

정답 0595. O 0596. × 0597. O

0598

㉠ 행정청은 특별한 사유가 있다고 하더라도 예고된 입법안의 전문에 대한 열람 또는 복사의 요청에 응해야 한다. [21 군무원5] O X

㉡ 행정청은 예고된 입법안의 전문에 대한 열람 또는 복사를 요청받았을 때에는 특별한 사유가 없으면 그 요청에 따라야 하며, 복사에 드는 비용을 복사를 요청한 자에게 부담시킬 수 있다. [19 군무원9] O X

【행정절차법】 제42조(예고방법)

⑤ 행정청은 예고된 입법안의 전문에 대한 **열람 또는 복사를 요청**받았을 때에는 **★특별한 사유가 없으면** 그 요청에 **★따라야 한다.**

☑ 특별한 사유가 있다면 요청에 응하지 않아도 된다.

⑥ 행정청은 제5항에 따른 복사에 드는 **비용**을 복사를 **★요청한 자에게 부담**시킬 수 있다.

⚠ 행정청은 **예고된 입법안의 전문**에 대하여 **열람 또는 복사를 요청받았을 때**에는 **특별한 사유가 없으면** 그 요청에 **따라야 한다.** (○) [10 군무원9]

0599

[10 군무원9]

행정청은 예고된 입법안에 대하여 온라인공청회 등을 통하여 널리 의견을 수렴할 수 있다. O X

【행정절차법】 제45조(공청회)

① 행정청은 **입법안**에 관하여 **공청회를 개최**할 수 있다.

② 공청회에 관하여는 제38조, **★제38조의2(온라인공청회)**, 제38조의3, 제39조 및 제39조의2를 준용한다.

⚠ 행정청은 **입법안**에 관하여 **공청회를 개최**할 수 있다. (○) [04 행시]

0600

[13 군무원9]

행정예고기간은 예고내용의 성격 등을 고려하여 정하고, 특별한 사정이 없으면 20일 이상으로 한다. O X

【행정절차법】 제46조(행정예고) ③ **행정예고기간**은 예고 내용의 ★성격 등을 고려하여 정하되, ★20일 이상으로 한다.

④ 제3항에도 불구하고 행정목적을 달성하기 위하여 긴급한 필요가 있는 경우에는 행정예고기간을 **단축**할 수 있다. 이 경우 단축된 행정예고기간은 **10일 이상**으로 한다.

⚠ **행정예고** 기간은 **20일 이상**으로 하는 것이 원칙이다. (○) [09 군무원9]

⚠ 행정청은 **예고 내용의 성격 등을 고려할 필요 없이** 행정예고의 기간을 **20일 이상**으로 정하여야 한다. (×) [21 군무원5]

정답 0598-㉠. X 0598-㉡. O 0599. O 0600. O

0601

[20 군무원7]

행정청은 국민생활에 매우 큰 영향을 주는 사항, 많은 국민의 이해가 상충되는 사항, 많은 국민에게 불편이나 부담을 주는 사항, 그 밖에 널리 국민의 의견을 수렴할 필요가 있는 사항에 대한 정책, 제도 및 계획을 수립·시행하거나 변경하려는 경우에 한해 이를 예고할 의무가 있다. O X

【행정절차법】 제46조(행정예고) ① 행정청은 **정책, 제도** 및 **계획**을 **수립·시행**하거나 **변경**하려는 경우에는 이를 **예고하여야** 한다. 다만, 다음 각 호의 어느 하나에 해당하는 경우에는 예고를 하지 **아니할 수 있다**.
1. 신속하게 국민의 권리를 보호하여야 하거나 예측이 어려운 특별한 사정이 발생하는 등 **긴급한** 사유로 예고가 현저히 **곤란**한 경우
2. 법령등의 **단순한 집행**을 위한 경우
3. 정책등의 내용이 국민의 **★권리·의무 또는 일상생활**과 **관련이 없는** 경우
4. 정책등의 예고가 **공공의 안전 또는 복리**를 현저히 **해칠 우려**가 상당한 경우

☑ ⓐ 개정 이전의 행정절차법에서는, 원칙적으로 동법에서 정하고 있는 일정한 사항에 한하여 행정예고를 하도록 규정하였는바, 지문은 구법의 내용이다.
ⓑ **현행 행정절차법**에서는 위와 같이 **정책·제도·계획을 수립·시행(변경)할 때**에는 **★원칙적으로 행정예고를 해야** 하고, **일정한 경우에만 행정예고가 면제**되는 것으로 규정하고 있다.

⚠ 행정청은 원칙적으로 ~~국민생활에 매우 큰 영향을 주는 사항이나 많은 국민의 이해가 상충되는 사항에 대한 정책 등, 법률에 규정된 사항에 대해서만~~ **행정예고를 시행**하여야 한다. (×) [21 군무원5]

⚠ 역시 구법의 내용이어서 틀린 지문이다.

⚠ 국토교통부장관이 **국가기간교통망계획**을 수립하려는 경우에는 **이를 예고할** ~~**필요가 없**~~다. (×) [21 군무원5]

⚠ 행정절차법 제46조 제1항 각호 중 하나에만 해당하는 경우에는 행정예고를 하지 않을 수 있는데, **국가기간교통망계획**은 **국민의 권리·의무나 일상생활에 관련**이 있어 **행정예고할 필요가 있는 행정계획**으로 볼 수 있으므로, 행정예고의 면제대상이 될 수 없다.

0602

[21 군무원5]

행정청은 매년 자신이 행한 행정예고의 실시현황과 그 결과에 대한 통계를 작성하고, 이를 관보·공보 또는 인터넷에 공고하여야 한다. O X

【행정절차법】 제46조의2(행정예고 통계 작성 및 공고) 행정청은 **★매년** 자신이 행한 **행정예고의 실시 현황**과 그 결과에 관한 **통계를 작성**하고, 이를 **관보·공보 또는 인터넷** 등의 방법으로 **널리 공고**하여야 한다.

정답 0601. × 0602. ○

0603

[16 군무원9]

행정절차법상 '고지'에 관하여 명문규정이 있다. O X

【행정절차법】 제26조(고지) 행정청이 처분을 할 때에는 **당사자에게** 그 처분에 관하여 **행정심판 및 행정소송**을 ★**제기할 수 있는지** 여부, 그 밖에 **불복을 할 수 있는지** 여부, 청구절차 및 청구기간, 그 밖에 필요한 사항을 알려야 한다.

⚠ **행정심판법 외**에 고지제도가 규정되어 있는 **법률이 존재**한다. (○) [06 경기9]

⚠ **행정절차법**은 처분에 있어서의 **불복고지제도를 규정**하고 있다. (○) [06 국가7]

0604

[12 군무원9]

민원절차에 관한 법의 적용순서는 개별법 – 행정절차법 – 민원처리에 관한 법률 순이다. O X

'특별법 우선의 원칙'에 따라 일반법과 특별법이 경합하는 경우에는 **특별법이 우선적으로 적용**되는바, **개별법 → 민원처리에 관한 법률(민원절차에 관한 일반법) → 행정절차법(행정절차에 관한 일반법)**의 순으로 적용된다.

☑ 민원처리에 관한 법률은 행정절차법에 대해서는 특별법으로 볼 수 있다.

0605

[21 군무원9]

민원사항의 신청서류에 실질적인 요건에 관한 흠이 있더라도 그것이 민원인의 단순한 착오나 일시적인 사정 등에 기한 경우에는 행정청은 보완을 요구할 수 있다. O X

「민원사무처리에 관한 법률」에 의하면, … (중략) … 민원서류에 흠이 있는 경우에는 보완에 필요한 상당한 기간을 정하여 지체 없이 민원인에게 보완을 요구하고 그 기간 내에 민원서류를 보완하지 아니할 때에는 7일의 기간 내에 다시 보완을 요구할 수 있으며, 위 기간 내에 민원서류를 보완하지 아니한 때에 비로소 접수된 민원서류를 되돌려 보낼 수 있도록 규정되어 있는바, 위 규정 소정의 **보완의 대상이 되는 흠**은 보완이 가능한 경우이어야 함은 물론이고, 그 내용 또한 ★**형식적·절차적인 요건**이거나, **실질적인 요건에 관한 흠**이 있는 경우라도 그것이 민원인의 ★**단순한 착오나 일시적인 사정 등에 기한** 경우 등이라야 한다. (대판 2004. 10. 15.2003두6573)

⚠ 민원사항의 신청서류에 **실질적인 요건에 관한 흠**이 있더라도 그것이 **민원인의 단순한 착오나 일시적인 사정 등에 기한 경우**에는 **행정청은 보완을 요구할 수 있다.** (○) [20 변시]

정답 0603. ○ 0604. × 0605. ○

0606

[21 군무원5]

민원사무를 처리하는 행정기관이 민원 1회 방문처리제를 시행하는 절차의 일환으로 민원사항의 심의·조정 등을 위한 민원조정위원회를 개최하면서 민원인에게 회의일정 등을 사전에 통지하지 아니하였다 하더라도, 이러한 사정만으로 곧바로 민원사항에 대한 행정기관의 장의 거부처분에 취소사유에 이를 정도의 흠이 존재한다고 보기는 어렵다. O X

민원사무를 처리하는 행정기관이 **민원 1회방문 처리제**를 시행하는 절차의 일환으로 민원사항의 심의·조정 등을 위한 **민원조정위원회를 개최**하면서 민원인에게 **회의일정** 등을 **사전에 통지하지 아니하였다 하더라도**, 이러한 사정만으로 곧바로 민원사항에 대한 행정기관의 장의 거부처분에 **취소사유에 이를 정도의 흠**이 존재한다고 **보기는** ★**어렵다**. (대판 2015. 8. 27., 2013두1560)

⚠ 판례는 민원사무를 처리하는 행정기관이 **민원 1회 방문 처리제를 시행하는 절차의 일환**으로 민원사항의 심의, 조정 등을 위한 **민원조정위원회를 개최하면서** 민원인에게 **회의일정 등을 사전에 통지하지 아니하였다면** ~~취소사유가 존재~~한다는 입장이다. (×) [17 국회8]

정답 0606. ×

제6절 행정정보공개

0607

[15 군무원9]

국민의 알 권리에는 일반적인 정보공개청구권이 포함된다. O X

국민의 알 권리, 특히 국가정보에의 접근의 권리는 우리 헌법상 기본적으로 **표현의 자유**와 관련하여 인정되는 것으로 그 권리의 내용에는 일반 국민 누구나 국가에 대하여 보유·관리하고 있는 정보의 공개를 청구할 수 있는 이른바 **★일반적인 정보공개청구권이 포함**된다. (대판 1999. 9. 21. 97누5114)

⚠ **국민의 알 권리의 내용에**는 일반 국민 누구나 국가에 대하여 보유·관리하고 있는 정보의 공개를 청구할 수 있는 이른바 **일반적인 정보공개청구권이 포함**된다. (○) [21 국가9]

0608

[22 군무원7]

정보란 공공기관이 직무상 작성 또는 취득하여 관리하고 있는 문서(전자문서를 포함한다) 및 전자매체를 비롯한 모든 매체 등에 기록된 사항을 말한다. O X

【정보공개법(약칭)】 제2조(정의) 이 법에서 사용하는 용어의 뜻은 다음과 같다.
1. **"정보"**란 공공기관이 직무상 작성 또는 취득하여 관리하고 있는 **문서(전자문서를 포함한다.)** 및 **전자매체**를 비롯한 **★모든 형태의 매체** 등에 **기록된 사항**을 말한다.

⚠ **"정보"**란 공공기관이 직무상 작성 또는 취득하여 관리하고 있는 **문서(전자문서를 포함한다.) 및 전자매체를 비롯한 모든 형태의 매체 등에 기록된 사항**을 말한다. (○) [19 군무원9]

⚠ **전자매체에 기록된 정보**도 **공개대상정보**로 규정되어 있다. (○) [01 행시 수정]

0609

[21 군무원9]

정보공개의 원칙에 따라 공공기관이 보유·관리하는 정보는 국민의 알권리 보장 등을 위하여 이 법에서 정하는 바에 따라 적극적으로 공개하여야 한다. O X

【정보공개법(약칭)】 제3조(정보공개의 원칙) 공공기관이 보유·관리하는 **정보**는 국민의 **알권리 보장** 등을 위하여 이 법에서 정하는 바에 따라 **★적극적으로** 공개하여야 한다.

⚠ 공공기관의 정보공개에 관한 법률에서는 **정보공개의 원칙을 규정**하고 있다. (○) [02 입시]

⚠ **공공기관이 보유·관리하는 정보**는 국민의 **알 권리 보장** 등을 위하여 「공공기관의 정보공개에 관한 법률」에서 정하는 바에 따라 **적극적으로 공개**하여야 한다. (○) [22 국회9]

정답 0607. O 0608. O 0609. O

0610

[15 군무원9]

특정정보에 대한 공개청구가 없었던 경우 일반적 정보공개의무는 없다. O X

알 권리에서 파생되는 정부의 공개의무는 특별한 사정이 없는 한 국민의 적극적인 정보수집행위, 특히 특정의 정보에 대한 공개청구가 ★있는 경우에야 비로소 존재한다. (헌재 전원 2004.12.16, 2002헌마579)

▲ 알 권리에서 파생되는 **정보의 공개의무**는 특별한 사정이 없는 한, 특정의 정보에 대한 **공개청구가 있는 경우**에 **비로소 존재**한다. (○) [12 지방7]

▲ 국민의 알 권리에서 파생되는 정부의 **정보공개의무**는 특별한 사정이 없는 한 적극적인 정보수집행위, 특히 특정 정보에 대하여 **공개청구를 하지 아니하였**지만 ~~그 정보와 이해관계를 가지는 자에 대해서도 존재~~한다. (×) [08 국가7]

0611

[13 군무원9]

중앙행정기관 및 대통령령으로 정하는 기관은 전자적 형태로 보유·관리하는 정보 중 공개대상으로 분류된 정보를 국민의 정보공개 청구가 없더라도 정보통신망을 활용한 정보공개시스템 등을 통하여 공개하여야 한다. O X

【정보공개법(약칭)】 제8조의2(공개대상 정보의 원문공개) 공공기관 중 **중앙행정기관** 및 **대통령령으로 정하는 기관**은 **전자적 형태로 보유·관리**하는 정보 중 공개대상으로 분류된 정보를 국민의 정보공개 청구가 ★없더라도 정보통신망을 활용한 **정보공개시스템 등을 통하여 공개하여**야 한다.

▲ 공공기관 중 **중앙행정기관** 및 **대통령령으로 정하는 기관**은 전자적 형태로 보유·관리하는 정보 중 공개대상으로 분류된 정보를 **국민의 정보공개 청구가 없더라도** 정보통신망을 활용한 **정보공개시스템 등을 통하여 공개하여야** 한다. (○) [21 경행]

0612

[21 군무원9]

공공기관은 예산집행의 내용과 사업평가 결과 등 행정감시를 위하여 필요한 정보에 대해서는 공개의 구체적 범위, 주기, 시기 및 방법 등을 미리 정하여 정보통신망 등을 통하여 알릴 필요까지는 없으나, 정기적으로 공개하여야 한다. O X

【정보공개법(약칭)】 제7조(정보의 사전적 공개 등) ① 공공기관은 다음 각 호의 어느 하나에 해당하는 정보에 대해서는 **공개의 구체적 범위**, 주기, 시기 및 방법 등을 미리 정하여 **★정보통신망 등을 통하여 알리고**, 이에 따라 **★정기적으로 공개하여야** 한다.
1. 국민생활에 매우 큰 영향을 미치는 정책에 관한 정보
2. 국가의 시책으로 시행하는 공사(工事) 등 대규모 예산이 투입되는 사업에 관한 정보
3. 예산집행의 내용과 사업평가 결과 등 행정감시를 위하여 필요한 정보

정답 0610. O 0611. O 0612. O

0613

[13 군무원9]

지방자치단체는 그 소관 사무에 관하여 법령의 범위에서 정보공개에 관한 조례를 정할 수 있다. O X

【정보공개법(약칭)】 ② 지방자치단체는 그 소관 사무에 관하여 ★법령의 범위에서 정보공개에 관한 조례를 정할 수 있다.

⚠ 지방자치단체는 법률의 수권 없이 독자적으로 정보공개조례를 제정할 수 없다. (×) [22 경찰간부]

행정정보공개조례안이 … (중략) … 지방자치단체가 각 지역의 특성을 고려하여 자기고유사무와 관련된 행정정보의 공개사무에 관하여 독자적으로 규율할 수 있다. (대판 92추17)

0614

[16 군무원9]

국가안전보장에 관련되는 정보 및 보안 업무를 관장하는 기관에서 국가안전보장과 관련된 정보의 분석을 목적으로 수집하거나 작성한 정보에 대해서는 공공기관의 정보공개에 관한 법률을 적용하지 아니한다. O X

【정보공개법(약칭)】 제4조(적용 범위) ③ 국가안전보장에 관련되는 정보 및 보안 업무를 관장하는 기관에서 국가안전보장과 관련된 정보의 분석을 목적으로 수집하거나 작성한 정보에 대해서는 이 법을 적용하지 ★아니한다. 다만, 제8조제1항에 따른 ★정보목록의 작성·비치 및 공개에 대해서는 그러하지 아니한다.

⚠ 국가안전보장에 관련되는 정보의 정보목록의 작성·비치 및 공개에 대하여는 「공공기관의 정보공개에 관한 법률」을 적용한다. (○) [22 경찰간부]

0615

[19 군무원9]

한국방송공사(KBS)는 공공기관의 정보공개에 관한 법률 시행령 제2조 제4호의 특별법에 의하여 설립된 특수법인으로서 정보공개의무가 있는 공공기관의 정보공개에 관한 법률 제2조 제3호의 공공기관에 해당한다. O X

방송법이라는 특별법에 의하여 설립·운영되는 한국방송공사(KBS)는 공공기관의 정보공개에 관한 법률 시행령 제2조 제4호의 '특별법에 의하여 설립된 특수법인'으로서 정보공개의무가 있는 공공기관의 정보공개에 관한 법률 제2조 제3호의 ★'공공기관'에 해당한다. (대판 2010.12.23. 2008두13101)

⚠ 한국방송공사는 공공기관의 정보공개에 관한 법률 시행령 제2조 제4호에 규정된 '특별법에 따라 설립된 특수법인'에 해당한다. (○) [17 지방9]

정답 0613. O 0614. O 0615. O

0616

[16 군무원9]

「공공기관의 정보공개에 관한 법률」에서정보공개의 목적, 교육의 공공성 및 공·사립 학교의 동질성, 사립대학교에 대한 국가의 재정지원 및 보조 등 여러 사정과 사립대학교에 대한 국비 지원이 한정적·일시적·국부적이라는 점을 고려할 때, 같은 법 시행령이 정보공개의무를 지는 공공기관의 하나로 사립대학교를 들고 있는 것이 모법의 위임 범위를 벗어났다고 볼 수 없지만, 사립대학교는 국비의 지원을 받는 범위 내에서만 공공기관의 성격을 가진다고 볼 수 있다. O X

사립대학교에 대한 국비 지원이 한정적·일시적·국부적이라는 점을 고려하더라도, … (중략) … 공공기관의 하나로 **사립대학교**를 들고 있는 것이 모법인 「공공기관의 정보공개에 관한 법률」의 **위임범위를 벗어났다거나 사립대학교**가 **국비의 지원을 받는 범위** 내에서만 **공공기관의 성격**을 가진다고 ★**볼 수 없다**. (대판 2006.8.24. 2004두2783)

【정보공개법(약칭) 시행령】 제2조(공공기관의 범위) 「공공기관의 정보공개에 관한 법률」 제2조 제3호 마목에서 "대통령령으로 정하는 기관"이란 다음 각 호의 기관 또는 단체를 말한다.

1. 「유아교육법」, 「초·중등교육법」, 「고등교육법」에 따른 ★**각급 학교** 또는 그 밖의 다른 법률에 따라 설치된 **학교**

☑ 사립 초·중·고 등 **모든 사립학교**는 정보공개법상의 **공공기관**으로 정리한다.

⚠ 사립대학교에 대한 국비 지원이 한정적·일시적·국부적이라는 점을 고려하더라도 **사립대학교**가 **국비의 지원을 받는 범위 내**에서만 **공공기관의 성격을 가진다고 볼 수 없다**. (○) [15 서울7]

⚠ **사립고등학교**는 공공기관의 정보공개에 관한 법률에서 말하는 **공공기관에 포함**~~되지 않는~~다. (×) [10 군무원9]

⚠ 대한민국 국민 甲은 A 대학교 총장에게 해당 학교 체육특기생들의 3년간 출석 및 성적 관리에 대한 정보공개청구를 하였으나, A대학교 총장은 제3자에 관한 정보라는 이유로 이를 거부한 사례에서, **정보공개의무를 지는 공공기관**에는 국·공립대학교뿐만 아니라 **사립대학교도 포함**된다. (○) [19 군무원9]

0617

[21 군무원9]

모든 국민은 정보의 공개를 청구할 권리를 가진다. O X

【정보공개법(약칭)】 제5조(정보공개 청구권자) ① ★모든 국민은 **정보의 공개를 청구할 권리**를 가진다.

⚠ **국민이면 누구나** 공공기관에 대한 **정보공개청구권**이 있다. (○) [02 관세사]

정답 0616. × 0617. ○

0618

[18 군무원9]

정보공개청구권자로서의 국민에는 자연인은 물론 법인, 권리능력 없는 사단·재단도 포함되고, 법인, 권리능력 없는 사단·재단 등의 경우에는 설립목적을 불문한다. O X

"**모든 국민**은 정보의 공개를 청구할 권리를 가진다." … (중략) … 여기에서 말하는 국민에는 **★자연인**은 물론 **★법인, 권리능력 ★없는 사단·재단**도 포함되고, 법인, 권리능력 없는 사단·재단 등의 경우에는 **★설립목적을 불문**한다. (대법원 2003.12.12, 2003두8050)

- 모든 국민은 정보의 공개를 청구할 권리를 가지며, **국민 속**에는 **자연인·법인·법인격 없는 단체**도 포함된다. (○) [19 군무원9]
- **자연인**은 물론 **법인**과 **법인격 없는 사단·재단**도 공공기관이 보유·관리하는 **정보의 공개를 청구**할 수 있다. (○) [22 군무원7]
- 모든 국민은 정보의 공개를 청구할 권리를 가진다고 규정하고 있고, 여기의 **국민**에는 **자연인과 법인이 포함**되지만 **권리능력 없는 사단은 포함~~되지 않는~~다**. (×) [17 국가9]

0619

[16 군무원9]

학술·연구를 위하여 일시적으로 체류하는 외국인은 정보공개청구를 할 수 없다. O X

【정보공개법(약칭) 시행령】 제3조(외국인의 정보공개 청구) 법 제5조 제2항에 따라 정보공개를 청구할 수 있는 **외국인**은 다음 각 호의 하나에 해당하는 자로 한다.
1. **★국내**에 일정한 **주소**를 두고 **거주**하거나 **★학술·연구**를 위하여 **일시적으로 체류**하는 사람

- **국내**에 **일정한 주소**를 두고 **거주**하거나 **학술·연구를 위하여 일시적으로 체류**하는 **외국인**도 **정보공개청구권**을 가진다. (○) [04 입시]
- **국내**에 **일정한 주소**를 두고 **거주**하는 **외국인은 정보공개청구권**을 가진다. (○) [22 군무원7]

0620

[15 군무원9]

지방자치단체는 공공기관의 정보공개에 관한 법률 제5조의 정보공개청구권자인 국민에 포함된다. O X

지방자치단체는 정보공개 청구권자에 **★해당되지 아니한다**. (서울행정법원 2005.10.12. 2005구합10484)

- **지방자치단체**는 정보공개청구권자에 **해당하지 아니한다**. (○) [14 국가7]

정답 0618. ○ 0619. × 0620. ×

0621

[19 군무원9]

대한민국 국민 甲은 A 대학교 총장에게 해당 학교 체육특기생들의 3년간 출석 및 성적 관리에 대한 정보공개청구를 하였으나, A대학교 총장은 제3자에 관한 정보라는 이유로 이를 거부한 사례에서, 대한민국 국민인 甲은 해당 정보에 대한 공개를 청구할 권리를 가진다. O X

정보공개는 해당 정보와 **아무런 이해관계가 ★없더라도** 공개**청구를 할 수 있다**. 예컨대 환경단체가 공익을 위하여 환경부에 대하여 환경통계 정보를 공개청구를 하는 경우가 있다.

- **정보공개 청구**는 **이해관계가 없는 자**도 **공익을 위해서** 신청할 수 있다. (○) [11 군무원9]
- 공공기관의 정보공개에 관한 법률에 의거하여, 甲은 A대학교에 대하여 재학 중인 체육특기생들의 일정 기간 동안의 출석 및 성적 관리에 관한 정보공개를 청구한 사례에서, 甲은 A대학교와 체육특기생들과는 아무런 **이해관계**가 없으므로 **정보공개청구권**을 가지지 아니한다. (×) [17 행정사]

0622

[21 군무원9]

공공기관의 정보공개 담당자(정보공개 청구 대상 정보와 관련된 업무 담당자를 포함한다)는 정보공개 업무를 성실하게 수행하여야 하며, 공개여부의 자의적인 결정, 고의적인 처리 지연 또는 위법한 공개 거부 및 회피 등 부당한 행위를 하여서는 아니 된다. O X

【정보공개법(약칭)】 제6조의2(정보공개 담당자의 의무) 공공기관의 **정보공개 담당자**(정보공개 청구 대상 정보와 관련된 **업무 담당자**를 포함한다)는 정보공개 업무를 **★성실하게 수행**하여야 하며, 공개 여부의 **자의**적인 결정, 고의적인 처리 **지연** 또는 위법한 공개 **거부** 및 **회피** 등 **★부당한 행위**를 **하여서는 아니 된다**.

- 공공기관의 **정보공개 담당자**는 정보공개 업무를 **성실하게 수행**하여야 하며, 공개 여부의 **자의**적인 결정, 고의적인 처리 **지연** 또는 위법한 공개 **거부** 및 **회피** 등 **부당한 행위**를 **하여서는 아니 된다**. (○) [22 국회9]

0623

[17 군무원9]

단순히 공무원을 괴롭힐 목적으로 정보공개를 요청하는 경우에도 정보공개청구에 응하여야 한다. O X

정보공개 제도를 이용하여 사회통념상 용인될 수 없는 부당한 이득을 얻으려 하거나, 오로지 공공기관의 **담당공무원을 ★괴롭힐 목적**으로 정보공개청구를 하는 경우처럼 **★권리의 남용에 해당**하는 것이 명백한 경우에는 정보공개청구권의 행사를 **허용하지 ★아니하는 것이 옳다**. (대판 2014. 12. 24., 2014두9349)

- 국민의 정보공개청구가 오로지 공공기관의 **담당 공무원을 괴롭힐 목적**으로 정보공개청구를 하는 경우처럼 **권리의 남용에 해당**하는 것이 명백한 경우에는 **정보공개청구권의 행사**를 **허용하지 아니하는 것이 옳다**. (○) [19 군무원9]

정답 0621. ○ 0622. ○ 0623. ×

0624

[10 군무원9]

정보공개의 청구는 문서로만 할 수 있다. O X

【정보공개법(약칭)】 제10조(정보공개의 청구방법) ① 정보의 공개를 청구하는 자는 해당 정보를 보유하거나 관리하고 있는 공공기관에 다음 각 호의 사항을 적은 정보공개 **★청구서를 제출**하거나 **★말**로써 정보의 공개를 청구할 수 있다.

⚠ **정보의 공개를 청구하는 자**는 해당 정보를 보유하거나 관리하고 있는 공공기관에 법령상의 요건을 갖춘 **정보공개 청구서를 제출**하거나 **말로써** 정보의 **공개를 청구**할 수 있다. (○) **[20 군무원9]**

0625

[17 군무원9]

검찰보존사무규칙상의 열람 등사의 제한을 근거로 하여 비공개하는 것은 적법하다. O X

검찰보존사무규칙은 비록 법무부령으로 되어 있으나, … (중략) … 행정기관 내부의 사무처리준칙으로서 행정규칙에 불과하므로, 위 규칙에 의한 **열람·등사의 제한**을 구 정보공개법 제7조 제1항 제1호의 '다른 법률 또는 법률에 의한 명령에 의하여 **비공개사항**으로 규정된 경우'에 **해당한다고 ★볼 수 없다**. (대판 2004. 9. 23., 2003두1370)

⚠ **검찰보존사무규칙**은 법무부령이어서 「공공기관의 정보공개에 관한 법률」상의 다른 법률 또는 법률에 의한 명령에 의하여 ~~비공개사항으로 규정된 경우에 해당~~하므로 **검찰보존사무규칙상 열람·등사**를 제한~~할 수~~ 있다. (×) **[12 국회9]**

0626

[13 군무원9]

직무를 수행한 공무원의 설명과 직위는 개인에 관한 사항이므로 공개하지 않는다. O X

【정보공개법(약칭)】 제9조(비공개 대상 정보) 다음 각 호의 어느 하나에 해당하는 정보는 공개하지 아니할 수 있다.

6. 해당 정보에 포함되어 있는 성명·주민등록번호 등 「개인정보 보호법」 제2조제1호에 따른 개인정보로서 공개될 경우 사생활의 비밀 또는 자유를 침해할 우려가 있다고 인정되는 정보. 다만, 다음 각 목에 열거한 사항은 **제외**한다.
   라. **직무를 수행한 ★공무원의 성명·직위**

⚠ 직무를 **수행**한 **공무원의 성명·직위**는 비록 개인정보이기는 하나 **공개되어야** 한다. (○) **[16 소방간부]**

정답 0624. × 0625. × 0626. ×

0627

[20 군무원9] [20 군무원7]

의사결정과정에 제공된 회의 관련 자료나 의사결정과정이 기록된 회의록 등은 의사가 결정되거나 의사가 집행된 경우에는 더 이상 의사결정과정에 있는 사항 그 자체라고는 할 수 없으나, 의사결정과정에 있는 사항에 준하는 사항으로서 비공개대상정보에 포함될 수 있다. O X

> 의사결정과정에 제공된 **회의관련자료**나 의사결정과정이 기록된 **회의록** 등은 의사가 결정되거나 의사가 집행된 경우에는 더 이상 의사결정과정에 있는 사항 그 자체라고는 할 수 없으나, 의사결정과정에 있는 사항에 **준하는** 사항으로서 **비공개대상정보에 ★포함**될 수 있다. (대판 2003. 8. 22., 2002두12946)

⚠ **의사결정과정에 제공된 회의관련자료나 의사결정과정이 기록된 회의록**은 **의사가 결정되거나 의사가 집행된 경우**에도 **비공개대상정보에 포함**될 수 있다. (○) [21 국가7]

0628

[20 군무원9]

학교환경위생구역 내 금지행위(숙박시설) 해제결정에 관한 학교환경위생정화위원회의 회의록에 기재된 발언내용에 대한 해당 발언자의 인적사항 부분에 관한 정보는 「공공기관의 정보공개에 관한 법률」 제7조 제1항 제5호 소정의 비공개대상에 해당한다고 볼 수 없다. O X

> 학교환경위생구역 내 금지행위(숙박시설) 해제결정에 관한 **학교환경위생정화위원회**의 **회의록**에 기재된 발언내용에 대한 해당 **★발언자의 인적사항** 부분에 관한 정보는 공공기관의정보공개에관한법률 제7조 제1항 제5호 소정의 **★비공개대상**에 해당한다. (대판 2003. 8. 22., 2002두12946)

⚠ 구 학교보건법상 학교환경위생구역 내 금지행위(숙박시설) 해제결정에 관한 **학교환경위생정화위원회의 회의록에 기재**된 발언내용에 대한 해당 **발언자의 인적사항** 부분에 관한 정보는 **비공개대상에 해당**한다. (○) [17 국가5 승진]

정답 0627. O 0628. X

0629

[20 군무원9]

정보공개를 거부하기 위해서는 반드시 그 정보가 진행 중인 재판의 소송기록 그 자체에 포함된 내용의 정보일 필요는 없으나, 재판에 관련된 일체의 정보가 그에 해당하는 것은 아니고 진행 중인 재판의 심리 또는 재판 결과에 구체적으로 영향을 미칠 위험이 있는 정보에 한정된다고 보는 것이 타당하다. O X

> 법원 이외의 **공공기관**이 정보공개법 제9조 제1항 제4호에서 정한 '진행 중인 재판에 관련된 정보'에 해당한다는 사유로 정보공개를 거부하기 위하여는 반드시 그 정보가 진행 중인 **재판**의 **소송기록 자체에 포함된 내용일 필요는 ★없다**. 그러나 **재판에 관련된 일체의 정보가 그에 해당하는 것은 ★아니고** 진행 중인 **재판의 심리 또는 재판결과**에 구체적으로 **★영향을 미칠 위험이 있는 정보**에 한정된다고 보는 것이 타당하다. (대판 2011. 11. 24., 2009두19021)

⚠ 진행 중인 **재판에 관련된 정보**란 그 정보가 **소송기록 그 자체에 포함된 정보일 필요는 없으나, 재판에 관련된 일체의 정보가 그에 해당하는 것은 아니고** 진행 중인 **재판의 심리 또는 재판 결과**에 **구체적으로 영향을 미칠 위험이 있는 정보**에 한정된다. (○) [19 군무원9]

⚠ 진행 중인 **재판에 관련**된 ~~일체의 소송기록은~~ 비공개대상정보이다. (×) [12 서울9]

0630

[16 군무원9]

공개될 경우 부동산 투기·매점매석 등으로 특정인에게 이익 또는 불이익을 줄 우려가 있다고 인정되는 정보는 비공개대상정보에 해당한다. O X

> **【정보공개법(약칭)】 제9조(비공개 대상 정보)** 다음 각 호의 어느 하나에 해당하는 정보는 공개하지 **아니할 수 있다**.
> 8. 공개될 경우 **★부동산 투기, 매점매석** 등으로 **특정인에게 이익 또는 불이익**을 줄 우려가 있다고 인정되는 정보

⚠ 공개될 경우 **부동산 투기** 등으로 **특정인에게 이익을 줄 우려**가 있다고 인정되는 **정보는 공개하지 아니할 수 있다**. (○) [10 국가7]

0631

[11 군무원9]

공공기관은 정보의 공개를 결정한 경우에는 공개의 일시 및 장소를 분명히 밝혀야 한다. O X

> **【정보공개법(약칭)】 제13조(정보공개 여부 결정의 통지)** ① 공공기관은 제11조에 따라 **정보의 공개를 결정한** 경우에는 공개의 **★일시 및 장소** 등을 분명히 밝혀 **청구인에게 통지**하여야 한다.

⚠ **정보 공개**에 따른 **결정통지** 시, 정보공개의 **장소와 시간**을 명시해야 한다. (○) [04 경기9]

정답 0629. O 0630. O 0631. O

0632

㉠ 공공기관은 정보공개의 청구를 받으면 그 청구를 받은 날부터 (　　) 이내에 공개 여부를 결정하여야 한다. [17 군무원9] O X

㉡ 공공기관은 정보공개의 청구가 있는 때에는 연장기간을 포함하여 정보공개의 청구를 받은 날부터 10일 이내에 공개여부를 결정하여여 한다. [10 군무원9] O X

【정보공개법(약칭)】 제11조(정보공개 여부의 결정) ① 공공기관은 제10조에 따라 정보공개의 청구를 받으면 그 **청구를 받은 날부터 10일 이내**에 **공개 여부를 결정**하여야 한다.
② 공공기관은 부득이한 사유로 제1항에 따른 기간 이내에 공개 여부를 결정할 수 없을 때에는 그 기간이 끝나는 날의 다음 날부터 기산(起算)하여 **★10일**의 범위에서 공개 여부 결정기간을 **★연장**할 수 있다.
☑ 따라서 ㉡의 경우, 연장기간을 포함하여 20일 이내이다. (당초 10일+연장10일)

⚠ 공공기관은 정보공개의 청구를 받으면 그 **청구를 받은 날부터 10일 이내**에 **공개여부를 결정**하여야 한다. [13 군무원]

⚠ 공공기관은 정보공개의 청구를 받으면 그 **청구를 받은 날부터** ~~20~~일 이내에 **공개 여부를 결정**하여야 한다. (×) [16 경행]

⚠ 공공기관은 정보공개의 청구를 받으면 그 청구를 받은 날부터 **10일 이내에 공개 여부를 결정**하여야 하나 부득이한 사유로 이 **기간 이내에 공개 여부를 결정할 수 없는 때**에는 그 기간이 끝나는 날의 다음 날부터 기산하여 **10일의 범위에서** 공개 여부 **결정기간을 연장**할 수 있다. (○) [17 국가9]

0633

[22 군무원5]

청구인이 정보공개거부처분의 취소를 구하는 소송에서 공공기관이 청구정보를 증거 등으로 법원에 제출하여 법원을 통하여 그 사본을 청구인에게 교부 또는 송달되게 하여 결과적으로 청구인에게 정보를 공개하는 셈이 되었다면, 당해 정보의 비공개결정의 취소를 구할 소의 이익은 소멸된다. O X

청구인이 정보공개거부처분의 취소를 구하는 소송에서 공공기관이 청구정보를 증거 등으로 **법원에 제출**하여 **법원을 통하여** 그 사본을 청구인에게 교부 또는 송달되게 하여 결과적으로 청구인에게 **정보를 공개하는 셈**이 되었다고 하더라도, 이러한 우회적인 방법은 정보공개법이 예정하고 있지 아니한 방법으로서 **정보공개법에 의한 공개라고 볼 수는 ★없으므로**, 당해 정보의 **비공개결정의 취소를 구할 소의 이익은 소멸되지 ★않는다**. (대판 2016.12.15., 2012두11409, 11416)

⚠ 정보공개거부처분의 취소를 구하는 소송에서 공공기관이 **청구정보를 증거 등으로 법원에 제출**하여 **법원을 통하여** 그 사본을 **청구인에게 교부 또는 송달**되게 하여 청구인에게 **정보를 공개하는 셈**이 되었다면, 이러한 **우회적인 방법에 의한 공개**는 ~~「공공기관의 정보공개에 관한 법률」에 의한 공개~~라고 볼 수 있다. (×) [20 국가9]

정답 0632-㉠. 10일 0632-㉡. × 0633. ×

0634

[17 군무원9]

공공기관은 비공개대상 정보에 해당하는 부분과 공개가 가능한 부분이 혼합되어 있는 경우 정보공개를 거부하여야 한다. O X

> 【정보공개법(약칭)】 제14조(부분 공개) 공개 청구한 정보가 제9조 제1항 각 호의 어느 하나에 해당하는 부분과 공개 가능한 부분이 ★혼합되어 있는 경우로서 공개 청구의 취지에 어긋나지 아니하는 범위에서 두 부분을 ★분리할 수 있는 경우에는 제9조 제1항 각 호의 어느 하나에 해당하는 부분을 ★제외하고 공개하여야 한다.

⚠ 공개청구한 정보가 **비공개 대상에 해당하는 부분과 공개가능한 부분이 혼합**되어 있는 경우로서 공개청구의 취지에 어긋나지 아니하는 범위에서 **두 부분을 분리할 수 있는 경우**에는 **비공개대상에 해당하는 부분을 제외**하고 **공개하여야** 한다. (○) [11 군무원9]

⚠ 공공기관의 정보공개에 관한 법률에는 **부분공개제도가 채택~~되어 있지 않아~~**, **비공개대상정보에 해당하는 부분**과 **공개가 가능한 부분을 분리할 수 있는 경우**에도 **부분공개는 허용~~되지 않는다~~**. (×) [09 국가9]

0635

[21 군무원5]

법원이 행정기관의 정보공개거부처분의 위법여부를 심리한 결과 공개를 거부한 정보에 비공개사유에 해당하는 부분과 그렇지 않은 부분이 혼합되어 있고, 공개청구의 취지에 어긋나지 않는 범위 안에서 두 부분을 분리할 수 있음을 인정할 수 있을 때에는 공개가 가능한 정보에 국한하여 일부취소를 명할 수 있다. O X

> 법원이 행정기관의 정보공개거부처분의 위법 여부를 심리한 결과, 공개를 거부한 정보에 **비공개대상 정보에 해당하는 부분과 공개가 가능한 부분이 혼합**되어 있고 공개청구의 취지에 어긋나지 아니하는 범위 안에서 두 부분을 **분리할 수 있음을 인정**할 수 있을 때에는 청구취지의 변경이 없더라도 **공개가 가능한 정보**에 관한 부분만의 **일부취소를 명할 수 있다** 할 것이다. (대판 2004. 12. 9., 2003두12707)

⚠ 공개를 거부한 정보에 **비공개대상정보에 해당하는 부분과 공개가 가능한 부분이 혼합되어 있는 경우**라면 법원은 정보공개거부처분 ~~전부를 취소해야~~ 한다. (×) [10 국가9]

0636

[20 군무원7]

정보공개심의회는 공공기관의 장의 자문에 응하여 공개 청구된 정보의 공개 여부를 결정하는 법적인 의무와 권한을 가진 주체이다. O X

> 공개 청구된 정보의 **공개 여부를 결정**하는 법적인 의무와 권한을 가진 **주체는 ★공공기관의 장**이고, **정보공개심의회**는 공공기관의 장이 정보의 공개 여부를 결정하기 곤란하다고 보아 의견을 요청한 사항의 **★자문에 응하여 심의**하는 것이다. (대판 2002.3.15, 2001추95)

정답 0634. × 0635. ○ 0636. ×

0637

[22 군무원7]

이미 다른 사람에게 공개되어 널리 알려져있거나 인터넷을 통해 공개되어 인터넷 검색등을 통하여 쉽게 검색할 수 있는 경우에는 공개청구의 대상이 될 수 없다. O X

공개청구의 대상이 되는 정보가 이미 다른 사람에게 공개되어 널리 알려져 있다거나 인터넷 등을 통하여 공개되어 인터넷검색 등을 통하여 쉽게 알 수 있다는 사정만으로는 **소의 이익이 없다거나 비공개결정이 정당화될 수 없다**. (대판 2010.12.23. 2008두13101)

⚠ **공개청구된 정보**가 인터넷을 통하여 공개되어 **인터넷 검색을 통하여 쉽게 알 수 있다는 사정**만으로 **비공개결정이 정당화될 수는 없다**. (○) [19 국가9]

0638

[17 군무원9]

전자적 형태로 보유 관리하는 정보에 대하여 청구인이 전자적 형태로 공개하여 줄 것을 요청하는 경우에는 그 정보의 성질상 현저히 곤란한 경우를 제외하고는 청구인의 요청에 따라야 한다. O X

【정보공개법(약칭)】 제15조(정보의 전자적 공개) ① 공공기관은 **전자적 형태로 보유·관리**하는 **정보**에 대하여 청구인이 ★**전자적 형태로 공개**하여 줄 것을 요청하는 경우에는 그 정보의 성질상 현저히 곤란한 경우를 제외하고는 청구인의 **요청에** ★**따라야** 한다.

⚠ 공공기관은 **전자적 형태로 보유·관리하는 정보**에 대하여 청구인이 **전자적 형태로 공개하여** 줄 것을 요**청**하더라도 이를 ~~출력한 형태로 공개하는 것이 원칙~~이다. (×) [09 국가9] [16 경행]

0639

[18 군무원9]

정보공개를 청구하는 자가 공공기관에 대하여 출력물의 교부 등 공개방법을 특정하여 정보공개청구를 한 경우에 법률상 예외사유에 해당하지 않는다면 공개청구를 받은 공공기관으로서는 다른 공개방법을 선택할 재량권이 없다. O X

정보공개를 **청구하는 자**가 공공기관에 대해 정보의 사본 또는 출력물의 교부의 방법으로 **공개방법을 선택**하여 정보**공개청구**를 한 경우에 공개청구를 받은 공공기관으로서는 「공공기관의 정보공개에 관한 법률」 제8조 제2항에서 규정한 정보의 사본 또는 복제물의 교부를 제한할 수 있는 사유에 해당하지 않는 한 정보공개청구자가 **선택한 공개방법에** ★**따라** 정보를 **공개하여야** 하므로 그 **공개방법을 선택**할 **재량권이** ★**없다**고 해석함이 상당하다. (대판 2003.12.12. 2003두8050)

⚠ **공개방법을 선택**하여 정보**공개**를 **청구**하였더라도 공공기관은 정**보공개청구자가 선택한 방법에 따라** 정보를 **공개하여야** 하는 것은 ~~아니며~~, 원칙적으로 그 ~~공개방법을 선택할 재량권이~~ 있다. (×) [16 국가9]

정답 0637. ✕ 0638. ○ 0639. ○

0640
[22 군무원5]

공공기관이 공개청구의 대상이 된 정보를 공개는 하되, 청구인이 신청한 공개방법 이외의 방법으로 공개하기로 하는 결정을 하였다면, 이는 정보공개청구 중 정보공개방법에 관한 부분만을 달리한 것이므로 일부 거부처분이라 할 수 없다. O X

공공기관이 공개청구의 대상이 된 정보를 공개는 하되, 청구인이 신청한 공개방법 ★**이외의 방법**으로 공개하기로 하는 결정을 하였다면, 이는 정보공개청구 중 정보공개방법에 관한 부분에 대하여 ★**일부 거부처분**을 한 것이고, 청구인은 그에 대하여 ★**항고소송**으로 다툴 수 있다. (대판 2016.11.10. 2016두44674)

- 공공기관이 공개청구의 대상이 된 정보를 공개는 하되, **청구인이 신청**한 **공개방법 이외의 방법**으로 공개하기로 하는 결정을 하였다면, 이는 정보공개청구 중 정보공개방법에 관한 부분에 대하여 **일부 거부처분**을 한 것이고, 청구인은 그에 대하여 **항고소송으로 다툴 수 있다.** (○) [21 군무원5]
- 공공기관이 공개청구의 대상이 된 정보를 공개하였다면, 설령 **청구인이 신청**한 **공개방법 이외의 방법**으로 공개하기로 하는 결정을 하였더라도, 청구인은 **그에 대하여 항고소송**으로 다툴 수 없다. (×) [19 국가5 승진]

0641
[22 군무원5]

공개를 구하는 정보를 공공기관이 한 때 보유·관리하였으나 후에 그 정보가 담긴 문서 등이 폐기되어 존재하지 않게 된 것이라면 그 정보를 더 이상 보유·관리하고 있지 아니하다는 점에 대한 증명책임은 공공기관에게 있다. O X

★**공개청구자**는 그가 공개를 구하는 정보를 공공기관이 보유·관리하고 **있을 상당한 개연성**이 있다는 점에 대하여 **입증할 책임**이 있으나, 공개를 구하는 정보를 공공기관이 한때 보유·관리하였으나 후에 그 정보가 담긴 문서들이 폐기되어 존재하지 않게 된 것이라면 그 정보를 **더 이상 보유·관리하고 있지 않다는 점에 대한 증명책임은** ★**공공기관**에 있다. (대판 2013.1.24. 2010두18918)

- 공개를 구하는 정보를 공공기관이 **보유·관리하고 있을 상당한 개연성이 있다는** 점에 대한 **증명책임은 공개청구자**가, 공개를 구하는 정보를 **더 이상 보유·관리하고 있지 아니하다는** 점에 대한 **증명책임은 공공기관**이 부담한다. (○) [15 군무원9]
- **정보공개를 청구하는 자가** 공개를 구하는 정보를 **행정기관이 보유·관리하고 있을 상당한 개연성**이 있다는 점을 **입증하여야** 한다. (○) [20 지방7]
- 공공기관이 정보를 **한때 보유·관리**하였으나 후에 그 정보를 **더 이상 보유·관리하고 있지 아니하다는 점**에 대한 **증명책임의 소재**는 ~~정보공개청구권자에~~게 있다. (×) [17 국가7 下]

정답 0640. × 0641. ○

0642

[19 군무원9]

정보공개청구권자가 공공기관에 대하여 정보공개를 청구하였다가 거부처분을 받은 것 자체는 법률상 이익의 침해에 해당하지 않는다. O X

> 정보공개청구권은 **법률상 보호**되는 **구체적인 권리**이므로 청구인이 공공기관에 대하여 **정보공개를 청구**하였다가 **거부처분**을 받은 것 ★**자체가 법률상 이익의 침해**에 해당한다고 할 것이고 거부처분을 받은 것 **이외**에 추가로 어떤 **법률상의 이익**을 가질 것을 **요구하는 것은 ★아니다**. (대판 2004.9.23., 2003두1370

△ 정보공개청구권은 **법률상 보호되는 구체적인 권리**이므로 청구인이 공공기관에 대하여 **정보공개를 청구**하였다가 **거부처분을 받은 것 자체**가 **법률상 이익의 침해**에 해당한다. (○) **[18 군무원9] [20 군무원7]**

△ 대한민국 국민 甲은 A 대학교 총장에게 해당 학교 체육특기생들의 3년간 출석 및 성적 관리에 대한 정보공개청구를 하였으나, A대학교 총장은 제3자에 관한 정보라는 이유로 이를 거부한 사례에서, 甲이 **정보공개를 청구**하였다가 **거부처분을 받은 것 자체**가 **법률상 이익의 침해**에 해당한다. (○) **[19 군무원9]**

0643

[16 군무원9] [20 군무원9]

공공기관은 공개청구된 공개 대상 정보의 전부 또는 일부가 제3자와 관련이 있다고 인정할 때에는 그 사실을 제3자에게 지체 없이 통지하여야 하며, 필요한 경우에는 그의 의견을 들을 수 있다. O X

> **【정보공개법(약칭)】 제11조(정보공개 여부의 결정)** ③ 공공기관은 공개 청구된 공개 **대상 정보**의 전부 또는 일부가 **제3자와 관련**이 있다고 인정할 때에는 그 사실을 제3자에게 ★**지체 없이 통지**하여야 하며, 필요한 경우에는 그의 **의견을 ★들을 수 있다**.

△ 공공기관은 **공개대상정보**가 **제3자와 관련**이 있다고 인정되는 경우에는 ~~반드시~~ 공개청구된 사실을 **제3자에게 통지**하고 그에 대한 의견을 청취한 ~~다음에~~ 공개 여부를 결정~~하여야 한~~다. (×) **[13 서울9]**

☑ 의견청취는 공공기관의 재량(의무 ×)

정답 0642. × 0643. ○

0644

[20 군무원9]

「공공기관의 정보공개에 관한 법률」 제11조 제3항에 따라 공개 청구된 사실을 통지받은 제3자는 그 통지를 받은 날부터 7일 이내에 해당 공공기관에 대하여 자신과 관련된 정보를 공개하지 아니할 것을 요청할 수 있다. O X

【정보공개법(약칭)】 제21조(제3자의 비공개 요청 등) ① 제11조 제3항에 따라 공개 청구된 사실을 통지받은 제3자는 그 통지를 받은 날부터 **★3일 이내**에 해당 공공기관에 대하여 자신과 관련된 정보를 공개하지 아니할 것을 요청할 수 있다.

⚠ 공개 대상 정보로서 **자신과 관련된 정보**에 대하여 **공개 청구된 사실**을 **통지받은 제3자**는 그 통지를 받은 날부터 ( )일 이내에 해당 공공기관에 대하여 자신과 관련된 정보를 **공개하지 아니할 것을 요청**할 수 있다. → (3) [18 행정사]

0645

[19 군무원9]

대한민국 국민 甲은 A 대학교 총장에게 해당 학교 체육특기생들의 3년간 출석 및 성적 관리에 대한 정보공개청구를 하였으나, A대학교 총장은 제3자에 관한 정보라는 이유로 이를 거부한 사례에서, 체육특기생들의 비공개요청이 있는 경우 A 대학교 총장은 해당 정보를 공개하여서는 아니 된다. O X

공공기관이 보유·관리하고 있는 정보가 제3자와 관련이 있는 경우 … (중략) … **제3자의 비공개요청이 있다는 사유**만으로 정보공개법상 정보의 **비공개사유**에 해당한다고 **★볼 수 없다**. (대판 2008.9.25., 2008두8680)

☑ 비공개할 수 있다는 판시

⚠ **공개청구된 사실**을 **통지받은 제3자**가 당해 공공기관에 **공개하지 아니할 것을 요청하는 때**에는 공공기관은 ~~비공개결정을 하여야~~ 한다. (×) [11 군무원9]

0646

[20 군무원9]

「공공기관의 정보공개에 관한 법률」 제21조 제2항에 따른 비공개 요청에도 불구하고 공공기관이 공개 결정을 할 때에는 공개 결정이유와 공개 실시일을 분명히 밝혀 지체 없이 문서로 통지하여야 하며, 제3자는 해당 공공기관에 문서로 이의신청을 하거나 행정심판 또는 행정소송을 제기할 수 있다. O X

【정보공개법(약칭)】 제21조(제3자의 비공개 요청 등) ② 제1항에 따른 비공개 요청에도 불구하고 공공기관이 **공개 결정**을 할 때에는 공개 결정 이유와 공개 실시일을 분명히 밝혀 지체 없이 문서로 통지하여야 하며, **제3자는** 해당 공공기관에 **★문서로 이의신청**을 하거나 **행정심판 또는 행정소송**을 제기할 수 있다. 이 경우 이의신청은 통지를 받은 날부터 **★7일 이내**에 하여야 한다.

⚠ 자신과 관련된 정보에 대한 **제3자의 비공개요청에도** 불구하고 공공기관이 **공개결정을 하는 때**에는 **제3자**는 당해 공공기관에 **문서** ~~또는 구두~~로 **이의신청**을 하거나 **행정심판 또는 행정소송**을 제기할 수 있다. (×) [11 사복9]

정답 0644. × 0645. × 0646. O

0647

[19 군무원9]

피청구인이 청구인에 대한 형사재판이 확정된 후 그 중 제1심 공판정심리의 녹음물을 폐기한 행위는 법원행정상의 구체적인 사실행위로서 헌법소원심판의 대상이 되는 공권력의 행사로 볼 수 있다. O X

형사재판이 확정된 후 그 중 제1심 **공판정심리의 녹음물을 폐기한 행위**는 법원행정상의 **★구체적인 사실행위에 불과**할 뿐 이를 헌법소원심판의 대상이 되는 **★공권력의 행사로 볼 수 없다**. (헌재 전원 2012. 3. 29., 2010헌마599)

⚠ 피청구인이 청구인에 대한 형사**재판이 확정된 후** 그 중 제1심 **공판정 심리의 녹음물을 폐기한 행위**는 **법원행정상의 구체적인 사실행위에 불과**할 뿐 이를 헌법소원심판의 대상이 되는 **공권력의 행사로 볼 수 없다**. (×) [18 소방간부]

0648

[17 군무원9]

청구인이 정보공개와 관련한 공공기관의 비공개결정 또는 부분공개 결정에 대하여 불복이 있거나 정보공개 청구 후 (ⓐ)이 경과하도록 정보공개 결정이 없는 때에는 공공기관으로부터 정보공개 여부의 결정 통지를 받은 날 또는 정보공개 청구 후 (ⓑ)이 경과한 날부터 (ⓒ) 이내에 해당 공공기관에 문서로 이의신청을 할 수 있다. O X

【정보공개법(약칭)】 제18조(이의신청) ① 청구인이 정보공개와 관련한 공공기관의 **비공개 결정 또는 부분 공개 결정**에 대하여 불복이 있거나 정보공개 **청구 후 20일이 경과하도록** 정보공개 **결정이 없는 때**에는 공공기관으로부터 정보공개 여부의 **결정 통지를 ★받은 날** 또는 정보공개 **청구 후 ★20일이 경과한 날부터 ★30일 이내**에 해당 공공기관에 **★문서로 이의신청**을 할 수 있다.

⚠ **비공개결정을 통지**받은 청구인은 **통지를 받은 날로부터 30일 이내**에 해당 공공기관에 **문서로 이의신청**을 할 수 있다. (○) [10 군무원9]

⚠ 청구인이 정보공개 청구 후 **20일이 경과하도록 정보공개 결정이 없는 때**에는 정보공개 청구 후 **20일이 경과한 날부터 30일 이내**에 해당 공공기관에 **문서로 이의신청**을 할 수 있다. (○) [19 군무원9]

정답 0647. × 0648-ⓐ. 20일 0648-ⓑ. 20일 0648-ⓒ. 30일

0649

㉠ 공공기관은 해당 공공기관이 보유·관리하는 공공데이터 중 제3자의 권리가 포함된 것으로 이용허락을 받지 않은 정보인 경우에는 기술적으로 제3자의 권리가 포함된 정보를 분리할 수 있다 하더라도 제3자 보호를 위해서 제공을 하여서는 안 된다. [22 군무원7] O X

㉡ 공공기관의 장은 해당 기관이 보유하고 있는 공공데이터의 목록을 행정안전부장관에게 등록하여야 하며, 행정안전부장관은 등록의 누락이 있는지를 조사하여 누락된 공공데이터목록의 등록을 요청할 수 있다. [22 군무원7] O X

㉢ 공공데이터의 제공거부 및 제공중단을 받은 자는 공공데이터 제공분쟁조정위원회에 분쟁조정신청을 할 수 있으며, 조정의 내용은 재판상 화해와 동일한 효력을 갖는다. [22 군무원7] O X

㉣ 공공기관의 장은 해당 기관이 생성 또는 취득하여 관리하는 공공데이터의 안정적 품질관리 및 적정한 품질수준의 확보를 위하여 필요한 조치를 취하여야 한다. [22 군무원7] O X

【공공데이터의 제공 및 이용 활성화에 관한 법률】

제17조(제공대상 공공데이터의 범위)

① 공공기관의 장은 해당 공공기관이 보유·관리하는 공공데이터를 국민에게 **제공**하여야 한다. 다만, 다음 각 호의 어느 하나에 해당하는 정보를 포함하고 있는 경우에는 그러하지 아니한다.

2. 「저작권법」 및 그 밖의 다른 법령에서 보호하고 있는 **제3자의 권리가 포함**된 것으로 해당 법령에 따른 정당한 **이용허락을 받지 아니한** 정보

② 공공기관의 장은 제1항에도 불구하고 제1항 각 호에 해당하는 내용을 기술적으로 **분리**할 수 있는 때에는 제1항 각 호에 해당하는 **부분을 제외한 공공데이터를 제공**하여야 한다.

제18조(공공데이터 목록의 등록) ① 공공기관의 장은 해당 공공기관의 소관 **공공데이터 목록**을 대통령령으로 정하는 바에 따라 행정안전부장관에게 **등록**하여야 한다.

② 행정안전부장관은 제1항에 따른 **등록의 누락**이 있는지를 **조사**하여 누락된 공공데이터 목록의 **등록을 요청**할 수 있다.

제31조(분쟁조정의 신청 및 처리기간) ① 공공데이터의 **제공거부** 및 **제공중단**을 받은 자는 그 처분이 있은 날부터 60일 이내에 분쟁조정위원회에 분쟁조정을 신청할 수 있다.

제32조(분쟁의 조정)

⑧ 당사자가 **조정안을 수락**한 경우 분쟁조정위원회는 **조정서를 작성**하고, 분쟁조정위원회의 위원장과 각 당사자가 서명하여야 한다.

⑨ 제8항에 따른 조정의 내용은 **재판상 화해**와 **동일**한 **효력**을 갖는다.

제22조(공공데이터의 품질관리) ① 공공기관의 장은 해당 기관이 생성 또는 취득하여 관리하는 공공데이터의 **안정적 품질관리 및 적정한 품질수준의 확보**를 위하여 필요한 조치를 취하여야 한다.

정답 0649-㉠. X 0649-㉡. O 0649-㉢. O 0649-㉣. O

제7절 개인정보보호

0650

[21 군무원7]

개인정보보호법은 민간부분의 개인정보를 규율하고 있고, 공공부분에 관하여는 공공기관의 개인정보보호에 관한 법률에서 규율하고 있다. O X

【개인정보보호법】 제2조(정의) 이 법에서 사용하는 용어의 뜻은 다음과 같다.
"개인정보처리자"란 업무를 목적으로 개인정보파일을 운용하기 위하여 스스로 또는 다른 사람을 통하여 개인정보를 처리하는 공공기관, ★법인, ★단체 및 ★개인 등을 말한다.

공공기관의 개인정보보호에 관한 법률 (이전)	➡	개인정보보호법 (현재)
공공기관에서 취급하는 개인정보보호에 한하여 규율		개인정보를 취급하는 모든 공공기관·사업자, 개인 등에 대한 개인정보보호 규율

⚠ 「**개인정보 보호법**」은 공공기관에 의해 처리되는 정보뿐만 아니라 **민간에 의해 처리되는 정보까지 보호대상**으로 하고 있다. (○) [14 국가9]

⚠ **개인정보 보호법**은 공공기관이 아닌 **민간에 의하여 처리되는 정보까지 보호대상**~~으로 하지 않는~~다. (×) [19 군무원9]

0651

[21 군무원7]

개인정보자기결정권은 자신에 관한 정보가 언제 누구에게 어느 범위까지 알려지고 또 이용되도록 할 것인지를 정보주체가 스스로 결정할 수 있는 권리로서 헌법에 명시된 권리이다. O X

개인정보자기결정권은 **자신**에 관한 **정보**가 언제 **누구에게** 어느 **범위까지 알려지고** 또 **이용되도록** 할 것인지를 그 정보주체가 **스스로 결정**할 수 있는 권리, 즉 **정보주체가 개인정보의 공개와 이용**에 관하여 **★스스로 결정**할 권리를 말하는바 … (중략) … **개인정보자기결정권**은 각 기본권들 및 헌법원리들을 이념적 기초로 하는 **★독자적 기본권**으로서 **헌법에 명시되지 ★아니한 기본권**이라고 보아야 할 것이다. (헌재 2005. 5. 26. 99헌마513)

⚠ 헌법재판소는 **개인정보자기결정권**을 사생활의 비밀과 자유, 일반적 인격권 등을 이념적 기초로 하는 독**자적** 기본권으로서 **헌법에 명시되지 않은 기본권**으로 보고 있다. (○) [18 군무원9]

정답 0650. × 0651. ×

0652

[21 군무원9]

개인정보자기결정권의 보호대상이 되는 개인정보는 개인의 내밀한 영역에 속하는 영역뿐만 아니라 공적 생활에서 형성되었거나 이미 공개된 개인정보까지 포함한다. O X

개인정보자기결정권의 **보호대상**이 되는 **개인정보**는 개인의 신체, 신념, 사회적 지위, 신분 등과 같이 **인격주체성을 특징**짓는 사항으로서 개인의 **동일성을 식별**할 수 있게 하는 일체의 정보를 의미하며, 반드시 **개인의 내밀한 영역**에 속하는 정보에 ★국한되지 **않고** ★**공적 생활에서 형성**되었거나 **이미 공개된 개인정보까지도** 포함한다. (대판 2016. 3. 10.2012다105482)

⚠ 개인정보자기결정권의 보호대상이 되는 **개인정보**는 **인격주체성을 특징**짓는 사항으로서 **개인의 동일성을 식별**할 수 있게 **하는 일체의 정보**를 의미하며, 반드시 개인의 내밀한 영역에 속하는 정보에 **국한되지 않고 공적생활에서 형성**되었거나 **이미 공개된 개인정보까지도 포함**한다. (○) [20 군무원7]

⚠ 개인정보자기결정권의 보호대상이 되는 개인정보는 개인의 신체, 신념, 사회적 지위, 신분 등과 같이 **개인의 인격주체성을 특징**짓는 사항으로서 그 **개인의 동일성을 식별**할 수 있는 일체의 정보이고, **이미 공개된 개인정보는 포함**~~하지 않는~~다. (×) [18 군무원9]

0653

[21 군무원7]

개인정보보호법상 개인정보는 살아있는 개인뿐만 아니라 사자(死者)에 관한 정보로서 성명, 주민등록번호 및 영상 등을 통하여 개인을 알아 볼 수 있는 정보를 말한다. O X

【개인정보호법】 제2조(정의) 이 법에서 사용하는 용어의 뜻은 다음과 같다.
1. **"개인정보"**란 ★**살아 있는 개인**에 관한 정보로서 다음 각 목의 어느 하나에 해당하는 정보를 말한다.

⚠ 「개인정보 보호법」상 개인정보는 **살아 있는 개인에 대한 정보를 대상**으로 하므로 **법인과 사자(死者)의 정보는 포함되지 않는다.** (○) [19 군무원9]

⚠ **법인의 정보와 사자(死者)의 정보**는 개인정보보호법의 ~~보호대상~~이다. (×) [19 행정사]

0654

[21 군무원7]

많은 양의 트위터 정보처럼 개인정보와 이에 해당하지 않은 정보가 혼재된 경우 전체적으로 개인정보 보호법상 개인정보에 관한 규정이 적용된다. O X

많은 양의 트위터 정보처럼 **개인정보와** 이에 **해당하지 않는 정보가 혼재**된 경우, 국민의 사생활의 비밀을 보호하고 개인정보에 대한 권리를 보장하고자 하는 개인정보 보호법의 입법취지에 비추어 그 수집, 제공 등 처리에는 **전체적으로 개인정보 보호법상** 개인정보에 대한 **규정이 적용된다**고 해석하는 것이 타당하다. (서울고법 2015. 2. 9. 2014노2820)

☑ 국정원 댓글 사건에 관한 판례인데, 공개 기출임에도 군무원 시험답게 동일한 논지의 대법 판례(2015도2625)이 있음에도 고법 판례에서 발췌하여 지문을 구성하였다.

정답 0652. O 0653. × 0654. O

0655

[19 군무원9]

이미 공개된 개인정보를 정보주체의 동의가 있었다고 객관적으로 인정되는 범위 내에서 수집·이용·제공 등 처리를 할 때는 정보주체의 별도의 동의는 불필요하다고 보아야 한다. O X

★이미 공개된 개인정보를 **정보주체의 동의**가 있었다고 객관적으로 **인정되는 범위 내**에서 **수집·이용·제공** 등 처리를 할 때는 정보주체의 **★별도의 동의는 불필요**하다고 보아야 하고, 별도의 동의를 받지 아니하였다고 하여 **개인정보보호법** 제15조나 제17조를 **위반한 것으로 ★볼 수 없다**. (대판 2016.8.17. 2014다235080)

⚠ **법률정보 제공 사이트**를 운영하는 甲 주식회사가 乙 대학교 **법학과 교수로 재직 중인 丙**의 개인정보를 **별도 동의 없이** 위 법학과 **홈페이지** 등을 통해 **수집**하여 위 사이트 내 **법조인 항목에서 유료로 제공**하더라도 **위법하다고 할 수 없다**. (○) [21 소방간부]

0656

[19 군무원9]

개인정보를 처리하거나 처리하였던 자가 업무상 알게 된 개인정보를 누설하거나 권한 없이 다른 사람이 이용하도록 제공한 것이라는 사정을 알면서도 영리 또는 부정한 목적으로 개인정보를 제공받은 자라면, 개인정보를 처리하거나 처리하였던 자로부터 직접 개인정보를 제공받지 아니하더라도 '개인정보를 제공 받은 자'에 해당한다. O X

개인정보를 처리하거나 처리하였던 자가 업무상 알게 된 개인정보를 **누설하거나 권한 없이 다른 사람이 이용하도록 제공**한 것이라는 사정을 알면서도 **영리** 또는 **부정한 목적**으로 개인정보를 제공받은 자라면, 개인정보를 처리하거나 처리하였던 자로부터 **직접** 개인정보를 **제공받지 ★아니하더라도** 개인정보 보호법 **★제71조 제5호**의 **'개인정보를 제공받은 자'**에 **해당**한다. (대판 2018.1.24., 2015도16508)

【개인정보보호법】 제71조(벌칙)

5. 제59조제2호를 위반하여 업무상 알게 된 개인정보를 누설하거나 권한 없이 다른 사람이 이용하도록 제공한 자 및 그 사정을 알면서도 영리 또는 부정한 목적으로 개인정보를 제공받은 자

☑ 개인정보를 누설 또는 권한없이 제공한 개인정보처리자로부터 직접 해당 개인정보를 제공받지 않은 자라도, 누설·제공된 경위를 알면서 영리나 부정한 목적으로 제공받았을 때에는 개인정보보호법에 따른 벌칙의 대상이 된다는 판시

⚠ **개인정보를 처리하거나 처리하였던** 자로부터 **직접 개인 정보를 제공받지 아니하더라도**, 개인정보를 처리하거나 처리하였던 자가 업무상 알게 된 개인정보를 **누설하거나 권한 없이 다른 사람이 이용하도록 제공**한 것이라는 **사정을 알면서**도 **영리 또는 부정한 목적**으로 **개인정보를 제공받은 자**라면, 「개인정보보호법」상 벌칙의 대상자가 된다. (○) [19 소방]

정답 0655. ○ 0656. ○

0657 [18 군무원9]

개인정보처리자는 법령에서 민감정보의 처리를 요구 또는 허용하는 경우에도 정보주체의 동의를 받지 못하면 민감정보를 처리할 수 없다. O X

【개인정보호법】 제23조(민감정보의 처리 제한) ① 개인정보처리자는 **사상·신념, 노동조합·정당의 가입·탈퇴, 정치적 견해, 건강, 성생활** 등에 관한 정보, 그 밖에 정보주체의 **사생활을 현저히 침해할 우려**가 있는 개인정보로서 대통령령으로 정하는 정보를 처리하여서는 아니 된다. 다만, 다음 각 호의 어느 하나에 해당하는 경우에는 그러하지 아니하다.

1. 정보주체에게 제15조제2항 각 호 또는 제17조제2항 각 호의 사항을 **★알리고** 다른 개인정보의 처리에 대한 동의와 **★별도로 동의**를 받은 경우
2. **법령**에서 민감정보의 처리를 **★요구**하거나 **허용**하는 경우

⚠ 개인정보처리자는 **법령**에서 **민감정보의 처리**를 **요구하거나 허용**하는 경우 민감정보를 **처리할 수 있다.** (○) [20 국회9]

0658 [20 군무원9]

「여권법」에 따른 여권번호나 「출입국관리법」에 따른 외국인등록번호는 고유식별정보이다. O X

【개인정보호법 시행령】 제19조(고유식별정보의 범위) 법 제24조 제1항 각 호 외의 부분에서 "대통령령으로 정하는 정보"란 다음 각 호의 어느 하나에 해당하는 정보를 말한다.

1. 「주민등록법」 제7조의2제1항에 따른 **주민등록번호**
2. 「여권법」 제7조제1항제1호에 따른 **★여권번호**
3. 「도로교통법」 제80조에 따른 **운전면허의 면허번호**
4. 「출입국관리법」 제31조제5항에 따른 **★외국인등록번호**

0659 [20 군무원9]

고유식별정보를 처리하려면 정보주체에게 정보의 수집·이용·제공 등에 필요한 사항을 알리고 다른 개인정보의 처리에 대한 동의와 함께 일괄적으로 동의를 받아야 한다. O X

【개인정보호법】 제24조(고유식별정보의 처리 제한) ① 개인정보처리자는 다음 각 호의 경우를 **제외**하고는 법령에 따라 개인을 **고유**하게 구별하기 위하여 부여된 **식별정보**로서 대통령령으로 정하는 정보를 처리할 수 없다.

1. 정보주체에게 제15조제2항 각 호* 또는 제17조제2항 각 호*의 사항을 알리고 다른 개인정보의 처리에 대한 동의와 **★별도로** 동의를 받은 경우

☑ 다른 개인정보 처리에 대한 동의와는, **★별도의 동의**를 받아야 한다. 즉 **각기 다른 동의서에서 동의 서약**을 받아야 하는 것이다.

☑ 제15조 제2항 각호 (개인정보의 **수집·이용 목적, 수집항목, 보유·기간** 등)
제17조 제2항 각호 (개인정보를 **제공받는 자**와 제공받는 **정보의 이용목적, 보유·기간** 등)

정답 0657. × 0658. ○ 0659. ×

0660

[20 군무원9]

개인정보처리자가 이 법에 따라 고유식별정보를 처리하는 경우에는 그 고유식별정보가 분실·도난·유출·위조·변조 또는 훼손되지 아니하도록 대통령령으로 정하는 바에 따라 암호화 등 안전성 확보에 필요한 조치를 하여야 한다. O X

【개인정보호법 시행령】 제24조(고유식별정보의 처리 제한) ③ 개인정보처리자가 제1항 각 호에 따라 고유식별정보를 처리하는 경우에는 그 고유식별정보가 **★분실·도난·유출·위조·변조 또는 훼손되지 아니하도록** 대통령령으로 정하는 바에 따라 암호화 등 **★안전성 확보에 필요한 조치**를 하여야 한다.

0661

[20 군무원9]

개인정보처리자는 다른 개인정보의 처리에 대한 동의와 별도로 동의를 받은 경우라 하더라도 주민등록번호는 법에서 정한 예외적 인정사유에 해당하지 않는 한 처리할 수 없다. O X

【개인정보호법】

제24조(고유식별정보의 처리 제한) ① 개인정보처리자는 다음 각 호의 경우를 **제외**하고는 법령에 따라 개인을 **고유**하게 구별하기 위하여 부여된 **식별정보**로서 대통령령으로 정하는 정보를 처리할 수 없다.

1. 정보주체에게 제15조제2항 각 호* 또는 제17조제2항 각 호*의 사항을 알리고 다른 개인정보의 처리에 대한 동의와 **★별도로** 동의를 받은 경우

제24조의2(주민등록번호 처리의 제한) ① 제24조 제1항에도 불구하고 개인정보처리자는 **다음 각 호**의 어느 하나에 해당하는 경우를 **★제외하고**는 **주민등록번호를 처리할 수 ★없다**.

1. 법률·대통령령·국회규칙·대법원규칙·헌법재판소규칙·중앙선거관리위원회규칙 및 감사원규칙에서 **★구체적으로** 주민등록번호의 **처리를 요구하거나 허용**한 경우
2. **정보주체 또는 제3자**의 급박한 **★생명, 신체, 재산의 이익**을 위하여 **명백히 필요**하다고 인정되는 경우

☑ 고유식별정보 중에서도 '**주민등록번호**'는 정보주체로부터 **별도의 동의를 받았다 하더라도**, 제24조의2 제1항 각 호에서 정하고 있는 경우를 제외하고는 **처리할 수 없다**.

⚠ 개인정보처리자는 **정보주체 또는 제3자의 급박한 생명, 신체, 재산의 이익을 위하여** 명백히 **필요하다고 인정**되는 경우에 **주민등록번호를 처리할 수 있다**. (○) [21 국회9]

⚠ 개인정보처리자가 **주민등록번호를 처리**하기 위해서는 ~~정보주체에게 다른 개인정보의 처리에 대한 동의와 별도로 동의를 받아야~~ 한다. (×) [21 국회8]

정답 0660. ○ 0661. ○

0662

[19 군무원9]

정보주체는 개인정보처리자가 「개인정보 보호법」을 위반한 행위로 손해를 입으면 개인정보처리자에게 손해배상을 청구할 수 있다. 이 경우 그 개인정보처리자는 고의 또는 과실이 없음을 입증하지 아니하면 책임을 면할 수 없다. O X

【개인정보호법】 제39조(손해배상책임) ① **정보주체**는 개인정보처리자가 이 법을 위반한 행위로 손해를 입으면 개인정보처리자에게 **손해배상을 청구할 수 있다**. 이 경우 그 **★개인정보처리자**는 고의 또는 과실이 없음을 **★입증하지 아니하면** 책임을 **★면할 수 없다**.

⚠ 개인정보처리자가 「**개인정보 보호법**」**을 위반**한 행위로 손해를 입힌 경우 **정보주체는 손해배상을 청구**할 수 있는데, 이때 **개인정보처리자가** 고의·과실이 없음에 대한 **입증책임**을 진다. (○) [17 사복9]

⚠ **정보주체**는 개인정보처리자가 「개인정보 보호법」을 위반한 행위로 **손해**를 입으면 **개인정보처리자에게 손해배상을 청구**할 수 있으며, 이 경우 그 ~~정보주체~~는 고의 또는 과실을 ~~입증해야~~ 한다. (×) [14 국가9]

0663

[19 군무원9]

개인정보처리자의 고의 또는 중대한 과실로 인하여 개인정보가 분실·도난·유출·위조·변조 또는 훼손된 경우로서 정보주체에게 손해가 발생한 때에는 법원은 그 손해액의 3배를 넘지 아니하는 범위에서 손해배상액을 정할 수 있다. 이 경우 일반손해배상을 청구한 정보주체는 사실심 변론종결시까지 법정손해배상의 청구로 변경할 수 없다. O X

【개인정보호법】

제39조(손해배상책임) ③ 개인정보처리자의 **고의 또는 중대한 과실**로 인하여 개인정보가 분실·도난·유출·위조·변조 또는 훼손된 경우로서 정보주체에게 손해가 발생한 때에는 법원은 그 손해액의 **3배를 넘지 아니하는 범위**에서 손해배상액을 정할 수 있다. 다만, 개인정보처리자가 고의 또는 중대한 과실이 없음을 증명한 경우에는 그러하지 아니하다.

제39조의2(법정손해배상의 청구) ① 제39조제1항에도 **불구하고** 정보주체는 개인정보처리자의 **고의 또는 과실**로 인하여 개인정보가 분실·도난·유출·위조·변조 또는 훼손된 경우에는 **300만원 이하의 범위**에서 **상당한 금액**을 손해액으로 하여 **배상을 청구**할 수 있다. 이 경우 해당 개인정보처리자는 고의 또는 과실이 없음을 입증하지 아니하면 책임을 면할 수 없다.

③ **제39조에 따라 손해배상을 청구**한 정보주체는 **★사실심(事實審)의 변론이 종결되기 전까지** 그 청구를 제1항에 따른 **★청구로 변경할 수 있다**.

☑ 개인정보 처리자의 고의나 중과실에 따른 손해발생에 대하여 **제39조에 따라 징벌적 손해배상을 청구**할 수 있는데, 구체적인 손해액의 입증은 사실상 불가능하므로, 이러한 경우 정보주체는 **300만원을 상한으로 한 법정손해배상으로 청구변경**을 할 수 있다.

⚠ **개인정보처리자의 고의 또는 중대한 과실**로 인하여 개인정보가 유출된 경우로서 정보주체에게 **손해가 발생**한 때에는 법원은 그 **손해액의 3배를 넘지 아니하는 범위에서 손해배상액**을 정할 수 있다. (○) [18 서울7]

정답 0662. O 0663. O

0664

[21 군무원9]

정보통신서비스 제공자는 이용자가 필요한 최소한의 개인정보 이외의 개인정보를 제공하지 아니한다는 이유로 그 서비스의 제공을 거부할 수 있다. O X

【개인정보호법】 39조의3(개인정보의 수집·이용 동의 등에 대한 특례) ③ **정보통신서비스 제공자**는 이용자가 **필요한 최소한의 개인정보 이외의 개인정보를 제공하지 아니한다는 이유**로 그 서비스의 제공을 **★거부해서는 아니 된다**. 이 경우 필요한 최소한의 개인정보는 해당 서비스의 본질적 기능을 수행하기 위하여 반드시 필요한 정보를 말한다.

0665

[21 군무원9]

개인정보처리자가 집단분쟁조정을 거부하거나 집단분쟁조정의 결과를 수락하지 아니한 경우에는 법원에 권리침해 행위의 금지·중지를 구하는 단체소송을 제기할 수 있다. O X

【개인정보호법】

제51조(단체소송의 대상 등) 다음 각 호의 어느 하나에 해당하는 **단체**는 개인정보처리자가 제49조에 따른 **집단분쟁조정을 ★거부**하거나 **집단분쟁조정의 결과를 수락하지 ★아니한 경우**에는 법원에 **권리침해 행위의 금지·중지**를 구하는 소송(이하 "단체소송"이라 한다)을 제기할 수 있다.

⚠ 일정한 단체는 개인정보처리자가 **집단분쟁조정을 거부**하거나 집**단분쟁조정의 결과를 수락하지 아니한 경우**에는 법원에 **권리침해 행위의 금지·중지를 구하는 단체소송을 제기**할 수 있다. (○) [20 국회9]

⚠ 법원은 개인정보처리자가 **분쟁조정위원회의 조정을 거부**하지 않을 경우에만, 결정으로 **단체소송을 허가**한다. (×) [21 소방]

0666

[21 군무원9]

개인정보보호법은 외국의 정보통신서비스 제공자 등에 대하여 개인정보보호규제에 대한 상호주의를 채택하고 있다. O X

【개인정보호법】

제39조의13(상호주의) 제39조의12에도 불구하고 개인정보의 국외 이전을 제한하는 국가의 정보통신서비스 제공자등에 대하여는 해당 국가의 수준에 **★상응하는 제한**을 할 수 있다. 다만, 조약 또는 그 밖의 국제협정의 이행에 필요한 경우에는 그러하지 아니하다.

정답 0664. × 0665. ○ 0666. ○

2023 김동현 군무원 OX 행정법 기출문제집

제 3 장

행정작용의 실효성 보수단

제1절 행정상 강제집행 및 즉시강제

1 일반론

0667

[08 군무원9]

행정상 강제집행의 수단에는 대집행, 직접강제, 집행벌, 행정상 강제징수 등이 있다. O X

> 행정상 **강제집행**의 수단으로는 ① **대집행,** ② **직접강제,** ③**이행강제금(집행벌),** ④ **행정상 강제징수** 4가지가 있다. ☑ 즉시강제는 강제집행과 구별되는 수단임을 주의

△ 행정상 **강제집행 수단**으로는 **직접강제**, 과징금, **집행벌**, 행정상 **강제징수**가 있다. (×) [05 대구9]

☑ **과징금** → 대집행

0668

[08 군무원9]

강제집행의 법률상 근거에 대해서 하명의 근거만 있으면 된다고 보는 것이 통설적 견해이다. O X

> 의무부과의 근거법규 외에 의무위반에 따른 강제집행의 실현을 위한 법적 근거도 ★**별도로 있어야** 한다는 것이 통설·판례이다. ☑ **하명** 근거 + **강제집행** 근거

△ 행정상 **강제집행은 법률에 근거하여서만** 행하여질 수 있다. (○) [19 군무원9]

△ 행정법관계에서는 강제력의 특질이 인정되므로 행정법상의 **의무를 명하는 명령권의 근거규정**은 ~~동시에~~ 그 **의무 불이행에 대한** 행정상 ~~강제집행의 근거가 될 수~~ 있다. (×) [17 국가7]

△ 학원의 설립·운영 및 과외교습에 관한 법령상 등록을 요하는 학원을 설립·운영하고자 하는 자가 등록절차를 거치지 않은 경우 관할 행정청이 직접 그 **무등록 학원의 폐쇄를 위하여 출입제한 시설물의 설치와 같은 조치를 할 수 있게 규정**되어 있는데, 이러한 규정은 ~~동시에~~ 그와 같은 ~~폐쇄명령의 근거규정~~이 된다. (×) [21 군무원7]

> 무등록 학원의 **폐쇄**를 위하여 출입제한 시설물 설치 등의 **조치에 관한 규정이 폐쇄명령의 근거 규정이 된다고 할 수도 없다**. (대판 2001. 2. 23., 99두6002)
> ☑ 폐쇄명령을 위한 근거규정이 별도로 있어야 한다는 판시이다.

정답 0667. O 0668. ×

0669

[11 군무원9]

행정처분에 대한 쟁송제기기간 내에는 행정상의 강제집행을 할 수 없다. O X

가령 과세처분의 경우에, **과세처분에 대한 행정쟁송 제기가능 ★기간** 내에도 조세**체납에 따른 ★강제징수**를 할 수 있다.

⚠ 행정처분에 대한 **쟁송제기 기간 내**라도 행정상 **강제집행이 가능**하다. (○) [08 군무원9]

2 대집행

0670

[08 군무원9]

행정상 대집행의 일반법으로 토지수용법을 들 수 있다. O X

대집행에 관한 일반법으로 **행정대집행법이 존재**한다. 이 외 규율대상에 따라 **개별법**(공재채취법, 옥외광고물법 등)에서 별도로 대집행의 근거 규정을 담고 있다.

⚠ 대집행의 근거법으로는 대집행에 관한 **일반법인 「행정대집행법」**과 대집행에 관한 **개별법** 규정이 있다. (○) [21 소방]

0671

[12 군무원9]

권한을 위임받은 수임청은 대집행의 주체가 될 수 없다. O X

군수가 조례에 따라 무허가 건축물 철거대집행사무를 하부 행정기관인 읍·면에 **위임**하였다면, **읍·면장**에게는 관할구역 내의 무허가 건축물 철거대집행을 위한 **계고처분을 할 ★권한**이 있다. (대판 1997.2.14. 96누15428)

☑ 대집행 주체인 당해 행정청은 근거규정에 따라 대집행권한을 **제3자**에게 **위임 또는 위탁**할 수 있다.

⚠ 행정청은 **제3자에게 대집행을 위탁**할 수 있다. (○) [08 군무원9]

⚠ **군수가** 군사무위임조례의 규정에 따라 **무허가 건축물**에 대한 **철거대집행사무**를 하부 행정기관인 **읍·면에 위임**하였다면, **읍·면장에게**는 관할구역 내의 무허가 건축물에 대하여 그 철거**대집행을 위한 계고처분을 할 권한**이 있다. (○) [20 군무원7]

정답 0669. X 0670. X 0671. X

0672

[19 군무원9]

대집행은 타인이 대신하여 행할 수 있는 행위를 의무자가 이행하지 아니하는 경우 다른 수단으로써 그 이행을 확보하기 곤란하고 또한 그 불이행을 방치함이 심히 공익을 해할 것으로 인정될 때 실시할 수 있다. O X

법률에 의하여 직접명령되었거나 또는 법률에 의거한 행정청의 명령에 의한 행위로서 ★①**타인이 대신하여 행할 수 있는** 행위를 의무자가 **이행하지 아니하는** 경우 ★②**다른 수단**으로써 **그 이행을 확보하기 곤란**하고 또한 그 ★③**불이행을 방치**함이 심히 **공익을 해할** 것으로 인정될 때에는 당해 행정청은 스스로 의무자가 하여야 할 행위를 하거나 또는 **제삼자**로 하여금 이를 하게 하여 그 비용을 의무자로부터 징수할 수 있다. [행정대집행법 제2조]

⚠ **대집행**이 인정되기 위해서는 **대체적 작위의무의 불이행**이 있어야 하고 **다른 수단으로는** 그 **의무이행의 확보가 곤란**하여야 하며 불이행을 **방치하는 것이 심히 공익을 해하는** 것으로 인정되어야 한다. (○) [19 군무원]

0673

[19 군무원9]

협의취득시 건물소유자가 매매대상 건물에 대한 철거의무를 부담하겠다는 취지의 약정을 하였으나 이를 행하지 않는 경우 행정대집행법상의 대집행이 가능하다. O X

토지 등의 **협의취득** 시 건물소유자가 협의취득대상 건물에 대하여 ★**약정한 철거의무**는 공법상의 의무가 될 수 ★**없으므로**, 그 철거의무에 대한 강제적 이행은 행정대집행법상 **대집행의 방법으로 실현할 수** ★**없다**. (대판 2006.10.13. 2006두7096)

⚠ **협의취득**에 의한 건물소유자의 **매매대상건물 철거의무의 불이행**은 **대집행의 대상이 될 수 없다.** (○) [14 군무원9]

0674

[14 군무원9]

공유재산 대부계약의 해지에 따른 지상물 철거의무는 대집행의 대상이 될 수 없다. O X

공유재산 **대부계약이 적법하게 해지**된 이상 그 점유자의 공유재산에 대한 점유는 정당한 이유 없는 점유라 할 것이고, 따라서 지방자치단체의 장은 「공유재산 및 물품관리법」 제83조에 의하여 ★**행정대집행의 방법**으로 그 ★**지상물을 철거**시킬 수 있다. (대판 2001.10.12. 2001두4078)

⚠ **공유재산대부계약의 해지에 따른 원상회복**으로 **행정대집행의 방법**에 의하여 그 **지상물을 철거**시킬 수 있다. (○) [13 경행]

정답 0672. ○ 0673. × 0674. ×

0675

[15 군무원9]

일반재산을 포함한 모든 국유재산의 경우 공용재산인지 여부나 그 철거의무가 공법상의 의무인지 여부에 관계없이 대집행을 할 수 있다. O X

현행 국유재산법은 모든 국유재산에 대하여 행정대집행법을 준용할 수 있도록 규정하였으므로, 국유재산이 행정재산 등 공용재산인 여부나 그 철거의무가 공법상의 의무인 여부에 **★관계없이** 대집행을 할 수 있다. (대판 1992. 9. 8. 91누13090)

0676

㉠ 대집행은 대체적 작위의무에 한정되며, 의사의 진료·치료의무, 예술가의 창작의무 등 비대체적 작위의무는 그 대상에서 제외된다. [15 군무원9] O X

㉡ 불법선전광고물을 제거할 의무는 행정대집행을 할 수 있는 의무이다. [09 군무원9] O X

㉠ 대집행의 대상인 '대체적 작위의무'는, 타인이라면 누구나 대신하여 이행할 수 있는 의무인바, **전문적·기술적 의무(의사의 치료의무, 예술가의 창작의무 등)는 ★대체성이 없으므로** 대집행의 대상이 될 수 없다.
㉡ 반면에, **불법광고물이나 불법건축물과 같은 시설의 철거의무**는 타인이 대신하여 철거할 수 있는 **★대체적 작위의무**이므로, 행정**대집행을 할 수 있다.**

⚠ 공법상 **대체적 작위의무의 위반**이 있어야만 **행정대집행이 가능**하다. (○) [09 군무원9]
⚠ 위법한 **건축물의 철거**는 **행정대집행의 대상**이 될 수 있다. (○) [09 군무원9]

0677

[14 군무원9]

도시공원시설 점유자의 퇴거 및 명도의무의 불이행은 대집행의 대상이 될 수 없다. O X

도시공원시설 점유자의 퇴거 및 명도의무는 **대체적 작위의무에 해당하는 것은 ★아니어서** 대집행의 대상이 되는 것은 아니다. (대판 1998. 10. 23., 97누157)

⚠ 불법점유토지의 **퇴거명령**은 행정**대집행의 대상이 아니다.** (○) [09 군무원9]
⚠ 사람이 점유하고 있는 토지·건물 등의 **퇴거, 명도**는 ~~대집행의 대상~~이 될 수 있다. (×) [11 경행]

정답 0675. O 0676-㉠. O 0676-㉡. O 0677. O

0678

[22 군무원5]

피수용자 등이 기업자에 대하여 부담하는 수용대상 토지의 인도의무에 관한 구 토지수용법에서의 '인도'에는 명도도 포함되는 것으로 보아야 하고, 이러한 명도의무는 그것을 강제적으로 실현하면서 직접적인 실력행사가 필요한 것이지 대체적 작위의무라고 볼 수 없으므로 특별한 사정이 없는 한 행정대집행법에 의한 대집행의 대상이 될 수 있는 것이 아니다. O X

구 토지수용법상 피수용자 등이 기업자에 대하여 부담하는 수용대상 **토지의 인도의무**는 **대체적 작위의무라고 볼 수 ★없으므로** 대집행의 대상이 될 수 있는 것이 아니다. (대판 2005. 8. 19., 2004다2809)

⚠ 토지·건물 등의 인도의무는 **비대체적 작위의무이므로 행정대집행법상 대집행의 대상이 될 수 없다.** [21 군무원9]

⚠ **토지나 건물의 명도**는 ~~대집행의 대상~~이 된다. (×) [17 지방7]

0679

[14 군무원9]

장례식장 사용중지의무의 불이행은 대집행의 대상이 될 수 없다. O X

관계 법령에 위반하여 장례식장 영업을 하고 있는 자의 장례식장 **사용 중지 의무**는 **★비대체적 부작위 의무**에 대한 것이므로, 행정대집행법 제2조의 규정에 의한 대집행의 대상이 될 수 없다. (대판 2005.9.28. 2005두7464).

⚠ 판례에 의하면 용도위반 부분을 **장례식장으로 사용하는 것을 중지할** 것과 이를 불이행할 경우 행정대집행을 하겠다는 내용의 계고처분은 ~~적법하다~~고 본다. (×) [10 국가9]

0680

[11 군무원9]

대집행 요건의 충족에 관한 주장과 입증책임은 원고에게 있다. O X

건물철거 대집행 계고처분의 **요건의 그 주장과 입증책임**은 **★처분행정청**에 있다. (대판 1993.6.8. 93누6164)

⚠ **대집행 요건의 충족에 관한** 주장과 **입증책임은 처분 행정청**에 있다. (○) [15 군무원9]

⚠ 대집행을 함에 있어 계고**요건의 주장**과 **입증책임은 처분행정청**에 있는 것이지, 의무불이행자에 있는 것이 아니다. (○) [20 지방9]

정답 0678. O 0679. O 0680. X

0681

[22 군무원5]

구 하천법상 하천유수인용허가신청이 불허되었음을 이유로 하천유수인용행위를 중단할 것과 이를 불이행할 경우 행정대집행법에 의하여 대집행하겠다는 내용의 계고처분은 대집행의 대상이 될 수 없는 부작위의무에 대한 것으로서 그 자체로 위법하다. O X

하천유수인용(河川流水引用)허가신청이 불허되었음을 이유로 **하천유수인용행위를 중단**할 것과 이를 불이행할 경우 대집행하겠다는 내용의 계고처분은 **★부작위의무**에 대한 것으로서 그 자체로 **위법**하다. (대판 1998. 10. 2. 96누5445)

▲ 하천유수인용 허가신청이 불허되었음을 이유로 **하천유수인용행위를 중단**할 것과 이를 불이행할 경우 「행정대집행법」에 의하여 대집행하겠다는 내용의 계고처분은 적법하다. (×) [22 소방승진]

0682

[19 군무원9]

주택건설촉진법상 주민들의 휴식공간으로 사용하기 위하여 설치된 조경시설 등을 훼손하여 유치원 어린이 놀이터로 만들고 주민들의 출입을 통제하는 울타리를 둘러 주민의 출입을 막았는데, 원상복구 시정명령을 위한 별도의 법적인 근거가 없는 경우 행정대집행법상의 대집행이 가능하다. O X

금지규정(부작위의무 규정, 어린이놀이터 및 울타리 설치 금지)으로부터 그 위반결과의 시정을 명하는 **원상복구명령**을 할 수 있는 **권한(작위의무)이 도출되는 것은 아니므로, 원상복구명령**은 권한 없는 자의 처분으로 **무효**이고, 그 **후행처분인 계고처분도 ★무효**이다. (대판 1996. 6. 28., 96누4374)

▲ **부작위의무 위반행위**에 대하여 **대체적 작위의무로 전환**하는 **규정이 없는 경우**, 부작위의무 위반결과의 시정을 명하는 **원상복구명령은 무효**이고, 원상복구명령의 실효성 확보를 위한 대집행의 **계고처분 역시 무효**로 봄이 타당하다. (○) [22 국회8]

▲ 행정청이 토지구획정리사업의 환지예정지를 지정하고 그 사업에 편입되는 건축물 등 지장물의 소유자 또는 임차인에게 지장물의 자진 이전을 요구한 후 이에 응하지 않자 지장물의 이전에 대한 대집행을 계고하고 다시 대집행영장을 통지한 경우, 지장물의 이전을 명하기 위한 **별도의 근거규정이 없다 하더라도** 행정대집행법상의 ~~대집행이 가능~~하다. (×) [19 군무원]

작위의무명령(지장물이전 명령)의 근거규정이 별도로 없다면, 그 명령의 위반을 이유로 한 **대집행은 불가능**하다. (대판 2010.6.24., 2010두1231)

정답 0681. O 0682. ×

0683

[17 군무원9]

무허가증축부분으로 인하여 건물의 미관이 나아지고 증축부분을 철거하는데 비용이 많이 소요된다면 대집행의 대상이 되지 않는다. O X

> 무허가증축부분으로 인하여 건물의 **미관이 나아지고** 위 증축부분을 철거하는 데 **비용이 많이 소요**된다고 하더라도 건물철거**대집행계고처분**을 할 ★**요건에 해당**된다. (대판 1992.3.10. 91누4140)

⚠ **무허가증축부분**으로 인하여 **건물의 미관이 나아지고** 증축부분을 **철거하는 데 비용이 많이 소요**된다고 하더라도 **건물철거대집행계고처분을 할 요건에 해당**된다. (○) [20 지방7]

0684

[22 군무원7]

관계 법령상 행정대집행의 절차가 인정되어 행정청이 행정대집행의 방법으로 건물의 철거 등 대체적 작위의무의 이행을 실현할 수 있는 경우에는 따로 민사소송의 방법으로 그 의무의 이행을 구할 수 없다. O X

> 행정**대집행의 절차가 인정**되는 경우에는 **따로 민사소송의 방법**으로 시설물의 철거·수거 등 공법상 의무의 이행을 ★**구할 수 없다**. (대판 2009.6.11. 2009다1122)

⚠ 공법상 의무의 불이행에 대해 **행정상 강제집행절차가 인정**되는 경우에는 **따로 민사소송의 방법**으로 **의무이행을 구할 수는 없다**. (○) [19 군무원9]

⚠ 법령에 의해 **행정대집행의 절차가 인정되는 경우**에도 행정청은 따로 ~~민사소송의 방법으로 시설물의 철거를 구할 수~~ 있다. (×) [16 국가9]

0685

[19 군무원9]

대집행을 위해서는 먼저 의무의 이행을 최고하는 행위로서의 계고를 하여야 한다. O X

> **대집행의 절차의 순서:** ① 계고 ➡ ② 통지 ➡ ③ 실행 ➡ ④ 비용징수

⚠ 행정대집행법상 행정**대집행의 절차**의 순서는 “**계고** → 대집행**영장**에 의한 **통지** → 대집행의 **실행** → **비용징수**”이다. (○) [16 전환]

정답 0683. × 0684. ○ 0685. ○

0686

[21 군무원9]

계고서라는 명칭의 1장의 문서로서 일정기간 내에 위법건축물의 자진철거를 명함과 동시에 그 소정기한 내에 자진철거를 하지 아니할 때에는 대집행할 뜻을 미리 계고한 경우라도 건축법에 의한 철거명령과 행정대집행법에 의한 계고처분은 독립하여 있는 것으로서 각 그 요건이 충족되었다고 볼 것이다.

O X

> 위법건축물의 철거명령과 계고처분을 **계고서라는 ★1장의 문서로써** 동시에 행한 경우에도 건축법에 의한 **철거명령과** 행정대집행법에 의한 **계고처분은 독립하여 존재**하는 것으로 각 그 **★요건을 충족**하므로 적법하다. (대판 1990.9.14. 90누2048)

- 대집행 과정에서 **대체적 작위의무의 부과와 계고**를 **1장의 문서에서 동시에 하는 것도 가능하다**는 것이 판례의 입장이다. (○) [19 군무원]
- **계고서라는 명칭의 1장의 문서**로서 일정기간 내에 위법건축물의 **자진철거를 명함과 동시에** 그 소정기한 내에 자진철거를 하지 아니할 때에는 **대집행할 뜻을 미리 계고한 경우**라도 건축법에 의한 **철거명령과** 행정대집행법에 의한 **계고처분은 독립하여 있는 것**으로서 **각 그 요건이 충족되었다**고 볼 것이다. (○) [22 군무원5]
- 위법건축물 **철거명령과** 대집행한다는 **계고처분**이 ~~각각 별도의 처분서에 의하여야만~~ 한다. (×) [20 국회8]

0687

[16 군무원9] [19 군무원9]

판례는 반복된 계고의 경우 1차 계고뿐만 아니라 제2차·제3차 계고처분의 처분성도 인정된다고 보고 있다.

O X

> 행정대집행법상의 건물철거의무는 제1차 철거명령 및 계고처분으로서 발생하였고 **제2차, 제3차의 계고처분**은 새로운 철거의무를 부과한 것이 아니고 다만 대집행기한의 연기통지에 불과하므로 **★행정처분이 아니다.** (대판 1994.10.28. 94누5144)

- 1차 계고 이후의 2차3차 계고처분을 한 경우, **2차·3차 계고처분**은 **처분성이 인정되지 않는다.** (○) [12 군무원9]
- 건물의 소유자에게 위법건축물을 일정기간까지 철거할 것을 명함과 아울러 불이행할때에는 대집행한다는 내용의 철거대집행 계고처분을 고지한 후 이에 불응하자 다시 제2차, 제3차 계고서를 발송하여 일정기간까지의 자진철거를 촉구하고 불이행하면 대집행을 한다는 뜻을 고지하였다면 **제2차, 제3차의 계고처분**은 새로운 철거의무를 부과한 것이 아니고 다만 대집행기한의 **연기통지에 불과**하므로 **행정처분이 아니다.** (○) [22 군무원5]
- **제2차·제3차 계고처분**은 ~~각각 처분성이~~ 인정된다. (×) [15 군무원9]

정답 0686. O 0687. ×

0688

㉠ 대집행의 계고는 대집행 절차이므로 생략이 불가능하다. [12 군무원9] O X

㉡ 대집행의 통지는 대집행 절차이므로 생략이 불가능하다. [12 군무원9] O X

【행정대집행법】 제3조(대집행의 절차) ③ 비상시 또는 위험이 절박한 경우에 있어서 당해 행위의 급속한 실시를 요하여 전2항에 규정한 수속을 취할 **여유가 없을 때**에는 그 수속을 거치지 아니하고 **대집행을 ★할 수 있다.**

⚠ 행정대집행상 **계고절차**는 **생략할 수 있다.** (○) [99 관세사]

⚠ 대집행**영장에 의한 통지**는 **비상시 또는 위험이 절박**하여 그 절차를 취할 **여유가 없는 경우** 당해 수속을 **거치지 아니하고 대집행을 할 수 있다.** (○) [10 경행]

0689

[12 군무원9]

대집행 실행 완료 후 계고에 대한 소송이 제기되면 그 소는 기각된다. O X

건축물철거대집행 **계고처분**에 기한 대집행의 실행으로 **건물의 철거**가 이미 **사실행위로서 완료**된 경우, 계고처분 또는 대집행의 실행행위 자체의 무효확인·취소를 구할 **법률상 이익이 ★없다.** (대판 1993.6.8. 93누6164) ☑ 따라서 계고취소소송은 ★**각하**된다.

⚠ 건물철거대집행계고처분취소 소송 계속 중 건물철거대집행의 계고처분에 이어 **대집행의 실행으로** 건물에 대한 **철거가 이미** 사실행위로서 **완료된 경우**에는 원고로서는 **계고처분의 취소**를 구할 **소의 이익이 없게 된다.** (○) [20 군무원9]

⚠ X시의 공무원 甲은 乙이 건축한 건물이 건축허가에 위반하였다는 이유로 철거명령과 행정대집행법상의 절차를 거쳐 **대집행을 완료**하여, 乙은 행정대집행의 처분들이 하자가 있다는 이유로 행정소송 및 손해배상소송을 제기하려고 한다. 이 때 乙이 **취소소송**을 제기하는 경우, **행정대집행이 이미 완료**된 것이므로 **소의 이익이 없어 각하판결**을 받을 것이다. (○) [22 군무원9]

정답 0688-㉠. X 0688-㉡. X 0689. X

3 이행강제금(집행벌)

0690

[15 군무원9]

이행강제금은 비대체적 작위의무, 부작위의무, 수인의무의 강제를 위해 일정기한 내에 의무를 이행하지 않으면 이행강제금이라는 금전급부를 과한다는 뜻을 미리 계고하여 의무자에게 심리적 압박을 가해 의무이행을 강제하는 수단을 말한다.

O X

'**이행강제금(집행벌)**'이란 **강제집행의 일종**으로, 행정법상 **의무를 이행하지 않은 때**에 일정한 **★금전급부의무를 부과**한다는 사실을 의무자에게 미리 고지함으로써 **★심리적 압박**을 가하여 의무이행을 **★간접적으로 강제**하는 수단이다.

- **이행강제금의** 부과는 행정상 **강제집행**에 해당한다. (○) [07 군무원9]
- 행정상 강제집행 중 **집행벌**은 **간접적 수단**에 해당한다. (○) [08 군무원9]
- **이행강제금**은 **비대체적 작위의무 또는 부작위의무**를 불이행한 경우 그 **의무이행을 강제**하기 위하여 부과하는 금전적 부담이다. (○) [15 군무원9]
- **이행강제금**은 대집행이나 직접강제와는 달리 물리적 실력행사가 아닌 **간접적·심리적 강제**에 해당한다. (○) [15 군무원9]
- **비대체적 작위의무** 또는 **부작위의무**를 이행하지 아니하는 경우에 그 **의무자에게 심리적 압박**을 가하여 **의무의 이행을 강제**하기 위하여 과하는 **금전벌**을 ~~직접강제~~라 한다. (×) [19 군무원]

정답

0690. O

0691

㉠ 이행강제금은 의무위반에 대하여 장래의 의무이행을 확보하는 수단이라는 점에서 과거의 의무위반에 대한 제재인 행정벌과 구별된다. [22 군무원9] O X

㉡ 이행강제금은 처벌이 아니기 때문에 의무의 이행이 있을 때까지 반복 부과가 가능하다. [15 군무원9] O X

	이행강제금	행정벌
목적	★장래의 의무이행의 확보	과거의 의무위반에 대한 제재
반복부과 가능성	반복적 부과 가능	반복적 부과 불가능

⚠ **이행강제금**은 행정상 간접적인 강제집행 수단의 하나로서, 과거의 일정한 법률위반 행위에 대한 제재인 형벌이 아니라 **장래의 의무이행 확보**를 위한 강제수단일 뿐이어서, 범죄에 대하여 국가가 **형벌권을 실행하는 과벌에 해당하지 아니한다.** (○) [21 군무원9]

⚠ **이행강제금**은 과거의 의무위반에 대한 제재보다는, **장래의 의무이행의 확보에 주안점**을 두기 때문에 **행정벌과는 그 취지를 달리한다.** (○) [18 군무원9]

⚠ 건축법상 **이행강제금**은 시정명령의 위반이라는 ~~과거의 위반행위에 대한 제재~~이다. (×) [20 경행]

⚠ **건축법상의 이행강제금 제도**는 건축법이나 건축법에 따른 명령이나 처분을 위반한 건축물의 방치를 막고자 행정청이 **시정조치를 명하였음에도** 건축주 등이 **이를 이행하지 아니한 경우**에 행정명령의 실효성을 확보하기 위하여 **시정명령 이행 시까지 지속해서 부과**함으로써 건축물의 안전과 기능, 미관을 높여 공공복리의 증진을 도모하는 데 **입법 취지**가 있다. (○) [21 군무원5]

⚠ 건축법상 **이행강제금**은 **반복하여 부과**할 수 없다. (×) [15 경행]

0692

[20 군무원9]

현 「건축법」에서 무허가 건축행위에 대한 형사처벌과 「건축법」 제80조 제1항에 의한 시정명령 위반에 대한 이행강제금의 부과는 「헌법」 제13조 제1항이 금지하는 이중처벌에 해당한다고 할 수 없다. O X

형사처벌과 이행강제금의 부과는 제재대상과 그 목적을 달리하므로 (**★양자를 병과하더라도) 이중처벌**에 해당한다고 ★할 수 없다. (대결 2005.8.19, 2005마30)

☑ **이행강제금과 행정벌**은 **병과** 가능/ **이행강제금과 과태료**도 **병과** 가능

⚠ **이행강제금**은 **처벌이 아니기 때문에** 행정벌인 **과태료나 형벌과 부과**할 수도 있다. (○) [15 군무원9]

⚠ **행정벌과 집행벌**은 **병과**~~할 수~~ 없다. (×) [06 군무원9]

⚠ 「건축법」상 **이행강제금**은 ~~형벌에 해당~~하므로 ~~이중처벌금지의 원칙이 적용~~된다. (×) [20 소방]

정답 0691-㉠. O 0691-㉡. O 0692. O

0693

[22 군무원7]

행정대집행은 대체적 작위의무에 대한 강제집행수단이고, 이행강제금은 부작위의무나 비대체적 작위의무에 대한 강제집행수단이므로 이행강제금은 대체적 작위의무의 위반에 대하여는 부과될 수 없다.

O X

> **비대체적 작위의무, 부작위의무의 위반**은 물론이고, ★**'대체적 작위의무'**의 **불이행**에 대해서도 **이행강제금을 부과할 수 ★있다**고 보는 것이 최근의 다수설·판례이다.

⚠ **이행강제금**은 **대체적 작위의무의 위반**에 대하여도 부과될 수 있다. (○) [19 군무원]

⚠ **이행강제금**은 간접적인 행정상 강제집행 수단이며, **대체적 작위의무 위반**에 대하여도 부과될 수 있다. (○) [20 군무원7]

⚠ 행정대집행은 **대체적 작위의무**에 대한 강제집행수단으로, **이행강제금**은 **부작위의무나 비대체적 작위의무**에 대한 강제집행수단으로 이해되어 왔으므로, 이행강제금은 **대체적 작위의무의 위반**에 대해서는 ~~부과될 수~~ 없다. (×) [21 군무원7]

0694

[20 군무원9]

현행 「건축법」상 위법건축물에 대한 이행강제 수단으로 대집행과 이행강제금이 인정되고 있는데, 행정청은 개별사건에 있어서 위반내용, 위반자의 시정의지 등을 감안하여 대집행과 이행강제금을 선택적으로 활용할 수 있다.

O X

> 행정청은 **대집행**과 **이행강제금**을 ★**선택적으로 활용**할 수 있다고 할 것이며, 합리적인 ★**재량**에 의해 선택하여 활용하는 이상 **중첩적인 제재**에 해당한다고 **볼 수 ★없다**. (헌재 전원 2004.2.26. 2002헌바26)

⚠ 행정청은 대체적 작위의무 불이행시 강제수단으로서 **대집행과 이행강제금**을 **재량**에 의하여 **선택적으로 결정할** 수 있다. (○) [15 국가7]

⚠ 건축법상의 위법건축물에 대한 이행강제 수단으로 **대집행과 이행강제금**이 인정되고 있는데, 이는 행정청이 **합리적인 재량**에 의해 **선택적으로 활용**할 수 있는 이상 **중첩적 제재**에 해당한다고 **볼 수 없다**. (○) [18 군무원9]

정답 0693. × 0694. O

0695

[22 군무원9]

행정청은 의무자가 행정상 의무를 이행할 때까지 이행강제금을 반복하여 부과할 수 있고, 의무자가 의무를 이행하면 새로운 이행강제금의 부과를 즉시 중지하되, 이미 부과한 이행강제금은 징수하여야 한다. O X

시정명령을 받은 자가 명령을 **이행하면** 새로운 ★**이행강제금의 부과**를 **즉시 중지**하고, ★**이미 부과된 이행강제금**은 **징수하여야** 한다. (건축법 제80조 등)

⚠ 「건축법」상 행정청은 의무자가 행정상 의무를 이행할 때까지 이행강제금을 반복하여 부과할 수 있으나, 의무자가 의무를 이행하면 **새로운 이행강제금의 부과를 즉시 중지**하여야 하고 **이미 부과한 이행강제금은 징수**~~하지 아니~~한다. (×) [21 지방7]

0696

[22 군무원5]

건축법에 따라 시정명령을 받은 의무자가 이행강제금이 부과되기 전에 그 의무를 이행하였더라도 시정명령에서 정한 기간을 지나서 이행한 경우에는 행정청은 이행강제금을 부과할 수 있다. O X

장기미등기자가 이행강제금 부과 전에 등기신청의무를 **이행**하였다면, 부동산실명법에서 정한 기간이 **지나서** 의무를 이행하였더라도 이행 확보의 목적은 이미 실현되었으므로, **이행강제금을 부과할 수 ★없다**. (대판 2016.6.23. 2015두36454)

⚠ **장기 의무위반자**가 이행강제금 **부과 전에 그 의무를 이행**하였다면 이행강제금의 부과로써 이행을 확보하고자 하는 **목적은 이미 실현**된 것이므로 이행강제금을 **부과할 수 없다**. (○) [22 군무원9]

⚠ 부동산 실권리자명의 등기에 관한 법률상 **장기** 미등기자가 이행강제금 **부과 전에 등기신청의무를 이행**하였다면 이행강제금의 부과로써 이행을 확보하고자 하는 목적은 이미 실현된 것이므로 이 **법상 규정된 기간이 지나서** 등기신청**의무를 이행**한 경우라 하더라도 이행강제금을 **부과할 수 없다**. (○) [20 군무원9]

⚠ 「부동산 실권리자명의 등기에 관한 법률」상 장기미등기자가 이행강제금 **부과 전에 등기신청의무를 이행**하였더라도 동법에 **규정된 기간이 지나서** 등기신청**의무를 이행**하였다면 이행강제금을 ~~부과할 수 있~~다. (×) [21 지방9]

0697

[20 군무원7]

「개발제한구역의 지정 및 관리에 관한 특별조치법」에 따르면, 이행강제금을 부과·징수할 때마다 그에 앞서 시정명령 절차를 다시 거쳐야 한다. O X

개발제한구역의 지정 및 관리에 관한 특별조치법상 이행강제금을 부과·징수**할 때마다** 그에 앞서 **시정명령** 절차를 **다시 ★거쳐야 할 필요는 없다**. (대법원 2013.12.12. 2012두20397)

정답 0695. ○ 0696. × 0697. ×

0698

[20 군무원9]

비록 건축주 등이 장기간 시정명령을 이행하지 아니하였더라도, 그 기간 중에는 시정명령의 이행 기회가 제공되지 아니하였다가 뒤늦게 시정명령의 이행 기회가 제공된 경우라면, 시정명령의 이행 기회가 제공되지 아니한 과거의 기간에 대한 이행강제금까지 한꺼번에 부과할 수 있다. O X

> 건축주 등이 **장기간** 시정명령을 **이행하지 아니하였더라도**, 불이행 기간 중에 시정명령의 이행 기회가 **제공되지 아니하였다가** 뒤늦게 이행 기회가 제공된 경우, **이행 기회가 제공되지 ★아니한 과거의 기간**에 대한 이행강제금까지 **★한꺼번에 부과할 수는 없다**. (대판 2016.7.14., 2015두46598) ☑ 한꺼번에 부과된 이행강제금은 **★무효이다.**

⚠ 비록 건축주 등이 **장기간** 시정명령을 이행하지 아니하였더라도, 그 기간 중에는 **시정명령의 이행 기회가 제공되지 아니하였다가** 뒤늦게 시정명령의 이행 기회가 제공된 경우라면, **시정명령의 이행 기회 제공을 전제**로 한 **1회분의 이행강제금만을 부과**할 수 있고, 시정명령의 **이행 기회가 제공되지 아니한 과거의 기간**에 대한 이행강제금까지 **한꺼번에 부과 할 수는 없다.** (○) [21 군무원5]

0699

[22 군무원9]

구 건축법상 이행강제금은 위반행위에 대하여 시정명령을 받은 후 시정기간 내에 당해 시정명령을 이행하지 아니한 건축주 등에 대하여 부과되는 간접강제의 일종으로서 금전제재의 성격을 가지므로 그 이행강제금 납부의무는 상속인 기타의 사람에게 승계될 수 있다. O X

> 구 건축법상의 이행강제금 납부의무는 상속인 기타의 사람에게 승계될 수 없는 **★일신전속적인** 성질의 것이므로 **이미 사망한 사람에게 이행강제금을 부과**하는 내용의 처분이나 결정은 **★당연무효**이다. (대결 2006. 12. 8. 2006마470)

⚠ 판례는 구 「건축법」상 **이행강제금 납부의무**는 상속인 기타의 사람에게 승계될 수 없는 **일신전속적**인 성질의 것이므로 **이미 사망한 사람에게 이행강제금을 부과**하는 내용의 처분이나 결정은 **당연무효**라고 한다. (○) [18 군무원9]

⚠ 건축법상의 이행강제금은 건축법의 위반행위에 대하여 시정명령을 받은 후 시정기간 내에 당해 시정명령을 이행하지 아니한 건축주 등에 대하여 부과되는 간접강제의 일종으로서 그 **이행강제금 납부의무**는 ~~상속인에게 승계~~될 수 있다. (×) [21 군무원5]

⚠ **이행강제금**은 **일신전속적인 행정처분**~~이 아니므로 상속의 대상~~이 된다. (×) [15 군무원9]

정답 0698. × 0699. ×

0700

[21 군무원5]

이행하여야 할 행정법상 의무의 내용을 초과하는 것을 '불이행 내용'으로 기재한 이행강제금 부과 예고서에 의하여 이행강제금 부과 예고를 한 다음 이를 이행하지 않았다는 이유로 이행강제금을 부과하였다면, 초과한 정도가 근소하다는 등의 특별한 사정이 없는 한 이행강제금 부과 예고는 이행강제금 제도의 취지에 반하는 것으로서 위법하고, 이에 터 잡은 이행강제금 부과처분 역시 위법하다. O X

> 사용자가 **이행하여야 할 의무의 내용을 초과**하는 '불이행 내용으로' **이행강제금 부과 예고**를 한 다음 이를 불이행하였다는 이유로 이행강제금을 부과하였다면, 초과한 정도가 근소하다는 등의 특별한 사정이 없는 한 **이행강제금 ★부과 예고는 위법**하고 이에 터 잡은 **이행강제금 ★부과처분 역시 위법**하다. (대판 2015.6.24. 2011두2170)

⚠ 사용자가 **이행하여야 할** 행정법상 **의무의 내용을 초과**하는 것을 '불이행 내용'으로 기재한 **이행강제금 부과예고서**에 의하여 이행강제금 부과예고를 한 다음 이행강제금을 부과한 경우 초과한 정도가 근소하다는 등의 특별한 사정이 없는 한 이 **이행강제금 부과예고** 및 **이행강제금 부과처분은 위법**하다. (○) [19 소방간부]

0701

㉠ 건축법상 의무불이행으로 인하여 이행강제금을 부과받은 경우에 그에 대한 불복절차는 행정소송법에 의한다. [18 군무원9] O X

㉡ 「농지법상 농지처분명령을 불이행하여 이행강제금을 부과받은 경우에 그에 대한 불복절차는 비송사건절차법에 의한다. [18 군무원9] O X

	건축법상 이행강제금	농지법상 이행강제금
성질	행정처분 ○	행정처분 ×
불복방법	항고소송	비송사건절차법에 의한 재판

⚠ 현행 **건축법상의 이행강제금**에 대한 불복은 ~~비송사건절차법에 의하도록 규정~~하고 있으므로 이행강제금 부과처분은 **항고소송의 대상**~~이 될 수~~ 없다. (×) [18 군무원9]

⚠ 농지법상 이행강제금 부과처분은 ~~항고소송의 대상~~이다. (×) [21 행정사]

정답 0700. ○ 0701-㉠. ○ 0701-㉡. ○

4 직접강제

0702

[14 군무원9]

행정상의 강제징수는 행정법상 의무불이행이 있는 경우 행정기관이 직접 의무자의 신체나 재산에 실력을 가하여 의무자가 스스로 의무를 이행한 것과 같은 상태를 실현하는 작용이다. O X

'직접강제'란 행정상의 의무를 불이행하고 있는 경우, 행정청이 ★직접 의무자의 신체나 재산에 ★실력을 행사함으로써, 그 의무의 이행이 있었던 것과 ★같은 상태를 실현시키는 것을 말한다.

⚠ **직접강제**는 행정법상의 의무불이행이 있는 경우에 **직접 의무자의 신체나 재산에 실력**을 가하여 **의무의 이행이 있었던 것과 같은 상태를 실현**하는 작용이다. (○) [09 국가9]

0703

[07 군무원9]

무허가영업소의 폐쇄조치는 강제집행에 해당한다. O X

무허가**영업소의 폐쇄명령**을 받은 의무부담자가 **영업소를 폐지하지 않는 경우**에 행정청이 **직접 실력을 행사**하여 영업소를 폐쇄조치하는 것은 **전형적인 직접강제**이다.

⚠ 공중위생법상의 **무허가업소에 대한 폐쇄조치**는 대집행의 예이다. (×) [98 입시]

0704

[20 군무원7]

직접강제는 대체적 작위의무뿐만 아니라 비대체적 작위의무·부작위의무·수인의무 등 일체의 의무의 불이행에 대해 행할 수 있다. O X

직접강제는 ★**모든 행정상 의무불이행**을 그 대상으로 한다.

⚠ **직접강제**는 **작위의무의 불이행**에 대해서만 발동될 수 있지 **부작위의무의 불이행**에 대해서는 발동될 수 없다. (×) [06 대구교행9]

정답 0702. × 0703. ○ 0704. ○

5 강제징수

0705
[08 군무원9]

국세징수법은 행정상 강제징수에 관하여 일반법적 지위를 가진다. O X

'국세징수법'은 행정상 **강제징수**에 관하여 **일반법적 ★역할**을 하고 있다.

⚠ 행정상 **강제징수의 일반법**으로 ~~경찰관직무집행법~~이 있다. (×) [11 경행]

0706
[09 군무원9]

과징금은 금전급부 의무의 불이행 시 행정청이 강제로 징수하여 실현하는 수단이다. O X

'행정상 강제징수'란 의무자가 **공법상의 금전급부의무를 이행하지 않고 있는 경우**에 행정청이 **의무자의 재산에 실력을 가함**으로써 **의무가 이행된 것과 같은 상태로 실현**시키는 강제집행수단을 말한다.

⚠ **강제징수**는 **금전적 의무**의 강제집행수단이다. (○) [16 전환]

0707
[08 군무원9]

강제징수는 독촉 및 체납처분으로 이루어지고, 체납처분은 압류-매각-청산의 3단계로 이루어진다. O X

강제징수 절차 **① 독촉 → ② 체납처분(① 압류 → ② 매각 → ③ 청산)**

⚠ 국세징수법에 의한 **강제징수절차**는 **독촉과 체납처분**으로, 체납처분은 다시 재산**압류**, 압류재산의 **매각**, **청산**의 단계로 이루어진다. (○) [15 사복9]

0708
[20 군무원9]

국세징수법에 의한 체납처분의 집행으로서 한 압류처분은, 행정청이 한 공법상의 처분이고, 따라서 그 처분이 위법이라고 하여 그 취소를 구하는 소송은 행정소송이다. O X

압류 등의 **체납처분**은 **★행정처분**이다. (대판 1987. 9. 22., 87누383)

⚠ 납세의무자의 재산에 대하여 사실상·법률상의 처분을 금지시키는 강제보전행위인 **압류**는 사실행위로서 **처분적 성격**을 가지지 않는다. (×) [10 국가7]

정답 0705. O 0706. × 0707. O 0708. O

0709

[14 군무원9]

과세관청이 체납처분으로서 행하는 공매는 우월한 공권력의 행사로서 공법상 행정처분이다. O X

공매는 행정소송의 대상이 되는 ★**행정처분**이다. (대판 1984. 9. 25. 84누201)

⚠ 체납처분으로서 **공매처분**은 **항고소송**을 통하여 불복~~할 수 없~~다. (×) [11 국회9]

0710

[22 군무원5]

㉠ 공매통지 자체가 그 상대방인 체납자 등의 법적 지위나 권리·의무에 직접적인 영향을주는 행정처분에 해당한다고 할 것은 아니므로 다른 특별한 사정이 없는 한 체납자 등은 공매통지의 결여나 위법을 들어 공매처분의 취소 등을 구할 수 있는 것이지 공매통지자체를 항고소송의 대상으로 삼아 그 취소등을 구할 수는 없다. O X

㉡ 한국자산공사의 재공매결정과 공매통지는 행정처분에 해당한다. O X

Ⓐ 공매처분	처분성 ○ (대판 1984. 9. 25., 84누201)
Ⓑ 재공매 결정 Ⓒ 공매기일의 공고 및 공매통지	처분성 × (대판 2007. 7. 27., 2006두8464)

⚠ 체납처분으로서 **공매처분**은 **항고소송**을 통하여 불복~~할 수 없~~다. (×) [11 국회9]

⚠ 한국자산공사의 **공매통지**는 ~~취소소송의 대상~~이다. (×) [17 세무사]

0711

[15 군무원9]

성업공사가 한 체납압류된 재산을 공매하는 것은 세무서장의 공매권한 위임에 의한 것을 보아야 할 것이므로, 성업공사가 한 그 공매처분에 대한 취소 등의 항고소송을 제기함에 있어서는 실제로 공매를 행한 성업공사를 피고로 하여야 한다. O X

세무서장의 **공매권한 위임**에 따라, 수임청으로서 **실제로 공매를 행한** ★**성업공사(현 자산관리공사)를 피고로** 하여야 한다. (대판 1997. 2. 28., 96누1757)

⚠ 성업공사가 체납압류한 재산을 공매하는 것은 세무서장의 공매권한 위임에 의한 것이므로 **성업공사의 공매처분**에 대한 **취소소송의 피고**는 ~~세무서장~~이다. (×) [12 국회9]

정답 0709. ○ 0710-㉠. ○ 0710-㉡. × 0711. ○

0712

[09 군무원9]

가산세는 세법에 규정하는 의무의 성실한 이행을 확보하기 위하여 세법에 의하여 산출된 세액에 가산하여 징수하는 금액이다. O X

"가산세"란 이 법 및 세법에서 규정하는 **의무의 성실한 이행**을 **확보**하기 위하여 세법에 따라 **산출한 세액에 가산**하여 징수하는 금액을 말한다. [국세기본법 제2조 제4호]

⚠ ~~가산금(현 납부지연가산세)는~~ 세법상의 **의무의 성실한 이행을 확보**하기 위하여 세법에 의하여 **산출된 세액에 가산하여 징수**하는 금액을 말한다. (×) [14 경행]

6 즉시강제

0713

[07 군무원9]

행정상 즉시강제는 강제집행 수단의 일종으로서 법적 근거가 반드시 있어야 한다. O X

행정강제는 행정상 **강제집행(대집행, 직접강제, 이행강제금, 강제징수)을 원칙**으로 하고, 행정상 **즉시강제는 ★예외적·보충적으로 인정되는 ★별개의 강제수단**이다. **즉시강제**는 실력행사로써 기본권 침해를 전제한다는 점에서 **★엄격한 법적 근거하에서만 인정**된다.

⚠ 행정상 즉시강제는 직접강제와는 달리 행정상 강제집행에 해당하지 않는다. (○) [21 국가9]

⚠ **즉시강제**는 목전의 급박한 행정상 장해를 제거하는 것인 만큼, **법률상의 근거**가 ~~없어도 허용~~된다. (×) [01 관세사]

0714

㉠ 행정상 즉시강제는 침익적 행정행위이며, 권력적 사실행위의 성질을 가진다. [14 군무원9] O X

㉡ 위법한 행정상 즉시강제는 언제나 행정쟁송의 대상이 된다. [06 군무원9] O X

즉시강제는 **★권력적 사실행위**로서, **★행정처분**에 해당한다. 다만 대부분의 즉시강제는 **단기간에 종료**되기 때문에, **소익이 ★부인**되는 경우가 많다.

⚠ 행정상 즉시강제는 권력적 사실행위이므로, 항고소송의 대상이 되는 처분성이 인정된다. (○) [19 소방]

⚠ **즉시강제**로 인한 위법한 침해에 대하여 행정쟁송의 **처분성이 인정**되나 **일반적으로 소의 이익이 부인되는 경우가 대부분**이다. (○) [14 군무원9]

정답 0712. ○ 0713. ○ 0714-㉠. ○ 0714-㉡. ×

0715

㉠ 감염병의심자에 대한 격리조치는 직접강제에 해당한다. [07 군무원9] O X

㉡ 유해음식물의 무상수거는 강제집행에 해당한다. [07 군무원9] O X

대인적 즉시강제	예 정신착란자 보호조치, 감염병환자의 입원조치, 마약중독자 강제수용
대물적 즉시강제	예 유해식품의 수거·폐기, 청소년유해물품, 불법게임물 수거·폐기, 교통장애물 제거, 소방기본법상 화재위험건물의 강제처분

⚠ 행정상 **즉시강제**는 재산에 대해서만 가능하고 **신체에 대해서는 허용~~되지 않는다~~**. (×) [07 군무원9]

⚠ 식품위생법상의 **위해식품에 대한 강제폐기**는 ~~행정조사~~에 해당한다. (×) [06 군무원9]

⚠ **유해음식물의 무상수거**는 ~~강제집행~~에 해당한다. (×) [07 군무원9]

0716

[21 군무원7]

즉시강제에 있어서, 현장에 파견되는 집행책임자는 강제하는 이유와 내용을 고지하여야 한다. O X

【행정기본법】 제33조(즉시강제) ② 즉시강제를 실시하기 위하여 **현장에 파견되는 집행책임자**는 그가 집행책임자임을 표시하는 **★증표**를 보여 주어야 하며, 즉시강제의 **★이유와 내용을 고지**하여야 한다

0717

[21 군무원7]

감염병의 예방 및 관리에 관한 법률상 감염병의심자에 대한 격리 조치는 그 성질상 행정상 의무의 이행을 명하는 것만으로는 행정 목적 달성이 곤란한 경우에 가능하다. O X

행정상 **즉시강제**란 목전의 **급박한** 행정상 **장해를 제거**할 필요가 있는 경우에, 미리 **의무를 명**할 **★시간적 여유가 없을 때** 또는 그 성질상 **★의무를 명하여** 가지고는 **목적달성이 곤란**할 때에, 직접 국민의 신체 또는 재산에 실력을 가하여 행정상 필요한 상태를 실현하는 작용이다. (헌재 2002. 10. 31. 2000헌가12)

☑ 즉시강제의 요건 중 **'긴급성의 원칙'**에 관한 경우이다. (행정기본법 제30조에도 규정)

⚠ **즉시강제**의 발령에는 **긴급성의 원칙**이 요구된다. (○) [05 국회8 변형]

정답 0715-㉠. × 0715-㉡. × 0716. ○ 0717. ○

0718

[21 군무원7]

감염병의 예방 및 관리에 관한 법률상 감염병의심자에 대한 격리 조치는 다른 수단으로는 행정 목적을 달성할 수 없는 경우에만 허용된다. O X

【행정기본법】 제33조(즉시강제) ① **즉시강제**는 ★**다른 수단**으로는 **행정목적**을 ★**달성할 수 없는 경우**에만 **허용**되며, 이 경우에도 최소한으로만 실시하여야 한다.

☑ 즉시강제의 요건 중 **'보충성의 원칙'**에 관한 경우이다.

⚠ 즉시강제에는 **보충성의 원칙이 적용**~~되지 않는~~다. (×) [01 입시]

0719

[14 군무원9]

타인의 재산에 대한 위해를 제거하기 위하여 인신을 구속하는 것은 비례의 원칙에 반한다. O X

즉시강제는 행정목적의 **달성**에 **적합**한 수단이어야 되고(**적합성**의 원칙), **최소한의 피해**를 가져오는 수단이어야 하며(**필요성**의 원칙), 즉시강제로써 추구하려는 **공익**과 즉시강제에 따른 **사익의 침해**사이에는 **비례의 관계**가 유지되어야 한다(**상당성**의 원칙)

☑ 타인에 속하는 재산의 위해를 제거하기 위하여 인신까지 구속하는 것은 비례의 원칙에 반하는 것이다.

⚠ **즉시강제**의 발령에는 **비례원칙이 요구**된다. (○) [05 국회8 변형]

0720

[14 군무원9]

헌법 제12조 규정 등에 따라 절차에 있어서 반드시 사전영장주의가 적용된다. O X

대법원 (절충설)	**사전영장주의를 고수하다가**는 도저히 그 목적을 달성할 수 없는 ★**지극히 예외적인 경우에만** 형사절차에서와 같은 **영장주의의 예외가 인정**된다.
헌법재판소 (영장불요설)	**즉시강제**는 상대방의 임의이행을 기다릴 **시간적 여유가 없을 때** 하명없이 **바로 실력을 행사**하는 것으로서, 그 **본질상 급박성을 요건**으로 하고 있어 **영장주의가** ★**적용되지 않는**다.

⚠ 행정상 **즉시강제**는 원칙적으로 사전영장주의가 적용되나, **사전영장주의를 고수하다가**는 행정**목적을 달성할 수 없는 예외적**인 경우 **사전영장주의의 적용이 배제**된다. (○) [11 군무원9]

☑ 대법원의 판단에 근거한 지문이다.

정답 0718. O 0719. × 0720. ×

제2절 행정조사

0721

[16 군무원9]

조세에 관한 사항은 행정조사기본법이 적용되지 않는다. O X

【행정조사기본법】 제3조(적용범위) ② 다음 각 호의 어느 하나에 해당하는 사항에 대하여는 이 법을 ★적용하지 아니한다.
5. ★조세·형사·행형 및 보안처분에 관한 사항

⚠ 조세에 관한 사항도 ~~행정조사의 대상에 해당~~한다. (×) [10 지방9]

0722

[22 군무원7]

행정조사는 법령 등의 위반에 대한 (㉠)보다는 법령 등을 준수하도록 (㉡)하는 데 중점을 두어야 한다. O X

【행정조사기본법】 제4조(행정조사의 기본원칙) ④ 행정조사는 법령등의 위반에 대한 처벌보다는 법령등을 ★준수하도록 유도하는 데 중점을 두어야 한다.

⚠ 행정조사는 법령등의 위반에 대한 ~~처벌에 중점~~을 두되 **법령 등을 준수하도록 유도**하여야 한다. (×) [21 군무원9]

0723

[22 군무원7]

행정조사는 조사목적을 달성하는데 필요한 (㉠) 범위 안에서 실시하여야 하며, (㉡) 등을 위하여 조사권을 남용하여서는 아니 된다. O X

【행정조사기본법】 제4조(행정조사의 기본원칙) ① 행정조사는 조사목적을 달성하는데 필요한 ★최소한의 범위 안에서 실시하여야 하며, ★다른 목적 등을 위하여 조사권을 남용하여서는 ★아니 된다.

⚠ **행정조사**는 조사목적을 **달성**하는데 **필요한 최소한의 범위** 안에서 실시하여야 하며, **다른 목적** 등을 위하여 조사권을 **남용하여서는 아니 된다.** (○) [21 군무원9] [21 군무원7]

⚠ 행정조사는 조사**목적을 달성**하는 데 필요한 최대한의 **범위 안**에서 실시하여야 하며, 다른 목적 등을 위하여 조사권을 남용하여서는 아니 된다. (×) [09 국회9]

정답 0721. O 0722-㉠. **처벌** 0722-㉡. **유도** 0723-㉠. **최소한의** 0723-㉡. **다른 목적**

0724

[22 군무원7]

행정기관은 ( )에 적합하도록 조사대상자를 선정하여 행정조사를 실시하여야 한다. O X

【행정조사기본법】 제4조(행정조사의 기본원칙) ② 행정기관은 ★조사목적에 적합하도록 조사대상자를 선정하여 행정조사를 실시하여야 한다.

▲ 행정기관은 조사**목적에 적합**하도록 조사**대상자를 사전에 선정**하지 않고 행정조사를 실시하여야 한다. (×) [09 국회9]

0725

[22 군무원7]

행정기관은 유사하거나 동일한 사안에 대하여는 공동조사 등을 실시함으로써 행정조사가 ( ) 아니하도록 하여야 한다. O X

【행정조사기본법】 제4조(행정조사의 기본원칙) ③ 행정기관은 유사하거나 동일한 사안에 대하여는 ★공동조사 등을 실시함으로써 행정조사가 ★중복되지 아니하도록 하여야 한다.

▲ 행정기관은 **유사하거나 동일한 사안**에 대하여는 **공동조사 등을 실시**함으로써 행정조사가 **중복되지 아니하도록** 하여야 한다. (○) [21 군무원9]

▲ 행정기관이 **유사하거나 동일한 사안**이라고 하여 **공동조사 등을 실시**하는 것은 국민의 권익을 침해할 수 있으므로 **허용**되지 않는다. (×) [16 경행]

▲ 행정기관은 **유사하거나 동일한 사안**에 대하여는 **공동조사를 실시**하지 않고 각각 조사를 하여야 한다. (×) [11 군무원9]

0726

[22 군무원7]

다른 ( )에 따르지 아니하고는 행정조사의 대상자 또는 행정조사의 내용을 공표하거나 직무상 알게 된 비밀을 누설하여서는 아니 된다. O X

【행정조사기본법】 제4조(행정조사의 기본원칙) ⑤ 다른 법률에 따르지 아니하고는 행정조사의 대상자 또는 행정조사의 내용을 ★공표하거나 직무상 알게 된 비밀을 ★누설하여서는 ★아니된다.

▲ **다른 법률에 따르지 아니하고**는 행정**조사의 대상자** 또는 행정**조사의 내용**을 **공표하거나** 직무상 알게 된 **비밀을 누설하여서는 아니 된다.** (○) [09 국회9] [16 경행]

정답 0724. 조사목적 0725. 중복되지 0726. 법률

0727

[21 군무원7]

조사대상자의 자발적 협조를 얻어 실시하는 현장조사의 경우에도 개별 법령의 이에 관한 법적 근거가 있어야 한다.

O X

【행정조사기본법】 제5조(행정조사의 근거) 행정기관은 ★**법령등**에서 **행정조사를 규정하고 있는 경우**에 한하여 행정조사를 실시할 수 있다. 다만, **조사대상자의** ★**자발적인 협조**를 얻어 실시하는 행정조사의 경우에는 ★**그러하지 아니하다**.

- 행정기관은 **법령 등에서 행정조사를 규정**하고 있는 경우가 **아니라**도 조사대상자의 **자발적인 협조**를 얻어 행정조사를 **실시할 수 있다**. (○) [21 국회8]
- 조사대상자의 **자발적 협조**가 있을지라도 ~~법령 등에서~~ 행정조사를 ~~규정하고 있어야~~ 실시가 가능하다. (×) [17 서울9]
- 「행정조사기본법」은 행정조사 실시를 위한 일반적인 근거규범으로서 행정기관은 **다른 법령 등에서** 따로 행정**조사를 규정하고 있지 않**더라도 ~~「행정조사기본법」을 근거로 행정조사를 실시할 수~~ 있다. (×) [18 지방9]

0728

[22 군무원7]

행정기관은 행정조사를 통하여 알게 된 정보를 다른 법률에 따라 내부에서 이용하거나 다른 기관에 제공하는 경우를 제외하고는 원래의 (　　) 이외의 용도로 이용하거나 타인에게 제공하여서는 아니 된다.

O X

【행정조사기본법】 제4조(행정조사의 기본원칙) ⑥ 행정기관은 **행정조사를 통하여 알게 된 정보**를 **다른 법률**에 따라 ★**내부에서 이용**하거나 **다른 기관에 제공**하는 경우를 **제외**하고는 원래의 ★**조사목적 이외의 용도로 이용**하거나 **타인에게 제공**하여서는 ★**아니 된다**.

- 행정기관은 행정**조사를 통하여 알게 된 정보**를 다른 **법률에 따라 내부에서 이용**하거나 **다른 기관에 제공**하는 경우를 제외하고는 원래의 조사**목적 이외의 용도로 이용하거나 타인에게 제공하여서는 아니 된다**. (○) [21 군무원9]
- 행정기관은 행정**조사를 통하여 알게 된 정보**를 임의로 **다른 국가기관에** 제공할 수 있다. (×) [08 지방9]
  ☑ **임의로** → 다른 법률에 따라

정답 0727. × 0728. 조사목적

0729

[11 군무원9]

행정기관의 장은 행정조사의 대상을 명백하고 객관적인 기준에 따라 선정하여야 한다. O X

【행정조사기본법】 제8조(조사대상의 선정) ① 행정기관의 장은 ★행정조사의 목적, 법령준수의 실적, 자율적인 준수를 위한 노력, 규모와 업종 등을 고려하여 ★명백하고 객관적인 기준에 따라 행정조사의 대상을 선정하여야 한다.

- **행정기관의 장**은 행정조사의 **목적, 법령준수**의 실적, **자율적인 준수**를 위한 노력, **규모와 업종** 등을 고려하여 **명백하고 객관적인** 기준에 따라 **행정조사의 대상을 선정하여야** 한다. (○) [14 국회8]
- **조사대상의 선정**에 있어 **자율준수노력** 등을 고려함은 ~~형평에 어긋나므로~~ **허용**~~되지 않는다~~. (×) [09 국회8]

0730

[11 군무원9]

현장조사는 조사대상자가 동의한 경우에도 해가 뜨기 전이나 해가 진 뒤에는 할 수 없다. O X

【행정조사기본법】 제11조(현장조사) ② 제1항에 따른 현장조사는 해가 뜨기 전이나 해가 진 뒤에는 할 수 없다. 다만, 다음 각 호의 어느 하나에 해당하는 경우에는 그러하지 아니하다.
1. 조사대상자(대리인 및 관리책임이 있는 자를 포함한다)가 ★동의한 경우
2. 사무실 또는 사업장 등의 ★업무시간에 행정조사를 실시하는 경우
3. 해가 뜬 후부터 해가 지기 전까지 행정조사를 실시하는 경우에는 조사목적의 달성이 ★불가능하거나 증거인멸로 인하여 조사대상자의 법령등의 위반 여부를 확인할 수 없는 경우

- **조사대상자의 동의**가 있는 경우 **해가 뜨기 전이나 해가 진 뒤**에도 **현장조사가 가능**하다. (○) [17 서울9]

- **사무실 또는 사업장 등의 업무시간**에 실시하는 **현장조사**는 **해가 뜨기 전이나 해가 진 뒤에도 가능**하다. (○) [17 국가5 승진]

0731

[21 군무원7]

행정기관의 장은 조사대상자에게 장부·서류를 제출하도록 요구하는 때에는 자료제출요구서를 발송하여야 한다. O X

【행정조사기본법】 제10조(보고요구와 자료제출의 요구) ② 행정기관의 장은 조사대상자에게 장부·서류나 그 밖의 자료를 제출하도록 ★요구하는 때에는 다음 각 호의 사항이 기재된 ★자료제출요구서를 발송하여야 한다.

정답 0729. ○ 0730. × 0731. ○

0732

[21 군무원7]

행정기관의 장은 법령 등에 특별한 규정이 있는 경우를 제외하고는 행정조사의 결과를 확정한 날부터 7일 이내에 그 결과를 조사대상자에게 통지하여야 한다. O X

【행정조사기본법】 제24조(조사결과의 통지) 행정기관의 장은 법령등에 특별한 규정이 있는 경우를 제외하고는 행정조사의 결과를 ★**확정한 날부터 7일 이내**에 그 결과를 **조사대상자에게 통지**하여야 한다.

⚠ 행정기관의 장은 법령 등에 특별한 규정이 있는 경우를 제외하고는 행정**조사의 결과를 확정한 날부터** ( ) 이내에 그 결과를 **조사대상자에게 통지하여야** 한다. → (7일) [12 경행]

⚠ 행정기관의 장은 법령 등에 특별한 규정이 있는 경우를 제외하고는 행정**조사의 결과를 확정**한 ~~다음~~ 날부터 **7일 이내**에 그 결과를 **조사대상자에게 통지하여야** 한다. (×) [17 경행]

0733

[21 군무원9]

세무조사결정은 납세의무자의 권리·의무에 직접 영향을 미치는 공권력의 행사에 따른 행정작용으로 보기 어려우므로 항고소송의 대상이 될 수 없다. O X

세무조사결정은 납세의무자의 **권리·의무에 직접 영향**을 미치는 공권력의 행사에 따른 행정작용으로서 ★**항고소송의 대상**이 된다. (대판 2011.3.10. 2009두23617,23624)

⚠ **세무조사결정**은 납세의무자의 **권리·의무에 직접 영향**을 미치는 공권력의 행사에 따른 행정작용으로서 **항고소송의 대상**이 된다. (○) [22 군무원5]

0734

[06 군무원9]

납세의무자에 대한 질문·조사, 경찰관의 불심검문, 여론조사는 행정조사에 해당한다. O X

권력적 행정조사	불심검문, 화재조사, 가택수색, 조세체납자에 대한 질문·조사
비권력적 행정조사	정책수립을 위한 **통계조사**, **여론조사**, 임의적인 **공청회** 등

⚠ **조세에 관한 사항**도 ~~행정조사의 대상에 해당~~한다. (×) [10 지방9]

정답 0732. ○ 0733. × 0734. ○

제3절 행정벌

1 행정형벌

0735

[06 군무원9]

행정벌은 과거의 의무위반에 대한 제재이다. O X

'행정벌'은 **행정법상 의무위반행위**에 대해 **일반 통치권에 근거**하여 과하는 **제재로서의 처벌**을 말한다. 행정벌은 ★**과거의 의무위반에 대한 제재**로서 과해지는 것이라는 점에서 장래의 의무이행을 확보하기 위해서 행해지는 ★**행정상 강제집행과 구별**된다.

⚠ 행정벌은 **의무위반에 대한 사후적인 제재**로서의 성질을 갖는다. (○) [09, 14 군무원9]

0736

[06 군무원9]

행정벌에는 행정형벌과 행정질서벌이 있다. O X

'행정벌'은 형법상의 **형벌을 수단으로 하는** ★**행정형벌**과, **과태료를 수단으로 하는** ★**행정질서벌**로 구별된다.

⚠ **행정벌**은 그 내용에 따라 **행정형벌과 행정질서벌**로 나눌 수 있다. (○) [04 국가7]

0737

[15 군무원9]

행정법규 위반자에 대해 행정질서벌을 과할 것인지 아니면 행정형벌을 과할 것인지는 입법재량 사항이 아니다. O X

어떤 행정법규 위반의 행위에 대하여 행정질서벌인 **과태료**를 과할 것인지 아니면 **행정형벌**을 과할 것인지는 ★**입법재량**에 속하는 문제이다. (헌재 1998. 5. 28. 96헌바83)

⚠ 어떤 **행정법규 위반**행위에 대해 **과태료를 과할 것인지 행정형벌을 과할** 것인지는 기본적으로 **입법재량**에 속한다. (○) [14 지방9]

정답 0735. O 0736. O 0737. O

0738

[22 군무원7]

법인은 기관을 통하여 행위하므로 법인이 대표자를 선임한 이상 그의 행위로 인한 법률효과는 법인에게 귀속되어야 하고, 법인 대표자의 범죄행위에 대하여는 법인이 자신의 행위에 대한 책임을 부담하는 것이다. O X

> 법인은 기관을 통하여 행위를 하므로 법인이 ★대표자를 선임한 이상 ★그의 행위로 인한 법률효과는 ★법인에게 귀속되어야 하고, 법인 대표자의 범죄행위에 대하여는 **법인 자신**이 자신의 행위에 대한 ★책임을 부담하여야 한다. (헌재 전원 2011.11.24., 2011헌가34)

⚠ **법인 대표자의 법규위반행위**에 대한 **법인의 책임**은 법인 자신의 법규위반행위로 평가될 수 있는 행위에 대한 **법인의 직접책임**이다. (○) [22 국가9]

0739

[08 군무원9]

통고처분의 법적 성질은 준사법적 행정행위이다. O X

> '통고처분'은 ★**형사소송절차에 갈음**하여 행정청이 **벌금이나 과료에 상당하는 금액의 납부를 명**하는 행위로서 ★**준사법적 행정행위**의 성질을 갖는다.

⚠ 통고처분은 **준사법적 행정행위**로서의 성격을 가진다. (○) [98 입시]

0740

㉠ 법률에 따라 통고처분을 할 수 있으면 행정청은 통고처분을 하여야 하며, 통고처분 이외의 조치를 취할 재량은 없다. [17 군무원9] O X

㉡ 「관세법」상 통고처분을 할 것인지의 여부는 관세청장 또는 세관장의 재량에 맡겨져 있고, 따라서 관세청장 또는 세관장이 관세범에 대하여 통고처분을 하지 아니한 채 고발하였다는 것만으로는 그 고발 및 이에 기한 공소의 제기가 부적법하게 되는 것은 아니다. [20 군무원9] O X

> **통고처분**을 할 것인지의 **여부**는 관세청장 또는 세관장의 ★**재량에 맡겨져 있고**, 따라서 관세청장 또는 세관장이 관세범에 대하여 통고처분을 하지 **아니한 채** ★**고발**하였다는 것만으로는 그 **고발 및 이에 기한 공소의 제기가** ★**부적법하게 되는 것은 아니다**. (대판 2007.5.11., 2006도1993)

⚠ 판례에 의하면 **통고처분을 할 것인지의 여부**는 권한 **행정청의 재량**에 속한다. (○) [14 경행]

⚠ 법률의 규정에 의하여 **통고처분을 할 수 있음에도** 불구하고 법률이 정한 즉시고발사유의 존재를 이유로 통고처분을 **하지 않고 고발하였다면** 그 고발 및 이에 기한 공소의 제기는 ~~부적법한 것~~이다. (×) [08 국가9]

정답 0738. O 0739. O 0740-㉠. × 0740-㉡ O

0741

[20 군무원9]

지방국세청장이 조세범칙행위에 대하여 고발을 한 후에 동일한 조세범칙행위에 대하여 통고처분을 하여 조세범칙행위자가 이를 이행하였다면 고발에 따른 형사절차의 이행은 일사부재리의 원칙에 반하여 위법하다. O X

지방국세청장 또는 세무서장이 통고처분을 **거치지 아니하고 즉시 고발**하였다면 동일한 조세범칙행위에 대하여 **더이상** 통고처분을 할 ★**권한이 없다**. 따라서 지방국세청장 또는 세무서장이 조세범칙행위에 대하여 **고발을 한 후**에 동일한 조세범칙행위에 대하여 **통고처분을 하였더라도**, 이는 법적 ★**권한 소멸 후**에 이루어진 것으로서 ★**효력이 없고**, 조세범칙행위자가 이러한 통고처분을 **이행하였더라도 일사부재리의 원칙**이 ★**적용될 수 없다**. (대법원 2016. 9. 28. 2014도10748)

- 지방국세청장이 **조세범칙행위**에 대하여 **고발을 한 후에** 동일한 조세범칙행위에 대하여 **통고처분**을 하는 경우, 이러한 통고처분은 **법적 권한 소멸 후 이루어**진 것으로 특별한 사정이 없는 한 **효력이 없고** 조세범칙행위자가 이를 **이행하였더라도 일사부재리의 원칙이 적용될 수 없다**. (○) [22 소방]
- 「조세범 처벌절차법」상 지방국세청장 또는 세무서장이 **조세범칙행위**에 대하여 **고발을 한 후에** 동일한 조세범칙행위에 대하여 **통고처분을 하였다면** 조세범칙행위에 대한 고발은 ~~효력을 상실~~한다. (×) [21 서울7]

0742

[20 군무원9]

통고처분은 상대방의 임의의 승복을 그 발효요건으로 하는 것으로서 상대방의 재판받을 권리를 침해하는 것으로 인정되지 않는다. O X

통고처분은 상대방의 **임의의 승복을 그 발효요건**으로 하기 때문에 통고처분에 대하여 **이의**가 있으면 통고내용을 이행하지 않음으로써 고발되어 형사**재판절차**에서 통고처분의 위법·부당함을 얼마든지 **다툴 수 있으므로** 법관에 의한 ★**재판받을 권리를 침해**한다든가 **적법절차의 원칙에 저촉**된다고 **볼 수 없다**. (헌재 전원 1998. 5. 28. 96헌바4)

- **통고처분**은 법관에 의한 재판을 받을 권리를 **침해한다든가** 적법절차의 원칙에 **저촉된다고 볼 수 없다**. (○) [21 국회9]

정답 0741. × 0742. ○

0743

㉠ 「도로교통법」에 따른 경찰서장의 통고처분은 행정소송의 대상이 되는 행정처분이 아니다.

[20 군무원9] O X

㉡ 조세범처벌절차법에 의하여 범칙자에 대한 세무관서의 통고처분은 행정소송의 대상이다.

[20 군무원7] O X

통고처분은 항고소송의 대상이 되는 **★처분에 해당하지 않는다**는 것이 통설·판례이다.

⚠ **경찰서장의 통고처분**은 ~~항고소송의 대상이 되는 처분~~이다. (×) [17 군무원9]

⚠ 조세범처벌절차에 의하여 범칙자에 대한 **세무관서의 통고 처분**은 행정소송의 대상이 아니다. (○) [14 국가9]

0744

[06 군무원9]

행정형벌과 징계벌은 병과할 수 있다. O X

행정벌과 징계벌(행정형벌+행정질서벌)은 일사부재리의 원칙이 적용되지 않는 무관한 관계이므로, 양자의 **★병과가** 가능하다.

⚠ **징계벌과 행정질서벌**은 **병과**할 수 있다. (○) [05 관세사]

2 행정질서벌(과태료)

0745

[22 군무원7]

법률에 따르지 아니하고는 어떤 행위도 질서위반행위로 과태료를 부과하지 아니한다. O X

【질서위반행위규제법】 제6조(질서위반행위 법정주의) 법률에 따르지 아니하고는 어떤 행위도 질서위반행위로 과태료를 ★부과하지 아니한다.

⚠ **법률에 따르지 아니하고**는 **어떤 행위**도 질서위반행위로 **과태료를 부과하지 아니한다.** (○) [17 교행9] [19 행정사] [19 서울7] [21 지방9]

정답 0743-㉠. O 0743-㉡. × 0744. O 0745. O

0746

[20 군무원7]

㉠ 질서위반행위란 법률(지방자치단체의 조례를 포함한다.)상의 의무를 위반하여 과태료를 부과하는 행위를 말한다. O X

㉡ 지방자치단체는 조례를 위반한 행위에 대하여 조례로써 1천만원 이하의 과태료를 정할 수 있다. O X

> **【질서위반행위규제법】** 제2조(정의) 1. "질서위반행위"란 법률(지방자치단체의 ★조례를 포함한다.)상의 의무를 위반하여 ★과태료를 부과하는 행위를 말한다.
> **【지방자치법】** 제34조(조례 위반에 대한 과태료) ① 지방자치단체는 조례를 위반한 행위에 대하여 조례로써 1천만원 이하의 ★과태료를 정할 수 있다.

⚠ **질서위반행위란 법률**(지방자치단체의 **조례**를 포함)**상의 의무를 위반**하여 **과태료를 부과하는 행위**를 말한다. (○) [19 소방간부]

⚠ 지방자치단체의 **조례상의 의무를 위반**하여 **과태료를 부과**하는 행위는 **질서위반행위에 해당**되지 않는다. (×) [18 서울7] [19 지방9]

0747

[13 군무원9]

고의가 없는 질서위반행위에는 과태료를 부과하지 않으나, 과실이 없는 질서위반행위에 대해서는 과태료를 부과한다. O X

> **【질서위반행위규제법】** 제7조(고의 또는 과실) ★고의 또는 과실이 없는 질서위반행위는 과태료를 부과하지 아니한다.

⚠ **고의 또는 과실이 없는** 질서위반행위는 과태료를 **부과하지 아니한다.** (○) [11 군무원9] [20 군무원7]

⚠ 과태료의 부과에는 그 위반자의 **고의·과실을 요**하지 않는다. (×) [16 군무원9]

0748

[19 군무원9]

질서위반행위를 한 자가 자신의 책임 없는 사유로 위반행위에 이르렀다고 주장하는 경우 법원으로서는 그 내용을 살펴 행위자에게 고의나 과실이 있는지를 따져보아야 하는 것은 아니다. O X

> 질서위반행위를 한 자가 자신의 ★책임 없는 사유로 위반행위에 이르렀다고 주장하는 경우 법원으로서는 그 내용을 살펴 행위자에게 ★고의나 과실이 있는지를 따져보아야 한다. (대결 2011 7.14.,자, 2011마364)

⚠ **질서위반행위를 한 자**가 자신의 **책임 없는 사유로 위반행위에 이르렀다**고 주장하는 경우 법원은 그 내용을 살펴 **행위자에게 고의나 과실**이 있는지를 **따져보아야** 한다. (○) [16 국가7]

정답 0746-㉠. O 0746-㉡. O 0747. × 0748. ×

0749

[20 군무원7]

자신의 행위가 위법하지 아니한 것으로 오인하고 행한 질서위반행위는 그 오인에 정당한 이유가 있는 때에 한하여 과태료를 부과하지 아니한다. O X

【질서위반행위규제법】 제8조(위법성의 착오) 자신의 행위가 **위법하지 아니한 것으로 오인**하고 행한 질서위반행위는 그 ★**오인에 정당한 이유가 있는 때**에 한하여 과태료를 **부과하지 아니한다**.

⚠ 자신의 행위가 **위법하지 아니한 것으로 오인**하고 **행한 질서위반행위**는 그 **오인에 정당한 이유가 있는 때에 한하여** 과태료를 **부과하지 아니한다.** (○) [13, 17 군무원9]

0750

[13 군무원9]

질서위반행위규제법에 따르면 2인 이상이 질서위반행위에 가담한 때에는 각자가 질서위반행위를 한 것으로 본다. O X

【질서위반행위규제법】 제12조(다수인의 질서위반행위 가담) ① **2인 이상**이 질서위반행위에 **가담**한 때에는 ★각자가 질서위반행위를 한 것으로 본다.

⚠ 2인 **이상이 질서위반행위에 가담**한 때에는 **각자가 질서위반행위**를 한 것으로 본다. (○) [11 군무원9]

0751

[11 군무원9] [22 군무원7]

신분에 의하여 성립하는 질서위반행위에 신분이 없는 자가 가담한 때에 신분이 없는 자에 대하여는 질서위반행위가 성립하지 아니한다. O X

【질서위반행위규제법】 제12조(다수인의 질서위반행위 가담) ② 신분에 의하여 성립하는 질서위반행위에 **신분이 없는 자가 가담**한 때에는 ★**신분이 없는 자에 대하여도** 질서위반행위가 **성립**한다.

⚠ **신분에 의하여 성립**하는 질서위반행위에 **신분이 없는 자가 가담**한 때에는 **신분이 없는 자에 대하여도** 질서위반행위가 **성립한다.** (○) [17 군무원9]

정답 0749. ○ 0750. ○ 0751. ×

0752

[22 군무원7]

신분에 의하여 과태료를 감경 또는 가중하거나 과태료를 부과하지 아니하는 때에는 그 신분의 효과는 신분이 없는 자에게는 미치지 아니한다. O X

【질서위반행위규제법】 제12조(다수인의 질서위반행위 가담) ③ 신분에 의하여 과태료를 **감경** 또는 **가중**하거나 과태료를 부과하지 **아니하는 때에는** 그 **신분의 효과**는 **★신분이 없는 자에게는 미치지 아니한다**.

⚠ **신분**에 의하여 **과태료를 감경 또는 가중**하거나 과태료를 부과하지 아니하는 때에는, 그 신분의 효과는 **신분이 없는 자에게는 미치지 아니한다**. (○) [14 국가7]

0753

[17 군무원9]

과태료는 행정청의 과태료 부과처분이나 법원의 과태료 재판이 확정된 후 3년간 징수하지 아니하거나 집행하지 아니하면 시효로 인하여 소멸한다. O X

【질서위반행위규제법】 제15조(과태료의 시효) ① **과태료는** 행정청의 과태료 부과처분이나 법원의 과태료 재판이 확정된 후 **★5년간** 징수하지 아니하거나 집행하지 아니하면 **★시효**로 인하여 **소멸**한다.

⚠ 과태료는 행정청의 과태료 **부과처분이나** 법원의 과태료 **재판이 확정된 후 5년간** 징수하지 아니하거나 집행하지 아니하면 **시효로 인하여 소멸**한다. (○) [13 군무원9]

0754

[17 군무원9] [19 군무원9]

행정청이 질서위반행위에 대하여 과태료를 부과하고자 하는 때에는 미리 당사자에게 대통령령으로 정하는 사항을 통지하고, 10일 이상의 기간을 정하여 의견을 제출할 기회를 주어야 한다. O X

【질서위반행위규제법】 제16조(사전통지 및 의견 제출 등) ① 행정청이 질서위반행위에 대하여 **과태료를 부과**하고자 하는 때에는 **미리 당사자**에게 대통령령으로 정하는 사항을 **통지**하고, **★10일 이상**의 기간을 정하여 **★의견을 제출할 기회**를 주어야 한다.

⚠ 행정청은 **과태료 부과에 앞서** 7일 이상의 기간을 정하여 당사자에게 **의견을 제출할 기회**를 주어야 한다. (×) [20 국회8]

정답 0752. ○ 0753. × 0754. ○

0755

[19 군무원9] [22 군무원7]

행정청의 과태료 처분이나 법원의 과태료재판이 확정된 후 법률이 변경되어 그 행위가 질서위반행위에 해당하지 아니하게 된 때에는 변경된 법률에 특별한 규정이 없는 한 과태료의 징수 또는 집행을 면제한다. O X

【질서위반행위규제법】 제3조(법 적용의 시간적 범위) ③ 행정청의 과태료 처분이나 법원의 과태료 **재판이 확정**된 후 **★법률이 변경**되어 그 행위가 질서위반행위에 **★해당하지 아니하게 된 때**에는 변경된 법률에 특별한 규정이 없는 한 과태료의 **징수 또는 집행**을 **★면제**한다.

⚠ 행정청의 과태료 처분이나 법원의 **과태료 재판이 확정**된 후 **법률이 변경**되어 그 행위가 **질서위반행위에 해당하지 아니하게 되더라도** 변경된 법률에 특별한 규정이 없는 한 **과태료의 징수 또는 집행은 면제**되~~지 않는다~~. (×) [13 국가9]

0756

[16 군무원9] [19 군무원9]

「질서위반행위규제법」상 행정청의 과태료 부과에 불복하는 당사자는 과태료 부과 통지를 받은 날부터 60일 이내에 해당 행정청에 서면으로 이의제기를 할 수 있다. O X

【질서위반행위규제법】 제20조(이의제기) ① 행정청의 **과태료 부과에 불복**하는 당사자는 제17조 제1항에 따른 과태료 부과 **통지를 받은** 날부터 **★60일 이내**에 해당 행정청에 서면으로 **★이의제기**를 할 수 있다.

⚠ 행정청의 **과태료 부과에 불복**하는 당사자는 **과태료 부과 통지를 받은 날**부터 30일 이내에 해당 행정청에 **서면으로 이의제기**를 ~~하여야~~ 한다. (×) [11 국회8]

0757

[20 군무원7]

행정청은 당사자가 납부기한까지 과태료를 납부하지 아니한 때에는 납부기한을 경과한 날부터 체납된 과태료에 대하여 100분의 3에 상당하는 가산금을 징수한다. O X

【질서위반행위규제법】 제24조(가산금 징수 및 체납처분 등) ① 행정청은 당사자가 납부기한까지 과태료를 납부하지 아니한 때에는 **납부기한을 경과한** 날부터 체납된 과태료에 대하여 **★100분의 3에 상당**하는 **가산금을 징수**한다.

⚠ **납부기한을 경과**한 날부터 **체납된 과태료**에 대하여 ~~1000분의 12~~에 상당하는 **가산금**을 징수한다. (×) [14 경행]

정답 0755. O 0756. O 0757. O

0758

[08 군무원9]

당사자와 검사가 과태료 재판에 대하여 즉시항고를 할 경우 항고는 집행정지의 효력이 있다. O X

【질서위반행위규제법】 제38조(항고) ① 당사자와 검사는 과태료 재판에 대하여 ★즉시항고를 할 수 있다. 이 경우 항고는 ★집행정지의 효력이 있다.

⚠ 질서위반행위규제법에 의하면 과태료 **재판에 대한 검사의 즉시항고**는 당사자가 제기하는 즉시항고와는 달리 **집행정지의 효력**을 가지지 ~~않는다~~. (×) [18 경행]

0759

[16 군무원9]

과태료 재판은 검사의 명령으로써 집행한다. O X

【질서위반행위규제법】 제42조(과태료 재판의 집행) ① 과태료 재판은 ★검사의 명령으로써 집행한다. 이 경우 그 명령은 집행력 있는 집행권원과 동일한 효력이 있다.

⚠ **과태료의 재판**은 ~~판사~~의 **명령으로 집행**하며, 이 경우 그 명령은 집행력 있는 **집행권원과 동일한 효력**이 있다. (×) [12 지방9]

0760

[16 군무원9]

과태료부과처분은 항고소송의 대상이 되는 행정처분이 아니다. O X

과태료처분은 행정소송의 대상이 되는 **행정처분이라고 볼 수 없다**. (대판 1995. 7. 28. 95누2623)

⚠ **과태료의 부과처분**은 ~~항고소송의 대상이 되는 처분~~이다. (×) [07 국가7] [10 경행]

정답 0758. O 0759. O 0760. O

제4절 새로운 행정작용의 의무이행확보 수단

0761

[20 군무원9]

세무서장 등은 납세자가 허가·인가·면허 및 등록을 받은 사업과 관련된 소득세, 법인세 및 부가가치세를 대통령령으로 정하는 사유 없이 체납하였을 때에는 해당 사업의 주무관서에 그 납세자에 대하여 허가 등의 갱신과 그 허가 등의 근거 법률에 따른 신규 허가 등을 하지 아니할 것을 요구할 수 있다.

O X

【국세징수법】 제112조(사업에 관한 허가등의 제한) ① 관할 세무서장은 납세자가 허가·인가·면허 및 등록 등을 받은 ★**사업과 관련된 소득세, 법인세 및 부가가치세를 체납**한 경우 해당 사업의 주무관청에 그 납세자에 대하여 **허가등의 갱신**과 그 허가등의 근거 법률에 따른 **신규 허가등을 하지 아니할** 것을 요구할 수 있다.

☑ 관허사업의 제한에 관한 규정이다.

⚠ 국세징수법에 따르면, **관허사업 허가의 취소·정지** 등은 **행정법상 의무위반을 발생시킨 당해 사업에 대해서만** 할 수 있다. (○) [04 행시]

0762

[20 군무원7]

헌법재판소는 납세자가 정당한 사유 없이 국세를 체납하였을 경우 세무서장이 허가, 인가, 면허 및 등록과 그 갱신이 필요한 사업의 주무관서에 그 납세자에 대하여 허가 등을 하지 않을 것을 요구할 수 있도록 한 국세징수법상 관허사업 제한 규정이 부당결부금지 원칙에 반하여 위헌이라고 판단하였다.

O X

종래의 국세징수법상 관허사업의 제한 규정에 따르면 허가와 무관한 조세의 체납하는 경우에도 허가 등이 제한될 수 있다는 점에서 **부당결부금지의 원칙에 위배된다는 비판**이 제기되어 왔으나, 헌법재판소에서 해당 규정을 ★**위헌으로 판시한 바는 없다**.

☑ **현행 국세징수법**은 2020.12.29.부터 개정되어, ★**사업과 관련된 세금을 체납**할 경우에 한하여 그 **사업을 위한 허가 등의 제한을 요구**할 수 있도록 규정되어 있다.

⚠ **조세체납자의 관허사업 제한**을 명시하고 있는 국세징수법 관련규정은 ~~부당결부금지원칙에 반하여 위헌~~이라는 것이 판례의 입장이다. (×) [14 국가9]

정답 0761. O 0762. ×

0763

[14 군무원9]

공급거부는 행정법상 의무를 위반한 자 등에 대하여 일정한 행정상의 서비스나 재화의 공급을 거부하는 행정조치이다. O X

'**공급거부**'란 행정법상의 **의무를 위반하거나 불이행한 자**에 대해 일정한 ★**재화나 서비스의 공급을 거부**하는 행위를 말한다.

⚠ **공급거부**란 행정법상의 **의무를 위반하거나 불이행한 자**에 대해 일정한 **재화나 서비스의 공급을 거부**하는 행정작용을 말한다. (○) [14 경행]

0764

[06 군무원9]

행정법상 의무이행확보수단의 하나인 공급거부의 일반법은 없다. O X

'공급거부'에 관한 ★일반법은 존재하지 않는다. 종래의 건축법에서는 위법건축물에 대한 전기, 전화 등의 공급중지에 관한 규정이 있었으나, 현재는 삭제된 상태이다.

⚠ 건축허가가 취소된 불법건축물에 대해서 시장 등은 ~~건축법에 따라~~ 도시가스공급을 중지하도록 ~~요청할 수~~ 있다. (×) [08 선관위7]

0765

[20 군무원7]

병무청장의 병역의무 기피자의 인적사항 공개결정은 취소소송의 대상이 되는 처분에 해당한다. O X

병무청장이 병역법에 따라 병역의무 기피자의 **인적사항** 등을 **인터넷 홈페이지에 게시**하는 등의 방법으로 **공개하는 결정**은 항고소송의 대상이 되는 ★**행정처분**으로 보아야 한다. (대판 2019. 6. 27., 2018두49130)

⚠ 병무청장이 병역법에 따라 **병역의무 기피자의 인적사항**을 **인터넷 홈페이지에 공개**하는결정은 **항고소송의 대상이 되는 행정처분~~이 아니~~**다. (×) [21 행정사]

정답 0763. O 0764. O 0765. O

0766

㉠ 과징금은 행정법상 의무위반자에게 행정청이 과하는 금전상의 제재이다. [14 군무원9] O X

㉡ 과징금은 행정상의 제재금으로서 처벌에 해당하지 않는다. [08 군무원9] O X

> **과징금**은 행정법상 **의무위반자**가 위반행위로 얻은 경제적 이익을 박탈하고자 부과되는 **★금전상의 제재**이지, 국가의 **형벌권을 실행**하는 **과벌로는 ★볼 수 없다**.

△ 과징금이란 **행정법상의 의무위반자**에게 당해 **위반행위로 경제적 이익**이 발생한 경우에, 행정청이 **그 이익을 박탈**하기 위하여 과하는 **금전적인 제재**를 말한다. (○) [08 군무원9]

△ 과징금은 행정법상의 의무를 위반한 자에 대하여 당해 **위반행위로 얻게 된 경제적 이익을 박탈**하기 위한 목적으로 부과하는 **금전적 제재**이고, 범죄에 대한 국가의 **형벌권 실행으로서의 과벌이 아니다**. (○) [17 국가5 승진]

△ **과징금**을 징수하여 불법적 이익을 박탈하는 것이 ~~대표적인 행정벌~~이다. (×) [16 전환]

0767

[14 군무원9]

과징금은 행정청이 직접 부과징수하므로 체납처분이 가능하다. O X

> **과징금 납부의무를 불이행**한 경우에는 국세 또는 지방세의 **★체납처분 절차 방식에 따라 강제 징수**하게 된다.

△ 과징금은 **행정청이 직접 부과·징수**하며 **체납처분도 할 수 있다**. (○) [96 행시]

0768

[08 군무원9]

행정법규의 위반으로 인하여 영업정지처분을 하여야 하는 경우에 그 영업정지처분이 국민들에게 심한 불편을 주거나 공익을 해칠 우려가 있는 때에는 행정청은 그 영업정지에 갈음하여 과징금을 부과할 수 있다. O X

> **의무위반행위를 한 인·허가받은 사업**에 대해서, **사업의 정지에 따른 일반공중의 이용불편 방지**와 같이 **공익상 필요를 이유로 그 인·허가사업을 취소·정지시키지 않고** 사업을 계속하게 하는 대신, **사업을 계속함으로써 얻을 수 있는 이익을 박탈**하도록 인·허가사업의 **★취소·정지에 갈음하여 부과되는** 행정제재금을 **★'변형된 과징금'**이라 한다.

△ **인·허가의 철회와 정지에 갈음**하여 **과징금을 부과**하는 것은 **현행법상 허용~~되지 않는~~다**. (×) [06 국가9] [11 경북교행9]

정답 0766-㉠. O 0766-㉡. O 0767. O 0768. O

0769

[19 군무원9]

과징금은 의무위반행위로 인한 불법적인 이익을 박탈하기 위하여 부과하는 것으로서, 과징금부과처분을 할 때 위반자의 고의 또는 과실을 요건으로 한다. O X

구 여객자동차 운수사업법상의 과징금부과처분은 제재적 행정처분으로서 행정목적의 달성을 위하여 **행정법규 위반**이라는 **★객관적 사실에 착안**하여 가하는 제재이므로, 원칙적으로 위반자의 **★고의·과실을 요하지 아니한다**. (대판 2014.10.15. 2013두5005)

⚠ 「여객자동차 운수사업법」상 **과징금부과처분**은 원칙적으로 위반자의 **고의·과실을 요하지 않는다.** (○) [20 국가9]

0770

[20 군무원9]

행정법규 위반에 대한 제재조치는 행정목적의 달성을 위하여 행정법규 위반이라는 객관적 사실에 착안하여 가하는 제재이므로, 반드시 현실적인 행위자가 아니라도 법령상 책임자로 규정된 자에게 부과되며, 그러한 제재조치의 위반자에게 고의나 과실이 있어야 부과할 수 있다. O X

행정법규 위반에 대하여 가하는 **제재조치(영업정지처분)**는 반드시 **현실적인 행위자가 아니라도 ★법령상 책임자로 규정된 자에게** 부과되고, 특별한 사정이 없는 한 위반자에게 **★고의나 과실이 없더라도** 부과할 수 있다. (대판 2017.5.11, 2014두8773)

⚠ **행정법규 위반에 대하여 가하는 제재조치**는 반드시 현실적인 행위자가 아니라도 **법령상 책임자로 규정된 자에게 부과**되고 특별한 사정이 없는 한 **위반자에게 고의나 과실이 없더라도** 부과할 수 있다. (○) [16 국가7]

0771

[20 군무원9]

법규가 예외적으로 형사소추 선행 원칙을 규정하고 있지 않은 이상 형사판결 확정에 앞서 일정한 위반사실을 들어 행정처분을 하였다고 하여 절차적 위반이 있다고 할 수 없다. O X

일정한 **법규 위반 사실**이 행정처분의 전제사실**이자** 형사법규의 위반 사실이 되는 경우, **형사판결 확정에 앞서** 일정한 위반사실을 들어 **행정처분(시정명령)**을 하였다고 하여 **★절차적 위반이 있다고 할 수 없다**. (대판 2017.6.19., 2015두59808)

☑ 위법사실이 행정처분의 사유이면서 형사처벌의 사유도 된다면, **유죄판결이 확정되기 전에 행정처분(시정명령, 과징금 부과 등)**을 하더라도 절차적 위반이 아니라는 판시이다.

⚠ 위반행위에 대한 **확정판결을 받지 않고도 과징금을 강제징수**하는 것은 **무죄추정의 원칙에 반하지 않는다.** (○) [09 국회8]

정답 0769. ✕ 0770. ✕ 0771. ○

0772

[19 군무원9]

행정법규위반에 대하여 벌금 이외에 과징금을 부과하는 것은 이중처벌금지의 원칙에 반하지 않는다.

O X

형사처벌과 아울러 **과징금의 병과**를 예정하고 있더라도 **★이중처벌금지원칙에 위반된다고 볼 수 없다**. (헌재 2003.7.24. 2001헌가25)

⚠ 행정법규위반에 대하여 **벌금 이외에 과징금을 함께 부과**하는 것은 이중처벌금지원칙에 ~~위반된다~~. (×) [18 교행9]

0773

[20 군무원9]

제재적 행정처분은 권익침해의 효과를 가져오므로 철회권이 유보되어 있거나, 법률유보의 원칙상 명문의 근거가 있어야 하며, 행정청이 이러한 권한을 갖고 있다고 하여도 그러한 권한의 행사는 의무에 합당한 재량에 따라야 한다.

O X

철회권이 유보되어 있거나 법률상 명문의 근거가 있을 때에는 제재적 행정처분이 가능하다. **제재적 처분이 재량행위**일 경우, **의무에 합당한 재량을 행사**하여야 한다.

☑ 출제위원이 교수가 아닌 관계로 지문구조가 불성실하다.

정답 0772. O 0773. O

제 4 장

행정상 손해전보

제1절 손해배상

1 손해배상 일반

0774

[14 군무원9]

행정상 손해배상이란 공무원의 위법한 직무행위나 공공영조물의 설치·관리상의 하자로 인하여 개인에게 손해가 발생한 경우에 행정주체가 그 손해를 배상하는 것을 의미한다. O X

'행정상 손해배상'이란 공무원의 **★위법한 직무행위**로 타인에게 손해를 가하거나, **★영조물의 설치·관리상의 하자**로 인하여 타인에게 손해를 가한 경우에 **국가 등이 손해를 배상**하는 제도를 말한다.

0775

[14 군무원9]

국가배상법은 국가배상책임의 주체를 국가 또는 지방자치단체로 규정하고 있다. O X

헌법 제29조	공무원의 직무상 불법행위로 손해를 받은 국민은 법률이 정하는 바에 의하여 **국가 또는 ★공공단체**에 정당한 **배상**을 청구할 수 있다.
국가배상법 제2조(배상책임)	국가나 **★지방자치단체**는 … (중략) … 이 법에 따라 그 손해를 **배상**하여야 한다.

⚠ 헌법은 배상책임자를 '국가 또는 **지방자치단체**'로 규정하고 있으나, 국가배상법은 배상책임자를 '국가 또는 **공공단체**'로 규정하고 있다. (×) [07 국가7]

⚠ 공공기관이나 영조물에서 근무하는 사람은 **국가배상법상 배상책임의 주체**에 **해당하지 않는다.** (○) [08 군무원9]

0776

[13 군무원9]

외국인이 피해자의 경우에도 언제나 국가배상이 가능하다. O X

【국가배상법】 제7조(외국인에 대한 책임) 이 법은 **외국인**이 피해자인 경우에는 해당 국가와 **★상호 보증**이 있을 때에만 **적용**한다.

⚠ **외국인이 피해자**인 경우 **해당 국가와 상호보증**이 있을 때에만 「**국가배상법**」을 **적용**한다. (○) [19 소방]

정답 0774. ○ 0775. ○ 0776. ×

0777

[11 군무원9]

A구청에서 경영상의 이유로 구청장의 자동차를 매각하는 과정에서 상대방에게 손해가 발생한 경우 이에 대한 손해배상청구는 민사소송에 의해야 한다. O X

통설	국가배상법은 공법이므로, 국가배상청구사건은 행정사건으로 보아 당사자소송의 대상이라 한다.
판례	국민이 **국가 또는 공공단체**에 대하여 그 공무원의 직무상 불법행위를 이유로 **손해배상**을 구함은 **★민사상의 손해배상** 책임을 특별법인 국가배상법이 정한데 불과하다. (대판 1972. 10. 10. 69다701)

▲ 대법원은 **국가배상청구**사건을 ~~행정사건~~으로 보고 ~~당사자소송~~으로 처리하고 있다. (×) [16 전환]

2 공무원의 위법한 직무행위로 인한 손해배상

0778

[07 군무원9]

국가배상법 제2조의 손해배상책임의 요건으로는 '공무원이 법령에 위반하여 행한 행위가 있어야 한다', '공무원이 직무행위를 집행하면서 행한 행위가 있어야 한다', '공무원이 타인에게 손해를 가한 경우에 성립한다', '공무원의 중과실이 있어야만 한다'가 있다. O X

【국가배상법】 제2조(배상책임) ① 국가나 지방자치단체는 **★공무원 또는 공무를 위탁받은 사인**이 **★직무를 집행**하면서 **★고의 또는 과실**로 **★법령을 위반**하여 타인에게 **★손해를 입히거나**, 「자동차손해배상 보장법」에 따라 손해배상의 책임이 있을 때에는 이 법에 따라 그 **★손해를 배상**하여야 한다.

☑ 과실에는 경과실과 중과실이 포함된다. 즉 **경과실로도 국가배상책임의 성립** 가능

▲ **국가나 지방자치단체**는 공무원 또는 공무를 위탁받은 사인이 직무를 집행하면서 **고의 또는 과실**로 **법령을 위반**하여 타인에게 **손해를 입히게 한 경우**에는 국가배상법에 따라 그 **손해를 배상**하여야 한다. (○) [18 경행 변형]

▲ 공무원의 직무상의 불법행위로 인한 손해배상책임의 요건으로는 **법령에 위반**하여 행한 행위, **직무를 집행**하면서 행한 행위, 타인에게 **손해를 가한 행위**, ~~중과실~~에 의한 행위가 있다. (×) [95 국가7]

0779

[09 군무원9]

비권력적인 행위는 행정상 손해배상의 대상이 되지 않는다. O X

국가배상법이 정한 배상청구의 요건인 **'공무원의 직무'**에는 **권력적 작용**만이 아니라 행정지도와 같은 **★비권력적 작용도 포함**되며 단지 행정주체가 사경제주체로서 하는 활동만 제외된다. (대판 1998. 7. 10. 96다38971)

▲ **국가배상법상 직무행위**의 범위에는 **권력적 작용**만이 아니라 **비권력적 작용도 포함**된다. (○) [08 군무원9]

정답 0777. O 0778. × 0779. ×

0780

㉠ 손해배상 요건 중 하나인 '공무원의 직무상 불법행위'에서의 '공무원'은 국가공무원법상의 공무원만을 의미하지는 않는다. [09 군무원9] O X

㉡ 국가나 지방자치단체는 공무를 위탁받은 사인이 직무를 집행하면서 고의 또는 과실로 법령을 위반하여 타인에게 손해를 입힌 때에는 국가배상법에 따라 그 손해를 배상하여야 한다. [21 군무원9] O X

> 국가배상법 제2조에 따른 **'공무원'**은 「국가공무원법, 지방공무원」 등에 의해 **공무원의 신분을 가진 자에 국한**하지 않고, **널리 공무를 위탁**받아 **실질적으로 공무에 종사**하고 있는 일체의 자를 가리킨다. 즉 **★공무수탁사인도 국가배상법상의 공무원**에 해당한다.

⚠ 국가배상책임상 공무원에는 **조직법상 의미의 공무원**뿐만 아니라 **기능적 의미의 공무원**이 포함된다. (○) [19 서울9 2월]

⚠ ~~공무원의 신분을 가진 자의 직무집행행위만~~이 배상책임의 대상이 된다. (×) [05 경기9]

⚠ **공무를 위임받은 사인에 의한 손해**의 배상에도 **국가배상법이 적용**된다. (○) [09 군무원9]

⚠ **공무수탁사인의 위법한 행위**로 인한 손해는 행정상 **손해배상청구가 가능**하다. (○) [17 군무원9]

⚠ **공무수탁사인**이 위임받은 공무의 수행 중 **위법한 행위로 타인에게 손해**를 입힌 경우 손해를 입은 국민은 국가배상법에 따라 **국가배상을 청구**할 수 있다. (○) [22 군무원5]

⚠ **공무를 위임받은 사인에 의해 초래된 손해**에 대한 배상에는 **국가배상법이 적용~~되지 않는~~**다. (×) [04 국가9]

0781

[14 군무원9]

카투사 구성원 등의 공무집행 중 행위와 이들이 소유·점유·관리하는 시설 등의 설치 또는 관리의 하자로 인한 피해자는 국가배상법의 규정에 따라 대한민국에 대하여 배상을 청구할 수 없다. O X

> 한미행정협약에 따라 한국에 주둔하는 **미합중국군대의 구성원·고용원 또는 ★카투사의 공무수행이나 관리 시설** 등으로 인하여 피해를 받은 자는 **★국가배상법**에 따라 **대한민국에 배상을 청구**할 수 있다.

⚠ 미군부대 **카투사**는 **국가배상법상 공무원**이다. (○) [10 군무원9]

정답 0780-㉠. O 0780-㉡. O 0781. ×

0782

㉠ 시청소차운전수, 통장 등은 공무원의 포함시키나 의용소방대원, 시영버스운전수는 공무원의 범위에서 제외된다. [14 군무원9] O X

㉡ 청원경찰은 국가배상법상 공무원이 아니다. [10 군무원9] O X

㉢ 소집 중인 예비군 대원은 국가배상법상 공무원이 아니다. [10 군무원9] O X

국가배상법상 공무원에 해당하는 사인	국가배상법상 공무원에 해당하지 않는 사인
• 시청소차 운전수(80다1051) • 국가·지방자치단체 소속 **청원경찰**(92다47564) • **전입신고**서에 확인인을 찍는 **통장**(98다39060) • 소집 중인 향토**예비군**(70다471) • 학교 앞 **교통할아버지**(98다39060)	• 시영버스 운전수(68다2225) • **의용소방대**(73다1896)

⚠ **구청 소속 청소차량 운전원**은 국가배상법 제2조에서 규정하는 **'공무원'**~~이 아니다~~. (×) [19 소방]

⚠ **전입신고서에 확인인을 찍는 통장**은 국가배상법 제2조의 **공무원에 해당**한다. (○) [10 국가9]

⚠ **국가나 지방자치단체에 근무하는 청원경찰**은 국가배상법 제2조에 따른 **공무원에 해당**한다. (○) [09 국회9]

⚠ **동원 중인 향토예비**군은 국가배상법 제2조에 따른 **공무원에 해당**한다. (○) [09 국회9]

⚠ **의용소방대원**은 국가배상법상 **공무원이 아니다**. (○) [10 군무원9]

⚠ **의용소방대원**은 국가배상법상 **공무원의 범위에서 제외**된다. (○) [14 군무원9]

⚠ **시영버스운전수**는 국가배상법상 **공무원이 아니다**. (○) [10 군무원9]

0783

[21 군무원5]

「공익사업을 위한 토지 등의 취득 및 보상에 관한 법률」 및 구「토지공사법」의 규정에 의하여, 본래 시·도지사나 시장·군수 또는 구청장의 업무에 속하는 대집행권한을 위탁받은 한국토지공사는 행정주체의 지위에 있으면서, 동시에 지방자치단체 등의 기관으로서 '공무원'에 해당한다. O X

> 한국토지공사법에 의하여 본래 시·도지사나 시장·군수 또는 구청장의 업무에 속하는 대집행권한을 위탁받은 **한국토지공사**는 대집행을 실시함에 따르는 권리·의무 및 책임이 귀속되는 **행정주체의 지위**에 있다고 볼 것이지 지방자치단체 등의 기관으로서 국가배상법 제2조 소정의 **★공무원에 해당한다고 볼 것은 아니다**. (대판 2010. 1. 28. 2007다82950,8296)

⚠ 법령에 의해 대집행권한을 위탁받은 **한국토지주택공사**는 「**국가배상법**」 제2조에서 말하는 **공무원에 해당하지 않는다**. (○) [20 소방간부]

정답 0782-㉠. O 0782-㉡. × 0782-㉢. × 0783. ×

0784
[20 군무원7]

법관의 재판에 법령의 규정을 따르지 아니한 잘못이 있는 경우에는 이로써 바로 그 재판상 직무행위가 국가배상법 제2조 제1항에서 말하는 위법한 행위로 되어 국가의 손해배상책임이 발생한다. O X

> **법관이 재판에 법령의 규정을 따르지 아니한 잘못**이 있다 하더라도 이로써 바로 그 재판상 직무행위가 국가배상법에서 말하는 **★위법한 행위가 되는 것은 아니고, 국가배상책임이 인정**되려면 당해 법관이 위법 또는 부당한 목적을 가지고 재판을 하는 등 법관이 그에게 부여된 **★권한의 취지에 명백히 어긋나게 이를 행사**하였다고 인정할 만한 **★특별한 사정**이 있어야 한다. (대판 2001. 4. 24. 2000다16114)

⚠ **법관의 재판행위**가 위법행위로서 **국가배상책임이 인정되려면** 당해 법관이 위법 또는 부당한 목적을 가지고 재판하는 등 법관에게 부여된 **권한의 취지에 명백히 어긋나게 이를 행사**하였다고 인정할 **특별한 사정이 있어야** 한다. (○) [17 국가7 下]

⚠ **법관**이 재판에서 **법령규정을 따르지 아니한 잘못**이 있는 경우에는 ~~그것만으로 국가배상책임이 인정되어야~~ 한다. (×) [02 행시]

0785
[19 군무원9]

직무행위인가 여부의 판단기준은 외형 및 공무원의 주관적 의사에 의한다는 것이 통설·판례이다. O X

> 공무원의 **직무행위 자체의 외관을 ★객관적으로 관찰**하여 공무원의 직무행위로 보여질 때에는 비록 **실질적으로 직무행위가 아니거나** 행위자로서는 **★주관적으로 공무집행의 의사가 없었다고 하더라도** 그 행위는 **공무원이 ★'직무를 집행함에 당하여' 한 것으로 보아야** 한다. (대판 2005.1.14. 2004다26805)
>
> ☑ **객관적으로 직무행위의 외형**을 갖추고 있는 행위라면, 국가배상법상 **직무행위**

⚠ 「**국가배상법**」 **제2조의 공무원의 직무행위**는 **객관적으로 직무행위로서의 외형**을 갖추고 있으면 되고 **주관적으로** 공무집행의 **의사는 없어도 된다.** (○) [22 소방승진]

0786
[20 군무원9]

국·공립대학 교원에 대한 재임용거부처분이 재량권을 일탈·남용한 것으로 평가되어 그것이 불법행위가 됨을 이유로 국·공립대학 교원임용권자에게 손해배상책임을 묻기 위해서는 당해 재임용거부가 국·공립대학 교원 임용권자의 고의 또는 과실로 인한 것이라는 점이 인정되어야 한다. O X

> 국·공립대학 교원에 대한 **재임용거부처분**이 재량권을 일탈·남용한 것으로 평가되어 그것이 **불법행위가 됨을 이유**로 국·공립대학 교원 임용권자에게 **손해배상책임을 묻기 위해서는** 당해 **재임용거부가** 국·공립대학 교원 임용권자의 **★고의 또는 과실**로 인한 것이라는 점이 **인정되어야** 한다. (대판 2011.1.27. 2009다30946)
>
> ☑ 직무집행상 **고의나 과실**이 있어야 국가배상책임이 인정될 수 있다.(**과실책임**주의)

⚠ 국가배상법 제2조에 따른 국가배상책임은 ~~무과실책임~~이므로 **공무원에게 귀책사유**가 없어도 국가는 ~~배상책임을 진다~~. (×) [16 전환]

정답 0784. × 0785. × 0786. ○

0787

[20 군무원7]

과실의 기준은 당해 공무원이 아니라 당해 직무를 담당하는 평균적 공무원을 기준으로 한다는 견해는 과실의 객관화(과실 개념을 객관적으로 접근)를 위한 시도라 할 수 있다. O X

객관설	공무원 개개인의 주의능력을 기준으로 과실여부를 판단
★주관설	★평균적(보통의) 공무원이 갖추고 있는 주의능력을 기준으로 과실여부를 판단 ☑ 과실의 ★추상화(=객관화)는 국가의 배상책임을 ★확대하려는 것

- **과실개념을 객관화**하려는 태도는 **국가배상책임의 성립을 용이**하게 하려는 의도를 지니고 있다. (○) [19 서울9 2월]
- **과실개념**의 ~~주관화(主觀化)~~ 경향이 나타나고 있다. (×) [14 서울9]
- **추상적 과실, 조직 과실** 등은 ~~객관설~~ 입장에서 **과실개념의 객관화** 경향을 나타내는 말이다. (×) [22 경찰간부]

0788

[20 군무원7]

어떠한 행정처분이 후에 항고소송에서 취소되었다고 할지라도 그 기판력에 의하여 당해 행정처분이 곧바로 공무원의 고의 또는 과실로 인한 것으로서 불법행위를 구성한다고 단정할 수는 없는 것이고, 그 행정처분의 담당공무원이 보통 일반의 공무원을 표준으로 하여 볼 때 객관적 주의의무를 결하여 그 행정처분이 객관적 정당성을 상실하였다고 인정될 정도에 이른 경우이어야 한다. O X

> 어떠한 행정처분이 후에 항고소송에서 취소되었다고 할지라도 그 기판력에 의하여 당해 행정처분이 곧바로 공무원의 고의 또는 과실로 인한 것으로서 불법행위를 구성한다고 단정할 수는 없는 것이고, 그 행정처분의 담당공무원이 **★보통 일반의 공무원을 표준**으로 하여 볼 때 **★객관적 주의의무를 결**하여 그 행정처분이 **★객관적 정당성을 상실**하였다고 인정될 정도에 이른 경우에 국가배상법 제2조 소정의 **국가배상책임의 요건을 충족**한다. (대판 2011.1.27. 2009다30946)

- 행정처분의 담당공무원이 ~~주관적~~ **주의의무를 결**하여 그 행정처분이 ~~주관적~~ **정당성을 상실하였다고 인정**될 정도에 이른 경우에 **「국가배상법」 제2조의 요건을 충족하였다**고 봄이 상당하다. (×) [20 지방7]

0789

[17 군무원9]

구청 공무원의 시영아파트 입주권 매매행위는 직무행위에 해당하므로 국가배상청구가 가능하다. O X

> **구청 세무과 소속 공무원 甲**이 무허가건물철거 세입자들에 대한 **시영아파트 입주권 매매행위**를 한 경우 이는 **★개인적으로 저지른 행위**에 불과하고 본래의 직무와는 관련이 없는 행위로서 **★외형상으로도 직무범위 내에 속하는 행위라고 볼 수 없다**. (대판 1993.1.15. 92다8514)

- 구청 세무과 소속 공무원 갑이 을에게 무허가 건물 세입자들에 대한 **시영아파트 입주권 매매행위**를 한 경우 **외형상 직무범위 내의 행위**라고 **볼 수 없다**. (○) [11 군무원9]
- **세무과에서 근무하던 구청 공무원**이 무허가건물철거 세입자들에 대한 **시영아파트입주권 매매행위**를 한 경우에는 공무원의 ~~직무관련성이 인정된다~~. (×) [10 경행]

정답 0787. O 0788. O 0789. X

0790

[20 군무원5]

'법령에 위반하여'라고 함은 엄격하게 형식적 의미의 법령에 명시적으로 공무원의 작위의무가 정하여져 있음에도 이를 위반하는 경우만을 의미하는 것은 아니고, 인권존중·권력남용금지·신의성실과 같이 공무원으로서 마땅히 지켜야 할 준칙이나 규범을 지키지 아니하고 위반한 경우를 포함하여 널리 그 행위가 객관적인 정당성을 결여하고 있는 경우도 포함한다. O X

> 국가배상책임에 있어 공무원의 가해행위가 **법령을 위반**하였다 함은 **엄격한 의미의 법령 위반뿐 아니라 ★인권존중, 권력남용금지, 신의성실**과 같이 **공무원으로서 마땅히 지켜야 할 준칙이나 규범**을 지키지 아니하고 **위반한 경우**를 포함하여 널리 그 **행위가 객관적인 정당성을 결여**하고 있음을 뜻하는 것이다. (대판 2002.5.17, 2000다22607)

- **행정상 손해배상에서 법령의 위반**에는 엄격한 형식적 의미의 법령 위반뿐만 아니라, **인권존중·권력남용금지·신의성실·공서양속 등의 위반도 포함**된다. (○) [20 군무원9]
- 국가배상법 제2조 제1항의 **'법령을 위반하여'**라고 함은 **엄격하게 형식적 의미의 법령**에 명시적으로 공무원의 행위의무가 정하여져 있음에도 이를 **위반하는 경우만을 의미하는 것은 아니고, 인권존중·권력남용금지·신의성실과 같이** 공무원으로서 마땅히 **지켜야 할 준칙이나 규범을 지키지 아니하고 위반한 경우를 비롯**하여 널리 그 행위가 **객관적인 정당성을 결여**하고 있는 경우도 포함한다. (○) [20 군무원9]
- **'법령에 위반하여'**라 함은 ~~엄격하게 형식적 의미의 법령에 명시적으로~~ 공무원의 ~~작위의무~~가 정하여져 있음에도 이를 ~~위반하는 경우만을 의미~~한다. (×) [13 지방7]

0791

[19 군무원9]

재량위반이 부당에 그치는 경우에는 국가는 배상책임이 없다. O X

> 재량권의 범위 내에서 **단순히 재량을 부당하게 행사**한 경우는 **국가배상법상 법령에 위반한 행위**에 해당하지 않는다.

- 국가배상법상 공무원의 직무상 불법행위 책임의 성립과 관련하여, 재량권 남용이나 일탈에 이르지 아니하고 **단순히 재량권을 부당히 행사**함에 불과한 것은 원칙적으로 **법령위반에 해당되지 않는다.** (○) [04 행시]

정답 0790. O 0791. O

0792

[17 군무원9]

공무원의 허위 아파트입주권 부여 대상 확인을 믿고 아파트입주권을 매입하여 매수인이 손해를 입은 경우라면, 공무원의 허위 확인행위와 매수인의 손해 사이의 상당인과관계가 인정되므로 국가배상청구의 대상이 된다. O X

공무원의 **허위** 아파트**입주권 부여 대상 확인**을 믿고 **아파트입주권을 매입**한 경우, 공무원의 **★허위 확인행위와 매수인의 손해** 사이에는 **★상당인과관계가 인정**된다. (대판 1996. 11. 29., 선고, 95다21709)
☑ 따라서 국가배상청구를 할 수 있다.

0793

[21 군무원5]

공무원이 고의 또는 과실로 그에게 부과된 직무상 의무를 위반하였을 경우라고 하더라도 직무상의 의무 위반과 피해자가 입은 손해 사이에 상당인과관계가 인정되기 위하여는 공무원에게 부과된 직무상 의무의 내용이 전적으로 또는 부수적으로 사회구성원 개인의 안전과 이익을 보호하기 위하여 설정된 것이어야 한다. O X

공무원이 고의 또는 과실로 그에게 부과된 직무상 의무를 위반한 경우에도 국가는 **직무상의 의무 위반**과 피해자가 **입은 손해** 사이에 **★상당인과관계가 인정**되기 위하여는 공무원에게 **부과된 직무상 의무**의 내용이 **단순히 공공 일반의 이익**을 위한 것이거나 행정**기관 내부의 질서를 규율**하기 위한 것이 아니고 **★전적으로 또는 부수적**으로 사회구성원 **★개인의 안전과 이익을 보호**하기 위하여 설정된 것이어야 한다. (대판 2010. 9. 9. 2008다77795) ☑ **'관계법령의 사익보호성'**에 관한 판시이다.

⚠ 공무원의 직무상 의무위반에 대한 법령의 취지가 **전체적으로 공공 일반의 이익을 도모**하기 위한 것이라면 ~~「국가배상법」 제2조의 배상책임이 인정~~된다. (×) [19 서울7 2월]

정답 0792. O 0793. O

0794

㉠ 부작위에 대해 국가배상책임이 인정되기 위해서는 법령상 명문의 작위의무가 있어야 하며 조리에 의한 작위의무는 인정되지 않는다. [11 군무원9] O X

㉡ 경찰관이 그 권한을 행사하여 필요한 조치를 취하지 아니하는 것이 현저하게 불합리하다고 인정되는 경우에는 그러한 권한의 불행사는 직무상의 의무를 위반한 것이 된다. [19 군무원9] O X

1. 국가가 초법규적·일차적으로 그 위험의 배제에 나서지 아니하면 국민의 생명 등을 보호할 수 없는 경우에는 형식적 의미의 **★법령에 근거가 없더라도** 국가나 관련 공무원에 대하여 그러한 위험을 배제할 **★작위의무를 인정**할 수 있을 것이다. (대판 2004.6. 25, 2003다69652)
   ☑ 법령상에 작위의무가 규정되어 있지 않더라도, **조리상 작위의무가 인정**될 수 있다.
2. 경찰관직무집행법 제5조는 형식상 경찰관에게 **재량에 의한 직무수행권한을 부여**한 것처럼 되어 있으나, 구체적인 사정에 따라 경찰관이 그 **권한을 행사**하여 **필요한 조치를 취하지 아니하는** 것이 **★현저하게 불합리하다고 인정**되는 경우에는 그러한 **권한의 불행사는 직무상의 의무를 위반**한 것이 되어 **위법**하게 된다. (대판 1998.8.25. 98다16890)
   ☑ 경찰관의 재량권이 0으로 수축되어 **작위의무가 인정됨에도**, 이를 **위반한 부작위(권한의 불행사)가 현저하게 불합리**한 경우에는 **위법한 부작위**이다.

⚠ **공무원의 직무상 의무**는 명문의 규정이 없는 경우에도 관련 규정에 비추어 **조리상 인정**될 수 있다. (○) [12 지방9]

⚠ **경찰관의 부작위**가 **현저하게 불합리하다고 인정**되는 경우에는 **직무상 의무위반으로 되어 위법**하게 된다. (○) [03 입시]

0795

[13 군무원9]

시 소속 공무원이 직무상 의무를 위반하여 시설이 불량한 선박에 대하여 선박검사 증서를 발급하고 계속 운항하게 함으로써 화재사고를 발생한 것이라고 하더라도 국가배상이 인정되지 않는다. O X

선박안전법이나 유선및도선업법의 각 규정은 공공의 안전 **외에 ★일반인의 인명과 재화의 안전보장도** 그 목적으로 하는 것이므로 피고 **충무시 소속 공무원**들이 직무상 의무를 위반하여 **시설이 불량한 유람선을 ★선박중간검사에 합격시키고 선박검사증서를 발급**하여 **계속 운항**하게 함으로써 **화재사고가 발생**한 것이라면 위 유람선화재사고와 피고 소속 공무원들의 직무상 의무위반행위와의 사이에는 **상당인과관계**가 있고 피고들은 그로 인한 **★손해배상책임을 부담**한다. (대판 1993.2.12, 91다43466)

⚠ 선박검사담당공무원 甲이 **화재의 위험이 있는 선박**에 대하여 선박안전법에 따른 **선박검사증서를 교부**하였고, 이후 이 선박에서 항해 도중 **화재가 발생**하여 **승객 여러 명이 사망**하게 된 경우, 위 **선박안전검사**는 ~~단지 공공일반의 이익만을 위한 것~~이어서 국가의 **손해배상책임이 인정**되기 ~~어렵다~~는 것이 판례의 입장이다. (×) [06 선관위9]

정답 0794-㉠. × 0794-㉡. ○ 0795. ×

0796

[20 군무원9]

유흥주점에 감금된 채 윤락을 강요받으며 생활하던 여종업원들이 유흥주점에 화재가 났을 때 미처 피신하지 못하고 유독가스에 질식해 사망한 사안에서, 지방자치단체의 담당 공무원이 위 유흥주점의 용도변경, 무허가 영업 및 시설기준에 위배된 개축에 대하여 시정명령 등 식품위생법상 취하여야 할 조치를 게을리 한 직무상 의무위반행위와 위 종업원들의 사망 사이에 상당인과관계가 존재한다. O X

유흥주점에 감금된 **여종업원**들이 **유흥주점에 화재**가 났을 때 미처 피신하지 못하고 **사망**한 사안에서, **★지방자치단체의 담당 공무원**이 위 유흥주점의 용도변경, 무허가 영업 및 시설기준에 위배된 개축에 대하여 시정명령 등 **식품위생법상 취하여야 할 조치를 게을리 한 직무상 의무위반행위**와 위 **종업원들의 사망** 사이에 **★상당인과관계가 존재하지 않는다**. (대판 2008. 4. 10. 2005다48994)

☑ 반면 대법원은 군산 윤락가 화재사건에서, **소방공무원의 소방법상 시정명령 의무위반과 종업원의 사망 사이**에서는 **상당인과관계가 있다**고 판시하였다.

▲ **유흥주점의 화재로 여종업원들이 사망**한 경우, **담당 공무원**의 유흥주점의 용도변경, 무허가 영업 및 시설기준에 위배된 개축에 대하여 **시정명령 등 「식품위생법」상 취하여야 할 조치를 게을리 한 직무상 의무위반행위**와 **여종업원들의 사망** 사이에는 **상당인과관계가 존재하지 아니한다**. (○) [14 지방9]

0797

[22 군무원9]

X시의 공무원 甲은 乙이 건축한 건물이 건축허가에 위반하였다는 이유로 철거명령과 행정대집행법상의 절차를 거쳐 대집행을 완료하여, 乙은 행정대집행의 처분들이 하자가 있다는 이유로 행정소송 및 손해배상소송을 제기하려고 한다. 이 경우 X시의 손해배상책임이 인정된다면 X시는 고의 또는 중대한 과실이 있는 甲에게 구상할 수 있다. O X

【국가배상법】 제2조(배상책임) ② 제1항 본문의 경우에 **공무원에게 ★고의 또는 중대한 과실**이 있으면 국가나 지방자치단체는 그 **공무원에게 ★구상(求償)할 수 있다**.

▲ 직무를 집행하는 **공무원에게 고의 또는 중대한 과실**이 있으면 국가나 지방자치단체는 그 **공무원에게 구상(求償)할수 있다**. (○) [21 군무원9]

▲ 국가가 국가배상책임을 이행한 경우 공무원에게 **고의 또는 중대한 과실**이 있으면 국가는 그 **공무원에게 구상(求償)**할 수 있다. (×) [06 군무원9]

▲ 국가 등이 배상한 경우 국가나 지방자치단체는 가해자인 공무원에게 ~~구상하여야~~ 한다. (×) [08 군무원9]

☑ '고의나 중과실'이 있을 때에, 구상'할 수 있다'.

▲ 국가배상책임에 있어서 **공무원에게 중과실**이 있는 경우 국가나 지방자치단체는 그 **공무원에게 구상**할 ~~수 없다~~. (×) [19 행정사]

정답 0796. × 0797. ○

0798

[20 군무원7]

손해는 법익침해로 인한 모든 불이익을 말하며, 재산상의 손해이든 비재산적 손해(생명·신체·정신상의 손해)이든, 적극적 손해이든 소극적 손해이든 불문한다. O X

국가배상법상 손해란 법익침해의 결과로서 나타난 불이익을 의미하는바, 손해에는 **적극적 손해·소극적 손해, 재산적 손해, 비재산적 손해**(생명·신체적 손해 또는 정신적 손해 등)가 **★모두 포함**된다. 다만 반사적 이익의 침해로 인한 불이익은 제외된다.

⚠ 국가배상의 대상이 되는 손해는 **적극적 손해인지 소극적 손해인지를 불문**하나, ~~적어도~~ **재산상의 손해**~~이어야~~ 하며 **정신적 손해는 포함**~~되지 않는다~~. (×) [14 행정사]

0799

[20 군무원7]

자기책임설은 공무원의 직무상 행위의 위법여부와 상관없이 국가가 자기의 행위에 대한 배상책임을 지는 것으로 보는 견해이다. O X

자기책임설	**국가**는 그의 **기관인 공무원을 통해서 행위**를 하기 때문에(기관이론), **공무원의 직무상 행위**에 따른 **★위법여부와 관계없이 국가에 귀속**되고, 국가 등의 배상책임 또한 **공무원의 책임을 대신하여 지는 것이 아니라, ★국가 스스로의 배상 책임으로 이해**한다.
대위책임설	**본래는 공무원 개인의 책임임이 분명**하나, **국가가 ★피해자를 보호하려는 차원**에서 공무원의 배상책임을 **★대신하여 부담**하는 것으로 이해한다.

0800

[07 군무원9]

손해배상청구권은 피해자가 손해 및 가해자를 안 날로부터 (　)년 이내에 행사하여야 한다. O X

국가배상청구권도 「민법」 제766조 제1항에 따라 피해자나 그 법정대리인이 손해와 가해자를 **안 날로부터 ★3년간** 이를 행사하지 아니하면 **시효로 소멸**하는 것이다. (대판 2010.2.11. 2009다79897)

☑ 피해자나 법정대리인이 손해와 가해자를 **★알지 못하는 경우의, 시효**는 불법행위의 종료일로부터 **5년**이다. (대판 2008. 11. 27. 2008다60223)

⚠ **국가배상청구권의 소멸시효**는 5년이다. (×) [10 경북교행9]

0801

[19 군무원9]

국가배상법에 의한 배상심의회에 의한 결정은 행정처분이 아니므로 행정소송의 대상이 아니다. O X

국가배상법에 의한 **배상심의회의 결정**은 **★행정처분이 아니므로 행정소송의 대상이 아니다**. (대판 1981. 2. 10. 80누317)

⚠ 국가배상에 있어서 **배상심의회의 결정**은 ~~구속력 있는 일방적 행정처분~~이다. (×) [95 국가7]

정답 0798. O　0799. O　0800. 3　0801. O

0802

[17 군무원9]

국가배상에 있어서, 피해자가 손해를 입은 동시에 이익을 얻은 경우에는 손해배상액에서 그 이익에 상당하는 금액을 빼야 한다. O X

> **【국가배상법】 제3조의2(공제액)** ① 제2조 제1항을 적용할 때 피해자가 **손해를 입은 동시에 이익**을 얻은 경우에는 손해배상액에서 그 **이익에 상당하는 금액**을 **★빼야** 한다.

⚠ 피해자가 **손해를 입은 동시에 이익**을 얻은 경우 **이를 공제**할 수 없으며, 이것은 국가배상법이 가지는 생계보장적 성격에서 타당하다. (×) [08 국가7]

0803

[20 군무원7]

불법행위로 영업을 중단한 자가 영업 중단에 따른 손해배상을 구하는 경우 영업을 중단하지 않았으면 얻었을 순이익과 이와 별도로 영업중단과 상관없이 불가피하게 지출해야 하는 비용도 특별한 사정이 없는 한 손해배상의 범위에 포함될 수 있다. O X

> 불법행위로 **영업을 중단**한 자가 영업 중단에 따른 **손해배상**을 구하는 경우 영업을 **중단하지 않았으면 얻었을 ★순이익**과 이와 별도로 **영업 중단과 상관없이 불가피하게 ★지출해야 하는 비용**도 특별한 사정이 없는 한 **손해배상의 범위**에 포함될 수 있다. 위와 같은 **★순이익**과 **비용**의 배상을 인정하는 것은 **이중배상에 해당하지 않는다**. (대법원 2018.9.13. 2016다 35802)

0804

[13 군무원9]

생명·신체의 침해로 인한 국가배상을 받을 권리는 양도나 압류가 가능하다. O X

> **【국가배상법】 제4조(양도 등 금지)** **생명·신체의 침해**로 인한 **국가배상을 받을 권리**는 **★양도**하거나 **압류**하지 못한다.

⚠ **생명·신체상의 손해**에 대한 배상청구권은 **양도·압류할 수 없다**. (○) [20 국회9]

정답 0802. O 0803. O 0804. X

3 영조물의 설치·관리의 하자로 인한 손해배상

0805

[19 군무원9]

헌법은 공무원의 직무상 불법행위로 인한 배상책임만 규정하고 있다. O X

헌법	제29조 공무원의 ★직무상 불법행위로 손해를 받은 국민은 법률이 정하는 바에 의하여 국가 또는 공공단체에 정당한 배상을 청구할 수 있다.
국가배상법	• 제2조(배상책임) 국가나 지방자치단체는 공무원 또는 공무를 위탁받은 사인이 ★직무를 집행하면서 … (중략) … 이 법에 따라 그 손해를 배상하여야 한다. • 제5조(공공시설 등의 하자로 인한 책임) ① 도로·하천, 그 밖의 ★공공의 영조물의 설치나 관리에 하자가 … (중략) … 그 손해를 배상하여야 한다.

⚠ **헌법**은 공무원의 **직무상 불법행위로 인한 국가배상만을 규정**하고 있을 뿐이고 영조물의 설치· 관리의 하자로 인한 국가배상에 대해서는 규정하고 있지 않다. (○) [04 국가9]

0806

[22 군무원9]

공공의 영조물은 사물(私物)이 아닌 공물(公物)이어야 하지만, 공유나 사유임을 불문하고 행정주체에 의하여 특정 공공의 목적에 공여된 유체물이면 족하다. O X

국가배상법 제5조 제1항 소정의 '**공공의 영조물**'이라 함은 국가 또는 지방자치단체에 의하여 특정 **공공의 목적에 공여된 유체물 내지 물적 설비**를 말하며, 국가 또는 지방자치단체가 **★소유권, 임차권 그 밖의 권한에 기하여 관리**하고 있는 경우뿐만 아니라 **★사실상의 관리**를 하고 있는 경우도 포함된다. (대판 1998. 10. 23., 98다17381)

☑ 사유물의 경우, 국가나 지자체가 **임차권, 전세권 등에 따라 관리하고 있는 물건**이거나, 심지어 별다른 권원없이 **사실상의 관리만 하고 있는 물건**이라도 **영조물에 포함**된다.

⚠ 공공의 **영조물**에는 국가 또는 지방자치단체가 **임차권에 의해 관리하고 있는 경우도 포함**된다. (○) [07 국가9]

⚠ **공공의 영조물**이라 함은 국가 또는 지방자치단체가 **소유권, 임차권 그 밖의 권한에 기하여 관리**하고 있는 경우뿐만 아니라 **사실상의 관리를 하고 있는 경우도 포함**한다. (○) [16 군무원9]

⚠ **공공의 영조물**이라 함은 국가 또는 지방자치단체에 의하여 특정 **공공의 목적에 공여된 유체물 내지 물적 설비**를 말하며, 국가 또는 지방자치단체가 소유권, 임차권, 그 밖의 권한에 기하여 관리하고 있는 경우뿐만 아니라 **사실상 관리하고 있는 경우에도 포함**된다. (○) [18 군무원9]

⚠ **사실상 관리 중인 영조물**은 공공목적의 **영조물에 포함**될 수 없다. (×) [12 군무원9]

⚠ **국가 또는 지방자치단체가 관리**하지만 **사인의 소유에 속하는 공물**에 대하여는 「국가배상법」 **제5조가 적용**되지 아니한다. (×) [14 국가7]

정답 0805. O 0806. O

0807

[12 군무원9]

국유일반재산은 국가배상법 제5조의 적용대상이 되지 않는다. O X

국·공유재산 중에서도 **일반재산(예 국유임야)**은 공적 목적을 위한 물건, 즉 **공물이 아니어서, 영조물에 해당되지 않으므로, ★국가배상법 제5조가 적용될 수 없다.** 달리 말해 강학상 공물에 속하는 물건이어야만 국가배상법 제5조가 적용되는 영조물에 해당된다.

⚠ 국유재산 중 **일반재산**은 국가배상법 제5조의 ~~'공공의 영조물'에 포함~~된다. (×) [97 국가9]
⚠ **국유임야**는 국가배상법상 영조물에 **해당하지 않는다.** (○) [05 국회8]
⚠ **국유임야**는 국가배상법상 ~~영조물~~이다. (×) [07 군무원9]

0808

㉠ 소방자동차, 경찰권총, 관공서 청사는 국가배상법상 영조물이다. [07 군무원9] O X
㉡ 영조물은 공작물보다 더 넓은 개념으로 공작물 외에도 항공기·경찰견 등을 포함한다. [12 군무원9] O X

국가배상법의 적용대상이 되는 '**영조물**'에는 **관공서 청사**는 물론이고, **★경찰총, 경찰사, 소방차, 경찰견, 경찰마** 등도 모두 포함되므로, 이들에 대한 관리상 하자에 따라 국민에게 피해를 입힌 경우 **국가나 지방자치단체는 배상책임**을 지게 된다.

⚠ 세워둔 112 **순찰차**가 브레이크 고장으로 굴러 타인에게 손해를 가하였을 때에는 **영조물의 관리의 하자**로 인한 국가의 **배상책임**이 있다. (○) [97 경찰간부]
⚠ **경찰관의 총기**는 「국가배상법」 제5조에 의한 **영조물~~이 아니~~**다. (×) [04 대전교행9]
⚠ **서울시 청사**는 「국가배상법」 제5조의 **영조물에 해당**된다. (○) [13 서울9]
⚠ **경찰마**는 국가배상법상 **영조물에 해당**한다. (○) [05 국회8]
⚠ **경찰견**은 「국가배상법」 제5조에 의한 **영조물~~이 아니~~**다. (×) [04 대전교행9]

0809

[19 군무원9]

국가배상법 제5조 소정의 공공의 영조물이란 공유나 사유임을 불문하고 행정주체에 의하여 특정 공공의 목적에 공여된 유체물 또는 물적 설비를 의미하므로 만약 사고지점 도로가 군민의 통행에 제공되었다면 도로관리청에 의하여 노선인정 기타 공용개시가 없었더라도 이를 영조물이라 할 수 있다. O X

사실상 군민의 통행에 제공되고 있던 도로 옆의 암벽으로부터 떨어진 낙석에 맞아 소외인이 사망하는 사고가 발생하였다고 하여도 동 사고지점 도로가 피고 군에 의하여 노선인정 기타 **★공용개시가 없었으면** 이를 **★영조물이라 할 수 없다.** (대판 1981. 7. 7. 80다2478)

⚠ **사실상 군민(郡民)의 통행에 제공**되고 있던 **도로**라고 하여도 군(郡)에 의하여 노선인정 기타 **공용개시가 없었던 이상** 이 도로를 '공공의 **영조물'이라 할 수 없다.** (○) [20 국가7]

정답 0807. O 0808-㉠. O 0808-㉡. O 0809. ×

0810

㉠ '영조물의 설치 또는 관리의 하자'란 공공의 목적에 제공된 영조물이 그 용도에 따라 통상 갖추어야 할 안전성을 갖추지 못한 상태에 있음을 말한다. [18 군무원9] OX

㉡ 도로의 설치 및 관리에 있어 완전무결한 상태를 유지할 정도의 고도의 안전성을 갖추지 아니하였다고 하여 하자가 있다고 단정할 수는 없고, 그것을 이용하는 자의 상식적이고 질서있는 이용 방법을 기대한 상대적인 안전성을 갖추는 것으로 족하다. [22 군무원9] OX

1. 국가배상법 제5조 제1항 소정의 **'영조물의 설치 또는 관리의 하자'**라 함은 영조물이 그 용도에 따라 ★**통상 갖추어야 할 안전성을 갖추지 못한 상태**에 있음을 말하는 것으로서, 영조물이 **완전무결한 상태에 있지 아니하고 그 기능상 어떠한 결함이 있다는 것**만으로 영조물의 설치 또는 관리에 ★**하자가 있다고 할 수 없다**. (대판 2008. 9. 25. 선고 2007다88903)
2. 영조물의 설치자 또는 관리자에게 부과되는 **방호조치의무**는 영조물의 위험성에 비례하여 사회통념상 일반적으로 요구되는 정도의 것을 의미하므로 영조물인 도로의 경우도 … (중략) … 이용하는 자의 ★**상식적이고 질서 있는 이용방법**을 기대한 ★**상대적인 안전성**을 갖추는 것으로 족하다. (대판 2002. 8. 23. 2002다9158)

⚠ **영조물의 설치 또는 관리의 하자**란 공물이 그 용도에 따라 **통상 갖추어야 할 안전성을 갖추지 못한** 것을 말한다. (○) [19 군무원9]

⚠ 甲은 지방자치단체가 관리하는 도로를 운행하던 중 도로에 방치된 낙하물로 인하여 손해를 입었다는 이유로 「국가배상법」상 손해배상을 청구하려고 하는 사례에서, 위 **도로의 설치·관리상의 하자가 있는지 여부**는 위 도로가 그 용도에 따라 **통상 갖추어야 할 안전성을 갖추었는지 여부**에 따라 결정된다. (○) [20 국가9]

⚠ 영조물의 설치 또는 관리의 하자라 함은 영조물이 그 용도에 따라 **통상 갖추어야 할 안전성을 갖추지 못한 상태**에 있음을 말하는 것이며, 다만 영조물이 **완전무결한 상태에 있지 아니하**고 그 **기능상 어떠한 결함이 있다는 것만으**로 영조물의 설치 또는 관리에 **하자가 있다고 단정할 수 없는 것이다.** (○) [19 군무원9]

0811

[18 군무원9]

학생이 담배를 피우기 위하여 3층 건물 화장실 밖의 난간을 지나다가 실족하여 사망한 경우, 학교시설의 설치·관리상의 하자는 인정되지 아니한다. OX

고등학교 3학년 학생이 교사의 단속을 피해 **담배를 피우기 위하여** 3층 건물 화장실 밖의 **난간**을 지나다가 **실족하여 사망**한 사안에서 학교 관리자에게 그와 같은 이례적인 사고가 있을 것을 예상하여 복도나 화장실 창문에 난간으로의 출입을 막기 위하여 ★**출입금지장치나 추락위험을 알리는 경고표지판을 설치할 의무가 있다고 볼 수 없으므로** 학교시설의 ★**설치·관리상의 하자가 없다**. (대판 1997.5.16, 96다54102)

⚠ **학생이 담배를 피우기 위하여** 3층 건물 **화장실 밖의 난간을 지나다가 실족하여 사망**한 경우, **학교관리자에게** 그와 같은 이례적인 사고가 있을 것을 예상하여 화장실 창문에 난간으로의 **출입을 막기 위한 출입금지장치나 추락 위험을 알리는 경고표지판을 설치할 의무는 없으므로** 학교시설의 **설치·관리상의 하자는 인정되지 아니한다.** (○) [14 국가7]

정답 0810-㉠. O 0810-㉡. O 0811. O

0812

[22 군무원9]

공군에 속한 군인이나 군무원의 경우 일반인에 비하여 공군비행장 주변의 항공기 소음 피해에 관하여 잘 인식하거나 인식할 수 있는 지위에 있다는 이유만으로 가해자가 면책되거나 손해배상액이 감액되지는 않는다. O X

공군비행장 주변의 항공기 소음 피해로 인한 손해배상 사건에서 공군에 속한 ★**군인이나 군무원**의 경우 일반인에 비하여 그 피해에 관하여 **잘 인식하거나 인식할 수 있는 지위에 있다는 이유만으로** ★**가해자의 면책이나 손해배상액의 감액**에 있어 달리 볼 수는 없다. (대판 2015.10.15., 2013다23914)

0813

㉠ 600년 또는 1000년 빈도의 강우량에 의한 재해는 불가항력에 해당하여 국가배상책임이 부정된다. [12 군무원9] O X

㉡ 50년만의 최대강우량을 기록한 집중호우로 인한 제방도로 유실로 보행자가 익사한 경우라면 불가항력적 사고에 해당되어 국가배상은 인정되지 않는다. [12 국회8] O X

1. 100년 발생빈도의 강우량을 기준으로 책정된 계획홍수위를 초과하여 ★**600년 또는 1,000년** 발생빈도의 강우량에 의한 하천의 범람은 예측가능성 및 회피가능성이 없는 ★**불가항력적인 재해**로서 그 영조물의 관리청에게 ★**책임을 물을 수 없다**고 본 사례. (대판 2003. 10. 23., 2001다48057)
2. 집중호우로 제방도로가 유실되면서 그곳을 걸어가던 보행자가 강물에 휩쓸려 익사한 경우, 사고 당일의 집중호우가 ★**50년 빈도**의 최대강우량에 해당한다는 사실만으로 예상할 수 없는 불가항력에 기인한 것으로 ★**볼 수 없으므로 제방도로**의 설치·관리상의 ★**하자를 인정**한 사례. (대판 2000. 5. 26. 99다53247)

⚠ **영조물에 대한 객관적 안전성을 확보**하고 있는 이상, 영조물과 관련하여 **불가항력에 의해** 발생한 **손해는 면책**된다. (○) [08 경기9 수정]

⚠ 집중호우로 제방도로가 유실되면서 그 곳을 걸어가던 보행자가 강물에 휩쓸려 익사한 경우, 사고 당일의 집중호우가 **50년 빈도의 최대강우량**에 해당한다고 하더라도 **불가항력으로 볼 수 없다.** (○) [16 소방간부]

정답 0812. O 0813-㉠. O 0813-㉡. X

0814

[22 군무원9]

하천의 홍수위가 「하천법」상 관련규정이나 하천정비계획 등에서 정한 홍수위를 충족하고 있다고 해도 하천이 범람하거나 유량을 지탱하지 못해 제방이 무너지는 경우는 안전성을 결여한 것으로 하자가 있다고 본다. O X

하천정비기본계획 등에서 정한 **계획홍수량 및 ★계획홍수위를 충족**하여 하천이 관리되고 있다면 당초부터 계획홍수량 및 계획홍수위를 잘못 책정하였다거나 그 후 이를 시급히 변경해야 할 사정이 생겼음에도 이를 해태하였다는 등의 특별한 사정이 없는 한, 그 **하천은** 용도에 따라 **통상 갖추어야** 할 **★안전성을 갖추고 있다**고 봄이 상당하다. (대판 2007.9.21., 2005다65678)

▲ **하천정비기본계획** 등에서 정한 **계획홍수량 및 계획홍수위를 충족하여 하천이 관리**되고 있다면 특별한 사정이 없는 한, 그 하천은 용도에 따라 **통상 갖추어야 할 안전성을 갖추고 있다**고 볼 수 있다. (○) [21 경행]

0815

[13 군무원9]

가변차로에 설치된 2개의 신호등에서 서로 모순되는 신호가 들어오는 오작동이 발생하였고, 그 고장이 현재의 기술수준상 부득이한 것이라면 손해발생의 예견가능성이나 회피가능성이 없으므로, 그 영조물의 권리상의 하자는 인정될 수 없다 할 것이다. O X

가변차로에 설치된 **두 개의 신호등**에서 서로 **모순되는 신호**가 들어오는 **오작동**이 발생하였고 그 고장이 **현재의 기술수준상 부득이**한 것이라고 **가정하더라도** 그와 같은 사정만으로 손해발생의 **예견가능성이나 회피가능성이** 없어 영조물의 **★하자를 인정할 수 없는 경우라고 ★단정할 수 없다**. (대판 2001. 7. 27., 2000다56822)

▲ **가변차로**에 설치된 **두 개의 신호등에서 서로 모순되는 신호**가 들어오는 오작동이 발생하였고 그 고장이 **현재의 기술수준상 부득이한 것이라고 가정하더라도** 그와 같은 사정만으로 손해발생의 예견가능성이나 회피가능성이 없어 **영조물의 하자를 인정할 수 없는 경우라고 단정할 수 없다.** (○) [19 군무원9]

0816

[16 군무원9]

편도 2차선 도로의 1차선 상에 교통사고의 원인이 될 수 있는 크기의 돌멩이가 방치되어 있었던 경우, 도로의 점유·관리자가 그것에 대한 관리 가능성이 없다는 입증을 하지 못하더라도, 이는 도로 관리·보존상의 하자가 있다고 볼 수 없다. O X

편도 2차선 도로의 1차선 상에 **교통사고의 원인**이 될 수 있는 크기의 **돌멩이가 방치**되어 있는 경우, 도로의 점유·관리자가 그에 대한 **관리 가능성이 없다는 ★입증을 하지 못하는 한** 이는 **★도로의 관리·보존상의 하자에 해당**한다. (대판 1998.2.10. 97다32536)

▲ 편도 **2차선** 도로의 1차선 상에 **교통사고의 원인**이 될 수 있는 크기의 **돌멩이가 방치**되어 있었고 **도로의 점유·관리자**가 그것에 대한 **관리 가능성이 없다는 입증을 하지 못하고 있다면** 이는 **도로 관리·보존상의 하자에 해당**한다. (○) [20 국회9]

정답 0814. × 0815. × 0816. ×

0817

[16 군무원9]

영조물의 설치·관리상의 하자로 인한 책임은 무과실책임이고, 민법상 면책규정이 적용되지 않는다.

O X

국가배상법	제5조(공공시설 등의 하자로 인한 책임) ① 도로·하천, 그 밖의 공공의 영조물의 설치나 관리에 하자가 … (중략) … 그 손해를 배상하여야 한다.
민법	제758조(공작물등의 점유자, 소유자의 책임) ① 공작물의 설치 또는 보존의 하자로 인하여 타인에게 손해를 가한 때에는 공작물점유자가 손해를 배상할 책임이 있다. 그러나 점유자가 손해의 방지에 필요한 ★주의를 해태하지 아니한때에는 그 소유자가 손해를 배상할 책임이 있다. ↑면책규정

☑ 국가배상법 제5조에는 **면책규정 無**/ 따라서 영조물배상책임은 **★무과실책임주의**

⚠ 국가배상법 **제5조의 손해배상책임**은 동법 제2조의 책임과 같이 ~~과실책임~~주의로 규정되어 있다. (×) [09 국가7]

⚠ ~~국가배상법~~에는 영조물 점유자의 면책규정이 있는 반면, ~~민법~~에는 공작물 **점유자의 면책규정**이 없다. (×) [18 군무원9]

0818

[16 군무원9]

예산부족 등 설치·관리자의 재정사정은 배상책임 판단에 있어 참작사유는 될 수 있으나 안전성을 결정지을 절대적 요건은 아니다.

O X

영조물 설치자의 **재정사정**은 **안전성을 요구**하는데 대한 정도 문제로서 **★참작사유**에는 해당할지언정되나 안전성을 결정지을 **★절대적 요건에는 해당하지 아니한다**. (대판 1967.2.21., 66다1723)

⚠ 영조물배상에서 판례는 **예산부족**은 ~~절대적인 면책사유~~가 된다고 보고 있다. (×) [11 지방9]

정답 0817. O 0818. O

0819

[06 군무원9]

국가배상에 있어서 피해자는 비용부담자에게만 손해배상을 청구할 수 있고, 선임감독자에 대하여는 청구할 수 없다. O X

【국가배상법】 제6조(비용부담자 등의 책임) ① 제2조·제3조 및 제5조에 따라 국가나 지방자치단체가 손해를 배상할 책임이 있는 경우에 공무원의 **선임·감독 또는 영조물의 설치·관리를 맡은 자**와 공무원의 봉급·급여, 그 밖의 비용 또는 영조물의 설치·관리 **비용을 부담하는 자**가 동일하지 아니하면 그 **★비용을 부담하는 자도 손해를 배상**하여야 한다.

☑ 피해자는 **선임감독자 또는 비용부담자**에 대하여 **★선택적으로 배상청구**를 할 수 있다.

⚠ 공무원의 **선임·감독을 맡은 자**와 봉급·급여 기타의 **비용을 부담하는 자**가 동일하지 아니할 때에는 그 **비용을 부담하는 자도** 당해 공무원의 불법행위에 대하여 **배상책임**을 진다. (○) **[14 사복9]**

0820

[20 군무원9]

자동차운전면허시험 관리업무는 국가행정사무이고 지방자치단체의 장인 서울특별시장은 국가로부터 그 관리업무를 기관위임 받아 국가행정기관의 지위에서 그 업무를 집행하므로, 국가는 면허시험장의 설치 및 보존의 하자로 인한 손해배상책임을 부담한다. O X

자동차운전면허시험 관리업무는 **국가행정사무**이고 지방자치단체의 장인 **서울특별시장**은 국가로부터 그 관리업무를 **★기관위임**받아 국가행정기관의 지위에서 그 업무를 집행하므로, **국가는** 면허시험장의 설치 및 보존의 하자로 인한 **★손해배상책임을 부담**한다. (대판 1991.12.24., 91다34097)

⚠ 지방자치단체의 장인 시장이 국도의 관리청이 되었다 하더라도 **국가**는 도로관리상 하자로 인한 **손해배상책임을 면할 수 없다.** (○) **[15 경행]**

도로법 제22조 제2항에 의하여 지방자치단체의 장인 **시장이 국도의 관리청**이 되었다 하더라도 이는 **시장이 국가로부터 관리업무를 위임**받아 국가행정**기관의 지위**에서 집행하는 것이므로 **국가는** 도로관리상 하자로 인한 손해배상책임을 면할 수 없다. (대판 1993.01.26., 92다2684)

정답 0819. X 0820. O

0821

㉠ 군인·군무원이 전투·훈련 등 직무 집행과 관련하여 전사(戰死)·순직(殉職)하거나 공상(公傷)을 입은 경우에 본인이나 그 유족이 다른 법령에 따라 재해보상금·유족연금·상이연금 등의 보상을 지급 받을 수 있을 때에는 「국가배상법」 및 「민법」에 따른 손해배상을 청구할 수 없다. [17 군무원9] O X

㉡ 군인·군무원·경찰공무원 또는 예비군대원이 전투·훈련 등 직무집행과 관련하여 전사·순직하거나 공상을 입은 경우에는 본인이나 그 유족이 다른 법령에 따라 재해보상금·유족연금·상이연금 등의 보상을 지급받을 수 있을 때에도 손해배상을 청구할 수 있다. [13 군무원9] O X

【헌법】 제29조 ② **★군인·군무원·경찰공무원 기타 법률이 정하는 자**가 전투·훈련등 **직무집행과 관련**하여 받은 손해에 대하여는 **★법률이 정하는 보상 외**에 국가 또는 공공단체에 공무원의 직무상 불법행위로 인한 **★배상은 청구할 수 없다.**

【국가배상법】 제2조(배상책임) ① **다만, ★군인·군무원·경찰공무원 또는 예비군대원**이 전투·훈련 등 **직무 집행과 관련**하여 전사(戰死)·순직(殉職)하거나 공상(公傷)을 입은 경우에 본인이나 그 유족이 **★다른 법령에 따라 재해보상금·유족연금·상이연금 등의 보상을 지급받을 수 있을 때**에는 **이 법 및 「민법」에 따른 ★손해배상을 청구할 수 없다.**

⚠ **군인·군무원·경찰공무원**의 경우에는 **헌법상**으로도 **이중배상배제**가 인정되는 자로 규정되어 있다. (○) [09 지방7]

⚠ **군무원과 경찰공무원**은 **헌법과 국가배상법**상의 **이중배상금지대상**에 해당한다. (○) [12 군무원9]

⚠ **군인과 군무원**의 경우 **이중배상은 금지**된다. (○) [17 군무원9]

⚠ **경찰공무원이 전투·훈련 등 직무집행과 관련하여 전사 순직하거나 공상**을 입은 경우에 본인이나 그 유족이 다른 법령에 따라 **재해보상금이나 유족연금 등의 보상을 지급받은 때**에는 **「국가배상법」**및 **「민법」에 따른 손해배상을 청구할 수 없다.** (○) [19 국회8]

⚠ **군인 등이 직무집행과 관련하여 공상을 입는** 등의 이유로 「보훈보상대상자 지원에 관한 법률」이 정한 보훈보상대상자 요건에 해당하여 **보상금 등 보훈급여금을 지급받을 수 있는 경우**에도 국가를 상대로 ~~국가배상을 청구할 수~~ 있다. (×) [20 서울7]

정답 0821-㉠. O, 0821-㉡. X

0822

㉠ 예비군대원은 헌법과 국가배상법상의 이중배상금지대상에 해당한다. [12 군무원9] O X

㉡ 공익근무요원은 헌법과 국가배상법상의 이중배상금지대상에 해당한다. [12 군무원9] O X

1. 임무수행 중 상해를 입거나 사망한 개별 **향토예비군대원의 국가배상청구권을 금지**하고 있는 데에는 그 목적의 정당성, 수단의 상당성 및 침해의 최소성, 법익의 균형성이 인정되어 … (중략) … **★위헌규정이라고 할 수 없다**. (헌재 전원 1996.6.13., 94헌바20)
2. **공익근무요원**이 국가배상법 제2조 제1항 단서의 규정에 의하여 국가배상법상 손해배상청구가 제한되는 군인·군무원·경찰공무원 또는 향토예비군대원에 **★해당한다고 할 수 없다**. (대판 1997. 3. 28. 97다4036)

⚠ **향토예비군 대원**인 경우 **손해배상청구권이 제한**된다. (○) [01 입시]

⚠ **공익근무요원**은 국가배상법상 **손해배상청구가 제한되는** 군인·군무원·경찰공무원 또는 향토예비군대원에 **해당한다고 할 수 없다**. (○) [18 지방7]

0823

[21 군무원9]

도로·하천, 그 밖의 공공의 영조물(營造物)의 설치나 관리에 하자(瑕疵)가 있기 때문에 타인에게 손해를 발생하게 하였을 때에는 국가나 지방자치단체는 그 손해를 배상하여야 한다. 이 경우 군인·군무원의 2중배상금지에 관한 규정은 적용되지 않는다. O X

【국가배상법】 제5조(공공시설 등의 하자로 인한 책임) ① 도로·하천, 그 밖의 공공의 영조물의 설치나 관리에 하자가 있기 때문에 타인에게 손해를 발생하게 하였을 때에는 국가나 지방자치단체는 그 손해를 배상하여야 한다. 이 경우 **★제2조 제1항 단서를 준용**한다.

☑ **영조물의 설치·관리상의 하자로 전사·공상** 등을 입은 본인이나 그 유족이 다른 법령의 규정에 따라 상이연금 등의 **다른 보상을 지급받을 수 있는 경우**에는 **2중배상이 금지**된다.

정답 0822-㉠. O 0822-㉡. X 0823. X

0824

㉠ 방사능에 오염된 고철을 타인에게 매도하는 등으로 유통시킴으로써 거래 상대방이나 전전 취득한 자가 방사능오염으로 피해를 입게 되었더라도 그 원인자는 방사능오염 사실을 모르고 유통시켰을 경우에는 환경정책기본법 제44조 제1항에 따라 피해자에게 피해를 배상할 의무는 없다.

[20 군무원9] O X

㉡ 토양은 폐기물 기타 오염물질에 의하여 오염될 수 있는 대상일 뿐 오염토양이라 하여 동산으로서 '물질'인 폐기물에 해당한다고 할 수 없고, 나아가 오염토양은 법령상 절차에 따른 정화 대상이 될 뿐 법령상 금지되거나 그와 배치되는 개념인 투기나 폐기 대상이 된다고 할 수 없다.

[20 군무원9] O X

1. 방사능에 오염된 고철은 원자력안전법 등의 법령에 따라 처리되어야 하고 유통되어서는 안 된다. 사업활동 등을 하던 중 고철을 **방사능에 오염**시킨 **원인**자는 관련 법령에 따라 고철을 처리함으로써 오염된 **환경을 회복·복원할 책임**을 진다. 이러한 조치를 취하지 않고 방사능에 오염된 고철을 타인에게 매도하는 등으로 유통시킴으로써 거래 상대방이나 전전 취득한 자가 방사능오염으로 피해를 입게 되면 그 원인자는 **방사능오염 사실을 모르고 유통**시켰더라도 환경정책기본법 제44조 제1항에 따라 **피해자에게 피해를 배상할 의무**가 있다. (대판 2018. 9. 13. 2016다35802)
2. 구 폐기물관리법과 구 폐기물관리법 시행령, 건설폐기물의 재활용촉진에 관한 법률과 그 시행령 및 토양환경보전법의 각 규정을 종합하면, **토양**은 폐기물 기타 오염물질에 의하여 오염될 수 있는 **대상**일 뿐 오염토양이라 하여 동산으로서 '물질'인 **폐기물에 해당한다고 할 수 없고**, 나아가 오염토양은 법령상 절차에 따른 **정화 대상**이 될 뿐 법령상 금지되거나 그와 배치되는 개념인 **투기나 폐기 대상이 된다고 할 수 없다**. (대판 2000. 5. 26. 99다53247)

정답 0824-㉠. X 0824-㉡. O

제2절 손실보상

0825

[16 군무원9]

손실보상은 적법행위로 인한 손실뿐만 아니라, 위법행위로 인한 손해도 그 보상의 대상으로 하고 있다.

O X

구분	행정상 손실보상	손해배상
의의	★**적법한** 행정작용으로 인한 손실을 보상	**위법한** 행정작용으로 인한 손해를 배상

- 행정상 **손실보상의 대상**은 **적법한 공권력의 행사**에 의한 **손실**이어야 한다. (○) [10 군무원9]
- **손실보상**은 원칙적으로 **적법한 공권력 행사**로 인한 손해의 전보제도로서 **위법한 공권력행사**로 인한 침해에 대한 보상인 **국가배상제도와는 다르다.** (○) [14 서울7]
- 손실보상은 ~~위법한~~ 공권력 행사로 개인의 재산권이 침해된 것을 보상하는 것이다. (×) [16 전환]

0826

[22 군무원9]

행정상 손실보상청구권이 성립하기 위해서는 재산권에 대한 법적인 행위로서 공행정작용에 의한 침해를 말하고 사실행위는 포함되지 않는다.

O X

급변화하고 있는 현대 사회에서는 국가의 다양한 행정행위 형식으로 인한 국민의 권익 침해를 구제할 필요성이 더욱 강하게 요청되고 있는바, ★**사실행위 등의 비권력적 행정작용으로 재산권이 침해**된 경우에도 **행정상 손실보상청구권이 성립**할 수 있다.

0827

[17 군무원9]

손실보상은 헌법 제23조 제3항에 따라 법률로써 하고 이때의 법률은 국회가 제정한 형식적 의미의 법률을 의미한다.

O X

【헌법】 제23조 ③ 공공필요에 의한 재산권의 **수용·사용 또는 제한 및 그에 대한 보상**은 ★**법률**로써 하되, 정당한 보상을 지급하여야 한다.

- 손실보상제도는 **법률유보의 원칙과 관련**된다. (○) [07 군무원9]
- **수용의 근거가 되는 법률**은 국회제정의 **형식적 의미의 법률**을 의미한다. (○) [09 관세사]
- **헌법 제23조 제3항**은 공공필요에 의한 **재산권의 수용·사용 또는 제한 및 그에 대한 보상**은 **법률 또는 규칙**에 의해야 한다고 규정하고 있다. (×) [11 경행]

정답 0825. × 0826. × 0827. ○

0828

[16 군무원9]

손실보상은 재산상 손실에 대한 보상뿐만 아니라 생명·신체의 침해에 대한 보상도 포함한다. O X

손실보상청구권은 ★**재산권이 침해된 경우에만 성립**하고, 생명·신체 등의 비재산권에 대해서는 성립할 수 없다.

△ **손실보상청구권**은 **신체, 생명의 침해에 대한 보상은 포함하지 않는다.** (○) [02 관세사]

△ **손실보상청구권**을 발생시키는 침해는 **재산권**~~이나 신체~~에 대한 것이어야 한다. (×) [14 서울7]

0829

[22 군무원7]

사업시행자가 광업권·어업권·양식업권 또는 물의 사용에 관한 권리를 취득하거나 사용하는 경우에는 「공익사업을 위한 토지 등의 취득 및 보상에 관한 법률」이 적용되지 않는다. O X

【토지보상법(약칭)】 제3조(적용 대상) **사업시행자**가 다음 각 호에 해당하는 토지·물건 및 **권리**를 취득하거나 사용하는 경우에는 **이 법을 적용**한다.

1. **토지** 및 이에 관한 소유권 **외의 권리**
2. 토지와 함께 공익사업을 위하여 필요한 입목(立木), **건물**, 그 밖에 토지에 정착된 물건 및 이에 관한 소유권 **외의 권리**
3. ★**광업권·어업권·양식업권** 또는 **물의 사용**에 관한 권리

△ **광업권**의 수용은 **손실보상의 원인**이 될 수 있다. (○) [97 국가9]

△ **광업권**, 행정재산, **건물의 전세권**, **토지에 관한 소유권 이외의 권리**는 공공**수용의 목적물**이 될 수 있다. (○) [07 군무원9]

> **공물인 행정재산**은 공공목적에 제공되어 있는 것이므로, **공물 그 자체를 공용수용의 목적으로 할 수는 없고**, 별도의 공용폐지가 있어야만 토지수용의 가능성이 열린다. 판례의 태도도 동일하다. (2018두51904)

0830

[07 군무원9]

손실보상제도는 특별한 희생과 관련이 있다. O X

손실보상은 **공공필요에 의한 적법한 행정작용**에 의하여 사인에게 발생한 **특별한 희생에 대한 전보**이므로 **재산권 침해**로 인한 손실이 ★**특별한 희생에 해당하여야** 한다.

☑ 손실보상청구권의 성립요건 ① 공공의 필요, ② 침해의 적법성, ③ 공행정작용에 의한 재산권침해, ④ 특별한 희생, ⑤ 보상규정의 존재

△ 개인의 **특별한 희생**은 행정상 **손실보상과 관련**~~이 없~~다. (×) [15 서울7]

정답 0828. × 0829. × 0830. O

0831

[16 군무원9]

단순히 사회적인 제약이 가하여진 경우에도 원칙적으로 손실보상이 인정된다. O X

특별한 희생이 아니라, **재산권의 사회적 제약 범위 내의 침해**는 해당 재산의 소유자 등이 감수해야 하는 희생이므로, **★손실보상의 대상이 되지 않는다.**

⚠ 재산권의 **사회적 제약에 해당하는 공용제한**에 대해서는 **보상규정을 두지 않아도 된다.** (○) [18 국회8]

0832

[07 군무원9]

손실보상제도는 사회적 공평부담의 원리와 관련이 있다. O X

손실보상의 인정근거는 공익상의 이유로 재산권의 사회적(내재적) 제약을 넘어 사유재산에 과해진 **특별한 희생을 평등한 상태로 회복시키기** 위해서는 **공동체 전체의 부담으로 보상**해야 한다는 **★'공적 부담 앞의 원칙(공평부담의 원칙, 특별희생설)'**에 있다.

⚠ 평등의 원칙으로부터 파생된 **'공적 부담 앞의 평등'**은 **손실보상의 이론적 근거**가 될 수 있다. (○) [17 지방9]

0833

[10 군무원9]

행정상 손실보상에 관한 현행법상 일반법은 없다. O X

손실보상에 관한 일반법이 **★별도로 존재하지는 않으나,** 다만 「공익사업을 위한 토지 등의 취득 및 보상에 관한 법률」이 손실보상의 일반법으로서의 **성격**을 가지고 있다.

⚠ 손실보상에 관한 ~~일반법으로 손실보상법~~이 있다. (×) [11, 15, 17 경행]

정답 0831. × 0832. ○ 0833. ○

0834

㉠ 헌법에서 규정하고 있는 손실보상의 의미는 '정당한 보상'이다. [07 군무원9] O X

㉡ 수용에 따른 손실보상액 산정의 경우 헌법 제23조 제3항에 따른 정당한 보상이란 원칙적으로 피수용재산의 객관적인 재산가치를 완전하게 보상하여야 한다는 완전보상을 뜻한다. [20 군무원7] O X

1. **【헌법】 제23조** ③ 공공필요에 의한 재산권의 수용·사용 또는 제한 및 그에 대한 보상은 법률로써 하되, **★정당한 보상**을 지급하여야 한다.
2. 헌법이 규정한 **'정당한 보상'**이란 원칙적으로 피수용재산의 **객관적인 재산가치를 완전하게 보상**하는 것이어야 한다는 **★완전보상을 뜻하는** 것이다. (헌재 전원 89헌마107,1990. 6. 25.)

⚠ 현행 헌법은 **정당한 보상**을 지급하도록 규정하고 있다. (○) [05 서울9]

⚠ 손실보상과 관련하여 **헌법에서 규정**하고 있는 보상은 **'완전한 보상'**이다. (○) [07 군무원9]

⚠ 헌법 제23조 제3항에 규정된 **'정당한 보상'**은 ~~상당보상~~을 의미한다는 것이 헌법재판소의 입장이다. (×) [19 소방]

0835

[12 군무원9]

헌법은 손실보상청구권의 근거에 관하여서뿐만 아니라 손실보상의 기준과 방법에 관하여서도 법률에 유보하고 있다.

O X

헌법 제23조 제3항의 "공공필요에 의한 재산권의 수용·사용 또는 제한 및 그에 대한 보상은 **법률**로써 하되, 정당한 보상을 지급하여야 한다."는 규정은 **★보상청구권의 근거**에 관하여서 뿐만 아니라 **★보상의 기준과 방법**에 관하여서도 **법률의 규정에 유보**하고 있는 것으로 보아야 한다. (대판 2004. 10. 27. 2003두1349)

⚠ **헌법 제23조 제3항**의 규정은 **보상청구권의 근거**에 관하여서 뿐만 아니라 **보상의 기준과 방법**에 관하여서도 **법률의 규정에 유보**하고 있는 것으로 보아야 한다. (○) [15 국회8]

0836

[12 군무원9]

기대이익은 재산권의 보호대상에 포함되지 않는다.

O X

구 토지수용법 제51조가 규정하고 있는 **'영업상의 손실'**이란 토지·건물 등이 수용됨에 따라 영업을 할 수 없거나 제한을 받아 생기는 **★직접적인 손실**을 말하는 것이므로, 영업에 투자한 비용이나 그 영업을 통하여 얻을 것으로 **★기대되는 이익에 대한 손실은 보상의 대상이 된다고 할 수 없다.** (대판 2006.1.27, 2003두13106)

⚠ **손실보상이 이루어지는 재산권**에는 지가상승에 대한 **기대이익**이나 **영업이익의 가능성**이 **포함되지 아니한다.** (○) [11 사복9]

정답 0834-㉠ O 0834-㉡. O 0835. O 0836. O

0837

[12 군무원9]

공시지가를 기준으로 보상을 산정하도록 하는 것은 정당보상이 될 수 없다. O X

토지수용으로 인한 손실보상액의 산정을 **공시지가를 기준**으로 한 것은 피수용재산의객관적 가치를 정당하게 반영하는 것이므로, 헌법상의 ★정당보상의 원칙에 **위배되는 것이 아니다**. (헌재 1995.4.20, 93헌바20).

⚠ 개별공시지가가 아닌 **표준지공시지가를 기준으로 보상액을 산정**하는 것은 헌법 제23조 제3항에 **위반되지 않는다.** (○) [21 군무원7]

토지수용으로 인한 **손실보상액의 산정**을 개별공시지가가 아닌 **표준지공시지가를 기준**으로 하도록 한 것은 피수용 재산의 **객관적인 재산가치**를 가장 **정당하게 보상하기 위한 것**으로 청구인의 **재산권을 침해한다고 볼 수 없다.** (헌재 2009. 11. 26. 2009헌바141)

0838

[21 군무원7]

보상가액 산정시 공익사업으로 인한 개발이익은 토지의 객관적 가치에 포함된다. O X

공익사업의 시행으로 인한 개발이익은 완전보상의 범위에 **포함되는** 피수용토지의 객관적 가치 내지 피수용자의 ★**손실이라고는 볼 수 없다.** (헌재 1990. 6. 25. 89헌마107)

⚠ **해당 사업으로** 인해 지가가 상승하여 **발생하는 개발이익**은 **완전보상의 범위에 포함되는** 피수용토지의 객관적 가치 내지 **피수용자의 손실이라고는 볼 수 없다.** (○) [16 국가5 승진]

0839

[12 군무원9]

토지수용으로 인한 보상액을 산정함에 있어서 당해 공공사업과 관계없는 다른 사업의 시행으로 인한 개발이익은 이를 배제하지 아니한 가격으로 평가하여야 한다. O X

토지수용으로 인한 **손실보상액을 산정**함에 있어서 **당해 공공사업의 시행으로 인한 가격변동**은 **고려함이 없이** 수용재결 당시의 가격을 기준으로 **적정가격을 정하여야** 하나, 당해 공공사업과는 **관계없는** ★**다른 사업의 시행으로 인한 개발이익**은 ★**배제하지 아니한 가격**으로 평가하여야 한다. (대판 1999. 1. 15., 98두8896)

⚠ 토지수용으로 인한 손실보상액을 산정함에 있어 당해 공공사업의 시행과 **관련이 없는 다른 사업**으로 인한 ~~개발이익을 배제한 가격으로 평가하여야~~ 한다. (×) [08 지방7]

정답 0837. × 0838. × 0839. ○

0840

[21 군무원7]

공유수면매립으로 인하여 위탁판매수수료 수입을 상실한 수산업협동조합에 대해서는 법률의 보상규정이 없더라도 손실보상의 대상이 된다. O X

공유수면매립사업의 시행으로 사업대상지역에서 어업활동을 하던 조합원들의 조업이 불가능하게 되어 일부 위탁판매장에서의 위탁판매사업을 중단하게 됨에 따라 **수산업협동조합이 상실**하게 된 **위탁판매수수료 수입**은 **간접적인 영업손실**이라고 하더라도 위탁판매사업으로 얻고 있는 영업상의 재산이익을 본질적으로 침해하는 **★특별한 희생**에 해당하므로 **위탁판매수수료 수입손실**은 **★손실보상의 대상**이 된다. (대판 1999. 10. 8. 99다27231)

⚠ **공유수면매립**으로 인해 위탁판매사업을 중단하게 되어 **수산업협동조합**이 입은 **위탁판매수수료 수입손실**에 대하여 판례는 **보상을 인정**한 바 있다. (○) [06 국회8 변형]

⚠ **간접적 영업손실**은 **특별한 희생**~~이 될 수 없~~다. (×) [19 서울9 2월]

0841

[20 군무원7]

공익사업으로 인하여 영업을 폐지하거나 휴업하는 자는 공익사업을 위한 토지 등의 취득 및 보상에 관한 법률상의 재결절차를 거치지 않은 채 곧바로 사업시행자를 상대로 손실보상을 청구하는 것은 허용되지 않는다. O X

공익사업으로 인하여 **영업을 폐지하거나 휴업**하는 자가 사업시행자로부터 영업손실에 대한 보상을 받기 위해서는 구 공익사업법 등에 규정된 **재결절차를 거친 다음** 그 **재결에 대하여 불복**이 있는 때에 비로소 구 공익사업법에 따른 권리구제를 받을 수 있을 뿐, 이러한 **★재결절차를 거치지 않은 채 곧바로** 사업시행자를 상대로 **손실보상을 청구**하는 것은 **★허용되지 않는다**. (대법원 2011.9.29, 2009두10963)

⚠ **공익사업**으로 인하여 **영업을 폐지하거나 휴업하는 자**가 구 「공익사업을 위한 토지 등의 취득 및 보상에 관한 법률」에 규정된 **재결절차를 거치지 않은 채** 곧바로 사업시행자를 상대로 **영업손실보상을 청구할 수 없다**. (○) [22 군무원9]

⚠ 공익사업에 영업시설 일부가 편입됨으로 인하여 잔여 영업시설에 손실을 입은 자는 재결절차를 거치지 않은 채 곧바로 사업시행자를 상대로 잔여 영업시설의 손실에 대한 ~~보상을 청구할 수~~ 있다. (×) [20 국가7]

정답 0840. O 0841. O

0842

[16 군무원9]

민간사업시행자도 손실보상의 주체가 될 수 있다. O X

헌법 제23조 제3항은 재산권 수용의 주체를 **한정하지 않고 있다. 국가 등의 공적 기관**이 직접 수용의 주체가 되는 것이든 ★**민간기업**이 수용의 주체가 되는 것이든, 양자 사이에 공공필요에 대한 판단과 수용의 범위에 있어서 본질적인 **차이를 가져올 것으로 보이지 않는다**. 따라서 위 수용 등의 주체를 국가 등의 공적 기관에 ★**한정하여 해석할 이유가 없다**. (헌재 2009.9.24. 2007헌바114)

⚠ **민간기업**도 **토지수용의 주체**가 될 수 있다. (○) [21 군무원7]

⚠ ~~공용수용은~~ 공공필요에 부합하여야 하므로, **수용 등의 주체**를 ~~국가 등의 공적 기관에 한정하여야~~ 한다. (×) [21 국가7]

0843

㉠ 필요한 토지 등의 취득 또는 사용으로 인하여 토지소유자나 관계인이 입은 손실은 국가 또는 지방자치단체가 보상하여야 한다. [10 군무원9] O X

㉡ 행정상 손실보상의 원칙으로 사전보상원칙이 있다. [09 군무원9] O X

㉢ 손실보상의 방법은 현금보상을 원칙으로 하나, 현물보상이나 채권보상도 가능하다. [22 군무원7] O X

㉣ 손실보상의 지급에서는 개인별 보상의 원칙이 적용된다. [12 국가9] O X

㉤ 행정상 손실보상의 원칙으로 전액보상 원칙이 있다. [10 군무원9] O X

■ 토지보상법(약칭)상 손실보상의 원칙

① **사업시행자 보상**(제61조)	손실은 ★**사업시행자가 보상**하여야 한다.
② **사전보상**(제62조)	**사업을 위한 공사에 착수하기 ★이전에 지급**하여야 한다
③ **현금보상**(제63조)	손실보상은 ★**현금으로 지급**하여야 한다.
④ **개인별 보상**(제64조)	손실보상은 ★**개인별(토지소유자나 관계인)로** 하여야 한다
⑤ **일괄보상**(제65조)	★**한꺼번에 보상금을 지급**하도록 하여야 한다.

⚠ 공익사업에 필요한 토지등의 취득으로 인하여 토지소유자가 입은 손실은 **사업시행자가 보상하여야** 한다. (○) [19 행정사]

⚠ 손실보상은 ~~후급지불을~~ 원칙으로 한다. (×) [04 대구9]

⚠ 행정상 **손실보상의 원칙**으로 ~~현물보상원칙이~~ 있다. (×) [10 군무원9]

⚠ 손실보상은 **금전(현금)보상을 원칙**으로 하고 **채권보상은 인정**~~되지 않는~~다. (×) [12 국가7]

⚠ 「공익사업을 위한 토지 등의 취득 및 보상에 관한 법률」상 손실보상 지급 원칙으로 '~~물건별~~ 보상의 원칙'이 있다. (×) [14 경행]

⚠ 손실보상은 **일시급을 원칙**으로 하되, **예외적으로 분할급**도 가능하다. (○) [04 대구9]

정답 0842. O 0843-㉠. X 0843-㉡. O 0843-㉢. O 0843-㉣. O 0843-㉤. O

0844

㉠ 협의가 성립되지 아니하거나 협의를 할 수 없을 때에는 사업시행자는 사업인정고시가 된 날부터 1년 이내에 관할 토지수용위원회에 재결을 신청할 수 있다. [10 군무원9] O X

㉡ 사업시행자는 재결신청의 청구를 받은 때에는 그 청구가 있은 날로부터 1년 이내에 관할 토지수용위원회에 재결을 신청하여야 한다. [10 군무원9] O X

【토지보상법(약칭)】

제28조(재결의 신청) ① 제26조에 따른 협의가 **성립되지 아니하거나** 협의를 **할 수 없을 때**에는 **★사업시행자**는 사업인정**고시가 된 날부터 ★1년 이내**에 대통령령으로 정하는 바에 따라 관할 **토지수용위원회**에 **★재결을 신청**할 수 있다.

제30조(재결 신청의 청구) ① 사업인정고시가 된 후 협의가 성립되지 아니하였을 때에는 **토지소유자와 관계인**은 사업시행자에게 **재결을 ★신청할 것을 청구**할 수 있다.

② 사업시행자는 제1항에 따른 청구를 받았을 때에는 그 **청구를 받은 날부터 ★60일 이내**에 관할 토지수용위원회에 **재결을 신청**하여야 한다.

⚠ 재결은 **협의가 불성립 또는 불능**인 경우에 **사업인정고시일로부터** ~~2년~~ 이내에 관할 **토지수용위원회에 재결을 신청**~~하여야~~ 한다. (○) [03 관세사]

⚠ 토지 등의 수용으로 인한 보상금의 **협의가 이루어지지 아니하면** ~~토지소유자 및 이해관계인~~은 **토지수용위원회에 재결을 신청**할 수 있다. (×) [05 국가9] ☑ 사업시행자만 신청가능

0845

[21 군무원5]

사업인정은 수용권을 설정해 주는 행정처분으로서, 이에 따라 수용할 목적물의 범위가 확정되고, 수용권자가 목적물에 대한 현재 및 장래의 권리자에게 대항할 수 있는 공법상 권한이 생긴다. O X

구 토지수용법 제14조의 규정에 의한 **사업인정**은 그 후 일정한 절차를 거칠 것을 조건으로 하여 일정한 내용의 **★수용권을 설정**해 주는 **행정처분**의 성격을 띠는 것으로서 그 사업인정을 받음으로써 **★수용할 목적물의 범위가 확정**되고 수용권으로 하여금 목적물에 관한 현재 및 장래의 권리자에게 **★대항**할 수 있는 일종의 공**법상의 권리로서의 효력**을 발생시킨다. (대판 1994. 11. 11., 93누19375)

⚠ 사업인정의 효력으로는 **수용권의 발생**, 수용**목적물의 확정**, **관계인의 범위 확정**, 토지 등의 **보전의무** 등이 있다. (○) [08 관세사 변형]

정답 0844-㉠. O 0844-㉡. × 0845. O

0846

[21 군무원5]

수용재결에 불복하여 취소소송을 제기하는 때에는 이의신청을 거친 경우에도 수용재결을 한 중앙토지수용위원회 또는 지방토지수용위원회를 피고로 하여 수용재결의 취소를 구하여야 하고, 다만 이의신청에 대한 재결 자체에 고유한 위법이 있음을 이유로 하는 경우에는 그 이의재결을 한 중앙토지수용위원회를 피고로 하여 이의재결의 취소를 구할 수 있다. O X

- **【토지보상법(약칭)】 제83조(이의의 신청)** ① 중앙토지수용위원회의 제34조에 따른 **재결에 이의가 있는 자**는 **★중앙토지수용위원회에 이의를 신청**할 수 있다.
  ② **지방토지수용위원회**의 제34조에 따른 **재결에 이의가 있는 자**는 해당 지방토지수용위원회를 거쳐 **★중앙토지수용위원회에 이의를 신청**할 수 있다.
- **토지소유자 등이 수용재결에 불복**하여 **이의신청을 거친 후 취소소송을 제기**하는 경우 피고적격은 수용재결을 한 토지수용위원회이고, **★소송대상은 수용재결**이다. 다만 **이의신청에 대한 재결 자체에 고유한 위법이** 있음을 이유로 하는 경우에는 그 **이의재결을 한 중앙토지수용위원회를 피고로** 하여 **이의재결의 취소를 구**할 수 있다고 보아야 한다. (대판 2010. 1. 28. 2008두1504)

  ☑ ㉠ 토지수용위원회의 **수용재결에 이의**가 있으면, **중앙토지수용위원회에 ★이의신청**을 할 수 있는데, 이의신청에 대한 **중앙토지수용위원회의 이의재결을 받은 경우**에도
  ㉡ **'원처분주의'**의 원칙에 따라, **'이의재결'이 아닌 ★**당초의 **'수용재결'을 대상으로 취소소송을 제기**하여야 한다.(수용재결취소소송)
  ㉢ 다만 **이의재결에 고유한 위법이 있다고 주장**하는 경우에는, **예외적으로 이의재결을 대상으로 취소소송을 제기**할 수 있다.(이의재결취소소송)

⚠ 토지소유자 등이 **수용재결에 대해 이의신청을 거친 후 취소소송을 제기**하는 경우에 그 대상은 이의신청에 대한 **재결 자체에 고유한 위법이 없는 한** 수용재결이다. (○) [22 소방간부]

⚠ 중앙토지수용위원회의 **이의재결을 거쳐 취소소송을 제기**하는 경우에는 ~~**수용재결**이 아닌 이의재결~~을 **소의 대상**으로 하여야 한다. (×) [13 국회8]

0847

[21 군무원5]

「공익사업을 위한 토지 등의 취득 및 보상에 관한 법률」상 사업시행자, 토지소유자 또는 관계인은 토지수용위원회의 수용재결에 불복할 때에는 재결서를 받은 날부터 90일 이내에, 이의신청을 거쳤을 때에는 이의신청에 대한 재결서를 받은 날부터 60일 이내에 각각 행정소송을 제기할 수 있다. O X

【토지보상법(약칭)】 제85조(행정소송의 제기) ① 사업시행자, 토지소유자 또는 관계인은 제34조에 따른 **재결에 불복**할 때에는 **재결서를 받은 날부터 ★90일 이내**에, 이의신청을 거쳤을 때에는 **이의신청에 대한 재결서를 받은 날부터 ★60일 이내**에 각각 행정소송을 제기할 수 있다.

⚠ 사업시행자, 토지소유자 또는 관계인은 **토지수용위원회의 재결에 불복**할 때에는 **재결서를 받은 날부터 90일 이내에 행정소송을 제기할** 수 있다. (○) [11 지방7]

⚠ 중앙토지수용위원회의 **이의재결에 대한 행정소송**은 **재결서를 받은 날부터 60일 이내에 제기**해야 한다. (○) [18 교행9]

정답 0846. O 0847. O

0848

[21 군무원5]

토지소유자 등과 사업시행자 간의 성실한 협의 이후에 이루어지는 절차인 토지수용위원회의 수용재결이 있은 후에는 토지소유자 등과 사업시행자가 다시 협의하여 토지 등의 취득이나 사용 및 그에 대한 보상에 관하여 임의로 계약을 체결할 수 없다. O X

> 토지수용위원회의 **수용재결이 있은 후**라고 하더라도 **토지소유자 등과 사업시행자**가 **★다시 협의**하여 토지 등의 취득이나 사용 및 그에 대한 보상에 관하여 **★임의로 계약을 체결**할 수 있다. (대판 2017.4.13., 2016두64241)

⚠ 토지수용위원회의 수용재결이 있은 후라고 하더라도 토지소유자 등과 사업시행자가 다시 협의하여 토지 등의 취득이나 사용및 그에 대한 보상에 관하여 임의로 계약을 체결할 수 있다. (○) **[22 군무원7]**

0849

[09 군무원9]

이주대책은 그 본래의 취지에 있어 이주자들에 대하여 종전의 생활상태를 원상으로 회복시키면서 동시에 인간다운 생활을 보장하여 주기 위한 이른바 생활보상의 일환으로 국가의 적극적이고 정책적인 배려에 의하여 마련된 제도이다. O X

> 구 공공용지의 취득 및 손실보상에 관한 특례법상의 **이주대책**은 이주자들에 대하여 **종전의 생활상태를 원상으로 회복**시키면서 **동시에 인간다운 생활을 보장**하여 주기 위한 이른바 **★생활보상의 일환**으로 국가의 **★적극적이고 정책적인 배려**에 의하여 마련된 제도이다. (대판 전원 1994. 5. 24. 92다35783)

⚠ **이주대책**은 이주자들에 대하여 **종전의 생활상태를 원상으로 회복**시키면서 동시에 **인간다운 생활을 보장**하여 주기 위한 이른바 **생활보상의 일종**이다. (○) **[17 소방간부]**

정답 0848. × 0849. ○

0850

㉠ 이주대책은 헌법 제23조 제3항에 규정된 정당한 보상에 포함되는 것이라기보다는 생활보상의 일환으로서 국가의 정책적인 배려에 의하여 마련된 제도로서 이주대책의 실시여부는 입법자의 입법정책적 재량의 영역에 속한다. [18 군무원9] O X

㉡ 「공익사업을 위한 토지 등의 취득 및 보상에 관한 법률」 시행령에서 이주대책의 대상자에서 세입자를 제외하고 있는 것이 세입자의 재산권을 침해하는 것이라 볼 수 없다. [22 군무원9] O X

이주대책의 실시 여부는 입법자의 ★입법정책적 재량의 영역에 속하므로 공익사업을 위한 토지등의 취득 및 보상에 관한 법률 시행령 제40조 제3항 제3호가 **이주대책의 대상자**에서 **세입자를 제외**하고 있는 것이 세입자의 **★재산권을 침해하는 것이라 볼 수 없다**. (헌재 2006. 2. 23. 2004헌마19).

⚠ 이주자들에게 종전의 생활상태를 회복시키기 위한 생활보상의 일환으로서의 **이주대책 실시여부**는 입법자의 **입법정책적 재량의 영역**에 속한다. (○) [13 군무원9]

⚠ 법률이 **이주대책의 대상자**에서 **세입자를 제외**하고 있다 하더라도 세입자의 재산권을 침해하여 **위헌이라고는 할 수 없다.** (○) [18 군무원9]

⚠ **이주대책의 대상자**에서 **세입자를 제외**하고 있는 것은 ~~세입자의 재산권을 침해하는 것~~이다. (×) [13 군무원9]

0851

[18 군무원9]

이주대책에 의한 수분양권은 사업시행자가 이주대책 대상자로 확인 결정하였을 때 비로소 발생하는 것이 아니라 법률의 규정에 의해 직접 발생한다. O X

구 공공용지의 취득 및 손실보상에 관한 특례법 제8조 제1항이 사업시행자에게 이주대책의 수립·실시의무를 부과하고 있다고 하여 **그 규정 자체만에 의하여** 이주자에게 이주대책상의 택지분양권이나 아파트 입주권 등을 받을 수 있는 **★구체적인 권리(수분양권)가 직접 발생하는 것이라고는 볼 수 없으며**, 사업시행자가 **이주대책**에 관한 **구체적인 계획**을 수립하여 이를 해당자에게 통지 내지 공고한 후, 이주자가 **수분양권을 취득**하기를 **희망**하여 이주대책에 정한 절차에 따라 사업시행자에게 이주대책대상자 선정**신청**을 하고 사업시행자가 이를 받아들여 **★이주대책대상자로 확인·결정**하여야만 비로소 구체적인 **수분양권이 발생**하게 된다. (대판 전원 1994. 5. 24. 92다35783)

☑ 이주**대책 수립** ➡ 대상자에게 **통지** ➡ **선정신청** ➡ 대상자로 **★확인·결정** ➡ **수분양권 발생**

⚠ 사업시행자의 **이주대책 수립여부**와는 ~~관계없이~~ **이주대책대상자**에게는 ~~구체적인 수분양권이~~ 발생한다. (×) [13 군무원9]

⚠ 이주대책은 생활보상의 한 내용이므로 이주대책이 수립되면 ~~이주자들에게는 구체적인 권리가~~ 발생하며, **사업시행자의 확인·결정**이 있어야만 **구체적인 수분양권이 발생**하는 것~~은 아~~니다. (×) [16 국가7]

정답 0850-㉠. ○ 0850-㉡. ○ 0851. ×

0852

[13 군무원9]

'공익사업을 위한 관계 법령에 의한 고시' 등이 있은 날 당시 주거용 건물이 아니었던 건물이 그 이후에 주거용으로 용도변경된 경우라면 이주대책의 대상이 되는 주거용 건축물에 해당한다. O X

'공익사업을 위한 관계 법령에 의한 고시 등이 있은 날' 당시 **주거용 건물이 ★아니었던 건물**이 그 후 **주거용으로 용도변경**된 경우, **★이주대책대상이 되는 주거용 건축물에 해당하지 않는다**. (대판 2009.2.26, 2007두13340)

⚠ '공익사업을 위한 관계 법령에 의한 고시 등이 있은 날' **당시 주거용 건물이 아니었던 건물**이 그 **이후에 주거용으로 불법 용도변경**된 경우에도 ~~이주대책대상이 되는 주거용 건축물~~이 될 수 있다. (×) [11 사복9]

0853

[22 군무원9]

사업시행자 스스로 공익사업의 원활한 시행을 위하여 생활대책을 수립·실시할 수 있도록 하는 내부규정을 두고 이에 따라 생활대책 대상자 선정기준을 마련하여 생활대책을 수립·실시하는 경우, 생활대책대상자 선정기준에 해당하는 자기 자신을 생활대책대상자에서 제외하거나 선정을 거부한 사업시행자를 상대로 항고소송을 제기할 수 있다. O X

생활대책대상자 선정기준에 해당하는 자는 사업시행자에게 **생활대책대상자 선정 여부의 확인·결정을 신청할 수 있는 권리**를 가지므로, 만일 사업시행자가 그러한 자를 **생활대책대상자**에서 **★제외하거나 선정을 거부**하면, 이러한 **생활대책대상자 선정기준에 해당하는 자**는 **★사업시행자를 상대로 항고소송을 제기**할 수 있다. (대판 2011.10.13.,2008두17905)

⚠ **생활대책대상자 선정기준에 해당하는 자**는 자신을 **생활대책대상자에서 제외하거나 선정을 거부한 사업시행자를 상대**로 **항고소송을 제기**할 수 있다. (○) [15 국회8]

0854

[22 군무원5]

하천구역 편입토지에 대한 손실보상청구권에 관한 소송은 공법상 당사자소송의 대상이다. O X

하천구역 편입토지 보상에 관한 특별조치법에서는 토지 손실보상청구권의 법적 성질은 **공법상**의 권리임이 분명하므로 위 손실보상금의 지급을 구하거나 손실보상청구권의 확인을 구하는 소송은 행정소송법 제3조 제2호 소정의 **★당사자소송**에 의하여야 할 것이다. (대판 2006.11.9. 2006다23503)

⚠ **하천법상 손실보상금의 지급**을 구하는 소송은 **당사자소송**이다. (○) [14 세무사]

⚠ 판례에 의하면 **손실보상청구소송**은 ~~민사소송~~에 의하는 것이 원칙이다. (×) [17 군무원9]

정답 0852. × 0853. ○ 0854. ○

0855

[18 군무원9]

토지의 일부가 접도구역으로 지정·고시됨으로써 사용가치 및 교환가치의 하락 등이 발생하였더라도 잔여지 손실보상의 대상에 해당하지 않는다. O X

토지의 일부가 접도구역으로 지정·고시됨으로써 일정한 형질변경이나 건축행위가 금지되어 장래의 이용 가능성이나 거래의 용이성 등에 비추어 **사용가치 및 교환가치가 하락**하는 손실은, 토지보상법에 따른 **★잔여지 손실보상의 대상에 해당하지 아니한다**. (대판 2017.7.11., 2017두40860)

0856

[18 군무원9]

잔여지에 대하여 현실적 이용상황 변경 또는 사용가치 및 교환가치의 하락 등이 발생하였더라도, 그 손실이 토지의 일부가 공익사업에 취득되거나 사용됨으로 인하여 발생하는 것이 아니라면 특별한 사정이 없는 한 잔여지 손실보상의 대상이 되지 아니한다. O X

잔여지에 대하여 현실적 이용상황 변경 또는 사용가치 및 교환가치의 하락 등이 발생하였더라도, 그 손실이 토지의 일부가 공익사업에 **취득되거나 사용됨으로 인하여 발생하는 것이 아니라면** 특별한 사정이 없는 한 토지보상법에 따른 **★잔여지 손실보상 대상에 해당한다고 볼 수 없다**. (대판 2017. 7. 11., 2017두40860)

⚠ **잔여지**에 현실적 **이용상황 변경 또는 사용가치 및 교환가치의 하락 등이 발생**하였더라도 그 손실이 **토지가 공익사업에 취득·사용됨으로써 발생한 것이 아닌 경우**에는 **손실보상의 대상이 되지 않는다.** (○) [19 서울7 2월]

0857

[20 군무원7]

공익사업을 위한 토지 등의 취득 및 보상에 관한 법률상 잔여지 수용청구를 받아들이지 않은 토지수용위원회의 재결에 대하여 토지 소유자가 불복하여 제기하는 소송은 항고소송에 해당하여 토지수용위원회를 피고로 하여야 한다. O X

잔여지 수용청구를 받아들이지 않은 토지수용위원회의 **재결에 불복**하여 제기하는 소송은 구 토지보상법상 **★'보상금의 증감에 관한 소송'**에 해당하여 **★사업시행자를 피고로** 하여야 한다. (대판 2010. 8. 19., 2008두822)

⚠ 토지소유자의 **잔여지 수용청구를 받아들이지 않은 토지수용위원회의 재결**에 대하여 토지소유자가 **불복하여 소송을 제기**할 경우 그 **피고는** 토지수용위원회가 아니라 **사업시행자로 하여야** 한다. (○) [17 국가5 승진]

정답 0855. O 0856. O 0857. X

0858

[22 군무원7]

사업시행자가 동일한 토지소유자에 속하는 일단의 토지 일부를 취득함으로 잔여지를 종래의 목적에 사용하는 것이 불가능하거나 현저히 곤란한 경우이어야만 잔여지 손실보상청구를 할 수 있다. O X

사업시행자가 **동일한 토지소유자**에 속하는 일단의 토지 **일부를 취득**함으로 인하여 잔여지의 **가격이 감소**하거나 **그 밖의 손실**이 있을 때 등에는 잔여지를 **★종래의 목적으로 사용하는 것이 가능한 경우라도 잔여지 손실보상의 대상**이 되며, 잔여지를 **종래의 목적**에 사용하는 것이 **불가능하거나 현저히 곤란한 경우이어야만 ★잔여지 손실보상청구를 할 수 있는 것이 아니다**. (대판 2018.7.20. 2015두4044)

⚠ **동일한 토지소유자**에 속하는 일단의 **토지의 일부가** 취득됨으로써 **잔여지의 가격이 감소한 때**에는 잔여지를 **종래의 목적으로 사용하는 것이 가능한 경우라도** 그 잔여지는 **손실보상의 대상**이 된다. (○) [19 지방7]

0859

[09 군무원9]

지하철 공사로 일반인의 통행이 제한됨으로써 인근상점에 매출이 감소한 경우 이러한 영업상의 손실을 보상하고자 하는 것은 '수용유사적 침해'와 관련된다. O X

'수용적 침해'란 **★적법한 공행정작용(지하철공사, 도로공사)**으로 인하여 **★비전형적·비의도적인 부수적 손실(영업손실)**이 발생한 개인의 **재산권에 대한 손해를 전보**하는 것을 말한다.

⚠ **수용적 침해**란 **적법한 행정작용**으로 인한 **비전형적 손실**이 발생한 경우에 관한 이론이다. (○) [97 국가7]

⚠ **도로공사가 장기간 계속**됨으로 인해 영업손실을 입은 **인근 상인의 피해를 보상**해주어야 한다는 것과 관련이 깊은 것은 **'수용적 침해'**이다. (○) [09 군무원9]

0860

㉠ 화재현장에 있던 사람이 진화작업에 동원되어 불을 끄다가 사망한 경우 청구할 수 있는 권리는 '희생보상청구권'이다. [07 군무원9] O X

㉡ 비재산적 법익침해에 대한 희생보상청구권은 판례상 일반적으로 인정되고 있다. [17 군무원9] O X

'희생보상청구권'이란 **★적법한 공행정작용(진화작업, 예방접종)**으로 인하여 **★생명, 신체, 자유 등의 비재산적 법익(사망 등)이 침해**된 경우에, 그에 따른 손실의 보상에 관한 청구권을 말한다.

⚠ 전염병예방법 제54조의2에 의하면 국가는 **예방접종을 받은 자**가 그 **예방접종으로** 인하여 **질병에 걸리거나 장애인이 된 때나 사망한 때**에는 대통령령이 정하는 기준과 절차에 따라 **보상을 하여야** 한다. 이러한 보상과 관련이 깊은 것은 **'희생보상청구권'**이다. (○) [06 선관위9]

⚠ **비재산적 법익침해**에 대한 **희생보상청구권**은 ~~판례상 인정~~되고 있다. (×) [06 국회8]

정답 0858. × 0859. × 0860-㉠. ○ 0860-㉡. ×

제3절 결과제거청구권

0861

㉠ 결과제거청구는 권력작용뿐만 아니라 관리작용에 의한 침해의 경우에도 인정된다.[21 군무원9] O X

㉡ 공법상 결과제거청구권의 대상은 가해행위와 상당인과관계가 있는 손해이다. [21 군무원9] O X

㉢ 피해자의 과실이 위법상태의 발생에 기여한 경우에는 그 과실에 비례하여 결과제거청구권이 제한되거나 상실된다. [21 군무원9] O X

㉣ 공법상 결과제거청구권은 원상회복이 행정주체에게 기대가능한 것이어야 한다. [21 군무원9] O X

㉠ '공법상 결과제거청구권'은 공행정작용으로 야기된 위법한 상태의 제거를 청구하기 위한 원상회복청구권인데, **권력작용은 물론이고 비권력적인 작용**, 그리고 **사실행위 등 ★모든 공행정작용**으로 야기된 위법한 상태의 제거를 요구할 수 있는 청구권이다.

㉡

구분	행정상 손해배상청구권	결과제거청구권
대상	가해행위와 상당인과관계가 있는 손해	공행정작용으로 인한 **★직접적인 결과**

㉢ **민법상의 과실상계 규정**은 공법상 **결과제거청구권에 유추적용**될 수 있으므로, **위법상태의 발생에** 피해자의 **과실이 개입된 경우**, ★개입된 **과실만큼 결과제거청구권이 제한되거나 상실**될 것이다.

㉣ **결과제거청구권**은 위법한 상태를 야기한 **행정주체가 법적·사실적으로 ★원상회복시킬 수 있는 경우에만 허용**된다.

△ **결과제거청구권**에 있어서 **행정청의 침해**는 **권력적인 것이든 비권력적인 것이든 관계없다.** (○) [05 서울9]

△ **결과제거청구권**은 **공행정작용의 직접적인 결과**만을 그 대상으로 한다. (○) [10 지방7]

△ 민법상의 **과실상계 규정**은 공법상 **결과제거청구권에** ~~유추적용될 수~~ 없다. (×) [22 경찰간부]

△ 공법상 **결과제거청구권**은 **원상회복이 법적·사실적으로 가능하여야** 한다. (○) [04 국회8]

정답 0861-㉠. O 0861-㉡. X 0861-㉢. O 0861-㉣. O

제 5 장

행정쟁송

제1절 행정심판

0862

[06 군무원9]

행정행위가 단순한 부당에 그칠 경우 행정심판을 제기할 수 없다. O X

구분	행정심판	행정소송(항고소송)
쟁송대상	★위법·부당한 처분 및 부작위	위법한 처분 및 부작위

▲ **행정심판의 대상**에는 **위법한 처분**뿐만 아니라 **부당한 처분도 포함**된다. (○) [07 군무원9]

▲ 행정처분에 대해 **행정소송**으로는 **위법성 통제만 가능**한 데 반하여, **행정심판**으로는 위**법성뿐만 아니라 부당성 통제도 가능**하다. (○) [16 행정사]

▲ **재량행위**는 **행정심판의 대상**이 아니다. (×) [07 군무원9]

☑ 부당한 처분이란 재량처분의 경우에 합목적성을 갖추지 못한 처분을 뜻하는바, **부당한 재량처분은 행정심판**의 대상이 된다.

0863

[20 군무원9]

행정청의 처분 또는 부작위에 대하여는 다른 법률에 특별한 규정이 있는 경우 외에는 행정심판법에 따라 행정심판을 청구할 수 있다. O X

【행정심판법】 제3조(행정심판의 대상) ① 행정청의 ★"처분 또는 부작위에 대하여는 다른 법률에 특별한 규정이 있는 경우 외에는 이 법에 따라 **행정심판을 청구**할 수 있다.

☑ 행정심판법에서는 다른 법률에서 **특별한 규정이 있는 경우 외**에는, **원칙적으로 모든 처분과 부작위를 심판청구의 대상**으로 규정하고 있어, 이른바 **개괄주의를 채택**하고 있다,

▲ **행정심판사항**에 대해 **개괄주의**가 채택되고 있다. (○) [09 지방7]

▲ **행정심판의 대상**은 행정청의 **위법·부당한 처분**에 한정되며, **부작위는 대상**이 될 수 없다. (×) [17 행정사]

0864

[20 군무원9]

대통령의 처분 또는 부작위에 대하여는 다른 법률에서 행정심판을 청구할 수 있도록 정한 경우 외에는 행정심판을 청구할 수 없다. O X

【행정심판법】 제3조(행정심판의 대상) ② 대통령의 처분 또는 부작위에 대하여는 다른 법률에서 행정심판을 청구할 수 있도록 정한 경우 외에는 행정심판을 ★청구할 수 없다.

▲ **대통령의 처분 또는 부작위**의 경우에는 **행정심판의 대상**으로 삼을 수 **없다**. (○) [06 군무원9]

정답 0862. × 0863. ○ 0864. ○

0865

㉠ 재결이란 행정심판의 청구에 대하여 행정심판위원회가 행하는 판단을 말한다. [15 군무원9] O X

㉡ "부작위"란 행정청이 당사자의 신청에 대하여 상당한 기간 내에 일정한 처분을 하여야 할 법령상 의무가 있는데도 처분을 하지 아니하는 것을 말한다. [19 군무원9] O X

㉢ "행정청"이란 행정에 관한 의사를 결정하여 표시하는 국가 또는 지방자치단체의 기관, 그 밖에 법령 또는 자치법규에 따라 행정권한을 가지고 있거나 위탁을 받은 공공단체나 그 기관 또는 사인(私人)을 말한다. [20 군무원9] O X

【행정심판법】 제2조(정의) 이 법에서 사용하는 용어의 뜻은 다음과 같다.
2. ★"부작위"란 **행정청**이 당사자의 **신청**에 대하여 상당한 **기간 내**에 **일정한 처분**을 하여야 할 **법률상 의무**가 있는데도 **처분을 하지 아니하는** 것을 말한다.
3. **★"재결(裁決)"이란** 행정심판의 **청구**에 대하여 제6조에 따른 **행정심판위원회**가 행하는 **판단**을 말한다.
4. ★**"행정청"**이란 행정에 관한 **의사를 결정하여 표시**하는 국가 또는 지방자치단체의 **기관**, 그 밖에 법령 또는 자치법규에 따라 행정권한을 가지고 있거나 **위탁**을 받은 **공공단체**나 그 **기관** 또는 **사인(私人)**을 말한다.

⚠ **"재결"**이란 심판청구사건에 대하여 **행정심판위원회가 행하는** 종국적 **판단**이다. (○) [05 대구9 변형]

0866

[20 군무원9]

관계 행정기관의 장이 특별행정심판 또는 행정심판법에 따른 행정심판 절차에 대한 특례를 신설하거나 변경하는 법령을 제정·개정할 때에는 미리 법무부장관과 협의하여야 한다. O X

【행정심판법】 제4조(특별행정심판 등) ③ 관계 행정기관의 장이 **특별행정심판** 또는 이 법에 따른 행정심판 절차에 대한 **특례**를 **신설하거나 변경**하는 **법령을 제정·개정**할 때에는 미리 **★중앙행정심판위원회와 협의**하여야 한다.

⚠ **관계 행정기관의 장**이 **특별행정심판** 또는 행정심판법에 따른 **행정심판 절차**에 대한 **특례**를 **신설하거나 변경**하는 **법령을 제정·개정**할 때에는 미리 **중앙행정심판위원회**~~의 동의를 구하여야~~ 한다. (×) [13 국회8] [17 경행]

0867

[15 군무원9]

우리나라는 취소심판과 함께 의무이행심판, 무효등확인심판, 부작위위법확인심판이 인정되고 있다. O X

【행정심판법】 제5조(행정심판의 종류) 행정심판의 종류는 다음 각 호와 같다.
1. **★취소심판** 2. **★무효등확인심판** 3. **★의무이행심판**

⚠ 현행 행정심판법에서 **취소심판, 무효등확인심판,** ~~부작위위법확인심판~~, **의무이행심판**이 인정되고 있다. (×) [06 군무원9]

정답 0865-㉠. O 0865-㉡. O 0865-㉢. O 0866. × 0867. ×

0868

㉠ 취소심판은 행정청의 위법·부당한 처분을 취소하거나 변경하는 행정심판으로서 법률관계의 변동을 가져오는 형성적 쟁송이다. [15 군무원9] O X

㉡ 무효등확인심판은 준형성적 쟁송으로의 성질을 가진다. [15 군무원9] O X

【행정심판법】 제5조(행정심판의 종류) 행정심판의 종류는 다음 각 호와 같다.
1. 취소심판 : 행정청의 **위법** 또는 **부당**한 처분을 ★**취소**하거나 **변경**하는 행정심판
   ☑ **취소심판의 인용재결**이 있게 되면, **형성의 효과(법률관계의 변경·소멸 등)**를 가져오므로 **형성쟁송**에 속한다.
2. 무효등확인심판 : 행정청의 처분의 ★**효력 유무** 또는 **존재 여부**를 ★**확인**하는 행정심판
   ☑ 통설은 **무효등확인심판**을 **준형성적 쟁송**(확인적 쟁송성격+형성적 쟁송성격)으로 본다.

⚠ 행정청의 부당한 **처분을 변경**하는 **행정심판**은 현행법상 허용된다. (○) [20 지방9]

⚠ 처분의 **무효확인**심판, **존재확인**심판은 **행정심판법에 규정**되어 있다. (○) [05 관세사 변형]

0869

㉠ 행정청의 위법·부당한 거부처분이나 부작위에 대하여 일정한 처분을 하도록 하는 의무이행심판은 현행법상 인정된다. [16 군무원9] O X

㉡ A는 분식점을 영업하기 위하여 식품위생법상의 영업허가를 신청하였다. 그러나 신청을 받은 행정청은 A의 신청에 대하여 상당한 기간이 지나도록 아무런 답변도 하지 않고 있다. 이 경우 A는 의무이행심판을 제기할 수 있으나 처분이 존재하지 않으므로 취소심판청구는 불가능하다. [22 군무원5] O X

【행정심판법】 제5조(행정심판의 종류) 행정심판의 종류는 다음 각 호와 같다.
3. 의무이행심판 : 당사자의 **신청**에 대한 행정청의 **위법** 또는 **부당**한 ★**거부처분**이나 ★**부작위**에 대하여 일정한 **처분**을 하도록 하는 행정심판

⚠ **의무이행심판**에서는 **작위의무 존재여부**가 **쟁송의 대상**이 된다. (○) [15 군무원9]

⚠ 甲은 자신의 주거지 인근에 위치한 대기오염을 야기하는 공장에 대하여 관할 관청에 대기환경보전법의 관련규정에 의거하여 **개선명령을 발동해 줄 것을 요구**하였으나, 주무장관인 환경부장관은 **아무런 응답이 없는 사례**에서, 甲은 **의무이행심판을 청구**할 수는 있으나, **취소심판을 청구할 수는 없다.** (○) [09 군무원9]

☑ **아무런 응답이 없는 경우**는 위법·부당한 **부작위**에 해당하므로 **의무이행심판청구**만 가능

정답 0868-㉠. O 0868-㉡. O 0869-㉠. O 0869-㉡. O

0870

[19 군무원9]

감사원의 처분에 대해서는 감사원 소속 행정심판위원회에 행정심판을 제기하여야 한다. O X

【행정심판법】 제6조(행정심판위원회의 설치) ① 다음 각 호의 **행정청** 또는 그 소속 행정청의 처분 또는 부작위에 대한 **행정심판의 청구**에 대하여는 다음 **★각 호의 행정청에 두는 행정심판위원회**에서 심리·재결한다.
1. **★감사원**, 국가정보원장, 그 밖에 대통령령으로 정하는 대통령 소속기관의 장

⚠ **감사원의 처분에 대한 행정심판의 청구**는 ~~중앙행정심판위원회~~에서 심리·재결한다. (×) [13 행정사]

0871

[12 군무원9]

국방부장관과 서울특별시장의 처분에 대한 행정심판은 중앙행정심판위원회에서 한다. O X

【행정심판법】 제6조(행정심판위원회의 설치) ② 다음 각 호의 **행정청**의 처분 또는 부작위에 대한 **심판청구**에 대하여는 「부패방지 및 국민권익위원회의 설치와 운영에 관한 법률」에 따른 국민권익위원회에 두는 **★중앙행정심판위원회**에서 **심리·재결**한다.
1. 제1항에 따른 행정청 외의 **★국가행정기관의 장 또는 그 소속 행정청**
2. **★특별시장·광역시장·특별자치시장·도지사·특별자치도지사**(특별시·광역시·특별자치시·도 또는 특별자치도의 교육감을 포함한다) 또는 특별시·광역시·특별자치시·도·특별자치도의 의회

⚠ **부산광역시장**의 식품위생업무에 관련된 처분에 대하여 **행정심판**이 제기된 경우에 심리·재결 기관은 **중앙행정심판위원회**이다. (○) [09 지방9]

⚠ **행정안전부장관**이 행한 행정처분에 대한 **관할 행정심판위원회**는 ~~행정안전부에 두는 행정심판위원회~~이다. (×) [04 국가7]

0872

[12 군무원9]

'행정심판위원회 위원의 회피 신청권'은 행정심판 당사자에게 보장된 절차적 권리이다. O X

【행정심판법】 제10조(위원의 제척·기피·회피)
② **★당사자**는 위원에게 공정한 심리·의결을 기대하기 어려운 사정이 있으면 **위원장**에게 **★기피신청**을 할 수 있다.
⑦ 위원회의 회의에 참석하는 **위원**이 제척사유 또는 기피사유에 해당되는 것을 알게 되었을 때에는 **스스로** 그 사건의 심리·의결에서 **회피**할 수 있다.

☑ 행정심판위원의 ~~회피~~ 신청권 ➡ 행정심판위원의 **기피** 신청권

⚠ **행정심판**위원회의 **위원**에 대한 **기피신청**은 그 **사유를 소명한 문서로** 하여야 한다. (○) [15 서울7]

정답 0870. ○ 0871. ○ 0872. ○

0873

[16 군무원9]

'행정심판은 정당한 이익이 있는 자에 한하여 제기할 수 있다. O X

【행정심판법】 제13조(청구인 적격)
① 취소심판은 처분의 취소 또는 변경을 구할 **★법률상 이익이 있는 자**가 청구할 수 있다.
② 무효등확인심판은 처분의 효력 유무 또는 존재 여부의 확인을 구할 **★법률상 이익이 있는 자**가 청구할 수 있다.
③ 의무이행심판은 처분을 신청한 자로서 행정청의 거부처분 또는 부작위에 대하여 일정한 처분을 구할 **★법률상 이익이 있는 자**가 청구할 수 있다.

⚠ **행정심판**은 **법률상 이익**이 있어야 **제기**할 수 있다. (○) **[05 관세사 변형]**

0874

[12 군무원9]

법인의 지점은 당사자능력이 없기 때문에 당해 법인의 명의로 행정심판을 청구하여야 하는 것이 원칙이다. O X

법인의 지점은 법인격이 없으므로 행정심판을 청구할 수 있는 청구인능력이 없고, 해당 **★법인의 명의**로 행정심판을 **청구할 수밖에 없다**.

0875

㉠ 여러 명의 청구인이 공동으로 행정심판청구를 할 때에는 청구인들 중에서 5명 이하의 선정대표자를 선정할 수 있다. [19 군무원9] O X

㉡ 여러 명의 청구인이 공동으로 행정심판 청구를 할 경우, 선정대표자가 선정되면 다른 청구인들은 그 선정대표자를 통해서만 그 사건에 관한 행위를 할 수 있다. [13 군무원9] O X

㉢ 행정심판의 청구인이 사망한 경우에는 상속인이나 그 밖에 법령에 따라 심판청구의 대상에 관계되는 권리나 이익을 승계한 자가 청구인의 지위를 승계한다. [16 군무원9] O X

【행정심판법】
제15조(선정대표자)
① **여러 명의 청구인**이 **공동**으로 심판청구를 할 때에는 청구인들 중에서 **★3명 이하**의 선정대표자를 선정할 수 있다.
④ 선정대표자가 **선정**되면 다른 청구인들은 그 **★선정대표자를 통해서**만 그 사건에 관한 **행위를 할 수 있다**.

제16조(청구인의 지위 승계) ① 청구인이 **사망**한 경우에는 상속인이나 그 밖에 법령에 따라 심판**청구의 대상**에 관계되는 **★권리나 이익을 승계**한 자가 **★청구인의 지위를 승계**한다.

⚠ 행정심판의 경우 **여러 명의 청구인**이 **공동으로 심판청구**를 할 때에는 청구인들 중에서 **3명 이하**의 **선정대표자**를 선정할 수 있다. (○) **[18 국회8]**

정답 0873. X 0874. O 0875-㉠. X 0875-㉡. O

0876

[19 군무원9]

행정심판의 경우에도 국선대리인 제도가 인정되므로 청구인이 경제적 능력으로 대리인을 선임할 수 없는 경우에는 행정심판위원회가 선정하여 지원할 수 있다. O X

【행정심판법】 제18조의2(국선대리인) ① 청구인이 **경제적 능력**으로 인해 대리인을 **선임할 수 없는** 경우에는 위원회에 ★**국선대리인을 선임**하여 줄 것을 **신청할 수 있다.**
② 위원회는 제1항의 신청에 따른 **국선대리인 선정 여부**에 대한 ★**결정**을 하고, 지체 없이 청구인에게 그 결과를 통지하여야 한다.

⚠ 행정심판 청구인이 **경제적 능력으로** 인해 **대리인을 선임할 수 없는 경우**에는 행정심판위원회에 **국선대리인을 선임하여줄 것을 신청**할 수 있다. (○) [19 국가9]

0877

[22 군무원9]

행정심판청구서가 피청구인에게 접수된 경우, 피청구인은 심판청구가 이유 있다고 인정하면 직권으로 처분을 취소할 수 있다. O X

【행정심판법】 제25조(피청구인의 직권취소등) ① 제23조제1항·제2항 또는 제26조제1항에 따라 심판청구서를 받은 피청구인은 그 ★**심판청구가 이유 있다고 인정**하면 심판**청구의 취지**에 따라 ★**직권**으로 **처분을 취소·변경**하거나 **확인**을 하거나 **신청에 따른 처분**을 할 수 있다.

0878

㉠ 행정심판청구는 서면으로 하여야 한다. [16 군무원9] O X
㉡ 행정심판청구의 변경은 서면으로 신청하여야 한다. [19 군무원9] O X

【행정심판법】
제23조(심판청구서의 제출) ① **행정심판을 청구**하려는 자는 제28조에 따라 ★**심판청구서를 작성**하여 피청구인이나 위원회에 **제출**하여야 한다.
제29조(청구의 변경) ③ 제1항 또는 제2항에 따른 **청구의 변경**은 ★**서면**으로 신청하여야 한다.
☑ 다만 판례는 행정심판청구는 **엄격한 형식을 요하지 않는 서면행위**로 보기 때문에, **청구서의 형식을 온전히 갖추지 못한 경우**나 **'답변서' 또는 '진정서'와 같은 제목으로 청구한 경우**도 **적법한 행정심판청구**에 해당한다고 판시하였다.(90누851, 98두2621 등)

⚠ 행정**심판의 청구**는 **서면으로 하여야** 하며, **구술에 의한 청구**는 **허용되지 아니한다.** (○) [09 지방9]

⚠ 행정심판**청구의 변경**은 **서면으로 신청**하여야 한다. (○) [19 군무원9]

정답 0876. O 0877. O 0878. O 0878-㉠. O 0878-㉡. O

0879

[07 군무원9]

행정심판의 심리는 서면심리와 구술심리 모두 가능하다. O X

【행정심판법】 제40조(심리의 방식) ① 행정심판의 심리는 **★구술심리나 서면심리**로 한다. 다만, 당사자가 **구술심리를 신청**한 경우에는 **서면심리만으로** 결정할 수 있다고 **인정되는 경우** 외에는 구술심리를 **하여야** 한다.

- **행정심판**의 심리는 **구술심리 또는 서면심리**로 한다. (○) [10 지방9]
- 구'**술심리신청권**'은 행정심판 **당사자에게 보장된 절차적 권리**이다. (○) [12 군무원9]
- 행정심판의 심리는 **구술심리나 서면심리**로 하고, 당사자가 **구술심리를 신청**한 경우에는 **서면심리**는 할 수 없다. (×) [22 행정사]
  - ☑ 구술심리를 신청한 때에도, **서면심리만으로 결정이 가능한 경우**에는 **서면심리 가능**

0880

[06 군무원9]

행정심판의 청구는 원칙적으로 처분이 있음을 안 날로부터 90일 이내, 처분이 있는 날로부터 180일 이내에 제기해야 한다. O X

【행정심판법】 제27조(심판청구의 기간)
① 행정심판은 처분이 **★있음을 알게 된 날**부터 **90일** 이내에 청구하여야 한다.
③ 행정심판은 처분이 **★있었던 날부터 180**일이 지나면 청구하지 못한다. 다만, 정당한 사유가 있는 경우에는 그러하지 아니하다

- 행정심판은 **처분이 있음을 알게 된 날**로부터 **90일 이내에 청구**하여야 한다. (○) [13 군무원9]
- 행정심판은 정당한 사유가 없는 경우 ~~처분이 있었던 날~~부터 **90일 이내**에 청구하여야 하고, ~~처분이 있음을 알게 된 날~~부터 180**일**이 지나면 청구하지 못한다. (×) [18 경행]

정답 0879. O 0880. O

0881

㉠ 법원은 필요하다고 인정하는 때에는 당사자가 주장하지 아니한 사실에 대해서도 재결할 수 있으며, 청구범위 이상의 청구를 인용할 수 있다. [12 군무원9] O X

㉡ 행정심판법은 심판청구의 심리·재결에 있어서 불이익변경금지원칙을 조문으로 명문화하고 있다. [20 군무원7] O X

【행정심판법】
제47조(재결의 범위) ① 위원회는 심판청구의 대상이 되는 처분 또는 부작위 ★**외의 사항**에 대하여는 재결하지 못한다.
↳ '불고불리의 원칙
② 위원회는 심판**청구의 대상**이 되는 **처분보다** 청구인에게 ★**불리한 재결을 하지 못한다**.
↳ '불이익변경금지의 원칙'

▲ 행정심판법은 심판청구의 심리·재결에 있어서 **불고불리 원칙을 조문으로 명문화**하고 있다. (○) [20 군무원7]

▲ 행정심판에는 **불고불리의 원칙이 인정**된다. (○) [21 군무원9]

▲ 행정심판위원회는 **심판청구의 대상**이 되는 처분 또는 부작위 **외의 사항**에 대하여는 **재결하지 못한다.** (○) [15 군무원9] [21 군무원5]

▲ 행정심판에는 **불이익변경금지의 원칙이 적용(인정)**된다. (○) [06 군무원9] [21 군무원9]

▲ 행정심판위원회는 **심판청구의 대상이 되는 처분보다** 청구인에게 **불이익한 재결을 하지 못한다.** (○) [15, 16 군무원9] [21 군무원5]

0882

[13 군무원9]

행정심판위원회는 사건을 심리하기 위하여 필요하면 직권으로 또는 당사자의 신청에 의하여 당사자나 관계인이 가지고 있는 문서·장부·물건 또는 그 밖의 증거자료의 제출을 요구하고 영치하는 방법에 따라 증거조사를 할 수 있다. O X

【행정심판법】 제36조(증거조사) ① **위원회**는 사건을 심리하기 위하여 필요하면 ★**직권**으로 또는 **당사자의 신청**에 의하여 다음 각 호의 방법에 따라 ★**증거조사**를 할 수 있다.
2. 당사자나 관계인이 가지고 있는 ★**문서·장부·물건** 또는 **그 밖의 증거자료**의 **제출을 요구**하고 **영치(領置)**하는 방법 ↳ ☑ 증거조사는 **직권 또는 당사자의 신청** 둘 다 가능

▲ **행정심판위원회**는 사건의 심리를 위하여 필요하다고 인정하면 **직권으로 증거조사**를 할 수 있다. (○) [21 군무원5]

▲ **'증거조사신청권'**은 행정심판 **당사자에게 보장**된 **절차적 권리**이다. (○) [12 군무원9]

정답 0881-㉠. × 0881-㉡. ○ 0882. ○

0883

[21 군무원5]

행정심판위원회는 당사자가 주장하지 아니한 사실에 대하여도 심리할 수 있다. O X

【행정심판법】 제39조(직권심리) 위원회는 필요하면 ★당사자가 주장하지 아니한 사실에 대하여도 심리할 수 있다.

⚠ **행정심판위원회**는 **당사자가 주장하지 아니한 사실**에 대하여 **심리**~~할 수 없~~다. (×) [16 지방9]

0884

[12 군무원9]

'보충서면제출권'은 행정심판 당사자에게 보장된 절차적 권리이다. O X

【행정심판법】 제33조(주장의 보충) ① 당사자는 심판청구서·보정서·답변서·참가신청서 등에서 주장한 사실을 보충하고 다른 당사자의 주장을 다시 반박하기 위하여 필요하면 위원회에 ★보충서면을 제출할 수 있다.

0885

㉠ 행정심판의 재결은 피청구인 또는 위원회가 심판청구서를 받은 날부터 90일 이내에 하여야 한다. [19 군무원9] O X

㉡ 행정심판의 재결기간은 강행규정이다. [21 군무원9] O X

【행정심판법】 제45조(재결 기간) ① 재결은 제23조에 따라 피청구인 또는 위원회가 심판청구서를 받은 날부터 ★60일 이내에 하여야 한다. 다만, 부득이한 사정이 있는 경우에는 **위원장이 직권으로 30일을 연장**할 수 있다.

☑ **재결 기간**은 위원회로 하여금 가능한 한 조속하게 재결을 하도록 정한 **훈시규정에 불과**하다는 것이 일반적 견해인바, 따라서 **해당 기간을 넘겨서 내려진 재결도 효력**이 있다.

⚠ 재결은 「행정심판법」 제23조에 따라 **피청구인 또는 위원회**가 **심판청구서를 받은 날**부터 (㉠)일 **이내에 하여**야 한다. 다만, 부득이한 사정이 있는 경우에는 **위원장이 직권**으로 (㉡)일을 **연장**할 수 있다. ➡ (㉠: 60, ㉡: 30) [16 경행]

정답 0883. O 0884. O 0885-㉠. × 0885-㉡. ×

0886

[22 군무원5]

행정심판위원회는 당사자의 권리 및 권한의 범위 밖의 사안에 대하여도 심판청구의 신속하고 공정한 해결을 위하여 당사자의 동의를 받으면 조정을 할 수 있다. O X

【행정심판법】 제43조의2(조정) ① 위원회는 ★당사자의 권리 및 권한의 범위에서 ★당사자의 동의를 받아 심판청구의 신속하고 공정한 해결을 위하여 조정을 할 수 있다. 다만, 그 조정이 공공복리에 적합하지 아니하거나 해당 처분의 성질에 반하는 경우에는 그러하지 아니하다.

- 행정심판위원회는 **당사자의 동의**가 없더라도 심판청구의 신속하고 공정한 해결을 위하여 **조정**을 할 수 있다. (×) [21 **행정사**]
- 행정심판위원회는 **당사자의 권리 및 권한의 범위에서** 직권으로 심판청구의 신속하고 공정한 해결을 위하여 **조정**을 할 수 있지만, 그 조정이 공공복리에 적합하지 아니하거나 해당 처분의 성질에 반하는 경우에는 그러하지 아니하다. (×) [21 **국회8**]

정답 0886. O

0887

㉠ 취소심판의 심리 후 행정심판위원회는 영업허가 취소처분을 영업정지 처분으로 적극적으로 변경하는 변경재결을 할 수 있다. [21 군무원7] O X

㉡ 취소심판의 심리 후 행정심판위원회는 영업허가 취소처분을 영업정지 처분으로 변경할 것을 명령하는 재결을 할 수 있다. [21 군무원7] O X

㉢ 의무이행심판의 청구가 이유 있다고 인정되는 경우에는 행정심판위원회는 직접 신청에 따른 처분을 할 수 없고, 피청구인에게 처분을 할 것을 명하는 재결을 할 수 있을 뿐이다. [21 군무원7] O X

【행정심판법】 제43조(재결의 구분) ① 위원회는 심판청구가 적법하지 아니하면 그 심판청구를 **★각하(却下)**한다.

② 위원회는 심판청구가 이유가 없다고 인정하면 그 심판청구를 **★기각(棄却)**한다.

③ 위원회는 **취소심판**의 청구가 이유가 있다고 인정하면 처분을 **★취소** 또는 다른 **★처분으로 변경**하거나 처분을 **★다른 처분**으로 **변경할** 것을 피청구인에게 **명**한다.

↳ ☑ **처분을 변경하는 재결**은 행정소송과 달리 '**적극적 변경**'도 가능

④ 위원회는 **무효등확인심판**의 청구가 이유가 있다고 인정하면 처분의 **효력 유무** 또는 처분의 **★존재 여부**를 **확인**한다.

⑤ 위원회는 **의무이행심판**의 청구가 이유가 있다고 인정하면 지체 없이 신청에 따른 **★처분을 하거나 ★처분을 할 것을** 피청구인에게 **명**한다.

<table>
<tr><td colspan="3">청구가 위법</td><td>각하재결</td></tr>
<tr><td rowspan="8">청구가 적법</td><td colspan="2">청구가 이유 없는 경우</td><td>기각재결</td></tr>
<tr><td rowspan="7">청구가 이유 있는 경우
(인용재결)</td><td rowspan="3">취소심판</td><td>처분취소재결</td></tr>
<tr><td>★처분변경재결</td></tr>
<tr><td>★처분변경명령재결</td></tr>
<tr><td>무효등확인심판</td><td>확인재결</td></tr>
<tr><td rowspan="2">의무이행심판</td><td>★처분재결</td></tr>
<tr><td>처분명령재결</td></tr>
</table>

⚠ 처분의 취소 또는 변경을 구하는 **취소심판**에서 **변경**의 의미는 취소소송과는 달리 소극적 변경으로서 ~~처분의 일부취소를 의~~미한다. (×) [05 국가9]

⚠ A행정청이 甲에게 한 처분에 대하여 甲은 B행정심판위원회에 행정심판을 청구한 경우, 甲이 **취소심판을 제기**한 경우, B행정심판위원회는 **심판청구가 이유가 있다고 인정**하면 **처분변경명령재결**을 할수 있다. (○) [22 지방9]

⚠ **의무이행심판**에서 청구가 이유 있으면 **신청에 따른 처분을 하거나 처분을 할 것을 피청구인에게 명**하는 재결을 한다. (○) [22 행정사]

정답 0887-㉠. O 0887-㉡. O 08867-㉢. X

0888

[09 군무원9]

甲은 자신의 주거지 인근에 위치한 대기오염을 야기하는 공장에 대하여 관할 관청에 대기환경보전법의 관련규정에 의거하여 개선명령을 발동해 줄 것을 요구하였으나, 주무장관인 환경부장관은 아무런 응답이 없는 사례에서, 의무이행심판의 인용 재결의 경우는 중앙행정심판위원회의 재결에 따라 환경부장관이 스스로 甲의 신청에 따르는 처분을 하면 된다. O X

행정청의 **부작위에 대한 의무이행심판청구**에서 **행정심판위원회가 '처분명령재결'**을 내리면, 그 **재결의 취지에 따라** 행정청은 **甲의 신청에 대하여 처분**을 해야 한다.

0889

㉠ 사정재결은 심판청구가 이유가 있다고 인정하는 경우에도 이를 인용하는 것이 공공복리에 크게 위배된다고 인정하면 그 심판청구를 기각하는 재결을 말한다. [19 군무원9] O X

㉡ 사정재결을 하는 경우 위원회는 재결의 주문에서 그 처분 또는 부작위가 적법하거나 부당하다는 것을 구체적으로 밝혀야 하고, 사정재결을 할 때에는 청구인에 대하여 상당한 구제방법을 취하거나 상당한 구제방법을 취할 것을 피청구인에게 명할 수 있다. [19 군무원9] O X

㉢ 의무이행심판과 무효등확인심판에서 사정재결이 가능하다. [13 군무원9] O X

【행정심판법】 제44조(사정재결) ① 위원회는 심판**청구가 ★이유가 있다고 인정**하는 경우에도 이를 **★인용(認容)**하는 것이 **공공복리에 크게 위배된다고 인정**하면 그 심판청구를 **★기각하는 재결**을 할 수 있다. 이 경우 위원회는 재결의 **★주문(主文)**에서 그 **처분 또는 부작위**가 **★위법하거나 부당**하다는 것을 **구체적으로 밝혀야** 한다.

② 위원회는 제1항에 따른 재결을 할 때에는 청구인에 대하여 **★상당한 구제방법**을 **취하거나** 상당한 구제방법을 **취할 것**을 피청구인에게 명할 수 있다.

③ 제1항과 제2항은 **★무효등확인심판에는 적용하지 아니한다**.

⚠ **사정재결**은 청구인의 청구가 **이유 있으나** 공익상 이유로 이를 **기각하는 재결**이다. (○) [07 경남9 변형]

⚠ **쟁송제기자의 주장이 타당**한 경우라 하더라도 **공공복리를 이유**로 **기각의 재결**을 할 수 있다. (○) [22 군무원5]

⚠ 행정심판위원회는 **사정재결**을 함에 있어서 청구인에 대하여 **상당한 구제방법**을 **취하거나** 피청구인에게 **상당한 구제방법**을 **취할 것을 명**할 수 있으나, **재결주문**에 그 처분 등이 **위법 또는 부당함을 명시할 필요는 없**다. (×) [15 국회8]

⚠ 사정재결은 **취소심판·의무이행심판에만 인정**된다. (○) [08 국회8]

⚠ **취소할 수 있는 행정행위**에 대하여는 **사정재결이 인정**된다. (○) [20 군무원9 변형]

⚠ **사정재결**은 **취소심판의 경우**에만 **인정**되고, ~~의무이행심판~~과 **무효확인심판의 경우**에는 **인정되지 않는다**. (×) [21 군무원7]

정답 0888. ○ 0889-㉠. ○ 0889-㉡. ○ 0889-㉢. ×

0890

㉠ 행정심판법상 재결의 효력으로서 기속력이 있다. [18 군무원9] O X

㉡ 행정심판의 재결에 대하여 피청구인인 처분 행정청은 행정소송을 제기하지 못한다고 해석하더라도 헌법에 위반되는 것은 아니다. [19 군무원9] O X

1. **【행정심판법】 제49조(재결의 기속력 등)** ① 심판청구를 **인용**하는 **재결**은 **★피청구인**과 그 밖의 **관계 행정청**을 **★기속(羈束)**한다.
2. 처분행정청은 **★재결에 기속**되어 **재결의 취지**에 따른 **처분의무를 부담**하게 되는 것이지, **★재결에 불복하여 행정소송을 제기할 수 없다.** (대법원 1998. 5. 8. 97누1543)

⚠ **행정심판법**은 **재결의 기속력**에 관하여 **명문의 규정**을 두고 있다. (○) [07 대구9]

⚠ **처분청**은 행정심판의 **재결에 대해 불복할 수 없다.** (○) [21 군무원9 변형]

⚠ **처분청**이 그 처분에 관하여 행한 행정심판위원회의 **인용재결**에 대하여 ~~제기한 항고소송은 허용~~된다. (×) [18 세무사]

0891

[21 군무원9]

재결의 기속력에는 반복금지효가 포함된다. O X

Ⓐ **행정심판의 인용재결**이 내려지면, **처분청**은 **★동일한 사정 하**에서 **★동일인에 대하여** 재결의 내용과 저촉되는 **★동일한 내용의 처분**을 **★할 수 없게 된다.**

Ⓑ 이와 같은 재결의 기속력을 **★'반복금지효'**라 한다.

⚠ 행정심판 **재결의 기속력**에 의하여 행정청은 **동일한 사정 아래**에서 **같은 사유**로 **동일인**에 대하여 **같은 내용의 처분**을 **반복하여서는 아니된다.** (○) [07 대구9]

정답 0890-㉠. O 0890-㉡. O 0891. O

0892

[22 군무원9]

처분 취소재결이 있는 경우 당해 처분청은 재결의 취지에 반하지 아니하는 한 그 재결에 적시된 위법사유를 시정·보완하여 새로운 처분을 할 수 있는 것이고, 이러한 새로운 부과처분은 재결의 기속력에 저촉되지 아니한다.

O X

택지초과소유부담금 부과처분을 취소하는 재결이 있는 경우 당해 처분청은 **재결의 취지에 반하지 아니하는 한**, 즉 당초 처분과 동일한 사정 아래에서 동일한 내용의 처분을 **반복하는 것이 아닌 이상**, 그 재결에 ★**적시된 위법사유를 시정·보완**하여 정당한 부담금을 산출한 다음 ★**새로이 부담금을** 부과할 수 있는 것이고, 이러한 새로운 부과처분은 재결의 ★**기속력에 저촉되지 아니한다**. (대판 1997. 2. 25., 96누14784)

⚠ 판례에 따르면, 처분의 **절차적 위법사유로 인용재결**이 있었으나 행정청이 **절차적 위법사유를 시정**한 후 행정청이 **종전과 같은 처분**을 하는 것은 ~~재결의 기속력에 반한다~~. (×) [17 사복9]

재결에 적시된 위법사유가 절차적 하자라면, 그 절차상의 하자를 **보완한 후**에 **종전과 동일한 처분**을 하더라도 **반복금지효에 저촉되는 경우가 아니다.**

0893

[22 군무원9]

조세부과처분이 국세청장에 대한 불복심사청구에 의하여 그 불복사유가 이유있다고 인정되어 취소되었음에도 처분청이 동일한 사실에 관하여 부과처분을 되풀이 한 것이라면 설령 그 부과처분이 감사원의 시정요구에 의한 것이라 하더라도 위법하다.

O X

양도소득세 및 방위세부과처분이 국세청장에 대한 **불복심사청구**에 의하여 그 불복사유가 **이유있다고 인정되어 취소**되었음에도 처분청이 **동일한 사실**에 관하여 부과처분을 **되풀이** 한 것이라면 설령 그 부과처분이 **감사원의 시정요구에 의한 것이라 하더라도 위법**하다. (대판 1986. 5. 27., 86누127)

⚠ 양도소득세**부과처분**에 대한 **불복심사청구**에서 **이유 있다고 인정되어 취소**되었음에도 처분청이 **동일한 사실**에 관하여 **부과처분을 되풀이한다면** 설령 그 부과처분이 **감사원의 시정요구에 의한** 것이라 하더라도 **위법하다.** (○) [12 국회8]

0894

[21 군무원9]

재결의 기속력에는 원상회복의무가 포함된다.

O X

취소심판에서 어떤 행정처분을 위법하다고 판단하여 **취소재결**이 내려지면, 행정청은 **재결의 기속력**에 따라 당초의 **처분으로 초래된** ★**위법한 결과를 제거**하는 조치를 취하는 등 **원상으로 회복할 의무**를 지게 되는데, 이를 ★**원상회복의무(결과제거의무)**라 한다.

정답 0892. ○ 0893. ○ 0894. ○

0895

[19 군무원9]

처분명령재결이 내려졌는데도 피청구인이 처분을 하지 아니하면 직접 처분이 가능하므로 간접강제는 허용되지 않는다. O X

구분	행정심판위원회의 **직접처분** (행정심판법 제50조 제1항)	행정심판법상 위원회의 **간접강제** (행정심판법 제50조의2)
대상재결	• 거부처분에 대한 **처분명령재결** • 부작위에 대한 **처분명령재결**	• 거부처분에 대한 **취소재결·무효확인·부존재확인재결** • 거부처분에 대한 **처분명령재결** • 부작위에 대한 **처분명령재결** • **절차상 위법·부당**을 이유로 한 **취소재결**

☑ **처분명령재결**에 대해서는 **직접처분과 간접강제 모두 허용**된다.

⚠ 「행정심판법」은 **의무이행심판**이나 **거부처분취소심판**의 실효성 확보수단으로서 **간접강제**를 규정하고 있다. (○) [14 국회8]

⚠ 행정심판위원회는 피청구인이 **처분명령재결**의 취지에 따라 이전의 신청에 대한 처분을 하지 않는 경우 **직접 처분**을 할 수 있지만 **간접강제**를 ~~할 수는 없~~다. (×) [20 국회9]

⚠ 처분을 ~~다른 처분으로 변경할 것을 명령하는 재결~~에 대해 행정청이 이를 따르지 않는 경우 간접강제제도에 의한 강제가 가능하다. (×) [21 국회9]

0896

[09 군무원9]

의무이행심판에 따른 처분명령재결이 있음에도 불구하고 당해 행정청이 재결의 내용에 따른 처분을 하지 아니하는 때에는 시정명령 없이 바로 직접처분을 할 수 있다. O X

【행정심판법】 제50조(위원회의 직접 처분) ① 위원회는 피청구인이 제49조 제3항(**★거부처분에 대한 처분명령재결, 부작위에 대한 처분명령재결**)에도 불구하고 처분을 하지 아니하는 경우에는 당사자가 **★신청**하면 기간을 정하여 서면으로 **★시정을 명하고** 그 기간에 이행하지 아니하면 **직접 처분**을 할 수 있다.

⚠ **이행명령재결**이 있는 경우에 행정심판위원회는 그에 대한 **시정명령을 거친 후** 직접처분을 할 수 있다. (○) [04 행시]

정답 0895. × 0896. ×

0897

[22 군무원9]

행정심판위원회는 의무이행재결이 있는 경우에 피청구인이 처분을 하지 아니한 경우에는 당사자의 신청 또는 직권으로 기간을 정하여 시정을 명하고 그 기간에 이행하지 아니하면 직접 처분을 할 수 있다.

O X

【행정심판법】 제50조(위원회의 직접 처분) ① 위원회는 피청구인이 제49조 제3항(★거부처분에 대한 처분명령재결, 부작위에 대한 처분명령재결)에도 불구하고 처분을 하지 아니하는 경우에는 당사자가 ★신청하면 기간을 정하여 서면으로 **시정을 명하고** 그 기간에 이행하지 아니하면 ★**직접 처분**을 할 수 있다

⚠ 처분청이 **처분이행명령재결**에 따른 처분을 하지 아니한 경우 행정심판위원회는 **당사자의 신청**이 없더라도 직권으로 직접 처분을 할 수 있다. (×) [11 국가7]

0898

[22 군무원5]

행정심판위원회가 행정청의 부작위로 방치한 처분의 이행을 명하는 재결이 있었음에도 행정청이 지체 없이 이전의 신청에 대하여 재결의 취지에 따라 처분을 하지 아니하는 경우, 청구인의 신청에 의하여 결정으로 상당한 기간을 정하고 피청구인이 그 기간 내에 이행하지 아니하는 경우에는 그 지연기간에 따라 일정한 배상을 하도록 명하거나 즉시 배상을 할 것을 명할 수 있다.

O X

【행정심판법】 제50조의2(위원회의 간접강제) ① 위원회는 피청구인이 **제49조** 제2항 또는 ★**제3항**(★거부처분에 대한 처분명령재결, 부작위에 대한 처분명령재결)에 따른 처분을 하지 아니하면 청구인의 ★**신청**에 의하여 결정으로 **상당한 기간**을 정하고 피청구인이 그 기간 내에 **이행하지 아니하는 경우**에는 그 ★**지연기간에 따라 일정한 배상**을 하도록 명하거나 ★**즉시 배상**을 할 것을 명할 수 있다.

⚠ 행정심판위원회는 **피청구인**이 **의무이행재결**의 취지에 따른 **처분을 하지 아니하면** 청구인의 **신청에 의하여** 결정으로 상당한 기간을 정하고 피청구인이 그 기간 내에 이행하지 아니하는 경우에는 그 지연기간에 따라 **일정한 배상을 하**도록 명하거나 **즉시 배상을 할 것을 명**할 수 있다. (○) [18 국가7]

0899

[15 군무원9]

처분의 이행을 명하는 재결이 있는 경우 행정청이 재결의 내용과 다른 처분을 하였다면 행정심판위원회가 직접 처분을 할 수 있다.

O X

재결청이 **직접 처분**을 하기 위하여는 처분의 이행을 명하는 재결이 있었음에도 당해 행정청이 ★**아무런 처분을 하지 아니하였어야** 하므로, 당해 행정청이 ★**어떠한 처분을 하였다면** 그 처분이 재결의 내용에 따르지 아니하였다고 하더라도 재결청이 ★**직접 처분을 할 수는 없다**. (대판 2002. 7. 23., 2000두9151)

정답 0897. O 0898. O 0899. X

0900

[20 군무원7]

재결청이 취소심판의 청구가 이유 있다고 인정하여 처분청에 처분을 취소할 것을 명하면 처분청으로서는 재결의 취지에 따라 처분을 취소하여야 한다. O X

재결청이 취소심판의 청구가 이유 있다고 인정하여 처분청에 처분을 취소할 것을 명하면 처분청으로서는 재결의 취지에 따라 처분을 취소하여야 한다. (대판 2015. 11. 27. 2013다6759) ☑ 이미 폐지된 **처분취소명령재결에 관한** 판례로, 무의미한 지문이다.

0901

[18 군무원9]

행정심판법상 재결의 효력으로서 형성력이 있다. O X

어떤 처분에 대하여 **취소재결** 또는 **변경재결**과 같은 **형성재결**이 있으면 그 처분은 별도의 행정처분을 **기다릴 것 없이 당연히 취소되어 소멸**되는데, 이러한 재결의 효력을 **'형성력'**이라 한다.
☑ 재결 중에서도 **명령재결에는 형성력이 발생할 수 없음**을 주의한다.

⚠ **형성력**을 가지는 **취소재결**이 있는 경우 그 대상이 된 **행정처분**은 **재결 자체에 의해 당연취소되어 소멸**한다. (○) [12 사복9]

⚠ **변경재결**이 있으면 원처분이 변경재결로 **변경되어 존재**하는 것이 된다. (○) [18 소방간부]

0902

[17 군무원9]

행정심판의 재결은 대법원 확정판결과 같이 기판력을 가진다. O X

행정심판의 **재결**에 판결과 같은 **★기판력이 인정되는 것은 아니어서** 재결이 확정된 경우에도 처분의 기초가 된 사실관계나 법률적 판단이 확정되고 **당사자나 법원이** 이에 기속되어 **모순되는 주장, 판단을 ★할 수 없게 되는 것은 아니다**. (대판 2015. 11. 27. 2013다6759)

⚠ **행정심판의 재결이 확정된 경**우에도 처분의 기초가 된 사실관계나 법률적 판단이 확정되고 **당사자들이나 법원**이 이에 기속되어 **모순되는 주장이나 판단을 할 수 없게 되는 것은 아니다.** (○) [22 군무원9]

⚠ 행정심판의 재결에도 판결에서와 같은 ~~기판력이 인정~~되는 것이어서 재결이 확정되면 ~~처분의 기초가 된 사실관계나 법률적 판단이 확정~~되는 것이므로 당사자는 이와 모순되는 주장을 ~~할 수 없게 된다~~. (×) [22 지방9]

정답 0900. ○ 0901. ○ 0902. ×

0903

㉠ 행정심판법에 따르면 심판청구에 대한 재결이 있는 경우에는 당해 재결 및 동일한 처분 또는 부작위에 대하여 다시 심판청구를 제기할 수 없다. [20 군무원7] O X

㉡ 행정심판의 재결에 대해서는 재결 자체에 고유한 위법이 있음을 이유로 하는 경우에 한하여 다시 행정심판을 청구할 수 있다. [16 군무원9] O X

【행정심판법】 제51조(행정심판 재청구의 금지) 심판청구에 대한 **재결이 있으면** 그 재결 및 같은 처분 또는 부작위에 대하여 **★다시 행정심판을 청구할 수 없다.**

☑ 재결이 있게 되면 다시 행정심판을 청구할 수 없는바, **행정심판에 재결에 고유한 위법이 있더라도** 그 재결 등을 대상으로 **★다시 행정심판을 청구할 수는 없고,** 행정소송법에 따른 **재결취소소송을 제기**하여 **재결에 고유한 위법을 다투어야 한다.**

⚠ **행정심판의 재결**에 대해서는 원칙적으로 **다시 행정심판을 제기할 수 없다.** (○) [07 군무원9]

⚠ 청구인은 **심판청구에 대한 재결이 있는 경우** 당해 재결에 대하여 이의가 있으면 ~~재심청구를 하여 다툴 수 있~~다. (×) [12 지방7]

⚠ 행정심판의 재결에 고유한 위법이 있는 경우에는 재결에 대하여 ~~다시 행정심판을 청구할 수 있~~다. (×) [17 국회8]

0904

[21 군무원9]

행정심판의 기각재결이 있은 후에도 원처분청은 원처분을 직권으로 취소 또는 변경할 수 있다. O X

재결의 기속력은 오로지 **★인용재결에만 인정**되므로, 처분청은 기각재결이나 각하재결에 기속되지 않는다. 따라서 **취소심판청구**에 대한 **기각재결이 있는 경우에도** 정당한 이유가 있으면 **처분청**이 **당해 처분**을 **★직권으로 취소 또는 변경할 수 있다.**

⚠ **기각재결이 있은** 후에는 **처분청**은 **직권으로** 당해 **처분을 취소~~할 수 없~~**다. (×) [07 경남9]

정답 0903-㉠. O 0903-㉡. × 0904. O

0905

[22 군무원9]

의무이행심판에서 이행을 명하는 재결이 있음에도 불구하고 처분청이 이를 이행하지 아니할 때 위원회가 직접 처분을 할 수 있는데, 행정심판의 재결은 처분청을 기속하므로 지방자치단체는 직접 처분에 대해 행정심판위원회가 속한 국가기관을 상대로 권한쟁의심판을 청구할 수 없다. O X

청구인은 **인용재결내용에 포함되지 아니한** 이 사건 진입도로에 대한 도시계획사업시행자지정처분을 할 의무는 없으므로, 피청구인이 이 사건 진입도로에 대하여까지 청구인의 불이행을 이유로 행정심판법 제37조 제2항에 의하여 **도시계획사업시행자지정처분**을 한 것은 **인용재결의 범위를 넘어** 청구인의 **권한을 침해**한 것으로서, 중대하고도 명백한 흠이 있어 무효라고 할 것이다. (헌재 전원 1999. 7. 22. 98헌라4)

☑ 처분청(성남시)이 **거부처분에 대한 처분명령재결에 불응한다는 이유**로 **행정심판위원회**(**경기도지사, 당시는 재결청**)**가 직접처분**을 하였는데, 처분청(성남시)은 그 직접처분이 재결의 범위를 일탈하여 무효라는 이유로 **헌법재판소에 권한쟁의심판을 청구한 사례**이다.

0906

[20 군무원7]

행정심판청구에는 행정소송제기와는 달리 처분의 효력이나 그 집행 또는 절차의 속행에 영향을 미치는 집행정지원칙이 적용된다. O X

【행정심판법】 제30조(집행정지) ① 심판청구는 처분의 효력이나 그 **집행** 또는 **절차의 속행**(續行)에 ★**영향을 주지 아니한다**. ☑ 집행**부정지**의 원칙을 규정한 것이다.

⚠ **행정심판청구**는 **처분의 효력이나 그 집행 또는 절차의 속행**(續行)에 **영향을 주지 아니한다**. (○) [16 군무원9]

⚠ 甲이 운전면허정지처분을 받고 면허정지처분의 취소를 구하는 행정심판을 제기한 경우, 법률이 달리 정하는 바가 없는 한 **행정심판의 제기**는 위 ~~처분의 효력이 정지~~되게 한다. (×) [05 국가9]

0907

[21 군무원5]

집행정지의 요건을 갖춘 때에는 직권으로 또는 당사자의 신청에 의하여 처분의 효력, 처분의 집행 또는 절차의 속행의 전부 또는 일부의 정지를 결정할 수 있지만, 처분의 효력정지는 처분의 집행 또는 절차의 속행을 정지함으로써 그 목적을 달성할 수 있을 때에는 허용되지 아니한다. O X

【행정심판법】 제30조(집행정지) ② 위원회는 **처분**, 처분의 **집행** 또는 **절차의 속행** 때문에 **중대한 손해**가 생기는 것을 **예방할 필요성이 긴급**하다고 인정할 때에는 **직권**으로 또는 당사자의 **신청**에 의하여 처분의 **효력**, 처분의 **집행** 또는 **절차의 속행**의 **전부 또는 일부**의 **정지**를 결정할 수 있다. 다만, 처분의 **효력정지**는 처분의 **집행** 또는 **절차의 속행**을 정지함으로써 그 ★**목적을 달성할 수 있을 때**에는 ★**허용되지 아니한다**.

⚠ 행정심판**위원회**는 **처분**, 처분의 **집행** 또는 **절차의 속행** 때문에 **중대한 손해**가 생기는 것을 **예방할 필요성이 긴급**하다고 인정할 때에는 **직권**으로 또는 **당사자의 신청**에 의하여 처분의 **효력**, 처분의 **집행** 또는 절차의 **속행**의 **전부 또는 일부의 정지**를 결정할 수 있다. (○) [22 소방승진]

정답 0905. × 0906. × 0907. ○

0908

㉠ 수익적 처분의 거부처분이나 부작위에 대해 임시적 지위를 인정할 필요가 있어서 인정한 제도는 임시처분이다. [22 군무원9] O X

㉡ 행정심판위원회는 당사자의 신청에 의한 경우는 물론 직권으로도 임시처분을 결정할 수 있다. [16 군무원9] O X

1. '임시처분'은 **수익적 처분의 신청에 대한 거부처분** 또는 **수익적 처분의 신청에 대한 부작위**로부터 비롯될 수 있는 **국민의 불이익**을 가구제하기 위하여 도입된 제도이다.

Ⓐ **거부처분의 경우** 그 효력을 정지하더라도 신청인의 법적 지위는 거부처분이 없었던 신청 당시의 상태로 돌아가는 것에 그치므로 **집행정지제도를 활용할 수 없다.**

Ⓑ 따라서 수익적 처분의 신청에 대한 **거부처분취소심판이나 의무이행심판**에서 **임시처분 제도를 활용하면 임시의 지위를 부여**받음으로써 **가구제를 받을 수 있게 된다.**

2. **【행정심판법】 제31조(임시처분)** ① 위원회는 처분 또는 부작위가 위법·부당하다고 상당히 의심되는 경우로서 처분 또는 부작위 때문에 당사자가 받을 우려가 있는 중대한 불이익이나 당사자에게 생길 급박한 위험을 막기 위하여 임시지위를 정하여야 할 필요가 있는 경우에는 **★직권**으로 또는 **당사자의 신청**에 의하여 **임시처분을 결정**할 수 있다.

⚠ A는 분식점을 영업하기 위하여 식품위생법상의 영업허가를 신청하였다. 그러나 신청을 받은 행정청은 A의 신청에 대하여 상당한 기간이 지나도록 아무런 답변도 하지 않고 있다. 위 **부작위가 위법·부당**하다고 상당히 의심되는 경우로서 이 부작위 때문에 A가 받을 우려가 있는 중대한 불이익을 막기 위하여 **임시지위를 정하여야 할 필요**가 있는 경우에는, 행정심판위원회는 **직권으로 임시처분을 결정**할 수 있다. (○) [22 군무원5]

⚠ **행정심판법상 임시처분**은 당사자의 ~~신청이 있는 경우에만~~ 할 수 있다. (×) **[20 행정사]**

정답 0908-㉠. O 0908-㉡. O

0909

[21 군무원5]

행정심판의 청구인은 행정심판법이 규정하는 가구제제도인 집행정지를 이용할 수 있더라도, 처분 또는 부작위가 위법·부당하다고 상당히 의심되는 경우로서 당사자에게 생길 중대한 불이익이나 급박한 위험을 방지할 필요가 있는 경우에는 임시처분을 이용할 수 있다. O X

【행정심판법】 제31조(임시처분) ③ 제1항에 따른 임시처분은 제30조제2항에 따른 집행정지로 목적을 달성할 수 있는 경우에는 **★허용되지 아니한다.**

⚠ 행정심판법상 **임시처분**은 **집행정지로 목적을 달성할 수 없는 경우**에 허용된다. (○) **[20 행정사]**

0910

[22 군무원9]

처분청이 처분을 통지할 때 행정심판을 제기할 수 있다는 사실과 기타 청구절차 및 청구기간 등에 대한 고지를 하지 않았다고 하여 처분에 하자가 있다고 할 수 없다. O X

처분청이 행정처분시에, 상대방에게 **행정심판청구 기간을 고지하지 않았거나**(불고지), **잘못 알렸더라도**(오고지), **처분 자체의 효력이나 위법성을 좌우하지 않는다.** 다만 **오고지나 불고지에 관하여** 행정심판법에 **특례규정**(제27조 제5항 및 제6항)이 있다.

⚠ 행정**처분시 행정심판**에 관한 사항을 **고지하지 아니하면** 행정처분이 ~~위법하게 된다~~. (×) **[06 경기9]**

정답 0909. × 0910. ○

제2절 행정소송

1 행정소송 일반론

0911

[19 군무원9]

행정소송법상 행정청이 일정한 처분을 하지 못하도록 그 부작위를 구하는 청구는 허용되지 않는 부적법한 소송이다. O X

행정청의 처분을 **예방적으로 금지를 구하는 소송**, 즉 행정청이 어떤 **처분을 하지 못하도록 부작위를 구하는 청구소송**은 **★행정소송법상 허용되지 않는 소송형태**이다.

⚠ 현행 행정소송법에서는 ~~예방적 부작위청구소송이 인정~~된다. (×) [09 세무사]

0912

[09 군무원9] [13 군무원9]

A는 관련법에서 정한 요건을 구비하여 행정청에 음식점 영업허가 신청을 하였으나, 거부당하였다. 행정청의 거부처분에 대한 구제수단으로는 취소심판, 취소소송, 의무이행심판, 의무이행소송을 청구할 수 있다. O X

거부처분에 대한 구제수단	행정심판	거부처분**취소심판**
		의무이행심판
	행정소송	거부처분**취소소송**

⚠ 현행법상이나 판례상 **의무이행소송은 인정되지 않는다.**

⚠ 행정소송법상 **의무이행소송을 규정하고 있지 않다.** (○) [11 경행]

0913

㉠ 소송요건을 갖추었는지 여부를 심리하는 것을 요건심리라 한다. [19 군무원9] O X

㉡ 소송요건을 갖추지 못한 경우 이는 부적법한 소로서 각하판결을 내려야 한다. [19 군무원9] O X

'소송요건'이란 **★본안심리를 하기 위하여 구비되어야 하는 요건**을 말한다. 이것이 결여된 소송은 **부적법한 소송**이 되므로 이 경우 법원은 **★각하판결**을 내리게 된다.

⚠ **요건심리**는 **소송요건의 충족여부**에 관한 심리이다. (○) [09 세무사]

⚠ **소송요건을 갖추지 못한** 경우 **각하판결**을 내린다. (○) [15 세무사]

정답 0911. O 0912. × 0913-㉠. O 0913-㉡. O

0914

[19 군무원9]

원고적격, 소의 이익, 처분성 등은 행정소송의 소송요건이다. O X

요건심리 단계에서는 **대상적격(처분성)**을 갖추었는지 여부, **원고적격**을 갖추었는지 여부, **관할법원**을 위반하였는지 여부, **제기기간**을 준수하였는지 여부, **소의 이익 유무(권리보호 필요성** 인정 여부) 등과 같은 **★소송요건의 충족여부를 심리**한다.

⚠ **제소기간** 도과 여부, **원고적격** 인정 여부, **대상적격** 인정 여부, **소의 이익** 유무는 취소소송의 ~~본안판단~~ 사항이다. (×) [17 세무사]

0915

[14 군무원9]

행정소송에 있어서 소송요건은 사실심변론종결시까지만 존속하면 충분하다. O X

원고적격은 **소송요건**의 하나이므로 사실심 변론종결시는 물론 **★상고심에서도 존속하여야** 하고 이를 **★흠결하면 부적법한 소**가 된다. (대판 2007. 4. 12., 2004두7924)

⚠ **원고적격**은 사실심변론종결시는 물론 **상고심에서도 존속하여야** 하므로 재판 도중 **소송요건이 충족되지 않을 경우**에는 **각하판결**이 이루어진다. (○) [08 군무원9]

⚠ **소송요건**은 ~~사실심변론종결시~~까지 존속되어야 한다. (×) [17 군무원9]

0916

[19 군무원9]

소송요건은 불필요한 소송을 배제하여 법원의 부담을 경감하기 위하여 요구되는 것이므로, 당사자가 이를 주장·입증하여야 한다. O X

Ⓐ **소송요건의 충족여부**는 **법원의 ★직권조사사항**이기 때문에 당사자들의 자백에 구속되지 않는다. 즉 **소송요건**은 법원이 **당사자들의 주장에 구애받지 않고** 직권으로 조사하여 밝혀야 할 사항이기 때문에 **★당사자들이 주장 또는 항변할 사항이 아니다.**

Ⓑ 당사자가 **소송요건**을 주장할 필요는 없으나, 다만 **요건사실의 존부가 애매**한 경우에는 **★원고가 입증책임을 져야** 한다.

⚠ **소송요건**은 **직권조사사항**이고, 당사자의 **자백의 대상이 될 수 없다.** (○) [11 세무사]

⚠ **소송요건**의 구비 여부는 법원에 의한 직권조사사항으로 **당사자의 주장에 구속되지 않는다.** (○) [15 교행9]

정답 0914. ○ 0915. × 0916. ×

0917

[20 군무원9]

행정소송에 있어서 처분청의 처분권한 유무는 직권조사 사항이 아니다.

O X

행정소송에 있어서 **처분청의 처분권한 유무**는 **★직권조사사항이 아니다**. (대판 전합 1997. 6. 19., 95누8669)

☑ **처분청**이 **적법한 처분권한**을 가지고 있는지 여부는 **처분의 적법성의 전제**가 되는 내용으로서, **★본안심리의 대상**이지 소송요건이 아니므로 ★직권조사사항에 해당하지 않는다.

⚠ **처분청**의 **처분권한 유무**는 ~~직권조사사항~~이다. (×) [14, 17, 19 세무사]

0918

[07 군무원9]

본안판결은 청구의 당부에 관한 판결로서 청구내용의 전부 또는 일부를 기각하거나 인용하는 것을 내용으로 한다.

O X

요건심리에서 소송요건이 충족된 것으로 인정될 경우 **본안판단**으로 넘어가게 되는데, 본안심리에서 **원고의 주장이 이유있다**고 인정되는 경우에는 ★**'청구인용판결'**을 하고, **원고의 주장이 이유 없다**고 인정되는 경우에는 ★**'청구기각판결'**을 내리게 된다.

☑ 가령 '처분청의 처분권한 유무'를 예로 들면, **처분청이 처분권한을 가지고 있지 않는 것으로 확인**될 경우에는 원고의 주장은 이유 있는 것이므로 **청구인용판결**을 내릴 것이다.

⚠ 취소소송의 **판결의 종류**로서 **'인용판결, 기각판결'**이 있다. (○) [15 세무사 변형]

⚠ **본안심리**의 결과 원고의 **청구가 이유없다고 인정되**는 경우에는 **기각판결**을 한다. (○) [07 세무사]

2 취소소송

0919

[09 군무원9]

행정소송법은 행정소송의 대상에 관하여 열기주의를 택하고 있다.

O X

【행정소송법】 제19조(취소소송의 대상) 취소소송은 **★처분등을 대상**으로 한다.

☑ 행정소송법에서는 **원칙적으로 모든 처분과 부작위를 소송의 대상**으로 규정하고 있어, 이른바 **개괄주의를 채택**하고 있다. 다만 객관소송의 대상에 대해서는 열기주의를 택하고 있다.(후술예정)

⚠ 「**행정소송법**」은 **행정소송사항**에 관하여 **개괄주의를 채택**하였지만, 민중소송은 예외적으로 열기주의를 채택하였다. (○) [19 소방]

정답 0917. O 0918. O 0919. X

0920

[20 군무원9]

㉠ 재결 자체의 내용상 위법도 재결 자체에 고유한 위법이 있는 경우에 포함된다. O X

㉡ 권한이 없는 행정심판위원회에 의한 재결의 경우는 재결 자체에 고유한 위법이 있는 경우의 예이다. O X

【행정소송법】 제19조(취소소송의 대상) 취소소송은 처분등을 대상으로 한다. 다만, **재결취소소송의 경우**에는 ★**재결 자체에 고유한 위법**이 있음을 이유로 하는 경우에 한한다.

■ 재결 자체에 고유한 위법이 있는 사례

주체상 위법	• 행정심판**위원회의 구성에 위법**이 있는 경우 예 행정심판위원 중 결격사유가 있는 사람이 포함된 경우 예 의사정족수(과반수 출석)나 의결정족수(과반수 의결)에 미달된 경우 • **관할** 행정심판위원회가 **아닌 행정심판위원회에서 심판**한 경우
절차상 위법	• 행정심판**절차를 준수하지 않은** 경우 예 청구인이 구술심리를 신청한 경우에도, 서면심리로 진행한 경우
형식상 위법	• 행정심판의 **재결형식에 흠결**이 있는 경우 예 서면에 의하지 않고 구두로 재결한 경우 예 재결서에서 기명날인이나 필요적 내용(주문, 이유, 날짜 등)이 누락된 경우
내용상 위법	• **내용상 하자**가 있는 각하재결, 기각재결, 인용재결 예 부적법한 심판청구를 인용하거나, 적법한 심판청구를 각하한 경우 예 처분청의 처분보다 불리한 재결을 한 경우(불이익변경금지의 원칙 위배)

⚠ **재결 자체의 고유한 위법**에는 **내용상 위법은 포함**~~되지 않는~~다. (×) [13 세무사]

⚠ **구성원의 결격사유가 있는 행정심판위원회**에 의한 재결에 대해서는 취소소송을 제기할 수 있다. (○) [13 세무사]

0921

[20 군무원9]

제3자효를 수반하는 행정행위에 대한 행정심판청구의 인용재결은 원처분과 내용을 달리하는 것이므로 그 인용재결의 취소를 구하는 것은 원처분에는 없는 재결에 고유한 하자를 주장하는 것이라고 하더라도 당연히 항고소송의 대상이 되는 것은 아니다. O X

제3자효를 수반하는 행정행위에 대한 행정심판청구에 있어서 **그 청구를 인용하는 내용의 재결**로 인하여 **비로소 권리이익을 침해받게 되는 자**는 그 **인용재결에 대하여 다툴 필요가 있고**, 그 인용재결은 원처분과 내용을 달리하는 것이므로 그 인용재결의 취소를 구하는 것은 ★원처분에는 없는 **재결에 고유한 하자를 주장하는 셈**이어서 당연히 **항고소송의 대상**이 된다. (대판 1997. 12. 23., 96누10911)

⚠ **제3자효를 수반하는 행정행위**에 대한 행정심판청구에 있어서 그 청구를 인용하는 내용의 **재결로 인하여 비로소 권리이익을 침해받게 되는 자**는 그 인용**재결에 대하여 다툴 필요**가 있고, 그 **인용재결은 원처분과 내용을 달리 하는 것**이므로 그 인용재결의 취소를 구하는 것은 **원처분에는 없는 재결에 고유한 하자를 주장하는 셈**이어서 당연히 **항고소송의 대상이** 된다. (○) [21 국가7]

정답 0920-㉠. O 0920-㉡. O 0921. ×

0922

[20 군무원9]

행정처분에 대한 행정심판의 재결에 이유모순의 위법이 있다는 사유는 재결처분 자체에 고유한 하자로서 재결처분의 취소를 구하는 소송에서는 그 위법사유로서 주장할 수 있으나, 원처분의 취소를 구하는 소송에서는 그 취소를 구할 위법 사유로서 주장할 수 없다.

O X

행정처분에 대한 행정심판의 재결에 이유모순의 위법이 있다는 사유는 **재결처분 자체에 고유한 하자**로서 **★재결처분의 취소를 구하는 소송**에서는 그 **위법 사유로서 주장**할 수 있으나, **★원처분의 취소를 구하는 소송**에서는 그 취소를 구할 **위법사유로서 주장할 수 없다**. (대판 1996.2.13. 95누8027)

⚠ 행정심판의 **재결에 이유모순의 위법**이 있는 경우 **원처분의 취소를 구하는 소송에서** 위법사유로서 재결 ~~자체의 고유한 하자를 주장할 수 있다~~. (×) [19 세무사]

0923

[06 군무원9]

사립학교 교원에 대한 징계소송은 공법상 당사자소송이다.

O X

학교법인에 의하여 **징계처분** 등을 받은 **사립학교 교원**은 교원지위법에 따른 교원소청심사위원회의 **소청절차와 행정소송절차**를 밟을 수 있을 뿐만 아니라 종래와 같이 **★민사소송**을 제기하여 권리구제를 받을 수도 있는데, 이 두 구제절차는 임의적·선택적이다. (헌재 전원 2003. 12. 18. 2002헌바14 등)

☑ 학교법인으로부터 징계처분을 받은 **사립학교 교원**은 원칙적으로 **학교법인을 상대로 민사소송을 제기**하거나, **교원소청심사위원회의 소청심사를 거쳐 항고소송**을 제기할 수도 있다.

⚠ **학교법인에 의하여 징계처분**을 받은 **사립학교 교원**은 **민사소송을 제기하여 권리구제**를 받을 수도 있다. (○) [21 세무사]

0924

[22 군무원5]

현행 「행정소송법」에 의하면, 필요적 행정심판을 거쳐야 하는 경우에도 행정심판의 청구가 있은 날로부터 60일이 지나도 재결이 없는 때에는 재결을 거치지 아니하고서도 해당 처분에 대한 취소소송의 제기를 허용하고 있다.

O X

필요적 행정심판의 경우에도, 행정심판청구가 있은 날로부터 **★60일이 지나도 재결이 없는 때**에는 행정심판의 **★재결을 거치지 아니하고 취소소송을 제기**할 수 있다. **[행정소송법 제18조]**

⚠ 필요적 행정심판전치주의하에서 **행정심판이 제기된 후** ~~30~~일이 지나도 **재결이 없는 경우** 언제든지 취소소송을 제기할 수 있다. (×) [21 세무사]

정답 0922. ○ 0923. × 0924. ○

0925

[20 군무원9]

구 「남녀차별금지및구제에관한법률」상 국가인권위원회의 성희롱결정과 이에 따른 시정조치의 권고는 성희롱 행위자로 결정된 자의 인격권에 영향을 미침과 동시에 공공기관의 장 또는 사용자에게 일정한 법률상의 의무를 부담시키는 것이므로 국가인권위원회의 성희롱결정 및 시정조치권고는 행정소송의 대상이 되는 행정처분에 해당한다. O X

국가인권위원회의 **성희롱결정** 및 **시정조치권고**는 행정소송의 대상이 되는 ★**행정처분**에 해당한다고 보지 않을 수 없다. (대판 2005.7.8. 2005두487)

⚠ **국가인원위원회**의 **성희롱 결정** 및 **시정조치권고**는 **처분성**이 부정된다. (×) [06 서울9]

0926

[22 군무원5]

세무서장의 국세환급금결정이나 그 결정을 구하는 신청에 대한 환급거부결정 등은 항고소송의 대상이 되는 처분이라고 볼 수 있다. O X

국세환급결정이나 이 결정을 구하는 신청에 대한 **환급거부결정** 등은 항고소송의 대상이 되는 ★**처분으로 볼 수 없다**. (대판 2007. 6. 14., 2004두619)

⚠ 납세자가 세무서장에게 **국세환급금 지급청구**를 한 경우 세무서장의 **환급거부결정**은 항고소송의 대상이 되는 **처분에 해당하지 않는다**. (○) [09 세무사]

0927

[20 군무원9]

구청장이 사회복지법인에 특별감사 결과, 지적사항에 대한 시정지시와 그 결과를 관계서류와 함께 보고하도록 지시한 경우, 그 시정지시는 항고소송의 대상이 되는 행정처분에 해당하지 아니한다. O X

구청장이 사회복지법인에 **특별감사** 결과 지적사항에 대한 **시정지시**와 그 결과를 **관계서류와 함께 보고**하도록 지시한 경우, 그 시정지시는 비권력적 사실행위가 아니라 항고소송의 대상이 되는 ★**행정처분**에 해당한다. (대판 2008.4.24. 2008두3500)

⚠ **구청장**이 **사회복지법인에 특별감사** 결과 지적사항에 대한 **시정지시**와 그 **결과를 관계서류와 함께 보고**하도록 **지시**한 경우, 그 시정지시는 **항고소송의 대상이 되는 처분**에 해당한다. (○) [17 지방9 下]

정답 0925. O 0926. × 0927. ×

0928

[21 군무원7]

어떠한 처분의 근거나 법적인 효과가 행정규칙에 규정되어 있다고 하더라도, 그 처분이 행정규칙의 내부적 구속력에 의하여 상대방에게 권리의 설정 또는 의무의 부담을 명하거나 기타 법적인 효과를 발생하게 하는 등으로 그 상대방의 권리 의무에 직접 영향을 미치는 행위라면, 이 경우에도 항고소송의 대상이 되는 행정처분에 해당한다. O X

1. 어떠한 **처분의 근거**가 **행정규칙**에 규정되어 있다고 하더라도, 그 처분이 상대방에게 **권리의 설정 또는 의무의 부담을 명하**거나 기타 **법적인 효과를 발생**하게 하는 등으로 그 **★상대방의 권리의무에 직접 영향**을 미치는 행위라면, 이 경우에도 항고소송의 대상이 되는 **★행정처분에 해당**한다.
2. 정부 간 항공노선의 개설에 관한 잠정협정 및 비밀양해각서와 건설교통부 **내부지침에 의한 ★항공노선에 대한 운수권배분처분**이 항고소송의 대상이 되는 **행정처분**에 해당한다. (대판 2004. 11. 26., 2003두10251)

⚠ 국토교통부(구 건설교통부) **내부지침에 의한** 항공노선에 대한 **운수권배분처분**은 **행정처분에 해당**한다. (○) [08 국가9]

⚠ **행정규칙을** 근거로 **국민의 권리·의무에 직접 영향**을 미치는 행위는 **항고소송의 대상**~~이 아니~~다. (×) [16 세무사]

0929

[18 군무원9]

「민원 처리에 관한 법률」이 정한 '거부처분에 대한 이의신청'을 받아들이지 않는 취지의 기각 결정은 항고소송의 대상이 되는 처분이다. O X

구 민원사무처리에 관한 법률 제18조 제1항에서 정한 거부처분에 대한 이의신청은 별도의 행정심판기관에 대하여 불복할 수 있도록 한 행정심판과는 **달리**, 민원사무처리를 **거부한 처분청이** 신청 사항을 다시 심사하여 잘못이 있는 경우 **스스로 시정**하도록 한 절차이다. **이의신청을 받아들이지 않는** 취지의 **기각 결정** 내지는 그 취지의 통지는, 민원 **이의신청인의 권리·의무**에 **새로운 변동을 가져오는** 공권력의 행사나 이에 준하는 **행정작용이라고 할 수 없어**, 독자적인 **항고소송의 대상이 된다고 볼 수 없다**고 봄이 타당하다. (대판 2012. 11. 15., 2010두8676)

☑ 민원처리에 관한 법률상의 이의신청은 **행정심판의 성격을 가지지 않기 때문에**, 이의신청의 **기각결정**은 **행정처분으로 볼 수 없으나**, 반대로 다른 법률상 **행정심판의 성격을 가지는 이의신청**의 경우, 그에 대한 기각결정은 행정처분에 해당한다.

⚠ **행정심판의 성격을 갖는** 이의신청의 경우 **이의신청을 기각하는 결정**은 ~~종전의 처분을 단순히 확인하는 행위로~~ **독립한 처분의 성질**~~을 갖지 않는~~다. (×) [22 경찰간부]

정답 0928. O 0929. ×

0930

[10 군무원9]

해양수산항만 명칭결정은 처분성이 인정되지 않는다. O X

해양수산부장관의 항만 명칭결정은 국민의 권리의무나 법률상 지위에 직접적인 법률적 변동을 일으키는 행위가 아니므로 항고소송의 대상이 되는 **★행정처분이 아니다.** (대판 2008. 5. 29., 2007두23873)

⚠ **해양수산부장관의 항만 명칭결정**은 ~~행정처분으로 인정~~된다. (×) [19 세무사]

0931

[19 군무원9]

정부의 수도권 소재 공공기관의 지방이전 시책을 추진하는 과정에서 도지사가 도내 특정시를 혁신도시 최종입지로 선정한 행위는 항고소송의 대상이 되는 행정처분에 해당한다. O X

정부의 수도권 소재 공공기관의 지방이전시책을 추진하는 과정에서 **도지사**가 도 내 특정시를 공공기관이 이전할 **혁신도시 최종입지로 선정**한 행위는 항고소송의 대상이 되는 **★행정처분이 아니다.** (대판 2007. 11. 15., 2007두10198)

⚠ **강원도지사**의 **혁신도시 최종입지선정행위**는 항고소송의 대상인 **처분으로 인정되지 않는다.** (○) [22 세무사]

0932

[15 군무원9]

근로기준법상 평균임금결정은 처분이 아니다. O X

근로기준법상 고용노동부장관이 행하는 **평균임금의 결정행위**는 개별적이고 구체적인 금액을 결정하는 하나의 행정작용으로서 확인으로서의 성질을 갖는 **행정처분**에 해당한다. (대판 2002.10.25. 2000두9717, 헌재 전원 2002. 7. 18. 2000헌마707 등)

⚠ **근로복지공단**이 사업주에 대하여 하는 **개별 사업장의 사업종류 변경결정**은 사업종류 결정의 주체, 내용과 결정기준을 고려할 때 **확인적 행정행위로서 처분에 해당**한다. (○) [21 국회8]

☑ 근로복지공단의 **개별 사업장 사업종류의 변경결정도 행정처분**으로 암기해둔다.

0933

[21 군무원7]

고충심사결정은 행정상 쟁송의 대상이 되는 행정처분이다. O X

지방공무원법 제67조의2 소정의 **고충심사의 결정** 자체에 의하여는 어떠한 법률관계의 변동이나 이익의 침해가 직접적으로 생기는 것은 아니므로 행정상 쟁송의 대상이 되는 **★행정처분으로 볼 수 없다.** (대판 1987. 12. 8., 87누657)

⚠ 고충심사결정 자체에 의해서도 어떠한 법률관계의 변동이나 이익의 침해가 ~~직접적으로 생기는 것~~이므로 **고충심사의 결정**은 ~~행정상 쟁송의 대상이 되는 행정처분~~이라고 할 수 있다. (×) [22 군무원5]

정답 0930. ○ 0931. × 0932. × 0933. ×

0934

[21 군무원7]

공무원연금 수급권은 법률에 의하여 비로소 확정된다. O X

공무원연금 수급권과 같은 사회보장수급권은 이는 국가에 대하여 적극적으로 급부를 요구하는 것이므로 헌법규정만으로는 이를 실현할 수 없어 **법률에 의한 형성이 필요**하고, 그 구체적인 내용 즉 수급요건, 수급권자의 범위 및 급여금액 등은 **법률에 의하여 비로소 확정**된다. (헌재 2013. 9. 26. 2011헌바272)

☑ 사회적 기본권인 **공무원 수급권**은 **법률에 의하여 형성**되므로, 엄밀히는 틀린 지문으로 볼 수 없음에도 출제실무자는 수급권의 구체적 내용(수급요건, 수급권자의 범위 및 급여금액 등)이 법률에 의하여 확정된다는 문구에만 주안하여 오답처리한 것으로 보인다.

0935

[20 군무원9]

지방의회 의장에 대한 불신임의결은 의장으로서의 권한을 박탈하는 행정처분의 일종으로서 항고소송의 대상이 된다. O X

지방의회 의장에 대한 **불신임의결**은 의장으로서의 권한을 박탈하는 **★행정처분**의 일종으로서 항고소송의 대상이 된다. (대결 1994. 10. 11 94두23)

⚠ **지방의회의장**에 대한 **불신임의결**은 **항고소송의 대상**에 해당하지 않는다. (×) [17 **행정사**]

0936

[10 군무원9]

공무원연금법상 퇴직급여 결정은 처분성이 인정되지 않는다. O X

구 공무원연금법령상 퇴직급여 등의 급여를 받으려고 하는 자는 우선 관계 법령에 따라 공단에 **급여지급을 신청**하여 공무원연금관리공단이 이를 **★거부하거나 일부 금액만 인정**하는 **급여지급결정**을 하는 경우 그 결정을 **대상**으로 **★항고소송을 제기**하는 등으로 구체적 권리를 인정받은 다음 비로소 당사자소송으로 그 급여의 지급을 구하여야 하고, 구체적인 권리가 발생하지 않은 상태에서 곧바로 공무원연금관리공단 등을 상대로 한 당사자소송으로 급여의 지급을 소구하는 것은 **★허용되지 않는다**. (대판 2010.5.27. 2008두5636)

☑ **공무원**의 **퇴직급여**(=퇴직연금)의 **퇴역연금 지급 등의 ★최초 신청**에 대한 공무원연금관리공단의 **★'급여지급 결정'** (또는 일부지급결정, 지급거부결정)은 **★행정처분이다.**

⚠ **공무원연금관리공단의 급여결정에 불복**하는 자는 그 **급여결정을 대상으로 항고소송**을 제기할 수 있다는 것이 판례의 입장이다. (○) [04 **행시**]

⚠ **공무원연금관리공단의 급여결정은** 당사자소송의 대상이다. (×) [15 **군무원9**]

정답 0934. × 0935. ○ 0936. ×

0937

[19 군무원9]

4대강 살리기 마스터플랜'은 행정처분에 해당한다. O X

국토해양부, 환경부, 문화체육관광부, 농림수산부, 식품부가 합동으로 2009. 6. 8. 발표한 **'4대강 살리기 마스터플랜'** 등은 행정기관 내부에서 사업의 기본방향을 제시하는 계획일 뿐 국민의 권리·의무에 직접 영향을 미치는 것이 아니어서, **★행정처분에 해당하지 않는다**. (대결 전합 2011.4.21. 2010무111)

⚠ 정부가 발표한 **'4대강 살리기 마스터플랜'**은 행정기관 내부에서 사업의 기본방향을 제시하는 것일 뿐 국민의 권리의무에 직접 영향을 미치는 것이 아니어서 **행정처분에 해당하지 않는다.** (○) [13 변시]

0938

[06 군무원9]

금융기관의 임원에 대한 금융감독원장의 문책경고는 행정소송의 대상이 될 수 없다. O X

금융기관의 임원에 대한 **금융감독원장의 문책경고**는 그 상대방에 대한 직업선택의 자유를 직접 제한하는 효과를 발생하게 하는 등 상대방의 권리의무에 직접 영향을 미치는 행위로서 항고소송의 대상이 되는 **★행정처분에 해당**한다. (대판 2005. 2. 17. 2003두14765)

⚠ **금융기관의 임원**에 대한 **금융감독원장의 문책경고**는 항고소송의 대상이 되는 **행정처분**에 해당한다. (○) [15 경행]

정답 0937. × 0938. ×

0939

[19 군무원9]

공무원연금관리공단의 인정에 의하여 퇴직연금을 지급받아 오던 중 구 공무원연금법령의 개정 등으로 퇴직연금 중 일부 금액의 지급이 정지된 경우에는 당연히 개정된 법령에 따라 퇴직연금이 확정되는 것이지 공무원연금관리공단의 퇴직연금 결정과 통지에 의하여 비로소 그 금액이 확정되는 것이 아니다. 따라서 공무원 연금관리공단이 퇴직연금 중 일부 금액에 대하여 지급거부의 의사표시를 하였다면 이는 거부처분으로서 항고소송의 대상이 된다. O X

공무원연금관리공단의 인정에 의하여 퇴직연금을 지급받아 오던 중 공무원연금**법령의 개정 등으로 퇴직연금 중 일부 금액의 지급이 정지**된 경우에는 당연히 개정된 **법령에 따라 퇴직연금이 확정**되는 것이지 구 공무원연금법 제26조 제1항에 정해진 공무원연금관리공단의 퇴직연금 결정과 통지에 의하여 비로소 그 금액이 확정되는 것이 아니므로, 공무원연금관리공단이 **퇴직연금** 중 **★일부 금액**에 대하여 **지급거부의 의사표시**를 하였다고 하더라도 그 의사표시는 퇴직연금 청구권을 형성·확정하는 행정처분이 아니라 공법상의 법률관계의 한쪽 당사자로서 그 지급의무의 존부 및 범위에 관하여 나름대로의 사실상·법률상 의견을 밝힌 것에 불과하다고 할 것이어서, 이를 행정**처분이라고 볼 수는 없고**, 그리고 이러한 **★미지급 퇴직연금**에 대한 지급청구권은 공법상 권리로서 그 **지급을 구하는 소송**은 공법상의 법률관계에 관한 소송인 **★공법상 당사자소송**에 해당한다. (대판 2004. 12. 24., 2003두15195)

☑ ⓐ 가령 甲이 공무원연금관리공단의 퇴직급여 지급결정에 따라서 **공무원 퇴직연금을 이미 지급받아 오던 중**에 연금**법령이 개정되어 '일부금액 지급정지 대상자'**가 된 경우,

ⓑ 공무원 연금관리공단이 甲에 대하여 한 **'퇴직연금 일부금액 지급거부의 의사표시'**는 **법령의 내용에 따라** 퇴직연금 중 **'일부 금액의 지급이 정지'된다는 점을 알려주는 관념의 통지**이지, 행정처분으로 볼 수 없으므로,

ⓒ 甲이 공무원연금관리공단을 상대로 **'미지급(감액부분) 퇴직연금 지급청구소송'**을 제기할 경우 이는 당사자소송에 해당한다는 판시이다.

	공무원 퇴직연금 지급(거부)결정	공무원 퇴직연금 일부 금액 지급거부 의사표시
처분성 여부	행정처분 ○	행정처분 × (법령 등에 의하여 내용이 결정되기 때문)
불복형태	**항고소송** (연금 지급**결정 취소**소송 등)	**당사자소송** (**미지급** 퇴직연금 **지급청구**소송 등)

⚠ **공무원연금관리공단**의 **퇴직연금지급거부의 의사표시**의 불복을 다투는 소송의 유형은 **당사자소송**이다. (○) [13 지방9]

⚠ 공무원 퇴직자가 **미지급 퇴직연금에 대한 지급**을 구하는 소송은 **당사자소송**에 해당한다. (○) [15 국가9]

정답 0939. ×

0940

[22 군무원5]

병역법상 군의관이 하는 신체등위판정은 그 자체만으로 바로 병역법상의 권리의무가 정하여지는 것이다. 따라서 신체등위판정에 따른 지방병무청장이 병역처분은 그에 따라 단순히 병역의무의 종류가 정하여지는 것일 뿐 항고소송의 대상이 되는 행정처분이라 보기 어렵다. O X

병역법상 **신체등위판정**은 행정청이라고 볼 수 없는 군의관이 하도록 되어 있으며, 그 자체만으로 바로 병역법상의 권리의무가 정하여지는 것이 아니라 그에 따라 지방병무청장이 **병역처분**을 함으로써 비로소 병역의무의 종류가 정하여지는 것이므로 항고소송의 대상이 되는 **★행정처분이라 보기 어렵다**. (대판 2008. 5. 29., 2007두23873)

☑ 군의관의 **신체등위판정은 행정처분** ×, 신체등위판정에 따른 **병역처분은 행정처분** ○

⚠ **병역법상 신체등위판정**은 **행정처분이 아니다.** (○) [10 국가9]

0941

[19 군무원9]

피해자의 의사와 무관하게 주민등록번호가 유출된 경우에는 조리상 주민등록번호의 변경을 요구할 신청권을 인정함이 타당하고, 구청장의 주민등록번호 변경신청 거부행위는 항고소송의 대상이 되는 행정처분에 해당한다. O X

인터넷 포털사이트 등의 개인정보 유출사고로 피해자의 의사와 무관하게 자신들의 **주민등록번호** 등 **개인정보가 불법 유출**된 경우에는 ★조리상 **주민등록번호의 변경을 요구할 신청권**을 인정함이 타당하고, **구청장의 주민등록번호 변경신청 거부행위**는 항고소송의 대상이 되는 **★행정처분**에 해당한다. (대판 2017.6.15., 2013두2945)

⚠ **구청장의 주민등록번호 변경신청 거부**는 ~~당사자소송~~의 대상이 된다. (×) [18 세무사]

0942

[20 군무원7]

구 「지가공시및토지등의평가에관한법률」에 의하여 시장, 군수, 구청장이 한 개별토지가액의 결정은 행정소송의 대상이 되는 행정처분으로 보아야 할 것이다. O X

시장·군수 또는 구청장의 **개별토지가격결정**은 국민의 권리나 의무 또는 법률상 이익에 직접적으로 관계되는 것으로서 항고소송의 대상이 되는 **★행정처분**에 해당한다. (대판 1994. 2. 8. 93누111)

⚠ **시장**, **군수 또는 구청장**의 **개별토지가격결정**은 항고소송의 대상이 되는 **행정처분에 해당**한다. (○) [00 국가7]

⚠ **개별공시지가의 결정**은 **처분성이 인정**~~되지 않는~~다. (×) [10 세무사]

정답 0940. × 0941. O 0942. O

0943

[20 군무원7]

토지거래계약에 관한 허가구역의 지정은 개인의 권리 내지 법률상의 이익을 구체적으로 규제하는 효과를 가져 오게 하는 행정청의 처분에 해당하고, 따라서 이에 대하여는 원칙적으로 항고소송을 제기할 수 있다. O X

토지거래계약에 관한 **허가구역의 지정**은 개인의 권리 내지 법률상의 이익을 구체적으로 규제하는 효과를 가져오게 하는 행정청의 **★처분에 해당**하고, 따라서 이에 대하여는 원칙적으로 **★항고소송**을 제기할 수 있다. (대법원 2006.12.22, 2006두12883)

0944

[06 군무원9]

지적소관청의 토지분할신청에 대한 거부행위는 행정소송의 대상이다. O X

지적 소관청의 **토지분할신청에 대한 거부행위**는 국민의 권리관계에 영향을 미치므로 항고소송의 대상이 되는 **★처분**으로 보아야 한다. (대판 1993.3.23., 91누8968)

⚠ 지적법령상의 **토지분할신청에 대한 거부행위**는 **항고소송의 대상**이 되는 처분~~이 아니다~~. (×) [08 세무사]

0945

[18 군무원9]

지적공부 소관청이 토지대장을 직권으로 말소하는 행위는 항고소송의 대상이 되는 행정처분에 해당한다. O X

지적소관청이 **토지대장을 직권으로 말소**한 행위는 국민의 권리관계에 영향을 미치는 것으로서 항고소송의 대상이 되는 **★행정처분**에 해당한다. (대판 2013. 10. 24., 2011두13286)

⚠ **지적공부 소관청**이 **토지대장을 직권으로 말소**한 행위는 **처분성이 인정**~~되지 않는~~다. (×) [14 서울7]

0946

[21 군무원5]

주한 미군에 근무하면서 북한의 음성통신을 영어로 번역하는 업무를 수행하는 한국인 군무원에 대하여 미군 측의 고용해제 통보 후 국방부장관이 행한 직권면직의 인사발령은 항고소송의 대상이 되는 행정처분이라 보기 어렵다. O X

주한 미군에 근무하면서 특수업무를 수행하는 한국인 군무원에 대한 **주한 미군측의 고용해제** 통보 후 **국방부장관**이 행한 **직권면직의 인사발령**이 항고소송의 대상이 되는 **★행정처분이라고 할 수 없다**. (대판 1997. 11. 11. 97누1990)

⚠ **주한 미군에 근무**하면서 특수업무를 수행하는 **한국인 군무**원에 대한 **주한 미군 측의 고용해제 통보** 후 국방부장관이 행한 **직권면직의 인사발령**은 ~~항고소송의 대상이 되는 행정처분~~이다. (×) [22 소방승진]

정답 0944. O 0945. O 0946. O

0947

[18 군무원9]

상급자와 다투고 폭언하는 행위에 대하여 장관이 행한 서면경고는 국가공무원법상의 징계처분에 해당한다. O X

공무원이 소속 **장관으로부터 받은** "직상급자와 다투고 폭언하는 행위 등에 대하여 엄중 경고하니 차후 이러한 사례가 없도록 각별히 유념하기 바람"이라는 내용의 **서면에 의한 경고**는 공무원으로서의 신분에 불이익을 초래하는 법률상의 효과가 발생하는 것도 아니므로, 그 경고가 국가공무원법상의 징계처분이나 행정소송의 대상이 되는 **★행정처분이라고 할 수 없어** 그 취소를 구할 법률상의 이익이 없다. (대판 1991. 11. 12. 91누2700)

⚠ 공무원에 대한 법정징계처분에 속하지 않는 **단순 서면경고**는 ~~항고소송의 대상성이 인정~~된다. (×) [04 국회8]

0948

[22 군무원9]

국가공무원법상 당연퇴직의 인사발령은 취소소송의 대상이 되는 처분에 해당한다. O X

국가공무원법상 당연퇴직은 결격사유가 있을 때 **법률상 당연히 퇴직**하는 것이지 공무원관계를 소멸시키기 위한 별도의 행정처분을 요하는 것이 아니며, 당연퇴직의 인사발령은 법률상 당연히 발생하는 **퇴직사유를 공적으로 확인하여 알려주는** 이른바 **관념의 통지**에 불과하고 공무원의 신분을 상실시키는 **★새로운 형성적 행위가 아니므로** 행정소송의 대상이 되는 독립한 **★행정처분이라고 할 수 없다**. (대판 1995. 11. 14., 95누2036)

⚠ 「국가공무원법」상 당연퇴직은 결격사유가 있을 때 법률상 당연히 퇴직하는 것이지, 공무원관계를 소멸시키기 위한 별도의 행정처분을 요하는 것이 아니며, **당연퇴직의 인사발령**은 법률상 당연히 발생하는 **퇴직사유를 공적으로 확인하여 알려주는 이른바 관념의 통지에 불**과하고 공무원의 신분을 상실시키는 **새로운 형성적 행위가 아니므로** 행정소송의 대상이 되는 **독립한 행정처분이라고 할 수 없다**. (○) [20 군무원9] [22 군무원5]

0949

[20 군무원7]

병무청장의 병역의무 기피자의 인적사항 공개결정은 취소소송의 대상이 되는 처분에 해당한다. O X

병무청장이 병역법 제81조의2 제1항에 따라 **병역의무 기피자의 인적사항** 등을 인터넷 **홈페이지에 게시**하는 등의 방법으로 **공개**한 경우 **병무청장의 공개결정**을 항고소송의 대상이 되는 **★행정처분**으로 보아야 한다. (대판 1995. 11. 14., 95누2036)

⚠ 병무청장이 병역법에 따라 **병역의무 기피자의 인적사항을 인터넷 홈페이지에 공개**하는결정은 **항고소송의 대상이 되는 행정처분~~이 아니~~다**. (×) [21 행정사]

정답 0947. × 0948. × 0949. ○

0950

[20 군무원7]

행정청인 관리권자로부터 관리업무를 위탁받은 공단이 우월적 지위에서 일정한 법률상 효과를 발생하게 하는 공단입주 변경계약은 공법계약으로 이의 취소는 공법상 당사자소송으로 해야 한다. O X

산업단지관리공단의 구 산업집적활성화 및 공장설립에 관한 법률 제38조 제2항에 따른 **입주변경계약 취소**는 행정청인 관리권자로부터 관리업무를 위탁받은 산업단지관리공단이 우월적 지위에서 입주기업체들에게 일정한 법률상 효과를 발생하게 하는 것으로서 항고소송의 대상이 되는 **★행정처분**에 해당한다. (대판 2017.6.15. 2014두46843)

☑ 산업단지로의 공장 **입주계약은 이른바 '공법상 계약'**이라고 할 수 있으나, 그 **'계약의 취소'**는 공법상 계약이 아니라 **항고소송의 대상**이 되는 **행정처분에 해당**한다는 판시이다.

▲ 산업단지 입주변경계약의 취소는 **공법관계**에 해당한다. (○) [19 군무원9]

▲ 구 「산업집적활성화 및 공장설립에 관한 법률」에 따른 **산업단지 입주계약의 해지통보**는 행정청인 관리권자로부터 관리업무를 위탁받은 한국산업단지공단이 우월적 지위에서 그 상대방에게 일정한 법률상 효과를 발생하게 하는 것으로서 **항고소송의 대상이 되는 행정처분**에 해당한다. (○) [17 지방7]

0951

[21 군무원7]

건축물의 소재지를 관할하는 허가권자인 지방자치단체의 장이 국가의 건축협의를 거부한 행위는 항고소송의 대상인 거부처분에 해당한다. O X

건축허가권자인 **지방자치단체의 장이 국가**에 대하여 한 **건축협의 거부행위**는 비록 그 상대방이 국가 등 행정주체라 하더라도, **★처분에 해당**한다고 볼 수 있고, 이에 대한 법적 분쟁을 해결할 실효적인 다른 법적 수단이 없는 이상 국가 등은 허가권자를 상대로 **★항고소송**을 통해 그 **거부처분의 취소**를 구할 수 있다. (대판 2014.3.13. 2013두15934)

▲ 구 건축법상 **지방자치단체장**이 국가와의 **건축협의를 거부**한 행위에 대해 국가는 **항고소송을 제기**할 수 있다. (○) [20 세무사]

정답 0950. ✕ 0951. ○

0952

[22 군무원7]

지방자치단체장이 공장시설을 신축하는 회사에 대하여 사업승인 당시 부가하였던 조건을 이행할 때까지 신축공사를 중지하라는 명령을 발하였고, 회사는 중지명령의 원인사유가 해소되지 않았음에도 공사중지명령의 해제를 요구하였고, 이에 대한 지방자치단체장의 해제요구의 거부에 대한 회사의 취소소송에서 원고에게 법률상 이익이 인정된다. O X

> 국민의 신청에 대하여 한 행정청의 **거부행위가 취소소송의 대상**이 되기 위하여는 국민이 그 신청에 따른 행정행위를 하여 줄 것을 **요구**할 수 있는 **법규상 또는 조리상의 권리**가 있어야 하는 것인데, 지방자치단체장이 공장시설을 신축하는 회사에 대하여 사업승인 내지 건축허가 당시 부가하였던 조건을 이행할 때까지 신축공사를 중지하라는 명령을 한 경우에, 그 **원인사유가 해소되는 경우**에는 위 회사에게는 **조리상**으로 그 **해제를 요구할 수 있는 권리가 인정**된다고 할 것이다. (대판 2007.5.11. 2007두1811)
>
> ☑ Ⓐ 공사중지명령의 원인사유가 **해제된 경우**, 공사중지명령 **해제신청 거부**의 취소를 구할 **법률상 이익이 인정된다.**
> Ⓑ 공사중지명령의 원인사유가 **해제되지 않은 경우**, 공사중지명령 **해제신청 거부**의 취소를 구할 **법률상 이익이 없다.**

⚠ 행정청이 행한 **공사중지명령의 상대방**은 그 **명령 이후**에 그 **원인사유가** 소멸하였음을 들어 행정청에게 **공사중지명령의 철회를 요구**할 수 있는 **조리상의 신청권**이 없다. (×) [18 국회8]

0953

[15 군무원9]

인접토지 소유자의 장애물 철거요구를 거부한 행위는 항고소송의 대상이 되는 거부처분에 해당하지 않는다. O X

> 도시계획법, 건축법, 도로법 등 관계 법령상 **주민**에게 **도로상 장애물의 철거를 신청**할 수 있는 권리를 인정한 **근거 법규가 없을 뿐 아니라 조리상** 이를 **인정할 수도 없고,** 따라서 행정청이 **인접 토지 소유자의 장애물 철거 요구를 거부**한 행위는 항고소송의 대상이 되는 ★**거부처분에 해당될 수 없다**. (대판 1996. 1. 23., 95누1378,)

정답 0952. × 0953. O

0954

[21 군무원5]

수익적 행정행위 신청에 대한 거부처분은 당사자의 신청에 대하여 관할 행정청이 거절하는 의사를 대외적으로 명백히 표시함으로써 성립되며, 거부처분이 있은 후 당사자가 다시 신청을 한 경우에는 그 내용이 새로운 신청을 하는 취지라도 관할 행정청이 이를 다시 거절하는 것은 새로운 거부처분이 되지 아니한다. O X

수익적 행정행위 신청에 대한 **거부처분**은 당사자의 신청에 대하여 관할 행정청이 **거절하는 의사**를 **대외적**으로 **명백히 표시**함으로써 성립되고, **거부처분이 있은 후** 당사자가 ★**다시 신청**을 한 경우에는 신청의 제목 여하에 불구하고 그 내용이 ★**새로운 신청**을 하는 취지라면 관할 행정청이 이를 **다시 거절**하는 것은 ★**새로운 거부처분**으로 봄이 원칙이다. (대판 2019. 4. 3., 2017두52764)

- 수익적 행정행위 신청에 대한 **거부처분이 있은** 후 당사자가 **다시 신청을 한 경우**에는 신청의 제목 여하에 불구하고 그 내용이 **새로운 신청을 하는 취지**라면 관할 행정청이 이를 **다시 거절**하는 것은 **새로운 거부처분**이 된다. (○) **[21 서울7]**

0955

[22 군무원5]

재건축정비사업조합이 행정주체의 지위에서 도시 및 주거환경정비법에 따라 수립하는 관리처분계획은 정비사업의 시행 결과 조성되는 대지 또는 건축물의 권리귀속에 관한 사항과 조합원의 비용 분담에 관한 사항 등을 정함으로써 조합원의 재산상 권리·의무 등에 구체적이고 직접적인 영향을 미치게 되므로, 이는 구속적 행정계획으로서 행정처분에 해당한다. O X

재건축조합이 행정주체의 지위에서 도시정비법 제74조에 따라 수립하는 **관리처분계획**은 정비사업의 시행 결과 조성되는 대지 또는 건축물의 권리귀속에 관한 사항과 조합원의 비용 분담에 관한 사항 등을 정함으로써 **조합원의 재산상 권리·의무 등에 구체적이고 직접적인 영향**을 미치게 되므로, 이는 구속적 행정계획으로서 재건축조합이 행하는 독립된 ★**행정처분에 해당**한다. (대판 2022. 7. 14., 선고, 2022다206391)

- 「도시재개발법」에 의한 **재개발조합의 관리처분계획**은 토지 등의 소유자에게 구체적이고 결정적인 영향을 미치는 것으로서 조합이 행한 **처분에 해당**한다. (○) **[19 서울7 2월]**
- 「도시재개발법」상의 **관리처분계획은 처분성~~이 없~~다**. (×) **[14 군무원9]**

정답 0954. × 0955. ○

0956

[21 군무원5]

기존의 행정처분을 변경하는 내용의 행정처분이 뒤따르는 경우, 후속처분이 종전처분을 완전히 대체하는 것이거나 그 주요 부분을 실질적으로 변경하는 내용인 경우에는 특별한 사정이 없는 한 종전 처분은 그 효력을 상실하고 후속처분만이 항고소송의 대상이 된다. O X

기존의 행정처분을 변경하는 내용의 행정처분이 뒤따르는 경우, **후속처분이 종전 처분을 완전히 대체**하는 것이거나 **주요 부분을 실질적으로 변경**하는 내용인 경우에는 특별한 사정이 없는 한 **종전처분은 효력을 상실**하고 **★후속처분만이 항고소송의 대상**이 된다. (대판 전원 2015. 11. 19. 2015두295)

⚠ **선행처분의 주요 부분**을 **실질적으로 변경하는** 내용으로 **후행처분**을 한 경우에 **선행처분은** 특별한 사정이 없는 한 **그 효력을 상실한**다. (○) [19 경행 변형]

0957

㉠ 과세처분이 있은 후 당초 과세처분에 대한 감액경정처분이 있는 경우, 당초 처분은 불가쟁력이 발생하여 다툴 수 없다. [16 군무원9] O X

㉡ 감액처분에 의하여 취소되지 않고 남은 부분을 다투고자 하는 경우 제소기간은 당초 처분을 기준으로 한다. [16 군무원9] O X

1. 과세표준과 세액을 감액하는 경정처분은 당초의 부과처분과 별개 독립의 과세처분이 아니라 그 ★실질은 당초의 부과처분의 변경이고, 그 경정처분으로도 아직 취소되지 아니하고 남아 있는 부분이 위법하다 하여 다투는 경우, **항고소송의 대상**은 당초의 부과처분 중 ★경정처분에 의하여 **아직 취소되지 않고 남은 부분**이고, 그 **★경정처분이 항고소송의 대상이 되는 것은 아니다**. (대판 2009. 5. 28., 2006두1640)
2. 이 경우 **제소기간을 준수**하였는지 여부도 **★당초처분을 기준**으로 하여 판단하여야 할 것이다. (대판 1991. 9. 13. 91누391)

☑ ㉠ 가령 **100만원의 과세**부과처분을 한 후, 그 중 **30만원을 감액**하는 처분을 하였다면 감액처분은 별개의 독립한 처분이 아니기에 취소소송의 대상이 될 수 없고, 감액처분으로 **감액되고 남은 '70만원 부과처분'**이 취소**소송의 대상**이 되며,

㉡ 또한 **제소기간의 준수여부**도 **소의 대상인 당초처분(감액되고 남아있는 70만원 부과처분)**을 **기준**으로 판단하여야 한다.

⚠ 과세처분 후 **감액경정결정**된 경우 **취소소송의 대상**은 당초의 부과처분 중 **경정결정에 의하여 취소되지 않고 남은 부분**이다. (○) [16 세무사]

⚠ 감액처분에 의하여 **취소되지 않고 남은 부분을 다투고자** 하는 경우 **제소기간은 당초처분을 기준**으로 한다. (○) [14 세무사]

정답 0956. O 0957-㉠. X 0957-㉡. O

0958

㉠ 국세에 대한 증액경정처분이 있는 경우 당초처분은 증액경정처분에 흡수된다. [21 군무원7] O X

㉡ 과세표준과 세액을 증액하는 증액경정처분은 당초신고나 결정에서 확정된 과세표준과 세액을 포함하여 전체로서 하나의 과세표준과 세액을 다시 결정하는 것이므로, 당초신고나 결정에 대한 불복기간의 경과 여부 등에 관계없이 오직 증액경정처분만이 항고소송의 심판대상이 된다. [21 군무원5] O X

> **증액경정처분**이 있는 경우 **당초 신고나 결정은 증액경정처분에 흡수**됨으로써 독립한 존재가치를 잃게 되어 원칙적으로는 당초 신고나 결정에 대한 불복기간의 경과 여부 등에 관계없이 **★증액경정처분만이 항고소송의 심판대상**이 된다. (대판 2011.4.14. 2008두22280)

	소송의 대상	제소기간 준수기준
증액경정처분이 있는 경우	증액경정처분	증액경정처분일
감액경정처분이 있는 경우	감액되고 남은 당초처분	감액되고 남은 당초처분일

⚠ 과세처분이 있은 후 당초 과세처분에 대한 증액경정처분이 있는 경우, 당초 처분은 **증액경정처분에 흡수되어 당연히 소멸**한다. (○) [16 군무원9]

⚠ 과세처분이 있은 후 당초 과세처분에 대한 증액경정처분이 있는 경우, 그 **증액경정처분만이 행정쟁송의 대상**이 된다. (○) [16 군무원9]

⚠ 과세처분 이후 증액경정처분이 있는 경우, **증액경정처분은 항고소송의 대상에 해당**~~하지 않는~~다. (×) [17 세무사]

0959

[12 군무원9]

권리주체가 아니라도 항고소송의 청구가 가능하다. O X

> 원칙적으로 **★자연인과 법인만이 권리주체로서 행정소송을 청구할 수 있다**. 따라서 **당사자능력이 결여된** 자연물은 **행정소송을 제기할 수 없다**.

⚠ 자연물의 일부인 동·식물에게는 행정소송을 청구할 **법률상 이익이 인정되지 않는다**. (○) [08 국회8]

정답 958-㉠. O 0958-㉡. O 0959. ×

0960 [08 군무원9]

법인격 없는 단체도 구체적인 법적 분쟁 대상과 관련하여 권리를 가질 수 있는 범위 안에서 원고적격이 인정된다. O X

예외적으로 **법인격**(권리능력)**이 없는 단체**(사단, 재단 등)**도 소송상의 당사자능력이 인정**되는 경우도 있다. (민사소송법 제52조, 행정소송법 제8조 제2항)

⚠ **법인격 없는 단체**도 **대표자를 통해서 단체의 이름으로 소를 제기**할 수 있다. (○) [07 세무사]

0961 [08 군무원9]

법률상 이익의 의미에 관하여 법률상 보호이익설(법률상 이익구제설)은 위법한 처분에 의하여 침해되고 있는 이익이 근거법률에 의하여 보호되고 있는 이익인 경우에는 그러한 이익이 침해된 자에게 당해 처분의 취소를 구할 원고적격이 인정된다고 한다. O X

행정처분으로 인하여 **'법률상 보호되는 이익'**을 침해당한 경우에는 그 처분의 '취소나 무효확인'을 구하는 **행정소송을 제기**하여 그 당부의 판단을 받을 자격이 있다. (대판 2006. 7. 28., 2004두6716)

☑ 「행정소송법」 제12조 전단의 **'법률상 이익'의 개념**과 관련하여 일반적으로는 권리구제설, **법률상 보호이익설**, 보호가치있는 이익 구제설, 적법성 보장설, 보호이익론 등의 대립되고 있는데, **★다수설·판례는 법률상 보호이익설**을 취하고 있다.

⚠ 취소소송에 있어서는 권리 또는 **법률상 보호되는 이익이 침해**된 자에게 **원고적격**이 있다. (○) [01 입시]

⚠ **법률상 이익에 관한 학설**로서 다수견해는 ~~보호가치이익설~~을 취하고 있다. (×) [03 행시]

☑ ~~보호가치 이익설~~ → 보호이익설

0962 [20 군무원7]

사증 발급의 법적 성질과 출입국관리법의 입법목적을 고려할 때 외국인은 사증발급 거부처분의 취소를 구할 법률상 이익이 있다. O X

우리 출입국관리법의 해석상 **외국인**에게는 사증발급 거부처분의 취소를 구할 **★법률상 이익이 인정되지 않는다**. (대판 2018. 5. 15., 2014두42506)

☑ 반면 외국국적동포인 외국인(가수 유승준)이 주미 영사관에 신청한 사증발급(F-4: 재외동포 체류자격) 신청이 거부된 경우 거부처분의 취소를 구할 법률상 이익을 인정한 사례도 있다. (대판 2019. 7. 11., 2017두38874)

⚠ 「출입국관리법」의 해석상 **외국인에게**는 **사증발급 거부처분의 취소를 구할 법률상 이익이 인정되지 않는다**. (○) [22 국회9]

정답 0960. O 0961. O 0962. ×

0963

[20 군무원9]

법인세 과세표준과 관련하여 과세관청이 법인의 소득처분 상대방에 대한 소득처분을 경정하면서 증액과 감액을 동시에 한 결과 전체로서 소득처분금액이 감소된 경우, 법인이 소득금액변동통지의 취소를 구할 소의 이익이 없다. O X

법인이 법인세의 과세표준을 신고하면서 배당, 상여 또는 기타소득으로 소득처분한 금액은 당해 법인이 신고기일에 소득처분의 상대방에게 지급한 것으로 의제되어 그때 원천징수하는 소득세의 납세의무가 성립·확정되며, 그 후 과세관청이 직권으로 상대방에 대한 **소득처분을 경정**하면서 일부 항목에 대한 증액과 다른 항목에 대한 감액을 동시에 한 결과 **★전체로서 소득처분금액이 감소된 경우**에는 그에 따른 소득금액변동통지가 납세자인 당해 법인에 불이익을 미치는 처분이 아니므로 당해 법인은 그 **★소득금액변동통지의 취소를 구할 이익이 없다**. (대판 2012. 4. 13., 2009두5510)

⚠ 과세관청이 직권으로 **법인세법상 소득처분을 경정**하면서 **일부 항목은 증액**을 하고 **동시에 다른 항목은 감액**을 한 결과 **전체로서 소득처분금액이 감소**된 경우, ~~소득금액변동통지의 취소를 구할 이익이~~ 있다. (×) [21 세무사]

0964

[08 군무원9]

처분의 직접 상대방이 아닌 제3자에게는 당해 행정처분의 취소를 구할 법률상 이익이 있다 하더라도 원고적격이 인정되지 아니한다. O X

행정처분의 **직접 상대방이 아닌 제3자**라 하더라도 당해 행정처분으로 **법률상 보호되는 이익을 침해**당한 경우에는 취소소송을 제기하여 **★당부의 판단을 받을 자격이 있다**. (대판 2007. 12. 27. 2005두9651)

⚠ 행정**처분의 직접 상대방이 아닌 제3자**라 하더라도 당해 행정처분으로 인하여 **법률상 보호되는 이익**을 **침해**당한 경우에는 **취소소송을 제기**하여 그 **당부의 판단을 받을 자격**이 있다. (○) [21 군무원9]

정답 0963. O 0964. ×

0965

[21 군무원9]

법인의 주주가 그 처분으로 인하여 궁극적으로 주식이 소각되거나 주주의 법인에 대한 권리가 소멸하는 등 주주의 지위에 중대한 영향을 초래하게 되는데도 그 처분의 성질상 당해 법인이 이를 다툴 것을 기대할 수 없고 달리 주주의 지위를 보전할 구제방법이 없는 경우에는 주주도 그 처분에 관하여 직접적이고 구체적인 법률상 이해관계를 가진다고 보이므로 그 취소를 구할 원고적격이 있다. O X

일반적으로 **법인의 주주는** 당해 법인에 대한 행정처분에 관하여 **사실상이나 간접적인 이해관계**를 가질 뿐이어서 스스로 그 처분의 취소를 구할 **원고적격이 없는 것이 원칙**이라고 할 것이지만, 그 처분으로 인하여 궁극적으로 주식이 소각되거나 주주의 법인에 대한 권리가 소멸하는 등 **주주의 지위에 중대한 영향**을 초래하게 되는데도 그 처분의 성질상 당해 법인이 이를 다툴 것을 기대할 수 없고 **달리 주주의 지위를 보전할 구제방법이 없는 경우**에는 **주주도** 그 처분에 관하여 **직접적이고 구체적인 법률상 이해관계**를 가진다고 보이므로 그 취소를 구할 **원고적격이 있다**. (대판 2004. 12. 23., 2000두2648)

⚠ **법인의 주주나 임원**이 당해 법인에 대한 행정처분에 관하여 **처분의 취소**를 구할 **원고적격을 가지는 경우** ~~는 없~~다. (×) [12 세무사]

0966

[22 군무원7]

이른바 예탁금회원제 골프장에 있어서, 체육시설업자가 회원모집계획서를 제출하면서 사업계획의 승인을 받을 때 정한 예정인원을 초과하여 회원을 모집하는 내용의 회원모집계획서를 제출하여 그에 대한 시·도지사 등의 검토결과 통보를 받은 경우, 기존회원이 회원모집계획서에 대한 시·도지사의 검토결과 통보에 대한 취소소송에서 원고에게 법률상 이익이 인정된다. O X

이른바 **예탁금회원제 골프장**에 있어서, 체육시설업자 또는 그 사업계획의 승인을 얻은 자가 회원모집계획서를 제출하면서 사업계획의 승인을 받을 때 정한 예정인원을 초과하여 회원을 모집하는 내용의 회원모집계획서를 제출하여 시·도지사 등의 검토결과 통보를 받는다면 기존회원의 골프장에 대한 법률상의 지위에 영향을 미치게 되므로, 기존회원은 위와 같은 **회원모집계획서에 대한 시·도지사의 검토결과 통보**의 취소를 구할 ★**법률상의 이익이 있다**고 보아야 한다. (대판 2009. 2. 26., 2006두16243)

⚠ 이른바 **예탁금회원제 골프장의 기존회원**은 **골프장시설업자의 회원모집계획서**에 대한 **시·도지사의 검토결과통보**의 취소를 구할 **원고적격**~~이 없~~다. (×) [21 세무사]

정답 0965. O 0966. O

0967 [13 군무원9]

환경영향평가 대상지역 밖에 거주하는 주민이라 할지라도, 공유수면매립면허처분 등으로 인하여 환경상 이익에 대한 침해 또는 침해우려가 있다는 것을 입증함으로써 그 처분 등의 무효확인을 구할 원고적격을 인정받을 수 있다. O X

환경영향평가 대상지역 **밖의 주민**이라 할지라도 공유수면매립면허처분 등으로 인하여 그 처분 전과 비교하여 ★**수인한도를 넘는 환경피해**를 **받거나 받을 우려**가 있는 경우에는, 공유수면매립면허처분 등으로 인하여 환경상 이익에 대한 ★**침해 또는 침해우려**가 있다는 것을 **입증**함으로써 그 처분 등의 무효확인을 구할 ★**원고적격**을 인정받을 수 있다. (대판 전합 2006. 3. 16., 2006두330)

⚠ 환경영향평가 대상지역 **밖의** 주민은 자신에 대한 **수인 한도를 넘는 환경피해를 입증**하더라도 **원고적격이 인정**될 수 없다. (×) [15 교행9]

0968 [22 군무원9]

행정처분의 취소소송 계속 중 처분청이 다툼의 대상이 되는 행정처분을 직권으로 취소하면 그 처분은 효력을 상실하여 더 이상 존재하지 않는 것이므로 존재하지 않는 처분을 대상으로 한 항고소송은 원칙적으로 소의 이익이 소멸하여 부적법하다. O X

행정처분의 무효확인 또는 취소를 구하는 소가 제소 당시에는 소의 이익이 있어 적법하였더라도, 소송 계속 중 처분청이 다툼의 대상이 되는 행정**처분을 직권으로 취소**하면 그 ★처분은 **효력**을 **상실**하여 더 이상 **존재하지 않는 것**이므로, **존재하지 않는 처분을 대상**으로 한 항고소송은 원칙적으로 ★**소의 이익이 소멸**하여 **부적법하다**고 보아야 한다. (대판 2019. 6. 27., 선고, 2018두49130,)

⚠ **행정처분이 취소**되면 그 처분은 **효력을 상실하여 더 이상 존재하지 않는** 것이고, **존재하지 않는 행정처분을 대상**으로 한 취소소송은 **소의 이익이 없어 부적법**하다. (○) [13 서울7]

0969 [20 군무원7]

거부처분이 행정심판의 재결을 통해 취소된 경우 재결에 따른 후속처분이 아니라 그 재결의 취소를 구하는 것은 분쟁해결의 유효적절한 수단이라고 할 수 없어 소의 이익이 없다. O X

★**거부처분**이 **재결에서 취소**된 경우 ★**재결에 따른 후속처분**이 아니라 그 재결의 취소를 구하는 것은 실효적이고 직접적인 권리구제수단이 될 수 없어 분쟁해결의 유효적절한 수단이라고 할 수 없으므로 ★**법률상 이익이 없다**. (대판 2017.10.31, 2015두45045)

☑ **취소재결에 따른 후속조치에 불복**하려면, 그것의 전제가 된 재결이 아니라 **후속조치를 다투는 것이 실효적·직접적 권리구제**가 된다는 판시이다. 사업주체 변경에 따른 주택건설 사업계획 변경승인에 관한 판례로서, 판시내용에서 지문의 키워드를 중심으로 암기하는 것이 이롭다.

⚠ **거부처분이 재결에 의해 취소**된 사안에서 **재결에 따른 후속처분**이 아니라 그 **재결의 취소를 구하는 경우**는, 취소소송에서 소의 이익이 인정되는 경우이다. (×) [22 국회9]

정답 0967. O 0968. O 0969. O

0970

[21 군무원7]

위법한 건축물에 대한 취소소송 중 건축공사가 완료된 경우에 행정소송을 구할 법률상 이익이 인정된다. O X

건축허가에 기하여 이미 **건축공사를 완료**하였다면 그 ★**건축허가처분의 취소를 구할 이익이 없다** 할 것이고, 이와 같이 건축허가처분의 취소를 구할 이익이 없게 되는 것은 건축허가처분의 취소를 구하는 **소를 제기하기 전**에 건축공사가 **완료**된 경우뿐 아니라 **소를 제기한 후** 사실심 변론종결일 전에 건축공사가 **완료**된 경우에도 마찬가지이다. (대판 2007.4.26., 2006두18409)

⚠「건축법」 소정의 이격거리를 두지 않아 **위법한 건축물의 공사가 완료된 이후** 이웃주민이 건축허가**처분의 취소**를 구하는 경우 취소소송의 **소의 이익이 부정**된다. (○) [17 세무사]

0971

[10 군무원9]

행정심판에서 인용재결이 이루어진 후에 제기된 행정소송은 각하된다. O X

Ⓐ 가령 **불이익처분을 받은 A가 행정심판을 제기**하여 당해 처분을 취소하는 **인용재결까지 받은 때**에는, 인용재결에 의하여 ★**효력이 상실된 처분을 대상**으로 **행정소송을 제기할 수 없으며**, 설사 제기를 하더라도 ★**소의 이익이 없는 소송으로 각하**될 것이다.

Ⓑ 만일 A가 불이익처분을 대상으로 **행정심판과 행정소송을 동시에 제기**하였더라도, 행정소송의 **판결 전에 행정심판에서 인용재결**이 이루어진 경우에도 마찬가지로 ★**처분의 효력이 상실**되므로 **소의 이익이 없는 소송으로 각하**될 것이다.

⚠ **행정심판과 행정소송이 동시에 제기**되어 **진행 중 행정심판**의 ~~기각재결~~이 있으면 행정소송은 **소의 이익을 상실**한다. (×) [15 서울9]

판결선고 이전에 그 **행정심판절차**에서 '처분청의 당해 처분을 취소한다'는 **형성적 재결**이 이루어졌다면, 그 취소의 재결로써 당해 **처분은 소급하여 그 효력을 잃게 되므로** 더 이상 당해 처분의 효력을 다툴 **법률상의 이익이 없게 된다**. (대판 1997. 5. 30., 96누18632)

0972

[21 군무원7]

교원소청심사위원회의 파면처분 취소결정에 대한 취소소송 계속 중 학교법인이 교원에 대한 징계처분을 해임으로 변경한 경우 법률상 이익이 인정된다. O X

교원소청심사위원회의 파면처분 취소결정에 대한 취소소송 계속 중 학교법인이 교원에 대한 징계처분을 **파면에서 해임으로 변경**한 경우, **종전의 파면처분은 소급하여 실효되고** ★**해임만 효력을 발생**하므로, 소급하여 효력을 잃은 파면처분을 취소한다는 내용의 교원소청심사결정의 취소를 구하는 것은 ★**법률상 이익이 없다**. (대판 2010. 2. 25.2008두20765)

☑ **파면에서 해임으로 변경**되었으므로 종전의 **파면처분을 다툴만한 소의 이익이 없게 된다.**

정답 0970. × 0971. O 0972. ×

0973

[21 군무원7]

환지처분의 일부에 대한 취소소송에서 법률상 이익이 인정된다. O X

환지처분이 일단 공고되어 **그 효력을 발생**한 이상 환지전체의 절차를 처음부터 다시 밟지 않는 한 그 일부만을 따로 떼어 환지처분을 변경할 길이 없으므로 그 환지처분 중 일부 토지에 관하여 위법이 있다 하여도 그 **환지처분의 일부**에 대하여 취소를 구할 **★법률상 이익은 없다**. (대판 1992. 6. 26. 91누11728)

☑ 지문이 불분명하다. "**환지처분이 확정된 후에도** 환지처분의 일부에 대한 취소소송에서 법률상 이익이 인정된다."가 되어야 분명하게 틀린 지문이 된다.

⚠ **환지처분이 확정된** 후에는 **환지처분의 일부에 위법**이 있다고 하더라도 ~~행정소송으로 그 취소를 구할 수~~ 있다. (×) [12 국가7 변형]

0974

[16 군무원9]

징계처분으로서 감봉처분이 있은 후 공무원의 신분이 상실된 경우에 위법한 감봉처분의 취소를 구하는 경우 소의 이익이 인정된다. O X

징계처분으로서 **감봉처분이 있은 후** **공무원의 신분이 상실**된 경우에도 위법한 감봉처분의 취소가 필요한 경우에는 위 **★감봉처분의 취소**를 구할 **소의 이익이 있다**. (대판 1977. 7. 12., 74누147)

☑ **감봉처분이 소송에서 취소**된다면 감봉처분에 따른 **불이익(삭감된 보수)이 회복**될 수 있으므로, 소송의 이익이 있다는 판시이다.

⚠ 징계처분으로 **감봉처분이 있은 이후 자진퇴직**하여 **공무원의 신분이 상실된 자**가 **감봉처분을 다투**는 경우 협의의 **소의 이익**이 부인된다. (×) [09 세무사]

0975

[16 군무원9]

공익근무요원의 소집해제신청이 거부되어 계속 근무하였고 복무기간 만료로 소집해제처분을 받은 이후에 위 거부처분의 취소를 구하는 경우 소의 이익이 인정된다. O X

공익근무요원 **소집해제신청을 거부**한 **후에** 원고가 **계속하여** 공익근무요원으로 **복무**함에 따라 복무기간 만료를 이유로 **소집해제처**분을 한 경우, 원고가 입게 되는 권리와 이익의 침해는 **소집해제처분으로 해소**되었으므로 위 거부처분의 **취소를 구할 ★소의 이익이 없다**. (대판 2005. 5. 13., 2004두4369)

⚠ **공익근무요원 소집해제신청을 거부한 후**에 원고가 **계속하여 공익근무요원으로 복무**함에 따라 복무기간 만료를 이유로 소집해제처분을 한 경우, 원고가 입게 되는 **권리와 이익의 침해는 소집해제처분으로 해소**되었으므로 위 **거부처분의 취소를 구할 소의 이익이 없다**. (○) [22 군무원5]

정답 0973. × 0974. ○ 0975. ×

0976

㉠ 현역입영대상자로서는 현실적으로 입영을 하였다고 하더라도, 입영 이후의 법률관계에 영향을 미치고 있는 현역병입영통지처분등을 한 관할 지방병무청장을 상대로 위법을 주장하여 그 취소를 구할 소송상의 이익이 있다. [22 군무원5] O X

㉡ 현역병입영 대상자로 병역처분을 받은 자가 그 취소소송 중 모병에 응하여 현역병으로 자진 입대한 경우, 소의 이익이 없다. [13 경행] O X

병역법상 현역입영대상자로서는 현역병입영통지처분이 위법하다 하더라도 법원에 의하여 그 처분의 집행이 정지되지 아니하는 이상 현실적으로 입영을 할 수밖에 없으므로 **현역입영대상자**로서는 **★현실적으로 입영**을 하였다고 하더라도, **입영 이후의 법률관계에 영향**을 미치고 있는 **★현역병입영통지처분** 등을 한 관할지방병무청장을 상대로 위법을 주장하여 그 ★취소를 구할 **소송상의 이익**이 있다. (대판 2003.12.26. 2003두1875)

[비교판례] 현역병입영대상자로 **병역처분**을 받은 자가 그 취소소송중 **★모병에 응하여 현역병으로 자진 입대**한 경우, 그 처분의 위법을 다툴 실제적 효용 내지 이익이 없다는 이유로 **★소의 이익이 없다**. (대판 1998. 9. 8., 98두9165)

■ 현역병 관련 판례 구분용 키워드 정리

소의 대상	현역병입영통지처분	현역병입영대상 병역처분
구분 키워드	• "현역병**입영통지처분**" • "**현실적**으로 입영" • "**입영 이후**의 **법률관계**에 영향"	• "현역병입영대상 **병역처분** • "**모병**에 응하여" • "현역병으로 **자진**입대"
원고적격 여부	**인정**(소의 이익 ○)	**불인정**(소의 이익 ×)

⚠ **현역입영대상자**로서 **현실적으로 입영을 한 자**가 입영 이후에 현역병입영통지처분의 취소를 구하는 경우 **소의 이익이 있다.** (○) [10 군무원9]

⚠ **현역입영대상자가 입영한 후에** 현역병입영통지처분의 취소를 구하는 경우 **소의 이익이 인정**된다. (○) [16 군무원9]

⚠ **현역입영대상자로서는 현실적으로 입영**을 하였다고 하더라도, 입영 이후의 법률관계에 영향을 미치고 있는 현역병입영통지처분 등을 한 관할지방병무청장을 상대로 위법을 주장하여 그 취소를 구할 **소송상의 이익이 있다.** (○) [20 군무원9]

⚠ 甲이 현역병 입영대상으로 병역처분을 받고 그 취소소송 중 **모병에 응하여 현역병으로 자진입대**한 경우, 甲은 **현역병 입영처분**의 취소를 구할 **소의 이익은 없다.** (○) [22 소방승진]

정답 0976-㉠. O 0976-㉡. O

0977

[16 군무원9]

대학입학고사불합격처분의 취소를 구하는 소송의 계속 중 당해 연도의 입학시기가 지나버린 경우 소의 이익이 인정된다. O X

어느 학년도의 합격자는 반드시 당해 연도에만 입학하여야 한다고 볼 수 없는바 원고들이 불합격처분의 취소를 구하는 소송계속 중 **당해 연도의 입학시기가 지났더라도** 당해 연도의 합격자로 인정되면 **★다음 연도의 입학시기에 입학**할 수도 있다고 할 것이므로 원고들로서는 피고의 불합격처분의 적법 여부를 다툴 만한 **★법률상의 이익이 있다**고 할 것이다. (대판 1990.8.28. 89누8255)

⚠ 국립대학교 **불합격처분의 취소를 구하는 소송**계속 중 **당해 연도의 입학시기가 지난 경우 협의의 소의 이익**이 부인된다. (×) [09 세무사]

0978

[10 군무원9]

지방의회의원에 대한 제명의결 취소소송 중 그 의원의 임기가 만료된 경우에는 제명의결의 취소를 구할 소의 이익이 없다. O X

지방의회 의원에 대한 제명의결 **취소소송 계속 중** 의원의 임기가 만료된 사안에서, 제명의결의 취소로 의원의 지위를 회복할 수는 없다 하더라도 제명의결시부터 임기만료일까지의 기간에 대한 **★월정수당의 지급을 구할 수 있는 등** 여전히 그 제명의결의 취소를 구할 **★법률상 이익이 있다**. (대판 2009.1.30. 2007두13487)

⚠ **지방의회의원**에 대한 **제명의결 취소소송 계속 중** 그 의원의 **임기가 만료**된 경우 **소의 이익이 있다**. (○) [15 세무사]

0979

[20 군무원9]

소음·진동배출시설에 대한 설치허가가 취소된 후 그 배출시설이 어떠한 경위로든 철거되어 다시 복구 등을 통하여 배출시설을 가동할 수 없는 상태라면 이는 배출시설 설치허가의 대상이 되지 아니하므로 외형상 설치허가 취소행위가 잔존하고 있다고 하여도 특단의 사정이 없는 한 이제 와서 굳이 위 처분의 취소를 구할 법률상의 이익이 없다. O X

원고가 소음·진동배출시설 폐쇄 및 배출시설 설치허가 **★취소처분이 위법하다는 점에 대한 판결**을 받아 피고에 대한 **★손해배상청구소송에서 이를 원용할 수 있는 이익**은 사실적·경제적 이익에 불과하여 이 사건 **처분의 취소를 구할 ★법률상 이익에 해당하지 않는다**. 소음·진동배출시설에 대한 설치허가가 취소된 후 그 배출시설이 어떠한 경위로든 철거되어 다시 복구 등을 통하여 배출시설을 가동할 수 없는 상태라면 이는 배출시설 설치허가의 대상이 되지 아니하므로 외형상 설치허가취소행위가 잔존하고 있다고 하여도 특단의 사정이 없는 한 이제 와서 굳이 위 처분의 취소를 구할 **★법률상의 이익이 없다** 할 것이므로, 그 취소를 구하는 소는 **★소의 이익이 없어 부적법**하다고 할 것이다. (대판 2002. 1. 11., 2000두2457)

⚠ **배출시설에 대한 설치허가가 취소**된 후 그 **배출시설이 철거되어 다시 가동할 수 없는 상태**라도 그 취소처분이 위법하다는 판결을 받아 손해배상청구소송에서 이를 원용할 수 있다면 **배출시설의 소유자**는 당해 처분의 취소를 구할 법률상 이익이 있다. (×) [18 지방9]

정답 0977. O 0978. × 0979. O

0980

[22 군무원9]

제재적 행정처분의 효력이 제재기간 경과로 소멸하였더라도 관련 법규에서 제재적 행정처분을 받은 사실을 가중사유나 전제요건으로 삼아 장래의 제재적 행정처분을 하도록 정하고 있다면, 선행처분의 취소를 구할 법률상 이익이 있다. O X

건축사법이 건축사 업무**정지처분**을 연 2회 이상 받고 그 정지기간이 통산하여 12월 이상이 될 경우에는 **가중된 제재처분**인 건축사사무소 **등록취소처분**을 받게 되도록 규정하여 건축사에 대한 제재적인 행정처분인 업무정지명령을 더 무거운 제재처분인 사무소등록취소처분의 기준요건으로 규정하고 있으므로, 건축사 업무**정지처분**을 받은 건축사로서는 위 처분에서 정한 **기간이 경과하였다 하더라도** 위 처분을 그대로 방치하여 둠으로써 장래 건축사사무소 등록취소라는 **★가중된 제재처분을 받을 우려**가 있어 건축사로서 업무를 행할 수 있는 법률상 지위에 대한 위험이나 불안을 제거하기 위하여 건축사 **★업무정지처분의 취소를 구할 이익이 있다**.

⚠ 제재적 행정처분이 그 처분에서 정한 **제재기간의 경과로 인하여 그 효과가 소멸**되었다면, 그 처분이 **후행처분의 가중적 요건사실**이 되는 경우라도 **선행처분의 취소를 구할 소의 이익**이 없다. (×) [20 소방간부]

0981

[21 군무원7]

가중처벌에 관한 제재적 처분기준이 행정규칙의 형식으로 되어 있는 경우, 실효된 제재처분의 취소를 구하는 소송에서 법률상 이익이 인정된다. O X

제재적 행정처분이 그 처분에서 정한 제재기간의 경과로 인하여 그 효과가 소멸되었으나, **★부령인 시행규칙** 또는 **지방자치단체의 규칙**의 형식으로 정한 처분기준에서 제재적 행정처분을 받은 것을 **가중사유나 전제요건**으로 삼아 **장래의 제재적 행정처분**을 하도록 정하고 있는 경우, 제재적 행정처분의 가중사유나 전제요건에 관한 규정이 법령이 아니라 **★규칙의 형식으로 되어 있다고 하더라도**, 그러한 **규칙이 정한 바에 따라** 선행처분을 받은 상대방이 그 처분의 존재로 인하여 **장래에 받을 불이익**, 즉 **★후행처분의 위험**은 구체적이고 현실적인 것이므로, 상대방에게는 **★선행처분의 취소소송**을 통하여 그 **불이익을 제거할 필요**가 있다. (대판 전합 2006. 6. 22., 2003두1684)

⚠ 장래의 **제재적 가중처분 기준**을 대통령령이 아닌 **부령의 형식**으로 정한 경우에는 이미 **제재기간이 경과한 제재적 처분의 취소**를 구할 **법률상 이익이 인정**되지 않는다. (×) [16 국가9]

0982

[10 군무원9]

사법시험 제1차 시험에 불합격한 후 새로 실시된 사법시험 제1차 시험에 합격하면, 더 이상 불합격처분의 취소를 구할 법률상의 이익이 없다. O X

사법시험 제1차 시험 불합격 처분 이후에 ★새로이 실시된 사법시험 제1차 시험에 합격하였을 경우에는 더 이상 위 **★불합격 처분의 취소**를 구할 법률상 이익이 없다. (대판 1996.2.23., 95누2685)

⚠ 사법시험 **1차시험 불합격처분 취소소송 계속** 중 사법시험 **1차시험에 합격**한 경우 소의 이익이 인정된다. (×) [14 세무사]

정답 0980. O 0981. O 0982. O

0983

[22 군무원9]

소송계속 중 해당 처분이 기간의 경과로 그 효과가 소멸하더라도 예외적으로 그 처분의 취소를 구할 소의 이익을 인정할 수 있는 '행정처분과 동일한 사유로 위법한 처분이 반복될 위험성이 있는 경우'란 해당 사건의 동일한 소송 당사자 사이에서 반복될 위험이 있는 경우만을 의미한다. O X

행정처분의 무효 확인 또는 취소를 구하는 소송의 계속 중 해당 행정처분이 기간의 경과 등으로 그 효과가 소멸한 때에 처분이 취소되어도 원상회복이 불가능하다고 보이는 경우라도, 행정처분과 **동일한 사유**로 **위법한 처분이 반복될 위험성**이 있어 **행정처분의 위법성 확인** 내지 **불분명한 법률문제에 대한 해명**이 필요한 경우에는 예외적으로 그 처분의 취소를 구할 **★소의 이익을 인정할 수 있다**. 여기에서 '그 행정처분과 동일한 사유로 **위법한 처분이 반복될 위험성**이 있는 경우'란 **불분명한 법률문제에 대한 해명**이 필요한 상황에 대한 **대표적인 예시**일 뿐이며, 반드시 '★해당 사건의 **동일한 소송 당사자** 사이에서' **반복될 위험**이 있는 경우만을 **의미하는 것은 아니다**. (대판 2020. 12. 24. 2020두30450)

⚠ **처분의 취소로 원상회복이 불가능**하게 보이지만, **동일한 사유로 위법한 처분이 반복될 위험성**이 있어 행정처분의 위법성 확인 내지 **불분명한 법률문제에 대한 해명이 필요**하여 **취소를 구하는 경우**는, 취소소송에서 **소의 이익이 인정되는 경우**이다. (○) [22 국회9]

0984

[10 군무원9]

고등학교퇴학처분을 받은 자는 그 후 고등학교졸업학력검정고시에 합격하였다 하더라도 퇴학처분의 취소를 구할 소의 이익이 인정된다. O X

고등학교졸업이 대학입학자격이나 학력인정으로서의 의미밖에 없다고 할 수 없으므로 고등학교졸업학력**검정고시에 합격하였다 하여** 고등학교 학생으로서의 **★신분과 명예가 회복될 수 없는 것**이니 퇴학처분을 받은 자로서는 **퇴학처분의 위법을 주장**하여 그 취소를 구할 **★소송상의 이익이 있다**. (대판 1992.7.14., 91누4737)

⚠ 고등학교 졸업이 대학 입학 자격이나 학력인정으로서의 의미밖에 없다고 할 수 없으므로 **고등학교졸업학력검정고시에 합격**하였다 하여 **고등학교 학생으로서의 신분과 명예가 회복될 수 없는 것이니** 퇴학처분을 받은 자로서는 **퇴학처분의 위법을 주장하여 그 취소**를 구할 **소송상의 이익이 있다.** (○) [22 군무원9]

정답 0983. ✕ 0984. ○

0985

[20 군무원7]

처분성이 인정되는 국민권익위원회의 조치요구에 대해 소방청장은 취소소송을 제기할 당사자능력과 원고적격을 갖는다. O X

국민권익위원회가 소방청장에게 인사와 관련하여 부당한 지시를 한 사실이 인정된다며 이를 **취소할 것을 요구**하기로 **의결**하고 그 내용을 **통지**하자 처분성이 인정되는 국민권익위원회의 **조치요구**에 불복하고자 하는 소방청장으로서는 **조치요구의 취소**를 구하는★항고소송을 제기하는 것이 유효·적절한 수단으로 볼 수 있으므로 **소방청장**이 예외적으로 **★당사자능력과 원고적격**을 가진다. (대판 2018. 8. 1., 2014두35379

⚠ **국민권익위원회가 소방청장에게 일정한 의무를 부과**하는 내용의 조치요구를 한 경우 **소방청장은 조치요구의 취소**를 구할 **당사자능력 및 원고적격이 인정**~~되지 않는~~다. (×) [22 국가9]

0986

[08 군무원9]

甲은 부산광역시의 건축 관련 처분에 대하여 행정심판을 제기하였으나. 기각재결이 나자 행정소송을 제기하려는 경우에, 행정소송의 피고는 부산광역시장이 된다. O X

【행정소송법】 제13조(피고적격) ① 취소소송은 다른 법률에 특별한 규정이 없는 한 그 **★처분등을 행한 행정청**을 피고로 한다. ☑ 처분청=부산광역시장

⚠ **취소소송의 피고**는 원칙적으로 당해 **처분을 한 행정청**이다. (○) [11 군무원9]

⚠ **취소소송**은 다른 법률에 특별한 규정이 없는 한 그 **처분 등을 행한 행정청**을 **피고**로 한다. (○) [19 군무원9]

⚠ **취소소송제도에서 피고**는 ~~행정주체~~가 된다. (×) [14 사복9]

0987

[06 군무원9] [07 군무원9]

국가(대한민국), 도지사, 서울특별시장, 국방부장관은 행정소송법상 행정청에 해당한다. O X

○○**도지사, 국방부장관**은 **항고소송의 피고**가 될 수 있는 **행정청**에 해당하지만, **국가**나 **지방자치단체**와 같은 **행정주체**는 **항고소송의 피고**가 될 수 있는 **행정청이 아니다**.

⚠ 수원**시장**, 춘천**시장**, 국세**청장**, 국무**총리**는 **항고소송의 피고**가 될 수 있다. (○) [08 세무사]

⚠ 행정청의 행위에 대한 **항고소송의 피고적격**은 ~~행정주체~~에게 인정된다. (×) [19 군무원9]

정답 0985. ○ 0986. ○ 0987. ×

0988

[15 군무원9]

세무서는 행정조직 내에서 사무분담기구일 뿐이고 대외적으로 의사를 결정·표시할 권한을 가진 행정청이 아니므로 피고는 행정청인 세무서장이 된다. O X

조세부과처분은 ○○세무서장의 명의로 행해지는바, 처분청인 ★○○세무서장이 항고소송의 피고가 된다.

△ 세무서장의 **조세부과처분의 피고적격**은 당해 **세무서장**이다. (○) [07 세무사]

0989

[22 군무원5]

법령에 의하여 공무를 위탁받은 공무수탁사인이 행한 처분에 대하여 항고소송을 제기하는 경우 피고는 공무수탁사인이 된다. O X

【행정소송법】 제2조(정의) ② 이 법을 적용함에 있어서 **행정청**에는 법령에 의하여 ★**행정권한의 위임 또는 위탁**을 받은 행정기관, 공공단체 및 그 기관 또는 ★**사인**이 포함된다.

☑ ㉠ 행정권한을 위임 또는 위탁받은 **공무수탁사인**은 행정소송법상 **'행정청'에 해당**하는바,
㉡ 위임 또는 위탁받은 권한의 범위에서 **자신의 이름으로 행정처분**을 할 수 있으므로,
㉢ 그 처분에 불복이 있는 사람은 **공무수탁사인을 피고**로 항고소송을 제기할 수 있다.

△ **공무수탁사인**은 **행정소송법상 행정청**에 포함된다. (○) [06, 07, 08 군무원9]
△ **공무수탁사인의 위법한 처분**은 **행정쟁송의 대상**이 된다. (○) [17 군무원9]
△ 법령에 의하여 **공무를 위탁받은 공무수탁사인이 행한 처분**에 대하여 항고소송을 제기하는 경우 **피고는** ~~위임행정청~~이 된다. (×) [10 지방9]

0990

[11 군무원9]

처분등이 있은 뒤에 그 처분등에 관계되는 권한이 다른 행정청에 승계된 때에는 이를 승계한 행정청을 피고로 한다. O X

【행정소송법】 제13조(피고적격)
① 취소소송은 다른 법률에 특별한 규정이 없는 한 그 **처분등을 행한 행정청**을 피고로 한다. 다만, 처분등이 있은 뒤에 그 **처분등에 관계되는 권한이 다른 행정청에 승계**된 때에는 이를 ★**승계한 행정청**을 **피고**로 한다.

△ **처분이 있은 후** 그 **처분등에 관한 권한**이 **다른 행정청에 승계**되어도 ~~당초처분을 행한 행정청~~이 **피고**가 된다. (×) [14 세무사]

정답 0988. O 0989. O 0990. O

0991

[21 군무원9]

개별법령에 합의제 행정청의 장을 피고로 한다는 명문규정이 없는 한 합의제 행정청 명의로 한 행정처분의 취소소송의 피고적격자는 당해 합의제 행정청이 아닌 합의제 행정청의 장이다. O X

Ⓐ **합의제 행정청이 내린 처분**의 경우, 원칙적으로 처분청인 ★**합의제 행정청이 피고**가 된다. 따라서 가령 공정거래위원회, 토지수용위원회 등의 처분에 대한 취소소송의 피고는 ★공정거래**위원회**, 토지수용**위원회** 등이 된다.
Ⓑ 다만 **예외적으로 합의제 행정청의 장(長)을 피고**로 삼아 **소송을 제기하여야 한다고 규정**하고 있는 **개별법**이 있다. [노동위원회법, 토지보상법 등]

⚠ **합의제 행정청의 처분**에 대해서는 **합의제 행정청이** 취소소송의 **피고**가 된다. (○) [05 관세사]

0992

[20 군무원9]

당사자가 지방노동위원회의 처분에 대하여 불복하기 위해서는 처분 송달일로부터 10일 이내에 중앙노동위원회에 재심을 신청하고 중앙노동위원회의 재심판정서 송달일로부터 15일 이내에 고용노동부장관을 피고로 하여 재심판정취소의 소를 제기하여야 할 것이다. O X

【노동위원회법】 제27조(중앙노동위원회의 처분에 대한 소송) ① 중앙노동위원회의 처분에 대한 소송은 중앙노동위원회 ★**위원장을 피고(被告)**로 하여 처분의 송달을 받은 날부터 15일 이내에 제기하여야 한다.
☑ 따라서 중앙노동위원회의 처분(부당노동행위 구제명령, 중재회부결정 재심판정)에 불복하려는 경우, **'중앙노동위원회 위원장'을 피고**로 행정소송을 제기하여야 한다.

⚠ 중앙노동위원회의 처분은 **중앙노동위원회위원장이 피고**가 된다. (○) [09 세무사]
⚠ 합의제 행정청인 **중앙노동위원회의 처분**에 대한 소송의 피고는 ~~중앙노동위원회~~가 된다. (×) [17 세무사]

0993

[15 군무원9]

조례가 항고소송의 대상이 되는 경우 조례를 제정한 지방의회가 피고가 된다. O X

1. 조례에 대한 무효확인 소송을 제기함에 있어서 **피고적격**이 있는 처분 등을 행한 행정청은, 지방자치단체 또는 지방의회가 아니라, 구 지방자치법에 의하여 조례로서의 효력을 발생시키는 공포권이 있는 ★**지방자치단체의 장**이라고 할 것이다.
1-1. **교육에 관한 조례**의 무효확인소송을 제기함에 있어서는 그 집행기관인 ★**시·도 교육감을 피고**로 하여야 한다. (대판 1996. 9.20. 95누8003)

⚠ **서울특별시**의 **처분적 조례**를 항고소송으로 다투는 경우, **피고는 '서울특별시 시장'**이다. (○) [05 세무사]
⚠ **교육·학예**에 관한 **도의회의 조례**에 대한 항고소송의 **피고**는 ~~도의회~~이다. (×) [15 국가9] ☑ ~~도의회~~ → 도교육감

정답 0991. × 0992. × 0993. ×

0994

㉠ 행정권한의 위임이 행하여진 때에는 위임관청은 그 사무를 처리할 권한을 잃는다.

[20 군무원9] O X

㉡ 서울특별시장의 권한이 부시장이 위임된 경우, 위임사항에 관한 부시장의 처분에 불복하는 때에는 서울특별시장을 피고로 하여 소송을 제기하여야 한다. [11 군무원9] O X

1. 지방자치법에 근거하여 제정된 조례에 의한 **권한의 위임**은 단순한 사무의 위임 또는 촉탁의 경우와 달리 권한자체가 위임청에서 **수임청으로 이양**되어 그 범위내에서 ★**위임청의 권한은 소멸**한다. (대구고법 1981. 10. 19., 80구228)
2. **에스에이치공사**가 서울특별시장으로부터 이주대책 수립권한을 포함한 택지개발사업에 따른 ★**권한을 위임 또는 위탁**받은 경우, 이주대책 대상자들이 ★에스에이치공사 명의로 이루어진 이주대책에 관한 처분에 대한 취소소송을 제기함에 있어 정당한 **피고는** ★**에스에이치공사**가 된다. (대판 2007. 8. 23. 2005두3776)

☑ Ⓐ **'권한의 위임 또는 위탁'**이 있게 되면 **위임청 또는 위탁청은 해당 권한을 잃게 되고** 그 권한을 이전받은 **수임청 또는 수탁청은 자신의 책임하에 '자신의 명의'**로 **해당 처분에 관한 권한을 행사**할 수 있게 되는바,
Ⓑ **수임청 또는 수탁청이 행한** 그 ★**처분의 명의자인 '수임청 또는 수탁청'**이 항고소송의 **피고**가 된다.

⚠ 도로의 유지·관리에 관한 상위 지방자치단체의 행정권한이 행정권한 **위임조례에 의하여** 하위 지방자치단체장에게 위임되었다면 그것은 **기관위임**이지 단순한 내부위임이 아니고 **권한을 위임받은 하위 지방자치단체장**은 **도로의 관리청**이 되며 **위임 관청은** 사무처리의 **권한을 잃는다**. (○) [22 군무원5]

⚠ **건설교통부장관**이 유원지에 관한 도시계획시설결정 후, 이 결정**권한이 시·도지사에게 위임**되었더라도 종전 결정을 변경할 권한은 ~~여전히 건설교통부장관~~에게 있다. (×) [18 소방간부]

⚠ 환경부장관의 **권한을 위임**받은 **서울특별시장**이 내린 처분에 대한 취소소송의 피고는 **서울특별시장**이다. (○) [18 지방9]

0995

[17 군무원9]

서울지방경찰청장이 서초경찰서장에게 내부위임한 사무를 서초경찰서장이 적법한 절차와 형식에 따라 처분을 한 경우, 이에 대한 취소소송의 피고는 서울지방경찰청장이다. O X

행정관청이 특정한 권한을 법률에 따라 다른 행정관청에 이관한 경우와 달리 내부적인 사무처리의 편의를 도모하기 위하여 그의 보조기관 또는 하급행정관청으로 하여금 그의 권한을 사실상 행하도록 하는 내부위임의 경우에는 수임관청이 그 위임된 바에 따라 ★**위임관청의 이름으로** 권한을 행사하였다면 그 처분청은 위임관청이므로 그 처분의 취소나 무효확인을 구하는 소송의 ★**피고는 위임관청**으로 삼아야 한다. (대판 1991.10.8. 91누520)

⚠ 행정안전부장관이 **경기도지사**에게 **내부위임**하여 행한 행위에 대한 항고소송에서 ~~경기도지사~~가 피고가 된다. (×) [14 국회8] ☑ **경기도지사** → 행정안전부장관

정답 0994-㉠. ○ 0994-㉡. × 0995. ○

0996

[18 군무원9]

내부위임을 받아 원행정청 명의를 밝히지 아니하고는 그의 명의로 처분 등을 할 권한이 없는 행정청이 권한 없이 그의 명의로 한 처분에 대하여 항고소송이 제기된 경우, 처분명의자인 행정청이 피고가 된다. O X

내부위임을 받은 데 불과하여 원행정청 명의를 밝히지 아니하고는 그의 명의로 처분 등을 할 권한이 없는 행정청이 ★권한 없이 그의 명의로 한 처분에 대하여도 ★처분명의자인 행정청이 피고가 되어야 할 것이다. (대판 1995.12.22. 95누14688)

	처분청 (처분명의자)	피고적격자
내부수임청 A가 내부 **'위임청 B'의 명의**로 권한을 행사하여 행정처분을 한 경우	내부위임청 B	내부위임청 B
내부수임청 A가 권한 없이 **자신의 명의**로 행정처분을 한 경우	내부수임청 A	내부수임청 A

⚠ **내부위임**의 경우 **수임기관**이 **자신의 명의로 처분**을 하였다면, 위임기관이 항고소송의 피고가 된다. (×) [18 행정사]

0997

㉠ 광주광역시장이 사고로 인하여 직무를 수행할 수 없게 되어 부시장이 대리하여 처분을 행한 경우 그에 대한 취소소송의 피고는 광주광역시장이다. [11 군무원9] O X

㉡ 대리권을 수여받은 데 불과하여 원행정청과 대리관계를 밝히지 아니하고는 그의 명의로 처분 등을 할 권한이 없는 행정청이 권한 없이 그의 명의로 한 처분에서 그 취소소송 시 피고는 본 처분 권한이 있는 행정청이 된다. [21 군무원7] O X

1. 대리기관이 **대리관계를 표시**하고 피대리 행정청을 **대리하여 행정처분**을 한 때에는 **★피대리 행정청이 피고로 되어야** 할 것이다. (대결 2006.2.23. 2005부4)
2. 내부위임이나 **대리권을 수여**받은데 불과하여 원행정청 명의나 **★대리관계를 밝히지 아니하고**는 그의 명의로 처분 등을 할 **권한이 없는 행정청**이 권한없이 **그의 명의**로 한 처분에 대하여도 **★처분명의자인 행정청이 피고가 되어야** 할 것이다. (대판 1995. 12. 22. 95누14688)

☑ Ⓐ 대리청이 대리행위로써 행정처분을 하는 경우에는 ① **자신이 피대리행정청과 대리관계에 있다는 점을 표시**하고 ② 그 행정처분이 **피대리행정청을 위한 것이라는 점도 표시**하면서, 피대리행정청의 명의로 해야 하므로, 대리행정청의 행정처분에 대한 항고소송의 **★피고는 피대리행정청**이 되는 것이 원칙이다.

Ⓑ 다만 **대리행정청**이 대리관계도 표시하지 않은 채, **권한 없이 자신의 명의로 처분**을 한 경우에는 **예외적으로 대리행정청이 피고**가 된다.

⚠ **시장의 사고**로 인하여 **부시장이 대리**하여 처분한 경우의 **피고적격**은 당해 부시장이다. (×) [07 세무사]

⚠ 내부위임이나 **대리권을 수여**받은 데 불과하여 원행정청 명의나 **대리관계를 밝히지 아니하고**는 그의 명의로 처분 등을 할 **권한이 없는 행정청이** 권한 없이 **그의 명의로 한 처분**에 대하여는 **처분명의자인 행정청이 피고**가 되어야 할 것이다. (○) [22 군무원5]

정답 0996. O 0997-㉠. O 0997-㉡. X

0998

[11 군무원9]

근로복지공단의 이사장으로부터 보험료의 부과 등에 관한 대리권을 수여받은 지역본부장이 대리의 취지를 명시적으로 표시하지 않고서 산재보험료 부과처분을 한 경우, 지역본부장은 물론 그 상대방 등도 근로복지공단과 지역본부장 간의 대리관계를 알고 있었다 하더라도 항고소송의 피고적격은 처분명의자인 지역본부장에 있다. O X

비록 대리관계를 명시적으로 밝히지는 아니하였다 하더라도 **처분명의자**(근로복지공단 지역본부장)가 피대리 행정청(**근로복지공단**) 산하의 행정기관으로서 실제로 **피대리 행정청으로부터 대리권한을 수여받아** 피대리 행정청을 **대리한다는 의사로 행정처분**을 하였고 처분명의자는 물론 **그 상대방도** 그 행정처분이 피대리 행정청을 **대리하여 한 것임**을 ★★**알고서 이를 받아들인** 예외적인 경우에는 ★**피대리 행정청(근로복지공단)이 피고**가 되어야 한다. (대결 2006. 2. 23.,자, 2005부4)

☑ 원칙(근로복지공단)의 **예외(지역본부장)의 예외**(근로복지공단)로 이해하면 된다.

⚠ **대리관계를 명시적으로 밝히지는 아니하였다 하더라도** 처분명의자가 피대리행정청 산하의 행정기관으로서 실제로 피대리행정청으로부터 **대리권한을 수여받아 피대리행정청을 대리한다는 의사로 행정처분**을 하였고 처분명의자는 물론 **그 상대방도** 그 행정처분이 **피대리행정청을 대리하여 한 것임**을 **알고서 이를 받아들인 예외적인 경우**에는 **피대리행정청이 피고**가 된다. (○) [22 국회8]

0999

[07 군무원9]

국가를 당사자 또는 참가인으로 하는 소송에서 국가를 대표하는 자는 대통령이다. O X

【국가를 당사자로 하는 소송에 관한 법률】 제2조 (국가의 대표자)
국가를 당사자 또는 참가인으로 하는 소송에서는 ★**법무부장관**이 **국가를 대표**한다.

⚠ **국가를 당사자로 하는 소송**에서 **국가를 대표**하는 기관은 **'법무부장관'**이다. (○) [06 군무원9]

1000

[21 군무원9]

당사자소송의 원고가 피고를 잘못 지정하여 피고경정신청을 한 경우 법원은 결정으로써 피고의 경정을 허가할 수 있다. O X

【행정소송법】 제14조(피고경정) ① 원고가 ★**피고를 잘못 지정**한 때에는 법원은 **원고의 신청**에 의하여 결정으로써 ★**피고의 경정을 허가**할 수 있다.

제44조(준용규정) ① **제14조**의 규정은 ★**당사자소송**의 경우에 **준용**한다.

⚠ **당사자소송**에서의 **피고경정**은 **허용**~~되지 않는~~다. (×) [08 세무사]

정답 0998. × 0999. × 1000. ○

1001

[21 군무원9]

원고가 피고를 잘못 지정한 경우 피고경정은 취소소송과 당사자소송 모두에서 사실심 변론종결에 이르기까지 허용된다. O X

행정소송법 제14조에 의한 **피고경정**은 **★사실심 변론종결에 이르기까지 허용**되는 것으로 해석하여야 할 것이다. (대결 2006. 2. 23., 자, 2005부4)

△ **피고의 경정**은 **사실심의 변론종결** ~~이후에도 가능~~하다. (×) [09 세무사]

1002

[22 군무원5]

「행정심판법」이나 「행정소송법」에서 행정쟁송을 제기할 수 있는 권리에 대해 불변기간 또는 제척기간의 제한을 두고 있는 것은 「민사소송법」과 다른 특유의 제도이다. O X

행정심판법과 행정소송법에서는 **행정에 관한 법률관계의 조속한 안정을 도모**하려는 취지에서 **제소기간 등과 같이 구제절차에 관한 기간**을 별도로 정하고 있다.

1003

㉠ 취소소송은 처분등이 (㉠)부터 (㉡) 이내에 제기하여야 한다. [20 지방9] O X

㉢ 행정소송법에서 취소소송은 처분 등이 있음을 안 날부터 180일 내에 제기하여야 한다고 규정되어 있다. [10 군무원9] O X

【행정소송법】

제20조(제소기간)

① 취소소송은 처분등이 **★있음을 안 날**부터 **90일** 이내에 제기하여야 한다.

② 취소소송은 처분등이 **★있은 날부터 1년을 경과하면** 이를 제기하지 못한다. 다만, 정당한 사유가 있는 때에는 그러하지 아니하다.

△ 취소소송은 **처분이 있음을 안 날**부터 **90일 이내**에 제기하여야 한다. (○) [18 세무사]

△ 취소소송은 **처분등이 있은 날**부터 (   )을 경과하면 이를 **제기하지 못한다.** 다만, 정당한 사유가 있는 때에는 그러하지 아니하다. → (1년) [19 소방]

정답 1001. ○ 1002. ○ 1003-㉠. 있음을 안 날 1003-㉡. 90일 003-㉢. ×

1004

[18 군무원9]

처분의 효력이 각 상대방에게 개별적으로 발생하는 경우에는 당해 처분의 존재를 현실적으로 인식한 날을 처분이 있음을 안 날로 보아야 한다.

O X

> 행정소송법 제20조 제2항 소정의 제소기간 기산점인 **"처분이 있음을 안 날"**이란 통지, 공고 기타의 방법에 의하여 당해 **★처분이 있었다는 사실을 현실적으로 안 날**을 의미하고 구체적으로 그 ★행정처분의 위법 여부를 판단한 날을 가리키는 것은 아니다. (대판 1991. 6. 28., 90누6521)

⚠ **처분이 있음을 안 날**이란 **처분을 받은 자**가 ~~위법 여부에 대한 판단을 한 날~~을 의미한다는 것이 판례의 입장이다. (×) **[11 세무사]**

1005

[18 군무원9]

처분의 효력이 고시 또는 공고에 의하여 불특정 다수인에게 일률적으로 적용되는 경우에는, 고시가 효력을 발생하는 날을 처분이 있음을 안 날로 보아야 한다.

O X

> 통상 고시 또는 공고에 의하여 행정처분을 하는 경우에는 그 처분의 상대방이 **불특정 다수인**이고 그 처분의 효력이 불특정 다수인에게 **일률적으로 적용**되는 것이므로, 그 행정처분에 이해관계를 갖는 자가 고시 또는 공고가 있었다는 사실을 **현실적으로 알았는지 여부에 관계없이 ★고시가 효력을 발생하는 날 행정처분이 있음을 ★알았다고** 보아야 한다. (대판 2007. 6. 14., 2004두619)

⚠ **고시에 의하여 불특정다수인을 대상**으로 행정처분을 하는 경우, 그 행정처분에 이해관계를 갖는 자는 ~~고시가 있었다는 사실을 현실적으로 안 날~~에 행정처분이 있음을 알았다고 보아야 한다. (×) **[22 세무사]**

1006

[21 군무원7]

행정심판을 거친 후에 원처분에 대하여 취소소송을 제기할 경우 재결서의 정본을 송달받은 날부터 60일 이내에 제기하여야 한다.

O X

> **【행정소송법】 제20조(제소기간)** ① 취소소송은 처분등이 있음을 안 날부터 **90일 이내**에 제기하여야 한다. 다만, 제18조 제1항 단서에 규정한 경우와 그 밖에 행정심판청구를 할 수 있는 경우 또는 행정청이 행정심판청구를 할 수 있다고 잘못 알린 경우에 **행정심판청구가 있은 때**의 기간은 **★재결서의 정본을 송달받은 날부터 기산**한다.

⚠ **행정심판을 거친 경우의 제소기간**은 행정심판 **재결서 정본을 송달받은 날로부터 90일 이내**이다. (○) [17 교행9]

정답 1004. ○ 1005. ○ 1006. ×

1007

[22 군무원5]

현행 「행정소송법」은 법령이 달리 정한 바가 없는 한, 당해 처분에 대한 행정심판을 거치지 아니하고서도 취소소송의 제기를 허용하는 임의적 전치주의를 취하고 있다. O X

【행정소송법】 제18조(행정심판과의 관계) ① 취소소송은 법령의 규정에 의하여 당해 처분에 대한 행정심판을 제기할 수 있는 경우에도 **★이를 거치지 아니하고 제기**할 수 있다.

☑ 우리나라 행정소송법은 1998.3.1.부터 **행정심판전치 임의주의를 채택**하고 있다.

⚠ **취소소송을 제기**하기 위해서는 ~~행정심판을 거쳐야 하는 것~~이 원칙이다. (×) [10 세무사]

1008

[21 군무원7]

국가공무원에 대한 불리한 부작위에 대한 행정소송은 인사혁신처의 소청심사위원회의 심사·결정을 거치지 않아도 제기할 수 있다. O X

【국가공무원법】 제16조(행정소송과의 관계) ① 제75조에 따른 처분, 그 밖에 본인의 의사에 반한 불리한 처분이나 부작위(不作爲)에 관한 행정소송은 **★소청심사위원회의 심사·결정을 거치지 아니하면 제기할 수 없다**.

☑ 국가공무원법 등의 **특정한 개별법에서는 '필요적 행정심판 전치주의'를 규정**하고 있다.

필요적 행정심판전치주의 대상

Ⓐ '도로교통법'에 따른 **운전면허**관련처분
Ⓑ '국가공무원법·지방공무원, 교육공무원법'에 따른 **공무원·교원 징계** 등 불이익처분
Ⓒ '국세기본법, 지방세기본법, 관세법'에 따른 **조세·관세 부과**처분

⚠ **공무원이 징계에 불복**하는 경우 **소청심사위원회의 심사·결정을 거치지 아니하면 바로 행정소송을 제기할 수 없다.** (○) [16 군무원9]

⚠ 국가공무원법상 5급 공무원인 甲에 대하여 징계권자가 징계처분을 하는 경우에, 甲에 대한 **징계처분에 관한 행정소송**은 **소청심사위원회의 심사·결정을 거치지 아니하면 제기할 수 없다.** (○) [21 군무원5]

⚠ **공무원은 자신에 대한 징계처분**에 대해 항고소송을 제기하려면 **반드시 소청심사위원회의 결정을 거쳐야** 한다. (○) [22 군무원7]

정답 1007. O 1008. ×

1009

[22 군무원5]

개별법령이 행정심판전치주의를 취하고 있음에도 불구하고 처분상대방이 해당처분에 대한 취소심판과 취소소송을 동시에 제기하게 되면, 관할 법원은 해당 취소소송의 제기요건을 갖추지 못한 것으로 보아 별도의 절차를 거치지 아니하고 해당 취소소송을 각하하게 된다. O X

제소당시에 비록 (행정심판)전치요건을 구비하지 못한 위법이 있다 하여도 ★사실심 변론종결당시까지 그 전치요건을 갖추었다면 그 흠결의 ★하자는 치유되었다고 볼 것이다. (대판 1987.9.22., 87누176) ☑ 사실심 변론종결시까지 전치요건을 충족하면 된다.

⚠ **행정심판**을 취소소송의 제기를 위한 **필요적 전치절차로 규정**하고 있음에도 불구하고 처분상대방이 해당 처분에 대한 **취소심판과 취소소송을 동시에 제기**한 경우라도, **판결 전까지 재결**이 있게 되면 관할 법원은 **소송요건의 흠은 치유**된 것으로 보아 **본안판단을 하게 된다.** (○) [22 군무원5]

⚠ 예외적 **필요적 행정심판전치주의**에 해당하는 경우 **취소소송과 취소심판을 동시에 제기**하면 그 ~~즉시 각하판결~~을 하여야 한다. (×) [17 군무원9]

1010

[22 군무원5]

「행정소송법」에서 당사자가 주장하지 아니한 사실에 대하여도 일정한 범위에서 심판기관에 의한 직권심리를 허용하는 것은 「민사소송법」과 다른 특유의 제도이다. O X

행정소송은 **행정작용에 대한 ★적법성 통제 기능과 같은 특수성**에 비추어, 법원이 **법원이 공익상 필요에 따라** 보충적으로 **직권에 의하여 증거조사**를 하고 **당사자가 주장하지 않는 사실에 관해서도 판단**할 수 있도록 **★직권심리주의를 가미**하고 있다.

⚠ '**직권심리주의**'는 **민사소송과 비교**할 때 **행정소송의 특수한 소송심리원칙**이다. (○) [05 세무사]

1011

[09 군무원9]

법원이 필요하다고 인정할 때에는 직권으로 증거조사를 할 수 있다. O X

【행정소송법】 제26조(직권심리) 법원은 필요하다고 인정할 때에는 ★직권으로 증거조사를 할 수 있고, ★당사자가 주장하지 아니한 사실에 대하여도 판단할 수 있다.

⚠ **법원**은 ~~당사자의 신청이 있는 때에 한하여~~ **증거조사**를 할 수 있다. (×) [08 세무사]

정답 1009. × 1010. ○ 1011. ○

1012

[20 군무원7]

당사자소송에는 취소소송의 직권심리에 관한 규정이 준용된다. O X

【행정소송법】 제26조(직권심리)
제44조(준용규정) ① 제26조의 규정은 **★당사자소송**의 경우에 **준용**한다
☑ **직권심리는 모든 행정소송에 적용**된다. 따라서 **당사자소송에서도 법원은** 공익적 필요에 따라, **★직권으로 증거조사를** 하거나 **당사자가 주장하지 않은 사실을 판단**할 수 있다.

⚠ **당사자소송**의 경우 **법원**은 필요하다고 인정할 때에는 **직권으로 증거조사**를 할 수 있으나, **당사자가 주장하지 아니한 사실에 대하여는 판단**~~하여서는 안된~~다. (×) [21 군무원9]

1013

[21 군무원7]

당사자가 확정된 취소판결의 존재를 사실심변론종결시까지 주장하지 아니하였다고 하더라도 상고심에서 새로이 이를 주장·입증할 수 있다. O X

소송에서 다투어지고 있는 **권리 또는 법률관계**의 존부가 동일한 당사자 사이의 **전소에서 이미 다루어져** 이에 관한 **확정판결**이 있는 경우에, 위와 같은 **확정판결의 존부**는 당사자의 주장이 없더라도 **법원이** 이를 **★직권으로 조사하여 판단**하지 않으면 안되고, 더 나아가 당사자가 **확정판결의 존재**를 사실심변론종결시까지 주장하지 아니하였더라도 **★상고심에서** 새로이 **이를 주장, 입증**할 수 있는 것이다. 대판 1989. 10. 10. 89누1308)
☑ 전소 확정판결의 존부는 **법원의 직권조사 사항**이면서, 당사자가 **상고심에서도 주장·입증할 수 있는 사항**이라는 판시이다.

1014

[08 군무원9]

甲은 부산광역시의 건축 관련 처분에 대하여 행정소송을 제기하려는 경우에, 관할법원은 부산지방법원이 된다. O X

【행정소송법】 제9조(재판관할) ① 취소소송의 **★제1심 관할법원**은 **★피고의 소재지를 관할**하는 **행정법원**으로 한다.
☑ Ⓐ 현재 행정법원은 서울시 서초구에 위치한 서울행정법원 하나뿐이므로, **서울을 제외한 나머지 지역**에서는 **★지방법원 본원이 행정소송 사건을 관할**한다.
Ⓑ 따라서 부산 지역에는 **부산행정법원이 없으므로**, 부산광역시의 처분에 대해서는 **부산지방법원이 제1심 행정소송 사건을 관할**한다.

⚠ **서울특별시 서대문구청장**의 **건축허가취소처분**을 다투는 소의 1심 관할법원은 **'서울행정법원'**이다. (○) [05 세무사 변형]

⚠ **서울 이외의 지역**에서의 행정사건에 관한 **제1심 관할법원**은 (피고의 소재지를 관할하는) **지방법원 본원**이다. (○) [00 국가9 변형]

정답 1012. ○ 1013. ○ 1014. ○

1015

[11 군무원9]

중앙행정기관의 장이 피고인 경우, 취소소송을 제기하는 경우에는 대법원 소재지를 관할하는 행정법원을 제1심 관할법원으로 해야 한다.

O X

> **【행정소송법】** 제9조(재판관할)
> ① 취소소송의 **제1심 관할법원**은 **피고의 소재지를 관할**하는 **행정법원**으로 한다.
> ② 제1항에도 불구하고 다음 각 호의 어느 하나에 해당하는 피고에 대하여 취소소송을 제기하는 경우에는 **★대법원 소재지를 관할하는 행정법원에 제기★할 수 있다.**
> 1. **★중앙행정기관**, 중앙행정기관의 ★부속기관과 **★합의제행정기관 또는 그 장**
>
> ☑ **(원칙)** 피고의 소재지 관할 법원/ **(예외)** 대법원 소재지 관할 법원

⚠ **중앙행정기관에 대한 취소소송**은 **서울행정법원**에 제기할 수 있다. (○) [16 세무사]

1016

[11 군무원9]

토지의 수용 기타 부동산 또는 특정의 장소에 관계되는 처분등에 대한 취소소송은 그 부동산 또는 장소의 소재지를 관할하는 행정법원에 이를 제기할 수 있다.

O X

> **【행정소송법】** 제9조(재판관할)
> ③ **★토지의 수용 기타 ★부동산 또는 특정의 장소**에 관계되는 처분등에 대한 취소소송은 **★그 부동산 또는 장소의 소재지를 관할하는 행정법원**에 이를 **제기할 수 있다.**

⚠ **부동산에 관계되는 처분** 등에 대한 **취소소송**은 ~~서울행정법원에만~~ 제기하여야 한다. (×) [09 세무사]

정답 1015. × 1016. ○

1017

[21 군무원9]

원고가 고의 또는 중대한 과실 없이 행정소송으로 제기하여야 할 사건을 민사소송으로 잘못 제기한 경우, 수소법원으로서는 만약 그 행정소송에 대한 관할도 동시에 가지고 있다면 이를 행정소송으로 심리·판단하여야 하고, 그 행정소송에 대한 관할을 가지고 있지 아니하다면 관할법원에 이송하여야 한다. OX

> 원고가 고의 또는 중대한 과실 없이 **★행정소송으로 제기하여야 할 사건**을 **민사소송으로 잘못 제기**한 경우, 수소법원으로서는 만약 그 행정소송에 대한 **관할도 동시에 가지고 있다면** 이를 **★행정소송으로 심리·판단하**여야 하고, 그 행정소송에 대한 **관할을 가지고 있지 아니하다면**, 행정소송으로서의 소송요건을 결하고 있음이 명백하여 행정소송으로 제기되었더라도 어차피 부적법하게 되는 경우가 아닌 이상 이를 부적법한 소라고 하여 각하할 것이 아니라 **★관할 법원에 이송**하여야 한다. (대판 1997. 5. 30. 95다28960)
>
> ☑ **행정사건을 민사법원에 제기**한 경우 **관할위반**이 되므로, 원고로 하여금 행정소송으로 소의 변경을 신청하도록 한 후 **행정소송으로 심리하거나 관할법원으로 이송하여야** 한다.

⚠ **당사자소송으로 제기해야 할 사건**을 **민사소송으로 잘못 제기**한 경우, 수소법원이 행정소송에 대한 관할을 가지고 있지 않다면 당해 소송이 당사자소송으로서의 소송요건을 갖추지 못하였음이 명백하지 않는 한 **당사자소송의 관할 법원으로 이송하여야** 한다. (○) [20 군무원7]

⚠ **행정소송으로 제기할 사항**을 **민사소송으로 제기**한 경우 수소법원은 원칙적으로 ~~각하하여야~~ 한다. (×) [03 입시]

1018

[22 군무원9]

법원은 소송의 결과에 따라 권리 또는 이익의 침해를 받을 제3자가 있는 경우에는 당사자 또는 제3자의 신청 또는 직권에 의하여 결정으로써 그 제3자를 소송에 참가시킬 수 있다. OX

> **【행정소송법】 제16조(제3자의 소송참가)** ① 법원은 소송의 결과에 따라 권리 또는 이익의 침해를 받을 제3자가 있는 경우에는 **★당사자 또는 ★제3자의 신청 또는 ★직권**에 의하여 **결정**으로써 그 제3자를 소송에 참가시킬 수 있다.
>
> ☑ 제3자의 소송참가는 **원고, 피고 행정청, 제3자**의 신청이나 **법원의 직권**에 따라 참가여부를 결정할 수 있다.

⚠ 법원은 소송의 결과에 따라 권리 또는 이익을 침해받을 제3자가 있는 경우에는 **당사자** 또는 **제3자의 신청** 또는 **직권**에 의하여 결정으로써 **제3자를 소송에 참가**시킬 수 있다. (○) [12 군무원9]

정답 1017. ○ 1018. ○

1019

[22 군무원9]

법원은 다른 행정청을 소송에 참가시킬 필요가 있다고 인정할 때에는 당사자 또는 당해 행정청의 신청 또는 직권에 의하여 결정으로써 그 행정청을 소송에 참가시킬 수 있다. O X

【행정소송법】 제17조(행정청의 소송참가) ① 법원은 다른 행정청을 소송에 참가시킬 필요가 있다고 인정할 때에는 **★당사자** 또는 **★당해 행정청의 신청** 또는 **★직권**에 의하여 **결정으로써 그 행정청을 소송에 참가**시킬 수 있다.

☑ 행정청의 소송참가는 **원고, 피고 행정청, 다른(참가대상) 행정청**의 신청이나 **법원의 직권**에 따라 참가여부를 결정할 수 있다.

⚠ **행정청의 소송참가**는 **당사자의 신청**이나 **법원의 직권**에 의해 결정되나, **당해 행정청이 소송참가를 신청** ~~할 수 없~~다. (×) [20 세무사]

1020

[22 군무원9]

법원이 제3자의 소송참가와 행정청의 소송참가에 관한 결정을 하는 경우에는 각각 당사자 및 제3자의 의견, 당사자와 및 당해 행정청의 의견을 들어야 한다. O X

【행정소송법】

제16조(제3자의 소송참가) ② 법원이 제1항의 규정에 의한 결정을 하고자 할 때에는 **★미리 당사자 및 제3자의 의견을 들어야** 한다.

제17조(행정청의 소송참가) ② 법원은 제1항의 규정에 의한 결정을 하고자 할 때에는 **★당사자 및 당해 행정청의 의견을 들어야** 한다.

☑ 법원은 **소송참가 여부의 결정**에 앞서, **원고, 피고 행정청, 참가대상자(제3자 또는 참가행정청)의 의견을 들어야** 한다. 다만 **의견청취에 그치고** 그 의견에 기속되는 것은 아니다.

⚠ 법원이 직권으로 **제3자의 소송참가 결정**을 할 때에는 **당사자 및 제3자의 의견**~~을 듣지 않아도 된~~다. (×) [07 세무사]

⚠ 법원이 **행정청의 소송참가** 결정을 하고자 할 때에는 **당사자 및 당해 행정청의 의견을 들어야** 하며, 그 ~~의견에 기속~~된다. (×) [14 세무사]

정답 1019. O 1020. O

1021

[12 군무원9]

제3자 소송참가인은 공동소송적 보조참가인의 지위를 가진다. O X

'행정소송법 제16조(제3자의 소송참가) 제4항이 ★민사소송법 제67조(필수적 공동소송에 대한 특별규정)를 준용하고 있는바, **소송에 참가한 제3자**는 당사자와 같이 독자적인 청구는 할 수 없으므로, 피참가인과의 관계에서 강학상 ★**'공동소송적 보조참가인'**의 지위에 있다고 보는 것이 통설적 견해이다.

☑ 객관식 행정법 수험에서 민소법 제67조상 공동소송에서의 1인의 소송행위에 관한 이해는 불필요하고, 수험상 **'제3자 소송참가인=공동소송적 보조참가인'**의 지위로 정리하면 된다.

⚠ **소송참가인의 지위**의 성질에 대해서는 **공동소송적 보조참가**와 비슷하다는 것이 통설이다. (○) [10 국회8]

1022

[22 군무원9]

법원은 취소소송을 당해 처분 등에 관계되는 사무가 귀속하는 국가 또는 공공단체에 대한 당사자소송 또는 취소소송 외의 항고소송으로 변경하는 것이 상당하다고 인정할 때에는 청구의 기초에 변경이 없는 한 사실심의 변론종결시까지 원고의 신청 또는 직권에 의하여 결정으로써 소의 변경을 허가할 수 있다. O X

【행정소송법】 제21조(소의 변경) ① 법원은 취소소송을 당해 처분등에 관계되는 사무가 귀속하는 국가 또는 공공단체에 대한 **당사자소송 또는 취소소송외의 항고소송**으로 변경하는 것이 상당하다고 인정할 때에는 청구의 기초에 변경이 없는 한 ★사실심의 변론종결시까지 ★**원고의 신청**에 의하여 **결정으로써 소의 변경을 허가**할 수 있다.

☑ **소의 변경**은 **원고의 신청**에 의해서만 가능하다. (법원의 직권으로 불가능)

⚠ **원고의 신청없이** 법원이 **직권으로 소의 종류를 변경**하는 것은 **허용되지 않는다.** (○) [18 세무사]

1023

[19 군무원9]

원고가 고의 또는 중대한 과실 없이 당사자소송으로 제기하여야 할 것을 항고소송으로 잘못 제기한 경우에, 당사자소송으로서의 소송요건을 결하고 있음이 명백하여 당사자소송으로 제기되었더라도 어차피 부적법하게 되는 경우가 아닌 이상, 법원으로서는 원고가 당사자소송으로 소 변경을 하도록 하여 심리·판단하여야 한다. O X

원고가 ★고의 또는 중대한 과실 없이 당사자소송으로 제기하여야 할 것을 **항고소송으로 잘못 제기**한 경우에, 당사자소송으로서의 소송요건을 결하고 있음이 명백하여 당사자소송으로 제기되었더라도 어차피 부적법하게 되는 경우가 아닌 이상, 법원으로서는 원고가 ★**당사자소송으로 소 변경을 하도록** 하여 심리·판단하여야 한다. (대판 2016. 5. 24. 2013두14863)

⚠ 관할 행정법원에 원고가 **당사자소송으로 제기하여야 할 것을 항고소송으로 잘못 제기**한 경우에, **원고의 고의·과실 여부**에 ~~관계없이~~ 법원은 ~~각하판결을 내려야~~ 한다. (×) [18 국가5 승진]

정답 1021. O 1022. X 1023. O

1024

[19 군무원9]

㉠ 취소소송에서 있어서 소의 종류의 변경에 관한 행정소송법 제21조의 규정은 부작위위법확인소송에도 준용될 수 있다.

O X

㉡ 법원은 당사자소송을 취소소송으로 변경하는 것이 상당하다고 인정할 때에는 청구의 기초에 변경이 없는 한 사실심의 변론종결시까지 원고의 신청에 의하여 결정으로써 소의 변경을 허가할 수 있다.

O X

【행정소송법】

제21조(소의 변경) ① 법원은 **취소소송**을 당해 처분등에 관계되는 사무가 귀속하는 국가 또는 공공단체에 대한 **★당사자소송** 또는 취소소송외의 항고소송**으로 변경**하는 것이 상당하다고 인정할 때에는 청구의 기초에 변경이 없는 한 사실심의 변론종결시까지 원고의 신청에 의하여 결정으로써 소의 변경을 허가할 수 있다.

제37조(소의 변경) **제21조의 규정**은 **무효등 확인**소송이나 **부작위위법확인**소송을 **★취소소송** 또는 **★당사자소송**으로 변경하는 경우에 **준용**한다.

제42조(소의 변경) **제21조의 규정**은 **★당사자소송을 항고소송으로 변경**하는 경우에 **준용**한다.

☑ Ⓐ 취소소송과 다른 항고소송 사이에는 소의 변경 가능(취소소송 ↔ 다른 항고소송)

☞ **단 부작위위법확인소송과 무효확인소송 사이에는 불가능**

Ⓑ 모든 항고소송과 당사자소송 사이에는 소의 변경 가능(항고소송 ↔ 당사자소송)

⚠ 부작위위법확인소송은 **소의 변경이 인정**된다. (○) [02 입시]

⚠ 당사자소송을 항고소송으로 변경하는 것은 **허용**~~되지 않는~~다. (×) [08 세무사]

1025

[17 군무원9]

부작위위법확인소송에서는 취소소송에 관한 대부분의 규정이 적용되나, ‘ 처분변경으로 인한 소의 변경’에 관한 규정은 적용되지 않는다.

O X

‘부작위위법확인소송’에서는 **소송의 대상**이 되는 **★처분이 존재하지 않으므로**, 부작위위법확인소송에는 행정소송법 **제22조(처분변경으로 인한 소의 변경)**의 규정이 **★준용될 수 없다**.

⚠ 부작위위법확인소송에 대해서는 「행정소송법」상 ~~처분변경으로 인한 소의 변경에 관한 규정이 준용~~된다. (×) [13 국회8]

정답 1024-㉠. O 1024-㉡. O 1025. O

1026

[09 군무원9]

행정소송법상 관련청구소송의 이송 및 병합이 허용된다. OX

【행정소송법】 제10조(관련청구소송의 이송 및 병합)
① 취소소송과 다음 각호의 1에 해당하는 소송(이하 **"關聯請求訴訟"**이라 한다)이 각각 다른 법원에 계속되고 있는 경우에 **★관련청구소송**이 계속된 법원이 상당하다고 인정하는 때에는 당사자의 신청 또는 직권에 의하여 이를 **취소소송이 계속된 법원으로 이송**할 수 있다.
1. 당해 처분등과 관련되는 손해배상·부당이득반환·원상회복등 청구소송
2. 당해 처분등과 관련되는 취소소송

⚠ **취소소송이 제기**되면 **관련청구소송의 이송 및 병합이 가능**해진다. (○) [16 세무사]
⚠ **취소소송이 제기**될 경우 **관련청구소송의 이송**이 금지된다. (×) [09 세무사]

1027

[11 군무원9]

취소소송에는 사실심의 변론종결시까지 관련청구소송을 병합하거나 피고 외의 자를 상대로 한 관련청구소송을 취소소송이 계속된 법원에 병합하여 제기할 수 있다. OX

【행정소송법】 제10조(관련청구소송의 이송 및 병합) ② 취소소송에는 **★사실심의 변론종결시까지 관련청구소송을 병합**하거나 피고외의 자를 상대로 한 **관련청구소송을** 취소소송이 계속된 법원에 **병합하여 제기**할 수 있다.

⚠ **관련청구소송의 병합**은 **사실심변론종결** ~~이후에~~도 가능하다. (×) [16 세무사]

1028

[12 군무원9]

하나의 행정처분에 대한 무효확인과 취소청구는 주위적·예비적 청구로서만 병합이 가능하다. OX

행정처분에 대한 **무효확인**과 **취소청구**는 서로 양립할 수 없는 청구로서 **★주위적·예비적 청구**로서만 **병합이 가능**하고 **★선택적 청구로서의 병합**이나 **단순 병합**은 **허용되지 아니한다**. (대판 1999. 8. 20., 97누6889)

⚠ 행정처분에 대한 **취소소송과 무효확인소송**은 ~~단순 병합이나 선택적 병합~~의 방식으로 제기할 수 있다. (×) [22 군무원9]

1029

[14 군무원9]

처분의 적법성은 원고가 입증하여야 한다. OX

항고소송의 경우에는 그 특성에 따라 ★처분의 **적법성**을 주장하는 **피고(행정청)**에게 적법사유에 대한 **증명책임**이 있다. (대판 2016. 10. 27., 2015두42817)

⚠ 취소소송에서 **처분의 기초를 이루는 사실**에 대한 **적법성은 피고가 입증책임**을 진다. (○) [11 군무원9]

정답 1026. ○ 1027. ○ 1028. ○ 1029. ×

1030

[21 군무원7]

처분이 재량권을 일탈·남용하였다는 사정은 처분의 효력을 다투는 자가 주장·증명하여야 한다. O X

자유재량에 의한 행정처분이 그 **재량권의 한계를 벗어난** 것이어서 **위법하다는 점**은 그 ★**행정처분의 효력을 다투는 자**가 이를 **주장·입증하여야** 하고, 처분청이 그 재량권의 행사가 정당한 것이었다는 점까지 주장·입증할 필요는 없다. (대판 1987.12.8. 87누861)

☑ **피고 행정청**은 재량권을 **일탈·남용하지 않았다는** 점을 스스로 **입증하지 않아도 된다.**

⚠ **재량권의 일탈·남용에 대한 입증책임**은 피고에게 있다 (×) [08 세무사]

1031

[14 군무원9]

행정처분의 무효를 구하는 소송에서 처분이 무효라는 사실은 원고가 입증책임을 진다. O X

행정처분의 당연무효를 구하는 소송에 있어서 그 **무효를 구하는 사람에게** 그 행정처분에 존재하는 하자가 중대하고 명백하다는 것을 **주장·입증할 책임**이 있다. (대판 1984. 2. 28., 82누154)

⚠ 무효등확인소송에서는 **처분이 무효임을 원고가 입증**한다. (○) [11 군무원9]

⚠ 행정**처분이 무효인 사유**는 피고에게 입증책임이 있다. (×) [20 세무사]

1032

[20 군무원9]

행정청이 폐기물처리사업계획서 부적합 통보를 하면서 처분서에 불확정개념으로 규정된 법령상의 허가기준 등을 충족하지 못하였다는 취지만을 간략히 기재하였다면, 부적합 통보에 대한 취소소송절차에서 행정청은 그 처분을 하게 된 판단 근거나 자료 등을 제시하여 구체적 불허가사유를 분명히 하여야 한다. O X

행정청이 폐기물처리사업계획서 **부적합 통보**를 하면서 처분서에 불확정개념으로 규정된 법령상의 **허가기준 등을 충족하지 못하였다는 취지만을 간략히 기재**하였다면, 부적합 통보에 대한 **취소소송절차**에서 행정청은 그 처분을 하게 된 판단 근거나 자료 등을 제시하여 ★**구체적 불허가사유를 분명히 하여야** 한다. (대판 2019.12.24. 2019두45579)

⚠ 허가신청에 대하여 **허가기준 미달**을 이유로 **불허가한 처분**이 **적법하다는 주장·입증책임**은 **처분청**에게 있다. (○) [17 세무사]

정답 1030. O 1031. O 1032. O

1033

[19 군무원9]

행정처분 취소소송에 있어서는 처분청은 당초의 처분사유와 기본적 사실관계에 있어서 동일성이 인정되는 한도 내에서만 새로운 처분사유를 추가하거나 변경할 수 있다. O X

행정처분의 취소를 구하는 항고소송에 있어서는 실질적 법치주의와 행정처분의 상대방인 국민에 대한 신뢰보호라는 견지에서 처분청은 당초 처분의 근거로 삼은 사유와 **★기본적 사실관계에 있어서 동일성이 인정되는 한도** 내에서만 새로운 **처분사유를 추가하거나 변경**할 수 있을 뿐 기본적 사실관계와 동일성이 인정되지 않는 별개의 사실을 들어 처분사유로 주장하는 것은 허용되지 아니한다. (대판 1992.8.18. 91누3659)

⚠ 피고의 방어권 보장을 위해 **기본적 사실관계의 동일성**이 ~~없더라도 처분사유의 추가변경을 인정~~한다. (×) [13 국가7]

1034

[22 군무원9]

석유판매업허가신청에 대하여, 관할 군부대장의 동의를 얻지 못하였다는 당초의 불허가 사유와, 토지가 탄약창에 근접한 지점에 있어 공익적인 측면에서 보아 허가신청을 불허한 것은 적법하다는 사유는 판례가 처분사유의 추가·변경 시 기본적 사실관계 동일성을 긍정한 사례이다. O X

피고는 석유판매업허가신청에 대하여 당초 사업장소인 토지가 **군사보호시설구역 내**에 위치하고 있는 **관할 군부대장의 동의를 얻지 못하였다는 이유**로 이를 불허가하였다가, 소송에서 위 토지는 **탄약창에 근접한 지점에 위치**하고 있어 공공의 안전과 군사시설의 보호라는 공익적인 측면에서 보아 허가신청을 불허한 점은 적법하다는 것을 **불허가사유로 추가**한 경우, 양자는 기본적 사실관계에 있어서의 **★동일성이 인정되지 아니하는 별개의 사유**라고 할 것이므로 이와 같은 사유를 **불허가처분의 근거로 추가할 수 없다**. (대판 1991. 11. 8., 91누70)

⚠ 군사시설보호구역 밖의 토지에 주유소를 설치·경영하도록 하기 위한 **석유판매업 허가**를 함에 있어서 **관할 부대장의 동의**를 얻어야 할 법령상의 근거가 없음에도 그 **동의가 없다는 이유로 한 불허가처분**에 대한 소송에서, 당해 **토지가 탄약창에 근접한 지점에 위치하고 있다는 사실**을 **불허가사유로 추가**하는 것은 **허용되지 않는다**. (○) [13 국가7]

정답 1033. O 1034. ×

1035

[22 군무원9]

온천으로서의 이용가치, 기존의 도시계획 및 공공사업에의 지장 여부 등을 고려하여 온천발견신고수리를 거부한 것은 적법하다는 사유와, 규정온도가 미달되어 온천에 해당하지 않는다는 사유는 판례가 처분사유의 추가·변경 시 기본적 사실관계 동일성을 긍정한 사례이다. O X

> 온천으로서의 이용가치, 기존의 ★도시계획 및 공공사업에의 지장 여부 등과 같은 사유는 피고가 당초에 이 사건 거부처분의 사유로 삼은 바가 없을 뿐만 아니라 ★규정온도가 미달되어 온천에 해당하지 않는다는 당초의 처분사유와는 기본적 사실관계를 ★달리하여 원심으로서도 이를 거부처분의 사유로 추가할 수는 없다 할 것이다. (대판 1992. 11. 24., 92누3052)

⚠ **온천발견신고수리의 거부**사유로서, **규정온도 미달**에서 **공공사업에의 지장등으로의 변경**은 ~~처분사유의 추가·변경이 인정~~된다. (×) [18 세무사]

1036

[22 군무원9]

이주대책신청기간이나 소정의 이주대책실시(시행)기간을 모두 도과하여 이주대책을 신청할 권리가 없고, 사업시행자가 이를 받아들여 택지나 아파트공급을 해 줄 법률상 의무를 부담한다고 볼 수 없다는 사유와, 사업지구 내 가옥 소유자가 아니라는 사유는 판례가 처분사유의 추가·변경 시 기본적 사실관계 동일성을 긍정한 사례이다. O X

> 원고가 이주대책신청기간이나 소정의 이주대책실시(시행)기간을 모두 도과하여 실기한 이주대책신청을 하였으므로 원고에게는 이주대책을 신청할 권리가 없고, 사업시행자가 이를 받아들여 택지나 아파트공급을 해 줄 법률상 의무를 부담한다고 볼 수 없다는 피고의 상고이유의 주장은 원심에서는 하지 아니한 새로운 주장일 뿐만 아니라 사업지구 내 가옥 소유자가 아니라는 이 사건 처분사유와 ★기본적 사실관계의 동일성도 없다. (대판 1999. 8. 20., 98두17043)

1037

[22 군무원9]

석유판매업허가신청에 대하여, 주유소 건축예정 토지에 관하여 도시계획법령에 의거하여 행위제한을 추진하고 있다는 당초의 불허가 처분 사유와, 항고소송에서 주장한 위 신청이 토지형질변경허가의 요건 불비 및 도심의 환경보전의 공익상 필요라는 사유는 판례가 처분사유의 추가·변경 시 기본적 사실관계 동일성을 긍정한 사례이다. O X

> 석유판매업허가신청에 대하여 "주유소 건축 예정 토지에 관하여 도시계획법 제4조 및 구 토지의형질변경등행위허가기준등에관한규칙에 의거하여 행위제한을 추진하고 있다."는 당초의 불허가처분사유와 항고소송에서 주장한 위 신청이 토지형질변경허가의 요건을 갖추지 못하였다는 사유 및 도심의 환경보전의 공익상 필요라는 사유는 ★기본적 사실관계의 동일성이 있다. (대판 1999. 4. 23., 97누14378)

정답 1035. × 1036. × 1037. O

1038

[20 군무원9]

처분청이 처분 당시에 적시한 구체적 사실을 변경하지 아니하는 범위 내에서 단지 그 처분의 근거법령만을 추가·변경하거나 당초의 처분사유를 구체적으로 표시하는 것에 불과한 경우에는 새로운 처분사유를 추가하거나 변경하는 것이라고 볼 수 없다. O X

처분청이 처분 당시 적시한 구체적 사실을 변경하지 아니하는 범위 내에서 단지 **처분의 근거 법령만을 추가·변경**하는 것은 **★새로운 처분사유의 추가라고 볼 수 없다**. (대판 2011.5.26., 2010두28106)

⚠ 처분청이 처분 당시에 적시한 **구체적 사실을 변경하지 아니하는 범위 내**에서 단지 그 **처분의 근거법령만**을 **추가·변경**하는 것은 **새로운 처분사유의 추가라고 볼 수 없다**. (○) [17 국가7]

1039

[14 군무원9]

처분사유의 추가변경은 기본적 사실관계의 동일성이 인정되면 사실심변론종결 이후 상고심까지 가능하다. O X

행정청은 기본적 사실관계의 동일성이 있다고 인정되는 한도 내에서만 다른 **처분사유를 추가, 변경**할 수 있다고 할 것이나 이는 **★사실심 변론종결시까지**만 허용된다. (대판 1999. 8. 20., 98두17043)

⚠ **처분사유의 추가·변경**은 **사실심 변론종결시까지 허용**된다. (○) [22 세무사]

1040

[22 군무원7]

원고의 청구가 (㉠)고 인정하는 경우에도 처분등을 취소하는 것이 현저히 (㉡)에 적합하지 아니하다고 인정하는 때에는 법원은 원고의 청구를 (㉢)할 수 있다. O X

【행정소송법】 제28조(사정판결) ① 원고의 청구가 이유있다고 인정하는 경우에도 **처분등을 취소**하는 것이 **현저히 공공복리에 적합하지 아니하다**고 인정하는 때에는 법원은 원고의 **★청구를 기각**할 수 있다.

⚠ **사정판결**은 처분이 위법하여 **원고의 청구가 이유가 있음에도** 불구하고, **공익을 이유로** 법원이 **원고의 청구를 기각**하는 판결을 말한다. (○) [18 군무원9]

⚠ **사정판결**이란 **원고의 청구가 이유 있다고 인정**하는 경우 처분등을 취소하는 것이 원칙이지만, **현저히 공공복리에 적합하지 아니하다고 인정**하는 때 법원이 **원고의 청구를 기각**하는 판결을 말한다. (○) [19 군무원9]

⚠ **쟁송제기자의 주장이 타당**한 경우라 하더라도 **공공복리를 이유**로 **기각의 판결**을 할 수 있다. (○) [22 군무원5]

정답 1038. O 1039. X 1040-㉠. 이유있다 1040-㉡. 공공복리 1040-㉢. 기각

1041

[12 군무원9]

사정판결의 대상이 되는 처분의 위법여부는 처분시를 기준으로 판단하여야 한다.

O X

처분의 위법성 여부는 ★**'처분당시'를 기준**으로 판단하여야 하는데, **사정판결의 대상이 되는 처분**의 경우에도, 동일하게 **처분당시를 기준**으로 **위법성 여부를 판단하여야** 한다.

⚠ **사정판결**에서 처분의 **위법판단의 기준시**는 ~~변론종결시~~이다. (×) [18 세무사]

1042

[19 군무원9]

사정판결의 적용요건인 현저히 공공복리에 적합하지 아니한가는 위법·부당한 행정처분을 취소·변경하여야 할 필요와 그 취소·변경으로 인하여 발생할 수 있는 공공복리에 반하는 사태 등을 비교교량하여 그 적용 여부를 판단하여야 한다.

O X

사정판결의 필요성은 사익(위법한 처분을 취소·변경해야 할 필요)과 **공익**(위법한 처분의 취소·변경으로 발생할 수 있는 공공복리에 반하는 사태)를 **비교교량함으로써 판단**하여야 한다.

⚠ **사정판결**은 **공공복리와 사익을 비교형량**하여 행하는 판결이다. (○) [10 세무사]

1043

[22 군무원7]

법원이 사정판결을 함에 있어서는 미리 원고가 그로 인하여 입게 될 (　　)의 정도와 배상방법 그 밖의 사정을 조사하여야 한다.

O X

【행정소송법】 제28조(사정판결) ② 법원이 제1항의 규정에 의한 **판결(사정판결)**을 함에 있어서는 ★**미리 원고가 그로 인하여 입게 될 손해의 정도와 배상방법 그 밖의 사정을 조사하여야** 한다.

⚠ 법원은 **사정판결을 하기 전**에 **원고가** 그로 인하여 **입게 될 손해의 정도와 배상방법, 그 밖의 사정을 조사하여야** 한다. (○) [20 소방]

정답 1041. ○ 1042. ○ 1043. 손해 1044.-㉠. 손해배상 1044-㉡. 재해시설의 설치

1044

[22 군무원7]

사정판결의 경우, 원고는 피고인 행정청이 속하는 국가 또는 공공단체를 상대로 (㉠), (㉡) 그 밖에 적당한 구제방법의 청구를 당해 취소소송 등이 계속된 법원에 병합하여 제기할 수 있다.

O X

【행정소송법】 제28조(사정판결) ③ 원고는 피고인 행정청이 속하는 ★**국가 또는 공공단체를 상대**로 ★**손해배상, 제해시설의 설치** 그 밖에 **적당한 구제방법**의 청구를 당해 취소소송등이 계속된 법원에 **병합하여 제기**할 수 있다.

⚠ **사정판결**의 경우, 원고는 ~~처분을 한 행정청~~을 상대로 **손해배상, 제해시설의 설치 그 밖에 적당한 구제방법의 청구**를 당해 취소소송이 계속된 법원에 **병합하여 제기**할 수 있다. (×) [16 국가7]

1045

[22 군무원7]

법원은 사정판결의 (㉠)에서 그 처분등이 (㉡)을 명시하여야 한다.

O X

【행정소송법】 제28조(사정판결) ① 법원은 ★그 (사정)**판결의 주문**에서 그 **처분등이 위법함을 명시**하여야 한다.

⚠ **사정판결을 하는 법원**은 그 **판결의 주문**에 그 **처분의 위법함을 명시**할 ~~필요는 없~~다. (×) [16 세무사]

1046

[11 군무원9]

사정판결의 필요성에 대한 입증책임은 피고인 행정청이 부담한다.

O X

사정판결이 있게 되면 **공공복리를 이유로 처분이 유지**되므로, 사정판결의 **필요성에 관한 주장·입증책임**은 당연히 **피고인 ★처분청에게 있다.**

⚠ **사정판결을 할 사정**에 관한 **주장·입증책임**은 **원고**에게 있다. (×) [11 세무사]

정답 1045-㉠. 주문 1045-㉡. 위법함 1046. O

1047

[16 군무원9]

사정판결에 관한 행정소송법 규정은 무효등확인소송에는 준용되지 않는다.

O X

행정소송법 제28조(사정판결)은 다른 행정소송에는 준용되지 않는바, 사정판결은 **오로지 ★취소소송에서만 인정**되고, 다른 항고소송이나 당사자소송에는 인정되지 않는다.
☑ **위법한 처분이 취소사유**인 때에만 **사정판결이 가능**

- **무효확인소송**에서는 취소소송에 관한 대부분의 규정이 적용되나, **'사정판결 등에 관한 규정이나 사정판결시 피고의 소송비용부담 등'에 관한 규정은 적용되지 않는다.** (○) [17 군무원9]
- 무효인 **행정행위**에는 **사정재결 및 사정판결이 인정되지 않는다.** (○) [06 군무원9]
- **취소할 수 있는 행정행위**에 대하여서만 **사정재결, 사정판결이 인정된다.** (○) [20 군무원9]
- **무효등확인소송**에서도 ~~사정판결을 할 수 있다~~. (×) [16 세무사]

1048

[14 군무원9]

근무지를 이탈하여 상관을 비판하는 기자회견을 한 검사장에 대해 면직처분을 한 경우는 비례의 원칙을 위반한 사례이다.

O X

이른바 심재륜 사건에서 **★징계면직된 검사의 복직**이 검찰조직의 안정과 인화를 저해할 우려가 있다는 등의 사정은 준사법기관인 검사에 대한 위법한 면직처분의 취소 필요성을 부정할 만큼 **★현저히 공공복리에 반하는 사유라고 볼 수 없으므로 ★사정판결을 할 경우에 해당하지 않는다.** (대판 2001. 8. 24. 2000두7704)
☑ **비례의 원칙을 위반**하여 위법한 검사장 **징계면직처분의 취소(복직) 필요성**은 현저히 공공복리에 반하지 않으므로 **사정판결의 대상이 되지 않는다**는 판시이다.

- **위법하게 징계면직된 검사의 복**직이 상명하복의 검찰조직의 안정과 인화를 저해할 우려가 있는 경우, ~~사정판결이 허용~~된다. (×) [12 국회8]

1049

[11 군무원9]

행정소송이 제기되면 처분의 효력이 정지된다.

O X

【행정소송법】 제23조(집행정지) ① 취소소송의 제기는 처분등의 효력이나 그 집행 또는 절차의 속행에 영향을 주지 아니한다.
☑ 취소소송이 제기된다 하더라도, 처분의 **효력, 집행, 절차의 진행**이 **정지되지 않는다.**

- **취소소송이 제기**되어도 원칙적으로 해당 **처분의 효력은 정지되지 않는다.** (○) [09 군무원9]
- 행정소송을 제기하여도 처분의 **집행은 중단되지 않는다.** (○) [10 군무원9]

정답 1047. ○ 1048. ○ 1049. ×

1050

[08 군무원9]

집행정지의 요건으로 "집행정지의 대상이 되는 처분이 존재할 것"이 있다. O X

집행정지를 위해서는 당연히 그 전제로 **정지의 대상인 처분이 존재하여야** 하는바, 처분의 ★**효력이 발생하기** 전이나 ★**효력이 소멸한 후**에는 **집행정지가 불가능**하다.

⚠ '집행정지의 대상인 **처분등의 존재**'는 **집행정지의 요건**이다. (○) [05 세무사]

⚠ 집행정지는 ~~처분이 소멸된 후에도 허용~~된다. (×) [08 세무사]

1051

[22 군무원9]

집행정지결정은 속행정지, 집행정지, 효력정지로 구분되고 이 중 속행정지는 처분의 집행이나 효력을 정지함으로써 목적을 달성할 수 있는 경우에는 허용되지 아니한다. O X

【행정소송법】 제23조(집행정지) ② 다만, 처분의 **효력정지**는 ★처분 등의 **집행** 또는 **절차의 속행을 정지**함으로써 **목적을 달성할 수 있는 경우**에는 ★허용되지 아니한다

⚠ **처분의 효력정지**는 처분 등의 **집행 또는 절차의 속행을 정지**함으로써 **목적을 달성할 수 있는 경우**에는 **허용되지 아니한다**. (○) [08, 10 군무원9]

⚠ 적법한 건축물에 철거명령이 내려진 경우, 철거명령 **집행의 전부나 일부의 정지를 신청할 수 있는 경우**에도 철거명령의 ~~효력정지를 신청할 수~~ 있다. (×) [17 군무원9]

1052

[08 군무원9]

집행정지의 요건으로 "공공복리에 중대한 영향을 미칠 우려가 있을 것"이 있다. O X

【행정소송법】 제23조(집행정지) ③ 집행정지는 ★**공공복리에 중대한 영향을 미칠 우려가 있을 때**에는 **허용되지 아니한다.**

⚠ **집행정지결정**을 위해서는 **공공복리에 중대한 영향을 미칠 우려가 없어야** 한다. (○) [07 세무사]

정답 1050. ○ 1051. × 1052. ×

1053

[08 군무원9]

집행정지의 요건으로 "회복하기 어려운 손해발생의 우려가 있을 것"이 있다. O X

【행정소송법】 제23조(집행정지) ② 취소소송이 제기된 경우에 처분등이나 그 집행 또는 절차의 속행으로 인하여 생길 **회복하기 어려운 손해를 예방**하기 위하여 긴급한 필요가 있다고 인정할 때에는 본안이 계속되고 있는 법원은 당사자의 신청 또는 직권에 의하여 처분등의 효력이나 그 집행 또는 절차의 속행의 전부 또는 일부의 정지를 결정할 수 있다.

⚠ **집행정지결정**을 위해서는 **처분의 집행**으로 인하여 **회복하기 어려운 손해가 발생할 우려**가 있어야 한다. (○) [07 세무사]

1054

[22 군무원9]

과징금납부명령의 처분이 사업자의 자금사정이나 경영전반에 미치는 파급효과가 매우 중대하다는 이유로 인한 손해는 효력정지 내지 집행정지의 적극적 요건인 '회복하기 어려운 손해'에 해당한다. O X

사업여건의 악화 및 막대한 부채비율로 외부자금의 신규차입이 사실상 중단된 상황에서 **285억 원 규모의 과징금을 납부**하기 위하여 **무리하게 외부자금을 신규차입**하게 되면 사업자가 중대한 경영상의 위기를 맞게 될 것으로 보이는 경우, 그 **과징금납부명령의 처분**으로 인한 손해는 효력정지 내지 집행정지의 적극적 요건인 **'회복하기 어려운 손해'에 해당**한다. (대결 2001.10.10.,자, 2001무29)

⚠ 판례는 **세금부과처분**이나 **과징금부과처분**과 같은 **금전납부의무에 대해서는 집행정지를 인정**하지 않고 있다. (×) [06 관세사 수정]

정답

1053. O 1054. O

1055

[22 군무원5]

행정소송법상 집행정지의 장애사유로서의 '공공복리에 중대한 영향을 미칠 우려'라 함은 일반적·추상적인 공익에 대한 침해의 가능성이 아니라 당해 처분의 집행과 관련된 구체적·개별적인 공익에 중대한 해를 입힐 개연성을 말하는 것으로서 이러한 집행정지의 소극적 요건에 대한 주장·소명책임은 행정청에게 있다. O X

행정소송법 제23조 제3항에서 규정하고 있는 집행정지의 장애사유로서의 '**공공복리에 중대한 영향을 미칠 우려**'라 함은 일반적·추상적인 공익에 대한 침해의 가능성이 아니라 당해 처분의 집행과 관련된 **★구체적·개별적인 공익에 중대한 해를 입힐 개연성**을 말하는 것이다. (대결 2004. 5. 12., 자 2003무41)

■ 집행정지의 요건별 입증책임(=주장·소명책임) 주체

집행정지의 적극적 요건	집행정지의 소극적 요건
• **적법한 본안소송이 계속**되고 있을 것 • 집행정지의 대상이 되는 **처분 등이 존재**할 것 • **회복하기 어려운 손해를 예방**할 필요가 있을 것 • **긴급**한 필요가 있을 것 • 집행정지의 **신청을 구할 법률상 이익**이 있을 것	• **공공복리에 중대한 영향을 미칠 우려가 없을 것** • **본안청구가 이유없음**이 **명백하지 않을 것**
입증책임자: **원고(집행정지 신청인)**	입증책임자: **피고 행정청**

⚠ **집행정지의 요건인 공공복리**는 그 **처분의 집행과 관련**된 **구체적이고도 개별적인 공익**을 말한다. (○) [12 국회9]

⚠ **공공복리에 중대한 영향을 미칠 우려**가 있어 **집행정지를 불허**할 경우의 **입증책임은 행정청**에게 있다. (○) [21 군무원7]

⚠ 공공복리에 중대한 영향을 미칠 우려에 대한 주장·소명책임은 ~~신청인~~에게 있다. (×) [18 세무사]

⚠ **집행정지의 소극적 요건**은 ~~신청인~~이 주장·소명하는 반면, **적극적 요건**은 ~~행정청~~이 주장·소명해야 한다. (×) [19 세무사]

정답 1055. O

1056

[08 군무원9]

집행정지의 요건으로 "적법한 본안소송이 법원에 계속되어 있을 것"이 있다. O X

집행정지사건 자체에 의하여도 신청인의 **★본안청구가 적법한 것이어야** 한다는 것을 **집행정지의 요건**에 포함시켜야 할 것이다. (대결 1995.2.28., 자, 94두36)

☑ Ⓐ 행정소송에서의 **집행정지**는 민사소송과는 달리, **본안소송이 계속되어 있는 중**에만 가능하고, 이러한 본안소송은 소송요건을 갖추고 있는 등 **★적법한 청구**여야 하므로

Ⓑ 이를 종합하면, **집행정지**는 **★적법한 본안소송이 법원에 계속 중이어야** 가능하다.

⚠ **집행정지**는 **본안소송**이 **법원에 계속되어 있을** 것을 요건~~으로 하지 않는~~다. (×) [08 세무사]

⚠ 행정처분의 집행정지를 구하는 신청사건에서, **집행정지사건 자체에 의하여도** 신청인의 **본안청구가 적법한 것이어야 한다**는 것을 **집행정지의 요건에 포함**시키는 것이 ~~옳지 않~~다. (×) [22 군무원5]

1057

[08 군무원9]

교수임용신청에 대한 거부처분은 집행정지의 대상이 된다. O X

허가신청에 대한 **거부처분**은 그 효력이 **정지되더라도** 그 처분이 **없었던 것과 같은 상태**를 만드는 것에 **지나지 아니하는 것**이므로, 교도소장이 접견을 불허한 처분에 대하여 효력정지를 한다 하여도 교도소장에게 접견의 허가를 명하는 것이 되는 것도 아니고 또 당연히 접견이 되는 것도 아니어서 접견허가거부처분에 의하여 생길 **회복할 수 없는 손해를 피하는 데 아무런 보탬도 되지 아니하니** ★접견허가거부처분의 효력을 정지할 **필요성이 없다**. (대결 1991.5.2., 자, 91두15)

☑ 모든 거부처분은 집행정지의 대상이 되지 않는 것으로 정리한다.(통설·판례)

⚠ **교도소장이 접견을 불허한 처분에 대하여 효력정지**를 한다 하여도 이로 인하여 위 **교도소장에게 접견의 허가를 명하는 것이 되는 것도 아니고** 또 당연히 접견이 되는 것도 아니어서 접견허가거부처분에 의하여 생길 **회복할 수 없는 손해를 피하는 데 아무런 보탬도 되지 아니하니** 접견허가**거부처분의 효력을 정지할 필요성이** 없다. (○) [22 군무원5]

1058

[22 군무원9]

법원은 당사자의 신청 또는 직권에 의하여 처분 등의 효력이나 그 집행 또는 절차의 속행의 전부 또는 일부의 정지를 결정할 수 있다. O X

법원은 **★당사자의 신청** 또는 **★직권**에 의하여 처분등의 효력이나 그 집행 또는 절차의 속행의 전부 또는 일부의 정지를 결정할 수 있다. [행정소송법 제38조]

⚠ **집행정지**는 **당사자의 신청이나 직권**에 의해 행해진다. (○) [09 군무원9]

⚠ **처분의 효력정지**는 법원은 **직권으로 결정**~~할 수 없~~다. (×) [05 세무사]

정답 1056. O 1057. × 1058. O

1059

[08 군무원9]

집행정지신청은 항소심과 상고심에서는 불가능하다.

O X

집행정지의 관할법원은 **본안소송이 계속되고 있는 법원**인바, **본안소송이 계속되고 있는 ★모든 심급법원[1심, 2심(항소심), 3심(상고심)]에서 집행정지가 가능**하다.

△ **집행정지결정**의 관할법원은 **본안이 계속된 법원**이며, **상고심법원은 포함**되지 않는다. (×) [14 세무사]

1060

[17 군무원9]

적법한 건축물에 철거명령이 내려진 경우 원고가 취소소송을 제기하면서 집행의 전부나 일부의 정지를 신청할 수 있다.

O X

행정소송상 **집행정지**는 **★본안소송이 계속되어 있는 중에만 가능**하므로, ① **행정소송을 제기하면서 ★동시에** 집행정지를 **신청거나,** ② **행정소송의 제기 이후에 별도로 신청할 수 있다.**

☑ 행정소송이 **제기되기 전에는** 신청 **불가능**

△ 법원은 **취소소송이 제기**되기 전이라도 처분의 집행정지결정을 할 수 있다. (×) [16 세무사]

△ 집행정지신청은 반드시 제소시에 하여야 한다. (×) [05 국회8 변형] 제소 후에도 가능

1061

[21 군무원7]

집행정지의 사유가 없어진 때에는 당사자의 신청이나 직권에 의하여 집행정지결정을 취소할 수 있다.

O X

【행정소송법】 제24조(집행정지의 취소) ① 집행정지의 결정이 확정된 후 집행정지가 **★공공복리에 중대한 영향**을 미치거나 그 **★정지사유가 없어진 때**에는 당사자의 **★신청** 또는 **직권**에 의하여 결정으로써 집행정지의 결정을 취소할 수 있다.

☑ 집행정지 결정의 **취소를 신청**하는 경우에도 **이유를 소명해야** 한다. (행소법 24조 제2항)

△ 법원은 **당사자의 신청 또는 직권**에 의하여 **집행정지의 취소를 결정**할 수 있다. (○) [22 군무원9]

△ 집행정지결정 후 당해 **집행정지결정을 취소할 수 있는 경우**는 없다. (×) [10 세무사]

정답 1059. × 1060. ○ 1061. ○

1062

[09 군무원9]

집행정지결정에는 기판력이 인정되지 않는다.

O X

Ⓐ 집행정지결정'은 잠정적으로 인정되는 **법원의 '결정'**으로서, 실체관계를 종국적·확정적으로 판단하는 판결에 해당하지 않으므로, 집행정지결정이 있더라도 확정판결에서 발생할 수 있는 **★기판력이 발생할 수 없다.**
Ⓑ 따라서 어떤 **집행정지결정에서 내려진 사항과 동일한 사항이 다시 소송상에서 문제가 되었을 때에도 당사자와 법원은 이와 저촉되는 주장이나 판단을 할 수 있다.**

⚠ 집행정지결정이 내려지면 ~~동일한 사항이 다시 소송상 문제되었을 때에 당사자와 법원은 이에 저촉되는 주장이나 판단을 할 수~~ 없다. (×) [08 세무사]

1063

[08 군무원9]

집행정지 결정 시 형성력이 인정된다.

O X

【행정소송법】 제29조(취소판결등의 효력)
① 처분등을 취소하는 확정판결은 **★제3자**에 대하여도 **효력**이 있다.
② 제1항의 규정은 제23조의 규정에 의한 **★집행정지의 결정** 또는 제24조의 규정에 의한 그 **집행정지결정의 취소결정**에 **준용**한다.

☑ Ⓐ **집행정지(취소)결정에도 형성력이 인정**되는바, 제3자효 행정행위의 경우에는 **제3자에 대하여도** 집행정지(취소) **결정의 효력**이 미치게 된다.
Ⓑ 이러한 형성력에 따라 결정 이후에는 해당 **처분이 유효함을 전제로 한 후속처분의 속행도 저지**되는바, 만일 처분청이 **★후속처분을 할 경우 그 처분은 무효**이다.

⚠ **집행정지결정**에는 **제3자효가 인정**~~되지 않는~~다. (×) [17 세무사]
⚠ 판례상 **집행정지결정**이 있게 되면 당해 **처분이 효력 있음을 전제로 한 후속행위는 무효**가 된다. (○) [08 세무사]

1064

[08 군무원9]

집행정지 결정 시 기속력이 인정된다.

O X

【행정소송법】 제23조(집행정지) ⑥ 제30조 제1항의 규정은 제2항의 규정에 의한 **집행정지의 결정**에 이를 **★준용**한다.

제30조(취소판결등의 기속력) ① 처분등을 취소하는 **확정판결**은 그 사건에 관하여 **★당사자인 행정청**과 그 밖의 **관계행정청**을 **기속**한다.

⚠ **집행정지의 결정**은 **당사자인 행정청**과 그 밖의 **관계 행정청**을 **기속**한다. (○) [14 세무사]
⚠ **집행정지결정**은 판결이 아니므로 **기속력은 인정**~~되지 않는~~다. (×) [16 국가9]

정답

1062. ○ 1063. ○ 1064. ○

1065

[21 군무원7]

집행정지결정 후 본안소송이 취하되면 집행정지결정의 효력도 상실한다. O X

행정처분의 집행정지결정을 하려면 이에 대한 본안소송이 법원에 제기되어 계속중임을 요건으로 하는 것이므로 집행정지결정을 한 후에라도 본안소송이 취하되어 소송이 계속하지 아니한 것으로 되면 ★집행정지결정은 **당연히 그 효력이 소멸**되는 것이고 **★별도의 취소조치를 필요로 하는 것이 아니다**. (대판 1975. 11. 11., 75누97)

⚠ 행정처분의 집행정지는 행정처분집행 부정지의 원칙에 대한 예외로서 인정되는 일시적인 응급처분이라 할 것이므로 **집행정지결정**을 하려면 이에 대한 **본안소송이 법원에 제기되어 계속 중임을 요건**으로 하는 것이므로 **집행정지결정을 한 후**에라도 **본안소송이 취하**되어 **소송이 계속하지 아니한 것으로 되**면 집행정지결정은 **당연히 그 효력이 소멸**되는 것이고 **별도의 취소조치를 필요로 하는 것이 아니다**. (○) [22 군무원5]

⚠ 집행정지결정이 있은 후 **본안소송이 취하**된 경우, 법원은 ~~집행정지결정을 취소하여야~~ 한다. (×) [17 세무사]

1066

[17 군무원9]

부작위위법확인소송에서는 취소소송에 관한 대부분의 규정이 적용되나, '집행정지 및 집행정지의 취소'에 관한 규정은 적용되지 않는다. O X

부작위위법확인소송에서는 **★집행정지 제도가 준용되지 않는다**. 왜냐하면 부작위란 아무런 처분이 없었던 상태로서, **집행정지의 대상 자체가 존재하지 않기 때문**이다.

⚠ **부작위위법확인소송**은 ~~집행정지가 인정~~되는 소송이다. (×) [15 세무사]

1067

[21 군무원7]

무효확인소송에서는 집행정지가 인정되지 않는다. O X

집행정지 제도는 **★무효등확인소송에서도 인정된다**. [행정소송법 제38조]

⚠ 집행정지는 취소소송과 **무효등확인소송에 인정**된다. (○) [09 군무원9]

정답 1065. ○ 1066. ○ 1067. ×

1068

[22 군무원9]

효력기간이 정해져 있는 제재적 행정처분에 대한 취소소송에서 법원이 본안소송의 판결선고 시까지 집행정지결정을 하면, 처분에서 정해 둔 효력기간은 판결 선고 시까지 진행하지 않다가 판결이 선고되면 그때 집행정지결정의 효력이 소멸함과 동시에 처분의 효력이 당연히 부활하여 처분에서 정한 효력기간이 다시 진행한다. O X

> 행정소송법 제23조에 의한 효력정지결정의 효력은 결정주문에서 정한 시기까지 존속하고 그 시기의 도래와 동시에 효력이 당연히 소멸하므로, 보조금 교부결정의 일부를 취소한 행정청의 처분에 대하여 법원이 **효력정지결정**을 하면서 **주문**에서 그 법원에 계속 중인 본안소송의 **판결 선고 시까지** 처분의 **효력을 정지**한다고 선언하였을 경우, 본안소송의 ★**판결 선고**에 의하여 **정지결정의 효력은 소멸**하고 이와 **동시에** 당초의 보조금 교부결정 ★**취소처분의 효력**이 당연히 **되살아난다**. (대판 2017.7.11. 2013두25498)

⚠ 보조금 교부결정의 일부를 취소한 행정청의 처분에 대하여 **법원이 효력정지결정을 하면서** 주문에서 그 법원에 계속 중인 **본안소송의 판결 선고시까지 처분의 효력을 정지한다고 선언하**였을 경우, 본안소송의 **판결 선고에 의하여 정지결정의 효력은 소멸**하지만 **당초의 보조금교부결정취소처분의 효력**이 당연히 **되살아나는** 것~~은 아니~~다. (×) [22 소방간부]

1069

[11 군무원9]

판례에 따르면, 국가를 상대로 하는 당사자소송의 경우에는 가집행선고를 할 수 없다. O X

> 행정소송법 제8조 제2항에 의하면 행정소송에도 민사소송법의 규정이 일반적으로 준용되므로 법원으로서는 공법상 **당사자소송**에서 ★재산권의 청구를 인용하는 판결을 하는 경우 ★**가집행선고**를 할 수 있다. (대판 2000.11.28. 99두3416)
>
> **【행정소송법】 제43조(가집행선고의 제한)** ~~국가를 상대로 하는 당사자소송의 경우에는 가집행선고를 할 수 없다.~~
>
> ☑ 제43조는 최근 헌법재판소의 위헌결정(2022.2.24. 2020헌가12)으로 효력이 상실되었다.

⚠ 지방자치단체에 대하여 **재산권의 청구를 인용하는 판결**을 하는 경우 **가집행선고**를 할 수 있다. (○) [19 세무사]

정답 1068. ○ 1069. ×

3 무효등 확인소송

1070
[15 군무원9]

무효등확인소송에 있어서의 피고는 효력 유무나 존재 여부의 확인대상이 되는 처분등을 한 행정청이다. O X

【행정소송법】
제13조(피고적격) ① 취소소송은 다른 법률에 특별한 규정이 없는 한 ★그 처분등을 행한 행정청을 피고로 한다.
제38조(준용규정) ① 제13조의 규정은 무효등 확인소송의 경우에 준용한다.

△ **무효등확인소송**에서는 **피고적격에 관한 규정이 준용**~~되지 않아~~, **무효등확인소송의 피고**는 ~~국가·공공단체 그 밖의 권리주체~~가 된다. (×) [16 세무사]

1071
[17 군무원9]

무효확인소송에서는 취소소송에 관한 대부분의 규정이 적용되나, '예외적 행정심판전치주의'에 관한 규정은 적용되지 않는다. O X

행정심판전치주의에 관한 규정인 행정소송법 제18조는 **★무효등확인소송에는 준용되지 않는바, ★행정심판을 거치지 않고도 곧바로 무효등확인소송을 제기**할 수 있다.

△ **행정심판전치주의**는 **무효확인소송에 적용되지 않는다.** (○) [20 군무원9]
△ 행정심판의 필요적 전치주의가 적용되는 경우 **무효확인소송**을 제기하려면 ~~무효확인심판의 재결을 거쳐야~~ 한다. (×) [19 행정사]

1072
[17 군무원9]

무효확인소송에서는 취소소송에 관한 대부분의 규정이 적용되나, '제소기간의 제한'에 관한 규정은 적용되지 않는다. O X

행정소송법 제20조(제소기간)는 **★무효등확인소송에는 준용되지 않는바, 무효등확인소송에는 제소기간의 제한이 없으므로** 기간에 구애받지 않고 제기할 수 있다.

△ **무효확인소송**은 ~~처분이 있음을 안 날부터 90일 이내~~에 제기하여야 한다. (×) [16 전환]

정답 1070. ○ 1071. ○ 1072. ○

1073

[22 군무원9]

무효확인을 구하는 소에는 당사자가 명시적으로 취소를 구하지 않는다고 밝히지 않는 한 취소를 구하는 취지가 포함되었다고 보아서 취소소송의 요건을 갖추었다면 취소판결을 할 수 있다. O X

행정처분의 **무효확인을 구하는 청구**에는 원고가 그 처분의 **취소를 구하지 아니한다고 ★밝히지 아니한 이상** 그 처분의 **★취소를 구하는 취지까지도 포함**되어 있다고 볼 수는 있으나, **취소청구를 인용**하려면 먼저 취소를 구하는 항고소송으로서의 **★제소요건을 구비한 경우**에 한한다. (대판 1986.9.23. 85누83, 대판 1994.12.3., 94누477)

⚠ **무효확인소송을 제기하였는데** 해당 사건에서의 **위법이 취소사유에 불과한 때,** 법원은 **취소소송의 요건**을 **충족**한 경우 **취소판결**을 내린다. (○) [17 국가7 下]

⚠ **무효확인소송에서**는 원고가 그 처분의 **취소를 구하지 않는다고 명백히 밝힌 경우**에도 그 ~~취소를 구하는 취지가 포함되어~~ 있다고 보아야 한다. (×) [15 세무사]

1074

[06 군무원9]

행정행위의 무효사유에 대해서는 취소소송을 제기할 수 없다. O X

행정처분의 당연**무효를 선언하는 의미**에서 그 **취소를 청구**하는 행정소송을 제기한 경우에도 전심절차와 제소기간의 준수 등 취소소송의 **★제소요건을 갖추어야** 한다. (대판 1990. 12. 26., 90누6279)

☑ **무효인 행정행위**에 대해서도 **무효를 선언하는 의미의 취소소송**을 제기할 수 있다.

⚠ **무효인 행정행위**도 취소소송의 제소요건을 갖추는 경우 **취소소송의 형식**으로 **소제기가 가능**하다. (○) [12 경행]

1075

[22 군무원7]

㉠ 무효인 행정행위에 대하여 무효의 주장을 취소소송의 형식(무효선언적 취소)으로 제기하는 경우에 있어서, 취소소송의 형식에 의하여 제기되었더라도 이러한 소송에 있어서는 취소소송의 제소요건의 제한을 받지 아니한다. O X

㉡ 판례에 따르면, 무효선언을 구하는 취소소송은 제소기한의 제한이 인정된다고 한다. O X

㉢ 행정심판전치주의는 무효선언을 구하는 취소소송에 적용되지 않는다. O X

행정처분의 당연**무효를 선언하는 의미**에서 그 **취소를 청구**하는 행정소송을 제기한 경우에도 **★전심절차**와 **제소기간의 준수** 등 취소소송의 **★제소요건을 갖추어야** 한다. (대판 1990. 12. 26., 90누6279)

⚠ **무효선언을 구하는 취소소송**이라도 형식이 취소소송이므로 **제소요건을 갖추어야** 한다. (○) [22 군무원9]

⚠ **무효선언을 구하는 취소소송**의 경우 **제소기간의 제한**~~이~~ 없다. (×) [21 세무사]

⚠ **무효선언을 구하는 취지의 취소소송**의 경우에는 **행정심판을 거쳐야** 한다. (○) [13 세무사]

정답 1073. ○ 1074. × 1075-㉠. × 1075-㉡. ○ 1075-㉢. ×

1076

[17 군무원9]

무효확인소송에서는 취소소송에 관한 대부분의 규정이 적용되나, '재량처분의 취소'에 관한 규정은 적용되지 않는다. O X

【행정소송법】 제27조(재량처분의 취소) 행정청의 **재량에 속하는 처분**이라도 재량권의 한계를 넘거나 그 남용이 있는 때에는 법원은 **이를 취소**할 수 있다.
② ★제27조의 규정은 **부작위위법확인소송**의 경우에 준용한다.
☑ 제27조는 무효등확인소송 및 당사자소송의 준용대상에서 빠져있는바, **'재량처분의 취소'**는 ★**취소소송과 부작위위법확인소송에만 적용**되는 조항으로 정리한다.

◬ **'재량처분의 취소'**는 항고소송과 ~~당사자소송에 공통~~으로 적용된다. (×) [19 세무사]

4 부작위위법확인소송

1077

[15 군무원9]

부작위위법확인소송은 행정청의 부작위가 위법하다는 확인을 구하는 소송을 말하며, 확인소송의 성질을 갖는다. O X

'부작위위법확인소송'은 행정청의 부작위가 위법하다는 것을 공적으로 확인하는 **확인소송의 성격**을 가진다.

◬ **부작위위법확인소송**은 **확인소송**으로서의 성질을 갖는다. (○) [03 행시]

1088

[15 군무원9]

부작위위법확인소송에서 원고적격이 인정되기 위해서는 법규상 또는 조리상 신청권이 있어야 한다. O X

부작위가 성립되기 위해서는 당사자(원고)에게 처분을 구할 수 있는 ★**법규상 또는 조리상 신청권이 있어야** 한다.

◬ **부작위위법확인소송**에서 **사인의 신청권의 존재여부**는 **부작위의 성립과 관련**하므로 **원고적격의 문제와는 관련**~~이~~ 없다. (×) [18 지방9]

정답 1076. ○ 1077. ○ 1078. ○

1079

[19 군무원9]

부작위가 성립되기 위한 당사자의 신청의 내용으로서는 비권력적 사실행위의 요구 또는 사경제적 계약의 체결 요구 등도 이에 포함된다.

O X

부작위위법확인소송에서의 신청이란 **★일정한 처분의 발령(공권력의 행사)을 요구**하는 것이므로, **★비권력적 사실행위나 사경제적 계약체결 등을 요구**하는 신청 등에 대한 **무응답은 부작위위법확인소송의 대상(부작위)이 아니다.**

⚠ **부작위**가 되기 위해서는 **원고가 신청한 행정청의 행위**가 행정소송법상 **처분이어야** 한다. (○) [12 세무사]

⚠ 행정청에 대한 **사경제적 계약의 체결요구**는 **신청에 해당되지 않는다.** (○) [07 세무사]

1080

[19 군무원9]

부작위가 성립되기 위해서는 당사자의 신청이 있어야 한다.

O X

【행정소송법】 제2조(정의) ① 이 법에서 사용하는 용어의 정의는 다음과 같다.
2. **"부작위"**라 함은 행정청이 **★당사자의 신청**에 대하여 **상당한 기간** 내에 일정한 처분을 하여야 할 **법률상 의무**가 있음에도 불구하고 이를 **하지 아니하는 것**을 말한다.

■ 부작위의 성립요건

①	법규상 또는 조리상 신청권에 근거한 **당사자의 신청**에 대하여,	**당사자의 처분 신청**
②	행정청에게 일정한 **처분을 하여야 할 법률상 의무**도 있으나,	**법률상 처분(응답) 의무**
③	당사자가 신청한 후에 **상당한 기간이 경과**하였음에도,	**상당한 기간의 경과**
④	행정청이 아무런 행위를 하지 않고 **방치하고 있어야** 한다.	**처분의 부존재**

⚠ **부작위위법확인소송**은 **확인소송**으로서의 성질을 갖는다. (○) [03 행시]

1081

[19 군무원9]

부작위위법확인소송은 처분의 신청을 한 자로서 부작위의 위법의 확인을 구할 법률상 이익이 있는 자만이 제기할 수 있다.

O X

【행정소송법】 제36조(부작위위법확인소송의 원고적격) 부작위위법확인소송은 처분의 신청을 한 자로서 부작위의 위법의 확인을 구할 **★법률상 이익이 있는 자**만이 제기할 수 있다.

⚠ **부작위위법확인소송의 원고**가 될 수 있는 자는 **처분에 대한 신청을 한** 자로서 **부작위의 위법을 구할** 사실상 이익이 있는 자이다. (×) [20 국회9]

정답 1079. ✕ 1080. ○ 1081. ○

1082

[19 군무원9]

부작위의 직접 상대방이 아닌 제3자라 하여도 당해 행정처분의 부작위위법확인을 구할 법률상의 이익이 있는 경우에는 원고적격이 인정된다. O X

부작위위법확인소송에 있어서는 당해 부작위의 직접상대방이 아닌 ★**제3자**라 하더라도 부작위위법확인을 받을 ★**법률상의 이익이 있는 경우**에는 ★**원고적격이 인정**된다. (대판 1989. 5. 23., 88누8135)

◭ 행정청의 **부작위에 대한 제3자**는 **법률상 이익이 있는 경우**에도 **원고적격**을 ~~갖지 못한다~~. (×) [18 세무사]

1083

㉠ 부작위위법확인의 소는 부작위상태가 계속되는 한 그 위법의 확인을 구할 이익이 있다고 보아야 하므로 원칙적으로 제소기간의 제한을 받지 않는다. [20 군무원7] O X

㉡ 부작위위법확인소송은 그 특성상 행정심판을 거친 경우에도 제소기간의 제한을 받지 아니한다. [17 세무사] O X

부작위위법확인의 소는 **부작위상태가 계속되는 한** 그 위법의 확인을 구할 이익이 있다고 보아야 하므로 ★원칙적으로 **제소기간의 제한을 받지 않는다**. 그러나 행정소송법 제38조 제2항이 제소기간을 규정한 같은 법 제20조를 부작위위법확인소송에 준용하고 있는 점에 비추어 보면, 행정심판 등 ★**전심절차를 거친 경우**에는 행정소송법 제20조가 정한 ★**제소기간 내에** 부작위위법확인의 소를 제기하여야 한다. (대판 2009. 7. 23. 2008두10560)

◭ **부작위상태가 계속되는 한** 부작위위법의 확인을 구할 이익이 있다고 보아야 하므로 (원칙적으로) **제소기간의 제한을 받지 않는다.** (○) [19 군무원9]

◭ 부작위위법확인소송에는 ~~제소기간의 제한~~이 있다. (×) [17 교행9]

◭ 부작위위법확인소송은 원칙적으로 제소기간의 제한을 받지 않지만, **행정심판을 거친 경우**에는 「행정소송법」 제20조가 정한 **제소기간 내**에 **부작위위법확인의 소를 제기하여야** 한다. (○) [17 지방7]

정답 1082. O 1083-㉠. O 1083-㉡. X

1084

[15 군무원9]

대법원은 국민이 행정청에 대하여 제3자에 대한 건축허가와 준공검사의 취소 및 제3자 소유의 건축물에 대한 철거명령을 요구할 수 있는 법규상 또는 조리상 권리가 없다고 판시하였다. O X

1. 국민이 행정청에 대하여 **제3자에 대한 건축허가와 준공검사의 취소** 및 **제3자 소유의 건축물에 대한 철거명령을 요구**할 수 있는 **★법규상 또는 조리상 권리가 인정된다고 볼 수도 없다.**
1-2. 법규상 또는 조리상 권리를 갖고 있지 아니한 경우에는 원고적격이 없거나 항고소송의 대상인 위법한 부작위가 있다고 볼 수 없어 그 부작위위법확인의 소는 부적법하다. (대판 1999. 12. 7., 97누17568)

⚠ 행정청에 대하여 **제3자가 소유한 건축물의 철거명령을 요구**하는 소송은 **각하**된다. (○) [14 세무사]

☑ 부적법한 부작위위법확인소송이므로 각하된다.

1085

㉠ 부작위위법확인소송에 있어서의 판결은 행정청의 특정 부작위의 위법 여부를 확인하는 데 그치고, 적극적으로 행정청에 대하여 일정한 처분을 할 의무를 직접 명하지는 않는다. [20 군무원7] O X

㉡ 부작위위법확인의 소는 신청에 대한 부작위의위법을 확인하여 소극적인 위법상태를 제거하는 동시에 신청의 실체적 내용이 이유 있는 것인가도 심리하는 것을 목적으로 한다. [20 군무원7] O X

부작위위법확인의 소는 행정청의 **부작위가 위법하다는 것을 확인**함으로써 행정청의 응답을 신속하게 하여 부작위 또는 무응답이라고 하는 **★소극적 위법상태를 제거**하는 것을 목적으로 하는 제도이다. (대판 2000.2. 25. 99두11455)

절차적 심리설 (통설·판례)	법원은 **단순히 행정청의 부작위**(방치)**의 위법여부만** 심리·판단 (소극적인 위법상태 제거)
실체적 심리설	**행정청의 부작위**(방치)**의 위법 여부**뿐만 아니라, 적극적으로 **행정청이 원고의 신청에 대하여 특정한 처분을 해야** 하는지도 심리·판단

⚠ 부작위위법확인소송에서 **법원**은 **부작위에 대하여 위법임을 확인할 뿐** 행정청에 대하여 **적극적으로 어떤 처분을 할 것을 명하는 것은 아니다.** (○) [06 경기9 변형]

⚠ **부작위위법확인소송**에서 부작위의 위법 여부에서 더 나아가 **신청에 따른 처분 의무가 있는지**는 **심리의 범위에 포함되지 아니한다.** (○) [17 세무사]

⚠ 甲은 자신의 주거지 인근에 위치한 대기오염을 야기하는 공장에 대하여 관할 관청에 대기환경보전법의 관련규정에 의거하여 **개선명령을 발동해 줄 것을 요구**하였으나, 주무장관인 환경부장관은 **아무런 응답이 없는 사례**에서, 甲은 부작위위법 확인 소송을 제기할 수 있으나 법원은 부작위가 위법임을 확인하는 데 그쳐야 하고 행정청이 발동하여야 할 실체적 처분의 내용까지 심리할 수 없다는 것이 판례의 입장이다. (○) [09 군무원9]

정답 1084. ○ 1085-㉠. ○ 1085-㉡. ×

1086

[09 군무원9]

甲은 자신의 주거지 인근에 위치한 대기오염을 야기하는 공장에 대하여 관할 관청에 대기환경보전법의 관련규정에 의거하여 개선명령을 발동해 줄 것을 요구하였으나, 주무장관인 환경부장관은 아무런 응답이 없는 사례에서, 판례에 따르면 부작위위법확인소송에서 법원의 인용판결이 있으면 판결의 기속력에 따라 적극적으로 개선명령을 하고, 다시 거부처분과 같은 소극적 처분을 해서는 안 된다. OX

부작위위법확인의 소는 행정청의 부작위의 위법을 확인함으로써 ★인용 판결의 기속력에 의하여 행정청으로 하여금 **★적극적이든 소극적이든 어떤 처분**을 하도록 강제한 다음, 그에 대하여 불복이 있을 경우 그 처분을 다투게 함으로써 최종적으로는 당사자의 권리와 이익을 보호하려는 제도이다. (대판 2002. 6. 28. 2000두4750)

☑ **부작위위법확인판결**이 난 경우, 행정청이 원고의 신청에 대하여 **★특정의 처분을 해야 하는 것은 아니고**, 원고의 신청을 재검토한 결과 거부처분을 할 수 있으며, **거부처분만 하더라도 재처분의무를 이행**한 것이 된다.

⚠ **부작위위법확인소송의 청구를 인용하는 판결**이 확정된 경우 행정청은 **거부처분을 하여도 처분의무를 이행**한 것이 된다. (○) [20 세무사]

1087

[19 군무원9]

청구인의 주거지와 건축선을 경계로 하여 인정하고 있는 건축물이 건축법을 위반하여 청구인의 일조권을 침해하는 경우, 피청구인에게 건축물에 대하여 건축법 제79조, 제80조에 근거한 시정명령을 하여 줄 것을 청구했으나, 피청구인이 시정명령을 하지 아니한 경우 피청구인의 시정명령 불행사는 위법하다. OX

건축법 제79조는 시정명령에 대하여 규정하고 있으나, 동법이나 동법 시행령 어디에서도 일반국민에게 그러한 시정명령을 신청할 **권리를 부여하고 있지 않을 뿐만 아니라**, 피청구인에게 건축법 위반이라고 인정되는 건축물의 건축주 등에 대하여 시정명령을 할 것인지와, 구체적인 시정명령의 내용을 무엇으로 할 것인지에 대하여 결정할 **★재량권**을 주고 있으며, 달리 이 사건에서 ★시정명령을 해야 할 법적 의무가 인정된다고 볼 수 없다. (헌재 2010. 4. 20. 2010헌마189)

☑ **건축법**은 행정청에게 제3자의 청구에 따른 시정명령 의무를 부여한 것이 아니라, **시정명령의 권한이나 권능을 부여**한 것이므로, 시정명령의 **불행사가 위법하다고 볼 수 없다.**

⚠ **규제권한발동에 관해 행정청의 재량을 인정**하는 **건축법의 규정**은 소정의 사유가 있는 경우 **행정청에 건축물의 철거 등을 명**할 수 있는 **권한을 부여한 것일 뿐**만 ~~아니라, 행정청에 그러한 의무가 있음을 규정한 것~~이다. (×) [15 국가9]

정답 1086. × 1087. ×

5 당사자소송

1088

[21 군무원9]

공법상 당사자소송이란 행정청의 처분 등을 원인으로 하는 법률관계에 관한 소송 그 밖에 공법상의 법률관계에 관한 소송으로서 그 법률관계의 한쪽 당사자를 피고로 하는 소송을 말한다. O X

【행정소송법】 제3조(행정소송의 종류)
2. **당사자소송**: 행정청의 **★처분등을 원인**으로 하는 **법률관계에 관한** 소송 그 밖에 **★공법상의 법률관계에 관한** 소송으로서 그 **★법률관계의 한쪽 당사자를 피고**로 하는 소송

⚠ 항고소송은 행정청의 **처분 등을 원인으로 하는 법률관계**에 관한 소송 그 밖에 **공법상의 법률관계**에 관한 소송으로서 그 **법률관계의 한쪽 당사자를 피고**로 하는 소송을 말한다. (×) [04 경기교행9]

1089

[20 군무원7]

당사자소송에는 취소소송의 피고적격에 관한 규정이 준용된다. O X

【행정소송법】 제39조(피고적격) **당사자소송**은 **국가·공공단체 그 밖의 권리주체를 피고**로 한다.

⚠ **당사자소송**은 **국가·공공단체 그 밖의 권리주체를 피고**로 한다. (○) [19 군무원9]

1090

[22 군무원9]

사업주가 당연가입자가 되는 고용보험 및산재보험에서 보험료 납부의무 부존재확인소송은 공법상 당사자소송이다. O X

고용보험 및 산업재해보상보험의 보험료징수 등에 관한 법률에 의하면, 사업주가 당연가입자가 되는 **고용보험 및 산재보험**에서 **보험료 납부의무 부존재확인의 소**는 공법상의 법률관계 자체를 다투는 소송으로서 **★공법상 당사자소송**이다. (대판 2016. 10. 13., 2016다221658)

⚠ 사업주가 당연가입자가 되는 **고용보험 및 산재보험**에서 **보험료 납부의무 부존재확인의 소**는 공법상의 법률관계 자체를 다투는 소송으로서 **공법상 당사자소송**이다. (○) [19 군무원9]

정답 1088. ○ 1089. × 1090. ○

1091

[22 군무원9]

한국전력공사가 한국방송공사로부터 수신료의 징수업무를 위탁받아 자신의 고유업무와 관련된 고지행위와 결합하여 수신료를 징수할 권한이 있는지 여부를 다투는 쟁송은 공법상 당사자소송이다. O X

텔레비전방송수신료 부과행위는 공권력의 행사에 해당하므로, 피고(한국전력공사)가 피고 보조참가인(KBS)으로부터 수신료의 징수업무를 위탁받아 **수신료를 징수할 권한이 있는지 여부를 다투는** 이 사건 쟁송은 민사소송이 아니라 **★공법상의 법률관계를 대상**으로 하는 것으로서 행정소송법 제3조 제2호에 규정된 **★당사자소송**에 의하여야 한다고 봄이 상당하다. (대판 2008.7.24, 2007다25261)

⚠ **한국전력공사가 KBS로부터 위탁**받은 **수신료 징수권한 여부를 다투는 소송**은 ~~항고소송~~이다. (×) [11 경북교행9]

1092

[06 군무원9]

공법상 신분 또는 지위 등의 확인소송은 공법상 당사자소송에 의한다. O X

공법상 신분이나 지위와 같은 **권리관계(법률관계)의 확인**은 당사자소송으로서의 지위확인의 소송을 제기하여 다툴 수 있는데, **★공무원의 신분의 확인, 국·공립학교 학생의 신분의 확인**을 구하는 **당사자소송의 전형적인 사례**이다

⚠ '공무원이나 공립학교 학생의 **신분 확인**'을 구하는 **공법상 신분·지위 확인소송**은 **당사자소송**으로 다루어야 한다. (○) [14 국회8]

1093

[22 군무원9]

재개발조합을 상대로 조합원자격 유무에 관한 확인을 구하는 소송은 공법상 당사자소송이다. O X

구 도시재개발법에 의한 **재개발조합**은 조합원에 대한 법률관계에서 국가의 감독하에 그 존립 목적인 특정한 공공사무를 행하고 있다고 볼 수 있는 범위 내에서는 공법상의 권리의무 관계에 서 있다. 따라서 조합을 상대로 한 쟁송에 있어서 **★조합원의 자격 인정 여부**에 관하여 **다툼이 있는 경우**에는 **★공법상의 당사자소송**에 의하여 그 **조합원 자격의 확인**을 구할 수 있다. (대판 전합 1996. 2. 15. 94다31235)

⚠ **재개발조합**을 상대로 **조합원자격 확인을 구하는 소송**은 **당사자소송**의 대상~~이 아니~~다. (×) [15 세무사]

정답 1091. O 1092. O 1093. O

1094

[22 군무원5]

「민주화운동관련자 명예회복 및 보상 등에 관한 법률」상의 보상심의위원회의 보상금지급신청의 기각결정에 관한 소송은 공법상 당사자소송의 대상이다.

O X

★'**민주화운동**관련자 명예회복 및 보상 심의위원회'의 보상금 등의 **지급 대상자에 관한 결정**이 **행정처분**인지 여부(적극) 및 '**민주화**운동관련자 명예회복 및 보상 등에 관한 법률'에 따른 **보상금 등의 지급을 구하는 소송**의 형태(=**★취소소송**). (대판 전합 2008. 4. 17., 2005두16185)

☑ 반면에 **광주민주화운동** 관련자 보상등에 관한 법률상 **보상금지급청구소송**은 **공법상 당사자소송**이므로, 구별에 주의한다.

⚠ "**민주화운동관련자 명예회복 및 보상심의위원회**"의 보상금 등의 **지급대상자에 관한 결정** 소송은 **항고소송**이다. (○) [11 경북교행9]

1095

[06 군무원9]

석탄가격안정지원금 청구소송은 공법상 당사자소송으로 볼 수 없다.

O X

석탄가격안정지원금지급청구권은 석탄사업법령에 의하여 정책적으로 당연히 부여되는 **공법상의 권리**이므로, 석탄광업자가 석탄산업합리화사업단을 상대로 **지원금의 지급을 구하는 소송**은 공법상의 법률관계에 관한 소송인 공법상의 **★당사자소송**에 해당한다. (대판 1997. 5. 30. 95다28960)

⚠ 구 「석탄산업법」상 **석탄가격안정지원금의 지급청구**는 **당사자소송**의 대상이다. (○) [17 사복9]

1096

[22 군무원5]

원고가 국가로부터 태극무공훈장을 수여받았는데 국가의 훈기부상 화랑무공훈장을수여받은 것으로 기재되어 있으므로 피고는 원고가 태극무공훈장을 수여받은 자임을 확인하라는 소송은 공법상 당사자소송의 대상이다.

O X

국가의 **훈기부상 화랑무공훈장을 수여**받은 것으로 기재되어 있는 원고가 **태극무공훈장을 수여받은 자임을 확인**하라는 이 소 청구는, 공법상의 법률관계에 관한 **★당사자소송**에 속하는 것이다. (대판 1990. 10. 23. 90누4440)

정답 1094. × 1095. × 1096. ○

1097

[19 군무원9]

지방자치단체가 보조금 지급결정을 하면서 일정 기한 내에 보조금을 반환하도록 하는 교부조건을 부가한 사안에서, 이러한 부관상 의무는 보조사업자가 지방자치단체에 부담하는 공법상 의무이므로, 보조사업자에 대한 지방자치단체의 보조금반환청구는 당사자소송의 대상이다. O X

지방자치단체가 보조금 지급결정을 하면서 일정 기한 내에 보조금을 반환하도록 하는 교부조건을 부가한 사안에서, 보조사업자의 지방자치단체에 대한 보조금 반환의무는 행정처분인 위 보조금 지급결정에 부가된 부관상 의무이고, 이러한 부관상 의무는 공법상 의무이므로, **보조사업자에 대한 지방자치단체의 보조금반환청구**는 행정소송법 제3조 제2호에 규정한 **★당사자소송**의 대상이다. (대판 2011. 6. 9. 2011다2951)

⚠ 지방자치단체가 보조금 지급결정을 하면서 일정 기한 내에 보조금을 반환하도록 교부 조건을 부가한 경우, **보조사업자에 대한 지방자치단체의 보조금반환청구**는 **당사자소송**의 대상이 된다. (○) **[21 국가7]**

1098

[22 군무원5]

부가가치세 환급세액 지급청구소송은 공법상 당사자소송의 대상이다. O X

부가가치세법령의 내용, 형식 및 입법 취지 등에 비추어 보면, 납세의무자에 대한 국가의 **부가가치세 환급세액 지급의무**는 그 납세의무자로부터 어느 과세기간에 과다하게 거래징수된 세액 상당을 국가가 실제로 납부받았는지와 관계없이 ★부가가치세**법령의 규정에 의하여 직접 발생**하는 것으로서, 그 법적 성질은 정의와 공평의 관념에서 수익자와 손실자 사이의 재산상태 조정을 위해 인정되는 **부당이득 반환의무가 아니라 ★**부가가치세**법령에 의하여** 그 존부나 범위가 **구체적으로 확정**되고 조세 정책적 관점에서 특별히 인정되는 **★공법상 의무**라고 봄이 타당하다. 그렇다면 납세의무자에 대한 국가의 부가가치세 환급세액 지급의무에 대응하는 국가에 대한 납세의무자의 **부가가치세 환급세액 지급청구**는 **민사소송이 아니라** 행정소송법 제3조 제2호에 규정된 **★당사자소송**의 절차에 따라야 한다. (대판2013.3.21. 2011다95564)

①	부가세 환급세액 **지급의무 발생 사유**	부가가치세**'법령의 규정'에 따라 발생** ~~(납세의무자로부터 과다하게 거래징수된 세액 상당을 국가가 실제로 납부받은 경우)~~
②	부가세 환급세액 **지급의무**의 **법적 성질**	**공법상 의무**~~(부당이득반환의무)~~
③	부가세 환급세액 지급청구 **소송형태**	**당사자소송**~~(민사소송)~~

⚠ 납세의무자가 **국가**에 대해 **부가가치세 환급세액 지급을 청구**하는 것의 법적 성질은 ~~부당이득반환청구~~이다. (X) **[14 지방7 변형]**

정답 1097. O 1098. O

1099

[20 군무원7]

당사자소송에는 취소소송의 행정심판에 관한 규정이 준용되지 않는다. O X

공법상 법률관계를 다투는 **당사자소송**에는 원칙적으로 **★행정심판전치주의가 적용되지 않는다**. 다만 당사자소송의 제기에 앞서 **임의로 행정심판을 거칠 수도 있다.**

⚠ 행정소송법은 **행정심판전치주의**를 **당사자소송에 준용하는 규정이 없다.** (○) [02 입시 수정]

6 판결의 효력

1100

[09 군무원9]

판결의 효력 중 기판력은 행정소송법에 규정되어 있다. O X

행정소송법상 ★기판력에 관한 명문의 규정은 없으나, 행정소송법 제8조 제2항에 의하여 **민사소송법상 기판력에 관한 규정을 준용**함에 따라, 모든 **행정소송의 ★확정판결에는 기판력이 인정**된다

⚠ 행정소송법에 **기판력**에 관한 **명문 규정은 없다.** (○) [05 세무사]

1101

[17 군무원9]

"행정처분취소청구를 기각하는 판결이 확정된 경우에 당해 처분이 위법하지 아니하다는 점이 판결에서 확정된 이상 원고가 다시 이를 무효로 하여 그 무효확인소송을 제기할 수 없다."에서 보이는 법원의 판결에 부여되는 효력을 (　　)이라 한다. O X

행정처분취소**청구를 기각하는 판결이 확정**되면 그 **처분이 적법하다는 점에 관하여 ★기판력이 생기고** 그 소의 원고뿐만 아니라 관계 행정기관도 이에 기속된다 할 것이므로 면직처분이 위법하지 아니하다는 점이 판결에서 확정된 이상 원고가 **다시 이를 무효라 하여 그 무효확인을 소구할 수는 없다**. (대판1992. 12. 8. 92누6891)

⚠ "행정처분취소**청구를 기각하는 판결이 확정**된 경우에 당해 **처분이 위법하지 아니하다는 점이 판결에서 확정**된 이상 원고가 **다시 이를 무효로** 하여 그 **무효확인소송을 제기할 수 없다.**"는 판결의 효력은 '**기판력**'이다. (○) [01 행시]

정답 1099. ○ 1100. × 1101. 기판력

1102

[22 군무원9]

처분의 취소를 구하는 청구에 대한 기각판결은 기판력이 발생하지 않는다. O X

기판력은 **인용판결**은 물론 **★기각판결에서도 발생**한다. 쉽게 말해 처분취소청구에 대한 **법원의 인용판결**에서는 그 처분의 **위법성에 관하여 기판력이 발생**하고, **법원의 기각판결**에서는 **처분의 적법성에 관하여 기판력이 발생**한다.

⚠ **기판력**은 청구를 **기각하는 확정판결**에 대해서도 **인정**된다. (○) [13 세무사]

1103

[22 군무원9]

취소소송의 기각판결의 기판력은 무효확인소송에 미친다. O X

과세처분취소 청구를 기각하는 **판결이 확정**되면 **★그 처분이 적법하다는 점**에 관하여 **기판력**이 생기고 그 후 원고가 다시 이를 무효라 하여 그 무효확인을 소구할 수는 없는 것이어서, 과세처분의 **취소소송**에서 **청구가 기각된 확정판결의 기판력**은 그 과세처분의 **★무효확인을 구하는 소송에도 미친다**. (대판 1996. 6. 25. 95누1880)

⚠ 처분의 취소소송에서 **청구를 기각하는 확정판결의 기판력**은 다시 그 처분에 대해 **무효확인을 구하는 소송에 대해서**는 미치지 않는다. (×) [21 국회8]

1104

[16 군무원9]

행정행위가 쟁송취소된 경우에는 내용적 구속력이 인정되며 이는 행정청 및 관계행정청 등을 구속한다. O X

【행정소송법】 제30조(취소판결등의 기속력) ① **처분등을 취소**하는 **★확정판결**은 그 사건에 관하여 **★당사자인 행정청**과 그 밖의 **★관계행정청을 기속**한다.

☑ ~~내용적 구속력~~ → 기속력

⚠ 기속력은 **그 사건에 관하여** 당사자인 **행정청**과 그 밖의 **관계행정청을 기속**한다. (○) [11 세무사]

정답 1102. × 1103. ○ 1104. ×

1105

[09 군무원9]

기속력의 성질에 관하여는 기판력설과 특수효력설이 대립하는바, 학설과 판례는 기판력설을 취한다. O X

■ 기속력의 법적 성질

		내 용
학설	기판력설	**기판력과 동일한 효력**으로 본다. 즉 기판력의 효과에 포함되는 것으로 본다.
	특수효력설 (다수설)	**행정소송에**만 인정되는 **특수한 효력**으로 본다. 즉 취소판결의 실효성 확보를 위하여 행정소송법에서 특별히 인정하는 효력으로 본다.
판례		**종래 대법원은** 특수효력설을 취한 듯한 판례도 있고, 기판력설을 취하는 듯한 판례도 있는 등 **기속력과 기판력 용어를 혼용**해왔으나, **★최근에는 양자를 구별하려는 논지**를 보인다. 취소 확정판결의 **★'기속력'은 취소 청구가 인용된 판결에서 인정되는 것으로서 당사자인 행정청과 그 밖의 관계행정청에게 확정판결의 취지에 따라 행동하여야 할 의무를 지우는 작용을** 한다. / 이에 비하여 행정소송법 제8조 제2항에 의하여 **행정소송에 준용되는 민사소송법 제216조, 제218조가 규정하고 있는 ★'기판력'이란** 기판력 있는 **전소 판결의 소송물과 동일한 후소를 허용하지 않음**과 동시에, … (중략) … **작용**을 한다. (대판 2016. 3. 24., 2015두48235)

⚠ 행정소송법상 **기속력의 성질**에 관한 판례의 입장은 **특수 효력설**을 취한 경우도 있으나 대부분 **기판력설**을 취하고 있으며, ~~통설도 기판력설~~을 취하고 있다. (×) [08 선관위9]

1106

[07 군무원9]

처분행정청은 기속력의 적극적 효력에 의하여 판결의 취지에 따른 처분을 하여야 하는 재처분의무를 진다. O X

【행정소송법】 제30조(취소판결등의 기속력) ② 판결에 의하여 취소되는 처분이 당사자의 **신청을 거부**하는 것을 내용으로 하는 경우에는 그 처분을 행한 행정청은 판결의 취지에 따라 **★다시 이전의 신청에 대한 처분을** 하여야 한다.

⚠ **거부처분의 취소판결**인 경우에는 **판결의 취지**에 따라 **다시 이전의 신청에 대한 처분을 하여야** 한다. (○) [05 세무사]

1107

[12 군무원9]

판례에 의하면 처분의 위법함을 인정하는 청구인용판결이 확정된 경우에도 처분 시점 이후에 생긴 새로운 사유나 사실관계를 들어 동일한 내용의 처분을 하는 것은 무방하다. O X

처분**행정청**은 종전 **★처분 후**에 발생한 **★새로운 사유**를 내세워 **다시 거부처분**을 할 수 있고, 그러한 처분도 **★재처분에 해당**하고 확정판결의 **기속력에 반하는 것은 아니다**. (대판 2011.10.27. 2011두14401)

⚠ **종전 거부처분 후**에 **발생한 새로운 사유**를 내세워 **다시 하는 거부처분**은 기속력의 내용으로서 **재처분에 해당**~~할 수 없~~다. (×) [16 세무사]

정답 1105. × 1106. ○ 1107. ○

1108
[22 군무원9]

거부처분에 대한 취소판결이 확정된 후 법령이 개정된 경우 개정된 법령에 따라 다시 거부처분을 하여도 기속력에 반하지 아니한다. O X

행정처분의 적법 여부는 그 행정처분이 행하여진 때의 법령과 사실을 기준으로 하여 판단하는 것이므로 ★거부처분 후에 법령이 개정·시행된 경우에는 개정된 법령 및 허가기준을 새로운 사유로 들어 다시 이전의 신청에 대한 ★거부처분을 할 수 있으며 그러한 처분도 행정소송법 제30조 제2항에 규정된 재처분에 해당된다. (대결 1998.1.7. 97두22)

⚠ **거부처분취소소송**에서 **취소판결이 확정**되었다면, 행정청이 취소된 **처분 이후에 개정된 법령 및 허가기준을 근거**로 **다시 거부처분**을 하는 것은 ~~허용되지 않는다~~. (×) [20 국가5 승진]

1109
[22 군무원9]

취소판결이 확정된 경우 행정청은 종전 처분과 다른 사유로 다시 처분할 수 있고, 이 경우 그 다른 사유가 종전 처분 당시 이미 존재하고 있었고 당사자가 이를 알고 있었다 하더라도 확정판결의 기속력에 저촉되지 않는다. O X

확정판결의 당사자인 처분 행정청은 종전 처분 후에 발생한 새로운 사유를 내세워 다시 처분을 할 수 있고, 새로운 처분의 처분사유가 종전 처분의 처분사유와 **기본적 사실관계에서 동일하지 않은 다른 사유**에 해당하는 이상, 처분사유가 **★종전 처분 당시 이미 존재**하고 있었고 **★당사자가 이를 알고 있었더라도** 이를 내세워 새로이 처분을 하는 것은 확정판결의 **★기속력에 저촉되지 않는다**. (대판 2011.10.27. 2011두14401)

⚠ **취소된 처분의 사유**와 **기본적 사실관계에서 동일하지 않다 하더라도**, **종전 처분 당시에 이미 존재**하고 있었고 **당사자가 이를 알고 있었던 사유라면** 그러한 사유로 **동일한 재처분**~~을 할 수 없~~다. (×) [18 국가5 승진]

1110
[21 군무원7]

행정처분의 취소판결이 확정되면 그 판결에서 확인된 위법사유를 배제한 상태에서 다시 처분을 하거나 그 밖에 위법한 결과를 제거하는 조치를 할 의무가 있다. O X

어떤 행정처분을 위법하다고 판단하여 **취소하는 판결이 확정**되면 행정청은 취소판결의 기속력에 따라 그 판결에서 확인된 **위법사유를 배제**한 상태에서 다시 처분을 하거나 그 밖에 **★위법한 결과를 제거하는 조치를 할 의무**가 있다. (대판 2020.4.9. 2019두49953)

☑ 예컨대 **파면처분에 대한 취소판결이 확정**되면 **파면되었던 원고를 복직시켜야** 한다.

⚠ 어떤 행정처분을 위법하다고 판단하여 **취소하는 판결이 확정**되면 행정청은 **취소판결의 기속력**에 따라 그 **판결에서 확인된 위법사유를 배제한 상태**에서 다시 처분을 하거나 그 밖에 **위법한 결과를 제거하는 조치를 할 의무**가 있다. (○) [21 경행]

정답 1108. O 1109. O 1110. O

1111

[16 군무원9]

취소소송에 대한 판결이 확정된 후 그 확정판결의 기속력에 반하는 행정청의 행위는 위법하며 무효원인에 해당한다는 것이 판례의 입장이다. O X

확정판결의 당사자인 처분행정청이 그 행정소송의 사실심 변론종결 이전의 사유를 내세워 다시 확정판결과 ★저촉되는 행정처분을 하는 것은 허용되지 않는 것으로서, 이러한 행정처분은 그 하자가 **★중대하고도 명백**한 것이어서 **★당연무효**라 할 것이다(대판 1990.12.11. 90누3560) ☑ 기속력에 반하는 행정처분은 당연무효이다.

⚠ **기속력에 반하는 행정청의 행위**는 위법하며 판례는 **무효원인**으로 본다. (○) [12 군무원9]

⚠ **기속력에 반하는 처분**은 ~~취소사유~~에 해당한다. (×) [16 세무사]

1112

[18 군무원9]

정보공개청구소송에서 정보공개 거부처분에 대한 취소판결이 확정되었다면 행정청에 대해 판결의 취지에 따른 재처분의무가 인정될 뿐 그에 대하여 간접강제까지 허용되는 것은 아니다. O X

【행정소송법】 제34조(거부처분취소판결의 간접강제) ① 행정청이 제30조 제2항의 규정에 의한 처분(거부처분취소판결의 기속력에 의한 재처분)을 하지 아니하는 때에는 제1심 수소법원은 당사자의 신청에 의하여 결정으로써 상당한 기간을 정하고 행정청이 그 기간내에 이행하지 아니하는 때에는 그 **★지연기간에 따라 일정한 배상**을 할 것을 명하거나 **즉시 손해배상**을 할 것을 명할 수 있다.

☑ **정보공개거부처분에 대한 취소판결이 확정**되었다면, 행정청은 **해당 정보를 공개하여야 할 의무**를 지게 되므로, 공개의무를 **불이행할 경우에는 간접강제가 적용**될 수 있다.

⚠ **거부처분취소**에 따르는 **재처분의무의 실효성 확보**를 위해 행정소송법에 **간접강제제도**를 두고 있다.(×) [17 소방간부]

1113

[16 군무원9]

무효등확인소송과 부작위위법확인소송에는 거부처분취소판결의 간접강제에 관한 규정이 적용된다. O X

행정처분에 대하여 무효확인 판결이 내려진 경우에는 그 행정처분이 거부처분인 경우에도 행정청에 판결의 취지에 따른 재처분의무가 인정될 뿐 그에 대하여 **간접강제까지 허용되는 것은 아니라고 할 것**이다. (대결 1998. 12. 24., 자, 98무37)

☑ 한편 **간접강제 규정**(제34조)은 **부작위위법확인소송은 준용**된다.

⚠ **간접강제가 허용**되기 위해서는 **거부처분취소판결**이나 **부작위위법확인판결**이 확정되어야 한다. (○) [18 세무사]

⚠ **무효확인판결에 간접강제가 인정되지 않는 것은 입법의 불비라는 비판**이 있다. (○) [20 군무원9]

☑ 간접강제제도가 무효확인판결에는 준용되고 있지 않은 점을 두고 **입법의 불비로 보는 견해가 유력**하다.(박균성 등)

정답 1111. O 1112. × **1113. ×**

1114

[22 군무원7]

영업의 금지를 명한 영업허가취소처분 자체가 나중에 행정쟁송절차에 의하여 취소되었다면 그 영업허가취소처분 이후의 영업행위를 무허가영업이라고 볼 수는 없다. O X

> 영업의 금지를 명한 영업허가취소처분 자체가 나중에 **행정쟁송절차에 의하여 취소**되었다면 그 영업허가취소처분은 그 **처분시에 소급하여 효력을 잃게 되며**, 그 영업허가취소처분에 복종할 의무가 **원래부터 없었음이 확정**되었다고 봄이 타당하고, 영업허가취소처분이 장래에 향하여서만 효력을 잃게 된다고 볼 것은 아니므로 그 영업허가취소처분 이후의 영업행위를 무허가영업이라고 볼 수는 없다. (1993. 6. 25., 93도277)

⚠ 영업허가취소처분 **이후에 영업을 한 행위**에 대하여 무허가영업으로 기소되었으나 형사법원이 판결을 내리기 전에 **영업허가취소처분이 행정소송에서 취소**되면 **형사법원**은 무허가영업행위에 대해서 **무죄를 선고하여야** 한다. (○) [22 지방9]

> 영업허가취소처분에 대한 취소판결이 있게 되면, **판결의 형성력**에 따라 **처분의 효력은 소급하여 당연히 상실**되어, 원래부터 그 ★**영업취소처분이 없었던 것과 같은 상태**로 돌아가게 되므로, 무허가영업혐의는 적용될 수 없다.

1115

[21 군무원7]

취소판결이 확정된 과세처분을 과세관청이 경정하는 처분을 하였다면 당연무효의 처분이라고 할 수 없고 단순위법인 취소사유를 가진 처분이 될 뿐이다. O X

> 과세처분을 **취소하는 판결이 확정**되면 그 ★과세처분은 **처분시에 소급하여 소멸**하므로 그 뒤에 과세관청에서 그 과세처분을 경정하는 경정처분을 하였다면 이는 ★**존재하지 않는** 과세처분을 경정한 것으로서 그 하자가 중대하고 명백한 ★**당연무효**의 처분이다. (대판 1989.5.9., 88다카)

⚠ **과세처분을 취소하는 판결이 확정**되면 그 **과세처분은 처분시에 소급하여 소멸**하는 것이므로 **과세처분을 취소하는 판결이 확정된 뒤**에는 그 **과세처분을 경정하는 이른바 경정처분을 할 수 없다.** (○) [16 군무원9]

⚠ 과세처분을 취소하는 판결이 확정되면 그 과세처분은 처분시에 소급하여 소멸하는 것이므로 **과세처분을 취소하는 판결이 확정된 뒤**에는 그 **과세처분을 경정하는 이른바 경정처분을 할 수 없다.**' 이와 관련된 취소소송의 판결의 효력은 **'형성력'**이다. (○) [13 국가7]

⚠ 취소**판결 후에 취소된 처분을 대상**으로 하는 처분은 **당연히 무효**이다. (○) [12 지방7]

정답 1114. ○ 1115. ×

1116

㉠ 처분 등을 취소하는 확정판결은 제3자에게는 효력이 미치지 않는다. [07 군무원9] O X

㉡ 행정처분의 무효확인 판결은 확인판결이라고 하여도 행정처분의 취소판결과 같이 소송 당사자는 물론 제3자에게도 미치는 것이다. [21 군무원7] O X

㉢ 부작위위법확인소송의 확정판결은 제3자에 대하여도 효력이 있다. [20 군무원7] O X

【행정소송법】
제29조(취소판결등의 효력)
① **처분등을 취소**하는 **확정판결**은 **★제3자**에 대하여도 **효력**이 있다.
제38조(준용규정)
① 제29조의 규정은 **★무효등 확인소송**의 경우에 준용한다.
② 제29조의 규정은 **★부작위위법확인소송**의 경우에 준용한다.

⚠ 제3자효적 행정행위에 대한 **처분 등을 취소하는 확정판결**은 **제3자에 대하여도 효력**이 있다. (○) [10 군무원9]

⚠ 처분 등의 **취소소송, 무효등 확인소송, 부작위위법확인소송**의 **확정판결은 제3자에게도 효력**이 있다 (○) [16 군무원9]

⚠ 행정소송법상 **취소판결의 효력**은 **제3자**에게 ~~미치지 않는~~다. (×) [12 군무원9]

⚠ 처분 등의 **무효를 확인하는 인용판결**은 **제3자에 대하여도 효력**이 미친다. (○) [07 군무원9]

⚠ 제3자효적 행정행위에 대한 처분 등의 **무효를 확인하는 확정판결**은 **제3자에 대하여도 효력**이 있다. (○) [10 군무원9]

⚠ **무효확인소송의 인용판결**에는 **제3자효가 인정**~~되지 않는~~다. (×) [17 세무사]

⚠ **부작위의 위법을 확인**하는 **확정판결**은 **제3자에 대하여도 효력**이 있다. (○) [10 군무원9]

⚠ 행정소송법상 취소소송에 관한 규정 중 **판결의 대세효**는 **부작위위법확인소송에 준용**~~되지 않는~~다. (×) [02 국가7]

1117

[22 군무원9]

취소판결 자체의 효력으로써 그 행정처분을 기초로 하여 새로 형성된 제3자의 권리까지 당연히 그 행정처분 전의 상태로 환원되는 것이라고는 할 수 없다. O X

행정처분을 취소하는 확정판결이 제3자에 대하여도 효력이 있다고 하더라도 일반적으로 판결의 효력은 주문에 포함한 것에 한하여 미치는 것이니 그 취소판결 자체의 효력으로써 그 **★행정처분을 기초로 하여 새로 형성된 제3자의 권리**까지 당연히 그 **★행정처분 전의 상태로 환원되는 것이라고는 할 수 없다**. (대판 1986.8.19. 83다카2022)

☑ 환지계획변경처분에 대한 취소판결에 따른 사인 간 소유권 분쟁사안인데, 사안이 대단히 복잡하므로, 수험상으로는 **★표시로 강조된 판례문구를 암기하는 것이 이롭다.**

⚠ **취소판결 자체의 효력**으로써 행정처분을 **기초로 하여 새로 형성된 제3자의 권리**까지 당연히 그 행정처분 전의 상태로 환원되는 것은 아니다. (○) [21 세무사]

정답 1116-㉠. × 1116-㉡. ○ 1116-㉢. ○ 1117. ○

1118

[20 군무원7]

「공직선거법」상 선거소송은 민중소송에 해당한다. O X

공직선거법 제222조와 제224조에서 규정하고 있는 **선거소송**은 선거를 적법하게 시행하고 그 결과를 적정하게 결정하도록 함을 목적으로 하므로, **국가 또는 공공단체의 기관이 법률을 위반한 행위**를 한 때에 **직접 자기의 법률상 이익과 관계없이** 그 시정을 구하기 위하여 제기하는 **★민중소송**에 해당한다. (대판 2016. 11. 24., 2016수64)

⚠ 「공직선거법」 제222조의 **선거소송**은 **민중소송에 해당**~~하지 않는다~~. (×) [22 세무사]

1119

[20 군무원7]

「지방자치법」상 지방의회 재의결에 대해 지방자치단체장이 제기하는 소송은 기관소송에 해당한다. O X

【지방자치법】 제192조(지방의회 의결의 재의와 제소) 지방자치단체의 장은 제3항에 따라 (지방의회에서) **재의결**된 사항이 법령에 위반된다고 판단되면 **재의결**된 날부터 20일 이내에 **대법원에 소를 제기**할 수 있다.

⚠ **지방자치단체의 장의 재의요구**에도 불구하고 **지방의회가 조례안을 재의결**한 경우 단체장이 **지방의회를 상대로 제기**하는 소송은 **기관소송**이다. (○) [18 교행9]

1120

[20 군무원7]

「행정소송법」은 민중소송에 대해서는 법률이 정한 경우에 법률이 정한 자에 한하여 제기하도록 하는 법정주의를 취하고 있으나, 기관소송에 대해서는 이러한 제한을 두지 않아 기관소송의 제기가능성은 일반적으로 인정된다. O X

【행정소송법】 제45조(소의 제기) 민중소송 및 기관소송은 **★법률이 정한 경우**에 **★법률에 정한 자에 한하여** 제기할 수 있다.

☑ **행정작용의 적법성 확보와 같은 공익적 목적을 지향**하는 **'객관적 소송'**은 **★법률**(예 지방자치법, 공직선거법 등)에서 **특별히 정하고 있는 경우에만 제기가 가능**하도록 **'객관소송 법정주의'**를 취하고 있다.

⚠ **민중소송과 기관소송**은 **법률이 정한 경우**에는 **법률에 정한 자에 한하여 제기**할 수 있다. (○) [11 군무원9]

⚠ 민중소송은 법률이 규정하고 있는 경우에 한하여 제기할 수 있으나, 기관소송은 개별 법률에 특별한 규정이 없어도 제기할 수 있다. (×) [12 세무사]

정답 1118. ○ 1119. ○ 1120. ×

1121

[11 군무원9]

대통령선거와 국회의원선거의 경우 제1심 재판관할은 대법원이 된다. O X

【공직선거법】 222조(선거소송) ① 대통령선거 및 국회의원선거에 있어서 선거의 효력에 관하여 이의가 있는 선거인·정당 또는 후보자는 선거일부터 30일 이내에 당해 선거구선거관리위원회위원장을 피고로 하여 ★대법원에 소를 제기할 수 있다.

☑ 선거소송 등의 객관적 소송은 1심제 또는 2심제로 운영되는 경우가 있다.

▲ 모든 행정소송은 3심제로 한다. (×) [15 세무사]

1122

[20 군무원7]

민중소송 또는 기관소송으로써 처분 등의 취소를 구하는 소송에는 그 성질에 반하지 아니하는 한 취소소송에 관한 규정을 준용한다. O X

【행정소송법】 제46조(준용규정)

① 민중소송 또는 기관소송으로서 처분등의 취소를 구하는 소송에는 그 성질에 반하지 아니하는 한 ★취소소송에 관한 규정을 준용한다.

☑ **객관적 소송**에서는 **성질에 반하지 않는 한**도 내에서 모든 **행정소송**(취소소송, 무효확인소송, 부작위위법확인소송, 당사자소송)에 관한 규정을 **준용할 수 있다.**

▲ **민중소송**에는 그 **성질에 반하지 아니하는 한 취소소송에 관한 규정**을 **준용**하지만, **기관소송**의 경우에는 ~~그러하지 아니하다~~. (×) [16 세무사]

1123

[15 군무원9]

부작위위법확인소송으로 구제가 가능한 경우라 하더라도, 손해배상이나 헌법소원을 청구할 수 있다. O X

【헌법재판소법】 제68조(청구 사유) ① 공권력의 행사 또는 불행사(不行使)로 인하여 헌법상 보장된 기본권을 침해받은 자는 법원의 재판을 제외하고는 헌법재판소에 헌법소원심판을 청구할 수 있다. 다만, 다른 법률에 구제절차가 있는 경우에는 그 ★절차를 모두 거친 후에 ★청구할 수 있다.

☑ Ⓐ **헌법소원**의 **'보충성 원칙'**에 따라 **다른 법률에 따른 구제절차를 모두 거친 후**에도 권리가 구제되지 못한 경우에만 **헌법소원이** 가능하므로,

Ⓑ **부작위위법확인소송**으로써 **권리구제가 가능**한 경우라면 **헌법소원을 청구할 수 없다.**

Ⓒ 다만 행정소송과는 **별도로 행정상 손해배상청구소송을 제기하는 것은 가능**하다.

▲ 개발제한구역의 지정·고시에 대한 **헌법소원 심판청구**는 **행정쟁송절차를 모두 거친 후**가 아니면 부적법하다. (○) [17 지방9]

정답 1121. ○ 1122. ○ 1123. ×

2023 김동현 군무원 OX 행정법 기출문제집

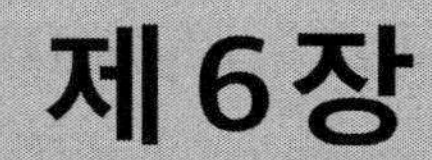

제 6 장

추가지문

추가지문의 경우, 고전적이고 지엽적인 출제쟁점들로서 재출제 가능성이 상대적으로 낮다고 판단되어 별도로 분류한 지문입니다.
40여지문에 그치므로, 시간적 여유가 있다면 2번 정도 읽어 보는 것도 무방합니다.

01 국제법과 국내법관계 이원론에는 국제법우위설, 국내법우위설, 동위설이 있다. [12 군무원9]

| 해설 | 국제법과 국내법의 관계에 관한 학설은, 국제법체계와 국내법체계를 상호 독립된 법체계로 인식함으로써 양자 간의 충돌 또는 우열문제는 발생할 수 없는 것으로 보는 '이원론'과, 국제법체계와 국내법체계가 하나의 법질서 속에서 상·하위의 관계를 이룬다고 보는 '일원론'으로 크게 대별되고, 후자인 **'일원론'**은 다시 국제법우위설과 국내법우위설, 동위설로 나뉜다. **정답** ×

02 국가행정, 관리행정, 자치행정, 위임행정은 '주체'에 의한 분류에 해당한다. [07 군무원9]

| 해설 | 행정의 분류기준 중에서 '주체'를 기준으로 분류할 경우, 국가행정, 위임행정, 자치행정으로 나뉜다. 관리행정은 '법적 형식'을 기준으로 한 분류 중에서 공법적 행정에 속한다. **정답** ×

주체 기준 분류	**국가**행정, **자치**행정, **위임**행정
법적 형식 기준 분류	**공법**적(권력적, 비권력적=관리) 행정, **사법**적 행정

유제 **국가**행정과 **자치**행정은 행정**주체를 기준**으로 행정을 구분한 것이다. (○) [18 서울9]

03 유도행정, 국고행정, 질서행정, 급부행정 중에서 '국유일반재산의 매각'은 국고행정과 관련된다. [07 군무원9]

| 해설 | '내용(목적)'를 기준으로 분류한 행정의 종류 중에서, 국유일반재산의 매각은 행정주체가 사경제주체로서 행하는 작용에 해당하는바, 조달행정 중에서 국고행정에 해당한다. **정답** ○

내용 기준 분류	질서행정, 급부행정, 유도행정, 계획행정, **조달(국고)행정**, 공과행정

04 통치행위란 입법, 사법, 행정도 아닌 제4의 국가작용을 말한다. [06 군무원9]

| 해설 | O. Mayer는 행정작용과 통치행위는 서로 성질이 다른 것으로서, 통치행위를 입법, 행정, 사법과 병존하는 제4의 국가작용이라고 하였다. **정답** ○

유제 **통치행위**는 입법·행정·사법도 아닌 **제4의 국가작용**이라 한다. (○) [97 국가9]

05 통치행위는 행정소송에 있어 열기주의를 선택했을 경우, 논할 실익이 크다. [07 군무원9]

| 해설 | 행정소송법에 나열된 사항만 행정소송의 대상으로 인정하는 열기주의하에서는 통치행위는 당연히 행정소송의 대상이 제외되므로 논의의 실익이 없으나, 극히 예외적인 일부 사항 외의 모든 사항에 대한 행정소송을 인정하는 개괄주의하에서는 통치행위가 행정소송의 예외가 되므로, 통치행위의 인정여부에 대한 논의의 실익이 더욱 크다고 볼 수 있다. **정답** ×

유제 행정소송의 대상에 관한 **개괄주의**는 **통치행위의 긍정설**의 근거가 된다. (○) [05 국가9]

06 통치행위의 범위는 점차 확대되어 가고 있다. [06 군무원9]

❙해설❙ 오늘날에는 사법심사의 범위가 확대되는 경향으로 말미암아, 통치행위의 인정범위는 점차 축소되어 가는 중이다. 정답 ×

유제 통치행위의 관념을 점차로 확대해석하는 경향에 있다. (×) [97 국가9]

07 권력분립설, 재량행위설, 독자성설은 불침투성이론은 통치행위에 관한 학설이다. [08 군무원9]

❙해설❙ 통치행위를 긍정하는 견해는 대권행위설, 권력분립설(내재적 한계설), 재량행위설, 사법부 자제설, 독자성설 등이 있다. 출제가능성은 없다. 정답 ○

08 행정법은 주로 효력규정으로 되어 있어 이에 위반하면 법적 효력이 없게 된다. [09 군무원9]

❙해설❙ 주로 효력규정으로 이루어진 사법상의 강행규정과 달리, 행정법상의 강행규정은 주로 단속규정(명령규정)으로 되어 있어, 이를 위반한 행위의 법적 효력까지 부인되지는 않는다. 정답 ×

유제 행정법은 주로 효력규정으로 되어 있어 이에 위반하면 법적 효력이 없게 된다. (×) [05 노동9]

09 전부유보설은 3권 분립의 원칙에 가장 부합하는 견해이다. [08 군무원9]

❙해설❙ 전부유보설은 모든 행정작용이 법률에 근거해야 한다는 입장으로, 국민주권주의, 의회민주주의만 지나치게 강조하여 권력분립주의를 망각하고 있다는 비판을 받는다. 정답 ×

유제 법률유보원칙의 범위에 관한 학설로서 **전부유보설은 의회민주주의와 의회의 우월성을 강조**한 것이다. (○) [05 국회8]

10 ㉠ 신침해유보설은 특별권력관계에 있어서도 구성원의 자유와 권리를 침해하려면 법률의 수권이 필요하다고 보는 점에서 전통적인 침해유보설과 구별된다. [08 군무원9]
㉡ 신침해유보설은 법률유보에서의 법률의 범위를 형식적 법률에 한정하지 않고, 조직법이나 예산까지 포함시킨다. [13 군무원9]

❙해설❙ '신침해유보설'은 특별권력관계에서의 침익적 행정작용에도 법률유보가 필요하다고 보거나, 조직법적 근거나 예산에 근거해서도 급부행정이 가능하다고 본다. 정답 ㉠ ○, ㉡ ○

11 신뢰보호의 원칙은 행정법의 영역에서만 적용되는 것이다. [11 군무원9]

❙해설❙ '신뢰보호의 원칙'은 사법(私法)상에서의 '신의성실의 원칙'이나 '금반언의 원칙'에서 기원하여 서로 유사한 것으로 이해되므로, '신뢰보호의 원칙'도 행정법의 영역뿐만 아니라 사법(私法)의 영역에서도 충분히 적용될 수 있는 원칙이다. 정답 ×

12 평등의 원칙은 법적용뿐만 아니라 입법작용 또한 정의와 형평의 원칙에 합당하게 이루어질 것을 요구한다. [11 군무원9]

| 해설 | "인간의 존엄성"과 "법 앞에 평등"은 행정부나 사법부에 의한 법적용상의 평등만을 의미하는 것이 아니고, 입법권자에게 정의와 형평의 원칙에 합당하게 합헌적으로 법률을 제정하도록 하는 것을 명하는 법내용상의 평등을 의미한다. **정답** ○

13 행정상 사법관계에서의 행위로는 국·공유 보존재산의 관리·매각, 공기업의 이용관계 등이 있으며 이에 관한 분쟁은 민사소송의 관할에 속한다. [13 군무원9]

| 해설 |

국·공유재산의 종류		
행정재산	공용재산	대부·매각·교환·양여 등이 **불가능**
	공공용재산	
	기업용재산	
	보존용재산	
일반재산		대부·매각·교환·양여 등이 **가능**

☑ 국·공유 ~~보존~~재산 → 국·공유 일반재산/ 나머지 부분은 옳은 내용이다. **정답** ×

14 ㉠ 이익설은 법률관계의 목적이 공익인가 사익인가에 따라 공법과 사법으로 구별하는 견해이다.
㉡ 공법과 사법을 구별하는 우리나라의 통설은 복수기준설로 결론을 도출한다는 견해이다.
㉢ 신주체설은 국가 또는 공공단체 상호간이나 국가 또는 공공단체와 사인간의 법률관계를 규율하는 법이 공법이고, 개인 사이의 법률관계를 규율하는 법이 사법이라는 견해이다.
㉣ 권력설은 법률관계의 성질을 기준으로 하여 지배복종관계를 규율하는 법을 공법으로 보고 대등관계를 규율하는 법을 사법으로 본다. [08 군무원9]

| 해설 |

이익설	**[법률관계의 목적]** 공익실현 목적 vs 사익실현 목적
성질설(권력설)	**[법률관계의 구도]** 지배복종관계 vs 대등질서관계
구 주체설	**[당사자]** 국가·지방자치단체와 시민 사이 vs 시민상호 사이 법률관계
신주체설	**[권리의무의 귀속주체]** 행정주체 vs 모든 권리주체
종합설(복수기준설)	여러 견해를 종합하여, **복수의 기준**에 따라 결정

☑ ㉢은 '구 주체설'에 대한 설명이다. **정답** ㉠ ○, ㉡ ○, ㉢ ×, ㉣ ○

15 행정청이 행정소송의 피고적격이 인정되는 경우 행정주체가 된다. [19 군무원9]

| 해설 | 행정주체는 스스로 행정작용을 하는 않고 행정기관을 통해서 행정작용을 행하고 이들 행정기관 행위의 효과는 행정주체에게 귀속된다. 따라서 행정소송법에서는 소송수행상의 편의를 도모하기 위하여 항고소송의 피고를 행정권 발동의 명의자인 행정청으로 규정하고 있을 뿐이므로, 행정청이 피고가 되었다 하더라도 행정주체로 전환되지 않는다. **정답** ×

유제 행정청은 독립적인 법인격이 인정되지 않으므로 **행정청의 대외적인 권한행사의 법적 효과는 행정주체에게 귀속된다.** (○) [20 소방간부]

유제 행정법관계에서 각종 행정처분으로 인한 ~~권리나 의무의 주체는 처분의 주체와 일치~~한다. (×) [06 국가9]

☑ 처분주체 = 행정청/ 처분에 관한 권리·의무의 귀속주체 = 행정주체

16 정보제공형 신고를 하지 않고 신고의 대상이 된 행위를 한 경우 과태료 등의 제재가 가능하지만 신고 없이 행한 행위 자체의 효력은 유효하다. [18 군무원9]

| 해설 | '정보제공적 신고'는 자기완결적 신고(수리를 요하지 않는 신고)에 해당하므로, 신고 없이 행위를 한 경우, 그 행위가 과태료 등으로써 제재를 받을 수 있음은 별론으로 하더라도, 신고 없이 한 행위 자체가 위법하게 되거나 행위 자체의 효력은 유지된다. **정답** ○

17 법규명령은 조문의 형식으로 한다. [11 군무원9]

| 해설 | 법규명령은 법률과 동일하게 조문 형식을 갖추어야 한다. **정답** ○

18 "행정행위를 발함에는 반드시 법적 근거가 있어야 하고 그 내용은 법에 위배되어서는 안된다." 고 할 때, 여기서 의미하는 '법'에는 헌법, 공군규정, 군인사법 시행령, 평등의 원칙이 있다. [06 군무원9]

| 해설 | 설문의 명제는 이른바 법치행정의 관한 내용으로, '공군규정'은 행정규칙에 해당하므로 법치행정에서의 "법"에 포함되지 않는다. **정답** ×

19 상급기관이 직원 또는 하급기관의 문의나 신청에 대하여 개별적, 구체적으로 발하는 명령은 '지시'이다. [10 군무원9]

| 해설 |

훈령	상급기관이 하급기관에 대하여 **장기간에 걸쳐** 그 권한의 행사를 **일반적으로 지시**하기 위하여 발하는 명령
지시	상급기관이 **직권이나 하급기관의 문의**에 따라 **개별적·구체적**으로 발하는 명령
예규	**행정사무의 통일**을 기하기 위하여 **반복적 행정사무의 처리기준**을 제시하는 법규문서 외의 문서
일일명령	당직·출장·시간외근무·휴가등 **일일업무**에 관한 명령

☑ 구 사무관리규정 시행규칙에 있던 내용으로 현재는 삭제되어 있는바, 출제가능성은 없다. **정답** ×

유제 행정규칙의 종류로는 **훈령, 예규, 지시, 일일명령** 등이 있다. (○) [07 광주9]

20 행정규칙은 원칙적으로 법원성이 인정되지 않으나 예외적으로 행정규칙의 법원성이 인정되는 경우 처분성이 인정될 수 있다. [09 군무원9]

| 해설 | 행정규칙은 원칙적으로 법원성이 인정되지 않고 법규성을 가지는 경우에만 법원성이 인정되는데, 법원성이 인정된다고 하여 곧바로 처분성이 인정될 수는 없고, 법규성을 가지는 행정규칙이 직접 국민의 구체적인 권리의무나 법률관계를 규율하는 성격을 가질 때에만 예외적으로 항고소송의 대상이 되는 행정처분에 해당할 수 있게 된다. 정답 ×

유제 **행정규칙이 직접**적으로 **국민의 권익을 침해**하는 경우에는 **처분성이 인정**되어 항고소송에 의한 사법적 통제를 받게 된다. (○) [12 국회8]

21 하급기관이 제정한 법규명령에 상급기관은 구속되지 않는다. [11 군무원9]

| 해설 | 법규명령은 국민과 법원을 구속하는 대외적 기속력이 있으므로, 어떤 기관에 의하여 법규명령이 발령된 경우 그 기관의 상급기관도 구속될 수밖에 없다. 정답 ×

22 미국과 프랑스에서는 일정한 경우 행정기관에 행정입법을 제정할 의무를 부과하고 있다. [15 군무원9]

| 해설 | 미국에서는 대통령의 '행정명령(Excutive order)권이 각종 행정위원회의 법규제정권에 관여하고 있고, 프랑스에서의 법규명령권 행사 의무(obligation d'exercer le pouvoir règlementaire)는 명문의 규정이 없는 경우에도 판례를 통해 인정되고 있다. 정답 ○

23 '판단여지'이론은 제2차 대전 후 독일에서 바호프나 울레에 의하여 주장된 이론이다. [09 군무원9]

| 해설 | 1950년대에 O.Bachof와 C.H.Ule를 중심으로 이른바 '판단여지설(Beurteilungsspielraum)'이 주장되었다. 정답 ○

24 공정력과 집행부정지 원칙은 무관하다. [11 군무원9]

| 해설 | 집행부정지원칙에 관한 규정이 공정력의 근거라는 견해가 제시되기도 하나, 다수설은 이를 인정하지 않고 상호무관한 사이로 본다. 정답 ○

25 특허는 법적 지위를 나타내는 것이고 그 자체가 환가 가능한 재산권으로는 볼 수 없다. [15 군무원9]

| 해설 | 특허법에 의한 특허권과는 달리, 행정법에서의 강학상 '특허'는 권리·능력·법적 지위를 설정하는 행위이므로, 금전으로 환가(換價)할 수 있는 재산권이 아니다. 정답 ○

26 공무원인 갑이 그 직무에 관하여 뇌물을 받았음을 징계사유로 하여 파면처분을 받은후 그에 대한 형사사건이 항소심까지 유죄로 인정되었고 그 형사사건에서 갑이 수사기관과 법정에서 금품수수사실을 자인하였으나 그 후 대법원의 파기환송판결에 따라 무죄의 확정판결이 있었다면 위 징계처분은 근거없는 사실을 징계사유로 삼은 것이 되어 위법하다고 할 수는 있을지언정 그것이 객관적으로 명백하다고는 할 수 없으므로 위 징계처분이 당연무효인 것은 아니다. [22 군무원5]

▮해설▮ 공무원인 갑이 그 직무에 관하여 뇌물을 받았음을 징계사유로 하여 파면처분을 받은 후 그에 대한 형사사건이 항소심까지 유죄로 인정되었고 그 형사사건에서 갑이 수사기관과 법정에서 금품수수사실을 자인하였으나 그후 대법원의 파기환송판결에 따라 무죄의 확정판결이 있었다면 위 징계처분은 근거없는 사실을 징계사유로 삼은 것이 되어 위법하다고 할 수는 있을지언정 그것이 객관적으로 명백하다고는 할 수 없으므로 위 징계처분이 당연무효인 것은 아니다. (대판 1989. 9. 26., 89누4963)

정답 ○

27 무효와 취소를 구별하는 실익으로 쟁송가능 여부, 하자의 승계, 선결문제, 하자의 치유와 전환이 있다. [07 군무원9]

▮해설▮ 원칙적 무효사유인 행정행위에 대해서는 무효확인소송을, 취소사유인 행정행위에 대해서는 취소소송을 제기하여 다툴 수 있으므로, 쟁송가능 여부는 무효와 취소를 구별하지 못한다.

	무효사유인 행정행위	취소사유인 행정행위
공정력	불인정	인정
선결문제	행정사건을 선결문제로 하는 민·형사소송에서 효력부인 **가능**	행정사건을 선결문제로 하는 민·형사소송에서 효력부인 **불가능**
쟁송요건	• 제소기간 제한 **有** • 행정심판전치 **불필요**	• 제소기간 제한 **無** • 행정심판전치 **필요**
사정판결	불인정	인정
하자의 승계	승계 ○	승계 ×
하자의 치유와 전환	하자의 **전환** 대상	하자의 **치유** 대상

정답 ×

유제 **무효**인 행정행위와 **취소**할 수 있는 행정행위를 **구별하는 실익**으로 ~~위법성의 판단기준~~, 민사소송 또는 형사소송에서의 **선결문제**, **쟁송제기기간** 및 **불가쟁력**의 발생, **흠의 승계**가 있다. (×) **[16 사복9]**

28 담당공무원이 피한정후견인이라면 그의 행위는 취소사유이다. [12 군무원9]

▮해설▮ 피성년후견인은 공무원법상 결격사유에 해당하여 공무원 임용 자체가 불가능하므로, 행정착오로 임용된 피성년후견인인 공무원이 한 행위는 원칙적으로 무효가 된다. 그러나 **피한정후견인**은 최근의 국가·지방공무원법상 **결격사유에서 삭제**됨으로써 공무원 임용이 가능하고 당연퇴직 사유에도 해당하지 않게 되었는바, 피한정후견인이 공무원으로서 한 행위의 하자는 구체적 사안에 따라 무효사유 또는 취소사유가 될 것이다.

정답 △

29 새로 제정된 법률에 당해 행정행위의 효력을 부인하는 규정을 두고 있는 경우는 그 행정행위는 실효된다. [12 군무원9]

❙해설❙ 어떤 행정행위의 효력을 소멸시키는 규정을 담고 있는 법률이 새로이 제정·발효될 경우 그 법률에 따라 해당 행정행위의 효력은 당연히 소멸하게 된다. 정답 ○

30 ㉠ 물가억제를 위한 권고는 규제적 행정지도에 해당한다. [13 군무원9]
㉡ 노사 간의 협의 알선, 생활지도, 우량품종의 재배권고는 규제적 행정지도에 해당한다. [13 군무원9]

❙해설❙

조성적 행정지도	예 영농지도, 중소기업 경영지도, 장학지도, 생활개선 지도 등
규제적 행정지도	예 물가억제를 위한 권고, 오물투기 억제를 위한 지도 등
조정적 행정지도	예 기업 사이의 이해대립 지도, 수출할당량 지도 등

정답 ㉠ ○, ㉡ ×

유제 **조성적** 행정지도에는 **장학지도**가 있다. (○) **[99 관세사]**
유제 **영농지도, 중소기업에 대한 경영지도, 생활개선지도** 등은 **조성적** 행정지도에 해당한다. (○) **[12 국가9]**

31 하천의 점용허가를 받은 사람은 그 하천부지를 권원 없이 점유·사용하는 자에 대하여 직접 부당이득의 반환 등을 구할 수도 있다. [20 군무원7]

❙해설❙ 하천부지의 점용허가를 받은 사람은 그 하천부지를 권원 없이 점유·사용하는 자에 대하여 직접 부당이득의 반환 등을 구할 수 있다. (대판 1994.9.9., 94다4592) 정답 ○

32 행정절차법상 철회 및 직권취소, 행정쟁송에 관하여 명문의 규정이 있다. [16 군무원9]

❙해설❙ 행정절차법에는 처분의 철회 및 직권취소와 행정쟁송에 관한 규정이 없다. 최근 제정된 행정기본법에 처분의 취소 및 철회에 관한 규정이 담겨져 있고, 행정쟁송은 행정심판법과 행정소송법에서 각기 규율하고 있다. 정답 ○

33 군청 내 일반 공무원들의 휴게실 겸 회의실 등의 용도로도 함께 사용되어 오던 중, 위 직장협의회 소속 공무원들이 법외 단체인 전국공무원노동조합에 가입하고 사무실로 임의 사용하자, 수차에 걸친 자진폐쇄 요청하였음에도 이에 응하지 않은 경우 행정대집행법상의 대집행이 가능하다. [19 군무원9]

❙해설❙ 법외 단체인 전국공무원노동조합의 지부가 군(郡) 청사시설인 사무실을 임의로 사용하자 지방자치단체장이 자진폐쇄 요청 후 행정대집행법에 따라 행정대집행을 한 사안에서, 행정대집행은 주된 목적이 조합의 위 사무실에 대한 사실상 불법사용을 중지시키고 군(郡) 청사의 기능을 회복하는 데 있으므로, 대집행의 대상이 되는 대체적 작위의무인 철거의무를 대상으로 한 것으로 적법한 공무집행에 해당한다고 볼 수 있다. (대판 2011. 4. 28. 2007도7514) 정답 ○

34 ㉠ 불법 증축한 부분을 철거할 경우 헬기의 안전 이착륙에 지장이 있게 되는 경우에는 의무불이행의 방치가 심히 공익을 해칠 수 있어 대집행이 가능하다고 볼 수 있다. [17 군무원9]

㉡ 건축허가면적보다 0.02 평방미터 초과하여 불법으로 증축된 건축법위반 건물의 경우에는, 의무불이행의 방치가 심히 공익을 해칠 수 있어 대집행이 가능하다고 볼 수 있다. [17 군무원9]

㉢ 개발제한구역 및 도시공원에 속하는 임야상에 신축된 불법건축물인 대형 교회건물의 경우에는, 의무불이행의 방치가 심히 공익을 해칠 수 있어 대집행이 가능하다고 볼 수 있다. [17 군무원9]

| 해설 |

㉠ (대판 1990. 12. 7., 90누5405) 불법증축 헬기 이착륙 헬리포트 ➡ 대집행 불가능
㉡ (대판 1991. 3. 12., 90누10070) 0.02평방미터만 초과한 건축법위반 건물 ➡ 대집행 불가능
㉢ (대판 1990. 12. 7., 90누5405) 개발제한구역 내 임야상 불법 교회건축물 ➡ 대집행 가능

☑ 제출제 가능성은 낮으므로, 키워드로써 정리해두는 것으로 충분하다. **정답** ㉠ ×, ㉡ ×, ㉢ ○

35 근대국가의 성립 초기에는 국가무책임의 원칙이 지배적이었다. [19 군무원9]

| 해설 | 근대국가의 초기까지도 주권면책사상 또는 주권무오류사상에 기하여 공무원의 불법행위로 인하여 발생한 개인의 손해에 대하여 국가의 배상책임은 인정되지 않았다. **정답** ○

36 공무원의 배상책임에서 대위책임설은 원칙적으로 가해공무원에 대한 국가의 구상권 행사는 불가능하다고 본다. [06 군무원9]

| 해설 |

대위책임설	**본래는 공무원 개인의 책임임이 분명**하나, **★피해자를 보호하려는 차원**에서 **국가가** 공무원의 배상책임을 **★대신하여 부담**하는 것으로 이해한다. └→ 국가가 대신하여 부담하므로, 가해공무원에 대한 **국가의 구상권 행사가 필요**하며, 구상권의 성격은 **부당이득반환청구권과 유사**

정답 ×

유제 **대위책임설**은 원칙적으로 가해공무원에 대한 **국가의 구상권 행사를 긍정**한다. (○) **[06 경북9]**

유제 공무원의 배상책임에서 자기책임설에 의하면 공무원에 대한 **국가의 구상권의 법적 성격**은 일종의 **부당이득반환청구권과 유사**한 것이 된다. (×) **[06 경북9]**

37 독일의 희생보상과 관련하여 관습법에서 근거를 찾으나, 우리나라에서는 이러한 관습법이 존재하지 않으므로 사회국가의 원리·법치국가의 원리와 헌법상의 기본권 규정을 근거로 든다. [09 군무원9]

| 해설 | 독일에서의 희생보상청구권은 관습법으로서 헌법적 효력을 가지는 프로이센 일반란트법에 표현되어 있는 법원리에 근거를 두고 있다고 볼 수 있겠으나, 우리나라는 이러한 관습법은 성립되어 있지 않고, 헌법상 기본권 규정과 사회국가의 원리 또는 법치국가의 원리에 따라 개별법상 희생보상청구권에 관한 규정을 두고 있다. (감염병의 예방 및 관리에 관한 법률, 소방기본법 등) **정답** ○

38 징발물이 국유재산 또는 공유재산인 경우에는 보상을 하지 아니한다. [17 군무원9]

| 해설 | 【징발법】 제20조(보상 제외) 징발물이 국유재산 또는 공유재산인 경우에는 제19조에도 불구하고 보상을 하지 아니한다.

정답 ○

39 감사원법에 의한 심사청구절차는 행정심판에 해당하지 않는다. [12 군무원9]

| 해설 | 감사원법 제43조 제1항의 규정에 의한 심사청구는 행정소송의 전심절차에 해당한다고 할 수 없다. (대판 1991. 10. 22. 91누5259)

유제 한편 국세기본법 제56조 제5항에서는 과세처분 등에 대하여 감사원법에 따른 심사청구를 거친 때에는 국세기본법상의 특별행정심판(심사청구, 심판청구)를 거친 것으로 간주하고 규정을 두고 있다.

정답 ○

40 공무원연금법상 재직기간 합산처분은 처분이 아니다. [15 군무원9]

| 해설 | 공무원연금법상 재직기간 합산신청은 법령상의 신청권에 기한 것으로서, 그에 대한 공무원연금관리공단의 합산(불승인)처분은 행정처분에 해당한다.(2017.2.9.,2014두43264 등)

정답 ×

41 집행부정지의 원칙은 행정의 신속성, 행정객체의 권리보호의 차원에서 인정된다. [10 군무원9]

| 해설 | 집행부정지의 원칙은 남소의 방지 및 행정주체의 원활한 행정실현을 위한 입법정책적 고려에서 채택된 제도로 보는 것이 일반적 견해이다. 행정객체의 권익보호를 중시한다면 집행정지의 원칙을 채택할 것이다.

정답 ×

42 시·도 인사위원회가 7급 지방공무원의 신규임용시험의 실시를 관장한다고 할지라도, 합의제기관은 피고적격을 가지지 않으므로 그 관서장인 시·도 인사위원회 위원장은 그의 명의로 한 7급 지방공무원의 신규임용시험 불합격결정에 대한 취소소송의 피고적격을 가지지 않는다. [11 군무원9]

| 해설 | 지방공무원법 등 관계 규정에 의하면, 시·도 인사위원회는 독립된 합의제행정기관으로서 7급 지방공무원의 신규임용시험의 실시를 관장한다고 할 것이므로, 그 관서장인 시·도 인사위원회 **위원장**은 그의 명의로 한 7급 지방공무원의 신규임용시험 불합격결정에 대한 취소소송의 피고 적격을 가진다. (대판 1997. 3. 28. 95누7055)

유제 **합의제기관의 처분의 피고**는 법률에 특별한 규정에 없는 이상 **기관(○○위원회)이 되는 것이 원칙**임에도, 기관장(인사위원장)이 피고가 되는 것으로 판시한 지극히 예외적인 사례이다.

정답 ×

43 청원의 접수 및 수리는 지방자치단체의 장에 고유한 권한사항이다. [19 군무원9]

| 해설 |

지방자치법

제47조(지방의회의 의결사항) ① 지방의회는 다음 각 호의 사항을 의결한다.
9. 청원의 수리와 처리

제85조(청원서의 제출) ① 지방의회에 청원을 하려는 자는 지방의회의원의 소개를 받아 청원서를 제출하여야 한다.

정답 ×

유제 청원은 **지방의회의원의 소개**를 얻어 청원서의 제출로 한다. (○) **[06 관세사]**